U0921068

"十二五"国家重点图书
出版规划项目

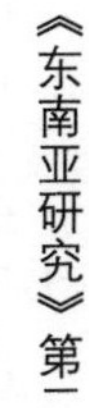

《东南亚研究》第二辑

20世纪越南文学发展研究

20 SHIJI YUENAN WENXUE FAZHAN YANJIU

余富兆　谢群芳　著

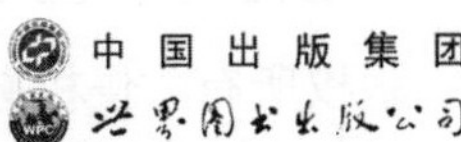

图书在版编目（CIP）数据

20世纪越南文学发展研究 / 余富兆，谢群芳著. —广州：世界图书出版广东有限公司，2014.12
ISBN 978-7-5100-8756-1

Ⅰ. ①2… Ⅱ. ①余… ②谢… Ⅲ. ①文学史—研究—越南—20世纪 Ⅳ. ①I333.09

中国版本图书馆CIP数据核字（2014）第249534号

20世纪越南文学发展研究

项目策划：陈 岩
项目负责：卢家彬 刘正武
责任编辑：程 静
出版发行：世界图书出版广东有限公司
（广州市海珠区新港西路大江冲25号 邮编：510300）
电 话：（020）84459579 84453623
http：//www.gdst.com.cn E-mail：pub@gdst.com.cn
经 销：各地新华书店
印 刷：湛江南华印务有限公司
版 次：2014年12月第1版
印 次：2014年12月第1次印刷
开 本：787mm×1092mm 1/16
印 张：29.75
字 数：560千
ISBN 978-7-5100-8756-1/I·0331
定 价：88.00元

《东南亚研究》第二辑

《东南亚语言文化研究》丛书编辑委员会

总　序

东南亚是指亚洲的东南部地区。根据地理特征，东南亚可以分为中南半岛和马来群岛两部分，包括位于中南半岛的越南、老挝、柬埔寨、泰国、缅甸和位于马来群岛的菲律宾、马来西亚、文莱、新加坡、印度尼西亚、东帝汶共11个国家。东南亚大部分地区位于北回归线以南，跨越赤道最南抵达南纬11度。该地区北接东亚大陆，南邻澳大利亚，东濒太平洋，西接印度洋，是沟通亚洲、非洲、欧洲以及大洋洲的交通枢纽，也是中国从海上通向世界的重要通道。

由于地理上的邻近、民族关系的密切和文化上的相通，早在两千多年前东南亚各国就与中国建立了较为密切的政治、经济和文化联系。新中国成立后奉行睦邻外交政策，我国与东南亚各国的友好关系有了新的发展。进入21世纪后，中国政府明确提出了“与邻为善，以邻为伴”的思想，制定了“大国是关键、周边是首要、发展中国家是基础、多边是重要舞台”的外交方针，进一步强调“积极开展区域合作、共同营造和平稳定、平等互信、合作共赢的地区环境”。

本着这一精神，中国与东南亚国家展开了各种双边与多边合作，形成了多方位、多层次的合作框架，增进了彼此间的信任。随着2011年11月中国—东盟中心的正式成立，中国和东南亚国家间的务实合作关系得到了进一步提升，呈现出强劲的发展势头。世界上，像中国和东南亚这样，在两千多年时间里绵延不断地保持友好关系、进行友好交往的实属罕见。这种源远流长的友谊，成为双方加强合作的基础。

作为多样性突出地区，东南亚各国在民族、语言、历史、宗教和文化等方面五彩缤纷，各具特色。加强东南亚国别与地区研究，特别是加强东南亚语言文化的研究与交流，可以更好地帮助国人加深对东南亚的了解。为此，解放军外国语学院亚非语系集东南亚语种群自1959年办学以来之经验，在完成2012年度国家出版基金项目《东南亚研究》第一辑的基础上，与世界图书出版广东有限公司一道，再次成功组织并申报了2014年度国家出版基金项目《东南亚研究》第二辑，本丛书便是该项目的最终成果。

参加本丛书编写的同志主要为解放军外国语学院东南亚语种群的专家学者，

北京大学、广东外语外贸大学、广西民族大学外国语学院的部分专家（学者）也应邀参加了本丛书的编写。丛书参编人员精通英语和东南亚语言，有赴东南亚留学和工作的经历，熟悉东南亚语言文化，在编写过程中多采用第一手资料，为高质量地完成丛书奠定了基础。我们希望这套丛书的编辑出版有助于读者加深对东南亚国家国情文化的认识，有助于促进中国与东南亚国家间的文化交流，共同营造和平稳定、合作共赢的地区环境。

由于丛书涉及面广，囿于资料收集和学术水平诸多因素的限制，书中的描述与分析难免存在疏漏与不足，恳请同行专家和广大读者不吝批评指正。

《东南亚语言文化研究》丛书编辑委员会

2014年10月　于洛阳

前 言

《20世纪越南文学发展研究》为国家社科基金项目，2007年6月由国家社科基金委批准立项（07BWW006）。我们在项目结项的基础上，结合长期从事教学科研的积累整理成了《20世纪越南文学发展研究》一书。

20世纪的越南发生了许多的变革：东游运动、东京义塾、义静苏维埃、共产党成立、八月革命成功、奠边府大捷、春季大捷、国家统一、革新开放……社会的变革和发展必然引起文学的变革和发展。20世纪的越南文学不断自我革新、自我变革，反映现实社会生活，服务现实社会生活，影响现实社会生活。《20世纪越南文学发展研究》对这一百年里的越南文学进行简要的回顾和研究探讨，总结其发展规律和所取得的成就。根据其发展脉络，我们把20世纪越南文学分为1900—1930年间的爱国文学、1930—1945年间的多元化文学、1945—1975年间的抗战革命文学、1975—2000年间的革新文学四个部分。

《20世纪越南文学发展研究》较为全面和系统地研究、探索并总结了一百年里越南文学的分期、文学流派、主要作家和代表作品及其特点。我们希望它有助于我国对20世纪越南文学的发展、现状有所了解和掌握，为国内各高校越南语专业的教学和国内外国文学研究提供一定的帮助和借鉴。

我们知道，研究、评价一个世纪的文学是一项复杂而艰难的工作，不是一蹴而就、简单易行的。如何科学、深刻、全面地总结、评价20世纪越南文学，从中研究她在一个世纪里所取得的进步和成就以及她的不足，这有待于我们做进一步的探索、研究。

《20世纪越南文学发展研究》在编写过程中，参阅了国内外越南语学界专家教授的论文著作，得到了国家社科基金委、解放军外国语学院科研部、中国出版集团世界图书出版广东公司的大力支持，在此谨表诚挚的谢意!

由于《20世纪越南文学发展研究》涉及的内容多，时间跨度大，加之作者的研究能力所限，掌握的资料还很不全面，挂一漏万和谬误之处在所难免。恳请学界专家、同仁不吝批评指正。

作者

2014年6月

于解放军外国语学院

目录
CONTENTS

绪 论

20世纪，整个人类社会发生了许多巨变。这些巨变极大地影响了世界各国的社会历史进程，越南也不例外。20世纪的越南记录了许多的变革：东游运动、东京义塾、义静苏维埃、共产党成立、“八月革命”成功、奠边府大捷、春季大捷、革新开放…… 可以说，越南民族以坚强的奋斗精神走过了一个辉煌灿烂的世纪，用他们轰轰烈烈的壮丽事业彻底改变了他们的面貌及其在世界舞台上的地位。社会的变革和发展必然引起文学的变革和发展。20世纪，越南文学有了飞跃的发展。从20世纪初开始，越南文学不断自我革新、自我变革，日益清晰地反映现实社会生活，服务现实社会生活，影响现实社会生活。越南文学与社会生活同步发展。20世纪已经结束，我们可以对这一百年里的越南文学进行简要的回顾和研究探讨，总结其发展规律和所取得的成就。根据其发展脉络，20世纪越南文学可分为1900—1930年间的爱国文学、1930—1945年间的多元化文学、1945—1975年间的抗战革命文学、1975—2000年间的统一后革新文学四个部分。

一、1900—1930年间的爱国文学

“进入20世纪，西方文化对越南的影响日益渗透，但在这里没有吹走东风，而是在民族悠久文化传统的基础上，我们随时准备接受西方文化的精华。”[①]这一时期越南文学仍受汉文学的影响，但由于现代拉丁化文字（越南称为“国语字”）的广泛运用，新闻出版业的发展，已开始渐渐接受西方文化，特别是法国文学的影响，新的文学开始形成和发展。短篇小说、中篇小说、长篇小说，诗歌，剧本等创作形式相继出现。《南风杂志》、《印度支那杂志》、《中北新闻》等刊物为文学的发展繁荣提供了园地。文学人物发生了很大变化：从人们熟悉的传统的封建农业社会里的帝王将相、官吏儒士变成了殖民官员、南朝官吏、西学知识分子、中产阶级、小资产阶级、市民等。

20世纪初，越南文学继承了19世纪末的爱国文学传统，仍属抗法爱国文学

① [越]潘巨棣：《20世纪越南文学中的新的综合步伐》，越南《文学杂志》，2001年第10期。

范畴，作者主要是像潘佩珠、潘周桢、黄叔抗、阮尚贤等一批具有民主思想的代表人物。他们是这一时期涌现出来的杰出代表。他们以文学作品为工具大力宣传救国路线。随后的阮伯学、范维逊、胡表政、黄玉柏、伞沱等作家和诗人为越南文学的现代化做出了积极的努力并取得了突出的成就。“世纪初的文学大力发扬了来自上个世纪的爱国精神，代表作家有潘佩珠、伞沱、黄玉柏、范维逊、陈俊凯、胡表政、武庭龙……”①

20世纪初，包括知识分子、仁人志士在内的越南人民承受着亡国的悲痛与艰辛。越南文坛进入20世纪时出现了秀昌和阮劝两位大诗人。他们文笔辛辣，针砭社会上的陈规陋习，讽刺殖民者及其走狗的丑恶嘴脸，是20世纪初讽刺诗派的代表人物。紧接着是伞沱和陈俊凯的诗。他们的诗作或铿锵有力、掷地有声，或哀怨凄苦、忧国忧民……。

潘佩珠，义安省南坛县南华乡人，是20世纪初越南革命家和作家，代表性的作品有宣传爱国的诗作《琉球血泪新书》和《海外血书》、充满爱国精神的史书《越南亡国史》。他的诗文创作是他人生轨迹的真实记录，具有鲜明现实主义风格。

潘周桢，广南省河东县西禄乡人，是20世纪初越南一位著名诗人和革命志士。他以文学为工具，宣传革命思想，坚持抗法斗争，主张资产阶级改良主义。

伞沱，原名阮克孝，河西省不拔县溪上乡人，是20世纪初越南“才子儒家”的代表，是当时最具代表性的诗人。他在诗歌、小说创作上都很有建树。他的作品具有浪漫主义色彩，强调自我。阮公欢、秀肥等作家深受其影响。

阮伯学、范维逊、阮公欢和阮重述、阮紫超、胡表政、黄玉柏等是20世纪初越南著名的小说家。黄玉柏的《素心》深受青年读者的欢迎，是越南20世纪初越南拉丁化国语字心理小说、浪漫主义小说的滥觞。

武庭龙、韦玄得是越南20世纪初著名的剧作家。武庭龙是越南现代话剧的第一个作家，其代表作品《一杯毒药》、《良心法庭》等剧本批判了殖民封建时期人们的异化生活方式。他的这些作品为越南话剧奠定了基础。韦玄得在这一时期的代表作品是《黄梦蝶》和《鸳鸯》。

拉丁化越语的推广和普及，使越南文学作品题材更丰富，形式更多样了。报告文学、政论文、散文、短篇小说、长篇小说、新闻报导、戏剧等各种体裁日趋完备。越南文坛上呈现出了一派新的气象。

1900—1930年间的文学与以往的文学相比有了质的变化和发展，为以后越南现代文学的发展做了准备。这是越南文学史上的一个交替时期，是文学现代化日益趋向明晰的时期。

---

① [越]郑庭魁：《20世纪越南文学的思考》，越南《文学杂志》，2001年第10期。

二、1930—1945年间的多元化文学

1930—1945年间的越南文学是越南20世纪文学史上一个光辉灿烂的时期，“新诗运动”和“自力文团”等多种文艺思潮和文艺团体相继出现。但归结起来主要是浪漫主义文学、现实主义文学和革命文学占主导地位。

1. 浪漫主义文学

1930年2月，由越南资产阶级政党——国民党领导的安沛起义爆发。起义虽然很快就失败，但革命的火种却已在渴望独立自由的人民心中点燃。同年2月越南共产党[①]宣告成立。从此，越南人民在越南共产党的领导下，向殖民主义、封建主义展开了英勇的、不屈不挠的斗争。革命的浪潮汹涌澎湃，席卷全国，其高潮是著名的义静苏维埃运动（1930—1931）。在安沛起义和义静苏维埃运动被血腥镇压后，面对封建殖民统治的白色恐怖，越南革命处于低潮，越南知识分子阶层笼罩着一片悲观失望的情绪。在这种形势下，出现了一批感伤主义作家，其代表人物有团如奎、陈俊凯、东湖、湘浦夫人、伞沱等。另外，主要是一些资产阶级知识分子，提出“青年快乐”的口号，宣扬要为改善生活而努力，要求个性解放，要求恋爱自由、婚姻自由、冲破封建家庭的桎梏等等。越南的浪漫主义文学就是在这种形势下发展起来的。

在这种背景下，1932年出现了以世旅、刘仲庐、春妙、辉瑾、韩墨子、制兰园、阮炳、济亨、辉通等诗人为代表人物的“新诗运动”。“新诗”派包括颓废主义、感伤主义和唯美主义的浪漫派。他们大声疾呼粉碎文学创作的旧框框，破除一切束缚，让每一个诗人都能使自己的思想在广阔的文学天空中自由翱翔。春妙认为诗人应像清风一样轻柔，如明月一样皎洁，似游云一样洒脱。诗人要为花开而起舞，为花落而悲泣。他们认为，只有这样，人的感情才能充分地表现出来。“新诗”派一出现就与受儒家思想影响较深的“旧诗”派尖锐对立。“旧诗”派的诗人发表文章攻击“新诗”派。从1932年潘魁介绍新诗体的文章发表以后，新旧两派持续争论，直到1935年前后，“新诗”派逐渐占了上风，这场争论才告一段落。“新诗”派的倡导人和积极的支持者刘仲庐、世旅、辉通、春妙、辉瑾等都写出了大量的自由诗。在“新”、“旧”两派激烈论争的时候，越南文坛上出现了一些文艺团体，其中最有影响的是1932年成立的“自力文团”。它拥有自己的出版机构“今世出版社”和自己的论坛《风化报》。它的主要成员是一零、概兴、黄道，以及阮公欢、吴必素、元鸿、秀肥等一些文学造诣较深，声望较高的作家。“自力文团”的文学作品，反对封建大家庭制度，提倡婚姻恋爱自由，批判封建孔教，宣扬个性解放，思想自

① 1930年2月3日，越南共产党成立。同年10月，在一大会议上更名为印度支那共产党；1951年2月11—19日，二大会议改名为越南劳动党；1976年12月14—20日，四大会议上改名为越南共产党。

由，带有浓厚的浪漫主义色彩。以一零、概兴为代表的浪漫派作家所写的《断绝》、《蝶魂梦仙》、《花担子》等小说，从不同的角度抨击了封建家庭制度。这些作品对鼓励青年冲破封建礼教的羁绊，促进越南现代文学的发展做出了一定的贡献。但也有其消极面，即他们所宣扬的脱离社会现实、追求个人享乐的资产阶级思想。“自力文团”于1942年彻底解散，其成员和聚集在它周围的作家在新形势下开始分化，其主要负责人一零参加了越南国民党，“八月革命”后公开与越南独立同盟会（以下简称“越盟”）对立。正因为此，“自力文团”作品长期以来被禁封，直到近半个世纪后的1980年代中期越共“六大”后才得以重印再版，出现在读者面前。

2. 现实主义文学

1935年，法国平民阵线取得胜利为越南革命活动创造了有利条件，无数革命战士从监牢中被解救出来，成为民族革命运动的主力军。在文坛上，以阮公欢、武重奉、元鸿、吴必素、南高、苏怀、阮遵等为代表的现实主义文学流派应运而生。现实主义文学是小资产阶级作家们的心声。他们是知识分子、是文人、是进步人士。他们同情革命，具有亲民思想。他们了解被压迫人民的苦痛，对社会忿忿不平。他们谴责、批判、控诉当时社会的残酷现实。他们的创作丰富了这一时期文学的社会内容和艺术形式。在1930年以前，越南文坛上曾出现过一些反映社会现实生活的文学作品，如范维逊的《管你死活》，让宋的《被洪水淹没的一个家庭》，胡表政的《父子义重》，武廷龙的《一杯毒药》等。1930年以后，越南共产党领导的工农革命运动使一些出身小资产阶级家庭的作家受到影响和熏陶。如“自力文团”中的阮公欢、吴必素、元鸿、秀肥以及武重奉、兰开、韦玄得等作家遵从批判现实主义的原则，力求在作品中深刻地揭露社会矛盾，真实地反映人民的苦难生活。这一时期的作品多数是短篇小说和报告文学。其中，阮公欢的短篇小说在读者中影响最大。他1935年发表的短篇小说集《男角四下》曾轰动整个越南文坛，受到南、北、中三个地区的十八家报纸的赞扬。它还成为1935—1936年间“为人生而艺术”派和“为艺术而艺术”派论战的焦点。

1930—1945年间批判现实主义文学最杰出的可推阮公欢1938年出版的《最后的道路》、吴必素1939年发表的《熄灯》和南高1941年出版的《志飘》。

3. 革命文学

越南的无产阶级革命文学是1930年在印度支那共产党（今越南共产党）领导的义静苏维埃革命运动中萌芽、成长和发展起来的。

在义静苏维埃运动高潮时期，革命诗歌大量出现，起到了号召群众、鼓舞斗志的作用。这些诗歌大部分是群众根据斗争的需要即兴创作出来的。虽然艺术上往往还不够成熟，但却真实地反映出人民的战斗精神面貌，道出了广大群众的心声。如《革命之歌》、《耕者之歌》、《动员姐妹们闹革命》、《十月革命颂歌》等诗歌充满了革命激情和豪迈的乐观主义精神，极大地鼓舞了人民群众的革命热情，因此深受群众的喜爱。

1931年，义静苏维埃运动惨遭镇压，大批革命者、爱国志士被投进了监狱。革命者便把监狱当战场继续同敌人进行斗争，以诗歌为武器，揭露敌人，团结和教育人民。这一时期，除诗歌外，报告文学、短篇、中篇及长篇小说等其他形式的革命文学作品相继出现。

1935年，法国社会党在选举中获胜并组成了法国“平民”阵线政府。越南人民通过斗争，获得了某些民主自由的权利。1938年印支民族统一阵线成立。越南革命开始由低潮转入高潮。同时，越南革命文学进入一个新的发展时期，涌现了《新闻报》、《时代报》、《东方报》、《民众报》、《未来报》等许多进步的革命刊物。黎文献的《昆嵩监狱》（1938）揭露法国刽子手们残酷迫害革命者的罪行，歌颂了革命战士威武不屈，视死如归的崇高革命气节。旧金山的《越狱》（1939）描写七位革命战士于1932年在河内府尹医院组织越狱成功后到地方领导革命斗争。另外，还涌现了如素友、海潮、邓台梅、陈梅灵、春水等一批比较有影响的诗人、作家和文艺批评家。

第二次世界大战爆发后，特别是1940年日本帝国主义入侵印度支那时起，越南大批革命者被关进监狱，但他们“身体在狱中，精神在狱外”。他们在《共产主义杂志》、《救国报》、《越南独立报》等进步报刊上发表在狱中撰写的诗歌和文章，鼓舞群众的斗志。胡志明的《狱中日记》是越南革命文苑中的一朵奇葩。

日本法西斯入侵越南以后，在思想文化领域里大量散布毒素，鼓吹日本的“武士道”精神，使越南文坛一度陷入混乱的局面：复古主义文艺应运而生，一些政治上不健康的，甚至颂扬封建伦理道德的作品大肆泛滥起来。

针对文艺界的混乱状况，印度支那共产党于1943年发表了《越南文化提纲》（简称《提纲》）。《提纲》明确提出，越南文艺应具有“大众性、科学性和民族性”，其任务是反对法西斯主义、封建主义，反对退化和奴役的文化。这个《提纲》为后来越南革命文学的进一步发展指明了方向，并奠定了坚实的基础，《提纲》颁布后不久，在印度支那共产党的领导下，成立了“文化救国小组”，引导广大文艺工作者分清是非，辨明方向，紧密地团结起来，为实现《提纲》所提出的各项任务而奋斗。南高、阮庭诗等作家都参加了文化救国小组，并积极进行活动。越南革命文学始终在革命斗争的沃土上不断地成长和发展着，成为越南革命的一支重要力量。

革命文学起源于1930年以前的革命战士的诗文，在义静苏维埃运动中的诗歌、殖民主义帝国主义监狱中共产主义战士的诗作及以后民主阵线时期公开文坛的革命诗文、“八月革命”前革命宣传诗文中达到高潮。革命文学在艺术上没有太多的创新，但在体现时代先锋人物的思想、情感和心理上发挥了重要作用。

1930—1945年间在越南文坛上出现的这三种文学流派各自都有其特色作品传世。

浪漫主义流派的诗人、作家以深受西方文学影响的新语言风格来描写爱情、婚姻和家庭及社会风俗。现实主义流派的作品笔锋犀利，时而带着嘲讽的味道，揭露的是深刻的社会问题，如农民的疾苦，殖民者封建主的残暴，以及对堕落的资产阶级生活方式争相攀比的恶习进行批判。他们为越南文学的进步作出了巨大贡献。起初，革命文学流派在文坛上的地位并不突出，它是随着民族解放运动的高涨而兴起的。从1930年印度支那共产党成立到1945年“八月革命”成功，又经过以后30年的抗法战争和抗美救国战争而不断发展、壮大、成熟。革命文学、浪漫主义文学和现实主义文学与其他文学流派一起共同形成了站在反帝阵线前沿的革命的抗战文学。

三、1945—1975年间的抗战革命文学

1. 抗法战争时期文学

“八月革命”解放了越南民族，文学艺术也获得了新生。1945—1975年间越南文学为越南民族的长达30年的抗法抗美救国战争的伟大胜利作出了不可磨灭的贡献。

1945年“八月革命”胜利后，越南文化界召开了第一次全国文化代表大会，重新公布印度支那共产党在1943年发表的《越南文化提纲》，明确地阐述了关于文学艺术要坚持“民族化、大众化、科学化”方向的问题。《越南文化提纲》得到了包括陈辉燎、海潮、邓台梅、素友等著名的文学理论家、批评家、诗人和南高、阮辉想、元鸿、如风、阮庭诗、学非、苏怀、金麟等文化救国小组的老成员，还有吴必素、阮公欢、秀肥、裴显、裴辉潘等人们所熟悉的现实主义作家等在内的大多数文艺工作者的坚决拥护和支持。从前那些浪漫主义文学的“健将”如怀青、世旅、阮遵、春妙等也响应党的号召，走上了革命道路。

1946年12月19日越南全国抗战爆发。印度支那共产党及时提出了“文化抗战化、抗战文化化”和“思想革命化、生活群众化”的口号，指出抗战文化的任务是“挫败敌人的愚民文化阴谋和建设一种民主的新文化”。1948年，第二次全国文化代表会议召开，胡志明主席在致大会的信中强调“我们的作家必须严密地组织起来，深入到群众中去”。南高积极响应，在抗战初期就创作了著名的《一双眼睛》、《林中日记》。抗法期间，除南高外，还有阮遵、阮

庭诗、苏怀、阮辉想、元鸿、阮文俸、武辉心、金麟、胡方、陈登等作家和素友、春妙、制兰圆、英德等诗人都创作了颇具战斗力的好作品。这一时期，还涌现了铁梅、黄中通、陈友椿、春黄、阮克次、阮成龙、团由、保定江、阮凯、元玉、黎钦、胡方、友梅等一批年轻的作家。他们“思想革命化、生活群众化”，创造出许多为抗战服务的作品。陈梅宁、陈登、南高、黄禄、红原、深心、崔友、阮文车、胡微、杨祥等一批作家在艰苦的抗法斗争中献出了宝贵的生命。

抗法时期的文学积极为抗战服务，所以这一时期的大部分作品都着重于政治宣传鼓动，而缺乏艺术性。当然也有一些思想上艺术上都较为成熟的作品，如素友的诗集《越北》、南高的短篇小说《一双眼睛》和《林中日记》、武辉心的长篇小说《矿区》、阮文俸的长篇小说《水牛》等。

2. 抗美救国战争时期的文学

1954年“奠边府大捷”赢来了日内瓦政治外交上的胜利，越南北部彻底解放，进入社会主义建设时期。越南文艺界首先对素友的诗集《越北》——抗法战争时期诗歌成就开展大讨论。紧接着是与“人文—佳品”派的坚决斗争。1957年，召开第二次全国文艺工作者代表大会，成立了越南作家协会和作协出版社。

这一时期文学创作的主题主要集中在歌颂北方的社会主义建设事业和抒发对敌伪统治下的南方的思念。

在诗歌方面，主要诗人有素友、春妙、辉瑾、制兰圆、济亨、秀肥、刘仲庐、云台、阮庭诗、阮春生、陈友椿、春勉、咏梅、农国振、黄中通、良安、范虎、武广、武文值、武高、春黄、青海、盘才团等老一代诗人和阮维、潘氏青娴、黎英春、林氏美夜、春琼、范进阅、阮德茂、陈登科、武群芳、燕兰、江南、叶明泉、友挺等年轻诗人。

代表性的作品主要有素友反映胜利后北方正在进行社会主义建设的诗集《劲风》，辉瑾歌颂祖国和表现工农群众的诗集《天越来越亮》，制兰圆对祖国无限向往的《阳光与沃土》，济亨反映北方对南方无限思念的《南方心》，陈友椿反映北方土改生活的《八月的田野》，春勉反映南北割裂现实的《南方土》，阮维的《紫色的阵地》，黎英春的《阮文追》，友挺的《边界夜渡》等。武群芳、范进阅、陈登科、春琼等成了越南当代文坛上的著名文学评论家。

小说创作方面，主要作家有阮遵、元鸿、苏怀、阮辉想、阮公欢、阮庭诗、阮凯、阮成龙、阮文俸、武秀南、潘泗、英德、元玉、朱文、阮世芳、春刚、陶武、阮光创、阮明洲、友梅、梅御、阮创、辉方、阮氏玉秀、武氏常、阮坚等。

代表性的作品主要有阮遵的《抗战随笔》，元鸿的长篇小说《怒潮》，苏怀的电影文学剧本《阿甫夫妇》，阮辉想反映土改运动中农民觉醒的《阿陆的故事》和描写越南军民重建奠边府的长篇小说《四年后》及反映首都河内抗法战争初期战斗生活的《与首都共存》，阮庭诗的《决堤》，阮凯的长篇小说《云中路》，阮文俸《乌明森林》，英德的《一篇在医院里写下的故事》，元玉的《祖国站起来了》，阮明洲反映乔河口乔山村人民的生产和战斗生活、歌颂年轻的人民海军革命英雄主义精神的长篇小说《河口》和描写在溪山战场上父子两代人同在一个战壕里战斗生活的长篇小说《士兵的足迹》，友梅的长篇小说《最后的高地》，女作家阮氏玉秀的描写战争时期农村新的生产方式的长篇小说《乡土》等。

越南抗美救国战争时期文学的一个突出特点就是集中体现越南各阶层人民在保卫和建设社会主义北方、争取解放南方和完成祖国统一大业的斗争和生产中的革命英雄主义和革命乐观主义。作家们纷纷深入各个战场和工农业生产第一线，体验生活，挖掘革命英雄主义的第一手材料，经过艺术加工，一个个英雄人物形象便跃然纸上，革命英雄主义和革命乐观主义也体现得淋漓尽致，如《南方来信》、《像他那样生活》、《持枪的母亲》、《土坷拉》、《最后的高地》、《阮文追》、《波涛滚滚的九龙江》、《同塔英雄》、《平原之夜》、《一篇在医院里写下的故事》、《士兵的足迹》等等。这些作品极大地鼓舞了越南军民的斗志，为抗美救国、民族解放战争的胜利作出了不可磨灭的功绩。

越南抗法抗美战争时期的文学作品重在宣传、歌颂革命英雄主义和革命乐观主义，思想性、政治性较强，艺术价值高的作品并不多见。但是，这30年也的确为越南当代文坛培养、造就了一大批诗人、作家和文学批评家，为越南统一后文学的发展奠定了基础。

四、1975—2000年间统一后的革新文学

1975年4月30日，越南人民军队占领了南越美伪统治集团的首都西贡，越南南方全部解放，实现了国家统一大业。从此，经济建设和文化建设成了越南全社会的中心任务。战争结束了，但几十年来的战争使越南伤痕累累、满目疮痍。人民群众的生活极度贫困，时刻与种种经济困难作斗争。越南社会在新的形势下出现了许许多多的新情况、新问题。

越南当代文学以特定的历史内容和审美素质同以往的文学相区别。越南当代文学迅速、广泛、深刻地反映越南统一以后的社会生活和社会心理，囊括当代越南人民对历史与现实的丰富体验、全面关照和深沉思考。

1975年以来，越南社会发生了一系列重大变革。它牵动了社会关系、生产

方式、生活方式、观念形态的变化，特别影响到心理结构、道德规范、价值尺度和文化传统。无数的新事物、新矛盾和新问题吸引着作家们的视线。作家们深入生活，用不同的色彩和情调表现了各种心态世相，从宏观到微观、从表层到深层、从局部到整体揭示出革新与保守、现代与传统、文明与愚昧、理智与情感之间的种种冲突，创作出了一大批旨在使社会主义制度日臻完善而批判种种社会弊端的具有较高思想价值和审美价值的新的优秀现实主义文学作品。正如越共原总书记阮文灵在与文艺工作者谈话中所指出的："在你们的领域里，除了表现好人好事以外，要揭露坏人坏事，让人们鄙弃、远离坏人坏事。这样做不是为了谴责制度而是为了反对与社会主义崇高理想相悖的人和事。""官僚主义、欺压群众、损公肥私、投机倒把、骑在劳动人民头上作威作福等现象和迷信、异端邪说、道德退化堕落等败俗需要你们的笔杆子进行反映并强烈谴责，要让全社会憎恨丑恶现象，批判并远离一切丑恶现象。"（见越南《文艺周报》1987年第42期第3版）作家们不遗余力地批判官僚主义、机会主义、特权等消极现象和各种非无产阶级的思想倾向和生活方式，揭露社会正在滑坡的原因，呼唤被扭曲、被扼杀了的良心良知，形成了一种以批判而不是全盘否定、批判是为了使其更加完善为特征的现实主义文学。

越南当代文学越来越有效地参与越南社会现实生活，参与革新事业，缩短了文学同当代社会生活的距离，出现了许多描绘社会主义建设新时期现实生活的作品，改变了以往以革命历史和战斗英雄题材占首要地位的格局。越南当代文学直接进入人们的现实生活中，尖锐地触及各种社会矛盾，揭示愈益复杂的当代越南人的情感和心理，鲜明地再现与评价活生生的生活现象。

越南当代文学缩短了同当代意识的距离。在新的生活变革中产生的由新的社会历史观、新的道德价值观、新的伦理观、美学观、人生态度等构成的当代意识，日渐深入地渗透到当代作家的创作思想中，他们以此去关照生活、表现生活，把作品推向了一个新的思想高度和美学境界。这一时期的作品都直接触及当前人们对社会、人生所做出的哲学的、政治的、伦理的思考，反映出当代作家对社会思潮和读者心理的深入体察和敏锐感应。因此，这些作品比起以往那些远离人们的思考重心，或者缺乏思想深度和力度的作品更能引起读者的关注和喜爱。

越南当代文学缩短了同当前艺术变革的距离。1975年抗美救国战争结束后，越南的社会生活逐步走上了正常的轨道。人民群众对艺术的要求也不断多样化。许多作家的创作题材、创作倾向和创作风格不再遵循某些原有的模式，开始大胆地冲破樊篱，突破了以往种种清规戒律所圈设的题材禁区。以往在艺术上保守、单一的文学创作，正呈现出多元并举的态势。

1. 小说创作

这一时期的主要作家有阮孟俊、麻文抗、阮凯、苏怀、阮氏玉秀、朱文、阮潘赫、黎榴、阮辉涉、阮明洲、阮氏秋惠、黎明奎、高维草、陈德进、屈光瑞、阮光韶、武氏好、谢维英、蔡伯利、阮晓长、丛典、武辉英、陈征武、阮克长、宝宁、范氏怀、黄明祥、武氏春霞、阮创、鸿儒、潘氏王英、春韶、杨维御、吴克才、庄世熙、日俊、阮氏荫、阮重心、胡英泰、陈清河、阮氏福、如平、阮氏洲江、潘朝海、胡方、阮本、陈维、刘明山、厢月明、黄石草、封蝶、陈氏玄妆、韩月等。

代表性的作品主要有阮孟俊描写南方解放、国家统一以后，一个长期处在南北割裂的家庭团聚故事的长篇小说《余下的距离》；麻文抗从伦理道德角度来表现民族精神和传统文化的伟大力量，揭示了“家庭、社会与人生”这一重大课题，提出并解答了在新的历史时期人应该怎样生活的问题的长篇小说《园中落叶季节》；阮氏玉秀反映革新与保守、进步与阻碍进步、善与恶、美与丑的冲突的长篇小说《下季的种子》；阮凯一方面肯定了革命的必胜趋势，另一方面也指出了这些胜利者所肩负的历史重任的长篇小说《岁末的会晤》；朱文表现越南年轻一代军人在抗美救国战争中的坚强斗志、赫赫战功和他们的优秀品质，同时反映了他们在战争结束后，回到地方，不仅得不到人们的尊重和理解，反而受到了种种非常不公平的对待，他们在日常生活中遇到了许许多多麻烦的长篇小说《星星移位》；黎榴描写军人江明柴的生活，反映了越南社会生活和人们的精神观念在战争年代和和平时期两个不同时代的变迁的长篇小说《遥远的时代》；阮辉涉描写一位70余岁的退休少将阮椿在家的所见所闻，反映越南统一后至20世纪80年代中期的社会问题和人们的思想观念、心态世相的短篇小说《退休将军》；阮氏秋惠描写社会新时期的爱情、婚姻、家庭生活的短篇小说《后天堂》；黎明奎以批判的态度，反映了越南极左时代社会生活的一个侧面的短篇小说《一个很晚的下午》；高维草描写母亲九婆为其儿子阿龙的名誉奔波一生的短篇小说《时间》；陈德进反映越南当代社会平民百姓的物质生活和内心情感的短篇小说《阿谐》；屈光瑞讲述阿坚和阿江因为一个穷字走到一起，同样还是因为穷而分离的爱情与婚姻的短篇小说《负债人》；阮光韶描写一位抗美战争时期的战士阿棉，在战争结束后，主动要求到1972年全班战友牺牲的山坡上植树育林的短篇小说《时间的诺言》；苏怀描写阿陂和阿莴这两个美裔越南小孩在等待移民局迁往美国时的真实感人故事的短篇小说《两个待离开的小孩》；武氏好以第一人称“我”死后回忆的奇特方式叙述一位母亲去世后对生前的回忆和死后的感受，反映越南当代社会家庭生活的矛盾和人生态度的短篇小说《回尘世之路》；谢维英描写阿四和桂英婚姻故事的短篇小说《越过誓言》等。他们的创作给越南文坛带来了一股清新的空气，深受广大读者欢迎。

2. 诗歌创作

1975年后的诗歌首先是继续表现越南民族在抗美斗争中的坚强不屈精神。如友挺的《通往城市之路》，青草的《来到海上的人们》等。他们在形象塑造和诗歌韵律上已经有了或多或少的变化。诗人们开始较多地表现人生痛苦和焦灼心理。除了对英雄主义的歌颂外，较多地出现了烦闷和无奈。

其次，表现个人是1975年后诗歌创作中的普遍现象。在余氏环的《小路》、阮重造的《漫谈我生活的时代》和意而的《坐着编织的妇人》等诗作中，我们可以很清楚地看到这一点。

第三是挖掘灵魂深处模糊区域的趋势。代表诗人有黄琴、邓亭兴、阮光韶等。黄兴的《海马》、黎达的《字影》被认为是“现代主义”的代表作品，“八十年代末、九十年代初出现了关于黎达、杨祥的诗集《几首情歌》、黄兴的《海马》、《寻找面孔的人》、黎达的《字影》、邓亭兴的《乌梅》的相对喧闹的争论。”①

1975年以后出现的年轻一代诗人，为越南当代诗歌的发展建立了新的、广阔的基础。越南现在已经出版的诗中有过半数是他们创作的。他们的突出特点是多样、青春、新颖、智慧，他们的诗歌是在内容和韵律上全新的诗歌。

越南1975年后的诗坛队伍庞大，创作风格各显特色，但要想找出一位凸显的，得到读者公认的诗人并非易事。纵观1975年后的诗歌创作还是可以发现越南诗坛在发生着深刻的变化。年轻一代诗人的创作正在积极汲取各种东西方现代风格和方法，处处在显示出他们与前辈的不同。新一代诗人多种多样的创作风格、创作倾向在当今越南诗坛上营造着民主气氛。他们自由地感受着，表达着。对他们来说，似乎没有禁忌，没有什么是需要避讳的。他们的特点是，注意发掘个人的内心。他们正在努力地寻找各种新的表现手法来表达自己的情感，在当代诗坛上留下自己的印记。

我们知道，研究、评价一个世纪的文学是一件很复杂艰难的工作，不是一蹴而就、简单易行的。如何科学、深刻、全面地总结、评价20世纪越南文学，从中研究它在一个世纪里所取得的进步和成就以及它的不足，这有待于我们做进一步的探索、研究。

① [越] 河内国家大学，阮攸创作学校，军队文艺杂志社：《“八月革命”后越南文学50年》，河内：河内国家大学出版社，1996年，第313页。

第一部分　爱国主义文学的兴盛与新文学兴起（1900—1930）

第一章

东西方文明碰撞：越南社会与文学的发展

第一节　1900—1930年间的越南社会

一、法国的殖民统治和人民的抗法斗争运动

1884年6月6日，顺化王朝与法国签订了第二次《顺化条约》，朝廷除了个别主战派大臣弃官还乡外，其余的人有的听从摆布以求苟安，有的则充当走狗为殖民者效劳。1885年越南全面沦陷为法国的殖民地。

1885年7月4日夜里，“勤王运动”领袖尊室说（1835—1913）指挥所属官军袭击了法军驻顺化的营寨。双方激战至次日拂晓，尊室说见没有攻破法军营寨，便保护着14岁的咸宜皇帝撤出京城顺化，向全国发出檄文，号召人们起来“勤王”抗法。

人们知道咸宜皇帝撤出京城的消息后，纷纷以“勤王”为名，举行起义，武装抗法，数日之内就在全国范围内迅速地形成一场波澜壮阔的抗法救亡运动。香溪起义是这次抗法运动的先导。这支起义军在潘廷逢、高胜的领导下，前后与敌人展转战斗十余年（1885—1896）。

另外还有阮善述领导的荻林起义（1885—1889）、丁功壮领导的巴亭起义等。持续时间最长的是黄花探领导的安世农民起义（1887—1913）。

自1885年荻林起义至1913年安世农民起义最后被镇压止，越南人民在半个多世纪的时间里浴血奋战，前赴后继、英勇不屈地打击法国侵略者。虽然起义军一次又一次地被敌人血腥镇压下去了，但义军用鲜血和生命所谱写的气壮山

河的英雄史诗，义军的英雄形象永远激励着广大越南人民为反抗殖民统治争取民族解放而英勇奋斗！

法国殖民者用大炮轰开了越南的门户，把一个本来是自给自足的封建经济的国家变为殖民地。到20世纪初叶，越南产生了资本主义的经济成分。富有民族意识的士大夫见法国人发财致富之路不仅比自己容易，而且发展得快。他们开始思考越南亡国的原因，研究拯救民族的道路。

在这一时期，河内、西贡以及一些沿海城市，出现了许多越南人自己开办的商号。如河内的鸿新兴、同利济、广兴隆、东成兴等商行。它们收购土特产品，提倡推销国货。在殖民地国家里，出现了民族资产阶级，殖民者是不能让其自由发展的。民族资产阶级只能在殖民统治者准许的范围内进行经营。虽然他们在经济上非常微弱，但他们在传播新思想方面却起了很大的作用。因此，在20世纪初叶，相继出现了维新运动和东游运动。

维新会和东游运动（1904—1909）

在潘佩珠的领导下，于1904年4月在广南省成立了维新会，成员主要是士大夫出身的爱国志士。维新会的宗旨是“恢复越南，成立独立政府”，其任务是发展维新会的人力和物力、准备暴动和暴动后的一切事宜、准备出国求援。他们认为要求援助只有到日本，因为日本是黄种人最先进的国家。

1905年1月，潘佩珠（1867—1941）经中国去日本。日本政客犬养毅等明确表示没有可能向越南提供援助，只同意让潘佩珠选派青年到日本留学进行培养，伺机行事。

潘佩珠在日期间写下了《越南亡国史》，并向越南国内不断寄回宣传材料，如他所著的《提醒国民歌》和《海外血泪书》等。他的著作极大地影响了越南的士大夫。他们纷纷响应，投身东游运动和国内抗法斗争。

自1905年7月到1908年6月，潘佩珠通过在国内的维新会会员选派了200多青年到日本“振武军事学校”和“东亚同文会”学习。

在日本的越南青年建立了“贡献会”，相互接济、团结互助。东游运动的影响越来越大，加上“东京义塾”在河内成立，还有士兵投毒事件，使法国殖民当局着慌了。他们勒令关闭了各地派送留学生的机关，切断了国内与国外联系的交通线，逮捕维新派人士，胁迫留学生家长不许再向在日本的子弟汇款等。

1908年9月，日本政府与法国政府签订了《日法协定》。法国要求日本政府解散“东亚同文会”和“贡献会”，驱逐越南留学生出境。于是，日本内务部于1908年9月下令解散越南留学生团体，驱逐在日本领土上的越南人。1909年2月，潘佩珠也被驱逐出日本。至此，东游运动结束。

东京义塾（1907.3—1907.12）

随着资本主义经济的萌芽，新思想也开始广泛传播，特别是中国的改良主义和日本的维新思想，对越南士大夫影响极深。他们认为要救国就必须发展资本主义，要发展资本主义就必须维新，要维新首先必须从发展新文化开始。因此，河内的梁文干、阮权等人共同创办起“东京义塾”。阮权任校长。学校分为教育组、财政组、鼓动组和著作组4个部门。

教育组负责各班级的教学。“东京义塾”的教员，都是过去的秀才、举人等。他们的生活接近下层群众，了解人民生活的疾苦。他们或义务服务，或只领少许补助费。所以“东京义塾”能够根据下层人民的要求办学。如：为了方便学生，特地把上课的时间分成白天和晚上两个班。因此，“东京义塾”深受广大群众欢迎。在很短的时间内就有儿童、青年、成年1000多人入学。

“东京义塾”的教科书，都是教员自己编写的。课程内容包括国语、地理、历史、自然、数学、卫生等。在校的学生不仅在校内学习，而且还面向社会大量进行宣传、鼓动工作。他们利用赶集的机会到集市上去演说，要求人民摒弃颓风陋俗，提倡新思想、新风尚。如提倡穿短衣服、剪短头发、不染黑牙齿、不烧香拜佛；提倡用国货、发展民族工商业；反对贪官污吏；废除科举制，开办新学堂等等。

法国殖民者见“东京义塾”发展的规模越来越大，思想越来越激烈，以至公开演唱打倒帝国主义的歌曲。如果任其发展下去，必定会威胁到法国在印度支那的统治。1907年12月，殖民者逮捕了梁文干、阮权等人和“东京义塾”的所有教员，并下令关闭“东京义塾”。

“东京义塾”虽然仅仅开办了半年多的时间，但其影响却非常深远。它打击了法国殖民主义者，也直接向封建文化开了火。打倒了几千年来“惟我独尊”的儒教，废除了八股文和科举制；推广了国语字——拉丁化越南语文字；宣传了新思想、新风尚。

越南光复会（1911—1918）

1908年，法日帝国主义相互勾结，扼杀了潘佩珠所领导的“东游运动”。1909年，潘佩珠被日本驱逐出境后，一时感到茫然，找不到革命的方向。1911年10月辛亥革命成功。辛亥革命的胜利，使越南革命家受到了极大的鼓舞，给潘佩珠等越南革命志士带来了新的希望。他们纷纷来到中国。1912年2月，100多名越南革命同志集聚在刘永福祠堂里，商讨国家大事。经过讨论，大会一致决定取消越南维新会，成立越南光复会，走民主革命的道路。光复会的宗旨是“驱逐法国殖民者，光复越南，成立越南共和国”。

光复军秘密回到越南后，在河内、太平等省市相继暗杀了几名法国殖民者和走狗越奸。

第一次世界大战期间，德国驻曼谷的领事馆主动找在泰国的光复会会员，答应在经费、武器等方面，向光复会提供援助。越南光复会在1914年到1918年间，曾先后在中越边境各地攻打过敌人据点数十次。但是由于在国内缺乏群众基础，光复会的宗旨始终不能实现。最后法国殖民者和泰国、中国军阀相勾结，扼杀了光复会。光复会的领袖潘佩珠也在上海被法国人逮捕，押回越南，软禁在顺化。至此，由资产阶级领导的越南民主主义革命基本结束。

阮爱国寻找革命道路（1919—1929）

1917年俄国十月革命的胜利给世界无产阶级指出了正确的斗争道路。从此，越南人民的抗法斗争进入了由无产阶级领导的新阶段。1921年，在法国都尔市举行的会议上，殖民地代表阮爱国（即胡志明）[①]加入了法国共产党。之后，阮爱国连续在法国各种进步报刊，尤其是法国殖民地联合会的机关报《劳动报》上发表文章，在巴黎郊区俱乐部演讲，并著有《法国殖民制度之罪状》一书，陈述殖民地人民的痛苦和殖民者的残酷压迫与剥削，以唤起国内人民的觉醒和法国进步舆论的同情。

1925年6月，胡志明在当时中国大革命的策源地广州创立了“越南青年革命同志会”，组织了“共产团”，作为这个群众组织的核心，为建党进行思想上和组织上的准备。与此同时，资产阶级性质的越南国民党，也于1927年成立（1933年底解散）。在1929年越南国内革命运动高潮的大好形势下，北、中、南圻出现了三个共产主义组织，但缺乏统一领导，各自独立活动。虽然三个组织的主张与路线并无多大差别，但每一个组织都宣称自己是工人阶级的真正代表。这时期全国出现了一些罢工、游行、集会活动，成立了一些群众组织，工人阶级和劳动人民迫切要求共产党组织统一起来。

二、社会结构的变化和社会生活、社会意识的改变

在法国殖民者到来之前，越南是一个典型的东方封建社会。人与人之间关系的维持一是靠血缘关系，二是靠长幼有序的传统观念，三是靠带有宗教性质的伦理道德。家族是村社的基本单位。每个村社有自己的土地、城隍和村规民约。村社里的人世世代代生活在一起，婚丧嫁娶等红白喜事他们都共同操办，具有较为稳固的村社情感。村社采用自治的模式，对中央政权而言是经济和行政的基本单位。中央政权采用中央集权的模式，依靠军事力量和官僚体制来维持统治，臣民则以村社为单位纳税服役。

众所周知，封建社会政权属于某一个家族。官吏是属臣，为执政的家族服务。帝王、贵族、官吏按照上下亲疏的不同次序享受不同的政治经济利益。

---

① 胡志明（1890.5.19—1969.9.2）原名阮生宫（恭），阮必成，1911年底，胡志明离越赴法，取名阿三；1919年初，取名阮爱国；1924年12月，化名李瑞到中国；二战爆发后，化名胡光在中国广西地区进行革命活动；1941年2月8日，胡志明回到越南高平省北坡，取名秋翁；1942年8月13日，使用新名字胡志明，秘密到中国，直到逝世。

整个体系对于国家来说是政权，对于社会来说是等级，对于血缘关系而言是家族，但都是对士、农、工、商“四民”的统治。

在农工商中，在数量和经济上贡献最大的是农民，但农工商都是被轻视、被剥削、被压迫的对象。四民中地位最高的是士。士，即儒士，是一个特殊的阶层。他们自认为，同时也被社会承认是向人民传播统治阶级“教化”的人。儒士科考成功就可以做官，享有政治和经济的特权，不做官也可成为豪绅。儒士是一个没有特权的阶层，但他们也不属于劳动人民。地主和富农是剥削阶层。但是，如果没有学问，或不属于有权势的豪绅家族，仅仅只是有钱，则他们不但没有特权，而且常常是官吏豪绅压迫剥削的对象。社会的主要矛盾集中体现在君臣与人民之间的对立。土地在名义上归帝王所有，但实际上有相当一部分为公田。地位权势是用来支配土地分配的主要手段，是进行剥削压迫的工具。

城乡之间也存在着对立。越南全部沦陷为法国的殖民地后，其以往自然经济基础被打破，人民逐步走向贫困甚至破产，最终成为法国商人的廉价劳动力。在农村，到处都是茂密的竹林、简朴的村庄、肥沃的良田，还有寺庙和庭院。城市是政治经济文化中心。这里有大量的粮仓和军队，有贵族们的宫殿、行署和官邸，有手工业者和商人，有各行各业的集市。城市生活与农村不同。最早的城市居民主要是士兵、食品供应商、中转商、翻译、记事、承包商、学生及候补官员。商品经济刺激了工商业和城市的发展，产生了许多新的需求和行业。农村的凋敝，农业的破产，城市的发展，这些都促使越来越多的逃难、破产和希望在城市里谋生的农民涌入了城市。这些农民和破产的手工业者理应成为产业工人的后备队，但实际上只有一小部分人做些小生意，或者成为厂矿工人，或者去修路、垦荒，大部分成了仆人、车夫、保姆、丫鬟，甚至还有不少人成为无业游民、妓女、流氓。市民阶层开始形成，他们在城市里过着穷困潦倒的生活。

越南带着痛苦和屈辱向半封建殖民地社会发展。这样的转变一方面带来了经济社会的严重后果，另一方面也推进了社会的发展，改变了城市的面貌，城市成为商业中心；改变了社会结构；打击了保守势力；社会朝着现代化的方向发展：有规模宏大的剧院、高雅的咖啡屋，还有各种报刊杂志。人们需要钱，需要享受，还需要算计和奔波。

在法国的殖民统治下，越南社会政治经济起了根本性的变化，人们的思想观念也随之发生了巨变。传统的礼教习俗渐渐隐退，破产的农民涌向城市。他们渐渐地被城市化，开始经商、竞争。人们开始走南闯北，开阔了视野，渐渐意识到要争取自主和独立。

抗法救亡，争取独立是越南爱国志士们的理想要求，同时他们还希望改革和维新，向发达国家学习。只有人民站起来才能救亡，只有维新才能独立。法国殖民者打着开化民智、传播文明的幌子，其所作所为大都与越南的风俗习惯背道而驰。有人因憎恨法国而拒绝一切新事物；也有人认为维新就是一切，甚至把法国人的所作所为都当成是维新。维新是一场新与旧之间的斗争。这一切已深入人们的思维和社会意识之中，引发了一场前所未有的大变动，出现了许多从未有过的人物和社会事件。生活已经偏离传统的伦理纲常，家庭中的慈孝恭顺已拉不住儿女的脚步；乡村的亭院无法阻拦年轻人前进的步伐。人们要为自己的生存而斗争。

与此过程相应的是欧亚文学的碰撞。法国殖民者输出法国文学占领越南文学的阵地。一方面，人们反抗这种文学侵略来保卫其民族文学。另一方面，人们也注重模仿和吸收法国文学中的精华，渐渐形成了一种新文学。

第二节　文学的发展

随着19世纪法国殖民者的入侵和20世纪初越南"勤王运动"的最终失败，儒家思想在20世纪初失去了其原有的地位。越南文化生活开始了一个新的模式：传统的文化依然存在，并继续发挥作用，同时开始接收现代西方文化。

在这样的文化背景下，越南新文学逐渐形成。诗歌、短篇小说、长篇小说、报告文学、随笔、剧本等各种文学体裁得到了充分的发展。

一、转型时期的文学

越南全面沦陷为法国的殖民地后，越南文坛开始分化：一部分人不甘心当亡国奴，或以诗文为武器，或投笔从戎；但也有一些人逃避现实投靠法国殖民者。生活的现实直接地反映到文学领域里。占文坛主导地位的是民族革命者的战斗文学。这些人既是作家又是"勤王领袖"，他们写出了大量的诗歌、檄文、传单。这些作品虽然尚未完全摆脱孔孟思想的束缚，但充满对敌人的仇恨和爱国爱民的热忱。如潘文治、潘廷逢等人揭露、批判投降派的诗文，阮廷炤、阮春温、阮光碧、阮通等人的诗作，都是越南抗法文学中的宝贵遗产。安屠（阮劝）、秀昌（陈济昌）则成为越南讽刺诗歌承前启后的人物。而孙寿祥、黄高凯等，则沦为投降派的代表。

1865年，越南官方用国语字（拉丁化越南文字）在西贡出版了《嘉定报》，1892年在河内出版了《大南同文日报》。在这两种报纸上发表的黄靖虢、张永纪等人的作品，便是越南国语文学的雏型。

勤王抗法运动失败后，以潘佩珠为代表的一部分知识分子，在中国维新派代表梁启超、康有为和法国启蒙思想家卢梭、孟德斯鸠、伏尔泰等人的思想影响下，开始组织“维新会”、“东京义塾”、“越南光复会”等团体，传播新思想。日本在东方的崛起，使他们受到启发，于是掀起留学日本的“东游运动”。潘佩珠的《越南亡国史》、《海外血书》等汉文作品，就在此时写成。此外，黄叔抗、阮尚贤、吴德继等人的诗文，也都能阐明团结抗法的意义，激发人们的爱国热忱。这一时期文学发展的特点是：旧的韵文已经不能满足复杂的斗争形势的需要，国语散文学得到发展。一些新办的报刊起了积极的作用。进步文坛上一时汉文、喃字、国语文学兼存并茂。在辛亥革命对越南产生巨大影响后，中国的“五四运动”又很快影响了越南，反帝反封建的作家队伍更加壮大。

为了抵消爱国文学的影响，法国殖民者在百般加以限制的同时，指派阮文永、范琼等人出面创办《印度支那杂志》（1913—1917）和《南风杂志》（1917—1934），宣扬儒家和佛教思想，尤其是资产阶级的颓废思想，企图麻痹人民的斗志。但在上述报刊中，也有部分作家如阮有进、阮杜牡、潘继秉、阮文素等，却冲破樊篱，把东西方，主要是中国和法国一些有进步意义的作品翻译介绍到越南，对越南的文学产生了很大影响，为统治阶级始料所不及。文学体裁也渐趋完备，报告文学、政论、短篇小说、新闻报道、戏剧等开始在越南文坛上出现。拉丁化文字逐渐取代了汉字和喃字。作家的创作题材也更多地涉及现实的社会问题。胡表政、阮伯学、范维逊、黄玉柏、阮重术等具有现实主义倾向的作家成了越南新文学的先驱。

在20世纪初的越南文坛上有两种主要的文学流派：正统文学和平民文学。

正统文学是属于儒士和知识分子的，他们自认为是朝廷的臣子、教化人民和维护圣贤的人。儒士们写文学作品不是为了表现美，而是为了表示所谓的“道”和维护纲常伦理。它可能是一些歌颂明君贤臣并劝人见贤思齐的劝诫文章；它也可能是托物言志、表现抱负节操的文学作品。在儒士中还有不少人厌恶封建礼教的束缚转而歌颂大自然、士子的清高、才子的风雅。审美情趣可能不同，思想内容也可能有差异，但文学作品形式仍然主要是韵文。它们所反映的在朝廷是君臣关系和同僚关系，在学校是师生关系，在家里是父子关系和兄弟关系。文学作品写出来是为自己而写，仅希望能够收入文集诗集或“藏入名山”。作者不考虑发表作品和读者的问题。他们创作文学作品首先注意的不是客观实体，而是纲常伦理。文学作品的审美首先体现在伦理纲常上。在形式上注重对称、和谐、庄严。创作文学作品必须要反复修饰美化，用典故等修辞手法代替平常的语言，但并不要一味地求新求奇。作者追求的是平易自然。文学作品写得高雅而不通俗使其难以反映客观现实，而且往往轻视人民群众现实生活。

平民文学是劳动人民的文学作品，这是村社乡间人们的颂歌，描写了他们的真情实感。当他们吟唱的时候并没有意识到这就是文学和艺术，平民文学在创作的时候也没有考虑读者的问题，但平民文学有其自然的质朴之美。其质朴之美也有异于正统文学。

儒士们轻视平民文学，而“平民”也对正统文学保持敬而远之的态度。两种文学都有抒情的意味，也诞生于同一社会背景，但却是属于两类不同人的创作。具有人道主义思想的儒士们关心生活、关心人，用喃字创作，反对社会的不公和压迫。平民的思考与儒士们不同，但他们也在儒士们的喃字作品中发掘他们感兴趣的歌谣。当用民族体裁和民族语言创作的时候，儒士们也必须深入平民的心灵和语言，而平民们也要分享儒士们的情感。这些介于正统文学和平民文学之间的体裁把两类作者连接在一起，使正统文学大众化，使平民文学艺术化，这是越南文学的一个重要发展阶段。

在这里，我们认为潘佩珠和伞沱是文学革新道路上的两个关键人物。

潘佩珠是一个爱国者、越南革命先驱。他使用各种文体进行救国宣传，包括正统文学和民间文学，从名人传记到章回小说、剧本、诗赋等。他的作品充满了爱国情感和时代新思想。潘佩珠是第一个进行文学革新的人。

在革新的道路上，伞沱又向前跨了一大步。伞沱写过评论、游记、随想、寓言、长篇小说、短篇小说、诗等多种文体，运用了各种诗体，有唐律、七绝、六八体、双七八体等。伞沱在从旧诗到新诗的转折过程中发挥了重要作用。伞沱的作品中，蕴含着儒家忠义思想和民间诗歌情怀。越南传统诗歌中的精华，通过伞沱走进了一个新的时代。正如越南现代著名文学评论家怀青所说：“他开启了新的乐章”。

接触并碰撞并不能抹煞正统文学与平民文学之间的差异。在城市里，越来越多的人生活在新的环境当中。新环境有新的文学需求。在城市里不再有月下歌会，而乡野艺术也不再能满足市民的需要。新的市民阶层需要市民文学。

在越南文学传统中没有市民文学，欣赏市民文学也并非易事，因此媒介在这个时刻非常重要。在学校里，学生从学习法语到学习法国文学。学校里的文学课程就是为了改造人们的审美观点，使人们能够理解与传统文学相异的新文学。译自法语、汉语的小说越来越多地出现在报纸上，或者以小册子的形式出版，都成为新市民阶层的精神食粮。

但市民文学并没有一开始就压倒乡村文学。儒士们仍然沉醉于诗赋、圣贤道德，还在不断地创作。许多名儒、高级官僚仍然组织诗会。阮朝①也还存在，还有一些官员在写诏书，上表。人们还可以欣赏到明君贤臣、伦教纲常，但已

① 阮朝，越南最后一个封建王朝（1802—1945）。

经没有人还喜欢虚伪、矫情的文学作品。爱国的儒士们仍在用文学作品表明自己的气节、揭露反动派的嘴脸、歌颂为国捐躯的人们。而农民还在继续用吟唱表明自己的心声。但其范围在缩小，影响在减弱。城市和农村两种文学创作在观念、目的、手法、审美标准上都还存在着明显的区别。

除了以往文坛主力军儒士外，在20世纪初的越南文坛上出现了一个新的创作群体：专业作家。短篇小说和戏剧的出现，满足了城市公众的新需要。

杂志社、出版社、剧院的出现加快了作品的传播，文学交流越来越频繁，城市和农村的联系变得更加广泛，文学受众进一步走向一体化，两大文学流派相互影响。旧文学作为农村精神的产物，难以满足新型社会的需求。公众的需求促进了文学的发展。

二、文学逐步走向现代化

越南文学现代化进程自20世纪初开始，其首要标志是国语字的使用。所谓国语字，就是用拉丁文字母标注越语发音的一种拼音文字。国语字在越南只有300多年的历史。开始时主要是在越南的西方传教士用来学习越语和进行传教布道的工具。法国占领越南后，便开始教授、推广和传播国语字。1917年，法国殖民政府宣布在越南废止科举和汉字。

在20世纪以前的历史长河中，越南文学深受中国文学的影响。重汉字诗文，轻喃字诗文；重韵文学轻散文学。作品形式千篇一律。从题材、人物、故事梗概到形象、语言及写景状物手法等都有一定的模式。这些固定的模式成了作家们的思维定势，限制了作家揭示自我和展现自我的意识和能力。越南文学自20世纪初渐渐从传统文学走向现代文学。传统文学从审美意识、艺术手法到语言文字方面都有其独特的特征。传统文学由于由汉字和喃字写成，因此有人把它称作汉—喃文学。传统汉—喃文学的部分作品采用汉字。作为一种借用的文字，它不是在民族口头语言的基础上直接形成的。

越南文学中还有一部分采用了喃字这一越南文学语言形式，大部分是源于口头语言，与民族语言生活有直接的联系，因此直到20世纪初，越南文学在自身形成和发展的整个过程中，受到许多社会历史因素和有关传统语言因素的影响。

现在的研究者一致认为，越南文学从20世纪初渐渐进入了现代文学范畴。现代文学的语言直接源于口头语言，是口头语言和书面语言的统一。因此，越南文学现代化进程就有了“文语一体”（要求书面语与口头语统一，书面语须源于口头语）的任务。一旦文学直接用口语写成则可以认为文学的现代化进程有了坚实的语言基础。

根据儒家的观念，儒士们终生都应该写文章做诗，这与现代作家的创作活动是有区别的。在过去，写文章被视为一种技能，掌握了它，儒士们就可以参加科举考试，可以做官，而官员的主要公务就是在各种不同的场合写不同的文章。儒士们从小就开始做诗习文，而入仕后就写各类公文。文学作品也可用于交际和应酬的场合。人们用对子交流情感，用祭文吊祭友人，用诗迎送友人，用词记录生活。这些应酬文章并不全都依照情感而作，而更多的考虑关系、地位和面子等方面的因素。朋友们经常在一起吟诗唱词。儒士们用文学作品记录自己的所想所感，用诗托物言志。儒士们的世界观、人生观和文学观深刻影响着他们的文学作品。

儒家认为文学作品是用来载道的，文人们不仅要"喷珠吐玉"，即有文采，还要有道，"文以载道"。因此，文人更应该是圣贤，而不是艺术家。文史哲不分家，写文章不可能脱离实际。但文人们并不关心观察和模仿，他们最关心的是要符合伦理纲常，模仿和表述受到固化思维模式的限制。文学发展的最高峰是诗。而诗就是用来表露心迹的，言志感怀是直接表露心迹，而咏物写景则是间接表露心声。诗用来抒情，但人的生活价值却是伦理纲常，因此抒情不仅仅是抒发个人的情感，更要符合社会的要求。"载道"的文学作品使文学脱离真实的人和生活，限制了文学的发展。

亚洲传统农业国家的生活本来就迟缓落后，无论发生多么大的沧桑巨变，伦理纲常仍然是金科玉律。人们还是站在伦理纲常的立场上思考、评价和行动，以此为依据来恢复社会秩序。在这样一个保守、平静的社会中，儒士们又是最好古的群体。框框不会被打破，儒士文学就是这种社会的产物。

19世纪末，法国人的到来，打破了这种平静。社会的变化就从平静的生活被打乱开始。货币、商品将伦理纲常打得支离破碎，城市的资本主义使社会分崩离析。情义难抵契约，社会变得复杂，生活变得多姿多彩。在一个个体化的社会中，伦理纲常显得太脆弱单薄，难以包容复杂而多样的客观生活。情感解决不了各种关系，人们开始寻找新的方式方法来面对这个新的社会和世界。

伦理纲常在竞争的社会中难以满足人们尤其是市民的现实要求。人们需要具体而详尽地了解现实生活的方方面面。人们需要文学作品反映真实的社会生活，而不是伦理纲常中的仁义忠孝。人们希望从文学作品中得到生活的经验、教训和启示，而不是伦理纲常的古板和落后。

为满足人们的文学需要，作家们的文学观念和审美情趣也必须作相应的改变。新文学以现实生活为题材，以现实的观察代替道德的说教。客观事实必须得到尊重，要分清楚主客体，找到心灵—道德—客观事实之间的纽带。摹写即使停留在最原始、最少修饰的阶段也是一个新的开始。文学是一门注重美的艺术。摆脱了伦理纲常的束缚，反映现实生活的文学得到了长足的发展。越南文学开始走向现代化。

越南文学现代化进程是历史发展的必然，经过几代革命家、思想家和文学家的努力奋斗，文艺思想和文学创作经过不断革新和发展，最终将走进现代文学。文学现代化破除了旧的社会伦理道德观念和文学职能，在社会和人民的生活中形成了新的价值观、道德观、伦理观和处世原则。以往尊君观念扎根于人们的意识之中，一提起国家便想到帝王。现在国家遭外侵，朝廷丢掉了国家主权，人们开始觉醒了，认识到国家首先是人民。以民为本的精神开始得到体现。

文学现代化，首先需要一个为文学革命和运动提供足够条件的现代化社会环境。20世纪初，爱国知识分子呼吁学习和使用国语字。国语字易学、易记、易懂，只需6个月就能扫盲。国语字在“东京义塾”时期是传播进步思想文化的工具。其后，特别是在民主革命时期，传播国语字的运动成为一项政治文化运动在群众中深入开展，国语字文学随之诞生。

20世纪初，国语字文学作品较少，占主导地位的仍是汉字文学和喃字文学。如越南国家社科院文学研究所第一任所长邓台梅教授选编的《20世纪越南革命诗文》①颇具代表性。《20世纪越南革命诗文》共选有66篇作品，其中32篇是汉字作品，34篇是喃字作品。这说明汉字文学和喃字文学在越南文学现代化进程中的重要作用。汉字文学和喃字文学是连接越南古典文学与现代文学的一座桥梁。但是，汉字文学和喃字文学不是人民大众的文学，因为懂得汉喃字的人很少。所以，文学的现代化首先必须用易学、易记、易懂国语字进行创作。法国殖民者看到了国语字的作用并首先将其用于行政领域，规定府、县、镇的公务员不会写国语字的不得选用，不得晋升。同时为了鼓励学习国语字，法国殖民者对积极学习国语字的南圻公务人员、行政人员，各个辖区的各类官员免人头税、免杂役并给予优厚待遇。

1897年，法国殖民者在越南各省市开办法越学校，主要学习法语，也学习国语字和汉字。1898年，他们又下令在乡试中使用国语字和法文。到1903年，法文字和国语字成为强制性学科。1917年法国殖民者宣布在越南废止汉字和科举制度，汉字的基础地位宣告结束。随着国语字的使用，喃字也结束了它的使命。国语字开始占据主导地位，在人民大众中广泛传播，在越南文学现代化进程中发挥了越来越重要的作用。

印刷技术的发展为文学现代化进程提供了良好的条件，文学作品正是由于印刷技术的进步才能迅速、广泛地传播。它克服了口授耳受和“三抄失本”的现象。伴随着印刷厂的出现，出版社、报馆、书店等随之纷纷出现。报刊的发行要求作家们创作出适应上层知识分子、中层公务人员、普通市民、农民、学生等不同年龄层次、不同职业读者要求的作品。文学创作成了一种职业，一种

① [越]邓台梅：《20世纪越南革命诗文》，河内：文化出版社，1961年。

谋生手段。许多作家要靠自己的笔来维持生计。因此，在一段不长的时间里，越南作家们创作出了大量的文学作品。作家们的聪明才智和辛勤劳动以及印刷技术的发展使文学创作、传播达到了空前的局面。

印刷业的出现使报刊业得到迅速发展。报刊是现代社会的标志。报刊对越南文学具有很大的影响：报刊是作家们发表作品的园地，新诗、短篇小说和现代小说首先是在报刊发表，然后才收集印刷成册的；报刊是帮助读者改变审美习惯，熟悉新的文学体裁的载体；通过报纸上刊登的译文，人们第一次了解了西方的文艺思潮和学术思想，这对越南文学的革新、现代化都具有十分重要的意义；报刊改革了越语的文法，改革了诗歌，同时也因诸多作家的作品而保留了越南现代文学形成过程中的全部印迹。

文学进入现代化，翻译有着重要贡献。翻译为作家们认识、了解和吸收东西方古今文学、文学流派、现代哲学，特别是法国文学提供了条件。有的作家最初都从翻译开始，通过翻译了解外国文学并进行新的创作来丰富自我，如胡表政最初搞翻译，经模仿到创作。另一方面，翻译作品也渐渐改变了读者的审美习惯。

《印度支那杂志》（1913—1917）和《南风杂志》（1917—1934）、《西方思想》（1928—1936）等刊物最先介绍了西方文学，主要是法国文学，如莫里哀的《丈夫学堂》、《伪君子》和《吝啬鬼》、大仲马的《三个火枪手》、《基督山伯爵》，维克多·雨果的《穷苦人》等。在《印度支那杂志》开办的五年里，该杂志介绍了50余名法国作家，其中出现频率较高的有弗朗索瓦·拉伯雷、卢梭、帕斯卡·塞夫朗、孟德斯鸠、左拉、维克多·雨果、阿尔封斯·德·拉马丁等。如黄玉柏、武庭联、世旅、概兴、春妙、辉瑾、制兰园等许多作家都在法国人开办的法越学校学习过。还有不少是留学法国的，如一零、范辉通、阮进朗等。他们衷情于阅读和翻译夏尔·皮埃尔·波德莱尔、普罗斯佩·梅里美、梅里美安德烈·纪德等人的作品。通过法文，他们认识了莎士比亚、列夫·尼古拉耶维奇·托尔斯泰、费奥多尔·米哈伊洛维奇·陀思妥耶夫斯基、安东·帕夫洛维奇·契诃夫和玛克西姆·高尔基。

20世纪30年代的越南翻译之风盛行，不仅是法国文学作品被译介到越南，《三国志》、《红楼梦》、《西游记》、《水浒》、《西厢记》等中国文学名著也被译成国语字以飨读者。1922年以后，翻译家们把目光投向中国悲剧小说并将其翻译国语字。这些作品十分符合新青年，特别是当时小资产阶级知识分子阶层的心理。翻译在越南文学现代化进程中发挥了重要作用。

20世纪20年代在越南北部出现了阮伯学、范维逊等一批作家。他们在作品中揭露了殖民地半封建社会的黑暗现实，抵制当时殖民文学“调和新旧”、“欧亚融合”的思想。阮伯学的短篇小说多议论，倡导伦理道德和家庭伦理观念。范维逊的思想较新，他是越南20世纪初期最成功短篇小说作家，是越南短篇小说现实主义创作倾向的拓荒者。

小说是文学现代化的重要标志。20世纪初，小说最先在越南南部出现，如陈天中（陈政照）的《黄素英含冤》（1910）、张维瓒的《潘安外史》（1910）、黎泓谋的《苏慧儿外史》、《怨红裙》、《冯金花外史》（1920）等。初期创作的这些小说带有明显的中国小说的痕迹。到了如阮政瑟的《义侠奇缘》（1919），富德的《舟回协浦》（1926）、《心中的火》（1929），表庭的《慷慨的情义》（1923），特别是胡表政的《金龟船神》（1922）、《痛苦的人生》（1922）、《父子义重》（1929），国语字小说开始了明显的革新，受西方小说的影响越来越大。特别是胡表政等人的小说广泛传播，拥有广泛的读者。

同一时期，越南北部也出现了一批作家和作品，如：伞沱的《一场小梦》（1917）、《一场大梦》（1929），邓陈佛的《雪点梨枝》（1921）、《葬礼》（1923），重谦的《金英泪史》（1925），阮重术的《西瓜》（1925）等。伞沱的小说读起来琅琅上口，温婉如诗，他的作品承前启后，是连接传统对偶骈文和散文学艺术的桥梁。之后又出现了黄玉柏、阮公欢、吴必素、元鸿、武重奉等一批自力文团中的现代派小说家。

1921年10月22日，武庭龙的三幕剧《一杯毒药》的公演是越南话剧发展史上的里程碑。随后，武庭龙的《西厢新剧》（1922）、《良心法庭》（1923），阮友金的《朋友和妻子》（1927）、《多余的一生》（1927），韦玄得的《鸳鸯》（1927）、《黄梦蝶》（1928）、《新婚两夜》（1929）等都取得了成功。

话剧的发展和现代化过程在主题思想、结构、人物、语言等许多层面上展开，如武庭龙的《一杯毒药》、《良心法庭》等一些早期作品仍没有摆脱传统的伦理观念。韦玄得在他的《鸳鸯》和《黄梦蝶》中以“在没落中整顿人伦”为名义表达了自己的保守思想，他将妇女定位在封建家庭的灶台边，认为妇女“自愿”做男性的奴隶；在《金钱》中，表现出了人道主义思想，艺术水平较高，人物形象鲜明，内心刻画生动。段富思的《情书》和《三岔路口》浪漫主义思想浓厚，描写那些有自由主义思想、处于西化过程中但仍保持着越南民族本质的人。段富思才思敏捷，他的话剧受到年轻人的欢迎。从武庭龙到段富思，越南的话剧取得了长足的进步。

越南文学向现代化迈进，但1900—1930年间的越南文学并没有真正现代化。越南文学的现代化是在其后的1930—1945年间的文学发展中渐渐完成的。

1900—1930年间的文学与以往的文学相比有了质的变化和发展，为以后越南现代文学的发展作了准备。这是越南文学史上的一个东西方文明碰撞的时期，是新旧文学的交替时期，是文学现代化趋向日益明晰的时期。

第二章

民众的文化需求：越南新文学的兴起

第一节　越南新文学的形成

1885年越南全部沦陷为法国的殖民地。越南的国门打开了，越南开始了与外界的接触，逐步走进世界舞台。

在法国的殖民统治下，越南社会政治经济起了根本性的变化，人们的思想观念也随之发生了巨变。抗法救亡，争取独立是越南爱国志士们的理想追求，同时他们还希望通过改革维新向发达国家学习。只有人民站起来才能救亡；只有维新才能独立。

在这样动荡的时代，出现了许多新问题、新人物和新思潮。以往那些吟风弄月的华藻词句再难调动人们的情致，而文学必须反映变动社会。

在这样的文化背景下，越南新文学逐渐形成。诗歌、短篇小说、长篇小说、报告文学、随笔、剧本等各种文学体裁相继走上了越南文坛。20世纪前30年代是越南新文学萌芽、形成的时期。

社会现实生活不仅仅只是一定的文学的反映对象，还是文学产生的因素。当法国殖民者侵入越南时，越南文学转变了以往很少关心人们的疾苦与幸福的倾向，集中反映抗击法国殖民者的斗争精神，批判阮氏朝廷的妥协投降行为，呼吁人民起来保家卫国。

从传统走向现代化是世界各国文学发展史的必然。虽然各国有各自的文化特征，但朝现代化方向发展是普遍规律。新思想和旧传统之间的斗争、关于个人主题的出现、反映社会生活、西方小说模式与传统记事小说形式相结合，这一切形成了20世纪头30年代的越南新文学。

一、民众的文化需求与作家的文学观念

新文学的贡献在于它造就了一支作家队伍，吸收了西方文学的各种体裁，带来了一种新文学观念；用国语字代替了汉字和喃字，用生活语言代替庄严文雅的韵文；描写日常的生活和现实生活中的人。

城市是新文学的摇篮。新文学开始时主要反映城市现实生活，符合城市大

众的喜好和审美需求。作家成为一种职业，他们把文学创作视为一种谋生的手段，作家们创作的作品要满足读者的需求。商品意识、买卖关系在社会生活中表现得尤为突出。1917年，法国殖民者在越南废除汉字和科举制度。儒士们只好“转行”去办报刊，搞创作。

以往的越南儒士们认为文学创作就是为了表达“心”、“志”、“道”。但到了20世纪初，他们在新的形势面前却努力描写他们在日常生活中的所见所闻。通过他们的作品，不能不看见他们在文学观念、对客观实在的审美态度：提高文学对生活的认识作用。描写生活中的压迫与反抗，反映生活中的冲突和矛盾是新文学作家努力的目标。传统文学颂扬古人和过去，新文学则为社会现实生活所吸引。但每位作家对社会生活的态度、审美意识是不尽相同的，这就形成了以后的1930—1945年间越南文坛上的现实批判主义和浪漫主义等流派。

到20世纪20年代，生活节奏和速度加快，资本主义化的生活方式渗透到这个“地小人多”的地方。在这种背景下，城市各个阶层如资产阶级、工人阶级、手工业者、小业主、公职人员、自由职业者、城市贫民、新学知识分子、丫鬟、仆从等虽然在生活水平和实现个人需求能力方面各不相同，或者说截然不同，但在心理状态、兴趣爱好等方面又有许多相似之处：喜欢竞争，好逸恶劳，猎奇，喜欢热闹。这种心理需求要求反映日常生活的文学作品“行文流畅轻松”。人们的认识需求和审美情趣需要得到文学的回应。在这样的背景下，新文学应运而生。

二、国语字、报刊、译著与新文学的发展

报刊的发行、出版社的成立、作家队伍的出现、数量庞大的新的文学受众是促进新文学形成和发展的内在的、必要的客观条件。

20世纪以前，越南诗人一直采用汉字或喃字进行创作。历史上一些重要的文献和大部分文学作品主要用汉字写成，18世纪后半叶和19世纪的主要诗人阮攸、胡春香、阮庭炤、阮秉谦等的文学作品主要用喃字写成。20世纪初的阮劝和秀昌等近代诗人和其后的范维逊、黄玉柏、阮公欢等作家用喃字或现代拉丁化国语字进行创作，为越南文学的现代化和现代越语的发展作出了不可或缺的贡献。

《嘉定报》、《大南同文日报》、《中北新闻》、《印度支那杂志》、《南风杂志》、《实业民报》、《民报》、《友声杂志》、《东法时报》、《安南杂志》、《民声》、《妇女新闻》、《世纪新闻》等报刊杂志为越南文学的发展提供了广阔的园地。在出版社还是很少的时候，报刊成了发表和欣赏新文学的主要阵地。当时的许多报刊都辟有“文苑”栏目，刊登短篇小说、剧本、诗歌和翻译作品、访谈录等。如《印度支那杂志》刊登了伞沱的诗歌和阮

公欢的短篇小说。当时的报刊还是综合搜集和介绍越南文学、法国文学和中国文学的园地，推动着越南文学发展。报刊是交换意见、丰富越语语言、发展散文学的园地。后来在越南文坛上著名的一些作家、诗人都在当时的报刊上小试牛刀。

20世纪初的头几年，越南南部就开始用拉丁化越语翻译中国古典文学作品，不久在北部也开始翻译中国书籍、法国书籍和用汉语写成的越南古籍。一些翻译自中国和法国的古典主义、浪漫主义和现实批判主义的作品吸引着当时的越南读者。民众在此之前从来没有机会用母语阅读如此之多的文学作品。因此，读者的文学观念、审美思维和审美习惯有了新的变化。人们放眼世界，重新认识了自我和周围的生活。翻译作品丰富了越语语言和文学创作。

三、奴役文化政策与新文学运动

19世纪末，阮长祚、阮路泽等一些儒学家就已经提出了改革国家的建议，希望建立一个独立的国家。20世纪初，新一轮的爱国运动蓬勃兴起，仁人志士们将文学看作是与敌人斗争的有力武器。当时法国殖民者正在推行文化奴役政策，目的是要割断中国与越南的文化联系，将西方文化，主要是法国文化渗透越南。

第一次世界大战后，法国殖民者支持阮文永主办《印度支那杂志》，露骨地提出将各位志士“收监流放”；范琼开办《南风杂志》倡导文化“新旧调和”、“广纳亚欧”，鼓动青年、知识分子投身文化、文学活动，鼓吹西学。

在这样的背景下，一时间涌现了范维逊、阮伯学、伞沱、阮公欢、胡表政、黄玉柏等著名作家。新文学作家高举文化爱国主义旗帜，批判殖民者的文化政策。他们反映社会现实生活。新文学运动出现了一些真正的忧国忧民之作，如张维缵的《潘安外史》、陈正照《黄素英含冤》、胡表政和彪廷的小说；范维逊、阮伯学、伞沱和阮公欢的短篇小说；伞沱、邓尘佛、黄玉柏、阮怜、阮重术、重谦、阮文永、阮百卓、范琼等的随笔。报刊争相刊登小说，深受读者欢迎。

第二节　新文学的性质与体裁

一、新文学的性质

新文学的诞生取决于新的经济社会结构。随着“勤王运动”的最后失败，封建意识体系失去了它在越南社会文化生活中存在的基础。这一点最终导致了曾经制约越南文化十几个世纪的关于文、道、人观念的消亡。就连一些爱国的儒学大家也开始批判这种过时的儒家观念和八股文。那些忠君爱国、重道的封建意识的卫道士们已经被历史所淘汰。文学观念已经改变。以往“文以载道”、“诗言志”、“著书立说”等儒家思想带有很强的“正统性”。小说不能叫正经书而是杂书。剧本也不被认为是一种文学体裁。最具优势的文学体裁是诗、词、赋。每种体裁都有严格的规范，其文学体裁体系几乎与中国的完全相同。

文学新观念是在西方文学的影响下从20世纪前20年渐渐产生和发展的。它是一个不完整的正在形成的文学观念，到20世纪30年代基本发展完善，作家队伍、题材、体裁和创作风格等方面都有了迅速发展。新的文学观念具有以下几个特点：（1）彰显越南人的聪明才智；（2）以本国的生活、人物、风俗习惯为创作素材；（3）摆脱汉语文学的影响；（4）提倡小说、纪事文学等文学体裁；（5）文学创作作为一种职业。

杨广寒在《越南文学史要》中认为新文学的性质主要是：（1）散文学占主要位置；（2）作品注意反映社会现实生活；（3）注重实物、实景、实事描写；（4）反映越南风俗；（5）新文学文字简洁、自然。

在20世纪头30年代的越南文坛上，小说发表在报刊杂志上，语句简洁，文字新颖。1925年后，在人们的书架上已经可以看见一些颇为厚重的文学作品，如阮重术的《西瓜》，范裴芩的《三海湖风波》，杨自愿的《风暴之后》，重谦的《金英泪史》，和黄玉柏的《素心》，阮祥三的《儒风》、《抽丝人》等。新文学在文坛上渐据优势。

继1922年10月22日晚武庭龙的话剧《一杯毒药》在河内大剧院首演成功，又有一系列的话剧陆续和观众见面：武庭龙的《良心的审判》、《西厢新剧》，阮友金的《朋友和妻子》、《罪犯是我》、《新天地》，韦玄德的《鸳鸯》、《黄梦蝶》、《新婚两夜》，南昌的《里长先生的故事》、《呆少年》，张爱踵的《呆议员》，段恩的《鸳线》，佚名作家的《一个被毁的家庭》等。

这样，越南文学摆脱了旧的文学模式，正式向现代文学的轨道迈进。20世纪30年代后，越南现代文学逐步发展成熟。

二、新文学的体裁

以小说、新诗、话剧为主体的现代文学体系，是从西方传过来的。现代文学一些新文体的出现，是一个认识、领会、习得的接受过程，这个接受过程是在越南文学传统的语言、心理以及经验的基础上产生的：革新传统的文学形式；翻译、摹仿西方的文学作品。新文学体系的形成，标志着越南现代文学的诞生，是东西方文学交汇与碰撞的结果，实现了文学的觉醒和超越。这是一场文学革命。

1. 翻译作品与文学创作

在20世纪初的越南文坛上翻译作品的发展十分迅猛。翻译作品的出现，打开了接受新文化的大门。国外的文学作品满足了新读者群的阅读需要，他们希望了解西方文化。即使是对越南文学有着巨大影响的中国文学，人们也将中国的古典和近代小说译成现代越南语。应该说，这是在新的时代精神背景下的再创作。

翻译满足了社会各阶层的阅读、娱乐、认知的需要，同时也体现了越南文学渴望摆脱封闭、走向世界的内在需要。

翻译是越南文学将外来因素转化为内在实践的一个过程。对广大读者而言，通过国语译作接触国外文学作品，也是一种熟悉新文体过程，这样非传统文体日渐被人们熟悉、接受。翻译文学构成了20世纪初叶越南文学史上一道独特而绚丽的风景线。

20世纪初，大量的法国经典作品被译作越南语。如莫里哀的《伪君子》、皮埃尔·高乃依的《贺拉斯》等话剧，大仲马的《三个火枪手》、雨果的《悲惨世界》、费讷隆的《忒勒马科斯历险记》、英国斯威夫特的《格列佛游记》等长篇小说，莫泊桑、阿纳托尔·法朗士等人的短篇小说，拉马丁、拉封丹、雨果、波德莱尔等的诗。到20年代有了一些成熟的译本。这些译作既保持了原作的精神风貌，又符合越南人的阅读习惯。

唐诗宋词及《三国志》、《征东征西》、《东周列国》到《乾隆下江南》、《岳飞》、《孟丽君》等社会小说、历史小说、武侠小说、爱情小说等中国文学作品也被大量译成现代越语，张永纪、阮杜牧、潘继秉、阮政瑟、伞沱等人的译本深受广大读者喜爱。伞沱细腻委婉、哀怨冷艳的文字表达，使他的译作风靡一时。

在20世纪的前30年里，通过汉学家和西学知识分子的译作，越南语读者开始熟悉新的文学样式：喜剧、正剧、游记、心理小说、社会小说、儿童小说、抒情诗、寓言诗等。这是一个新的文学体系，虽然来自国外，但为越南现代文学的形成提供了创作经验。

在越南，直到19世纪，各种新体裁，尤其是剧本和小说对于一个习惯了诗赋的文学界来说仍然很陌生。翻译工作者搭起了越南文学与世界文学沟通的桥梁，使越南直接接受西方文学中的新文体。但从翻译到创作还有很大一段距离，这是一个理解、领会并运用新文体的过程。摹仿是一个不可避免的历史过程，为真正的创作提供土壤。它加速了文学发展的进程。开始时法国小说都是出现在南方的报刊上。从1905年开始，胡文团等人用西方小说创作方法对喃字文学作品进行改写。阮文永将莫里哀的《伪君子》译为韵文，将拉封丹的寓言诗译为新自由诗。阮文永译的莫里哀的作品是话剧翻译的第一次尝试，译者意识到应使译作符合越南舞台的习惯。范琼翻译了高乃依的《熙德》、《贺拉斯》。胡表政的《越南小说》是用六八体写成的，但故事情节是仿照高乃依的话剧《熙德》的。因此，法国古典剧本翻译成越南语后有一个重大的变化，从剧本到小说，从小说到六八体诗，作者还对结局进行了修改，使之符合越南人的价值观。

"胡表政是越南1930年以前创作小说最多的一个作家"。①胡表政的创作过程是十分典型的，从摹仿西方小说开始，然后直接用这种体裁进行创作。胡表政摹仿法国文学作品进行了许多创作，这些作品具有现实主义和人道主义精神。如他的《风虐孤草》摹仿雨果的《悲惨世界》，《金龟船王》摹仿大仲马的《基督山伯爵》。与此同时，他还创作了反映越南社会现实、南部人民生活的小说，如《梦醒》、《金钱》、《父子义重》。胡表政的这些仿作和创作，对小说体裁的形成起了重要作用。

2. 小说

在长期的封建社会里，越南诗人的心血在诗、词、赋，像《岭南摭怪》、《传奇漫录》等散文学作品很少。到19世纪末，出现了像张永静的《古代故事》、《诙谐故事》和玄静果的《解闷故事》、《解闷故事后传》等散文学作品。20世纪初，潘佩珠、伞沱的小说是越南文学现代化的重要里程碑。阮伯学的《余生历险记》、范维逊的《管你死活》、阮公欢的《资本家的犬牙》、阮重术的《西瓜》、重谦的《金英泪史》和黄玉柏的《素心》都为越南文学的现代化做出了重要贡献。

阮重管是新文学创作短篇小说的第一人，其作品《烦恼的拉扎罗先生传》1887在西贡出版。作品主人公拉扎罗先生在得知朋友与他的妻子通奸后，便杀死了朋友和妻子。拉扎罗先生为杀死了妻子和朋友而感到无比的悔恨，在得知朋友与妻子是无辜的之后，拉扎罗先生便陷入了更加痛苦的悔恨之中。这种无法补救的错误使拉扎罗先生在痛苦中慢慢走向了死亡……

用第一人称叙述，在描写中穿插对话和独白，在忏悔中死亡来作为结局是阮重管小说的新颖之处。《烦恼的拉扎罗先生传》和《潘安外传》、《黄素英含冤》等作品对胡表政文学创作转型起到了积极的作用。

阮伯学是越南早期著名的反映当时城市资本主义化社会现实的短篇小说家。他写了七个短篇小说：《家庭的故事》、《里长先生的故事》、《撑死胆

---

① [越]潘巨棣：《越南文学（1900—1945）》，河内：教育出版社，1999年，第224页。

大的》、《和尚的故事》、《余生历险记》、《二小姐轶事》、《新婚夜的故事》。殖民地半封建社会的浮躁、杂乱、衰败、凋零等都被反映在阮伯学作品的字里行间。《新婚之夜的故事》中的女主人公陈述当时工人的生活，“从我进工厂做工的那天起，就再没有见过天日”，“四时戴帽出家门，连狗都不曾见一只，鸡也没有”，“从早上四点，工厂大钟第一次响起，我起床吃饭，到五点大钟第二次响起，我开始出发，六点进去干活，到了晚上九点才下班，十点钟到家，收拾打理到十二点才能上床睡觉”。还有一些女工，被一些监工调戏骚扰，“出时拧脸，入时摸手”。女工们边哭边说：“妈妈啊！几十块钱，您就把我卖给工厂了……”

阮伯学一方面注重客观描写，另一方面却无法抛弃旧文学的观点；一面摹仿西方文学的叙述方式，一面又习惯于骈偶对仗的形式等传统的方法。

范维逊注重揭露腐朽、不公的殖民地半封建社会的现状。他的《望穿秋水》、《楚卿其人》、《无名火》、《管你死活》等短篇小说用他所观察到的现象真实地描写出来使读者为之感动。在短篇小说《无名火》中他写道：“两个人叠起来已经很重了，还有一个老太婆大模大样的坐在车里，拉车的人已经拉不动了，老太婆却冷嘲热讽，出语伤人。”作者给读者一个近距离特写：“直到那时，我才看出来，是一位鬓发全白的老人……老人看着我，老人的一双眼睛，迷茫地看着，充满泪水……”“老人的儿子死于洪水，只留下一个痴呆儿。家乡闹饥荒，老人已经年过花甲却还要到河内去拉人力车，每天为几毛钱奔波。”

范维逊的短篇小说代表作《管你死活》虽然一开头是当时盛行的冗长的开场白和繁复的说教，但《管你死活》仍然是现代短篇小说艺术运用得比较成功的作品，纯熟的叙述、描写、对话，矛盾冲突非常突出：成千上万的人正在与洪水搏斗，努力保卫正受着洪水威胁的家人的安全；就在这个时候，在乡庙里，县官们、兵役们打牌赌钱消遣。县官正在等一张好牌，突然有一个全身湿透的人冲进乡庙，上气不接下气地报告：“禀报大人，大堤守不住啦！”他却被县官臭骂了一顿之后赶了出去。县官只关心：“师爷你抓到牌没有？”“那张牌跑到哪里去了”，全然不顾“洪水淹没了乡村，变成汪洋一片，屋舍变成平地，庄稼全被冲毁，生者无所居，死者无处埋，尸体漂在水面上……”

3. 诗歌

传播爱国和维新思想诗歌的出现打破了旧诗赋的束缚。19世纪末20世纪初，讽刺诗发展迅速，不仅数量多，而且质量也较高，形成了一种潮流，出现了像阮劝、秀昌等一些著名的讽刺诗人。讽刺诗开始涉及政治、社会问题，具有批判性、斗争性。

殖民地半封建社会里的矛盾和不公现象正是诗人讥讽、嘲笑、打击的对象。阮劝和秀昌是20世纪初两位最具代表性的讽刺诗诗人。

维新运动号召人民起来学习西方，克服狭隘、保守的思想。许多以往看不惯的现在看来已经变得很正常，人们逐渐习惯了新的生活，有时甚至还认为那是文明的、高雅的。

无论是戏虐还是批判，讽刺文学作者都无法离开读者。要想得到读者的欣赏，作品就要有作者和读者共同关心之处。批判、讽刺的对象、目标、观点、态度应得到公众的认同。继阮劝和秀昌之后，阮善济、双茶、潘佩珠等都熟悉城市的生活，更加大胆地进行讽刺和批判。

新的环境影响了作者和读者，规定了批判的内容和批判的方式，讽刺诗不再像以前那样善意、含蓄。

潘佩珠在批判人们把黄高凯和阮知芳、黄妙等先烈一起放入忠烈祠接受百姓的供奉时这样写道：

先烈舍身在疆场，
忠烈忠良怎一样。
良相佞臣列两旁，
可怜寺庙犹供香。
芝兰臭草难分辨，
麻雀巢臼在庙堂。
儒家何时有此人？
屈膝相媚竖子黄。

嗣德皇帝建立的忠烈祠是用来供奉阮知芳等平寇有功的英雄的。法国第二次攻打河内的时候，黄妙与城共亡。河内人民将他的遗体带回文庙并且将它供奉在忠烈祠。这并不只是想要纪念这位为国捐躯的英雄，也是对侵略者的一个挑战。将忠烈祠改成忠良祠，将黄高凯这个投敌卖国分子供奉在庙里，就是颠倒黑白，完全违背了儒家道义。这首诗的头五句，强调了“烈”——打击敌人，为国牺牲，用这个来对照揭露黄高凯。这首诗的后三句，打击对象不再是黄高凯，而是那些溜须拍马、臭名昭著的儒学家们，讽刺他们完全违背了儒家的道义。

阮劝在批判督学黄甲时说：

接着一甲的金榜，
白脸小人中三元。

阮善继写到一位探花时说：

探花是谁探花财，
三元卷卷甚明白。

考核选拔人才的时候接受贿赂，批改文章的时候接受贿赂。这些探花、副榜成了诗人们批判的对象。

20世纪头20年的讽刺诗可以说是文学的急先锋，及时迅速敏锐地反映了社会，反映了生活，揭露了殖民者政治上的和文化上的阴谋。

嘲讽诗与时事政治相联系，是从19世纪中叶开始的。但是，一直到了秀昌讽刺诗才成了潮流。到了20世纪初叶，社会秩序开始稳定下来，城市已经开始发展，资产阶级的生活方式基本确立。资本家赚了钱，修建了豪华的住房，穿上名贵的衣服，吃喝玩乐。许多人开始学习法语去找事情做。公务员已经成了一种社会现象。嫁给西方人的女子越来越多，妓女成了资本主义社会里一种合法的职业。阮劝所保卫的，正是秀昌所提倡的。人们要反对的不光是殖民者，还有贪官污吏们，还有那些迂腐的儒学者们。报纸等传媒的进一步发展促进了讽刺诗的广泛传播，成了针砭时弊的有力声音。讽刺诗渐渐地不再是零星的笑声，而是战斗的号角。作者和公众都受爱国主义和维新运动的影响，所以20世纪初的讽刺诗与爱国诗文有着密切的联系。讽刺诗与爱国文学相辅相成。讽刺诗打击卖国者，打击贪污官吏，打击迂腐的儒家文人们，打击封建迷信和落后习俗。

当然，讽刺诗、爱国文学还是有区别的。如果说爱国文学直接指向政治制度，直接指向殖民者和官吏，那么讽刺诗则揭露和批判的是一个具体的官吏，一个个别的行为。如果说爱国文学注意到的是人民和国家的关系，那么讽刺诗则是批判现实生活中的具体现象。

嘲讽的艺术就是引起笑声，争取公众的同情以此来达到打击的目的。越南人性格开朗，幽默诙谐。20世纪初，市民阶层开始出现，生活方式发生了变化，讽刺诗的创作题材非常广泛。每一位诗人，因生活环境的不同而创作不同的题材，如农村题材，城市题材等。对现实的不平，是当时讽刺诗人的一种独特艺术模式。阮劝的作品主要抨击官场和上流社会，阮善继的诗关注人物性格。阮劝的讽刺含蓄、平静，秀昌的讽刺直接、一针见血，阮善继的诗立场鲜明。

4. *改良剧和话剧*

20世纪初，在城市成为殖民地半封建社会生活的中心之后，啘剧和嘲剧等传统剧种继续发展。黄曾秘和阮友金采取从民间流传的对抗外国侵略的历史故事为题材创作啘剧，激发爱国热情，谴责侵略者及其爪牙，提高民族自豪感。同时在西贡和河内开始出现了“新式啘剧”，反映当时的社会生活。大约在1924年，啘剧舞台上还出现过摹仿法国古典剧的痕迹。

1914年，阮庭义改良了嘲剧，取名“文明嘲剧”。有《旧徒》、《借点酒》、《当时的江湖女子》、《大错误》等文明嘲剧在各大剧院上演。

改良剧取材于民间生活题材。很久以前，南部人就喜欢“说戏”。改良剧是从唱戏、市集、乡会乐曲等形式中衍生出来的。开始，唱戏卖艺的人，一个人就能把“说唱”中的所有的角色扮演完。后来，逐渐发展成一个角色由一个演员化了装来扮演。这便是改良剧的雏形。改良剧从乡村走向橡胶园、城镇、工厂，1920年进入西贡。进入城市后，改良剧接触到了话剧并开始以分场次的多幕剧形式上演。改良剧艺术的产生，使民间的艺术形式更加丰富。

改良剧往往选取一些民众喜好的历史题材为剧本。在改良剧诞生的同时，来自西方的悲剧、喜剧、滑稽剧也开始登上越南舞台。

20世纪初城市居民就已经接触到了法国的剧目。当时因为缺乏剧本，尤其是缺乏话剧剧本，所以只好反反复复地上演一些法国的剧目。但是上演外国的剧本在化妆、语言、风格、布景方面存在着很多的困难。公众要求本国话剧剧本的出现。武庭龙的话剧《一杯毒药》就是在这样的背景下问世的。

武庭龙的剧本《一杯毒药》批判赌博等社会陋习。因为这些陋习，家庭幸福、财富和伦理道德全都消失殆尽。剧本主人公秋翻译官家有钱，家中每个人都以自己的方式去寻欢作乐。秋翻译官家的这种生活方式是当时城市中产阶级家庭的生活的真实写照。武庭龙的剧本揭露了殖民地半封建社会社会腐朽的生活，是20世纪初越南话剧的代表作。

第三章 宣传新思想：爱国志士之文学

20世纪头30年代，一股清新而热烈的爱国文学运动伴随着轰轰烈烈的爱国运动风行全国，大量脍炙人口的优秀诗文问世越南文坛。由于当时的政治原因，许多诗文未能完整地保留下来。少数流传至今的诗文只是保存在一些老人的记忆中，且大多已佚失了作者与出处，但它们毫无疑问是当时流传最广、影响最深的爱国诗文。从这些留存下来的诗文中，人们可以清楚地看到当时那场爱国运动的大方向及其中心思想：破旧立新。

1905年开春时节，训权和榜征两位先生剃发出家：

此番剃发出家，
诵独立之经文，
行革新于寺庙。
昼夜勤于祈祷，
只为国富民强。

民智一日不启，
国家一日不强，
祈祷一日不止。

这首诗很有革命意义，在当时广为流传。这是一篇爱国宣言。短短的诗文里包含了很多革命口号，这些口号在日后形成了一种新的救国主张，新的救国思想。

第一节　爱国新思想：革新以自强

诗人们在自己的诗文中提出并宣扬源于欧美的人民是国家的主人和革新的思想，并以此启发和提高民智。学习欧美的革新理论早在19世纪中叶就已有人提出，但当时的革新提倡者并没有得到朝廷和人民的拥护，革新的思想被当时固守传统、高举忠义大旗的主战派人士和一些参加抗法战斗的文人学士们所排斥。但在国家沦陷和“勤王运动”失败之后，形势发生了根本性转变。

长期以来，人们的爱国主义总局限在“君权神授”思想的旧框框内，认为帝王是秉承上天旨意养育子民及治理国家的，而人民只是帝王的臣子，应始终以忠义之心侍奉帝王。如此一来，忠君就是爱国，服务帝王就是服务国家。于是乎只有在国家受到外侵而帝王之位岌岌可危时，为王者才会发出“天下兴亡，匹夫有责”的号召，而众多普通百姓也只有在这种危难时刻才会意识到自己不仅仅是乡野村夫，还是国家的一分子。这种以“君权神授”思想为基础构成的社会伦理道德使无数臣子为了所谓的“忠义”之名而赴汤蹈火，也使无数人民常抱着“君圣民贤”的思想而温顺地等待帝王给他们带来太平盛世。如今帝王已成了敌人的傀儡、爪牙，国家已失其主。人们若想自救与救国，就必须努力争取成为国家的新主人。

一、爱国意识的觉醒

国家并非属于帝王，而是属于人民的。所有的国民都有权利和责任保卫自己的祖国。1885年越南全面沦为法国殖民地后，锦绣江山被敌人占领，民族面临灭顶之灾。在严峻的形势面前，人们心中的国家意识骤然升起：

故国之魂啊，
你在哪里？
我怀着无限的悲伤呼唤着你。

天空依旧是那么的蓝，
祖先的千年基业还剩下什么！
（《故国魂》）

借助于貉龙君、瓯姬一胎生百男的故事传说，越南的民族意识在这一时刻得到了增强：

我们的祖先是龙子仙孙，
经历了四千多年的风风雨雨。
他们的血脉延续至今，
他们的香火日渐兴旺。
（《重种类》）

种族关系使人们大大增强了国家观念：

千山万水总多情，
地升金瓯，天降玉瓶。
故国香火万世流传，
子孙后代亲密无间。
我们追随祖先的足迹，
就像苍蝇追逐着血腥。
那是祖先留下的田产，
那是千年香火的嗣田。
我们生于此，葬于此，
哪里没有我们的纪念碑，
哪里没有我们的祖坟地。

国家观念的增强使人们意识到了万众一心的强大力量：

既生为同种同族，
同在一国为亲人。
那就该不分彼此，
相亲相爱相扶持。
有福同享，有难同当，
肝胆相照，天人共鉴。
（吴贵超《国家历史地理》）

民众虽然仍被分为士、农、工、商四个阶层，但人人都与国家有着直接的关系，是国家的主人。只有争取到国家的独立，人们才能真正成为这个国家的“公民”。只有认识到了“国家是大家”、“国稳家才安”的道理后，人们才能从只关心自家本族之事转而更关注国事世事。现在的形势已容不得人们只在父母膝前承欢了，男儿们走出了家门，为国家的维新自强而奋斗。

要维新，不仅要提高民智，要精通科学技术，还要重视道德建设，要爱国、爱人民、关心公共利益，不自私自利、不争权夺利、不引狼入室……

虽然国人的国家意识已得到了很大程度的提高，但也只是家庭概念在空间和时间上的扩展。需要注意的是那些儒家维新者们关心的只是国与国之间的关系而不是国家和社会上的生活状况。他们只看到了侵略与被侵略之间的对立，而没有看到压迫与被压迫、剥削与被剥削之间的对立。这些老先生们仍然认为现存的统治与被统治关系是天经地义的，就算有什么不合理的地方，也能用所谓的同胞情义和忍让精神来处理："国民之间相亲相爱/有福同享有难同当/富贵贫贱不分彼此"。

这样的所谓爱国之心、同胞之情并非建立在科学的基础之上，而是还带有许多种族主义的错误观点。但它在当时已经是一个非常新的突破，比起越南人已经熟悉了不知多少代的乡土观念具有更强大的号召力。在当时的情况下，它是一种撼动旧社会基础的新生力量，促使那些国家主人翁意识已觉醒的人们走到了同一个阵营。

二、团结求生，奋斗求存

在殖民主义的铁蹄下生活了几十年之后，人们终于看清了资本主义剥削和封建剥削的区别，看清了法国殖民者除了用武力压迫、剥削以外，还从经济上进行压榨。了解了资本主义的生产、经营方式，明白了货币的作用和资本、利润、贸易的意义之后，人们更清楚地认识到殖民者殖民政策的险恶：他们不只是在政治上压迫和奴役人民，还在经济上疯狂地搜刮人民。人们心疼这锦锈河山，人们热爱这富饶的土地。人们关注着丰富的矿藏：

矿藏如何数得完，
金银铜铁锡和铅。
石油深埋，煤炭何缺，
还有朱砂白玉和水银。

国土越是富饶，维新者们对殖民者的残酷剥削就越感到仇恨，对国弱民穷的现实就越感到不满。一方面，他们揭露殖民者压榨人民的种种罪行；另一方面，他们也批评人民不懂得经营，富极生惰。他们认为在当今优胜劣汰的竞争中，经济领域就是各国之间的比赛场。所以爱国就是要武装起来争取独立，确保国家的财富不外流。为了这个目标，维新者们号召人们自强不息，发展工商业，号召人们学工艺、学贸易、学技术、学经营、学习新的经营方式和谋生方式。

越南是一个落后的农业国，缺乏资金。阮尚贤曾在他的《团体经营论合集》里建议全国每人出一角钱，将筹集到的资金投入粮食生产，或烟草、茶叶等种植业，或投资养殖业，开商号、开工厂。

其次是产品质量差，在国际上没有竞争力，就连国人都不喜欢使用国货，而喜欢使用洋货或中国货。所以，为了让产品具有竞争力，一方面，生产者要努力提高产品质量；另一方面，商家应诚实守信，不以次充好欺骗消费者。而消费者应该多支持国货，使国货不断增强，占领国内市场。这是一场民族自救自强的运动。生产者、商人、消费者要更多地考虑国家、民族的利益。只有全国上下团结一心，才能解决发展工商业和保护民族利益："团结起来，才能像磐石般坚硬、像大山般稳固，像固若金汤的城池。别像乌鸦那样风暴临头就各自分飞。有集体才有个人，集体重于个人。为了集体牺牲个人的利益也在所不惜。"（《团结互励》）

一人一角，简直少得不值一提，但仍然有许多人不愿意！乡村的陋俗掏空了人们的口袋，一年到头尽把钱花在了婚丧嫁娶和求神拜佛上了："纵使喝的是稀粥，吃的是青菜，到了该花钱请客的时候谁也不吝啬。"阮尚贤为此强烈呼吁破除陋俗："多少钱财被白白烧掉了！"

这些陋俗使人们变得虚荣，为了一点点虚名即使倾家荡产也在所不惜。

儒家思想也是社会进步的一个障碍，他们以重义轻利为名，实际上懒惰不愿干活，遇到困难不是想办法克服，而是认为"命运自有天注定"。他们自命清高，其实却是身无长物。一说到投资、经营，他们就觉得丢份。说一千道一万，其实就是怕苦怕累，逃避竞争。

在救国救民责任感的激励下，进步的儒士们也开始意识到了国家所面临的问题。他们抛弃了沿袭已久的陋俗，抛弃了旧的生活方式，抛弃了旧的社会等级观念，主张成立集团、公司。这种新的社会思潮控诉着封建制度在经济、社会、文化等各方面的落后。他们号召为了民族的利益而扩大工商业。他们站在民族的立场上，视殖民者为敌人，指出殖民者的罪恶不只是侵略、压迫、剥削，他们还企图控制资源和经济命脉，将被殖民者陷于永远贫穷的境地。他们既反对封建制度，也反对那些依靠殖民者牟利的买办资本家。他们认为为了民族的利益，不仅仅要争取国家的独立，还要让国家富强起来，在文明世界争得一席之地。

第二节　批判腐儒，反对八股

对敌人的阴谋、民族的危机及越南与欧美国家之间的差距有了深刻的认识后，儒士们更感维新自强之迫切，对越南社会的落后现状更感坐立不安。印于东京义塾时期，被视为文化改革纲领的《文明新学册》认为当时的越南"除了八股文还是八股文，除了压迫还是压迫，除了服从还是服从”，上面一味地“禁止”、蒙蔽百姓、重用唯唯喏喏者，下面只知道“因循守旧”；上面的法令传不到民间，下面谨小慎微、畏首畏尾。越南资源丰富，气候宜人，但人民享用不到这些资源。越南并不缺少能工巧匠，只是一说到发展经济“朝廷就岔开话题，而士大夫们则只会视之为轻鄙”，而实际上则每天“不是买中国货就是买西洋货”，眼睁睁看着“一包包的金银”在不停地往外流。《文明新学册》对这样的生活方式提出了批判：“整日沉迷于弹琴吹箫、投壶、赌纸牌、下象棋、猜诗谜、猜字谜、打麻将、看风水等这类无益的事情；好点的整天在经义、五言、骈偶之间费尽脑汁，一旦得了点功名，就摆出一副卫道士的架子来，天天只会戏文弄字，抱着几本发黄的古书不放，一副对新文明不屑一顾的模样。差的则“只关心升官发财”而不知道“五大洲是哪五个洲，本世纪为第几世纪”。在这种闭塞的生活中，人们变得鼠目寸光。士大夫阶层本应该是道德上的楷模，而现在他们却集万千腐败于一身，对国家落后贫穷的现状负有不可推卸的责任。正因此，革命文学把批判的矛头指向了这些腐儒。

几乎所有的落后与庸俗都集中体现在了腐儒们的身上。他们既愚蠢又自高自大，既不知羞耻地甘当奴隶又自诩为世道人心的模范。他们引以为豪的是自以为比常人有学识。

长期以来，人们对知识的追求局限于求道、晓义、识礼、知命这些框框中，对客观世界的许多奥秘却不求甚解。几千年来文章只是用来宣扬教化的工具。过去的人读书只是为了科举，需要做的只是跟在别人的屁股后面，说别人说过的话和死记硬背，而不需进行深刻的思考，不需将理论与身边的实际联系起来，更谈不上去了解遥远的欧美国家了。

对圣贤和古书的迷信使他们以为通过阴阳和五行就可以知晓宇宙万物，所以认为自己是无所不知的。他们不知道广州、上海在哪里，不知道机械、电力是什么，如果只是自命清高也就罢了，却还要对什么都评头论足！他们讥讽康梁和那些维新的人们，提出所谓“区分华夷”、“重王轻霸”的朽论，攻击主张维新的人们为“离经叛道”。在当时的政治环境里，这样的攻击具有相当的危险性。某些人利用“离经叛道”这样的罪名来打击持不同政见者和主张维新的儒士，有时甚至将罪名上纲上线到背叛朝廷。

维新派儒士们所批判的不只是那些沉迷于功名，一心只想作官的旧派儒士，还有那些五毒俱全的、怕苦怕难的伪儒士。这些腐儒不仅思想陈腐、生活狭隘，还以“崇尚文学”为名，在那些描述“奇闻、情事”的书本里“消磨掉了一生的志气”。

自古以来，那些正统的儒士就已被隐士们讥讽为趋炎附势、欺世盗名；被才子们讥笑为凡夫俗子、不学无术。而隐士和才子们也被正统儒士们贬为放纵、不负责任。如今这三种儒士都被世人批判为将时间和才智浪费在了无益之事物上，心胸狭隘，目光短浅，对人民的疾苦和国家的磨难漠不关心，生活观念陈腐落后。在生活中，儒士们只有三种生活方式：（1）修行；（2）考取功名或教书；（3）成为隐士或放纵不羁的才子。能这样批评三类儒士，是维新儒士勇敢地进行自我批评和自我否定的结果。19世纪末，儒士们分化成主战和主和两派，谁都对无所作为以致败国的儒士有一肚子不满。之后，在安睹和秀昌的诗中，教书先生也成了被嘲讽的对象。初期人们看清了一些儒教主张的错误，并拿自身的困窘和不力自嘲，但并不否定儒教和儒士。后期揪出一些腐儒来进行批判，不只是批判某些人、某些主张、某些生活方式，而是批判儒士的整个生活方式和思维方式，是否定整个社会阶层。

他们的罪孽在于亡国，在于阻碍复国大业，但他们本身同时也是那些陈旧的教育制度、落后的科举制度的受害者。究其原因在于那种误人误国的学风使人们只沉迷于研玩文字："大股、小股，日日陶醉；五言、七言，年年沉迷。"（《良玉名山》）

在那种"一本书从生翻到死"的时代里，人们只沉迷于研究那些脱离实际的文章，整日里担心的只是一个字、一句话的对错，以及所言是否合上级之意："行文只仰主考之鼻息，添减只凭主考之褒贬；吟诗作赋拾中国人之牙慧，岂敢造次！"

奴隶式的学习方式只能造就出一批奴隶，只关心自身命运，只关心自家利益，把读书人都变成了"一群为了功名和金钱在乡亭里大呼小叫你争我夺，为了区区俸禄就奴颜卑膝的各色人物"！

这略为刻薄的语言正击中了他们的要害。怀有爱国之心的儒士反躬自省并从中认识到了儒教的一些错误。《文明新学册》驳斥了那种"今不如昔"，"兴亡、荣衰、治乱只遵天意循环"的陈旧历史观，主张历史的演化、发展遵循从野蛮到半开化再到文明的规律。作者对儒教那种"内夏外夷，尊王轻霸，厚古非今，重官轻民"的政治社会观也提出了严厉的批判，正是这些观念使人们不屑于学习为政之道，不屑于学习外国人的先进技术，对青年一代的新观点不屑一顾，对人民的疾苦熟视无睹，正是这些观念造成了东方国家的落后挨打。

热切的爱国情怀与维新救国的决心使当时的新儒士充满了智慧和勇气，为了救国抛头颅洒热血在所不惜。他们勇敢地批判圣贤，将圣贤的理论视为进步的障碍，他们提倡思想自由、言论自由，发展科学和民主，大有中国"五四"之精神。他们以一种革命的精神说道："琴音不和就要把弦拆开重装，房子太旧就要拆掉重建"。

无论如何在当时的维新救国大业中，维新派的儒士们也把希望放在了开启民智，振兴民气上，并且认为“欲启民智，首先要启士绅之智”。维新儒士在知识中找到了支撑点，所以期望“腐儒”们能发生转变，“千锤百炼”，“抵抗诱惑”，拯救人民。他们要求剪短发、着西服，对生活方式、思维方式进行革新。虽然维新儒士们能鼓起革命的勇气，把腐儒们推到被批判的浪尖上，但他们本身也不足以代表一支强大的新生力量，他们的开拓性和全局观也十分欠缺，所以他们最终并没有也不可能对社会进行彻底的改革。

第三节　爱国革命文学先驱潘佩珠

20世纪初，爱国运动和维新运动在越南全国蓬勃发展。在这次运动中，有的人主张秘密准备武装抗法斗争，有的人主张提高民智，振兴工商业，成立各种团体、协会，要求政治民主化；逐渐形成了改革与暴动两种势力。潘佩珠互为补充地运用两种斗争方式，得到两派的信任和尊重。

当时的爱国活动家都是年轻的儒学家，他们的斗争方式主要是写文章。潘佩珠是越南抗击法国殖民者、争取民族独立的领袖，是革命文学的代表作家。他的作品对当时的革命运动最具影响力。与以往的作品相比，潘佩珠的诗文是新式的。他的作品不仅数量、质量和作用第一，而且还是反映当时爱国文学趋势、命运最明确、最充分的。

一、潘佩珠的生平与著作

潘佩珠（1867—1940），原名潘文潸，越南政治家、作家、诗人，号海树，别号巢南。1867年12月26日生，义安省南坛县人。

潘佩珠的主要汉文作品有《琉球血泪新书》（1903）、《越南亡国史》（1906）、《海外血书》（1906）、《狱中书》（1913）等。他的越文主要作品有《巢南文集》（1935）、《潘巢南国音诗集》（1958年邓台梅校订，未出版）、《黎太祖传》（1911）、《征女王传》（1911）等。1918年曾写有《法越提携》。

潘佩珠很早就有了爱国思想。1884年法国占领河内及越南北部时，17岁的潘佩珠就创作了战斗檄文《平西收北》，张贴在各处，呼吁人们积极响应北圻的文绅运动。1885年京都顺化失守时，18岁的潘佩珠组织学生军准备起义响应义静的抗法运动，未果。法军占领义安后，潘佩珠过了10年的隐居生活，读兵书，结交朋友，为有计划有规模的抗法运动做准备，创作了很多歌颂义安抗法运动的双七六八体诗。

1887年，潘佩珠到顺化执教，和一些爱国青年建立了联系。其间创作的《拜石为兄赋》使他被称为“南国文章第一人”①。同时结识了阮尚贤、潘周桢等爱国志士。

1902年，潘佩珠到河内与黄花探联系。1903年，他又到顺化，到南圻，从北到南联络抗法力量。期间，写成《琉球血泪新书》，引起越南思想界和政界的震动。起初，他受中国维新派康有为、梁启超思想的影响较深，主张君主立宪。1904年他组成维新会。

1905年，潘佩珠前往日本，在日本组织了越南青年救国会，发表《越南亡国史》）、《越南国史考》等文章介绍越南，介绍越南革命。在日本期间，他结识了日本和中国的许多政治家，写了《海外血书》、《敬告全国父老文》、《寄给潘周桢的信》、《哀告南圻父老书》等文章，号召和鼓舞越南人民，特别是青年起来与法国殖民主义者作斗争。1908年，日本政府根据法国要求，驱逐在日本境内的越南革命者。潘佩珠和其他革命者来到中国。从1908年到1925年，潘佩珠辗转流亡于中国和泰国，但他一直心系祖国。在越南国内，从1908年到1910年，越南维新运动遭残酷镇压。受中国辛亥革命的影响，1912年潘佩珠成立了越南光复会。这场运动一掀起，他便被广东军政府收监。1917年被释放后，他回到越南，计划利用法国战败于德国之机发动抗法运动。但刚到中越边境，第一次世界大战已经结束，法国又成了战胜国。潘佩珠再次开始了他的流亡生涯。俄国十月革命成功，他深受鼓舞。1924年，他到广州与从苏联取道中国回越南的阮爱国（胡志明）联系，他决定重新组织越南革命党，但不幸在1925年6月，被法国人在上海逮捕，押解回越南。

越南全国掀起了声势浩大的罢工、罢学、罢市运动，要求释放潘佩珠。在声势浩大的群众运动的压力下，法国殖民者被迫释放潘佩珠，但将其软禁在顺化，日夜派密探监视。被软禁期间，他写了《男国民须知》、《女国民须知》等爱国教育读本，在《人民之声》等报刊上发表了一些诗、赋和短篇小说。1940年10月20日，潘佩珠悄然去世。

二、卓越的政治活动家、诗人、作家

潘佩珠从一个汉学家，逐渐成为一个政治活动家，又从一个政治活动家成为一个诗人、作家。这是他走过的一个艰难的历程。

如果不参加革命，潘佩珠很可能会成为一个科举状元。但他读新书，开阔了眼界，看到了时代的潮流，自觉地走上了资产阶级政治活动之路。他撰写平

① [越]潘巨棣等著：《越南文学（1900—1945）》，河内：教育出版社，1999年，第90页。

西收北檄文，创作双七六八体诗歌，组建新党，留洋寻求救国道路。

在国外期间，潘佩珠把文学创作与政治活动相结合。从广东监狱出来后，潘佩珠为中国报纸撰稿，任杭州《兵事杂志》编辑达三年之久。在顺化被监禁的日子里，他写了很多的诗、赋、祭文。他以自己的作品唤醒百姓的民族精神。在新诗运动蓬勃发展的时候，他还写了很多的“平民诗歌”。他的文学观念深受儒家思想的影响，文学要有教育意义，要有益于读者。不管是写诗，写剧本，还是写小说，潘佩珠最注重的都是如何唤醒沉睡中人们的觉醒意识。

潘佩珠胸怀大志，从善如流，易于接受新思想。他最显著的特点是：意气风发，敢为人先。

潘佩珠的家乡义安地域辽阔，地势崎岖，多丘陵山坡、河流，临海。这里人民的生活主要是打猎，捕鱼，砍伐。很多人背井离乡到外地去乞讨。但是这里的人们有一个显著的特点——学习特别刻苦，以博学的教书先生闻名。很多人常年在外教书授业。至今，义安仍然是越南人才辈出的地方。义安为越南培养了很多的优秀人才，如潘佩珠、邓泰砷、邓促许、黄重茂、陈有力和胡志明、胡松茂，陈富、黎红峰、阮氏明开、何辉习、潘登琉等。义安人有志气、有毅力，吃苦耐劳，不受束缚。虽然土地贫瘠，但义安人重情重义，对父老乡亲，对朋友兄弟，特别是对公共的事务，他们竭尽全力去做，不惜付出自己的财产和生命。

潘佩珠平易近人，善于结交，自小立志科举，扬名天下，学习非常勤奋。他以文章和爱国精神闻名。他身边聚集着通晓武艺、行动果断、不受封建礼教束缚的仁人志士。他们曾多次保护潘佩珠从北到南进行革命活动。

上述的地方特性和潘佩珠的个性造就了他作品的独特风格。

从潘佩珠早期的诗文中，我们可以看到他是一个有勇有谋，不愚忠封建帝王，不信天命的人。他认识到民为贵的真理，以救民、救国为己任，舍身为国，不惧艰险。潘佩珠这样歌颂气宇轩昂、不惧危险的革命志士：

就算风急浪高，
我们仍要勉力前行，
到达目的地。
就算法国、日本、俄国，
掀起滔天巨浪，
阻挡去路，
我们一样乘风破浪，
驶向前方。
……
风急如许，惊涛拍岸，

且笑且歌，永不退缩！

……

大海宽广，大浪无边，

同心协力，众志成城！

（《海湖宽》[①]）

这种精神教育了一代又一代的越南人。

自“东游运动”开始，潘佩珠成了越南革命的领袖，开始了他的政治生涯。他指引着人们走向民族团结，争取国家独立的道路。在国外的二十年，是潘佩珠接受新事物，选择新道路，形成新的人生观、世界观的二十年。他怀抱一腔爱国热血，摒弃成见，积极接受集体所有权、工农阶级，无产阶级专政等革命思想。他热爱国家、立场坚定，赢得了人民的敬仰。潘佩珠的思想在当时照亮了民族前进的道路，对后世子孙也产生了深远的影响。

爱国是越南人民的光荣传统，潘佩珠的作品使人民振奋起来，时刻准备为了国家的独立、民族的解放而奋斗终身。潘佩珠笔下的陈兴道，黎利等历史英雄人物成了后世子孙“开山劈水”的精神力量。在潘佩珠的笔下，山河历历在目，先辈们的光辉形象也不再遥远，使读者产生了一种为国为民的强烈的责任感。

潘佩珠对国家的沦丧，民众的愚昧颇有感触。潘佩珠所生活的时代，社会殖民化日益严重，到处是一片虚假的繁荣。殖民者发展交通、邮政，兴办学校，让人们感觉到一种开化、文明、进步的氛围。如果没有一个清楚的认识，就很容易被殖民者的这些表面现象所迷惑、所蒙蔽、所欺骗。潘佩珠勇敢地戳穿这种假象：“法国人疯狂地剥削越南人”，人们“每天都被无情地宰割”，“敌人就是敌人，殖民者终归是殖民者”。

“政府名存实亡，学校名存实亡”，越南已经没有了发展的前途，如果越南人民还是一味的接受法国殖民者的统治，那么将会是：“仅仅害怕是熬不了多久的，财富将被掠夺，人种将被灭绝”。他认为这样下去国家将会贫穷，落后，愚昧，民族将会灭亡。他将自己的这种忧虑通过他的作品传递给读者，要求人们放弃幻想，认清真理和主权，只有这样才能争取民族独立和国家的领土完整。

越南人被法国殖民者凌辱、欺负、压迫。怎样才能求得自由、平等，怎样才能在这样一个已经沦丧了的国度里追求平等和博爱，潘佩珠在《越南史记》中写道，“一个农民因为交不起官府的赋税，去向法国人求情，不但没有得到宽容而减轻赋税，反而变本加厉，官员要他卖掉土地和妻儿来还清赋税。整个村庄的人都被要求征收天税，也就是说他们头顶上的天都是法国人的，只要他

① [越]潘巨棣等著：《越南文学（1900—1945）》，河内：教育出版社，1999年，第98页。

们一天在法国的天空下生活，就要交一天的税。整个村庄的人都签署了协议，如果不缴税，就不能在法国人的天空下生活，不能享受法国人的太阳，也就是说‘白天不能看太阳，晚上不能看星星’。”农民没有办法，只有卖掉自己的土地和妻儿，买回属于自己的那片天。由此可以看出越南人民过着猪狗不如的生活，其艰难可见一斑。

国家已经沦丧，唯一可以做的就是“用鲜血换回属于自己的自由”。潘佩珠认为“在这样一种国家沦丧的耻辱下生活，如果哪个人还感觉不到痛苦，那么这个人不再是人了。”“哪个人没有丧国之痛，不怀一颗爱国之心，那么他就是国家的敌人，是越南人民的敌人，是整个民族的敌人”。潘佩珠认为不爱国就不是人，爱国不仅仅停留在表面上，不仅仅停留在口头上，而是要拿出实际行动，是要去抗击侵略者，不能再做亡国奴，要有为国家、为民族、为人民、为独立而牺牲的爱国行动。

潘佩珠认为，国家和国土是祖祖辈辈的越南人民留下来的，因此越南的主人应该是越南儿女自己，无论是皇帝、官僚，还是民众。但是，以往的官僚制度只能导致国家的灭亡。潘佩珠强烈反对旧的官僚制度，他认为旧的官僚制度，只知道如何剥削和压迫百姓，而不懂得去珍惜百姓。官僚们不管人民的死活，每天过着花天酒地的奢靡生活，他们的生活沁透了广大百姓的血和泪。百姓吃什么、穿什么，官僚都不管，他们只知道自己吃好的、穿好的。对于官僚来说，他们每天的生活就是想着如何享受，如何过得更加奢华，更加糜烂，“夏天想找个能够买到雪的地方，白天想看到夜晚的繁星”。官僚们喝着人民的血汗，把国土出卖给法国殖民者，换取高官厚禄；官僚们只懂得享受，想着自身的安危，自己的家庭、妻妾、儿女和钱财，“害民为己”不顾国家沦丧，大敌当前，不考虑如何带领人民打退侵略者。

官僚们的种种作为使国家日益衰弱、人民贫穷。官僚们的种种作为迟早会受到人民的审判。潘佩珠认为，想要救国就只有一句话：“所有的越南人团结一心！”“如果全国人民上下一心，什么困难都难不倒我们，没有什么完成不了的任务，如果没有信心就什么都没有。”

潘佩珠是越南20世纪初革命的领袖，爱国主义文学的代表作家，他继承了爱国主义的传统，为越南革命、越南文学的发展做出了不可磨灭的贡献。

第四节　民主志士潘周桢

东京义塾运动，如当时人们所形容的，就像从外国涌进来的“一阵飓风”，“一波巨浪”，在全国席卷起一股气势震天的巨潮：反抗朝廷，学习欧美，学习工艺，进行民主改革…… 走在这股运动前列的是一些著名爱国志士。运动的浪潮从北到南，遍及全国的城市和乡村。

有这么一个人物，他不曾直接参与东京义塾的创立，也不曾支配东京义塾的全部思想和行动，但他却得到人们无比的信任并被视为东京义塾运动的代表人物，他就是潘周桢。

潘周桢（1872—1926），字子干，号西湖，别号稀马，越南文学家，爱国志士。1872年出生，广南省河东县人，今属广南省先福县。儿时跟随父亲学文习武。1887年父亲去世后，潘周桢回到家中，开始读书应举。27岁时被选入省学堂。以学习成绩优异闻名。在承天省学堂时考中庚子年（1900年）举人，名列第三。第二年中副榜①并在承天省礼部任职。“戊戌变法”、“日俄战争”等重大事件，对他的政见产生了影响。1905年他因看不惯朝廷里的腐败风气而辞官，和陈贵鸽、黄叔抗结伴南游，考察民情士气，寻找志同道合之士。南游后，他寻访义静的仁人志士，赴河内与进步人士谋面。之后，秘密奔赴日本，与潘佩珠交流意见，考察日本的维新运动。1907年，应“东京义塾”的邀请，赴河内开展活动。1908年中圻爆发抗税运动，他被指控为发起人，被逮捕押解到顺化，后来被流放到昆岛。1911年送到美萩接受管制。同年，在得到印度支那政府的许可后他去了法国。1914年，被法国当局逮捕，关押九个月后释放。1925年，他回到越南，并与潘佩珠、黄叔抗、吴德继等人一道拟定一个谋求民主民权的活动纲领。1925年末不幸患病。1926年3月24日卒于西贡。可以说潘周桢是当时最早具有民主意识的人，而且他对民主的认识在当时也是最深刻最一贯的。

潘周桢的诗文创作唤醒了民心，在20世纪初期掀起了一场轰轰烈烈的爱国主义运动，同时也为爱国文学的进步做出了贡献。他的诗文感情真挚，主要作品有《醒国魂歌一》（1907）、《醒国魂歌二》（1922）、《西湖诗集》等。

在当时的爱国儒士之中，潘周桢并不只是一个会写爱国文章的人。他是一个有政治行动意识的人，主张鲜明，勇敢、自信并且行动果断。当大多数热血沸腾的儒士选择了武装起来抗击法国人，争取独立的道路时，他提倡实行民主制度，改造国家。当所有人都清楚地认识到阮朝的皇帝只是殖民者的傀儡却又不立即抛弃封建国家时，他是最坚决地提出废除封建制度的人。在仇法思想非常普遍的当时，他主张依靠“保护国”制度来消灭封建制度。他带头剪短发，着西服，抛弃祭礼和陋俗。在潘周桢身上，人们看到了一个在当时为了改造国

① 副榜，科举考试中的一种附加榜示。亦名备榜。即于录取正卷外，另取若千名之意。乡试副榜起于明嘉靖时。清因之，每正榜五名取中一名，名为副贡，不能与举人同赴会试，仍可应下届乡试。会试副榜始于明永乐时，亦不能参加殿试，仍可应下届会试。清初，乡、会试正榜以外，还录取一定名额的“副榜”。

家而冲锋在前，踊跃行动的志士形象。

潘周桢是个雄辩家。他用自己的雄辩之才反对封建制度和那些对外求援，武装暴动的主张："别暴动！暴动则死！别期望外国来救！如此期望是愚蠢！"潘周桢反对武装暴动并不是因为他怕苦或怕死，相反，人人都知道潘周桢是一个绝不当奴隶的硬骨头，随时准备牺牲："悲哉，国势已危如悬发！死算什么，男儿只怕头点地。"（《吊解元阮有勋》）

他敢于坚持与众不同的意见，敢于在赴日之后又归来与法殖民政权及封建朝廷进行交涉。当东京义塾被强行关闭时，他是第一个被捉到昆仑岛的人。潘周桢以其慷慨激昂的气魄面对生命的危险：

枷锁满身别京门，
慷慨悲歌舌犹存。
国土沉沦民憔悴，
男儿何惧赴昆仑。
（《出都门》）

潘周桢选择与法国政府合作进行民主改革的道路，并不是因为他跟从法国人或是不知道这个"保护国"正是那些"越南封建官吏"的主子，指使着阮朝"剥民皮，喝民血，吸民髓"。对"保护"政府的头子，潘周桢也曾指出法国人在越南的统治不人道，"不把越南人当人看"，只顾贪婪地"竭泽而渔"，所谓"宽待，开化"全是说来哄小孩子的。当时许多人主张武装斗争多是出于一腔热情，缺乏缜密的思考和周到的准备，尤其是那些幼稚地企盼饿虎般的日本帝国前来援救的人们更是如此，所以潘周桢在当时反对武装暴动也并非没有道理。潘周桢没有把争取独立视为头等大事的另一个原因，是对越南社会现状的认识以及他思想上的民主倾向，而这些正是他的特色，也是他与众不同的地方。

当时许多的爱国人士对亡国都有着切肤之痛，对民族主权有着热切的期望。他们常常回顾历史，从祖祖辈辈的英雄事迹中获取自豪与自信。将今比古，更使他们对殖民侵略者和卖国官僚充满了仇恨。所以当他们亲眼目睹了欧美各国的强盛之后，很自然而然地就将它与独立、主权联系了起来。潘周桢与他们并无完全的区别，但是在将自己的国家与世界文明强国进行比较的时候，他更多的是把注意力放在了对政治制度、工作制度、社会制度的思考上。他认为文明强国的人民普遍有着开阔的眼界和为国、为民、为义等远大的志向及高尚的人格。他们不仅有高超的技术和创业的精神，而且在发展、合作、经营中极具诚信。潘周桢越研究欧美国家的文明进步，对越南封建王朝的腐败就越愤恨。在1907年创作的《醒国魂歌》中，他将两边的社会现状进行了比较。因为并非生活在欧美，所以潘周桢对欧美的认识难免有些片面，但他对于越南社会腐败现象的见解是非常深刻的。他以其深邃的洞察力，指出了在越南，尤其是上流社会及有产阶级的习俗和社会心理中的卑微、野蛮之处，如不抛弃这些糟粕，则什么进化、文明都将成为空谈。

潘周桢特别指责了越南上层社会热衷于功名利禄、争权夺利、欺压百姓的坏习气。一旦有了可以往上爬的机会，这些人就会上蹿下跳，又是谄媚，又是贿赂，无所不用其极：

本人无德又无才，
一心只将把官当。
日夜守候权门外，
前后左右不放松。
只要他日能做官，
哪怕狗洞我也钻。

除了那些为谋取官职而“呕心沥血”的人以外，还有些家藏万贯、见利忘义专等着别人落难的时候放高利贷牟取暴利的人。然而这种贪婪却偏偏只体现在争夺那些蝇头小利之上，对如何管理经营，谋取大利却是一窍不通。全国上下一片陋俗，人人都把时间和金钱浪费在了吃喝、交游、祭祀上，没有人把心思花费在有益的事情上，而是互相攀比权势，比吃喝，比铺张。“养了五头猪、十头牛，不求神享只求客多。”

在潘周桢眼中，当时的社会是“一群苍蝇、蚂蚁，没有丝毫人格”，“从城市到乡村，狡诈之辈如妖似鬼，招摇撞骗，剥削穷人，胡作非为；弱小的则过着猪狗不如的日子，即使被人骑在脖子上也不敢吱声”。在这样一种情况下赢得独立，对人民来说也未必就是一件好事。

对于社会现状，潘周桢进行了非常严厉，甚至有些刻薄的批评：“当今是谁有本事教我们，我们就要求着去做他的学生；谁有本事养育我们，我们就要求着去做他的儿子；在别人的养育之下互持互助，只求我们的后代仍能存在于这个星球上就足够了！”但这不是因为他轻贱自己，崇洋媚外，而是因为他对祖国和人民的爱太深切了，正所谓爱之愈深，恨之愈切。潘周桢认为对当时的越南来说，民主比独立更重要。他认为可以通过仿效欧美法律和统治方式来一洗越南社会的颓风。法国的自由、平等、博爱传统即是潘周桢的民主思想源头，而对资产阶级民主制度充满幻想也正是他最大的错误之处。由于受书本知识的影响，他对法国的所谓“爱敌如友”思想深信不疑，并且相信“拿破仑是撒播自由之花的使者”。他以为现实世界也像书中所描绘的一样，以为那些殖民者也把1789年的革命精神奉若圣典，丝毫不敢违犯。越南与欧美各国之间的差距更让他感到悲观：“试与欧美两相比，百无一是是自家”。

民主原本就不是一种可以拿来赏赐的东西。如果人没有人格，就没有资格拥有民主的权利，那又由什么人去争取民主的权利？大多数的人都有着高涨的爱国热情，随时准备着“为了自由而流血牺牲”，而这正是最根本的越南精神。看不到这一点，潘周桢与谁一起进行民主改革？又对谁进行民主改革？与那些儒士一样，潘周桢也把人民视为“无能平庸，愚昧懦弱”之辈，而把自己看作是先知先觉之人，带着民主自由的思想之花来赏赐给天下所有的人。由少数人所带来的民主难道不会只能有少数人得到享用吗？

潘周桢很深刻地认识到了国家民主化的迫切性，但他没有更深入地去考虑实行民主化的方法，且他的民主思想存在着严重的先天不足。潘佩珠批评他说“国家都不存在了还做什么主人”，“北方的河，东边的海，没有人民就没有一切”。

潘周桢民主改革思想的出发点是爱国的，其意图是“与人民、志士一道，唤醒人心，团结乡里，开民智，振民气，重民生，众志何愁不成城。”（潘周桢致阮爱国的信，1922年）当时的现实情况是越南的资产阶级尚未形成力量，如果支持民主化的主张，人民就只有跟在那些秀才举人后面走的份儿了。法国殖民者一开始也利用一些人的这种改良主张来对付武装抗法的运动，然而待看到广大的群众对独立和民主的渴求越来越迫切并有把运动变成革命时，他们就开始出手逮捕为首的爱国人士，创办奴化学校，开办《《印度支那杂志》、《南风杂志》，宣扬“法越提携”。这就是改良主义。潘周桢和其他爱国人士一样反对这种东西。但他“别暴动，暴动则死”的思想给那些亲法和怕死的人留下了反对爱国运动与爱国革命并为改良主义辩护的空子。

第四章

通向新文学的一座桥梁：文学才子伞沱

伞沱（1888—1939），原名阮克孝，1888年5月8日（戊子年4月29日）出生于山西省不跋县（今河内市）境内一个破落的封建官僚家庭。父亲阮名继，考中举人，官至按察使，曾任京城御史，母亲刘氏贤，也有书载为严氏，原是一名歌妓，才貌出众，擅长行文作诗。14岁时，伞沱已通晓各种诗词歌赋。1907年随其兄来到河内读书。1909年到南定参加乡试不中，1912年参加壬子科考试仍不中。伞沱回到河内，目睹心上人杜氏出嫁，心灰意冷之下来到和平省消愁解闷，和他的资本家朋友白泰表去寺庙喝酒，吟诗赏月，过着“避俗”式的生活。1915年成家，1916年其兄过世，家境日渐贫困，于是伞沱决定全身心投入文学创作。这段时期，他帮剧院写𠸍剧，并阅读了大量西欧作品的中文译本，思想有了很大的转变。1920年他到顺化、岘港旅游，归来后开始了《海誓山盟》的创作。1921年，他任《友声杂志》主笔。6个月后辞职回乡。1922年他又来到河内开伞沱书店，后来与严函印书馆合并为伞沱书局。1925年，爱国运动高涨，伞沱南下旅游，结识了许多仁人志士。1928年2月，他回到北方，定居安立，但由于地方官吏的刁难，他被迫来到海防，辗转再到河内。1933年，《安南杂志》停刊后，他担任《文学杂志》的助理编辑，不久后回家乡隐居。1937年底，他来到河池村，开始了翻译、著述活动。后来到河内，开办函授国文班。伞沱生活贫困，身染重病，1939年6月7日在河内逝世。

在20世纪头40年的越南文坛上，伞沱创作了大量的诗歌、小说、译著、剧本等文学作品。在艺术方面，他的诗文在越南文学的现代化进程中发挥了重要作用。他在近现代越南文学史上占有重要地位。

主要作品有诗集《情海（一）》（1916）、《情海（二）》（1918）、《六岁》（1919）、《八岁》（1920），散文集《睡梦》（1917）、《情海正本》（1918）、《情海副本》（1918）、《镜台经》（1918）、《中国女人》（1919），长篇小说《山川誓言》（1922）、《伞沱丛文》（1922）、《还玩着》（1922）、《小梦》（1932）、《大梦》（1932）、《伞沱春色》（1934）、《世间事（一）》（1922）、《世间事（二）》（1922）、《尘埃知己》（1924）、《国史训农》（1924），剧本《西施》、《美人鱼》、《杨贵妃》、《桃源》，译著《镜台传》（1919）、《大学》（1922），《诗经》（1926）等。

第一节　儒学才子，专业作家

伞沱的创作道路是不寻常的。他的创作在越南20世纪二三十年代文坛上具有十分重要的影响。

一、突出自我意识

伞沱自小经历坎坷波折，屡次落榜，情场失意。

伞沱在河内读书时爱上一个美丽的姑娘。年少多情的他前去求婚，遭女方家里拒绝。由于失望，他弃学弃考，离家来到古腾邑，住在姐夫阮善继家，像一个痴癫人。后来阮善继带他到南定，在这里他阅读了大量的中国小说，为他以后的创作奠定了基础。

生活在城市，为了向市民推销自己的作品，伞沱对诗歌和小说创作进行了革新，用生活的语言讲述平常人的生活。作为一个作家，伞沱开创了市井文学，并成为1930年至1945年越南文学现代化进程中具有代表性的作家。

伞沱早期的作品讲述的都是一些失望、厌世和狂妄自大的人，有才但被人瞧不起的人，多情而被薄待的人。他的作品除了诗，还包括说理文和小说。他的诗文在文坛刮起了“一阵旋风”。

摆脱了命中注定的苦难，人们感到有了活动的空间；不必在封建礼教中谦让，人们看到了自身的价值。个人得到肯定，个人利益被视为正当权利。伞沱决定立志、立业，他认为人的价值不在于钱财、家世、车马、楼台、位高权重，而在于“人的内在”，在于才能、品德和事业。一个人只有“把自己视为主人才会有主见”，因此必须懂得“自爱、自重、自尊”。伞沱称其为“三德”。

伞沱提倡“自我”，排斥儒家观点。儒家主张对人生有责任。他们主张经邦济世，天下皆善。伞沱则主张“世道需才”，精神平等，“以己为重”，“知道自重”。他反对隐逸，主张为世人做事。

伞沱敢于公开谈论快乐、幸福，谈论世上的“趣”，享受美食的乐趣，享受歌舞表演的乐趣；公开谈论富贵、荣华、吃穿、声色等尘俗乐趣。

伞沱并不是无情、利己和实用主义者。他向往着“几间茅屋”、“远世脱俗”的“清高幽静”的生活。他对潦倒的人充满同情，认为资产阶级的生活方式、谋生方法、思考方式，都与传统相左。伞沱将孔子、老子、庄子的思想与西方资本主义思想相融合，形成了一种较为折中的辨证人生观。但伞沱又主张洁身自好，不因为草屋土墙而卑躬屈膝。资产阶级欢迎伞沱，是因为他为资产阶级说了许多好话，但他们不可能完全照他的人生观生活。而他也只是儒家才子，无法融入资本主义的生活中去。

二、伞沱的爱情观

伞沱是个多情的人，但不是一个有幸遇见佳人的人。他喜欢讲述自己，在现实中得不到的满足又折射到作品中成为爱之梦。

一生没有遇到佳人，伞沱便把自己的情寄托于那些古代美人：虞姬、西施、杨贵妃等。诗人通过真实的感受来形容与美人们相遇的情景。在《睡梦（二）》中，伞沱让阮克孝（小说人物）一次上到天庭游玩。阮克孝上天不乘龙驾鹤去参加蟠桃会，炼长生药，而是去参加“美人”宴会。“只有三个人饮酒”，“我与贵妃、西施”，“按美人（杨贵妃）的命令”，诗人写了首歌，昭君弹琵琶，杨贵妃起舞，西施吟唱。几次宴会后，又接着去游玩蓬莱，时而与美人们乘船赏景钓鱼嬉戏，时而单独与西施到银河边，夜晚共赏月。

这些梦幻般的爱情没有使他远离尘世，反而使他更加接近现实。阮克孝在天上与诸仙在一起，仙女们涌到一块围着他笑，因为他“袒胸露怀”。他有些“难为情”，但又认为“能得到仙女的笑也是难得的”。尘俗使得他与诸仙不平等，但倍感幸福。

儒家有抽象的生活哲理，用理智压抑情感，用礼教约束欲望，尤其是爱情和性欲。伞沱爱仙女不是为了上天庭，而是为了返回尘世。在当时的社会，由于封建礼教的束缚，对爱情的渴望，只有在仙境中寻找。我们通过《小梦》这部小说可以知道伞沱的爱情观。

在封建社会，包办婚姻，传宗接代，爱情没有自由。现实中却有相遇相约相爱，一些落榜的考生，一些被贬谪的官员，一些像浮萍一样漂泊的妓女，由于礼教、风俗、舆论的束缚，为情所困，为情而死。如中国的梁祝爱情故事最为经典。游客和妓女是伞沱作品中的主要人物形象。他的许多唱词、诗歌和《浮萍》、《厌恶的人生》、《山盟海誓》、《风尘劫》等短篇小说都谈到了他们。

《山盟海誓》中的主人公云英是一个妓女。对于妓女，伞沱认为她们是时而贫贱，时而风光得意。云英喜风雅的游客。游客则劝云英应做“自由生长的梅花”。《山盟海誓》中的妓女和游客之间的感情不是建立在相互理解，对社会不满的基础上，而是一种不被束缚的情缘。这种不负责任，不受约束的人生瞬间情缘，虽不像春妙的《妓女言》中的游客那么残忍，但也够无情的了。

云英只是可爱，《小梦》中的朱乔莺才是理想的爱人。朱乔莺是一个留法归来的现代女子，她不仅精通西学，并且对汉文情有独钟。她正学习汉文，且精通典故。朱乔莺不仅美丽漂亮有学识，而且是一个有灵魂的人。她为自己是女儿身而生气：“谁能替我上天庭，擦去裙钗簿上名”。

对于阮克孝（小说人物）来说，理想的女性不能只是美人，还必须是佳人。美人与佳人的区别在于德。德的标准很宽泛，但主要是节、义，或者容、工、言、行的端庄。爱情在伞沱这里已经有了现代的色彩，但他仍然没有完全抛除儒教的礼和德的思想倾向。虽然朱乔莺敢于每天到花园与自己心爱的人聊天，敢于在爱人遇难时把他藏在阁楼里，每天送饭送水，但两人相处时也只是饮茶说文。“我平生喜欢香茶，喜欢美人，喜欢幽静。”喜欢美人，因此在“树影婆娑，灯光摇曳”中，阮克孝享受“说话的声音越轻，人越舒软，也越熟，越鲜，情也越深。似恨、似爱、似依顺、似羞涩。柳眉凤眼，你望着谁？”但他们的爱情也仅仅停留于此，没有《金云翘传》的“看着鸥燕心神无主”的情景。阮克孝和朱乔莺的爱情，游客和云英的爱情，在数次对饮、对诗之后，都仅停留在像这样一个“相敬、相亲”的时段。

伞沱喜欢谈爱情，将自身作为一个痴情的人物。虽然他的爱情观带有现代色彩，但仍没有摆脱才子佳人的框架。它没有反对封建礼教，也没有要求解放妇女。

三、感伤才子佳人的命运

伞沱始终生活在过去那个时代的“风流客”、“知名辈”的心理状态中。现实社会对他来说显得有些刻薄，不让像他的人满足愿望。伞沱的一生漂泊劳碌。与传统的儒学家不同，伞沱喜欢说自己。在诗中，伞沱常常吐露出自己的不幸：穷困、无知音、力不从心、失败……

无缘客没人青睐，
功名未成头已白。
江湖不知岁月流，
沧海桑田尘埃多。
（《江湖客》）

在现实生活中，才色兼俱的佳人，则得到造化的优待，但他们的命运又与他们所具备的不相称，因为有情，他们又深刻地感受到这一点，因此更加痛苦。

女孩“黑发、弯眉、粉脸”，但又遇不到知己，她们沦落为妓女。不只是妓女，就连那些“才女”、“烈女”、“黄花闺女”都承受着被埋没的命运。

有才的男子也比这些女子强不了多少。他们盼望“鸿鹄展翅云中飞”，“海阔天空任驰骋”。但事业不成，伞沱感叹道：

千古事业遥远，
才情重担在肩。
（《岁末有感》）

他感受到了命定的痛苦和耻辱。一个秋日的下午诗人看到路边有一座荒墓，他自问：“墓下埋的是何人，本地还是他乡客？”诗人想象着那些不幸的人们的命运。他想象躺在荒墓之下的人或是一个为决战而捐躯的英雄，或是才高命短、功名落榜而抑郁、迷恋江湖的文人墨客，或是流落风尘的红颜薄命，或是为职务升迁而漂泊的风流游子…… 他们都是才子佳人，在伞沱的笔下他们都有同样悲惨的结局，曾经辉煌显赫的人生，结局只剩下：“车外一堆红色土，洞中一片绊根草。孤零零多少岁月，日晒雨淋月光照。”

躺在荒墓下的，也很可能是一个无才无色无情的人，否则不会不让人感动。伞沱尤其为才色佳人而感动，并且他也常常想象他们不幸的境遇。这是伞沱常常感到孤单、忧郁的原因。

四、风情恩爱的多棱镜

伞沱的多情常常表现为孤单、忧愁。伞沱想要解愁，想要通过知己的情感来填补心灵的空虚，但与伞沱相投的知己又是女性。他向昭君、嫦娥、朱乔莺吐露出厌世的情绪、失望的心境及自己的心事。把男女恋爱作为消愁的药，伞沱把知己之情视为男女恋爱之情。对他来说这就如同一面看世界的多棱镜。

伞沱对恩爱风情有着丰富的想象力，所以他看人看物总是“正处于一种爱慕的心态中”，如他的《沧江思友》。他悲怀地期待着，哀愁地期待着。他责备沱江、沧江将两人分离，感叹相爱却没有表达，“或许河伯作诗，沧江沱水牵线”。深切的话语，深厚的感情使我们感受到被迫分离、天各一方恋人之间的无尽思念。

槟榔女，捕鱼人，采茶姑娘，买酒的，路人……在诗人眼中都像正生活在爱的折磨中。他们在等待，在祈求：“想说话时却无语，群群八哥飞过河。”

从这样一个风情恩爱的多棱镜看人、看物、看人与人之间的关系，伞沱流露出了对情感的渴望。从1918年至1926年，他分别写了《写给陌生情人的信》、《责陌生情人的信》、《再责陌生情人的信》三封信来表露这种心迹。寄出了三封信，他盼望得到知己的回音，与知己一起分担沉重的工作。可见他当时的孤单：“家恩国债在双肩，家国一人担子重。”为了共同成就这样的事业，知己必须是位英雄豪杰之辈，但诗人称之为情人。

想你想得迷瞪瞪，
望穿云水天天盼。
盼见面不能见面，
等音信音信全无。

（《写给陌生情人的信》）

与诗人一起从事大业的知音被这种深切的情感情人化，期待、埋怨有如恋爱的男女。这是伞沱的特色。但伞沱显然没有收到回音。

这种对恩爱、风情的看法能成为一种世界观有值得我们注意的方面，那就是反对儒教理智的枯燥无味。

潭中莲花最美丽，
那边一朵最先开。
天边水面陌生女，
青茎白花间黄蕊。
几只蝴蝶扑朔飞，
几叶扁舟远处游。
花已开放不再合，

却又担心姐妹妒。

（《潭中莲花最先开》）

中国和越南的许多诗人都曾吟咏过荷花。那是“君子”花，“出淤泥而不染”。人们歌颂它的色美，幽雅，严谨，洁净，不像桃花那样炫耀。人们也常常描写荷花在河面静悄悄地开。提到采花女，也用荷花的清淡高雅来衬托她们的精神美，而不是用采花女的美来形容花。伞沱在写上面这首诗时，舍弃了这样的观念。荷花不被置于水面清净的环境中，荷花不再是守高洁的静静君子，而成了流落他乡的“陌生女”。开篇不表现出稀有、高贵，而是孤单、被压抑、缺少庇护。开放时节的荷花像闺中女孩那样清纯。她任人宰割，成为被争夺的对象，她不害怕，不忸怩，不犹豫，拥有着令“姐妹们嫉妒”的幸福。

伞沱舍弃了儒教的基本审美观点。现代社会生活和文学已经对诗人产生了影响。伞沱不仅远离了儒家的审美观点，而且沿着一个新的方向吸收和发展民间文学。

越南民间文学传统中，尤其是民间诗歌传统中，笑林故事和情歌既妩媚又调皮。古代的胡春香将二者相融合。她吸收了民歌的俏皮和笑林故事的粗俗，把二者加以融合，创作了许多传世之作。但男女关系也被胡春香看作是性关系，因此情致、妩媚无法得到和谐发展。伞沱看到了男女关系中的因为爱怜而产生的激动。他把情致、妩媚和俏皮相结合，这在当时是新生事物，多了对外界的仿效，少了城市现实的粗俗和外来的方式，融入了喜欢轻松隽永的民族心灵的生活中。

在争取民族独立的艰苦斗争中，伞沱的看法是落后的，但在社会发展中，在都市公众文学的发展中，这又是一种需求。因为它有反封建、反儒教的意义，因此又是进步的。儒家的正统文学不容许这样的改变。伞沱在传统文学中找到了一块肥沃的土地。伞沱革新了六八体诗和说唱诗，提高了诗歌的艺术，对诗歌的发展作出了积极的贡献。

伞沱的短篇小说和诗歌在当时的文坛上的确是一股奇异而清新的风。这股风只是轻轻吹过，没有成为狂风暴雨。在社会正迅速转变，步入现代世界共同轨道的时候，公众文学，尤其是城市公众文学紧随世界文学，很快越过了伞沱。大约十年后，人们不仅漠视，而且嘲笑所有以前不被视作新奇的一切事物。伞沱的作品被认为是从传统文学到现代文学的一个传承和过渡。伞沱的作品有一种清新的风格，具有新文学趋向，反映时代的变革。

伞沱问鼎越南文坛于1913年至1920年间，此后他仍继续创作，且有一些好的作品，但其主要成就仍然是年轻时代的创作。如果我们看不到这一点，就无法理解伞沱在越南文学史上的历史地位。

第二节 爱国心和改良思想

伞沱是诗人，如同他在《小梦》中所说，是“以《情海》而闻名的文人”，为此他感到特别“荣幸”。但根据他的文学观念，诗歌虽然是“最高贵的艺术”，有“非常神奇的灵动性”，但也只是“玩赏的文章”。作家的职责首先应面对社会，如何“使人心纯正，人民充满智慧，思想开明”。依据这样的观点，伞沱认为办报刊更有意义，比诗集更有利于人民，有利于社会，于是伞沱在1921年担任《友声杂志》的主笔；1926年至1933年担任《安南杂志》的主笔，还曾一度负责为《东法时报》撰写文章。伞沱的政治社会态度清楚地在报刊文章和《小梦》中体现。《安南杂志》的出版标志着诗人思想上的重要转变。

步入写作生涯，伞沱面对20世纪初越南的两个社会问题：救国和维新。

1905年至1910年间风起云涌的爱国运动在帝国主义和殖民主义者的镇压下失败了。随着第一次世界大战爆发，法国殖民者在战争中面临被封锁的境地。此后，俄国十月革命成功，世界无产阶级革命使法国殖民者感到了威胁。在这样的情况下，法国殖民者认识到如果他们实行一种“软”政策，则对“保护国”有利。他们对民族资产阶级放宽政策，让走狗们宣传国家主义，提倡国文，宣传通过稳定、和平、有名、有利的道路复兴祖国的主张。东京义塾的这些主张在被殖民者修改后付之实践。改良趋向、“法越提携”等主张合乎殖民者的政治意图，合乎民族资产阶级的愿望。伞沱在写文章、办报刊的过程中遇到了资产阶级，并且资产阶级和都市生活把他带上了改良主义道路。伞沱从梦境中回到现实，很是兴奋。他以美好的愿望传播天良，用自己的言论解救国民于水火。

伞沱将全部的希望投入到《安南杂志》的出版工作中。诗人形容自己是驾驶小船的舵手，起初只是“小小的竹筏“，后来成为“大船”。诗人想随它出海，走遍天涯海角去“访问欧美，将国家带入文明”。那时，诗人的兴致极高：“相约云水几度秋，试看海天多壮阔”。诗人对维新和爱国这两个热门的话题显示出了极大的兴致。

一、维新合法

20多岁时，伞沱接触了欧美文明，而眼前所见之处却是贫穷落后的龙子仙孙。而另外一个现实也使伞沱感到：都市的繁华正在西化。他兴奋地说“上有法国保护，外有中国人、日本人、印度人来越南经营谋生”，“从未有过的屯田、商会、河船海轮，现在都有了”，“学会、商会、爱友会、捐助会，以前这些都是没有的，现在也有了”，“过去不知晓博爱的涵义，现在被添加了”（《社会生活的两个原则》）。欧美文明可以从“保护国”传播过来，“将来有文明，靠的是保护”（《八岁》）。

也正因为如此，他表现出愤愤不平，视抗法运动为“野蛮的变动”，使“保护国”“不得安宁”，使得“开化速度减缓”（《小梦》）。他为人们的落后心焦。刊登在《友声杂志》和《安南杂志》上的几篇报导中，伞沱号召振兴工商业，歌颂科学技术，鼓励经营创业，提倡翻译著作。在1927年初春的《安南杂志》上，他认为“安南人的一场战争将始于丁卯年”。在这场战争中，人人都必须战斗，从“保护国”到“平民百姓”。但这“不是一场刀光剑影的战争”，“不是谁与谁的战争”，而是为了争取生存“所有人与时局的死战”。伞沱爱国，但没有深刻感受到失去主权的痛苦与耻辱，他生活在都市里，因此容易染上改良思想，容易跟上维新合法的主张。1926年，他发生了变化。在《小梦（二）》中，他让阮克孝上天庭谒见阮廌、孔夫子。阮廌想“再生于尘世”。孔夫子再次讲解了“随世而择才能做成自己的事”。东方朔带阮克孝参观天市，只让他看卖水人，并告诉他“安南国里，有数人将会有这样的命运”（在天庭里打扫市场）。他不再像从前那样歌颂“保护国”，而是写了一些讨论国民对国家的责任的文章，以国号给杂志命名，他希望它成为“所有国民”，而不仅仅是“那些有学问的人”的责任。因此，“谁对世道，对人心有功”，则“用笔来称颂”，“谁对人类有罪”，则“用文章来惩治”。

他在《安南杂志》上发表文章，攻击“对社会无益的人”，尤其是那些官僚和科举出身的人以及留法回国的人。他认为这些人只知道为自身和妻儿的幸福操劳（《对青年的警言》）。所有这些人都是当时社会的上流人物。

伞沱想为国为民做有益的事情，因此呼吁“合群”、“死战”。但他的社会政治理想又很模糊。一方面，他想学习欧美文明；另一方面，他又想保卫东方伦理。在《小梦（二）》中，说到天市，说到新的社会时，伞沱描述了一个理想的社会。那是一个空想的社会主义，与周围的世界相隔离，回到了远古时代，为“洁净的自由”和“清闲的独立”寻找一条自然发展的道路。

伞沱确实是对国家和进化有心的人，但肤浅的思考方法只能让他幻想，既让他在现实中失望，又形成了伞沱特别的爱国方式。后来，伞沱对“保护国”带来的文明失望了，但他仍然跳不出合法思想的框框。

二、“道德爱国”和“山水诗”

在爱国主题方面，伞沱创作了一些歌颂历史上英雄们的诗。伞沱将爱国者分成三类：“以道德爱国”、“以热情爱国”、“以客气爱国”。以道德爱国的人认为“国家值得爱，于是以诚实之心来爱。他们从容沉毅，不热情也不灰心，不过激”。以热情爱国的人，由于有运动激励而“热情呼吁、奔走，不多疑，不意志消沉”，“不因为曲折而改变”。他们不视从容为可贵。换言之，这是一些救国活动家，不欣赏那些以道德、以心爱国的人。以客气爱国的人，只是“高兴就鼓掌”。伞沱敬重前两类人。第三类“虽然比前两类差远了，但也可贵”。但是他认为“前两类人我们国家有，但是少”。除了上面所说的三类人，伞沱抨击“以爱国两字来愚弄天下”的人。这些人中包括那些背叛者，他们有“足以愚弄天下的才智”，有“足以欺骗天下的故事”。伞沱自视是爱国者，最高等的爱国者，“以道德爱国”。但在那时的爱国者中，尤其是以热情爱国的人，有写文章讥讽伞沱的。伞沱作《青蛙》回击。伞沱让青蛙轻薄地说那些只是“呼吁”、“奔走”、“煽动”、“蝉蛾吃霜”、“黄莺学语”，“乌鸦开口”，都是做无益的事。

伞沱认为爱国的标准是心，是道德，而不是行动，更不是“过激的行为”。因此伞沱在怀古的诗文中表露了无尽的伤感，对马克思列宁主义的爱国运动感到陌生。对于这个问题，他认为“无论什么学说，无论谁倡导的什么主义，都只是火上浇油”（《小梦》）。爱国心在伞沱这里是抽象的。这一点在他的“山水诗”中很明显。伞沱常常提到：“仍然是以往的伞沱，青春誓同山河在”。无论到哪，伞沱都随身带着一幅国家地图。对他来说，地图是他被授权监察的凭证。在他的诗中，地图成了一种象征。通过伞沱的眼睛，我们看到了多少美景和心情的寄托。伞沱忧虑、热情，时而兴致高昂，时而痛苦、羞涩。但他描写的国家是多么美丽、可爱，而国家对他却又是如此的冷落。

故魂游弋阳葵关，
明月白马绿森林。
翰龙今日又过声，
桥下碧水映诗人。
霜雪风尘人何处，
山青水碧任往来。
舆图仍在未褪色，
山在水在人还在。
春蚕吐丝仍未尽，
此心不断被缠磨。
……
山青水碧仍依旧，
头发灰白缘如丝。
（《过翰龙有感》）

诗人一生穷困、孤单，对世事感到力不从心。他想得到一个有情人，一个愿与他分担重担的同心人。所以他在八年里给“陌生的情人”写了三封信，但始终没有回音！诗人叹道：“望云水四方寂静，看江山八面挂愁。路远担重傍晚市，大风浪中一条船。”

面对“知音难觅”，诗人惶惶。没有知己是痛苦的。但如果有，却呼而不答，叫而不应，则更痛苦。他怀疑：“山河还怀念古人？情人还记得故人？”

诗人在努力中绝望，在被遗弃中叫屈。诗人希望得到知音和国家的信任。对国家的情感和热爱是伞沱爱国诗的特色。读他的诗，我们看不到对侵略军的仇恨，看不到对亡国家的耻辱，而只有一种热烈的情感。他的诗不催人战斗，但仍使亡国的人们受到触动，使他们更深刻更真切地感受到对国家的无能为力和羞耻。他的诗使人们看到祖国的美丽和可爱，更深切地热爱祖国。

三、伞沱与越南近现代文学

伞沱的特点是表面的豪放与内心的孤独。伞沱以《小梦》开始，以《大梦》结束：幻想和落空。开始时，伞沱非常激奋，兴致高得狂妄而自信。但后来经过十三年的“沧桑”经历，他看到除了梦还是梦。所谓“人在河城[①]，诗飞南定”，“《安南报》总编”，“河城书店”都是梦，“没有任何价值”。伞沱常常被忧愁所困扰。年轻时遇到不幸，诗人感到厌世，感到愁闷。白天愁，夜晚愁。雨飞叶落愁，月立风中更愁。一个人静寂愁，人多笑谈更愁。这不再是具体缘由的愁，而是常常在古诗歌中的那种万古长久的愁。伞沱一生沉没在梦中，孤单、辛酸、悲苦、失败。

伞沱是一个才子，有许多的幻想。兴致高昂地走入现实，幻想却渐渐破灭。意想不到的失败，他无法理解“《安南杂志》被迫停刊，那么还有什么是安南的呢”！他等待国家的文明，期待留法青年带回来现代文明，但是那是“保护”教育的产品，文明只是形式。“看到许多人学法国人吃穿讲究，则不敢以此为乐！”

圣灵物谁在买卖，
给就拿剩下就要。
回来告诉姐妹们，
铁杵终会磨成针。
多么想和你一样，
此路走来也很爽。
（《文明》）

---

①河城即河内。

“保护国”提出的文明中，令伞沱最失望最不平的是它猛烈攻击东亚文明的基石——家庭——他所尊崇的孔子学说的根基。伞沱认为现在“子道已尽失”。他耻笑“现在妻子、丈夫，没有谁娶谁之分”，谴责“越南妇女抛弃家庭职责”，西方文明使家庭“腐败”。因此他创作了《镜台》，歌颂过去贞妇烈女，呼吁恢复家庭孝悌，三从四德（《小梦》）。他劝妇女应当做内助，“依照丈夫的意见”料理家务，不需要有才，也不应该要求权利和平等。

对于伞沱来说，捍卫家庭、捍卫伦常是神圣的事。他认为妇女孝敬父母，为夫守节是“天经地义”的，所以现代文明使伞沱非常痛苦：“东亚文明天收尽，当今纲常轮转来？”

伞沱日益感到自己在都市文明中的孤单。伞沱从事创作，事业给了他一点点虚名，其生活始终穷困潦倒。他毫不掩饰地表露：

禀玉帝我很穷困，
在尘世无立锥地。
靠天过去上了学，
文章本钱一肚子。
借用人家纸和墨，
雇人印卖不值钱。
挣钱难于上青天！
（《奉天》）

伞沱一年到头愁吃、愁穿、愁债务。也许现实中伞沱的生活还比当时的其他作家要好许多。但伞沱是一个习惯生活奢侈的才子，认为“才”必须有价，因此更感觉到穷困和不公，更加对现实社会不满。伞沱舍弃在农村当少爷的生活，来到城市；他得到几个资本家的帮助，他也感激他们的怜才。伞沱挥金如土，但在思想上蔑视金钱。伞沱无法融入资本主义生活，因为那样的人生与他的怀抱相左。他无法融入其中，因为金钱搅乱了人们的价值观，“才”、“色”变成了一种可以陈列出来买卖的商品。他希望“才”、“色”在不知道金钱的社会得到重视，希望“才”、“色”得到公平的对待。他认为是金钱滋生了“骄矜、刁钻、奸诈、欺骗、谄谀、游荡、淫逸、险恶、鬼怪”，是金钱破坏了“政治、法律、风化伦常、廉耻道义”。

面对贫富对立，伞沱同情那些“衣不蔽体”的人，“被棍棒呼来吓去的人”和那些出卖劳力的人，但他又认为贫富差别是自然的，是命中注定的。他认为在文明进程中，富人和穷人，应该相亲相爱，互相帮助，而不应该以斗争的形式来摧毁贫富差距。他回避不了梦想与现实之间的距离。浮萍是伞沱一生态度变化的形象比喻。伞沱多次提到人生是尘世、俗世，是暂时居住的地方。但在实际中，伞沱没有不理会，没有找到摆脱的方法。早期他曾提出这样的疑问："人生应当厌恶还是不应当厌恶？"最后的回答仍然是"不忍心，不敢，不可能厌恶"。他维护的不仅是伦理道德，还有恃才的心和立业的企望："男子身处尘世中，百年生活易度空。有了人生才有我，缘何此生不是草。"（《冬夜感怀》）

现实生活使伞沱的诗有生活的真实。面对国家命运的变迁，伞沱的思想是陈旧的。他从现实生活中吸取的又是新的。伞沱运用许多民歌形式来进行创作，冲破了传统诗歌的束缚，尤其是七言诗，在他的笔下变得委婉，不像传统诗那样呆板、受局限。

伞沱是一位多产的作家。他一生写了许多诗歌、短篇小说和小品文。伞沱对越南文学的主要贡献是他的诗歌。在纪念伞沱逝世一周年时，春妙在《骚坛》上发表了《诗人伞沱的功绩》一文，认为伞沱是"一个很地道的安南诗人"，"很少有人像伞沱这样通晓民族诗歌的艺术"。伞沱不仅精通诗、赋，还精通嘲剧、哝剧及许多地方小调。这一切对他的创作和对诗歌的革新有着很大的影响。

历史上，越南诗歌艺术虽受中国诗赋的深刻影响。但从阮廌到阮攸，从胡春香、阮公著到阮劝等越南著名诗人，都努力通过吸收民间艺术使诗歌具有民族性、群众性。这些诗人都为越南诗歌的发展做出了巨大的贡献。他们使喃字诗更齐整，组织更严密，语言更风雅。但他们也都有他们的历史局限性。他们在创作中常常堆砌许多典故，且辞藻华丽，使喃字作品脱离群众。伞沱与他们不同，他生活在平民中间。在他的创作中，采撷了许多民歌的优点，使他的作品深为广大群众所接受。如：

人家有妻有夫，
我似笼中鹦鹉叫梅。
粉面桃花为谁，
黑牙太黑枉费功夫。
你走留妻在家，
谁来温存把你款待？
男子努力功名，
一个情字却是更甚。
你辛苦路迢迢，
功名没有只有忧愁。
过来吃口槟榔，
免得明天雪染花头。

在这里有歌谣的朴实、深情与妩媚，也有诗人的文采。很难说这是诗还是歌谣。深情、妩媚、俏皮是越南民歌的特色，是富有感情而又热爱生活的劳动人民的本色。伞沱抓住了这些民歌艺术的抒情精华，在诗歌、唱词创作中达到了炉火纯青。伞沱创作的六八体诗歌、双七六八体诗乐调丰富。他的结合民歌民谣的诗歌创作道路为以后的诗人留下了许多宝贵的经验。伞沱翻译的《诗经》、《乐府》、苏轼的《黄鹤楼》、白居易的《长恨歌》以及李白、杜甫等人的作品，都表现出了原作的诗魂。

伞沱的努力丰富了越南诗歌，在内容和艺术两个方面为新诗的问世作好了准备。伞沱是20世纪越南文学史上由旧诗通向新诗的一座桥梁。

* * *

1900年至1930年间的越南文学是带有过渡性质的近代文学。在历史的长河中，30年是很短暂的，但这30年间的文学与1900年以前和1930年之后的文学都有着很大的区别。过渡性的特点不只是新旧文学并存，更主要的是它在主题、艺术形象、语言等方面集中体现了具有东方特色的中古文学向具有世界普遍性的现代文学的转变。这一阶段的文学起着从一种文学向另一种文学发展的桥梁作用。

1900—1930年的文学具有里程碑式的意义。这种意义体现在两种文学、两类作者、两大受众和两种文学观念的并存，而新文学最终将取代旧文学。在这个转折时期，旧文学虽然在衰败，但仍占有相当的地位，对越南文学的发展仍具有一定的积极作用。

第二部分　多元并举、众星纷呈的发展时期（1930—1945）

第一章
越南1930—1945年间的社会与文学概述

1930—1945年间，越南的民族斗争与阶级斗争十分尖锐，从而引起了意识形态与思想领域的激烈斗争，文学创作的形势十分复杂。但是从1930年起，由印支共产党领导的工人运动及爱国运动如暴风骤雨般轰轰烈烈开展起来，不断给殖民者和卖国贼以沉重打击，最终取得了1945年“八月革命”的成功。

民族斗争、阶级斗争势必引起上层建筑的意识形态斗争。资本主义的意识形态是与腐朽的封建意识形态相联系的。对这种意识形态的反抗与斗争是无产阶级的思想意识，也是农民阶级和爱国的城市小资产阶级渴求民族民主和社会主义的体现。

在文学领域，这既体现为革命文学、批判现实主义文学和积极浪漫主义文学与消极浪漫主义文学以及其他保守的、混杂着没落倾向的文学之间的斗争，同时也体现为它们之间的相互影响。

第一节　法、日的政治压迫、经济剥削和文化毒害

法、日新老殖民主义者在越南所采取的是军事上压制、政治上独裁、经济上剥削、文化上毒害的政策。

一、法日的政治压迫

在政治和军事方面，他们首先把矛头直指共产党和革命运动。

在法国统治时期，共产党是非法的。他们企图通过武力和政治独裁政策镇压越南的共产主义运动和爱国运动。20世纪30年代初的白色恐怖引起了城市青年知识分子阶层的恐慌。仅在1930—1931两年间，法国就在北圻（越南北部）开设了21座特别法庭，处理了1094件政治案件，判处死刑164人、无期徒刑114人，流放420人。1930—1931年的白色恐怖使越南革命运动一度陷入低潮。

二、法、日的经济剥削

军事上的镇压、政治上的独裁是为了攫取更多的经济利益。

法国殖民主义者的经济独裁政策致使越南成为法国资本家掠夺廉价劳动力与资源的对象，成为其发放高利贷并课以重税的对象，成为其廉价收购农产品并高价倾销工业产品的市场，成为其具有商贸垄断特权的市场。

阮爱国（即胡志明）的《法国殖民主义判决书》（1925）、《法国殖民者在印支的统治》（1927）控诉了法国殖民者肆意侵占农民的土地和掠夺矿藏资源这一野蛮的剥削政策。仅在北圻，法国殖民者侵占农民土地建立了155个大庄园，有的面积超过8515公顷，其还掠夺了34个矿区及周边土地，有的超过25000公顷。在南圻，仅传教会就侵占了当地1/5的土地……越南的农民遭受资本主义文明的刺刀与虚伪教会十字架的双重威胁。阮爱国控诉了法国殖民者对商品出口、对酒和鸦片的垄断，控诉了其每年增加税收、拉夫杂役政策。在第二次世界大战中，印支人民日益陷入窘境中。法国殖民者和日本法西斯狼狈为奸，肆意搜刮越南的资源为战争服务。1945年的生活用品价格比1939年涨了25倍；到1945年3月粮食售价高达50万一吨；越南这一期间饿死了两百万人。

三、法日的文化毒害

如果说法国殖民者针对共产党进行军事压制、政治独裁，那么在文化上他们把共产党及其宣传物视为头号敌人。他们下令禁止拥有和传看如阮爱国的《沉船日记》等共产党的宣传读物和《今日》、《新时代》、《新人》、《我们的声音》、《人民》、《民众》、《劳动》等进步报刊。

除了搜查政策和压制进步杂志，法国殖民者还在文化上实行愚民政策。他们强迫各私塾年满18岁的学生要上缴人头税，致使家境贫困的学生辍学。

法国殖民者对越南几十年的统治，除了专制和镇压，也企图收买人心，通过改良倾向使革命斗争迷失方向。他们开办了如《南风》、《中北新文》、

《安南祖国》等报刊，大力宣扬法国的“文明开化”政策，鼓吹西化运动、青春快乐及宗教迷信活动。自力文团的西化运动和“青春快乐”就是在这样的背景下出现的。

第二次世界大战中，法国殖民者实行恐怖的法西斯政策，大肆搜查进步报刊，解散南圻的殖民委员会和北圻、中圻的民意院。另一方面，他们强迫8万青年为其服役。为了争取青年，他们在城市和农村组织青年团，组织自行车、游泳、拳击比赛，目的是为了加强两国青年的友谊！“勤劳、家庭、国家”、“团结起来服务国家”、“法—越复兴”等口号四处高唱，迷惑人民。法国殖民者还允许学生歌颂历史上的民族英雄。他们的目的就是要发起改良运动，使青年忘却革命斗争。

1940年6月22日，法国在欧洲战场失败。1940年9月22日，日军越过中越边界，进入谅山，同时又派出6000人的军队在海防涂山登陆。日军进入越南后，扶植了一些亲日党派如大越民政（阮祥三）、大越国社（张廷知）、复国（陈文安）、越南爱国（严春字、武庭移）、青年爱国团（武文锦）……在这些党派中还吸收了一零、黄道、陈重金、杨伯濯、泰斐、邓文馨、潘振祝等文化人。

一零、黄道、陈重金、杨伯濯、泰斐、邓文馨、潘振祝等人在《中北周末》、《印度支那杂志》、《东法》上卖力地宣传日本文明，歌颂天皇军队在珍珠港、香港地区，新加坡、菲律宾、缅甸等地大败英、美军队的赫赫战功。

日本法西斯在文化上采取狡诈的宣传手段，企图掩饰其侵略的行径。他们以大东亚共荣圈来欺骗民众，如让越南学生留学日本，同时派日本教授和学生以及自行车选手到越南来，让越南的佛教代表到日本参加大东亚区域佛教会议，让日本的画家在越南开画展……他们举办越南写作比赛，允许《金云翘传》译成日文，资助有名的歌唱家，帮助西贡、堤岸地区的慈善协会……以显示其对越南人民生活的关心。一些文人受到法西斯思想的影响，开始转向宣扬尼采的强势理论和超人学说，歌颂日本的武士道精神。

殖民者在政治上镇压、在经济上野蛮掠夺、在文化上毒害的政策限制了公开文学的发展。但是，印支共产党不断壮大，革命斗争不断发展，马列思想的影响，滋养了革命文学，这是爱国主义文学和进步文学的坚强后盾。

第二节　印支共产党的成立及其对文学发展的影响

一、印支共产党的成立和民主革命发展的道路

20世纪的前30年，革命道路理论发生了恐慌，这一恐慌实质上是对社会中

的先进阶级在革命领导中的作用问题产生的恐慌。

潘佩珠、潘周桢及梁文干（东京义塾领导人）等仁人志士的失败证明，资产阶级民主道路已过时，他们不可能把越南人民拯救出来。黄花探领导义军坚强战斗了十几年，但最后由于没有正确的方向和道路而以失败告终。

阮爱国非常敬佩潘佩珠、潘周桢、黄花探等前辈的爱国精神，但是他不赞成过去的救国道路。阮爱国参加法国共产党（1920）是他革命活动的转折点，即从爱国主义转向共产主义，同时也标志着在越南革命历史上马列主义开始与工人运动和爱国运动结合起来。资产阶级的改良道路过时了。安沛起义的失败标志着旧的资产阶级民主改良时期的结束。

1929年秋天，阮爱国从泰国来到香港，召集会议统一越南国内的共产主义组织。1930年2月3日，阮爱国代表共产国际主持了会议，会议在香港九龙一名工人的狭小房间里召开，会议一致通过成立越南共产党（随后在1930年10月召开的中央会议上更名为印支共产党）。会议的《政治纲领》确定了人民民主革命的基本道路。从此在全国范围内发起了广泛的革命运动。从1930年2月到1931年4月爆发了1236次反抗恐怖镇压、要求民主民生的工农革命斗争。义静苏维埃起义是1930—1931年全国工农革命斗争运动的高潮。

二、印支共产党对1930—1945时期文学发展的影响

随着义静苏维埃起义进入高潮，一场人民性的文艺革命斗争登上历史舞台。在20世纪20年代，阮爱国的《1922—1925日记》，话剧《竹龙》，《法国的殖民制度》和《沉船日记》（1930）开创了革命文学的新纪元，从此革命文学成为一种群众现象，成为贯穿民主革命全程的连续、强大的潮流。义静苏维埃的诗歌反映了"共产鼓声震天想""人民汹涌如东海"之势，群众涌上街道，焚烧殖民者的住所，攻占监狱，解放政治犯。白色恐怖阻挡不了人民的武装自卫与政治斗争相结合的汹涌波涛，在1930年9月至1931年6月期间，各乡村爆发的斗争打破了封建帝国的政权机器。在印度支那共产党的领导下，农会掌握政权。苏维埃政权严惩了为虎作伥的土豪恶霸，废除了各种苛捐杂税，实现了人民的民主权利，打土豪分田地，减租减息，组织国语字学习和读书读报活动，消灭酗酒、赌博，消除邪教迷信，在日常生活和革命斗争中组织合作互助活动。

面对人民群众汹涌澎湃的革命斗争运动，法国殖民者及其爪牙阮科奇、阮友排、孙室潭血腥镇压义静苏维埃起义。其他苏维埃政权也在1931年6月相继被镇压。许多党和革命群众的领导干部英勇就义。但义静苏维埃的诗文仍然流传至今，它们高举革命理想的旗帜，歌颂了革命群众的崇高品质，其内容是革命

的，具有新时代的气息。

义静苏维埃的诗文如《安城的困苦日子》、《帮佐之难》、《1930—1931乡友别会》、《东山退潮的日子》等忠实地反映义静苏维埃起义，控诉了法国殖民者的野蛮罪行。义静苏维埃的诗文也揭露了土豪恶霸仰仗殖民主义的势力作威作福的奸诈行径：嫁祸栽赃、勒索敲诈、抢掠红色村镇……

法国殖民者血腥镇压了义静苏维埃运动。可是，共产主义战士把监狱变成了学校，变成了革命斗争的阵地，变成了培养党的优秀干部的地方。在火炉、昆岛、太平等监狱，政治犯们经常组织诗文比赛，还创办《铁镣铐》、《松林》、《响溪》、《牢狱杂志》、《平明之光》、《公河》等政治报刊和文艺杂志。

在帝国主义监狱里的革命诗歌构成了1930—1945期间革命文学作品中最重要的部分。

在沉寂了一段时间后，越南革命运动在1932—1934年得到恢复并继续发展。

1934年，印度支那共产党的海外领导委员会成立，其任务是统一国内各个党的组织。1935年3月，印度支那共产党第一届全国代表大会在中国澳门地区召开，目的是巩固并发展党，团结群众，随时准备条件迎接新的革命高潮。

面对日、法、德法西斯的疯狂行径和新的世界大战即将爆发的危机，面对日益高涨的世界革命斗争运动，共产国际的第七次会议指出当前全世界人民的敌人并不是帝国主义而是法西斯主义，因此，工人阶级的重要任务是在无产阶级阵线的基础上建立广泛的反法西斯的人民阵线。

1936年4月，法国人民阵线在选举中取胜。同年6月，人民阵线组织政府。这为印支三国的革命斗争创造了有利条件。许多政治犯被释放，成为全国工农革命斗争的骨干。根据当时的情形和共产国际第七次代表大会的决议，在上海的印度支那共产党中央执行委员会（1936年7月）确定：当前印支革命斗争的直接目标不是推翻法国殖民者的政权和土地革命，而是与法西斯殖民反动势力斗争，争取民主自由，争取生存与和平。会议提出成立印支反帝人民阵线，后来改为印支民主统一阵线，简称印支民主阵线。民主阵线广泛地团结拥护“最低政治纲领”、赞成民主进步改革的阶级、党派、民族和政治团体。民主阵线的口号是反对法西斯和战争，要求生存与和平、自由民主、结社自由。在组织形式和斗争方法上，印度支那共产党主张充分利用一切合法和半合法的机会进行宣传，组织群众，同时继续巩固并发展党的地下组织。全国的革命运动又掀起了新一波高潮。

在民主阵线时期，印度支那共产党争取一切可以合作的出版社出版公开刊物来宣传、组织和团结群众，如《劳动》、《集合》、《前进》、《我们的声音》、《回声》、《青年的声音》、《新社会》、《河城时报》、《时势》、《人民朋友》、《消息》、《今世》、《新人》、《世界》、《稻穗》、《前锋》、《人民》、《越民》、《普通》、《新》、《东方》、《民众》等等。1938年3月14日，国语字宣传会成立，成员包括阮文宣（顾问）、阮文素（会长）、潘清（秘书）、裴纪、陈重金、黄春汗、邓泰梅、武元甲、陈辉燎等。宣传国语字的运动迅速成为广泛的群众运动。1938年7月22日，《民众》报的诞生标志着越南越语刊物自由时期到来。1938年8月30日，法国政府允许越南报刊自由出版发行。这是在民主阵线时期在争取公开报刊自由运动中取得的重大胜利。

1939年9月2日，第二次世界大战爆发。印支也被迫卷入战争。法国殖民者颁布总动员令，就地抓壮丁为帝国主义战争服务。1940年9月，法国殖民者向日本法西斯打开印支大门。人民戴上了双重枷锁。越南的爱国仁人志士走上了反抗法日的道路。北山起义（1940.9）、南圻起义（1940.11）、都梁起义（1941.1）相继爆发。在这种情形下，阮爱国毅然回国，直接领导越南革命。1941年2月8日，阮爱国在进行了30年的海外革命运动后回到高平省河广县北坡村。1941年5月，阮爱国以共产国际代表的身份主持召开了党中央会议。会议认为第一次世界大战诞生了社会主义的苏联，第二次世界大战会诞生更多的社会主义国家。会议确定了越南革命的任务就是驱逐法、日。根据阮爱国的建议，民主阵线更名为越南独立同盟，简称越盟。

斯大林格勒保卫战的胜利极大地鼓舞了世界被法西斯奴役的民族。1943年2月25日至28日，越南共产党中央常务委员会召开会议，决定进一步推动国内革命走向高潮，为总起义做好准备。会议主张把革命之势扩展到城市，发动学生、知识分子和文艺人士参加运动。从1943年开始，越盟的运动在各大城市，尤其是在学生、知识分子、文艺人士中声名大震。大批知识分子响应越盟的号召，参加革命运动。但也有一些人则倒向法、日本法西斯，甘愿做他们的反动文人。还有些人则是在历史的选择面前摇摆不定。在这种情形下，1943年2月25日的中央常务会议确定："党需要专门的干部进行文化运动，带领先进文化、爱国文化运动走向高潮以抵制腐朽的法西斯文化的侵蚀。在河内、西贡、顺化等城市要掀起爱国文化运动的高潮，通过公开和半公开的运动团结文艺人士和知识分子……"《越南文化提纲》（1943）和文化救国小组在这样的背景下应运而生。1943年，中央常务会议通过了由总书记长征起草的《提纲》，并召集文艺人士加入到秘密的越南文化救国小组，该组织属越盟阵线。《提纲》正式提出了思想与文化阵线的问题："文化阵线是共产党人的三大阵线（政治、经济、文化）之一：不仅要进行政治革命，还要进行文化革命；只有领导文化运动，党才能影响舆论，党的宣传工作才出效果。"《提纲》指明了文化运动的方向：民族化、科学化、大众化。

1945年4月30日，苏联红军占领柏林。1945年4月北圻革命军事会议统一了越南解放军内部的各武装力量。胡志明主席指示成立越北解放区（1945.6.4）。1945年8月，前苏联红军消灭了日本法西斯的“关东军”，解放了中国东北和朝鲜。1945年8月13日，越南国民大会在新潮召开，成立了中央民族解放委员会，即临时政府，宣布全国总起义。8月19日总起义首先在在河内取得胜利，8月23日和8月25日分别在顺化和西贡取得胜利。1945年9月2日，百万群众汇集在巴亭广场，庆祝越南民主共和国成立，胡志明主席宣读了《独立宣言》。

第三节　两种思想的斗争与文学争论

一、无产阶级思想与封建、资产阶级思想的斗争

1930—1945年间的阶级斗争和民族斗争表现为上层建筑意识形态领域里的斗争。

新老殖民主义不断地利用其意识形态和封建势力镇压人民。

在20世纪30年代革命斗争日益高涨的时候，封建官吏和买办资产阶级也日益暴露出其卖国的嘴脸。

第二次世界大战中，法国殖民者发起复古运动。《提纲》提出了要批判“法西斯、封建文化”，“反对保守的文化趋向”，反对神秘主义、唯心主义，反对愚民、欺骗人民的文化。

越南的资产阶级也进行了反封建文化的运动，但他们从不在政治、经济上直接出面反封建。越南的资本家一边在各大城市设厂经商，在农村放高利贷，一边让他们的孩子考科举当知县。第一次世界大战后，“法—越提携”思想和改良主义成为越南资产阶级的思想。《开化》、《友声》等的刊物向法国殖民者请求建立像英属加拿大、乌克兰一样的自治制度，或颁布一部不损害法国利益的宪法。

1930—1931的白色恐怖后，在1929—1933年经济危机后，自力文团的浪漫主义文学作品出现并快速发展，曾在公开的文坛上位居独尊。民族资产阶级没有勇气在政治上和军事上反抗帝国主义，便在文化领域进行反封建官僚的斗争，如《风化》、《今日》等刊物和自力文团的作品。文学艺术的浪漫主义是伴随着具有城市资产阶级和青年知识分子堕落性的“青春快乐”运动发展起来的。法国殖民者鼓励这种倾向，其目的是迷惑民众，尤其是青年。

民主阵线时期，民族资产阶级的文化活动主要是成立于1937年由阮祥三任会长的具有改良主义性质的《今日》报社的光明会。国语传播会当时也参加了改良文化运动，但是它是朝着进步方向发展的。

在第二次世界大战中，越南民族资产阶级受到法国殖民主义、日本法西斯政策前所未有的压迫，而那些拥戴法、日的买办资本家乘机垄断了市场，在战争中一夜暴富。在这种情形下，一部分资产阶级倒向革命，一部分犹豫不决，少数转向亲日。此时，具有一定进步性的代表民族资产阶级的国家改良活动者也在民主阵线时期渐渐朝着多方向分化。一部分走上革命道路，如越南民主党；一部分中立，如武庭槐、陶维英、杜德育、吴子夏等的新越南会；还有一部分民族资本家与封建地主联合成立亲日党派，如果阮祥三的大越民政党等。

共产国际一直关心着越南革命干部的培养工作。从1925年到1938年，共产国际为越南革命培养和输送了40名干部，其中部分同志后来成为党的出色领导人如陈富、黎鸿峰等。马列书籍传入越南最多的时期是在民主阵线时期。党的刊物公开宣传马列主义和党的政治道路。这也是无产阶级思想与资产阶级思想、封建思想在精神领域的斗争中的第一次公开交锋。

二、各种意识形态的互相影响与文学争论

在公开媒介的意识形态斗争并不总是那么明显。对于殖民地的恶劣条件，进步作家们有时必须巧妙利用合法出版社及刊物的隐性条件，想方设法发表革命爱国作品。有时“全部非法刊物都是党的刊物”、“全部合法刊物都不是党的刊物”。因此，在殖民者办的《东方》上刊登了海潮所著的具有马列主义倾向的作品，而非进步文人如阮国粹、陈频寿、兰开、学非的作品刊登在阮江主办的《东方杂志》上。

意识形态领域的斗争通过公开刊物展开大争论：海潮和潘魁之间的唯心主义与唯物主义争论（1933）；海潮、海客、海青、裴公澄与少山、怀青、刘重庐、黎长桥之间的“艺术为艺术”、“艺术为人生”的争论等。

关于唯物主义与唯心主义的争论是由潘魁发表的“物质文明和精神文明”（《妇女时谈》1933.8.8）、“现象与原理”（《妇女时谈》1933.11.12）、“在越南的历史上没有封建制度”（《妇女新文》1934.11.29）等一系列文章引发的。海潮等人发表“潘魁不是唯物主义学者”（《东方》1933.10.20）、“潘魁是唯心主义学者”（《妇女新进》1934年第一期）、“越南历史上还是有封建制度”（《公论》1935.2.1）、“物质和精神”（《东方》1933.11.8）批判了潘魁的错误观点。通过大讨论，海潮初步介绍了唯物主义的特点。

1935年1月，海潮结束了唯物与唯心的争论，1935年2月，他开始了更激

烈的“艺术为艺术”与“艺术为人生”的争论。在海潮与少山的争论拉开序幕后，在海潮与怀青围绕阮公欢的《男角四下》发表不同声音的时候，有关文学观点的争论正式开始。这场争论蔓延到全国，许多作家、文学批评家都参与了这次争论。这是无产阶级艺术观点与资产阶级艺术观点就文学与政治的关系、文学与社会生活的关系、作家的自由问题、文学的阶级性、文学作品和艺术典型的长久性价值等文学基本问题进行的交锋。

“艺术为人生”派最终占上风，体现了无产阶级革命思想进步性和资产阶级唯心主义思想与脱离政治斗争观点的不合时宜。这次争论削弱了消极浪漫主义文学的影响，推进了批判现实主义文学的发展。

第四节　文学发展的三个阶段和各种文学倾向的相互影响

一、文学发展的三个阶段

1930—1945年的越南文学可以分为3个时期：1930—1935时期；1936—1939时期；1940—1945时期。

文学发展的分期并不一定完全与政治社会分期相重合，但文学的分期和政治社会的分期又是紧密相联的。1930年越南共产党成立。同年，义静苏维埃运动爆发，为无产阶级文学开了先河。

1. 1930—1935时期

1929年至1931年，阮公欢的《资本家的犬牙》、《真是幸福》、《人马与马人》等作品肯定了批判现实主义手法在短篇小说中的作用。在同一时间里，吴必素在《普通》、《东方》等刊物上以铁口儿、杜鹃等笔名发表了一些著名的小品文。1931年，武重奉的处女作《死气沉沉》问世。

1932年是浪漫主义文学发展的转折点：自力文团、新诗运动等文学团体和文艺思潮迅速发展。1930至1935年在越南文坛上发生了许多的争论：潘魁、陈重金与伞沱之间的儒教之争，围绕“新诗”问题的争论，《风化报》与《妇女新文》新旧家庭和婚姻之争。《风化报》刊登了不少长篇访谈，主张破旧立新。四离撰文抨击封建大家庭，抨击“国魂、国粹”。阮氏谦在《妇女新文》上发表文章抨击“三从四德”，提倡自由恋爱。

自力文团提倡西化和“青春快乐”。自力文团的小说如《半截春》、《断绝》、《风雨人生》控诉封建大家庭，维护自由恋爱，维护资产阶级个人主义。新诗运动提倡自由与发挥个性。1930年至1935年间的浪漫主义文学在公开文坛上几乎占据了独尊地位。在一零、概兴的小说和世旅、辉通、武庭联的诗歌中既有进步思想，也有消极思想。由于浪漫主义文学脱离了群众革命斗争，拔高了资产阶级个人主义的“艺术为艺术”之观点，因此，它避免不了日益衰败的命运。

2. 1936—1939时期

民主阵线和革命运动唤醒了群众斗争的觉悟，开创了文学的新纪元。1936—1939年间，革命文学和批判现实主义文学在公开文坛上占据优势。这一时期的革命文学有了质的变化，涌现了一大批代表作家，如素友、海潮、邓台梅、海客（陈辉燎）、陈梅宁（阮常卿）、陈廷龙等。革命文学不光有诗歌，还有小说、传记和文艺批评理论（海潮、海青、裴公澄、山茶、林梦光……）。由于受到革命文学的影响，特别是广泛的群众运动的影响，批判现实主义文学在这一时期获得长足发展。大批很有价值的小说问世，如吴必素的《熄灯》，阮公欢的《最后的道路》，武重奉的《暴风骤雨》和《红运》、《决堤》等。

浪漫主义文学也直接或间接的受到群众运动的影响，朝着进步方向分化。一些浪漫主义文学作家受到群众运动的较大影响，他们的作品更倾向于现实的手法，如石岚的《季初的风》、陈宵的《水牛》、兰开的《民不聊生》等。

3. 1940—1945时期

1939年8月，法国人在越南恢复了报刊检查制度，很多报馆关门，进步作家被捕。印支共产党转入地下。革命文学变得不合法，秘密出版物有《共产杂志》、《救国》、《解放的旗帜》、《越南独立》、《独立》、《国魂》、《芦苇荡》、《赶走国贼》、《号角》、《麋泠》、《抗敌》、《解放军》、《劳动》、《决战》、《起义》、《解放》等。阮庭诗、阮辉想、南高、元鸿、苏怀、金麟、深心、陈玄珍等文化救国小组的作家创作了不少的进步作品。

公开文坛上的出版物大多数具有反动倾向。但《知新》、《清毅》、《春秋雅集》等刊物比较倾向进步。

阮文素、华平、阮祥凤、阮绍楼、乔清桂等人主办的《知新》宣传陈兴道、陈平重等民族英雄，出版阮攸、阮廌特刊。从1942年末至1945年7月，《知新》连续介绍了文化救国小组作家创作的进步作品，如阮辉想的《龙池夜会》、《武如苏》、《安思》，阮庭诗的《从歌谣、故事看越南人民的生命力》等。

潘英、阮阐、严春淹、武庭槐、杜德育、丁家桢、黎辉文等进步知识分子主办的《清毅》杂志刊登了很多介绍梁启超、孙逸仙（孙中山），辛亥革命、资产阶级社会学、经济学、总统和议会等文章，具有资产阶级民主倾向。

阮春生、段富思、范文幸等人主办的《春秋雅集》主张“含蓄、潜藏、纯粹”的诗风，诗歌是“诗人自我意识或事物的返璞归真”。

二、各种文学倾向的相互影响

革命文学、浪漫主义文学和批判现实主义文学是越南1930—1945年间文学的三大主流。当然，这样划分也不尽合理。因为在浪漫主义文学中有进步的浪漫主义作品（尤其是诗歌），还有以批判现实主义手法创作的小说、报告文学以及社会主义现实主义的诗集《从那以后》（素友）、《狱中日记》（胡志明）。而且，各种文学倾向并不是同一的，它们同时出现时相互影响，十分复杂。每个作家在其作品中表现的世界观和创作倾向都是较为复杂的。

越南的浪漫主义文学受西方（法国）浪漫主义文学许多流派的影响。新诗运动中的诗歌和自力文团的小说深深打着法国浪漫主义的烙印。越南的批判现实主义文学不仅受到19世纪西方批判现实主义文学的影响，也深受前苏联社会主义现实主义文学和中国文学的影响。武重奉的创作深受现实主义文学大家巴尔扎克、左拉、雨果、列夫·托尔斯泰、高尔基、陀思妥耶夫斯基、鲁迅的影响。元鸿的作品深受雨果、高尔基、罗曼·罗兰、素友、世旅、刘重卢、石岚等人的影响。

1930年至1945年间文学创作倾向的多元化源于社会政治的复杂性。当时的知识分子朝着多个方向分化。阮公欢、阮德景、概兴三人曾经是亲密的朋友。概兴从小就与阮公欢熟识。阮公欢的伯父任泰宁知县时收养了朋友阮德杰的儿子阮德景。阮公欢的伯父升任到端雄府时，将阮德景托付给概兴的父亲，其时任太平巡抚。后来三人走上了不同的道路。阮德景成为印支共产党中央委员，领导了义静苏维埃起义，被殖民者宣判死刑。概兴成为浪漫主义作家、自力文团的骨干。阮公欢成为民主阵线时期的重要作家和工人阶级的朋友。尽管他当时的作品如《阿明老师》、《清淡》还受浪漫主义和封建改良观念的影响。

文学市场、出版商的操纵和公众的喜好影响到作家们世界观的矛盾和复杂性。“为三餐费力奔波”的窘困生活、出版社及报社的订单、西化“青春快乐”时期青年阶层的喜好支配着作家。一名作家的事业往往会随着社会政治的改变而改变。

1930—1945年间的越南文学受到统治阶级思想，即资产阶级思想和封建思想，包括殖民思想的支配。当然，法国帝国主义与日本法西斯的文化政策无法对“自由”的文学市场进行绝对的检查。另一方面，1930—1945年的越南文学也受到了共产党领导的革命运动的影响（特别是民主阵线时期）。国外文学作品对该阶段的文学发展方向的影响是多样而复杂的。小资产阶级知识分子的世界观充满了矛盾，他们的创作过程也并不单一。正是上述因素使越南的文坛出现了很多创作倾向，形成了复杂而善变的多样化风格。同时，在这种复杂与混乱中，我们要肯定文学的主流和每个作家的主流方向，肯定那些有价值的作品，正是这些作品为越南文学宝库增添了财富，为“八月革命”后革命文学的形成准备了条件。

第二章 1930—1945年间的批判现实主义文学

第一节 1930—1945年间的批判现实主义文学概述

一、外国文学对越南批判现实主义文学的影响

1. 批判现实主义文学形成的社会基础。

每一种文学倾向总是出现在一定的社会前提基础上。1930—1945年越南社会的阶级矛盾和民族矛盾与各种意识体系的相互影响以及近代现实主义文学作品的影响，这些都是批判现实主义文学形成发展的客观前提。

第一次世界大战期间及战后，法国帝国主义进行了两次殖民扩张，致使越南人民更加贫穷。随后，他们又加重剥削来填补19世纪末的经济危机给资本主义经济造成的严重损失。他们减少职员的薪金，停止生产，迫使越南人民不得不消费法国的积压商品。印支银行减少纸币发行，致使商品、农产品变得廉价（1929年在南圻，每担稻米11盾58，至1934年降到每担3盾26），导致农民和工商业者破产（1929年有177名商人破产，1933年破产人数上升到299名）。几百万人失业，加之水灾、旱灾的连年天灾，饥荒更加严重。而这期间，除了人头税、田地税之外，法国殖民者还增设了多种赋税，如西原开发税、南圻的娱乐税、道路使用税、契约税。在劳动人民遭受残酷剥削而贫穷化、流亡化的同时，一些法属官吏与买办资产阶级却暴富起来，过着奢侈、堕落的生活。殖民者鼓动这种奢侈的生活为其愚民政策服务。城市里烟馆、妓院、赌场多如牛毛。西化运动、“青春快乐”运动如瘟疫般蔓延，社会的毒瘤日益凸显并不断恶化。法国殖民主义者在经济上的垄断与政治上的独裁专政、恐怖镇压使民族

矛盾与阶级矛盾日益尖锐。

越南批判现实主义文学潮流正是在这样的社会背景下出现在公开文坛上的。批判现实主义文学潮流满足了当时阶级斗争与民族斗争的基本需要。一批进步作家，如阮公欢、吴必素、元鸿、苏怀、南高，还有如风、学非、黎文献等创作了大量的批判现实主义文学作品。

2. 各种意识形态的相互影响推动批判现实主义文学的发展。

批判现实主义文学不仅满足了在复杂的历史时期中进行社会斗争的需要，还体现了各种意识体系运动的过程，反映了上层建筑与意识形态相互影响的过程。与1930年前相比，封建思想对知识分子、作家诗人的影响减弱了，而资产阶级民主思想与科学社会主义思想对作家的影响日益加深。但是同时也不能忽视范琼、阮文远、陈重金等极力倡导的那些复古运动、推尊孔教及保存国粹运动所带来的危害。复古主义让人们回到旧的教育模式中，回到孔孟理论提出的精神价值与尊卑秩序中，回到农村的腐朽愚昧中，回到封建的官场和家庭中。一些保守的观点如儒家道德风范、封建改良思想对当时的哲学、文学产生了部分影响，如周天的《儒风》和《笔砚》，阮公欢的《清淡》、《名节》等。阮公欢原来一直都在猛烈地抨击官场社会（《最后的道路》）和封建礼教（《金枝玉叶》）的。

资产阶级思想从进步与反动两条渠道影响着批判现实主义作家。唯物主义哲学和科学的精神帮助批判现实主义作家确立了对社会现实的客观描述方法和心理描述方法，确立了塑造典型人物性格和描写经典场景的方法。一部分作家避免了作品人物过于理想化的问题，将人物塑造成为道德的代言人，另一方面也开始注重人物性格的个性化，尊重这些人物的现实生活。显然，批判现实主义作家如武重奉、南高深受西方的影响，他们的文风比起阮公欢、吴必素等更为新颖。

3. 马克思主义对批判现实主义文学的重要影响。

在20世纪三四十年代的越南文坛上，马克思主义对批判现实主义文学发生了重要影响。民主阵线时期，进步作家可以阅读到许多进步书籍，如高尔基的《母亲》、尼·奥斯特洛夫斯基的《钢铁是怎样炼成的》等。在监狱里的越南共产党人主办的刊物《民众》刊登了有关马克思主义、辩证唯物主义和历史唯物主义方面的文章。马克思主义直接或间接影响了一些作家的文学创作道路和创作方法的形成。革命斗争的实践和科学社会主义帮助批判现实主义作家认清了社会的阶级和阶级斗争。阮公欢的《最后的道路》和吴必素的《熄灯》等作品反映了农民与地主、农民与官吏之间的对抗性矛盾，描写了他们自发的阶级斗争；武重奉的《决堤》所反映的农民和政治犯的斗争已经开始带有组织性；元鸿渐渐摆脱小资产阶级人道主义思想，摆脱空想社会主义的影响，其作品《母子俩》、《夜晚的饭馆》、《女囚们的春节》、《奶水》等已经具有阶级性的人道主义，具有觉醒的人们的革命乐观主义精神。在批判现实主义作家的作品中，通过他们对生活、对社会运动、对社会发展的认识中看到他们的辩证法和朴素的唯物主义观点。只要他看到人民的力量，他就会认识到，尽管人们还在黑暗中生活，但这种黑暗腐朽的生活最终会烟消云散的。因为在这种黑暗腐朽的生活中，革命的力量在萌芽、在成长，最终它们将发展壮大起来，它们将撕破这种生活的包裹，获得自由呼吸的权利，获得享受阳光的权利。人们在期盼着潮水汹涌的明天能够将今天分散的条条支流汇集成一股强大的力量，越过高山，趟过深潭，推翻压迫，进入一片春意盎然、洒满着阳光的灿烂天地。

一种意识形态的形成与发展中是有其内在运动规律的。批判现实主义继承并发展了传统的现实主义，特别是在近代，这种继承与发展更加明显。批判现实主义首先出现在秀昌、阮劝、学乐、阮善继的讽刺诗中，随后又出现在范维逊、武庭龙、重谦、胡表政、南昌等人的散文学作品中。当然，上述这些作家的小说和剧本还不能说是真正意义上的批判现实主义作品。有的作家如阮伯学、胡表政、韦玄得等仍然坚持“文以载道”，把作品人物作为佛家宿命论、因果报应或是儒家“三从四德”等封建改良观点的“代言人”。

1930—1945年的批判现实主义文学一方面继承了以往现实主义文学的优良传统，另一方面克服了其在世界观和表现手法方面存在的缺点。总的来看，1930—1945年的批判现实主义文学具有辩证唯物主义的基础，描写方法也更加尊重客观历史且带有民族色彩。

二、越南批判现实主义文学的形成与发展

1930—1945年是越南批判现实主义文学形成并迅猛发展的时期。总的看来可以分为3个阶段：1930—1935年；1936—1939年；1940—1945年。

1. 1930—1935年：批判现实主义文学的形成

在世界经济危机和越南革命运动暂时走入低潮的时期，消极浪漫主义文学出现并在公开文坛上占据优势。在这样的背景下，阮公欢、吴必素、三郎的作品仍相继问世，标志着批判现实主义文学的诞生。阮公欢可以看作是越南批判现实主义文学的一代宗师。在该阶段，他创作了《人马与马人》、《男角四下》等短篇小说和《金枝玉叶》、《男主人》等长篇小说。阮公欢是第一位在短篇小说创作领域运用了批判现实主义创作手法的作家。吴必素则是第一位在报刊小品文写作领域运用批判现实主义手法的作家。吴必素的小品文揭露殖民者的愚民手段，批判复古和保存国粹运动以及振兴佛教运动的封建性。三郎的《我拉车》，武重奉的《害人的陷阱》、《嫁西方人的技巧》、《民意代表和

民意代表》等作品开创了批判现实主义报告文学的先河。秀肥的短篇小说、报告文学和讽刺诗集中反映了农民和城市穷苦人在经济危机时期贫穷化和流亡化的过程，同时控诉了统治阶级的残酷野蛮和奢侈腐化的生活。

但是，这1930—1935年间的批判现实主义文学只是在一定程度上对社会的局部问题和表面特殊现象的反映，还未触及本质问题和具有时代性的问题，未触及社会的主要矛盾。有的作家仍在批判现实主义与浪漫主义之间摇摆不定，部分报告文学还受到自然主义的深刻影响。

2. 1936—1939年：批判现实主义文学的发展

步入民主阵线时期（1936—1939年），批判现实主义文学获得了空前的发展，这是越南批判现实主义文学全盛时期。除了阮公欢、吴必素、武重奉、三郎、秀肥等作家和从浪漫主义文学分化出来的如《生灵涂炭》的作者兰开等作家外，元鸿、阮庭腊、裴辉繁、孟富思等一批倾向革命的作家也将批判现实主义作为在公开文坛上进行战斗的武器，其创作队伍不断扩大。这一时期，除了大量的报告文学和短篇小说外，我们还应该特别注意到吴必素、三郎等人的小品文和长篇小说。小品文尖锐有力，能及时反映社会的热点问题。长篇小说是社会生活全貌的反映，在典型的场景中成功地塑造了个性化的人物。小说触及到了重大的社会政治问题，强烈抨击了殖民者、资本家、官吏以及农村的土豪劣绅剥削压迫的手段和欺骗民众的政策，揭示了人民的痛苦生活的根源，赞扬要求民主自由、改变生活的斗争精神。

民主阵线时期，批判现实主义文学较之以前有了较大的发展空间，真可谓是恰逢其时。秀肥的《黄牛》等讽刺诗歌更为尖锐泼辣，讽刺官吏、傀儡议员、越奸和腐化堕落者，抨击法国殖民者对越南人民的残暴罪行，痛骂卖国贼的所作所为。武重奉在1936年一年里创作了三部长篇小说（《暴风骤雨》、《红运》、《决堤》），随后又创作了《特等奖》和《被释放的囚犯》等作品。吴必素除了创作小说《熄灯》和《草棚竹榻》外，还创作了报告文学《乡事》和许多小品文。阮公欢除了长篇小说《打工女》、《最后的道路》、《猪头》外，还创作了《两个混蛋》、《新花旦》、《武门之波》、《朋友之妾》等许多短篇小说集。元鸿的《女盗》、《童年的日子》等长篇小说和《一位中国母亲》等许多刊登在进步刊物上的富有战斗性的短篇小说。

1939年9月，元鸿被法国殖民者逮捕，关押在海防监狱。元鸿是民主阵线时期与越南共产党走得最近的批判现实主义作家。他和如风、阮常卿等人一起曾是《世界》、《新》、《新人》等进步刊物的文艺主编。正是在这些刊物上，他发表了《一位中国母亲》、《两行乳汁》、《萌芽》等作品。

吴必素的《熄灯》、武重奉的《决堤》、《被释放的囚犯》、兰开的《生灵涂炭》等作品都打下了深刻的革命运动和进步刊物影响的烙印。陈辉燎、海潮、陈明爵、富香等革命文艺批评家写文章盛赞阮公欢的《男角四下》、《最后的道路》、吴必素的《熄灯》和兰开的《生灵涂炭》等作品。这是对批判现实主义文学在公开文坛上发展的最有力支持。

3. 1940—1945年：批判现实主义文学开始分化

在第二次世界大战中，由于受到法国殖民者、日本帝国主义的双重压迫，越南共产党的革命活动转入地下，进步书籍被查封、没收。批判现实主义文学遭到严苛的检查。有些作家的创作偏离了方向，如阮公欢的《清淡》、《名节》等作品。尽管条件非常困难，还是有南高、苏怀、元鸿、阮辉想、裴显、金麟等一批年轻的作家以其优秀作品问世越南文坛。在法西斯势力的检查和控制下，他们的作品虽然没有直接描写社会对抗性的阶级矛盾，也没有像民主阵线时期的作品那样直接颂扬群众的斗争精神，具有广泛而深刻的影响，但是仍然保持了敢于直面事物的态度，看到了一场社会革命风暴即将来临前的窒息与挣扎。

如果说阮公欢、吴必素是1930—1939年间批判现实主义文学的代表作家，那么南高在1940—1945年间的越南批判现实主义文学潮流中具有代表性。他的作品主要描写贫困的农民和城市小资产阶级，且几乎都是悲剧：遭逢洪涝和旱灾的农民颗粒无收；粮食短缺致使许多家庭妻离子散；人们为了逃荒而背井离乡；土豪劣绅的压榨和剥削使善良的农民走上贫穷化、流氓化的绝路如《志飘》、《一场婚礼》、《老鹤》等。其知识分子题材作品所反映的是贫困小资产阶级知识分子在八月革命前黑暗日子里美梦破碎的悲剧，如《死亡线上挣扎》、《多余的人生》、《月光》等。

苏怀的作品则是河内郊区农村人民的生活和风俗的真实写照。但在描写风俗习惯的背后反映的是一个饥苦、穷困的社会：穷苦的农民和小手工业者的破产；人情冷漠，世态炎凉；男女老少背井离乡做雇工，到省城拉车……苏怀的早期作品之原型大都来自“八月革命”前他的家乡——义都的凄惨生活。

苏怀对社会事物具有敏锐细微的观察力。他在当时最负盛名的作品是童话故事《蝼蛄漂流记》。这部作品多少带有空想社会主义色彩。苏怀是一位现实主义作家，但在他的文章里很少看到尖锐的社会矛盾；他的作品抒发了对美丽风光的无限热爱，如《以往的井村》、《他乡》、《月誓》等。

裴显十分熟悉义安省琼琉县沿海地区的渔民生活。面对“大海的神秘力量”，面对天灾病疫的威胁，沿海地区的渔民迷信落后，甚至有些粗鲁和蛮横；但是他们有着质朴憨厚的品质和纯洁的情感，乡情的纽带使他们祖祖辈辈和谐地生活在一起（《要赖》）。裴显还描写了省城办事员的琐碎平淡的生活，整日重复着相同的事情，“一举一动都像机器”；一辈子的积蓄才刚够买一块手表，而这点小小的幸福也没给他带来多少好处，这只手表老是走走停停；原来他的一生都必须像机器那样准时干重复的活儿，就是一台只知道服从的机器人，而手表也不过是他的琐碎无味的生活写照；这只经常走得慢的手表象征着他总是在竞争中落后，他永远也碰不到好运气（《机器人》）。

1943年越南共产党《越南文化提纲》提出的民族化、科学化、大众化的创作方针在元鸿的《两行乳汁》、《一个炎热的中午》、《火焰》、《灰暗的下午》等作品中得到了充分的体现。元鸿的《两行乳汁》、《一个炎热的中午》、《火焰》与南高的《月光》等作品被认为是文化救国小组批判现实主义作家们的“宣言书”，是批判现实主义文学和革命文学的汇集。这是越南批判现实主义文学在1940—1945年间形成的独特风格。

在越南，批判现实主义文学总是受到革命运动直接或间接的影响（元鸿的创作，1945年前南高、武幸、远方、黎永华的创作）。越南共产党和群众革命运动的影响使越南批判现实主义文学作品在塑造时代典型人物方面具有特色。越南批判现实主义文学作品中的主要人物是农民：如吴必素《熄灯》里的阿酉嫂，阮公欢《最后的道路》中的阿坡，南高《志飘》里的志飘，《老鹤》中的老鹤等等。这是越南批判现实主义文学在1930—1945年间出现的特点。

第二节　越南批判现实主义文学的一代宗师阮公欢

阮公欢（1903—1977）是越南现代著名的批判现实主义作家，以擅长写短篇讽刺小说著称。他写过许多风格独特的短篇小说。他的长篇力作《最后的道路》奠定了他在“八月革命”前批判现实主义文学中的地位，被越南文艺界誉为“1930—1945年间越南批判现实主义文学的旗手”、“批判现实主义文学的拓荒者”、“讽刺艺术的大师”，是越南的“莫泊桑”、“契诃夫”。阮公欢是越南现代批判现实主义文学的奠基人、开路先锋。他的创作对后来的苏怀、裴显、阮凯、朱文等一批著名的现实主义作家有很深的影响，为越南现实主义文学的发展、成长和繁荣做出了重要的贡献。

阮公欢1903年3月6日出生于北宁省文江县（今海兴省洲江县）义柱乡春桥村的一个没落的封建官僚家庭里。父亲阮道康是位儒士，曾中秀才、任训导职。伯父阮道贯也是位儒士，曾考上“副榜”，任知府。阮公欢4岁时开始寄养在伯父阮道贯家中。6岁时开始学习汉文，背诵诗歌民谣，接受文学艺术的熏陶。10岁时伯父阮道贯将他送入学校读书。1922年，阮公欢考入河内高等师范学校。在河内寄读期间，阮公欢结识了当时的著名诗人伞沱。因为和伞沱的关系，后来他又认识了许多作家。1926年，阮公欢从师范学校毕业后开始执教。

他非常热爱教育事业，认为这在当时社会是最好的职业，因为学生愿意把自己内心的隐衷向教师诉说，使他对社会的了解更深刻了。在教书过程中，阮公欢注意培养学生的爱国主义思想，激起学生对不公平的社会制度的愤恨。在相当长的时间内，阮公欢常常在他的作品中无情地揭露当时社会的腐朽和黑暗。因此，反动当局对他进行了百般刁难和迫害，迫使他不得不几次迁徙。他的足迹走遍了海阳、老街、南定、茶古、太平等地的大小城镇和山村。漂泊不定固然给阮公欢的生活带来了许多困难和不便，但同时也使他有更多的机会广泛地接触人民群众，深入现实生活。从而对整个越南社会有了更加全面的认识和了解。1928年阮公欢和阮泰学一起加入了越南国民党。他经常阅读《越南魂》等报刊和甘地、孙文（孙中山）、潘佩珠、列宁等人物传记和一些政治禁书。这更增强了他从小就有的反对殖民制度的意识。阮公欢的生活经历为他的文学创作积累了丰富的素材。

“八月革命”前，阮公欢的作品常刊登在诗人伞沱主办的《安南杂志》、杜文主办的《日新》和武庭龙主办的《礼拜六小说》等报刊上。1923年，当他还是个20岁的师范学校的学生时就出版了第一部短篇小说集《红颜身世》。这部短篇小说集共收集了10篇短篇小说。作品中的主人公都是生活在社会最底层的穷苦人民。他的短篇小说在诗人伞沱主办的《安南杂志》上的“20世纪越南社会波涛记”专栏上陆续发表。受到读者的普遍欢迎，引起了社会的关注。到1935年，他的第二部短篇小说集《男角四卞》出版。这个短篇小说集包括15篇短篇小说。《男角四卞》出版后，曾在越南引起轰动。当时的越南南部、北部和中部共有18家报纸纷纷发表评论文章加以肯定和赞扬。当时的评论界给了阮公欢许多桂冠，诸如“社会小说家”、“写真作家”、“讽刺与幽默作家”、“穷人的作家”等等，不一而足。短篇小说《男角四卞》生动细腻地描述了旧社会艺人充满苦难的生活。这篇短篇小说还成为1935—1936年间越南文艺界“为人生而艺术”派同“为艺术而艺术”派争论的一个焦点。到1936年，阮公欢已有80多篇小说问世。30年代代初，阮公欢也写过几部长篇小说，如《古井无波》（1933）、《丽容》（1934）、《金枝玉叶》（1935）等。这一时期由于印度支那共产党（今越南共产党）领导的义静苏维埃运动遭到敌人的血腥镇压，越南革命转入低潮。越南文坛上占优势的是浪漫主义文学，所以当时阮公欢的小说也多以浪漫主义为主，在抨击封建制度、批判封建礼教的同时，也为青年男女追求婚姻自由而呼吁。

在1936年至1939年的越南民主阵线时期，越南革命再度出现了高潮。1936年9月，阮公欢来到南定市执教。在这里，他开始与共产党人接触，深受印度支那共产党的影响，有机会接触工人群众。工人群众的生活给阮公欢提供了新的文学创作素材。这一时期的社会形势为现实主义文学的发展提供了有利的客观条件。因此，这一时期也是阮公欢在文学创作上获得丰收的重要阶段。

1935年，法国的平民阵线在国内执政，殖民当局对越南在文化方面的控制略有放松，革命的和进步的报刊大量出现，为现实主义文学在文坛上的发展提供了机会和土壤。当时的阮公欢深受印度支那共产党的影响和日益高涨的革命形势的鼓舞，深刻地认识到一个作家的责任。他精神振奋，辛勤耕耘，硕果累累。从1935年到1939年，阮公欢共创作了《两个可怜虫》、《有鬼的银币》、《我的朋友之妾》等80多篇短篇小说。阮公欢曾在短短的几个月内写了20多篇短篇小说刊登在《礼拜六小说》上，揭露贪官污吏，控诉帝国主义、资本主义的罪行，攻击不公的社会制度，揭穿殖民主义者的真面目。这一时期。阮公欢的作品无论从数量上还是从质量上看都较过去有了很大的提高。他的长篇小说《男主人》、《女主人》是法属殖民地时期越南文坛上最先描写地主与农民之间的阶级矛盾的作品。《男主人》是1930年至 1945年间揭露地主阶级利用租息制度残酷剥削农民阶级的最早的有价值的文学作品。阮公欢的《男主人》有力地控诉了地主阶级利用租息制度把农民牢牢地束缚在贫脊的土地上，致使农民妻离子散、家破人亡的罪行。他的另一部小说《女主人》写的是一个蜕化变质、不婚而孕、充当妓女、窝赌行骗的女人。就这么个女人却被推举为乡道德委员会主席，负责教育乡里的子弟。她之所以被推举为乡道德委员会主席，是因为她有钱有物来修补乡里的道路和寺庙。阮公欢的《女主人》无情地揭露了当时的所谓振兴道德运动的实质。

阮公欢的长篇代表作《最后的道路》（1938）也是在这一时期出版的。《最后的道路》描写了20世纪30年代越南农民的悲惨命运和他们的反抗及斗争精神；揭露了封建地主阶级与法国殖民主义者互相勾结、狼狈为奸的罪恶行径。作者成功地塑造了阮文坡和范赖这正反两个典型形象。阮文坡是个勤劳善良的穷苦农民，家里只有八分地，妻子不得不将刚刚出世的婴儿撇在家里，到外面做点小买卖以补贴家用；范赖身为议员，同时又是个地主兼高利贷者，他依靠殖民统治者欺压剥削农民发家致富。范赖身边有五个老婆，过着荒淫无耻的生活。他常在农民中间挑拨离间、制造纠纷，然后设圈套唆使农民互相告状，以便从中渔利。《最后的道路》就是描写阮文坡如何被范赖搞得家破人亡的。在小说的结尾部分展示了阮文坡和其他几个农民兄弟在忍无可忍的情况下自发地团结起来同地主进行斗争的场面。《最后的道路》一经问世，立即在社会上引起巨大反响。印度支那共产党的《消息报》和其他一些进步报纸纷纷发表文章给予赞扬。一些工人“友爱会”组织甚至要求将小说改编成剧本，搬上舞台。《最后的道路》发表后不久，就被反动当局列为禁书，遭到查禁和没收。作者也因此受到密探的监视。

日本帝国主义入侵越南到“八月革命”的几年中（1940—1945），由于越南文艺界一度陷入混乱状态，加上自己的兄弟、儿子相继被捕入狱等种种因素，阮公欢一度悲观、消沉，在创作上曾走过一段弯路，写了《清谈》、《名节》等被认为是“脱离现实主义”的作品。

1945年初，阮公欢在他的执教地太平镇被当作政治犯遭逮捕，并被押往河内收审入监，在监狱里一直呆到“八月革命”成功。“八月革命”的胜利给越南人民带来了崭新的生活。对阮公欢来说更是欣喜万分。家庭成员在“八月革命”以前，因从事地下工作或因坐牢而长期分离，革命成功后，家庭成员团聚了。阮公欢参加了革命，接受革命工作，任越南北部宣传署署长。负责越南北部地区的文化宣传工作。1946年，越南全国抗战开始。阮公欢投笔从戎，自愿参加了越南人民军，负责主办《卫国军》报，担任“中级军人文化学校”校长，《军人学报》主编等职。1948年，阮公欢加入印度支那共产党。1954年抗法战争胜利，在越南北方恢复和平后，阮公欢回到河内，先后当选为越南文学艺术委员会常务委员、第一届（1957—1958）越南作协主席和第二届作协常委等职。在抗法战争和抗美救国战争中，阮公欢所肩负的工作虽几经变动，但他始终没有停过手中的笔，相继写出了短篇小说《农民和地主》、《出狱》，长篇小说《天亮前后》、《混耕混居》、《如果没有你》、《五婆去疏散》、《旧垃圾堆》、《儿子》、《那位读者》、《南方北方》等。他还创作了许多有价值的随笔如《访英勇战斗的战士家庭》、《昆岛的八月》等，还写了回忆录《我的创作生涯》。此外，阮公欢还经常为《文艺周报》、《新作品》、《文学杂志》等刊物撰写文章，直至1977年6月6日在河内逝世。阮公欢为越南文学事业的发展贡献了自己毕生的精力。

阮公欢的创作题材极为丰富。他的笔锋几乎触及越南社会的每一个方面，恰如其分地描绘了在那个社会舞台上活动的各种各样的人。既有对黑暗社会制度的揭露和谴责，也有对殖民主义者的唾骂和揶揄；既有对上层社会、剥削阶级的有力鞭笞，也饱含着对劳动人民的深刻了解和同情。在阮公欢的笔下，有面目狰狞、草菅人命的贪官污吏；有巧取豪夺、贪婪成性的地主兼高利贷者；有道貌岸然，实则男盗女娼的县官老爷；也有对殖民主义者卑躬屈膝，甚至连自己的老婆都可以“出借”的洋奴；还有那些在社会的最底层苦苦挣扎着的“小人物”或“多余的人”，如人力车夫、男仆、女佣、妓女、乞丐等。他们终日当牛做马，任人宰割。阮公欢的小说便是那个时代的社会缩影。越南文学界曾有人将阮公欢的作品誉为“‘八月革命’前越南社会的‘百科全书’”。

阮公欢恰到好处地发挥了讽刺文学的艺术力量。尖刻辛辣、幽默诙谐成为他的文学作品的一个十分突出的特征。其中很重要的一个因素是作者从在学校读书时就对本民族传统的讽刺文学艺术产生了浓厚的兴趣，并从中汲取了丰富的营养。阮公欢非常推崇阮劝、秀昌等著名诗人那犀利的笔触，隽永的诗篇，并写出了不少有关这两位诗人的颇有见地的研究评论，如《诗人秀昌》、《关于阮劝的诗》等。阮公欢善于博采众长，逐渐形成了自己独特的风格。他的每一篇小说都给读者留下了深刻的印象。特别是他的短篇小说，其讽刺艺术真是达到了炉火纯青的程度。人们称阮公欢为“批判现实主义文学的拓荒者”、“讽刺文学的艺术大师”，是毫不过分的。阮公欢的创作对后来的一批现实主义作家如苏怀、裴显、阮凯、朱文等都有较深的影响。

阮公欢的一生是不知疲倦地进行文学创作的一生，他较早地认识到腐朽社会的不合理。他敢于大胆地拿起自己的笔作武器，撕开黑暗腐朽社会的遮羞布，揭露反动当局的肮脏本质。阮公欢的作品是对旧社会的挑战书，是唤醒被压迫人民起来斗争的宣言书。

阮公欢的文学事业是丰富而多方面的。他的作品不仅受到越南国内人民的喜爱，而且受到了外国读者的广泛欢迎。他的许多作品已被译成俄语、德语、保加利亚语、匈牙利语、阿尔巴尼亚语、汉语、捷克语、法语、印地语、日语、西班牙语等。阮公欢的名字被收入前苏联《百科全书词典》世界名人词条。

阮公欢从20世纪20年代初开始进行文学创作。经过50多年辛勤的文苑耕耘，创作了许多很有价值的文学作品。除一些回忆录、文学评论和文艺批评文章外，阮公欢一共写了200多篇短篇小说和近30部长篇小说。阮公欢的创作不仅数量可观，在思想内容和艺术水平等方面都堪称越南现代文坛上的佼佼者。

第三节　农民呐喊的代表：吴必素及《熄灯》

一、生平与作品

吴必素（1894—1954），笔名禄河、傅之、村民、处素、禄亭、蜀鸟、慧人、澹轩、说海、熙渠、春潮等。1894年出生于越南北宁省慈山县禄河村（今河内市东英县梅林乡）一个清寒的汉学者家庭。他从小学习汉文。14岁开始参加科举考试，但屡试不第。1917年法国殖民政府宣布在越南取消汉字和科举考试后，他开始教书。从此开始文学创作。他的处女作是翻译作品《锦乡亭》。

中国的梁启超、康有为、胡适和西方的卢梭、孟得斯鸠对吴必素思想的演变有过很大影响。后来，他又读了鲁迅、郭沫诺、高尔基等人的作品，思想日趋进步。

吴必素和阮重述、梅登隶、范桂林、伞沱等一样，属越南最后一代汉学者。他们亲身经历了汉学者冷清没落的命运，看到有着千年辉煌历史的封建道德和曾被用作典范的汉学的衰败。在废除科举制度后，汉学者们纷纷变成了地理老师、算命先生、相面先生，游荡在寺庙门前和集市上，为生计奔波。在岁末下着毛毛细雨的日子里，在街道旁摆张桌子，放着红纸、毛笔和墨水，为人写新年对联，怅惘地看着节前忙碌的人们……

吴必素擅长写杂文来揭露旧社会中的一些不合理现象，其论点论据严谨，逻辑性强，很具说服力。他的杂文既是时事政治评论、社会评论，又是对读者有着强烈的感染力的文学作品。

吴必素通过自己的杂文，为我们记录了当时越南的一些重要历史事件。吴必素的杂文对统治阶级和旧社会典型人物，如贪得无厌、贩卖鸦片、卖假银票、卖民卖国卖市场，甚至出卖宗教的财主、业主、地主、政府官吏、矿主、商人们逐个点名批判，让他们永远被钉在历史的耻辱柱上。有的文章锋芒直接指向法国殖民者所推行的政策，指向殖民政府倡导的旨在腐蚀、毒害青年一代思想的“青春快乐”运动。

民主阵线时期，在革命浪潮和共产主义报刊的影响下，吴必素在1935年创作了历史小说《黄花探》和《咸宜皇帝与京城失守》，其爱国思想在作品中得到了充分体现。吴必素勇敢地站出来控告殖民者赤裸裸的掠夺政策及其对殖民地民众的野蛮剥削。他以自己的作品为武器无情地抨击了侵略者和卖国者；揭露殖民者通过美酒、鸦片、汽车、妓女来麻醉人们的斗志，使青年走向堕落；抨击官吏、地主、资本家、议员，为村民和一切被压迫人民的痛苦而呐喊。1939年的长篇小说《熄灯》和1941年的报告文学《乡事》是吴必素描绘法属时期越南农村农民生活全景的一个缩影。

“八月革命”时，吴必素参加了禄河乡解放委员会。1946年加入文化救国小组并上越北战区参加抗法战争，任越北文艺分会会长，在第12区通讯局工作，为《第12区救国报》、《第12区通讯报》、《文艺杂志》和《中央救国报》等报刊撰写文章。1948年加入印度支那共产党。同年，在越南第一次全国文艺大会上吴必素当选越南文艺协会执委会委员。1954年4月20日在北江省安世逝世。

吴必素除写杂文、新闻报道和小说外，还撰写文艺批评和从事翻译与哲学研究。他译的《唐诗》为越南最好的译本。“八月革命”前，吴必素曾在《安南杂志》、《东法时报》、《普通》、《东方》、《公民》、《海防周报》、《河内新文》、《实业报》、《未来》、《时务》、《蜜蜂》、《越女》、《礼拜二小说》等刊物上发表作品。

吴必素的主要作品有《吴越春秋》（1929）、《黄花岗》（1929）、《诗与情》（1940）、《唐诗》（1940）、《黄黎一统志》（1942）、《铁流》（1946）、《日出》（1946）、《面对战火》（1946）、《血缘》（1946）、

《尹青春》（1946，1954）、《易经》（1953）等译著，历史小说《咸宜皇帝与京城失守》（1935）、《黄花探》（1935），长篇小说《熄灯》（1937年《越女报》连载，1939年梅岭出版社出版）、《草棚竹榻》（1939年《时务报》连载，1952年梅岭出版社出版），报告文学《乡事》（1940年《河内新文》连载，1941年梅岭出版社出版）、古典文字选集《诗文评注》（1941）、《李朝文学》第一集（1942）、《陈朝文学》第二集（1942）、《老子》（1942）、《墨子》（1942）和剧本《女战士裴氏朴》（1951）等。吴必素的作品后来都收集在1971年和1976年文学出版社出版的《吴必素及其作品》（上下册）里。

吴必素是越南具有较大影响的现实主义作家之一。他目睹了地主阶级残酷剥削农民的大量事实，清醒地看到封建的科举制度的虚伪和腐朽，并在自己的作品中予以无情的揭露和抨击。“他的描写农村农民生活习俗的作品被认为是研究越南农村情况很好的资料。”①

1996年吴必素荣获首届胡志明文学艺术奖。

二、长篇小说《熄灯》

吴必素是一个善于描写农村农民题材的作家，他对越南农村和农民有深入的了解。1939年其长篇小说《熄灯》从一出版就受到舆论界的热烈欢迎和普遍好评。同时代的著名作家武重奉称赞“《熄灯》是一部社会题材的小说，是一部完全服务于乡民的小说，是一部称得上是杰作的、前所未有的大作，是一位有幸在农村生活了很长时间的作家的作品”②。作品深刻地揭露了官僚地主阶级贪婪腐朽的本质。它的发表被认为是越南抗战前现实主义作品的一个高峰。

《熄灯》之所以如此受欢迎，是因为它反映了越南民主阵线时期的一个突出问题：农民问题，尤其是税收问题。1937年发生洪涝，仅在吴必素的家乡北宁省，就有14万多农民无家可归。“一些悲痛欲绝的人，大部分来自琅才、嘉平、顺城、桂阳、武阳、仙游和东彦县，其中最穷苦的是琅才、嘉平、顺城的农民。那时他们只以种田为生。这样，两年来遭遇两场洪水，又来火灾，就是草也早死了，别说人了。在残酷的灾难面前，谁来承担责任呢？”③吴必素的《熄灯》就是在这样的背景下问世的。

小说把读者带进了征税期间乡村紧张、喧闹的气氛中：从清晨开始东舍村

① 《中国大百科全书·外国文学（II）》，北京：中国大百科全书出版社，1982年，第1078页。

② [越]武重凤：《吴必素的〈熄灯〉》，越南《时务报》，1939年1月31日，总第100期，转引自吴文富，风雨，阮潘赫：《20世纪越南作家（第三卷）》，河内：作协出版社，1999年，第609～610页。

③[越]明爵：《〈熄灯〉中的吴必素》，越南《新报》，1939年6月15日，转引自潘巨隶等著：《越南文学（1900—1945）》，河内：教育出版社，1999年，第402页。

的村门就关得严严实实的，人和牛被拦住不让出村下地。一连五天都是连续不断的刺耳的木鱼声、锣鼓声和阵阵号角声及令人毛骨悚然的打骂声。村里的大街小巷到处都是里正的走狗挥舞着尺子和绳索在抓没有交人丁税的人。

吴必素在小说里通过人丁税批判封建殖民制度的野蛮和不人道。不仅活人要交人丁税，就连死人也不放过。病中的阮文酉就是因为交不出人丁税，被五花大绑到祠堂前挨打。阿酉嫂在祠堂前的哭诉震撼着读者的心："天啊！我连孩子带狗全都卖了，还卖了两担红薯，才得到两元七角钱。以为够给我丈夫交税，他今晚不再受折磨了，谁知道还有份死人的税！我怎么这么命苦啊！天哪！我弟弟已经死了还要交人丁税吗，老天爷？我现在上哪去找两元七角钱啊？"

每次征税都是官吏豪绅对农民的一次搜刮和欺压。他们用手铐、脚链来威胁、恐吓农民。对农民任意打，任意绑。农民只得典当，甚至卖妻鬻子来交税。地主、议员则乘机用尽一切办法放高利贷、贱买物品、掠夺农民的土地。

在吴必素的笔下，越南地主阶级贪婪、残暴面目暴露无疑。他们是造成农民贫困化的罪魁祸首。小说中的地主阶级代表人物就是议员阿桂夫妇。作家生动地刻画了他们恶毒、狡猾、愚蠢和傲慢的丑恶嘴脸。他们毫不留情地野蛮地杖打那些交不起税的无辜的穷苦农民。东舍村里正对打手们说："尽管打，尽管绑，村里的男子谁不听话，打死无罪。"镇压、恐怖是他们的剥削手段。他们只有通过镇压、恐怖才能搜刮到农民的钱和粮。

在小说里，虽然着墨不多，但吴必素还是让县里省里官员贪婪的真实面目暴露在读者面前：在知府的办公室经常能听到"启禀大人"、"砍脑袋"、"投监狱"、"到这里来的人，谁都拿着一只空盘子进来，然后又拿着一只空盘子出去"这样的话。他们作威作福，行贿受贿，无恶不作。他们可以把自己的妻女奉送给上级以求升官晋级，自己又去霸占别人的妻女。

吴必素通过这些生动的艺术形象（议员阿桂、思安知府等），毫不留情地揭露统治阶级的丑恶嘴脸，使读者憎恨、藐视他们。但《熄灯》的最大思想价值不在于批判、否定，而在于肯定。"在过去，我们的文学作品中只描写市民妇女的心理状态，偶尔提到农村妇女，也只是对温柔的村女作些描写。吴必素创作了、大胆地创作了一个健康、善良的农村妇女形象——阿酉嫂。"①

阿酉嫂出生在一个贫寒的农民家庭里，结婚后，生活日益贫困。她家的房子是一间破旧的草棚，远远望去就像是个猪圈。除了锅、瓷碗和一张破桌子外，没有什么家具。夫妻二人整年起早贪黑"不敢休息一天"，"仍然是吃不饱、穿不暖"。他们的日子平时就很拮据，到了征税的日子真是难挨。家里只有红薯，尽管孩子们饿得两眼冒金星，阿酉嫂还是把红薯卖了钱给丈夫交税。

①[越] 阮遵：《灯前读吴必素的短篇》，越南《文艺杂志》，1960年第6期，转引自[越]吴文富，风雨，阮潘赫：《20世纪越南作家（第三卷）》，河内：作协出版社，1999年，第612页。

阿酉正生着病，也要拄着棍子走，但是“正是他自己也不知道去哪，走烦了，拐回来”。不够两元七角钱交税，里正及其走狗们像“绑狗一样”把阿酉捆起来拷打至不省人事。实在没有办法，阿酉嫂只好抹着眼泪把女儿和一窝小狗卖给议员阿桂家。

在小说里，吴必素一边控诉、谴责统治阶级的罪恶，一边表现农民的高贵人格。尽管生活在一个罪恶、腐朽的社会里，阿酉嫂仍然保持了自己高贵的品质。在吴必素的笔下，阿酉嫂是“二十四岁的少妇，明眸顾盼、肤色滑润”。但吴必素主要不是写其外貌美，而是重在描写她内在的美——德。在生活极度困苦的环境里，她的品质更加鲜亮。丈夫病重，三个孩子还小，没有钱交税。在这样的困难面前，她一个人承受一切。她要到处奔波去筹借丈夫和死去的弟弟的人丁税，要盘算卖儿卖狗、要为丈夫抓药和孩子们的吃饭而操劳。已经是困难到极点了，但阿酉嫂仍然是一个忠贞的妻子、无私的母亲。不知道多少次，阿酉嫂挺身替丈夫挨打。她说：“要打就打我吧，我丈夫生病没有什么罪。”两次面临受辱时，阿酉嫂都坚决反抗，保护自己的清白。钱财收买不了她，暴力不能征服她。阿酉嫂像是一朵荷花，身处污沼，仍保持清香。

就是在这样一个典型的令人窒息的环境里，吴必素把矛盾和人物性格在读者面前展开。殖民统治阶级强加在劳苦大众头上的人丁税，使穷苦百姓卖妻鬻子，背井离乡。

吴必素的《熄灯》是对殖民统治阶级惨无人道的税收制度的控诉，是对法属时期农民因欠税而被逼得妻离子散悲惨景象的控诉，是对封建地主阶级高利贷制度的控诉。吴必素的《熄灯》是一部对殖民封建统治阶级的血泪控诉书。它要求改善农民悲惨的生活，要求社会民主改革，要求废除人丁税制度。这是用语言和艺术形象表达出来的民愿，声音铿锵有力。

吴必素在小说中成功地塑造了阿酉嫂这一美丽而生动的农村妇女形象。她勤劳、善良、忠贞、富有牺牲精神和爱心，敢于和敌人作斗争。这是法属时期越南农村妇女的真实形象。阿酉嫂虽很贫困，但她不会被利所诱，她敢与粗俗卑鄙、荒淫无耻的官老爷、里正、乡兵做斗争。作家通过阿酉嫂这一人物形象，使越南农民的崇高品质得到了充分的体现。阿酉嫂是“八月革命”前越南文坛上最出色的农民妇女形象。

小说的结尾是阿酉嫂最后逃离巡抚衙门，跌跌幢幢冲入夜幕中……“外面漆黑一团，伸手不见五指，就像她的前途一样。”

吴必素塑造的阿酉嫂在仇敌面前大胆反抗的精神正是越南妇女传统美德在她身上的集中体现。阿酉嫂没有革命觉悟，她的反抗是个人的、自发的行为。但是在当时的越南公开文坛上，阿酉嫂这个人物却是最高大、最鲜明的形象。她是第一个自觉和敌人作面对面斗争的农村妇女。在阿酉嫂身上，既有“八月革命”前越南农民妇女的普遍的共同点，又有只有她自己才有的生动的个性特点：既温柔天真又伶牙俐齿，既朴实正直又含蓄不露，既忍辱负重又有强烈的反抗精神。阿西嫂的性格是发展着的。从小说开始时的胆小怕事到最后成为一个敢于和统治阶级进行坚决反抗的妇女，这是人物性格发展的必然。这是吴必素在塑造和刻画人物性格艺术上的巨大成功。

吴必素的长篇小说《熄灯》浸润着人道主义精神。读《熄灯》，我们被阿西嫂在祠堂前肝肠断裂的哭喊声和她七岁的大女儿阿子被卖时可怜的乞求声所深深震撼。小说表现了越南殖民封建社会里最没有自卫能力的妇女儿童的命运。吴必素的《熄灯》和阮公欢的《最后的道路》、南高的《志飘》一样，是“八月革命”前越南批判现实主义文学潮流中最具影响的作品。

吴必素的《熄灯》表面上看只是客观地描写了一个法属殖民地越南的封建官僚地主阶级通过征税对农民进行搜刮，善良本分的农民穷困潦倒、走投无路的故事。然而，《熄灯》有其巨大的艺术再现力，读者为其受到强烈的心灵震撼。小说吸收了民间文学，尤其是在俗语、方言方面的精华，其艺术形式是深层次的，独特的。作家把接二连三的事件都集中在一个短时间内，在同一个小乡村来写。节奏紧凑、一气呵成，人物形象清晰、性格鲜明，使读者感同身受。

在30年的翻译、创作和文学批评中，吴必素把自己的全部精力都奉献给了文学和革命事业，并做出了巨大贡献。“吴必素正是一个特别的知识分子，他有令人吃惊的渊博知识。他对农村的了解使我们非常羡慕。”[①]吴必素的全部小说组成了一幅反映越南“八月革命”前封建殖民社会，特别是农村农民生活的真实的画卷，为我们研究“八月革命”前越南农村农民生活提供了文学、史学、社会学的宝贵材料。

第四节　煎熬人生的思考：南高与《志飘》、《死亡线上的挣扎》

一、生平与创作

南高，原名陈友知，笔名翠舆、春游、月、饶溪等。1917年10月29日生于越南河南省里仁府大黄村的一个农民家庭。南高小时候跟着开木器店的父亲在南定市上学。中学毕业后，跟其舅父到西贡做工，并开始作诗、写文章。3年后，因患病返回故乡。不久，到河内教私塾。1943年，经作家苏怀介绍，南高

①[越]金麟：《文化岗，黑桥村和吴伯伯》，摘自《抗战革命与文学生活》，河内：新作品出版社，1985年，转引自吴文富，风雨，阮潘赫：《20世纪越南作家（第三卷）》，河内：作协出版社，1999年，第611页。

加入了文化救国小组。1945年“八月革命”全国总起义时，南高参加了家乡里仁府的夺权斗争，并被推举为乡政府主席。后调河内文化救国小组任《前锋》杂志编辑部秘书。1946年12月越南全国抗战爆发后，南高调越北山区参办《卫国》、《胜利的旗帜》、《越北救国》等报纸。1948年，南高加入印度支那共产党（今越南共产党），并任越共党中央文艺小组成员，负责越北根据地中央《救国报》的文艺版和《文艺杂志》编辑工作。1950年，南高参加了边界战役。1951年11月30日在原第三区（今越南宁平省）嘉远县执行任务时遭敌人杀害，年仅34岁。

南高从学生时代起就喜欢读法国的拉辛、莫泊桑和俄国的果戈理等作家的作品。从事文学创作后，南高最喜欢的是陀思妥耶夫斯基和契诃夫的作品，尤其喜欢契诃夫的作品。南高受陀思妥耶夫斯基和契诃夫的影响最大，他的创作观点和创作风格深受契诃夫的影响。南高也读过鲁迅的一些作品，他喜欢《孔乙己》和鲁迅那辛辣、深刻的写作手法。南高的写作特点是善于深入分析人物心理，特别是擅长描写充满矛盾的贫穷知识分子的心理。心理描写细腻、真实、贴切。

南高主要作品有《志飘》（又名《天生的一对》）、《半夜》、《笑》、《一双眼睛》、《婚礼》、《死亡线上的挣扎》、《林中日记》、《边界纪事》等。南高牺牲后至今，越南相继又出版或再版了《一双眼睛》、《南高短篇小说》、《婚礼》、《南高作品选集》（一、二）、《南高选集》（一、二）、《旧花钗》、《南高短篇小说选》、《南高短篇小说》、《南高全集》和《南高选集》（一、二）。

“南高是20世纪上半期越南现代文坛上最出色的两位作家之一。”[①]南高的文学创作分为“八月革命”前和“八月革命”后两个历史时期。“八月革命”前，南高着力于生活在社会底层的人们，擅长写以贫苦农民及贫穷知识分子为题材的短篇小说。南高通过对农村和城市贫民悲苦命运的描写，为读者展示了一幅在封建殖民者统治下的越南最黑暗时期的社会生活图景。短篇小说《志飘》是南高农村题材最具代表性的作品，也是越南现代文坛上最具代表性的作品之一。“八月革命”后，南高积极投身于革命，在思想和艺术观点上很快转向革命，创作以歌颂革命和新的社会制度为主，同时继续控诉殖民制度，揭露殖民者的新阴谋和越奸卖国贼的丑恶嘴脸。[②]

因为受到19世纪西方现实主义代表作家陀思妥耶夫斯基和契诃夫影响，南高创作中表现出明确的现实主义精神。与在他之前和与他同时代的越南现实主义作家如吴必素、阮公欢、武重奉不同，南高没有集中笔锋直指封建主、殖民

① Viện Văn học，Hội Văn học nghệ thuật Nam Hà，Nghĩ tiếp về Nam Cao，Nxb Hội nhà văn Hà Nội，1992，tr21.

② 余富兆：《论越南现代作家南高》，《解放军外国语学院学报》，1999年第4期，第100页。

者的剥削和压迫，反映物质生活的贫穷苦难；而是瞄准了人在精神上的痛苦、忧愁，特别集中笔墨于追求美好人性、人品，活着有价值的强烈渴望。① 这一切都明确传达出作家拥抱现实、关注人生、清醒的批判意识和对生活真理执着追寻的态度。作家通过人物的生活处境所传达的人生体验，已经不是爱情的悲剧或一般的社会不平等，而是把一个个贫困的农民和知识分子的命运作为社会惨剧或病态社会的象征的思想加以解剖。他尤其解剖了具有双重人格的这类人物，如志飘、阿次等。他们的异化和病态表现为痛恨掠夺者的贪婪、抗议社会的严重不公；同时又不甘沉沦于社会最底层，时刻梦想飞黄腾达，主宰自己的命运。通过人物老鹤、志飘和氏娜、教师阿次等，南高用犀利的笔锋巧妙而深刻地揭示出贫苦农民的痛苦以及贫穷知识分子看不到将来而倍受精神折磨的社会原因。

在创作结构上有两个内容平面：作品直接反映的社会内容或题材内容以及作品中某一角色直接或间接地表述出带哲理色彩的与作者思想紧密相关的内容。这种手法让读者看到南高塑造了一批可以称为“哲学家”式的人物。他可以是农民：在不得已卖掉和他相依为命的黄狗后，老鹤说：“老师说得对！狗的命就是苦，如果我们把它变为人，也许有幸会好一些……就像我这人一样！”故事情节是诉说卖狗的伤心，可怜狗的命运，其实反映的是人的命运，一语道破人不如狗。贫穷知识分子更能体现出“哲学家”的特性，无论是《眼泪》中的阿田，《多余人生》中的阿户，还是《老鹤》中的老鹤，大都少行动多思索，关于人生、幸福、命运的意义有自己的至理名言。这些其实都是直接寄寓在人物身上作者对生活、对艺术的思考。这种复合内容平面的安排使“平民作品” 既走近了广大人民群众，令他们易于接受，又能从中读出耐人寻味的意蕴。如同我国唐代著名诗人白居易的作品，目不识丁的老太太能听懂，饱学诗文的大儒也赞叹。简单的题材和平实语言因内容结构的安排使作品深入人心并得以广泛流传。

创作结构的多层次还表现为故事情节的双线发展。在小说中，读者常看到的是人物个人生活关系一条线与社会关系一条线。《明月》、《眼泪》、《多余人生》都是这样。比如《眼泪》中阿田为旧时邮局的录事，在社会中，他对这个职业充满了厌恶，可是回到家里，从自己的家境看，他又很理解录事这个职业。两条线相互交织，相互映村，甚至是相互碰撞，无法融合，推动故事情节向前发展。通常是造成主人公无路可走的悲剧，只有消磨意志和信念。

总的来说，南高的作品结构较为灵活多变，不局限于现有的模式，反映出现实生活的多方面。以此多变才智的结构形式，使得南高的作品在篇幅不长的文字中聚收了广阔的生活，内涵力极强。

---

① 黎玉茶博士在胡志明市劳动文化宫举行的“纪念南高牺牲50周年大会”上所言（2001—11—24）。http://www.BaoNguoiLaoDong.

1940—1945年间的越南合法文学不像印支民主阵线时期那样，敢于直接提及殖民社会的基本矛盾。这时候的批判现实主义文学只是围绕于生活的琐事及一些风俗问题，南高尤其爱写生活中鸡毛蒜皮之事。《志飘》虽然揭示农民与地主之间的深刻矛盾，主题却紧紧关注在志飘和氏娜的特殊感情上；《婚礼》旨在揭示农村的贫苦生活，却以展示阿寅婚礼的方式来演绎悲苦；《老鹤》抨击了社会制度和思想道德，但总是说狗的命运和主人的关系……作者将深邃的智慧、哲理和无限广博的人道主义光芒射进了这些“日常小事”，使得简单的主题有着丰富的内涵。这种“以小见大”或是“窥一斑而见全豹”的特点是南高独特且娴熟的叙事风格。

在创作思想方面，积极的人道主义贯穿了南高的一切作品。“八月革命”后，南高积极投身于革命，也以极大的热忱按照印度支那共产党的文化纲领所指出的方针投入文学创作。这个时期南高围绕革命而创作，主题集中为三个方面[①]：一是描写参加革命和抗战的知识分子，以《一双眼睛》和《林中日记》为代表作，肯定了以阿度为代表的进步知识分子，否定了阿黄类的害怕革命、守旧的知识分子，大力歌颂人民群众在抗战救国事业中的主力作用；二是反映战斗和生产中人民的生活，有《距敌人据点四公里》、《边界纪事》、《新解放区速写》等。新文学首要任务是塑造工农群众的典型形象，因此，南高这些创作肯定了新生活的积极方面；三是革命乐观主义和人道主义思想，南高在革命前创作中的人道主义在革命后的创作中继续发扬，但此时是体现于革命集体中的同志情、战友情和同胞情当中。南高作品在抗战初期为越南革命展示了灿烂的前景并鼓舞了抗战必胜的信念。这种积极的思想确立了南高的作品在越南抗战文学中的重要历史地位。[②]我们认为，对社会的敏感、关注和创作上的积极改变以适应社会革命需要是南高得以再次成功的主要原因。

二、短篇小说及《志飘》

以贫苦农民和贫穷知识分子为两大主题的短篇小说是南高创作的主体。

说到南高农民题材的创作，我们不能不提《志飘》。《志飘》最初名为《废砖窑》，1941年发表时更名为《天生的一对》[③]，为短篇小说集，包括7篇文章[④]，且笔名南高也是首次出现在越南文坛。小说的主人公志飘是个被遗弃的

① Hà Minh Đức Nam Cao（1917—1951）- nhà văn hiện thực xuất sắc Nhà xuất bản Văn hóa 1961， tr 161.

② 余富兆：《论越南现代作家南高》，《解放军外国语学院学报》，1999年第4期，第100页。

③《志飘》（Chí Phèo）最初名为《废砖窑》（Cái lò gạch cũ），1941年发表时更名为《天生的一对》（Đôi lứa xứng đôi）。

④ Gồm: Đôi lứa xứng đôi，Nguyện vọng，Hai khối óc，Giờ lột xác，Chú Khì，Ma đưa，Cái chết của con mực. Phương Ngân，biên soạn，Nam Cao – nhà văn hiện thực xuất sắc Nhà xuất bản Văn hóa thông tin，2000，tr 301.

孤儿，在一个废弃的砖窑旁，裹着旧裙布的他被人捡回，吃百家饭长大。20岁时，在里长家做佃农的他被诬陷受冤入狱，约十年后被释放，回村后到处撒泼加耍赖，粗野而蛮横，成为村里一霸，乡里一害，村民们都敢怒不敢言，这样的情况持续将近十年；40岁时，他遇到氏娜，已经没有人样、没有人性的志飘却被真实的人性和真诚的爱情打动，心底良知被唤醒，开始憧憬美好的未来，但这份纯真感情遭到氏娜家人的反对，爱情破灭的志飘感到了绝望，最终以自杀结束悲惨人生。

与其他同题材的短篇小说相比，《志飘》突出反映了农民在旧社会制度中贫穷化、流氓化的过程和悲惨结局，是南高对殖民制度强烈的控诉。“在与当时反动势力作斗争寻找出路的现代文学中，南高的《志飘》是最突出、最深刻的。”[①]志飘原是一个老实本分的农民，因强豪、官吏剥削压迫到无法忍受的境地，被迫以豁出性命或作孽作贱的方式来反抗，以至于本身也变成撒泼无赖之徒。小说中的兵职、五寿也是这样的人，志飘无疑是当时极具代表性的贫穷农民形象。通过塑造这样的人物，南高指出了其社会根源和规律，就是封建殖民制度的存在。在深刻揭露社会原因的同时南高也把人道主义的思想传达给读者：志飘被人性、爱情感动而渴望回归善良的心愿。氏娜真诚的情感照亮了志飘晦暗的人生，使其焕发出一丝光彩。志飘开始回忆从前的善良，开始悔恨自己的罪过，但是得不到周围人们的理解和接受，刚刚开始醒悟的他却因为现实的无情而重新掉进悲哀的深渊，志飘临死前哀问：“我想做一个善良的人！谁给我善良？”志飘虽然被践踏、蹂躏，遭到轻视，但从他的潜意识、本能中仍想着善良的本性，渴望得到关怀和爱情。一个流氓化了的农民良心未彻底泯灭，仍然向望美好人性，撒泼耍赖背后暗藏着对良知的祈求，这也是南高创作思想的另一个重要方面。在越南20世纪上半叶的文学中，只有南高直接提出了“人生”、“人的身份”和“人被异化”的问题，[②]这也是南高作品有深刻思想蕴涵的本质所在。小说以志飘孤独身世的悲剧开始，又以他醒悟而不能作为的悲剧结束，让读者去体味觉醒者的悲哀，并在这样的悲哀中去深深思考，作品的感染力由此而生。

三、长篇小说《死亡线上的挣扎》艺术、思想价值

《死亡线上的挣扎》（又名《残生》，以下简称《挣扎》）是越南现实主义作家南高唯一的长篇力作。在这部小说中，南高以自己独特的视角和娴熟的

① [越]阮庭诗：《文学的几个问题》，河内：文艺出版社，1956年，转引自：Vũ Tuấn Anh（chủ biên） Nam Cao–con người và tác phẩm Nhà xuất bản Hội nhà văn，2000，tr 323.

② Viện văn học，Hội văn học nghệ thuật Nam Hà: Nghĩ tiếp về Nam Cao，Nhà xuất bản Hội nhà văn Hà Nội，1992，tr 24.

创作手法，成功塑造了一群贫穷知识分子的形象并“制造”了这群人在黑暗社会中精神生活“苟延残喘”的悲剧。在思想和艺术方面有许多成功点，被越南文学界称为“‘八月革命’前批判现实主义文学颠峰之作”。也因为有这部小说，南高在1996年9月15日越南第一批被授予国家最高奖——胡志明文学艺术奖的14位现代作家中名列榜首，《死亡线上的挣扎》居作品第三位。[①]

《挣扎》是一部作者自传体小说，完成于1944年，真实地记录了南高的一段生活。当时正值法国殖民者和日本帝国主义的双重统治，“八月革命”即将爆发。主人公阿次的原型即南高自己。阿次在堂兄阿的与阿莺（阿的的女同事及未婚妻）合办的学校任教。因要到外地工作，阿的要阿次代理校长，但有虚名而无实权，全部利润都进了阿莺的腰包。阿莺自私而贪婪，总想从学校教工身上多赚钱，大家多有不满。阿次屡屡欲说还休，因他本性胆怯、怕事，犹豫不决。这种状况延续下去，使大家之间彼此不信任、生妒。阿次与另一教师阿珊于是搬出学校，租住在一位做豆腐的老人家中。这里的生活使他们暂感轻松。但渐渐地，阿次发现，周围人的生活犹如被囚禁一般，索然无味。暑假回到家乡，阿次看到的仍是一种充满狭隘成见的生活，人们相互发难、滋事。家庭亦如此。待他再回到河内，由于战争，人们四处避难，阿的也重病缠身，学校被迫关闭。阿次只有回家，在返回的船上，他痛苦地思考着，自己的生活即将“发霉、起锈、消蚀、腐烂掉，没有出路”。他也将在“未能真正生活中死亡”。

我们可以从小说艺术价值和思想价值两方面来看作者的用心。

（一）艺术价值

1. 细腻精彩的心理描写。

除了前面提到过的现实主义风格和多层次的结构安排，小说中细腻精彩的心理描写不失为一个亮点。

也是因为受前苏联文学家契诃夫创作的影响，南高最突出的艺术风格就是细腻精彩而深入的人物心理描写[②]。无论是《志飘》中没头脑的泼皮，还是《挣扎》里有思想的知识分子，在南高的笔下，都有各自独特的内心生活。《挣扎》中的知识分子生活在一个没有灵魂、没有思想的世界里，与其说他们是在社会中生活，不如说是在各自的内心思想中生活。在小说中，我们随处可见大段的心理描写。如果这种描写不精彩，读者怎么会全神贯注于几个穷知识分子因为一顿饭、一间寓居房、扑风捉影的吃醋这些“不值一提的小事”所充斥的生活，且洋洋洒洒数百页？而阿次，也不配称作心理描写最成功的人物。

① Báo Nhân Dân，19—6—1996.

② 越南著名作家苏怀在回忆中说，契诃夫的作品《第六病室》给南高以深刻影响，南高在19世纪40年代创作中特别留意人物心理的刻画，尤其是一些中篇小说以及长篇小说《挣扎》中。N.L Niculin: Tác phẩm của A.Tsekhov ở Viêtm Nam，Nghiên cứu văn học，số 4 —2005，tr21.

马克思主义认为，世界的本质是物质的。物质是不依赖于人的意识并能为人的意识所反映的客观实在。它的唯一特性是客观实在性。物质决定意识，意识是客观事物在人脑中的反映。

因为生活贫困，阿次不得不关心唯一的生活来源，也就是薪水。小说一开始就带我们面对这个“客观实在”。他也清楚地认识到为何而苦：

“罪在没钱！就是因为没钱嘛，要有很多钱就会有很多快乐。”

我们从中可以感觉到阿次因没钱支撑开销的无限忧愁。作为一个知识分子，阿次一方面要保持清高的形象，不愿带上铜臭味，看不起那些为富不仁的人，但是另一方面，阿次或是成千上万个“阿次”仍生活在贫苦、拮据的境遇里，拥有体面的、愉快的生活是他们期盼的梦想，但这些又必须以物质（金钱）为基础。像阿次这样的穷知识分子对金钱的态度形成了一种深沉的、矛盾的又有些变态的心理。这个属于穷知识分子的头疼难题在《挣扎》中被南高运用多处精彩的心理分析和独白真实、准确地演绎出来。

贫穷总是纠缠着他的一切行动，一切思维，使他操心，忧愤，又无可奈何，只能在头脑中斗争，灵魂里撕咬。物质贫乏的苦集中体现在下面的思考中：

“衣，食，妻，儿，家庭……束缚着他。他只有一个劲地勒紧腰带，低头劳作！勒紧，低头！劳作！只有劳作！忍受苦难却从没有享受，从不能抬起头来！啊！啊！为什么这世上的一切不全部堆积在一起！为什么人类的地球不爆炸粉碎！生活真是一个太沉重太束缚的东西！”

马克思主义认为，意识既包括感觉，又包括思维，重要的是思维。对于贫穷知识分子来说，真正的痛苦是精神上的空虚、寂寞。南高表现贫穷知识分子精神痛苦的心理描写更是绝妙。作者心理与人物心理的交流以及人物自我的内心独白都同样具有相当的深度。精神的苦在灵魂里常常上演着一出出冲突：利己习惯与人道主义，人性与兽性，怯懦与勇敢，虚伪与真诚，怀疑爱情与对他人的信心……这些冲突无声无息但激烈沸腾，甚至白热化。

爱情是人类美好的情感，是亘古不变的文学创作主题。多少文人、大家不惜笔墨歌颂她。可是我们看不到《挣扎》里对爱情的歌颂：

“……理智地思考一下，妻子外遇真不值得丈夫伤心、吃醋，但阿次只要想到这事仍旧感到伤心、吃醋。他装出一副不在乎的样子是因为自尊心强而已……”

在旧社会，穷苦知识分子容易自卑，又常常自负；容易冲动，过后又常常自责。正是头脑里一次次的自责和感悟，使阿次的人格心理渐渐成熟。而矛盾心理就在近乎平铺直述的“自我思想介绍”中得以完全暴露，也正是这种矛盾的心理决定了阿次的胆怯、犹豫、痛苦的悲剧性格。

“安心，但这样安心为了什么？劳作为了有饭吃，吃饭为了活命，活命为了等死……一生简单得只有这样，有什么好高兴的。一个人一生只知道光着膀子忙于压粉碾子，从不敢往远处看一点，将自己的生活和眼界都收缩到自己很小一块土地这个狭小的范围上……”

忧愤心理昭然纸上，也明显暴露出消极思想——生活中没有值得去奋斗的目标——活着就是等死。另一方面，他因自己的怀才不遇，英雄无用武之地而忧愤。他忧愤因为他忧虑，越忧虑就越忧愤，因为在那样的环境里没有人能够自救。虽然以上的思考不可避免地成为幻想，缺乏到达的方向和实现的基础，但这是对人的命运、价值的关心，对国家未来的关心，理所当然值得肯定，这一点也反映了作家对现实的深切关注。

南高在关于穷苦知识分子的小说中，都赋予主要人物以美好的理想和抱负，但最终均遭破灭的结局，阿次也不例外。阿次和其他的穷苦知识分子被战争挤压到了绝望的边缘。在被迫回家的船上，阿次思索着，想到即将来临的日子是一种“即将发霉、起锈、消蚀、腐烂掉”的生活，他感到痛心，理想的破灭将折磨他的一生：

“人们会小看他，妻子会小看他，连他自己也看不起他，还有什么比自己厌恶自己更令人生愁呢？……前途灰暗，阿次立即变成了很实际的人。他不敢想到任何高兴的事，不敢有任何高远的希望。他只敢考虑妻儿每天的吃饭穿衣。”

廖廖数语，将理想破灭的绝望心境一览无余地展现在读者面前。哀大莫过于心死，心死则无语沉默。“沉默可以说是一种最强烈，最有力，最能表现情感之极致的感情世界。悲极，苦极，到了麻木的境地，出现了心灵的空白的时候，就无言。”①

小说中，人物最深的感受是“苦”，苦于物质贫乏，苦于精神空虚。这一切让他既有希望又有失望，既感高贵又觉卑微，矛盾重重，顾虑悠悠，怎一个“苦”字了得。这样的心理描写使得阿次的形象有血有肉，趋于丰满，既渲染了气氛又烘托出了主题。

2. 真实生动的细节描写。

南高在1930—1945年间的现实主义作品还有一个共同的特点：大量而真实的细节描写。因他的作品多围绕于日常生活展开故事，所以作家的笔尖触及的都是“琐事”。通过生动细节的具体描绘，将人物典型的外表举止及性格表现出来，给读者以深刻印象，并且渲染了气氛。正是依托这样的细节描写，人物阿次更显真实、丰满，性格表现得更全面。

3. 主客观结合的叙述视角。

为了使读者认同故事的真实性，南高采取了主客观相结合的叙述视角，即

① 钱理群：《心灵的探寻》，北京：北京大学出版社，1999年，第227页。

以第三人称叙述和第一人称叙述相结合的叙述方式。第三人称叙述可使作品中的事情客观地呈现在读者面前，各种评论也颇具客观性，令读者感到更加真实可信。第一人称叙述可使作品中叙述的各种事情以“我”纲，历历在目，可闻可见，就像作家自己在讲故事，容易发挥作家在语言方面的个性和特点。正因为谙熟贫穷知识分子的心理，南高因而能够径直走入人物内心生活，以内心独白的思路引出叙事脉络。他尊重人心理的客观性，走近人物的思想或是让人物自己吐露心声，在《挣扎》中，读者总是看到人物在“自言自语”，而这里的“自言自语”又常常被作者冠以“他（她）”为主体来完成。主观的思想通过“他人”的头脑变成言语反映出来，很是特别。

两种叙述方式的转换互动，把主、客观有机地结合起来，真实可信，既增加了作品的感染力，又显示其表达方式的独树一帜。《越南文学辞典》的主编赖元恩在“南高与20世纪初的文学革新”一文中说，“南高创造了包含外表语言与内心语言、作者语言与人物语言，甚至是两种语言相互交织、相互渗透的复杂网络。他是同时代为数不多的能够使作品语言不随时间老化的作家之一，即在越南语非韵文中达到了经典的高度。”① 越南文学院原院长、越南当代著名文学评论家封黎教授认为，“南高的作品似乎充满了各种成分：喜与悲，讽刺与严肃，哲理与抒情……每个角度都可以单列而谈，且不乏意趣。但确切地说，南高应该是多角度多腔调的综合体，同时又具独特的腔调，与他人都不同。”②

以上，在《挣扎》中南高以现实主义为指向，运用自己娴熟的心理刻画，真实的细节描写和主客观相结合的叙述视角等，塑造了一个贫穷知识分子的综合形象典型——阿次。人物话少，行动少，常常静坐着倾听自己的心声，自问良心，或是沉浸在对人生，人格、人性，以及人类命运的思考当中……这一切的思考均未能脱离一个“苦”字。物质上苦，缺吃少穿，经济贫困；精神上苦，怀疑爱情，缺少友情，理想破灭等等，双重的痛苦枷锁套住了贫穷知识分子的脖颈，锁住了他们的灵魂，怎能不悲惨？！整篇小说可以说是一个悲剧，个人的悲剧，群体的悲剧，时代的悲剧。鲁迅说“悲剧是将人生有价值的东西毁灭给人看”。的确，小说中的美好人性，美好理想都被一一毁灭，注定了它的悲剧结局。表面上我们很少看到直接描写社会、战争的文字，通篇都是“平常事，平常话”，甚至是近于无事的生活。而“这些极平常的，或者简直近于没有事情的悲剧，正如无声的言语一样，非由诗人画出它的形象来，是很不容易觉察的。然而人们灭亡于英雄的特别的悲剧者少，消磨于极平常的，或者简

① Viện văn học，Hội văn học nghệ thuật Nam Hà: Nghĩ tiếp về Nam Cao，Nhà xuất bản Hội nhà văn Hà Nội，1992，tr61~62.

②《20世纪末进程中的文学》，河内：国家大学出版社，1997年，转自http://www.netsoft. vnn. vn/membership。

直近于没有事情的悲剧者却多”。[①]

（二）思想价值

《挣扎》是越南现实主义作家南高描写贫穷知识分子的代表作。积极的人道主义思想渗透了南高的一切创作，也集中体现在小说《挣扎》中。南高区分活人与死人是以思想精神为标志，他认为当时的人多是如同动物一般活着，灵魂早已死亡，精神早已离躯壳而去；有着崇高理想的人被迫这样生存，与动物有何区别；人性被毁坏被泯灭，但他仍然要忍住痛苦和悲伤将一切写出，为的是感化人们行动起来，铲除不平社会。不只是同情和哀叹，更要行动而改造生活来拯救人性，这正是积极人道主义的精髓所在。

因为是自传体小说，主要人物的思想认识也真实地反映出南高当时的思想。暴风雨来临之际，大地的空气是令人憋闷的；革命即将到来时，社会氛围同样让人深感窒息，难以顺畅呼吸。南高在此时的觉醒思想因找不到道路而彷徨无奈，他对人性的丧失深感痛惜，对人与人之间缺乏关爱、麻木不仁的态度倍添愤恨，这种复杂的心理汇成了贯穿作品的主题思想——积极的人道主义。它包含了以下三个层面，在小说中相互穿插、交织而成。

1. 以是否拥有健康、积极精神为标准来区分活人与死人的思想。

南高是一个勤于思考的人，他的内心总是动荡不安。“外表笨拙，有些冷漠，但内心世界则总是沸腾，甚至有时白热化：他自认为平庸、卑微且因此感到羞耻，他想要克服这种想法以便能与人这一称号相称。似乎他的内心生活从未有过平静。”[②]他在自己塑造的人物身上寄托了自身所有的思想和情感，他笔下的贫穷知识分子形象表现复杂，内心世界丰富多变。

南高区分活人和死人是以积极的思想精神为标准的。他认为，当时的人多是如同动物一般活着，以动物的标准而生存，灵魂则早已死亡，精神早已离躯壳而去。他称之为“活死人”、“死魂灵”或“垂死挣扎”、“残余人生”。真正称得上“活者”的是：人应该有思想，有同情心，有品德，懂自重，有崇高的理想和丰富的知识。最痛苦和最耻辱的莫过于不能这样生活，而是被物质牢牢束缚住，被“衣食之事摁下地”，思想、希望不能超越一日三餐，做任何事情都要以糊口为出发点，为首要考虑之事。我们看小说中阿次的理想：

“他希望可以重组学校。到那时，所有的教师可以拿到相应的酬劳……他们能将所有的时间和精力都投入到工作当中……而所得利润将打入学校共同的基金。这个基金，一部分用于扩建，一部分用于学生每年节日和奖励，每年底

---

① 鲁迅：《且介亭杂文二集·几乎无事的悲剧》，《鲁迅全集》，第6卷，第370～371页。转引自钱理群：《心灵的探寻》，北京：北京大学出版社，1999年，第296页。

② Trần Hữu Tá：Văn học 11，Tư tưởng và phong cách，Nhã xuất bản Văn học，1983.

还可以分一部分给教师，剩下的留做教师的退休金……”

这样，人才真正得以称为人！不能只想着自己，而更应多为他人考虑。我得到快乐，周围的人也随着快乐。虽然不能与范仲淹“先天下之忧而忧，后天下之乐而乐”的豪放、慷慨相媲美，也能从中感受到“与人乐乐”的热情以及积极的生活态度。然而，由于贫穷的境遇，阿次的本性渐渐受到周围自私人的影响，有憧憬有幻想却难以实现。由于遭受物质生活的贫乏的折磨，同时又忍受着缺乏爱情，精神生活极度空虚的煎熬以及理想破灭的打击，这群知识分子的意志、生命就在彷徨无奈的情况下承受煎熬并慢慢被耗尽。刘心武曾言：“亲情，友情，爱情是精神生活的三大要素，三者缺一已为憾，三者缺二为可怜，三者皆无虽活犹亡。”阿次痛心疾首地认识到：“死是常事，但在躯体活着的时候死去才是真正屈辱！”

2. 力图摆脱动物般生存而生活的思想。

人类社会的发展史是一部动物进化史。人与动物有着千丝万缕的联系，人与动物也有明确分别。马克思主义认为，直立行走使人与动物区别开来，但人大脑的发达是人与动物的根本区别。所以，人与动物有着两种不同的世界、不同的生活。人类引以为自豪的是：人有思维，有思想，有情感，这是动物界所无法比拟的。在小说《挣扎》中，我们却总是看到这群人生活如同动物生存的悲剧。作者借主人公之口多次发出人不能像动物般生存的感慨：

“阿次仍然无法忍受这样的生活： 活着仅仅是为了怎样使自己和妻子儿女有饭吃、有衣穿而已。人活着应该是做一点非常高尚、美好的事情。每个人活着，应尽可能发挥人内在的能力，应该积聚自己的力量投入到共同的、进步的事业当中；每个人逝去，要给人类留下些什么。成天围着自己转，如同动物一样除了寻找食物填进胃里之外什么事也不会做，这样的生活方式有什么意思！……这一生渴望抬头向上却又被衣食之事紧紧摁到地面是多么地痛苦啊！”

一种渴望高尚生活的强烈情感遭遇无法实现的打击，一股不愿像动物般生存而生活的力量强大而又倍感无奈，犹如地壳里的岩浆汹涌奔腾却找不到迸发点而无法显示威力，无从得以证实，只能在充满酸楚的叹息中宣泄：

“工作是为了有饭吃，工作是为了活命，活命是为了等死。一生只如此，与动物有何分别！”

有着无限精神追求、渴望的人被降低成动物——这正是贯穿小说的主题思想，也是南高其他文学作品的主题思想。

3. 尊重、关爱他人，除了“伤其不幸”、“怒其不争”，更应采取行动的思想。

南高认为，关爱他人不仅仅是一种德行。“强者不是那些踩在他人肩上来满足利己之心的人，而正是那些帮助他人攀上自己肩膀的人。”他尊重人，关心人，他笔下的的人物也如此：

“在他看来，仆人是来帮忙干活的人，不是用来差遣的。……妻子对于他，应是一个平等的人，不是在夫权之下的人。……我喜欢做一件对社会有影响的事。我们的人民还很贫苦、愚昧。我们应该与饥荒、愚昧作斗争。”

《挣扎》中的阿次尊重人，尊重人独有的价值。通过人物的内心，作者道出了自己心中欲说之词，朴实无华却极富意义。人物的心理正是南高的思想。我们从中看到了作者不仅仅是同情、哀叹和空谈，而是要采取行动来改变这种生活，拯救被破坏的人性。

这种关爱之情也表现在反面人物阿莺的塑造上。阿莺总体表现为自私、贪婪，直到第十七章——阿莺出现的最后一部分，作者才道出阿莺“变坏”的原委：由于她父亲“不喜欢女孩子学太多”，她“小学毕业后上师范班深造”的理想破灭了。她反抗，但无能为力……因深受周围环境的影响而变化，阿莺变成了自私贪利小人。其实她也是受害者——旧思想、旧制度的受害者。在那样的社会中，一句“女子无才便是德”的“警世通言”不知毁掉了多少女子的学习梦，同样也毁掉了她们的理想人生。南高没有把她塑造为无情无义、不值怜爱的人，目的是为了让读者去同情她，同时也昭示给读者造成这一切的社会原因，受害者也有意无意地伤害他人。可以说，与阿次这一正面人物相比较，阿莺的塑造同样是成功的：一个有着强烈正义感，一个充满自私狭隘思想，正面人物却并非十全十美，反面人物也并非十恶不赦，让人从中发现真、善、美，也能更进一步领悟作者“哀其不幸，怒其不争”的心情，人道主义的主题思想也自然而然地流露出来。如此安排，作者可谓用心良苦。

凡是在旧社会受轻视、受压迫的贫苦人，南高都寄予了同情。在他的认识里，对同类没爱心的人就不能叫做人。南高有一种情怀——懂得倾听，有一种声音——懂得从内心深处为贫苦人生安慰、分忧：

“我只喜爱劳作和劳作的人而已。依我看，就该将坐享其成，不劳而获，什么贡献也没有的人消灭干净。谁都应该劳作，所有劳动者都应该能吃饱穿暖，要有自由。”

正是这种因殷切的关爱情感和对豪绅的气愤、仇恨，使得南高笔下的人物活着有思想深度，有丰富的内心世界。而这种内心思想的主流则升华为积极的人道主义思想。我们感受到的不仅仅是“哀其不幸”的悲叹，而有着“怒其不争”的革命呐喊，尽管它的力量很弱小，若隐若现，但这终究是存在的。我们可以大胆地说，南高在革命后能迅速投身革命，改变创作题材，服务于抗战，以极大地热忱按照印支共产党的文化纲领的方针进行文学创作而取得成功，在这阶段的“痛苦”思索和极其革命性的积极人道主义为它打下了坚实的思想基础。犹如一粒种子落在适应的土壤，有了阳光雨露的滋养而迅速发芽、开花、结果。

我们并非要牵强附会地将这种情感定义为革命的情感，它也没有明确的阶级观点，但对每一个人物的怜爱之情未尝不是一束温暖人心的火苗。《挣扎》和其他描写贫穷分子的作品是对涂炭人生满怀怜惜感情的篇章。这种感情蕴含了作者对人生命运和价值的注意与担忧，是一种强烈渴望改变黑暗社会现实却又找不到出路的彷徨心理的流露。正如小说结尾，阿次自问："我做了什么吗？"这种积极的态度，在现实当中因找不到出路，找不到解脱而更加剧了人物（也是作者）的痛苦。面对人性遭受泯灭、毁坏，这种痛苦无法平静。人物如此，作者如此，读者亦如此。

积极的人道主义是《挣扎》重要的创作思想，同样也反映在南高的其他创作中。它内容有三个层面，相互烘托，相互映衬，交织成了浓厚的主题，浸透了每页书稿，深入到对每个主要人物的刻划之中。"冰冻三尺，非一日之寒。"这种思想的形成也是南高在创作过程中渐渐"浮出水面"，最终通过人物阿次渐渐得以丰满、成熟。正是这一切，使得南高以及他的《挣扎》在越南现代文坛上有着巨大影响，走进了每位读者的内心。

南高的创作风格对越南现代文坛许多作家有很大影响，如苏怀，裴显，三镜，兴明，金麟以及"八月革命"后的阮诗，阮凯等。他的作品也深得广大人民群众喜爱。越南邮电总局于2001年11月30日以他的肖像及一些曾再版多次的代表作品名为版面，专门发行了一单行张纪念邮票来纪念南高牺牲50周年①；在前苏联，1955年，南高的《一双眼睛》收录在莫斯科首次出版的《越南现代作家作品选》，1963年，南高选集《迎宾》俄语版由莫斯科文学艺术出版社出版，而且，这些作品还从俄语译成其他民族语言；1970年代末出版的"越南文学书柜"里有南高的《志飘》和其他短篇创作②；2003年，日本国家电视台（NHK）越南处处长加藤纪夫在答记者问时说，他最喜爱的越南作家第一位是南高，第二位是武重奉……可见南高及其作品在越南和在国外的影响力之大，我们不得不敬佩和叹服。

第五节　对封建殖民社会的无情讽刺：秀肥的诗

一、生平和创作

1930—1945年间越南的批判现实主义文学潮流中，除了像吴必素、阮公

① http://www.ninhhtuanpt.com.vn/VanHoa.

② Vũ Tuấn Anh（chủ biên） Nam Cao–con người và tác phẩm Nhà xuất bản Hội nhà văn，2000，tr 184 ~187.

欢、元鸿、武重奉等作家外，诗坛上的秀肥也享有重要地位。

秀肥，原名胡仲孝，笔名“战斗笔”，1900年生于河内的一个贫寒家庭。秀肥是长子，从5岁起就跟随祖父学习汉字。1914年，上法越小学。1918年高等小学毕业后，到财政所做事以补贴家庭。这段艰苦的日子在他的诗中曾多次提及。

“八月革命”成功给秀肥带来了满腔的欢欣鼓舞。1946年全国抗战爆发时，他离开了河内，奔赴越北战区参加抗战。在这期间，他做过财政部的干部，做过第一联区新闻宣传处编辑，还在中央宣传署北江新闻司工作过，积极地宣传抗战。1951年获越南文艺协会诗歌一等奖，1952年获全国“竞赛战士”称号，1955年荣获一级抗战勋章，1956年获越南文艺协会诗歌二等奖。1957年2月，在越南第二届全国文艺大会上，秀肥当被选为越南文学艺术联合会副主席，并长期担任越南作家协会常务委员，1976年7月13日去世。

秀肥从小喜欢胡春香、阮劝、秀昌的诗和民间歌谣，特别是对伞沱和20世纪初讽刺诗人的作品情有独钟。

秀肥1916年开始创作诗歌。他最初的创作目的只是作为一个学生喜好讽刺、调侃这一天性的自然流露。秀肥后来在《讽刺诗创作经验》（1960）一书中，谈到了他创作讽刺诗的原因：“从小，我就是一个活泼顽皮的孩子，喜欢嬉闹、插科打诨。在石灰街小学上学时曾经因为嘲弄一个同学，惹火了他，被他用石头砸掉了一颗门牙，至今还留有印记……”①。

秀肥早期的诗歌只是在学生们当中传看，但已或多或少显露了他的讽刺天赋。与批判现实主义作家一样，在涉足文坛之初，秀肥也一定程度地受到了浪漫主义文学的影响。他非常喜欢伞沱作品的豪放和抒情，并且深受影响。如他的《相思》：

无限伤感为谁生，
万缕情丝心头绕，
夜半梦中结情谊，
心思恋丽人影。
九曲柔肠乱如麻，
蝶梦方醒痕犹在，
满腹怅惘与谁诉，
望穿秋水湘江畔。

但这些富于幻想的诗歌并不符合秀肥日后的创作风格。从发表在《南风杂志》上的讽刺诗开始，秀肥除了自我嘲讽之外，还间接地讽刺社会上的虚伪与丑恶，如《自述》、《秀肥不“肥”》、《富有的丈夫》、《牛郎织女鸣冤书》等。

① [越]潘巨棣等著：《越南文学（1900—1945）》，河内：越南教育出版社，1999年，第500页。

1932年《风化报》创刊，秀肥负责“逆流”栏目。《风化报》使秀肥正式步入越南诗坛。

秀肥在1930—1945年间的主要作品有：《苦笑》（未出版）、《逆流》（第一部，河内今世出版社，1934）、《逆流》（第二部，河内今世出版社，1941）、《白雪公主和七个小矮人》（河内今世出版社，1935）等。

二、秀肥笔下的封建殖民社会

秀肥的青少年时代正是越南人民和帝国主义、封建主义之间的矛盾最为尖锐的时期。法国殖民者所谓的“保护”、“开化”政策实质是残酷剥削越南人民和疯狂地掠夺越南资源。他们贪婪的手伸向了越南的每一个角落。广大劳动群众，尤其是农民和小资产阶级知识分子生活艰难。农村凋零破败，城市则“青春快乐”，一片虚假的繁荣。

“八月革命”前，和其他批判现实主义作家、诗人一样，秀肥用他的诗讽刺批判殖民者、官僚、民众代表等。那些洋人、议员、大小官吏的形象被刻画得栩栩如生。对于不同类型的描写对象，秀肥采取不同的态度。对公职人员，他只是以诙谐的口吻加以讽刺；而对封建官僚，则给予猛烈、尖锐的抨击。因为封建官僚是殖民者进行剥削和统治的工具，他们是旧社会的罪魁祸首。大小官僚都是巧取豪夺、溜须拍马、贪图名利的无能之辈。

这些官僚是靠欺诈人民的汗水、泪水和血水为生的。他们搜刮钱财，享受洋酒、牛奶、汽车、洋房，横征暴敛，为自己储备“万贯家财”以“颐享天年”，而老百姓却被剥削得一贫如洗：

官涨俸禄民涨税，
增赋增税民叫苦，
褴褛衣衫更破烂，
民间疾苦谁人知？
（《官涨俸禄》）

秀肥在这里看到了社会矛盾，看到了生活痛苦的原因。在诗集《逆流》中，秀肥塑造了不同等级官僚的形象：裴庭靖欺压百姓，黄仲夫“酒艺精湛”，阮能国贪财好色，阮文永和范琼等“贩卖舆论”，为殖民者“歌功颂德”。

秀肥通过描绘官场中的典型人物来抨击官僚的丑恶嘴脸，毫不留情地鞭鞑他们，让他们受到社会舆论和道德的严厉批判。秀肥的生活是他进行创作的丰富源泉。他那犀利的矛头直指各阶层的官员。其中，被批判最多的还是议院和议员。因为议院和议员只是法国殖民者用来欺骗舆论的工具。他们自身无才无德，靠金钱爬上了议员的位置，他们谁也代表不了：

议员满街都是，
只会点头哈腰。
全是绵羊和哑巴，
唯唯诺诺屈膝腰。
（《议员满街》）

讽刺诗常深入挖掘社会中具有滑稽色彩的矛盾。在描写议院和议员的诗歌中，秀肥也深入剖析矛盾，达到强烈的讽刺效果。这种矛盾即议员们位高权重、威风凛凛的外表与其傀儡实质之间的矛盾。议院，名为维护人民权利的地方，其实是新式妓院，藏污纳垢，赌博成风。选举只不过是愚弄、欺骗人民的把戏。议员则是“玩偶们的代表”，毫无责任心，只知道“点头”，“乞求国家赐福”。他们号称“热血选举”，但他们所做的事实际上是“奴颜婢膝、小人所为”。议院和选举都是殖民者欺骗人民、将他们的阴谋合理化的形式。

议员们的丑恶嘴脸在秀肥的诗中被刻画得淋漓尽致。作为民众代表的他们“笨嘴拙舌，却擅长吃喝”。秀肥常常将这些议院里的“民众代表”作为打击对象，从各个不同的角度描写议员，如参选、候选、竞选、议员的座次、议员证等，包括议员自身的道德品质：

天下骚动不安宁，
他们相约去选举。
此次家产已挥尽，
议员席位保不住。
三五成群拉选票，
艰难熬过多少夜。
这次决定去钦天，
开家妓院才解闷。
（《选举》）

在锣鼓喧天、琴歌声声的背后是一场场丑恶的交易——花钱拉选票。秀肥以自己的亲身经历为诗批判这种强迫性选举：

就这样被绑架，
送进女子学校，
人们在窃窃私语，
为‘禄’而投票。
（《我去参加选举》）

这与阮公欢的“体育精神”如出一辙。

通过《提醒各位议员》、《议会归来的议员》、《视察移民区的议员》等诗歌，秀肥生动刻画了议员的真实面目：

我去参加议会，
一年一度尽心为民。
昏昏然听报告，
几次为民努力鼓掌。
万千工作重担，
为人民要夜以继日。
（《议会归来的议员》）

《议员竞技》这样讽刺报社主编、包工头、酒店老板、船家、农场主和庸医们：

我早已热血沸腾，
肝胆相照见我心。
恨不能全呈上案，
立下公心二字誓言，
为民为国在所不辞！
（《议员竞技》）

说的是豪言壮语，但最后这些议员都为了自己的权利而“斗争”。诗人的《提醒各位议员》对各位“人民代表”直言不讳：

请别奴颜婢膝，
没有声音便是愚钝。
也别呆滞犹豫，
听人演讲昏昏欲睡。
（《提醒各位议员》）

在秀肥眼中，议员和议会是法国殖民者制造的怪胎，是社会和人民的灾难。他的作品对各种各样的议员进行讽刺。官僚和议员是秀肥常抨击的对象。对于殖民者，秀肥的讽刺还显得有些谨慎。面对严苛的检查制度和殖民者屡次的恐吓，虽然不能畅快地表达自己对殖民者的憎恨，但他还是敢于对河内督理公然开设赌场，制造了多起家破人亡悲剧进行批判：

赌场开张半个月，
悲剧一茬接一茬。
家破人亡进班房，
原因始于入赌场。
（《公开的赌场》）

但秀肥对殖民者的讽刺终不如对封建统治者那样大胆、犀利。这或者是因为他没有完全认识到殖民者的丑恶本质，亦或是他还缺乏足够的勇气揭露他们的真实面目。直到日本侵略军一脚踢开法国殖民者后，秀肥才发表了大胆而尖刻地抨击法国殖民者的作品：

往日都护，诡计多端，
表面仁义，实则贪婪。
张口开化，闭口文明，
开绝物产，化尽人性。
统治者们，野蛮万分，
号称天堂，实为地狱。
苛捐杂税，敲骨吸髓，
朱门肉臭，路有冻骨。
（《祭保护文》）

在这里，秀肥打击对象是法国殖民者，但没有对日本法西斯进行抨击。这也许是因为没有充分认识到日本帝国主义的侵略性质，也许是他根本就不敢抨击他们。

当时的民众在精神、物质等各个方面都受到压迫，在农村还存在着不少陋习。儒教思想根深蒂固，人民群众难以改变旧日固有的风俗习惯和思维方式。另一方面，法国殖民者还在极力维护腐朽落后的封建思想，以达到其愚民的目的。秀肥的《吃喝风气问题》讽刺和批判了阻碍新事物发展和影响群众健康生活的种种陋习，揭露了土豪劣绅维护封建习俗剥削农民的险恶用心，文笔生动，语言诙谐，打击有力。对于那些宗教迷信，秀肥也是给予严厉的批判。他揭露风水先生的谋财手段，批判所谓的"祈祷"、"烧纸钱"。尼姑和僧侣也是秀肥打击的对象。在秀肥的笔下，僧侣是口蜜腹剑的小人。寺院这方净土也成了变相的妓院。他曾多次大声疾呼："不要再去庙里了，那里多少腐朽，多少祸害。"他看清了庙会的本质。庙会就是榨干人民流血流汗赚来的、省吃俭用积攒的每一文辛苦钱；是公子小姐们的休闲假日，是那些投机分子、追名逐利者施展伎俩的良辰吉日；也是一个制造无数悲剧的地方：

看那庙会，真是热闹，
什么丑恶都会显形。
多少穷人，
为了这庙会受尽折磨，
有人卖田，有人典房，有人借高利贷，
做牛做马终身被人奴役。
（《庙会》）

秀肥诗歌始终贯穿着对广大人民的深切感情。官府、赋税、陈风败俗等压在人民头上，让他们喘不过气来。他们的生活极其艰难困窘：

人世间多少百姓，

牛马一样被蹂躏。
自由博爱在哪里?
屈辱始终绕在身!
遭官府严刑拷打,
百般刑法皆用尽。
野蛮本性永不改,
如狼似虎对百姓!
(《动物保护协会》)

除了表达对统治者的愤恨之外，秀肥对农民的命运表示出了深切同情。秀肥了解封建殖民制度下劳苦大众暗无天日的生活。他那犀利的笔锋直指当时社会的现实问题，大胆将这些丑恶问题置于舆论的严厉批判中。苛捐杂税问题是当时的许多批判现实主义作家如吴必素、阮公欢常写的题材，秀肥的作品中也时常涉及。他的这部分作品以诙谐的口吻进行了更加尖刻、犀利的批判，如《寡妇税》、《修改人头税》和《交纳人头税》等。

当然，秀肥的视野和思维也受当时社会历史条件的局限。他仇恨法国殖民者，但在许多作品中，也仅仅只是批判现象本身，而没有深入剖析他们侵略、剥削人民的本质。在描写农村和农民时，他有时也只是看到了消极、落后的一面。他并没有充分认识到产生贫困落后现象的原因。因此，他的部分作品有时也会迷失方向：

只因缺少文化,
不读书不看报。
文明置之不理,
陋习根深蒂固。
开民智办教育,
高官们谁理会!
(《愚昧的农民》)

由于没有正确的世界观，因此在看待某些社会问题时，秀肥的态度便有些落后、保守。他反对妇女参加工作，只希望她们按照“三从四德”相夫教子、操持家务。他欣赏留恋旧时代的女性：“在家从父，出嫁从夫，夫死从子”（《现代妇女招魂文》）。因此他很难接受妇女命运已经改变的现实，如女性参与体育运动（《网球场上的女人》），将孩子交给丈夫看管（《带孩子的男人》），要求与男性享有平等的社会地位（《女官》）等。

面对越南的社会现实，他流露出悲观、怀疑的情绪，有时甚至会感到内疚、自卑。总的来说，这个时期秀肥的政治觉悟不高，敏感性不强。这些不足或多或少地影响了其作品的批判现实主义价值。

三、秀肥讽刺诗的艺术

秀肥用嘲笑作为打击敌人的武器。他的嘲笑能使读者认识到封建殖民社会中的一切丑恶、虚伪，并对此产生仇恨。秀肥的作品具有极强的讽刺效果。讽刺是用比喻、夸张等手法对人或事进行揭露、批评或嘲笑。

秀肥汲取了民间笑话中的精华，继承了阮劝讽刺艺术的深邃、秀昌的直率、胡春香的犀利。所以秀肥的创作具有自己的独特性。

当时的越南封建殖民制度已分崩离析、走向衰落。资产阶级开始形成但已显示出其复杂性、腐败性以及不可调和的矛盾。法国殖民者日益暴露出他们的侵略本质和丑恶嘴脸。在反映这些社会现实时，秀肥从貌似合理的事实中挖掘出隐藏着的“喜剧”意义，对不合理现象进行批判。如在描写“民众代表”范黎俸时，秀肥这样写道：

咱们的民众代表，
高大魁梧潘安貌，
人人见了都会夸，
真是潇洒又大方！
这样一个仪表堂堂的民众代表其实却是：
天生一副好皮囊，
其实内中是草包。
（《范黎俸》）

虽然是维护人民权力的最高代表，但范黎俸却是金玉其外、败絮其中的一个草包。将这样一个人置于如此重要的地位，真是可笑之极。秀肥的讽刺诗既有痛快淋漓的嘲笑，又有令人心酸的泪水。秀肥批判、嘲笑那些阻碍社会发展进步的落后势力。他的讽刺富有活力，具有民族特色和斗争精神。他恰如其分地将俗语、劳动群众的语言运用到创作中，为他的讽刺艺术增添了民间特色。

秀肥的诗歌多采用六八体来抒发自己的思想感情，或深刻，或委婉，或犀利，但欠含蓄。这些在某种程度上影响了诗文原本能够带给读者的心灵感受。

虽然在思想认识和艺术方面都有不少局限性，但总的来说，秀肥在越南文坛上的重要地位是无人能取代的。

第三章 1930—1945年间的革命文学

第一节 1930—1945年间的革命文学概述

这里所说的革命文学是指在无产阶级意识形态意义上的革命文学。它与印度支那共产党所领导的革命斗争同步发展。从某种意义上说，它是革命的一部分，是那些站在斗争最前沿的革命战士的心声。革命文学对民众的觉醒和英勇斗争产生了巨大的影响，“以笔作枪推翻制度，以诗为弹攻打强权”。

一、革命文学的三个发展阶段

1. 初期（1930—1935）

初期的革命文学首推义静苏维埃运动中广大革命战士创作的诗文。义静苏维埃运动在越南共产党的领导下迅速发展，义安、河静等地的劳苦大众纷纷举行示威游行等革命活动，他们号召：“为何忍受不平等，应毕其功于一役，……这是最后的战斗。”他们要求“打倒帝国主义，打倒腐败官场”，决心“建立苏维埃政权，捍卫鸿雒山河”。

义静苏维埃运动遭到帝国主义的疯狂血腥镇压，革命者被关进监狱，革命运动陷入低谷，革命文学随之陷入低潮。但义静苏维埃运动和革命文学在推动平民运动、催生平民阵线和迫使殖民者调整统治政策等方面起到了间接的积极作用。

2. 中期（1936—1939）

越南革命文学经过一段时期的沉寂之后，到民主阵线时期再一次进入高潮。

1936年5月法国民主阵线在法国取得执政权。在越南，印度支那共产党中央会议决定暂时搁置打倒法国殖民统治、没收地主阶级的土地归农民所有等提法，成立一个广泛的统一阵线。

越共开始在政治、经济和文化等各个领域广泛地开展公开或半公开的斗争活动。斗争口号是：要和平、要温饱、要自由。这一时期印度支那共产党主办的《劳动》、《青春魂》、《时局》、《消息》、《民众》等报纸如同雨后春笋般出现。与此同时，戈宁和云亭的《农民问题》、云亭的《印支的解放问题》等宣传印度支那共产党思想的书籍大量出版发行，并在民众中产生巨大影响。

平民阵线时期，以前苏联和法国为代表的世界先进的革命文学作品开始传入越南，人们开始大量翻译并介绍其中的一些名著，如海潮在他的《文人与社会》中介绍了高尔基、罗曼·罗兰等著名作家。尼·奥斯特洛夫斯基的《钢铁是怎样炼成的》和高尔基的《母亲》等作品对越南青年产生了深刻的影响。这些进步的文学作品促使越南作家开始思考自己肩负的使命和责任。

当时的报纸上还就一些文学问题进行争论，其中主要是文化立场问题。如海客（陈辉寮）和黎长桥就民族化和国际化斗争争论不休。海潮与怀青、刘重庐就"艺术为艺术"与"艺术为人生"展开激烈讨论。这场争论从1935年底一直延续到1939年第二次世界大战打响才停止。虽未有结论，但"艺术为人生"派明显占了上风。

这些争论有力地抵制了消极浪漫文学思想的影响，并为现实主义文学鸣锣开道，并开始了对社会主义现实主义问题，如文学与政治的关系、作家的时代任务、文学的阶级性等的研究。

这一时期在越南文坛上出现了大量的短篇小说、中篇小说、长篇小说和报告文学。这些作品具有较高的批判现实主义价值。

1938年黎文献的报告文学《昆嵩监狱》和志清的《监狱生活》揭露了殖民者在昆嵩监狱和昆岛监狱所犯下的罪行，表现了广大革命志士在狱中的斗争生活和英雄事迹。旧金山的《越狱》讲述了37名革命战士在府尹医院越狱的故事。表现革命战士和革命斗争精神的作品还有陈廷龙的《在苏俄的三年》、黄梅的《到死》、学非的《两股逆流》、珊瑚的《九日半绝食日记》、范春轩的《革命者的母亲》、素友的诗等。

这些作品塑造了崭新的人物形象，标志着革命文学已经开始走向成熟。

3. 后期（1939—1945）

1939年印支共产党各级组织纷纷遭到破坏，成千上万的革命者被流放，仅在南圻起义失败后，法国殖民当局就逮捕和杀害6000多人。1940年后，日本法西斯疯狂侵略，印支人民陷入双重压迫的苦海。由于日本、法国殖民者实行愚民政策，民主阵线的进步思想遭到镇压，封建思想复辟。这对文学的正常发展产生了消极的影响。革命文学再度陷入低潮。

正当受腐朽退化的反动思想影响的小资产阶级分子打着"新文化"、"唯物主义辩证法"的招牌，堂而皇之地发表毒害青年的作品，严重冲击革命文学创作，摧残着越南人民的革命斗志时，1943年印度支那共产党的《越南文化提纲》（以下简称《提纲》）发表了。《提纲》的发表在越南文坛上第一次明确指出在马列主义指导下进行文学创作，对越南文学朝着正确方向发展具有十分重要的历史意义。《提纲》提出："我们的文化应该是社会主义的文化"，它提出了文学创作的三个基本原则："民族化、大众化和科学化"。《提纲》也提出了当前的任务："积极斗争，反对法西斯的、封建的、退步的、奴役的、愚民的、反动的文化"。长征在《目前越南文化运动的几个原则》①一文中指出："凡是反对民族精神、独立和统一的东西，都应毫不留情地粉碎；凡是反科学、反进步的东西，要坚决排除；凡是反对大众、远离大众的东西，都要被夷平。"②"文化工作者应从人民大众中获取力量，在民族中获取精神，以唯物辩证法作为行动的指南。"③

1944年底，越南共产党中央邀请部分进步作家共同讨论《提纲》，决定成立文化救国小组，元鸿、南高、阮辉想、苏怀等大批爱国进步作家走到了一起。

1945年后，革命文学终于又迎来了新的春天。

二、新时代的呼唤

1930年2月3日，越南的无产阶级政党——印度支那共产党成立，从此越南进入了一个新的纪元。越南文学也起了重要变化。1930年以后，越南文学与工人阶级领导的革命运动紧密相联系，文学为革命运动服务，出现了充满活力和希望的无产阶级革命文学。但是从一开始，在印支的法国殖民当局就视印度支那共产党为非法组织，大肆搜捕党员，对党的活动进行疯狂镇压。义静苏维埃运动失败后，成百上千的革命者被投入监狱。

被关押在帝国主义监狱里的革命者并不悲观失望。他们在监狱里相互帮助，畅谈革命理想。他们通过文学创作的形式配合狱外斗争。这些文学作品包括诗歌、小说、剧本等，其内容和形式都十分丰富。

1. 诗歌

义静苏维埃运动失败后，大批革命者被捕，法国殖民者妄图消灭革命力量，他们的监狱里人满为患。但事与愿违，在劳保、昆嵩、邦美属、昆仑、火炉、大监狱④等监狱里，革命者们纷纷组织起来，进行文化学习、理论研究、干部培养。各监狱都成立了党支部，发行革命报刊，如《劳保杂志》、《革命路》、《送路的火把》等。

每当逢节日或者诸如广州公社、俄国十月革命等革命纪念日，狱友们就用文学创作来表达庆祝和喜悦之情，同时也是用革命文学作品来凝聚革命思想和革命力量，反对投降和改良主义倾向。如潘仲平的诗句：

① Mấy nguyên tắc lớn của cuộc vận động văn hóa Việt Nam mới lúc này.

②[越]黄蓉，黄李，阮登孟：《1930—1945革命诗文》，河内：文学出版社，1980年，第643页。

③[越]黄蓉，黄李，阮登孟：《1930—1945革命诗文》，河内：文学出版社，1980年，第645页。

④ Lao Bảo，Komtum，Ban Mê Thuột，Côn Lôn，Hỏa Lò，Khám lớn

艰难提高战斗志，
痛苦加深憎恨心。

无论条件如何艰苦，无论环境如何恶劣，监狱里的诗文始终都充满着对美好生活的向往。尽管被镇压，革命战士们依然在训练，在宣传，在鼓动："有专制就有革命，革命红旗飘五洲"。他们决心："人在山河在，誓言震天响，月缺月又圆"。

因为短小精悍，便于传播，加之越南是诗的王国，人人爱吟诗作赋，诗歌在这一时期的文学创作中占优势。

1939—1945年间监狱里的诗大多是新诗，在内容上有新的特点。如果说前一个时期的诗注重号召力，强调人的注意力，那么这一时期的监狱诗则更加强调人的内心活动，强调个人。当然，这种"个人"并不脱离集体和民族，这种"内心活动"也是和民族命运相联系的，如素友的《枷锁》充满活力且具有坚定的革命意志和革命必胜的决心，充分表现了越南民族在反法斗争中所体现出来的英勇无畏精神。

这一时期最具代表性的作品是胡志明在中国广西境内各个监狱里所写的《狱中日记》。《狱中日记》充满了一位坚定的无产阶级革命领袖的革命乐观主义精神，"威武不能屈"，"身体在狱中，精神在狱外"。

越盟解放区的诗是革命根据地文学的主流，代表诗人有春水、陈辉燎、黎德寿、素友、农国振、盘才团等人。他们的诗作大多发表在越南共产党、越盟和救国团体的机关报上。此外，在广大人民群众中广泛流传大量的救国歌谣、反法反日歌谣……

解放区诗歌是宣传印度支那共产党和越盟阵线方针政策的有力载体，它集中力量对准两个最危险的敌人：法、日帝国主义。号召人民团结抗战，解放国土，严惩越奸。

2. 议论文

解放区的散文学主要是议论文。越盟阵线时期是武装起义的准备期。革命形势要求一种短小、能够理性分析局势、号召动员人民起来斗争的文体。另外，报纸的篇幅也不允许长篇大论的文章。社论、号召的语言要有感召力，逻辑要严谨，语气要豪迈而感人。

解放区的议论文标志着革命文学的成熟。代表作品有邓台梅的《文艺原则》、《文艺的自由问题》和陈梅宁的《先生活，再创作》，阮庭诗的《歌谣和古代故事中越南民族的活力》，长征的《苏联胜利万岁》、《目前越南文化运动的几个原则》及越盟总部的《抗日救国檄文》等。

三、革命文学的价值

1930—1945年间的无产阶级革命文学的特征是重内容轻艺术形式。革命文学问世不久，在越南文坛上就展开了“艺术为艺术”派和“艺术为人生”派之间的激烈争论。这场争论的起因是少山在《礼拜六小说》第38期上发表“文学的两个观点”批判范琼和阮伯学的观点开始的。尽管在文坛上长期争论不休，但义静苏维埃革命文学还是受到人们的广泛关注。

不言而喻，文学作品的内容是很重要的。对于殖民地人们来说，如果不把与帝国主义的矛盾作为中心矛盾，这是很不应该的。但因此而偏废“艺术为艺术”也是不对的。因为就文学作品而言，它必须具有一定的艺术性。革命文学的理论和实践都强调文学作为阶级斗争的重要工具，但对其审美性关注却是不够的。

无产阶级革命战士的文学作品从产生伊始就发挥着巨大的作用。越南人们革命领袖阮爱国有旅法、俄等多国经历，其身影活跃在国际共产主义运动潮流中，其作品让帝国主义意识到其殖民体系最大的威胁来自共产党。在胡志明的领导和宣传下，越南革命者接受了马克思列宁主义。由这种世界观武装起来的越南人民变得充满力量，能够战胜一切艰难险阻。他们的诗歌在内容和创作方法上都有独特之处，被认为是越南现代文学的宝贵基础。

1. 爱国主义

1951年，在越南共产党第二次全国代表大会的政治报告中，胡志明主席指出：“我们的人民有着强烈的爱国心。”历史上的优秀文学作品主要是弘扬爱国主义，誓死保卫祖国的每一寸土地，每一株草木，每一间房子的优秀作品。如著名的《檄将士文》、《平吴大诰》、《百藤江赋》等在广大人民群众口头流传的无数诗文。

革命文学继承了爱国主义文学的传统，在新的历史时期有了更加全面和深刻的发展。现在，爱国心和爱民心比以往更加广泛和具体。这里所指的“民”主要是指受压迫、受剥削的穷苦人——工农阶级和农民阶级。“起来，人世间穷苦的奴隶们”，站起来与剥削阶级作斗争：“同胞被敲骨吸髓，苛捐杂税无休止”。

同胞们要以战斗来争取独立，争取自由和民主，“捣毁西方官僚的老巢”。地主阶级“占田地，传子孙”，官僚们“卖国求荣”，密探们“狐假虎威”，土豪劣绅们“骑在人民头上作威作福，大肆敛财”，法国殖民统治者“借文明之名行侵略之实”。在这样的情形下，不争取独立就只有亡国灭种。

与同时期的浪漫主义诗歌不同，革命诗歌跳出小我，关心国家和民族的命运。

革命爱国诗歌总是对未来充满希望，作为新的阶级，尽管在黑暗中，无产阶级的革命诗歌仍然体现出乐观主义精神，如狱中革命者对将来充满希望：

我想明天将没有饥饿，
没有监狱没有罪行没有窘迫。
中外四海皆兄弟，
春色满园多美丽。
（春水《监禁不了思想》）①

2. 共产主义人生观

生与死，对于不同的社会阶层意义不同。在越南民族斗争史中，不乏为国为民大义而献身的榜样。

越南共产党人青出于蓝胜于蓝，认为活着就要斗争；“只要一息尚存，就会战斗不止”。共产党人充满情感，但这种情感不是狭隘自私的，而是广泛博爱的，对整个阶级整个民族的情感。若必须死，那么也要死得其所，要对革命有意义：“一个身躯就是一座桥梁，让我们通往高阔的世界”。

革命诗歌对男女爱情关注不多，主要是提倡男女要有共同的革命理想，如果爱情与事业矛盾时则应：

今天没有你的身影，
也许你正立在家门前。
绣出两只大白雁，
一只远飞一只静待。
（鸿章的《双雁》）②

共产党人相信马列主义必胜，相信人民群众必胜，相信光明的明天：

没有什么比奴隶们更有力量，
愤怒的火焰已经燃起.
全体穷苦大众在呼唤，
起来，咬紧牙关去战斗。

①[越] 黄蓉，黄李，阮登孟：《1930—1945革命诗文》，河内：文学出版社，1980年，第504页。
②[越]黄蓉，黄李，阮登孟：《1930—1945革命诗文》，河内：文学出版社，1980年，第286页。

第二节 一位坚定共产主义者心灵的真实写照

——胡志明的《狱中日记》[①]

一、引言

胡志明（1890—1969）是越南人民的伟大领袖，中国人民的亲密朋友，被联合国教科文组织授予“越南民族解放英雄和文化名人”的称号。

在越南1945年取得独立之前，胡志明曾多次来中国进行革命活动，时间长达12年。越南独立后，胡志明又经常来中国访问、度假、疗养，到过中国的许多地方，同中国人民建立了深厚的友谊，给中国人民留下了许多美好的回忆。胡志明小时候受过汉学教育，懂汉文，且会用汉文作诗。据统计，他生前用汉文写下了169首诗，包括脍炙人口的“狱中日记”诗133首和其他的汉文诗36首。

胡志明于1942年8月至1943年9月，曾在中国的广西被国民党当局关押，历时一年有余。在狱中，胡志明用汉文写下133首诗。这些诗抄录在一本浅绿色封面的日记本上。日记本封面写着“狱中日记”四个大字，并画有一双戴着手铐的手。这些汉文诗稿的原件由越南革命博物馆保存，而对这些诗的整理工作则由越南社科院文学院负责。1960年是胡志明诞辰70周年，越南文学院从一成立（1959年）就开始了这项工作。1960年初越南文学院完成了整理翻译“狱中日记”的第一阶段的工作，随即分别由越南文学出版社和越南外文出版社出版了胡志明的《狱中日记》诗集。这两种版本的诗集均收录了胡志明的汉文诗100首。

1977年底，越南文学院又成立了一个“狱中日记”翻译整理补充小组，对已经出版的胡志明狱中诗越译文重新进行了考订，并补充了一些以前未公开发表过的狱中诗。1983年5月胡志明诞辰93周年的时候，越南文学出版社推出新版《狱中日记》。该书收录了胡志明诗113首。1990年胡志明诞辰100周年的时候，越南文学院又对胡志明的狱中诗进行补充整理翻译，在1983年版本的基础上，增加了未曾发表过的最后21首诗，由越南文学出版社于1990年5月出版了新版《狱中日记》，共收录胡志明的汉文诗134首。如果出狱后的“幸遇英明侯主任，而今又是自由人。狱中日记从今止，深谢侯公再造恩”（《结论》）这首诗不算狱中诗，那么新版本收录的胡志明狱中诗为133首。至此，胡志明在狱中

① 文中所引用的胡志明《狱中日记》诗均引自黄铮编注《胡志明汉文诗抄·注释·书法》，桂林：广西师范大学出版社，2004年。

所写的133首汉文诗已完整地整理翻译出版。

一、对革命矢志不渝

1. 控诉社会的不公与残暴

《狱中日记》并不是一个漂泊、苦闷人的感慨，其价值在控诉社会不公，控诉蒋介石政府的反动本质。威基作为国际反法西斯同盟的美国代表，1942年10月间到国民党政府所在地重庆访问，路过第四战区（司令长官部设在柳州）时，国民党当局曾举行招待会表示欢迎。当时各报均有消息报道。随后英国的代表来了也同样受到热情的招待。然而当胡志明代表越南独立同盟到达时却被国民党重庆当局逮捕入狱：

同是中国友，
同是要赴渝。
君为座上客，
我为阶下囚。
同是代表也，
待遇胡悬殊。
人情分冷暖，
自古水东流。
（《各报：欢迎威基大会》）

又如《世路难》、《英国代表团访问中华》等诗篇：

走遍高山瀹峻岩，
哪知平路更难堪。
高山遇虎终无恙，
平路逢人却被监。
……
（《世路难》）
美团去了英团到，
到处欣逢热烈情。
我也‘访华团’一部，
却遭特种的欢迎。
（《英国代表团访问中华》）
社会的两极，
法官与犯人。
官曰：你有罪，

犯曰：我良民。
官曰：你说假，
犯曰：我言真。
法官性本善，
假装恶狠狠。
要入人无罪，
却假意殷勤。
这两极之间，
立着公理神。
（《问话》）

《问话》这首诗反映的是在蒋介石统治之下的社会里，根本就没有公理可讲。又如《脚闸》、《旅馆》、《灯光费》、《入笼钱》、《赌》、《初到天保狱》等诗篇控诉的声音强烈，其表现包含许多诙谐和针砭。

一

狰狞饿口似凶神，
晚晚张开把脚吞。
各人被吞了右脚，
只剩左脚能屈伸。

二

世间更有离奇事，
人们争先上脚钳。
因为有钳才得睡，
无钳没处可安眠。
（《脚闸》）

照例初来诸战友，
必须睡在厕坑便。
假如你想好好睡，
你要多花几块钱。
（《旅馆》二首）

入笼要纳灯光费，
桂币[①]人人各六元。
步入朦胧幽暗地，
光明值得六元钱。
（《灯光费》）

---

① 桂币：当时广西地方政府发行的钞票。

初来要纳入笼钱，
至少仍需五十元。
倘你无钱不能纳，
你将步步碰麻烦。
（《入笼钱》）

2. 坚定的革命信念

《狱中日记》是一些宝贵经验教训的总结，是一个伟大的心灵和一种伟大的情感的结晶，体现了胡志明“大仁、大智、大勇”的聪明才智。胡志明毕生献身民族的解放和全世界受压迫民族的解放事业，曾经历了无数的艰难困苦，如做船员、做杂役、洗印相片、烧锅炉等。《狱中日记》是胡志明平静、从容心境的真实写照。在被国民党政府关押前，胡志明曾长期在越北高平省北坡的深山老林中指导越南革命。北坡是当时中央机关的驻地，这里非常偏僻，人烟稀少，只有几棵枯老的古树，机关就设在山洞里，条件非常艰苦。胡志明认为革命道路是很艰险的，是要进监狱的，是要过着贫困、奴役般的生活的。这些他都坦然面对。“灾难”是对人生的一种考验，革命战士应该有坚定的意志，有毅力去迎接这些考验。胡志明常常由自然规律而联想到人类社会生活：

没有冬寒憔悴景，
无春暖的辉煌。
灾殃把我来锻炼，
使我精神更紧张。
（《自勉》）

一个人常年在外奔波而突然陷入如此的受委屈、被隔离的境地，胡志明更加珍惜大自然和社会生活透进牢房的气息：鸟鸣、鸡啼，清晨的太阳、窗外的月光、午间的舂米声、妇女夜半思君的呜咽声……大自然和外面的世界给了他活力，给了他灵感。听到乡村的舂米声，他想到农村生活的安乐祥和；听到鸡鸣声，又使他想到革命家的使命。胡志明认为被国民党政府的不公正对待是对自身修养的考验。所以他的《狱中日记》中的诗句并非枯燥无聊抽象经验教训，而是用智慧记叙了一件件令人感动的故事，他赋予舂米这一极其平常的事物以深刻的思想含义，创作出一首充满智慧的哲理诗：

米被舂时很痛苦，
既舂之后白如绵。
人生在世也这样，
困难使你玉成天。
（《闻舂米声》）

你只平常一只鸡，

朝朝报晓大声啼。
一声唤醒群黎梦，
你的功劳也不低。
（《听鸡鸣》）

共产主义者的思想是伟大的，没有任何一个反动派的监狱能使之屈服。《狱中日记》的第一首诗“卷头”[①]描写了在监狱里恶劣的物质条件和不屈不挠的革命者的崇高精神：

身体在狱中，
精神在狱外。
欲成大事业，
精神更要大。
（《卷头》）

胡志明是唯物主义的爱国者，在《卷头》中，他告诉人们精神并不是脱离身体而存在的，精神是人身上高贵的品质，它能够超越身体的局限，在革命道路上克服监狱和枷锁带来的痛苦，取得最后的胜利。

3. 乐观的革命精神

被捕的共产主义者常常表现出英勇不屈的精神气概，是因为他们有着长远的发展眼光，掌握了历史辨证唯物主义规律。尽管在狱中戴着镣铐，饱受折磨，但是胡志明仍然是那么乐观，保持着从容不迫的风采：

铁绳硬替麻绳软，
步步叮当环佩声。
虽是嫌疑间谍犯，
仪容却像旧公卿。
（《往南宁》）

在这里，共产主义理想、信心和气魄塑造了这位革命领袖在黑暗现实中的高大形象。胡志明的诗充满着乐观、从容和坦然：

乘舟顺水往邕宁，
胫吊船栏似绞刑。
两岸乡村稠密甚，
江心渔父钓船轻。
（《半路搭船赴邕》）

这里体现了精神的力量战胜了物质的力量。写的是押解途中，犯人小腿被

① 这首诗在胡志明《狱中日记》原稿上没有标题，是直接抄在诗集封面上的。胡志明在诗集封面上画有一双戴着手铐的手，并写上“狱中日记”四个大字。中国人民文学出版社在1960年5月出版胡志明的《狱中日记诗抄》时，为这首诗加了“卷头”这个标题。

绑吊在船栏上，两岸熟悉的乡村，江心渔父的悠游自在，都是自由的诱惑，他的眼光始终随着小船的行驶看向远方……诗句从近景到远境，从现实到浪漫。这种从容与坦然，真所谓出神入化。

革命领袖的崇高形象和深邃目光最集中体现在《学弈棋》里。胡志明到了靖西监狱之后，每当太阳下山时分就会听到“琴声起，始吟诗”，就像翰林院的乐馆。在监狱里，胡志明从容下棋，调遣千军万马：

一

闲坐无聊学弈棋，
千兵万马共驱驰。
进攻退守应神速，
高才疾足先得之。

二

眼光应大心应细，
坚决时时要进攻。
错路双车也没用，
逢时一卒可成功。

三

双方势力本平均，
胜利终须属一人。
攻守运筹无陋算，
才称英勇大将军。
（《学弈棋》三首）

领袖的英明形象和在越南革命中表现出来的才干在这些诗句里得到相应的体现。诗句表面上是在说下棋，实际上是高度概括和指导越南今后的革命活动。这就是彻底的革命精神，进攻的革命精神，找准时机把革命推向胜利的精神。正是有了这种彻底的革命精神和找准时机把革命推向胜利的精神，越南才有了1945年的“八月革命”成功，1954年的奠边府大捷，1975年的胡志明战役的胜利。

高瞻远瞩是革命进攻战略的精神基础，同时也是革命乐观主义的精神基础。《狱中日记》里有六首诗描写的是清晨明媚的阳光，如：《早》、《早晴》、《朝景》、《早解》等，这并非偶然。早上的太阳放射光芒，使诗人诗意盎然，因为这是他经过的一夜阴郁后看到的光明，也因为这象征着事物开始发生、正向未来发展。如果和囚徒的境遇联系起来，这正是象征着道路和时间。在被捕后的80多天时间里，胡志明被关过很多监狱。在押解过程中经常翻山越岭，每天清晨都是鸡刚叫就由六个士兵押着上路：

一

一次早解夜未阑，
群星拥月上秋山。
征人已在征途上，
迎面秋风阵阵寒。

二

东方白色已成红，
幽暗残余早一空。
暖气包罗全宇宙，
行人诗兴忽加浓。
（《早解》）

这首诗描写了清晨天未亮就被押解上路的情景。冷清，鸡啼声稀稀落落，群星和一轮冷月，秋夜里的座座青山投影在伸向远方的路上，鸡鸣后周围更加寂静，只剩下寒风萧萧和秋天的冷月。在这种艰苦的环境下，囚徒“胳膊被绑，扛着枷锁”却仍表现出一位战士的慷慨大义，阵阵寒风扑面而来，“迎面秋风阵阵寒”。囚徒的身份，还有那恶劣的天气都没能消磨胡志明的意志。诗的前四句是现实的表现手法，但后四句却洋溢着浪漫主义的色彩：“东方白色已成红，幽暗残余早一空。暖气包罗全宇宙，行人诗兴忽加浓。”

黎明的到来扫净了夜的黑暗，东方天边红彤彤的。刚才还是秋夜的清冷，时间突然变换，天地人三者和谐起来，大自然一片生机勃勃，这使得诗人诗意盎然。

现实而又非常的浪漫，写实又有象征意义，这是《狱中日记》的特点。如果我们看不到这种象征意义，那么诗的价值就会大打折扣。鸡啼意味着天亮，但夜色还未被打破，是否象征着旧社会统治已经出现动摇，但各种黑暗势力仍继续统治着呢？行人走在崎岖不平通往远方的路上，那是象征革命战士在探索新道路，成就大事业。艰难险阻的道路正是革命的道路，寒风阵阵是对革命战士的考验。

事物循环原有定，
雨天之后必晴天。
片时宇宙解淋服，
万里山河晒锦毡。
日暖风清花带笑，
树高枝润鸟争言。
人和万物都兴奋，
苦尽甘来理自然。
（《晴天》）

在这首诗中胡志明揭示了认识社会规律和自然规律的方法。人和社会相和谐，而且他还从自然规律联系到社会的变化。但与自然不同的是，人的行动是由意志支配的。诗人把辨证的乐观精神用民间的方式表达出来。胡志明的《晴天》所反映的主题不是普通的春、夏、秋、冬四季变换，而是反映了掌握历史辨证运动规律的人们的革命乐观精神。在这里，胡志明借用民间说法来表达自己的这种辨证的乐观："雨天之后必晴天"、"苦尽甘来理自然"。

胡志明富有革命斗争经验，深谙马列主义，在他身上有着一位坚强革命战士的辨证乐观主义。这种辨证的乐观主义成为1945年以前许多革命诗歌的主导思想。

二、渴望独立自由

1. 为独立自由而战

走近胡志明陵寝，迎面的墙上镶着几个金色的大字"没有什么比独立自由更可贵"。人总是有着一种理想，并为此而努力，而奋斗。胡志明的理想是民族的解放和国家的独立。胡志明为越南的独立自由贡献了毕生的精力。渴望独立和自由是胡志明诗歌的两大主题，是胡志明诗歌的主导思想。

在广西的监狱里，胡志明经受着艰苦的物质生活。有一天他被押解行走了53公里，帽子衣服都湿透了，鞋也走破了。夜里到了天保监狱却没有地方睡：

日行五十三公里，
湿尽衣冠破尽鞋，
彻夜又无安睡处，
屎坑上坐待朝来。
（《初到天保狱》）

秋夜很冷，胡志明就是这样一直坐到天亮的：

秋深无褥亦无毡，
缩颈弓腰不可眠。
月照庭蕉增冷气，
窥窗北斗已横天。
（《夜冷》）

秋夜冷，冰冷的月光照在沾满露水的芭蕉上，这种冷好像正向无限的空间扩展，诗词奇妙又很优美。不能睡是因为秋夜的寒冷，饥寒交迫，但重要还是因为国家受奴役而感到痛心：

一更二更又三更，
辗转徘徊睡不成。

四五更时才合眼，
梦魂环绕五尖星。
（《睡不着》）

在狱中的时间是漫长的。时间艰难地、慢慢地的、一分一秒地地流逝，“一更二更又三更”，符合诗人担忧、思考的心情。胡志明作为革命领袖，思考的是民族的独立和自由，所以他“梦魂环绕五尖星”。五角星出现在梦里，灿烂辉煌，象征着祖国的美好和革命的胜利。这也是理想的胜利，是真理和信心的胜利。

只有国家获得了独立，人民才能有自由。国土还在帝国主义的铁蹄下，民族还在受奴役，个人是不可能有自由的。在国民党的监狱里，胡志明失去了一切自由，如行走、吃喝等日常生活，甚至不能自由地仰望秋天的月亮，不能迎接黎明的曙光。但他最痛苦的还是当看到监狱外面革命运动高涨，他作为一个坚定的无产阶级革命者却不能参加，很“悠闲”。革命者所想的和所关心的是谋求民族的独立和自由，为自身自由而斗争的同时，更是为了争取国家的独立和民族的解放而斗争：

宁死不甘奴隶苦，
义旗到处又飘扬，
可怜余作囚中客，
未能躬亲上战场。
（《越有骚动》，邕报，赤道讯，十一月十四日）

革命战士不怕艰难困苦，勇于牺牲是为了争取自由。他们知道独立和自由是人生最宝贵的，失去了自由就意味着失去了一切，人就会和牲畜一样受到折磨：

一

警士担猪同路走，
猪由人担我人牵。
人而反贱于猪仔，
因为人无自由权。

二

世上艰辛和万苦，
莫如失却自由权。
一言一动不自主，
如牛如马任人牵。
（《警兵担猪同行》二首）

《狱中日记》中13次提到“自由”二字。胡志明从自己的境遇，从自己的经历中总结出了一些时代的真理。《狱中日记》的中心思想是“世上千辛和万苦，莫如失却自由权”。所以后来在1946年号召全国人民起来抗战时，胡志明说“我们宁愿牺牲一切，决不让国家沦陷，坚决不甘当奴隶”。在抗美救国时期又指出“独立和自由最宝贵”。

2. 对生活充满信心

胡志明为了谋生和革命活动，年青时曾在巴黎、伦敦等地进行艰苦繁重的工作，所以他很了解劳苦大众，同情劳苦大众，并成为一位一心只为劳苦大众的人。

胡志明的革命人道主义在《狱中日记》里有着集中的体现。如在狱中，听到囚友忧愁的笛声，一想起故乡胡志明就很伤感，仿佛眼前就是故乡，有一少妇更上一层楼向远处眺望：

狱中忽听思乡曲，
声转凄凉调转愁。
千里关河无限感，
闺人更上一层楼。
（《难友吹笛》）

这里已经不仅仅是愁思了，而是充分体现了胡志明的仁爱主义，他同情囚友和他的妻子天各一方，只能借笛声来思念故乡思念亲人的情景。笛声使处于三个不同境遇中的三颗心产生了共鸣。也有人认为这首诗是紧密结合了仁爱主义和爱国主义。囚友的思乡曲让人在千里之外想起自己的国家，“闺妇”在这里指的是囚友的妻子，暗指越南国内正等待胡志明归来的人民群众。

妻子去看望丈夫，相看泪眼。但这里描写的并非古诗里的爱情故事，情人天各一方“君住长江头，妾住长江尾，日日思君不见君，独饮长江水”，胡志明赋予了古诗一种深刻的社会内容。蒋介石残酷的制度就是监狱的铁栅栏，使他们隔绝不能相见：

君在铁窗里，
妾在铁窗前。
相近在咫尺，
相隔似天渊。
口不能说的，
只赖眼传言。
未言泪已满，
情景真可怜。
（《难友之妻探监》）

人道主义者最关心的是妇女和儿童的命运，以及旧社会中受压迫丧失自卫能力的人的命运。在20世纪世界领袖人物中胡志明最坚持妇女平等事业，最关心妇女解放事业。“党和政府应该有切实可行的培养、指导、帮助妇女的计划，让越来越多的妇女负责各项工作，包括领导工作。”①“说到妇女就是说到了社会的一半，如果不解放妇女，就没有解放人类的一半。如果不解放妇女，那么社会主义只是建设了一半。”②“妇女占总人口的一半，为了建设社会主义，我们要真正解放妇女，尊重妇女的各项权利。我国的宪法和法律对此有明确的规定。”③除了上述描写囚友夫妇境遇的诗（《难友吹笛》、《难友之妻探监》）外，又如《征兵家眷》、《夜半闻哭夫》、《宾阳狱中孩》等诗歌也描写了妇女和儿童的命运，充满人道主义：

郎君一去不回头，
使妾闺中独抱愁。
当局可怜余寂寞，
请余来暂住牢囚。
（《征兵家眷》）

呜呼夫君兮夫君，
何故夫君遽弃尘。
使妾从今何处见，
十分心合意投人。
（《夜半闻哭夫》）

“oa…！ oa…！ o—a—a…！”
爷怕当兵救国家。
所以我年才半岁，
要到狱中跟着妈。
（《宾阳狱中孩》）

胡志明是一个囚徒，深知自己的苦痛，也了解周围人们的苦痛，他对囚友的境遇表示理解。有的人含冤入狱，有的人是因为赌博，更有一些妇女和儿童是为逃兵役的家人顶罪。有的“天天酒足饭饱”，有的“日日以泪洗面”，还有的是流氓、盗贼、杀人犯……睡梦中人们仿佛能找回原本善良的自己。睡梦中洗去了这些被旧社会摧残的人们身上的罪恶。在胡志明看来，善、恶都是与生俱有的，只是社会环境将人们推向了罪恶的一面，本着人道主义精神，以一颗仁慈的心，胡志明相信可以把他们引回善良：

睡时都像纯良汉，
醒后才分善恶人。

①[越]胡志明：《胡志明全集》（第12集），河内：越南国家政治出版社，1996年，第504页。
②[越]胡志明：《胡志明全集》（第9集），河内：越南国家政治出版社，1996年，第523页。
③[越]胡志明：《胡志明全集》（第10集），河内：越南国家政治出版社，1996年，第225页。

善恶原来无定性，
多由教育的原因。
（《夜半》）

胡志明仁慈、包容、大度，他使黑暗监狱中的很多人得到了感化。在国民党反动派的监狱里，胡志明也很感激那些纯洁善良的心灵，其中有伍科长、黄科员：

伍科长与黄科员，
两人见我太可怜。
殷勤慰问和帮助，
这像寒冬遇暖天。
（《伍科长、黄科员》）

这两个人常常关心帮助囚徒，真是“这像寒冬遇暖天”。人们都夸宾阳监狱的莫班长：

慷慨宾阳莫班长，
解囊买饭给穷人。
晚间解缚给他睡，
不用权威只用恩。
（《莫班长》）

宾阳监狱的莫班长自己掏钱买饭给囚徒吃，晚上松绑让囚徒好好睡觉，他从来不用权威，有着一颗善良仁慈的心。在《郭先生》中，胡志明坚信人的善良本质中有一个充满爱的信念：

萍水相逢谈片刻，
郭君对我甚殷勤。
‘雪中送炭’虽然少，
世界仍存这种人。
（《郭先生》）

“雪中送炭”的人虽然少，但世界上还是有这样的人。在《狱中日记》的“结论”篇中，胡志明表达了感激之情：

幸遇英明侯主任，
而今又是自由人。
狱中日记从今止，
深谢侯公再造恩。
（《结论》）

《狱中日记》是一部教会人们坚定革命信念，热爱、包容、善待、尊重他人的诗集。胡志明是革命时期人文主义的真正代表。

3. 对大自然无限热爱

胡志明是一位伟大的革命家，同是也是一位伟大的文化名人。他在诗中抒发对大自然的情感的诗篇占有一定的份量。在《狱中日记》中，对大自然的热爱表现在要摆脱受监禁：

颈臂虽然被绑紧，
满山鸟语与花香。
自由览赏无人禁，
赖此征途减寂凉。
（《路上》）

又如“望月”：

狱中无酒亦无花，
对此良宵奈若何。
人向窗前看明月，
月从窗隙看诗家。
（《望月》）

这两首诗抒发对大自然的无限热爱，虽然说到的是花和月，但诗人的灵魂与月亮齐飞却仍未忘监狱的栅栏。此时的望月比往常更富有意义，这是革命战士的一次精神越狱。胡志明的很多诗都是既浪漫又现实，他的感受都是源于囚徒的身份，受流放，被剥夺了自由的现实，由此产生灵魂的超越，浪漫感动。诗中对大自然景色的描写和向往正是诗人革命浪漫主义的体现：

一

中秋秋月圆如镜，
照耀人间白似银。
家里团圆吃秋节，
不忘狱里吃愁人。

二

狱中人也赏中秋，
秋月秋风带点愁。
不得自由赏秋月，
心随秋月共悠悠。
（《中秋》）

白天‘双马’不停蹄，
夜晚尝尝‘五味鸡’。
虱冷乘机来夹击，
隔邻欣听晓莺啼。

（《夜宿童泉》）
乘舟顺水往邕宁，
颈吊传栏似绞刑。
两岸乡村稠甚密，
江心渔父钓船轻。
（《半路搭船赴邕》）

东方古代思想和朴素辨证主义的观点认为宇宙是统一的，“天地万物一体”。在胡志明的诗中，国家、大自然和人是一个和谐的共同体，“还有山，还有水，还有人”，诗中人和大自然有同样的感受，客观的事物和主观的自己形影不离，紧密联系：

玫瑰花开花又谢，
花开花谢两无情。
花香透入笼门里，
向在笼人诉不平。
（《晚景》）

大自然是诗人情感的朋友，所以在胡志明的诗中大自然时时都与人相和谐的：

倦鸟归林寻宿树，
孤云慢慢渡天空。
山村少女磨包粟，
包粟磨完炉已烘。
（《暮》）

在一些古诗中，大自然是避世、超俗、心境烦闷孤单之士的栖身之处。古诗喜欢大自然的美景，但古代儒学者在生活面前常常持消极的态度，他们往往不是在国家衰微，昏君执政的时候站出来拯救国家，而是隐居深山老林，和松、菊、竹、梅为友，消极待世。而革命家则不同，他们是征服大自然改造世界的人，是大自然界的主人。很多时候，大自然只是背景，战士才是中心：“人向窗前看明月，月从窗隙看诗家。”（《望月》）这种望月的情景是胡志明所独有的。虽然隔着冰冷的铁窗，但月亮和诗人仍是知音知己。晚唐诗人张若虚，他在望月时产生了对宇宙无穷的忧虑，感叹人生的短暂（《春江花月夜》）。同样是在望月，胡志明的感受是，月亮看到狱中雍容自在的“仙客”，这才是画面的中心。

人和大自然相和谐，这是胡志明《狱中日记》的主要艺术特点。在胡志明的诗中体现了人是大自然的主体。《狱中日记》的诗篇深受杜甫、王昌龄、王之焕、杜牧等人诗歌的影响。例如在《黄昏》、《难友吹笛》、《清明》等诗中有着明显的体现：

风如利剑磨山石，

寒似尖峰刺树枝。
远寺钟声催客步，
牧童吹笛饮牛归。
（《黄昏》）
清明时节雨纷纷，
笼里囚人欲断魂。
借问自由何处有，
卫兵遥指办公门。
（《清明》）

但胡志明也常常赋予古诗中那种永恒的大自然以一种新的社会内容。唐代诗人杜牧的《清明》描写的是，天下着毛毛细雨，路上的行人无限忧愁，“借问酒家何处有，牧童遥指杏花村”。胡志明的《清明》描写的也是清明时节天下着毛毛细雨的景色，狱中的囚徒无限忧愁，“借问自由何处有，卫兵遥指办公门”。一方面在情感上多少有点类似晚唐诗人的那种消极，另一方面又包含着一个正在为自由而斗争的革命战士对时弊的针砭。

4. 《狱中日记》的艺术特色

胡志明是坚定的共产主义者，即使被捕入狱，他也始终有一种从容不迫的风采：

二点开笼换空气，
人人仰看自由天。
自由天上神仙客，
知否笼中也有仙。
（《过午》）

这种风采集中体现在《新出狱，学登山》一诗中。《新出狱，学登山》这首诗没有收入《狱中日记》。这首诗是胡志明刚刚获得自由后所作。离开监狱后，胡志明视力下降，腿部无力，行走困难。所以他爬山锻炼，练习看夜景，决心治好自己的腿病和眼疾。山上“云拥重山山拥云”，山下“江心如镜净无尘”，这是胡志明心灵的真实写照，虽然经过多年的监狱生活，仍然对革命矢志不渝。他从容地登上高山遥望南天，怀念祖国，想念革命同志：

云拥重山山拥云，
江心如镜净无尘。
徘徊独步西峰岭，
遥望南天忆故人。
（《新出狱，学登山》）

胡志明的诗既古朴又清新。胡志明的从容风采正是在大风大浪中经受过考验的革命战士的那种平静和坦然。他自信是因为掌握了生活和历史发展的规律。

胡志明领会了东方诗歌的很多技巧。他写过很多唐律诗，他经常描写大自然。这种写作手法给读者留下了宽阔的想象空间，如《夜冷》、《黄昏》等。

这些既朴素而又含蓄的创作方法，有很丰富的隐喻和象征意义，“诗在言外”给人以很多联想，如《暮》、《早解》、《学亦棋》、《公里碑》、《闻春米声》等。《暮》、《早解》、《学亦棋》、《闻春米声》等四首上文已经全文抄录，这里把《公里碑》抄录如下：

不高亦不远，
非帝亦非王。
小小一片石，
屹立大道旁。
人赖你指示，
不走错方向。
你给人指示，
途路之短长。
你功也不小，
人人不你忘。
（《公里碑》）

胡志明的诗语言文字少但是寓意深刻，清淡而不铺张。

前面讲过胡志明的诗充满着无限的仁爱之心。在这里我们要强调的是胡志明的仁爱之心是有阶级性的。对于民族的敌人，他会重磅出击。他常常用诗文来针砭时弊，充分体现了胡志明诗文的战斗性。《狱中日记》讽刺的对象是国民党反动派，指出国民党的制度正走向末路。

那些因为赌博被捕入狱的人最终发现蒋介石政府的法律原来是那么的虚假和不近人情：

民间赌博被人拉，
狱里赌博可公开。
被拉赌犯常嗟悔，
何不先到这里来。
（《赌》）

其实在旧社会法律和监狱只是为了镇压无罪和软弱的人民的，对于统治阶级没有意义。所以才发生了很多滑稽不公的事情：

禁烟此间很厉害，
你烟缴入他烟包。

当然他可吹烟斗，
你若吹烟罚手镣。
（《禁烟纸烟的》）

四、结语

《狱中日记》创作于特殊的年代，当时胡志明已经50岁以上，被关押在广西各地的监狱长达14个月。《狱中日记》是越南最后一部汉语作品，却是越南第一部完整的革命诗集。《狱中日记》记录了胡志明一段艰苦的人生历程，反映了胡志明具有代表性的思想、道德和情感。《狱中日记》是一部关于坚决斗争的革命精神、关于共产主义人道主义、关于革命乐观主义的宝贵教材，是一位坚定共产主义者心灵的真实写照。《狱中日记》在越南20世纪诗歌史上，尤其是在革命诗坛上占有重要地位。

《狱中日记》曾被翻译成多种文字在前苏联、古巴、保加利亚、匈牙利、捷克、中国、法国、美国等国家出版发行。许多文学理论家、批评家也高度肯定了《狱中日记》的历史价值、思想价值和艺术价值。该诗集能使我们更进一步了解胡志明，他是新时代的光辉形象，是共产主义者的榜样。胡志明是世纪伟人，在他身上融合了民族与国际、东方与西方、英雄与作家、情感与意志、仁厚与革命、平凡与杰出的高贵品质。胡志明的汉文诗《狱中日记》，无论在思想上还是在艺术上都很成功。

第四章 1932—1945年间的浪漫主义文学

第一节　1930—1945年间的浪漫主义文学概述

越南1932—1945年间的浪漫主义文学潮流始于“自立文团”和“新诗”运动。这一时期除了浪漫主义文学《风化》、《今天》等刊物外，还有辉通、刘重庐、蔡干、阮若法等人主办的《河内报》；深心、陈玄珍、雷波、玉交、青州等人主办的《礼拜六小说》；阮遵、范侯、刘奇灵等人主办的《骚坛》；阮春生、范文幸、段富思等人主办的《春秋雅集》等。除在河内文坛上的作家外，还有顺化的南珍、阮丁书，平定的韩墨子、制兰园、碧溪、燕兰、郭晋，河仙的东湖、梦雪等一大批作家。

越南的浪漫主义作家很少有分派和自己的艺术宣言。越南的浪漫主义作家们少有形成具有独特艺术观念的派别。但是我们仍然能够从一些的诗歌中了解他们的审美观念，如世旅的《风情万种的琴弦》，春妙的《感触》、《〈寄香〉集寄言》，及刘重庐在“艺术为艺术”还是“艺术为人生”的争论中（1935—1939）发表的文章，制兰园的诗集《金星》，韩墨子的《春秋雅集》、《在月光下》等。越南浪漫主义诗人的观念实际上与西方的观念是完全一致的。从世旅的《风情万种的琴弦》开始，人们逐渐听到“艺术为艺术”的呼声。在小说《美丽》（1941）中，概兴强调，“绘画为绘画。这是画家们的绘画观念。能够画就足够了……不需要问也不需要知道：绘画为了什么？画家们画画就如同鸟鸣。小鸟为了鸣叫而鸣叫，不会认为它的鸣叫声很重要”。春妙在《〈寄香〉集寄言》中也是这样的观点：

我是从远山飞来的一只鸟，
引颈高歌。
晨风吹来丛中叫，
月夜下做着蓝天梦。

戏潜溪停树枝，
自然叫着不需歌。
声音不会催果熟，
妙曲不能让花开。

春妙与概兴不同的是，不提倡非理性的，与潜意识和直觉相连的美，不提倡本能的、荒诞的、原始的美！《春秋雅集》派将诗与道相提并论，认为诗是“非理智的”，“含蓄的、潜意识的、纯粹的”，“诗是一种高级的知识形式。诗与形而上相关，进而也就有了宗教性！”韩墨子、碧溪、制兰园、黄叶及《春秋雅集》派的审美观念受到了法国象征主义学派，尤其是夏尔·皮埃尔·波德莱尔和魏尔兰的深刻影响。阮春生的诡秘诗则可谓达到了马拉美和瓦雷里象征诗风格的顶点。

1945年以前的浪漫主义文学潮流也并非没有进步作品。世旅的《想念森林》、《河边的呼喊》，范辉通的《老象》，概兴的《半截春》，一零的《一对朋友》、《断绝》，阮遵的《死囚犯的字》，阮辉想的《武如苏》及石岚的很多短篇小说都是进步作品。但是在“艺术为艺术”的观念支配下，浪漫主义作家们信奉个人主义生活方式，脱离群众政治斗争，逐渐走向死胡同。

世旅不再沉迷于“足迹遍布五湖四海”的征夫形象。辉通开始在历史中寻找英雄梦（荆轲、项羽、潘佩珠），春妙沉醉在爱情中，渴望清新、情浓的大自然，深心怀着离人的梦。辉瑾在寻找民族的古典艺术，融入宇宙星辰。刘重庐则“转而关注所有疾苦”，“将视野转向迷茫的世界”，“一串诗，原来是一串愿望，一串梦……”①

新诗运动反映出“对自由和本我的强烈要求”（素友语）。在此之前，文学中只有表示大众的“我们”，到现在才开始有被解放的个人“我”。当“最早——没有人知道具体是哪天——‘我’这个字出现在越南文坛上时，是陌生的，如同漂泊迷失在异乡的土地上。因为‘我’带来了在这片土地上从来没有出现过的观念：对个人的观念”（怀青：《越南诗人》）。浪漫主义文学将“我”视为生活中积极的，艺术上独到的创造主体。在越南文学史上第一次出现了独立感觉世界和自然的个体化的“我”，也是第一次在诗歌和散文学中都出现了这样一种独特的艺术风格。创造主体“我”的解放带来了一个文学百花齐放的时代：“我敢肯定，在越南诗歌历史上从来没有出现过像今天这样丰富的一个时代。人们从来没有看到过同时出现各种风格的诗人，如豪放诗人世旅，朦胧诗人刘重庐，雄壮诗人辉通，清新诗人阮若法，愁闷诗人辉瑾，田园诗人阮丙，奇异诗人制兰园，彷徨诗人春妙”等（怀青：《越南诗人》）。在散文学学作家中，我们看到了一个不断追寻理想与幸福的痛苦的一零，一个细致描写感觉和心理转变的精致的一零；一个积极、热爱生活、乐观开朗的概兴；亲切地对待同龄青年的烦恼、彷徨和他们浪漫、单纯的梦想的石岚，一个充满人道主义，既浪漫又清醒地认识到现实的石岚，一个擅长描写细腻的感情及民族特色的石岚；一个洒脱浪漫，骄傲轻薄又叛逆，反抗纸醉金迷社会，推崇美，尊重美，尊重传统文化美的阮遵。

散文学也和新诗一样，为解放个人、实现婚姻自由、个人幸福，控诉封建大家庭做出了巨大贡献。个人的理想与爱情被大家庭束缚，因此要完全实现自由，必须与其“断绝”关系。自力文团的很多小说都有一定的人文意义，《冷淡》、《脱离》等小说批判了虚伪的、不人道的、践踏人性封建礼教。《半截春》、《一对朋友》、《断绝》等小说坚决与腐朽落后的封建礼教断绝关系，完全站在新的一边，热情支持革新，得到了青年一代的支持与歌颂。不足之处是后期的一些作品从要求解放个人（《美丽》、《清德》、《白色翅膀》）很快转变到自私的资产阶级个人享乐主义，极端个人主义（阮遵的《蟹目铜炉》、《阮》，段富思的《三岔路口》）等。

越南浪漫主义文学是民族资产阶级和脱离了群众政治斗争运动的城市小资

① [越]刘重庐：《秋天》（Mùa thu lớn），河内：新作品出版社，1978年，第10～11页。

产阶级知识分子的呼声。当时的创作方式对于一些小资产阶级知识分子而言是一条明亮的解脱道路，是一个可以表达自己爱国热情的地方。1930年底，阮辉想在日记中写道："像我这样一个平凡普通的人，想要表达自己的爱国之情唯一的方式就只有写国语文章了"（《日记》，1930年12月19日）。不打法国殖民者，不参加革命，但是可以写文章。正如长征所说："越南民族资产阶级和小资产阶级知识分子在浪漫主义文学中找到了反抗殖民制度的方式"。[①]很多浪漫主义作品饱含着越南民族精神与民族风格，如石岚的《摆杂货摊的姑娘》，阮若法的《香积寺》，阮丙的《失足为娼》，如辉瑾的《长江》，济亨的《家乡》，段文渠的《节日的集市》，英诗的《春天的下午》等。

越南的浪漫主义文学晚于法国浪漫主义文学，因此受到西方很多不同文学流派的影响。初期的浪漫主义诗人如世旅、辉通、蓝山等主要受到浪漫主义学派夏多布里昂、维克多·雨果、阿尔封斯·德·拉马丁、苏利·普吕多姆、何塞·马利亚·埃雷迪亚等的影响。对于辉通而言，除了雨果，他还受到了莎士比亚、乔治·戈登·拜伦的影响。1936年后，通过直觉和细致的描写，新诗日益深入个人"我"，深入到宗教和其他超现实的领域。新诗诗人受到象征主义学派的影响多于浪漫主义。有些批评家们将春妙喻为夏尔·皮埃尔·波德莱尔、魏尔兰、阿尔蒂尔·兰波、奥斯卡·王尔德的精神之子。从辉瑾、制兰园、碧溪、韩墨子、武黄璋等人的诗中也可以清晰地看到夏尔·皮埃尔·波德莱尔的影子，而辉瑾、刘重庐则受魏尔兰的影响更多一些。新诗不仅受到法国诗歌的影响，当然也受到了中国唐诗的深刻影响。辉瑾的《长江》的韵律与杜甫的四言绝句《登高》有些相似。如春妙的《秋至》一首诗中同时看到唐诗和法国诗歌的影响："花朵已经在凋谢，园中红色渐变青。棵棵花树在落叶"，这前三句有法国诗歌的韵味，但是到第四句"偶有几枝瘦嶙峋"，我们又仿佛看到了一幅中国的水墨画。

自力文团在20世纪30年代对越南文学的革新做出了巨大贡献，改变了旧的审美思维和社会思维，加速了各种文学体裁的现代化进程，丰富了文学语言。这个革新的过程受到了东西方文学、哲学，尤其是法国文学潮流的影响。自力文团早期的作品如《蝶魂梦仙》深受法国浪漫主义文学的影响。概兴开辟了一个新的浪漫题材（但是对于曾经读过夏多布里昂的《阿达拉》和拉马丁的《约瑟兰》的读者而言这种题材是很熟悉的）。越往后安德列·纪德在越南浪漫主义文学创作中的影响越深。概兴和一零的《花担子》讲述的是一个卖花女孩与一个盲人作家的浪漫爱情故事。一零的《秋天的太阳》讲述的是宁静的乡村背景下一个中学生与一个孤儿聋哑女的爱情故事。这些题材与安德列·纪德的《田园交响乐》题材相近，该书描述的是一位老师与一个漂亮的盲女的爱情故事。越南浪漫主义文学作家一零、概兴、春妙、刘重庐、怀青、阮遵深受安德

① [越]长征：《马克思主义与越南文化》，河内：真理出版社，1974年，第12页。

列·纪德的影响。安德列·纪德的哲理名言“为了行动而行动”一度成为《一对朋友》、《焦山壮士》等作品中人物的座右铭。在自力文团后期的作品中，如《美丽》、《清德》、《白色翅膀》等除了受到安德列·纪德的影响外，还受到了阿纳托尔·法朗士、陀思妥耶夫斯基、尼采等作家的影响。自力文团同时接受了东西方及越南民族文学传统的影响，奠定了越南现代小说的基础。世旅的小说（《金与血》、《蒲松龄寨》）受到了霍夫曼、埃德加·爱伦·坡的怪异小说及蒲松龄《聊斋志异》的影响，当然也不可避免地受到了民间风俗、迷信的影响。《蝶魂梦仙》些许受到了夏多布里昂的《阿达拉》和拉马丁的《约瑟兰》中浪漫主题的影响，文风又受弗朗索瓦·科佩《青春时代》中自然主义的影响。同时，《蝶魂梦仙》还可以隐约看到越南18世纪的一部小说《观音氏敬》的影子。而作品名《蝶魂梦仙》本身富有诗意和哲理，源于庄子梦见自己化身蝴蝶的故事。

概兴在创作《焦山壮士》时借用了《皇黎一统志》和《初镜新妆》的部分故事情节。《焦山壮士》中又有中国章回小说《三国演义》、《水浒传》中的侠义，同时也受到了大仲马《三个火枪手》的影响。概兴巧妙地融合了东西方的影响，创作出一部越南特色的“英雄义士”小说。

自力文团和新诗运动为越南文学的现代化进程做出了重大贡献。新诗较之旧诗更便于表达情感，因为新诗句式灵活。一句诗五个字、七个字、八个字甚至更多都可以，韵律也更丰富，音调优美，尤其是碧溪、韩墨子、阮春生的象征诗，语言丰富、形象。自力文团还奠定了结构严谨、情节引人入胜、语言清新细腻、富有诗意，环境描写充满民族特色、心理描写细致入微的越南现代小说的基础。

第二节　倡导个性解放 革新越南文学：自力文团的创作

1930年，阮祥三（一零）从法国留学回国。1932年，他出任《风化周报》主编。1933年，成立“自力文团”，其成员包括阮祥三、阮祥龙（黄道）、阮祥麟（石岚）、陈庆予（概兴）、胡仲孝（秀肥）、阮次礼（世旅）、吴春妙（春妙）、画家阮嘉志、阮吉祥（吉祥）等。自力文团的舆论机关是《风化周报》，1936年起改名《今日周报》。《风化周报》和《今日周报》是浪漫主义文学运动的中心，并在“西化”运动中，提倡文学革新，反对封建礼教，提倡资本主义改良。

自力文团的作家们吸收西方的一些社会人生观念，努力开创一个文学新时期。一零、黄道等自力文团主将主张文学的全面革新，他们一方面为个性解放而斗争；另一方面为越南语言的纯洁和文学体裁的现代化而不懈努力。

第二次世界大战爆发后，这场以反对封建主义、争取个性解放、追求文化革新为目的的文化斗争和民主阵线时期的资本主义改良运动一道滑向低谷，特别是自1940年起，一零不再从事文学创作，开始了其亲日的政治活动（任大越民政党总书记）。1941年，亲日党派被法国殖民者镇压，黄道和概兴被捕，阮祥三潜逃日本，后在中国被蒋介石政府当作日本间谍送进监狱关了四个月。1945年底，阮祥三回越南参加联合政府，担任越南民主共和国外交部长，黄道担任经济部长。蒋介石的军队撤出越南后，阮祥三跟着到了中国。黄道受政府委派去永安与其他党派和解。他趁机逃到昆明，后来死在广州（1948）。

自力文团从成立到现在已有七十多年过去。在评价这一文学现象时，需要历史的观点。自力文团有自己的宗旨和目的，虽只存在十多年的时间，这是越南20世纪文学发展的一个重要历史时期，它的创作倾向较为复杂，经历了1932—1934，1935—1939，1939—1946这样三个阶段。

第一阶段（1932—1934）的创作包括《蝶魂梦仙》（1933）、《花担子》（1934）等一些浪漫主义小说，其中有一些抨击封建大家庭、为个人生存权利斗争的进步的浪漫主义作品，如《初春》（1934）、《断绝》（1935）等。

第二阶段（1935—1939）的一些作品继续抨击封建礼教和大家庭，如《冷淡》（1936）、《脱离》（1937）、《承嗣》（1938）等。同时也出现了另外两种倾向：世俗倾向和理想化倾向。

（1）世俗倾向。这种创作倾向或是对平民真诚地同情，如《初春的风》（1937）、《水牛》（1939）等；或是根据阳光会的宗旨以实际行动改造村民，如《快乐的日子》（1936）、《家庭》（1936）、《阳光之路》（1939）等。

（2）理想化倾向。这种倾向把外出闯荡者理想化。他们热衷于行动，为了自己的理想，离开家庭，告别家乡，风餐露宿，如《那样的一个下午》（1936）、《焦山壮士》（1935）、《一对朋友》（1939）等。

第三个时期自1939年开始，结束于抗法战争爆发。自力文团在这个时期走向低谷，这时的作品多少带有现实主义色彩，如《白蝴蝶》（1939）、《美丽》（1940）、《清德》（1943）等。一零在完成《白蝴蝶》后，投入到亲日的政治活动中。因为参加亲日的大越民政党，概兴和黄道一起被法国殖民者关进务本监狱两年。1945年3月9日，日本踢开法国殖民政权后，概兴和黄道、阮祥百一起创办了《今日周报新纪元》报，为亲日的陈重金傀儡政府宣传，并刊登长篇小说《枷锁》，美化反革命。八月革命后，概兴参加越南国民党，在《正义》和《越南日报》上发表了一些歪曲共产党人的短篇小说和剧本。

“八月革命”前后，自力文团主将一零、概兴、黄道在政治上已经完全倒退。其主要成员如秀肥、世旅、春妙、石岚、辉瑾、清静、武庭联等在彷徨，渐渐走上不同的创作道路。自力文团小组的一些作品如《美丽》、《清德》、《白蝴蝶》等已开始诗意化资产阶级的生活：汽车、洋楼、海边别墅、金矿、屯田、大商店、天真娇艳的少女、三角恋、绘画、音乐、跳舞、海边游泳、文艺沙龙、豪华的宴席、通宵达旦地寻欢做乐。塑造的人物除了艺术家外，还有新学知县、从法国回来的举人、进士，案女士、巡女士、管先生、韩挪、清德，全是资产阶级或资本家加地主，通过残忍、欺骗、竞争、狡诈的手段积累财富。自力文团小组一直作为民族资产阶级和城市小资产阶级的代言人，承认这种现实，只想改革它，完善它，而不想否认它。在新诗中明显反映出殖民地小资产者的那种闭塞、寂寞、挣扎、“对现实感到痛苦”的心理。

在封建社会，个人没有自己的生存权，从家庭到社会，一个人要遵守各种苛刻的规范、原则：君臣、父子、夫妻等纪纲和仁、义、礼、智、信等伦常。由于个人被这种毫无变化的规范束缚着，其文学也就摆脱不了被封建意识的束缚。1930年以前的浪漫主义文学所进行的个性解放斗争没有其后的新诗运动和自力文团来得强烈。在这场追求恋爱自由、为个人摆脱封建礼教约束的新旧斗争中，自力文团完全站在进步的这一边。在潘佩珠领导的东游运动结束和安沛起义被血腥镇压后，反对封建礼教威权、追求个性解放的斗争和资产阶级改良思想都有了发展，自力文团的浪漫主义作品在这样的背景下问世了。民族资产阶级不敢与帝国主义作政治斗争，便转向反抗封建官僚主义的文化斗争。

《初春》向封建大家庭发起进攻，控告官僚和农村的大地主，控告封建礼教的自私、残忍、践踏个人的幸福。为保护封建礼教外恋人的幸福而引发的斗争，新与旧之间的斗争，使中心人物站到了对立的两端。一零歌颂男女之间的自由恋爱，主张将妇女完全从封建大家庭中解放出来（《断绝》），把她们从封建的贞洁观中解放出来（《冷淡》）。个人的理想和爱情都被大家庭钳制住了，要完全得到自由就要完全和它“断绝”。

小说《断绝》的成功之处是描写新旧之间、婆媳之间的冲突，有力地控诉了范家各种古老腐朽的陋习，控诉吃人的封建礼教。该作品没有局限于旧社会婆媳之间的冲突，它试图挖掘出新旧思想之间的冲突。新与旧的冲突在社会的细胞即家庭中体现出来。巡老先生登报与阿勇断绝父子关系，阿勇就得过流浪、飘泊的生活。而潘老太太家的媳妇阿娈“被人买回来，殷勤地给人做揖，求人收下，做个生孩子的机器”。这些女人从来就不曾有过属于自己的生存权利。《断绝》是一部艺术的“人权宣言”，它为人与人之间的平等和自由而斗争。当阿娈不能再忍受下去的时候，冲突就达到了顶点。阿娈对婆婆说：“没人有权辱骂我，也没人有权打我，你是人，我也是人，没人比谁下贱！”潘老太太母子俩凌辱、殴打一个柔弱、孤单的妇女。阿娈“觉得自己活着还不如一头牲畜”。小说中的律师是作者的发言人，他说：“维持好家庭！但不要错误地把持家变成了管治奴隶。那种早就被抛弃了的制度，让人想起来就怕！但有谁曾想到这种该死的制度至今还残留在安南国的家庭中……接受了新文化的人，有了人道思想的人，为了个人的自由权利，理应从那种制度中解脱出来”。最后，阿娈过上了自由生活。作者、律师都站在阿娈一边。

1935年《断绝》的问世受到了人们的普遍欢迎，特别是受到了曾经受旧生活折磨的青年男女的欢迎。当时的报纸认为《断绝》是挂在个人主义脖子上的一个壮丽的花环。作者直接地表白出人文主义的进步和对未来信念的执着与追求。他帮助年轻的朋友顽强地奋斗，快乐地生活。自力文团高举人文旗帜，为人的生存权而斗争，要求把个人从封建大家庭中解放出来。自力文团的浪漫主义作家们把爱情和婚姻看做是两件截然不同的事。他们把爱情看做是两个灵魂、两个遥远而陌生的个人世界在相互追逐。爱情所有的乐趣在于相互玩捉迷藏。如果男子或者女子把对方抓住了，就意味着婚姻开始而爱情结束。“爱情是永不结果的鲜花”（《仲春》）。这一观念在其后来的《风雨年代》、《美丽》、《白蝴蝶》、《清德》等作品中表现得更加明确。《仲春》中的阿梅，《断绝》中的阿娈仍与传统文学中的人物形象相似。《风雨年代》中的阿雪就是一个遥远且陌生的人物形象了。在阿雪看来，人世间没有什么东西是重要的、神圣的，只有现在的及时行乐。阿雪主张活着要“没有感情、没有感想，只把生活中的乐趣看做是长生药”。而爱情只不过是“两个肉体的相遇”。当然身在江湖风华正茂的阿雪是浪漫主义的人物。在描写阿雪发疯似地又笑又唱，沉溺于鸦片烟中，沉醉在香槟酒和肉欲中，“拿起烟枪，用力地敲击鸦片烟灯罩，大口大口地吸着”，然后瘫软下去昏睡过去……《风雨时代》的阿雪是“青春快乐”西化浪潮中的产物。“青春快乐”浪潮中的浪漫主义具有城市资产阶级知识青年的坠落性。法国殖民者鼓吹“青春快乐”使群众，特别是年青人迷失斗争方向。因此，在民主阵线时期，“青春快乐”小说遭到了进步舆论的尖锐批评。

自力文团的小说常把两种不同的生活方式对立起来进行比较。如《风雨时代》中的章老先生过得是极为平凡、平淡的生活；《两姐妹》中的阿缤清白、善良却在封建大家庭中受辱，像丫环一样伺候婆婆和丈夫；而阿乐则像《风雨时代》中的阿雪一样过着一种充满变数和放荡不羁的生活。概兴和一零把读者引进两个极端对立的状态中。或是忍受奴隶般的生活，活着却没有幸福生活可言；或是变成淫逸放荡的人，过着完全自由的个人生活，听凭“风雨时代”各种诱惑的摆布。

从为个人的解放而斗争开始，自力文团迅速向极端个人主义发展。想要拥有个人自由，想要拥有个性与才能，一个人就要过与周围不同的生活，要与社会对立，结果是要付出昂贵的代价。要摆脱那种“日出而作，日落而息”，心地善良的生活，摆脱平淡、保守、没有理想、没有抱负的生活，不被消磨掉、生锈掉，人们就要靠站立起来，凭自己的本事，为自己而活，活得有价值。自力文团的作家们要青年人要么成为社会的战士，要么放浪形骸；要么纯白，要么纯黑！但是作为一个战士，就要随时准备去“西贡大监狱”，进“河内大火炉”或者被流放“昆岛”。

1940年后，日本占领印度支那时期，人们开始崇尚日本武士道精神。概兴的小说《清德》认为谁强大，谁富有，谁在竞争中获胜，谁就是美的。资本家清德就是靠着别人的血泪发家的，在竞相积累财富的过程中，他用阴险狠毒的手段消灭对手。对于他而言，金钱至上，金钱万能，用它可以买美女，买房子，买金矿。清德是欲望与金钱的奴隶。阿弘惊讶地叫道：“金钱！天呀，金钱！金钱让人忘却了爱恨情仇，只要一想到它，就会只想着它，只跟着它走。金钱万岁……在这样的社会中再多生活一天，我会真的疯掉！”

概兴虽然也批评清德，但在很多的场合他也掩饰不住对清德的钦佩，认为他是一个成功的典型：“清德的行为，阿好从不认为是肮脏的，她把他看作是满腹韬略的兵法大将，布置险诈的战场来消灭敌人。打败敌人，这是唯一的目的。只要达到这个目的，也就是生活中的一件美事，而胜利者也就倍加美丽。生活就要富有、强大、美丽，生活中有价值的只有那些富有、强大、美丽的人，除此以外什么都不值一提。”

从1939年末到1940年初，自力文团很明显地走下坡路。没有了《蝶魂梦仙》、《花担子》中积极的浪漫主义；没有了《断绝》、《仲春》、《一对朋友》中进步的浪漫主义；而更多的是《白蝴蝶》、《清德》中颓废的浪漫主义。《清德》（1943）、《相隔三千年》（1944）等作品拔高了形而上学的唯心主义思想，嘲讽科学和唯物主义。在长篇小说《风雨时代》、《白蝴蝶》中，在短篇小说《底蕴》、《雾中的人影》中，及后来的《清德》、《相隔三千年》中，缥缈不定的宿命论受到了袒护。他们认为宇宙中存在着“神律”。这些玄奥的神律支配着一切，因此人不能改变自己的命运。这个世界上的一切事情，都要遵从造化的“定律”：“既然是定律，不论是物理定律还是神律，都是不可改变的。战争是一种我们尚未找出原则的物理定律。因此只能坐视人类的自相残杀。怎么可能阻止得了宇宙的神律呢？”（《清德》）

在自力文团后期的作品中，一零、概兴不但不为个人的解放和人权而斗争，反而带有把人引导到宿命论和唯心主义的倾向中，呈现给读者的是阿章、阿景等一些人格坠落的人物形象。他们在思想上堕落，在生活中因没有良好的人际关系而显得孤独无助。

1925—1926年的知识分子爱国运动一定对一零产生了影响。小说集《纺线人》[①]表现出一种民族精神和对封建殖民制度的尖刻抨击。秀老先生因参加文化运动被法国殖民者终生监禁在昆岛。秀老太太在家纺线替丈夫奉养老母亲。后来，老太太听说秀老先生自杀了，紧接着儿子又死了，秀老太太便被逼疯了。老太太的疯病与政治犯的自杀都是向当时的制度提出的控诉："起初对老太太很怜悯，但想到那样的世道，疯了对老太太来说也是一件好事。其他人不能得疯病就要受着终生的折磨。"在当时，批判的语气比较隐晦，作者紧抓住老太太的一生的冤屈进行控诉："唉，试着想一想，背负着这样的痛苦，一辈子都得不到解脱，唯一的解决方法是自杀，这个时候疯掉难道不是人所期望的吗？"（《纺线人》）

在小说《奴隶》中，一零揭露了青山的一个咖啡庄园主利用各种手段强占农民的土地。那里的农民以前很自由，"自己的田自己种；自己的路自个儿走，大摇大摆的谁也不吓唬谁，谁也不限制谁"。现在失去了土地成了佃农，变成了奴隶。"以前是主人，现在降为打工的，以前是土地的奴仆，现在成了别人的奴隶，黄昏到来了，看见高岗上的灯亮了，西边传来了狗见生人的狂吠声，兄弟们围坐在炉灶边聊天。"这种批判封建官僚地主阶级的疯狂剥削，同情竹丛后的农民所受痛苦的态度及民族精神在作品《断绝》中也有所表现，特别是一零在民主阵线时期所作的一些作品如《黑暗》（又名《那样一个黄昏》，1936）、《一对朋友》（1938）表现得更为明显。石岚的《季初风》（1937）、陈宵的《水牛》（1938）都是这一倾向的代表作品。从《纺线人》到《一对朋友》，一零的民主精神具有一贯性。因此，自力文团参加平民阵线并不是偶然的。一零曾在北歧民主阵线机关报——《新闻》报上撰文说："我真切地希望社会中那些低微的吃亏的平民们能够获得他们正缺少的生存的权利。我已经失望了很多次，和其他人一样，在不应该存有希望的地方我抱着太大的希望。印度支那平民阵线刚成立就让我看到了希望的曙光。一个作家的责任是与其他人一起，竭尽全力为一切受苦兄弟争取生存的权利：平民阵线！"有人说自力文团追随平民阵线是因为当时的政治气氛，是因为时尚，甚至是一种机会主义的表现。当然，没有哪一个作家能够超然于社会环境。但我们可以相信一零在作品中流露出的态度。时尚、虚伪是不可能在文章中产生感人的语言的，更不可能在作品中塑造出感动读者的人物形象。自力文团的小说和诗歌中常出现的人物形象是征夫，他过着风餐露宿的生活，他那远方的爱人还在辛苦地等待：

> 我紧追着明天的脚步，
> 把惆怅的她留在江边。

---

①[越]阮祥三（一零）：《纺线人》，河内：严寒印馆，1927年。

心中惦记着海阔天空，
一并带走对她的思念。
（《江边的呼唤》——征夫的话）

在当时，“年年在这江边的呼唤声中上路，任凭东南西北风吹乱头发”的征夫形象是一种美，对城市小资产阶级青年具有吸引力。我们并不清楚他秘密的行踪，但好像他正追求着一种非常高尚的事业。在短篇小说《当代越南》（1927）中，裴春胞先生认为阿勇参加了“一个秘密革命党”，“在追求幸福遭到失败后，他走向了英雄主义”，而《一对朋友》是“一部有革命倾向的作品”。裴春胞先生把一零的创作称为：“斗争浪漫主义”，“革命浪漫主义主义”。在接受《东方报》采访时，一零也承认在塑造《断绝》和《一对朋友》中的阿勇这个形象时他借用了一位被流放到昆岛的革命家生活中的一些细节。

1934年起，自力文团的作品中出现的征夫形象蕴藏着一种民族改良精神，如《断绝》和《焦山壮士》。那是安沛、临洮起义失败后广大青年的心理状态。征夫的形象是背负着亡国耻辱的青年与追求纯粹美的艺术家的融合化身。阿勇与家庭的幸福相断绝，四处飘泊，为的是改变国家与家乡的现状。一个冬天的下午，阿勇在好友的庄园过年，从高岗上华丽的砖房放眼雾气笼罩的田野，阿勇仍觉得“自己是一个平民，感到自己的一切兴趣都融入了这些不知姓名的平民中，过着他们过的生活，期待着他们的期待，自己就象是那片草丛中万千棵小草中的一棵”。就在那个下午，阿勇仿佛感觉到了国家的灵魂，国家的代表不再是国王与名士，而是这些不知姓名的低微的平民。平民就是国家，爱国就是爱这些平民，想着他们所受的痛苦……。阿勇相信这个事业，他正不知疲倦地追逐着，“我一直盼望能让老百姓少受一点欺压、逼迫。我们要相信这个愿望能够变成现实，我们还要让老百姓象我们一样地期待着。”（《断绝》）

阿勇的经历与一个被流放昆岛的革命者相似。阿勇的心里话，就是一零的心里话。浪漫主义文学中理想化的正面人物说到底都是作家的化身。

浪漫主义的人物形象常具有两种心理状态。他们面对丑恶的现实会转过身钻进他们想象的世界中去。阿勇那飘泊的生活是阿娈所向往的，像是从远方传来的呼唤。自力文团作品中的征夫常披着一层诗意的雾纱。阿勇在阿娈的眼中就是一个又遥远又神秘的人物。我们不清楚阿勇的行踪，他缥缈不定，时隐时现，偶尔从某个神秘的地方像流星一样一闪而过。一次，阿娈遇到了刚出了车祸的阿勇，包扎着白色的绷带，在夜色中走进了黑色的丛林。一零创作《一对朋友》是为了赠给“已经牺牲或忘记家庭忘我工作的人”。《一对朋友》中的阿泰两次越境，两次越狱，不停地用行动来摆脱自己的烦恼。在一次行动中，阿勇躲进了寺院后的番石榴园中的一间庵房。他和尼姑说没有什么比行动能把自己忘记，正是行动才找到了生活的乐趣。

行动不具有定向性，行动使个人英雄主义得到满足，行动能摆脱烦扰。因此，概兴、一零在《断绝》、《一对朋友》、《焦山壮士》中所塑造的理想人物一般来说都只是战败的英雄。对于尊崇“艺术为艺术”的浪漫主义作家们就只有几个失败的英雄。

浪漫主义文学中的那些征夫同时也是“多情客”。《一对朋友》中，阿勇对阿娈的思念甚于对理想的追求。他不敢想象远离阿娈，像阿道一样居无定所，死在某个遥远陌生的地方。《焦山壮士》中的范泰，一个顶天立地出神入化的乱世人物，最后也不过是个绝望的多情种，要么将马缰系在琼茹墓边的柳树上，趴在琼茹的墓前痛哭，要么在薄命红颜的墓边哼唱着招魂曲。

在《白蝴蝶》和《清水江》两部作品中，征夫不仅变成了多情客，越往后越凄惨。这种新出现的浪漫主义形象在一定的历史时期还是吸引了非常多的青年读者。安沛起义后“战败的英雄们”虽然退出了政坛，又经历了低潮时期的悲观，但他们灵魂中爱国的火种仍没有泯灭。他们找到了征夫那模糊的美丽，为平淡无味的生活找到了一份安慰。

自力文团的理想正适合当时正处于闭塞状态的城市青年。1957年关于《焦山壮士》的大讨论中，有人指出《焦山壮士》最大的作用是说出了行动的要求，为目标服务、为理想奋斗的需求。在后来的八月革命中，有上百万的青年参加了革命。在他们当中，很难说清楚有没有部分人带着如《焦山壮士》一类的小说所激发的行动的渴求。这种观点以前曾遭到批判。现在审视它，在革命低潮时期征夫的形象多少可以引燃一些因懦弱而害怕的灵魂。投身行动的渴求也可能推动一些人走上革命的道路，遇到真正的革命者。在革命者的带领下，他们有可能加入到“八月革命”的队伍中来。另一方面，这种没有定向的行动也可能把他们推向其他的道路，与革命越走越远。

自力文团的民族精神是资本主义改良精神。1936年，黄道公开宣布了自力文团的资本主义改良道路：“我们有一个在法律范围内平稳地改革社会的思想。我们相信我们及知识青年们最重要的工作是提高民智。在实践的道路上，我们划分了几个阶段。目前，正如阮祥三（一零）先生所说，我们还只在报界的范围内工作……我们已经做了的工作，是依据在这狭隘的制度之下有可能做成才做的。”1937年秋，自力文团的改良活动跨出了报界。1937年8月16日，以一零为主席的阳光会正式成立。成立大会有2000人参加，座无虚席。会上，一零宣布了协会的宗旨：“不合理的、扭曲的幸福拘禁着我们的兄弟姐妹，使他们过着黑暗、冷清、坠落的生活，阳光会将与这种扭曲、不合理作斗争，成为摧毁其城池的先锋。”

阳光会在福舍滩建了一个阳光村。1939年又在象服建了一个阳光村。阳光会还通过在海防、海阳、山西、南定的分会吸收艺术家、知识分子、公务员参加。阳光会还参与了一些社会救济活动。自力文团的作品开始把一些新学派地主人物理想化如《家庭》中阿鹤、阿宝和《光明的道路》中的阿唯、阿诗等，称颂他们正在实施的一些改革如建造阳光房屋，打井，开设学堂，修建运动场，建旅游场所和避暑区，组织救济农民，向农民发放药品等等。

用新思维的眼光来看，我们现在并没有足够的科学论据来下这样一个判断："阳光会的活动……带有与共产党争夺群众的性质，是把群众引诱到反动的资本主义改良路线上去。"因为有一些改良活动是封建殖民者为了欺骗、收买、迷惑群众，让群众迷失正确的方向而故意安排的。但也有一些活动是人民利用合法的途径来改变自己的生活。阳光会在福舍滩和象服建阳光村，组织向北宁省郎才地区受洪灾的老百姓发放赈灾物资，及参加其他的社会救济活动是有利于群众的。1936—1939年间，与平民阵线运动相结合，为老百姓修建了一批坚固、便宜、文明、卫生的新型房屋，得到了舆论的广泛支持，在越南具有很大的影响。一零的改良思想是希望能返回自然，回归人的本原。一零说："我要有一笔钱用来购置几千亩土地与良田……主要用于教化老百姓。虽然涉及的范围不是很广，效果却很明显，因为我而使得几千人都过上幸福的生活，到我死的时候也就很称心了……我要寻找几个有相同志向的人，要非常地志同道合。我们一块儿生活，在山脚下建一个村子。我的房子是木屋，宽敞明亮。房子的周围要有果园。村子里有一座公用的房子，用来商量种田的事情。还有一个图书馆，藏有东西方的书籍，当然是经过仔细筛选的。那时的人使土地的粮食产量能让大家摆脱饥饿，有人教工艺，有人教学问，主要是让他们懂得融洽地生活在一起，懂得热爱自然风景，懂得生活很快乐，懂得在这世界上仅此而已，除此以外都是空泛的……我对一切都感到厌倦了，再也没有别人那样的兴致去梦想出一种文明而常自以为很文明，我只希望能回到原始的时代，努力实现我们以前的那些古圣先贤们的梦想。"

《慈林的梦》当然是幻想也很天真，因为依靠新学地主的善心根本改变不了老百姓的生活！但是在《慈林的梦》及后来的《两种美丽》、《一对朋友》、《家庭》、《光明的道路》等作品中，理解老百姓饥饿困苦的生活的态度和想改善他们的生活的善意是真诚的。《两种美丽》中的阿允和《一对朋友》中的阿勇对社会中的贵贱、贫富差距看得很清楚，并初步找到其原因是封建官僚的压迫、剥削造成的。一些有志气、有精神的知识分子希望以实际行动来改善老百姓的生活和社会的现状。但在资本主义改良这条道路上这些人自始至终都只是"失败的英雄"。他们以"高尚的人格"偏向那些可怜、痛苦的老百姓。老百姓有时表现得像一群呆笨、愚蠢的人，愚昧而本能地生活着，就像"一头头没有思想的猪"。（一零的《真幸运》、《两姐妹》，概兴的《阳光

下》）

《光明的道路》中的阿唯和《一对朋友》中的阿允很多时候都感到绝望，因为看到老百姓的痛苦像“一座耸立在眼前的大山”，而他们的“愚昧就象一片漆黑的夜”。让他们难受的是“社会的这种永恒不变的状态”可能“在几十年以后仍是那样，没有一丝希望让它剧烈而完全地改变，如一阵狂风卷起，带走一切沙尘和垃圾”。（《两种美丽》）

一零和概兴没有看见群众运动的力量，而这种力量正像一场大风在1930年代卷起，到了1940年代便变成了一场革命的风暴完全改变了社会制度。第二次世界大战期间，日本进入印度支那后，阮祥三（一零）当上了亲日的大越民政党领袖，他的政治路线与群众的革命运动越来越远。

主观唯心主义和“为艺术而艺术”的观点是浪漫主义的哲学基础，同时也决定了它的主要审美特征。人物形象呈现出两极对立的心理状态，即现实与理想的对立、性格与环境的对立。阿勇和阿娈都带着这种对立的心理状态。在阿娈的心中常出现两种相反的生活景象：一种是宁静、平淡的生活，日子像缓缓流动的河流，这种生活要忍受屈辱，慢慢折磨至死；另一种生活很超脱、辉煌、旷达，充满危机与冒险。阿勇是第二种生活的化身，是阿娈心中理想的形象。他也是一个浪漫主义人物，是一零梦想中的英雄。他那在远方闪烁着的世界帮助阿娈偶尔可以忘记在丈夫家的那种被囚禁的生活。理想与现实的对立和审美理想的主观色彩是浪漫主义的基本特征。浪漫主义作家放大符合他们审美理想的生活场景、画面，并把这一切理想化，对不符合他们审美理想的其他方面却不与理睬。在解决理想与现实的矛盾时，浪漫主义作家常带着主观主义倾向。他们把现实从属于理想，把人物的内心活动从属于自己的空想而不是从属于客观生活的运动规律。

概兴的小说往往有个圆满的结局。爱情与宗教、爱情与封建大家庭的矛盾常在一种空想、模糊、理想化的状态下得到解决。在《蝶魂梦仙》的结尾，阿玉发誓一生要将阿兰记在心里。小说《仲春》的最后，我们看到在阿梅高尚的牺牲精神和爱情完美的影响下，阿禄变成了一位征夫。在《仲春》和《蝶魂梦仙》两部作品中，男主人公常因女主人公而“觉悟”，而女主人公又常比男主人公高尚、博爱、更具牺牲精神（阿梅、阿兰）。漂亮的女主人公是作家的代言人。

现实生活中的风暴也会进入到浪漫主义作品中，但只不过是人物心中轻柔、温和的波动。现实生活中紧张的矛盾可以通过人物内在的意志、情感或者是美好的记忆、偶然的感动来解决。概兴的《脱离》和石岚《新的一天》、《旧时的身影》等作品就是以这种主观唯心的方式来解决矛盾的。《脱离》中的阿雄想脱离那陷害她的继母和懦弱的父亲，便离家出走。但最后还是回到家里，因为她找到了向命运屈服的生活哲理："不需要再寻求脱离了，只需要将自己看作已经脱离。你常把自己的家庭比成监狱。在监狱里，包括无期徒刑在内有几个犯人以自杀来求得解脱呢？……有位圣贤曾说：只要有自由的灵魂，即使我生活在监狱中，生活在地狱里，我仍然觉得我没有被镣铐所囚禁。"（《脱离》）

在石岚的长篇小说《新的一天》（1939）中，阿章陷入了类似南高作品中阿次的生活。阿章因自己贫穷的生活而感到很痛苦，同时对生活富裕者嫉恶如仇。而在某一天他因为自己找到了一条幸福之路而突然觉得自己过得很舒坦、幸福："他好象突然明白了一条简单的道理：快乐是内心产生的，而不是身外之物带来的。阿章感到很奇怪，这么久以来，幸福就在自己心中，却在到处寻找幸福。"从此阿常夫妻俩不再争吵，幸福和睦地过着贫穷的日子。

对因贫穷而争吵的夫妻，石岚的《旧时的身影》（1938）也是通过一种偶然的感动来解决矛盾的。一天晚上，阿常坐在火炉旁，借着红红的碳火光，突然发现妻子和姑娘时一样漂亮，他记起了他们刚刚相恋的日子。南高的阿次是悲剧，梦想破灭后，过着漂泊的生活。而在概兴、石岚的作品中，现实生活中尖锐的矛盾常因为带着浓厚主观唯心主义色彩的一个美丽幻想轻松地解决了。正是这解决矛盾的方式暴露出了现实主义和浪漫主义的区别。

现实主义和浪漫主义并不是绝对对立。在《仲春》、《断绝》、《一对朋友》等一些进步浪漫主义作品中，对社会、家庭、人物的观察都非常准确。这一点，就是现实主义作家也很难超越。概兴、石岚在批判封建礼教和大家庭、封建官僚及农村的大地主时，他们忠实地反映了现实生活。在自力文团的作品中，也有一些人物是用现实的手法塑造的，如《仲春》中的案老太太和汉青，《承嗣》中的波老太太和老和尚，《家庭》中的巡老太太，《脱离》中的盘老太太；《快乐的日子》中的易大，《犹豫》中的清德等。概兴的《家庭》、《脱离》、《承嗣》等一些小说都取材于他的家庭生活。概兴因为和继母有冲突而被陈美巡府赶出家门。《承嗣》中的波老太太在海防、河内有四、五座豪宅出租，在丈夫的老家有上百亩良田。她乖戾、吝啬、骄横、狠毒。其原型是陈美巡府五个老婆的集合体。《承嗣》是现实主义作品。《承嗣》把专门为案老太太讨债的纯婆子、案老太的仆人，在河内有间大商号的青香老头、专门讨好、哄骗波老太的老和尚、已经54岁还照着小尼姑的习惯打扮的老媒婆等人物刻画得栩栩如生。民主阵线时期，自力文团作品中的现实主义因素增强。石岚、陈宵的作品标志着浪漫主义文学与现实主义批判文学的融合。

自力文团的主将们也深受现实主义的影响。一零创作了《黑暗》（1936），黄道创作了关于农村"贫民艰苦生活"的报告文学。1937年，自力文团还给元鸿的《女盗》和韦玄得的《金钱》颁发了文学奖，而后是《水牛》、《竹丛背后》、《天真的岁月》等一批现实主义作品问世。石岚是在民主时期成长起来的新秀，受批判现实主义的影响，创作了《天真的岁月》（1938），成了元鸿亲密的朋友。石岚曾写信给元鸿，希望能在“像你们那儿的进步组织”创作。石岚的《打夯人》、《黎妈妈的家》等作品具有浓厚的民族精神，真诚地同情穷苦的老百姓。石岚少年时期生活在那些穷苦而多子的大妈身边。黎大妈她们原本生活在河南府里一带，因为水灾而被迫拖儿带女、背井离乡来到中部县城谋生。一零、石岚都曾有过家境穷困的日子。父亲去世后，母亲含辛茹苦做小买卖养育七个孩子。那种冷清、寂寥的情景在一零和石岚的小说中经常出现：破烂的草屋，泥糊的墙，在冬天的下午冷清的集市上的小店孤零零地站立在冷风中。欠收的年头，闹饥荒，没人请雇工，没人坐人力车，整个集市一片萧条、破败景象。石岚在《初春的寒风》、《黎大妈的家》、《两个孩子》等作品中，以极大的真诚描写生活在集市的穷人们。这种同情在他谈到越南妇女在旧时代作为母亲和妻子默默无闻地牺牲、忍受、勤劳地操持家务时特别深刻，如《摆杂货摊的姑娘》、《死两次》等。

石岚的短篇小说《饥饿》、《黎大妈的家》、《死两次》、《30日的晚上》现实主义手法运用得非常成功。而对过去创作的《旧时的身影》、《新的一天》、《在黄兰的背影下》等浪漫主义作品中的主观、幻想感到不满。尽管石岚和两个哥哥有很大的区别，但他多少也受到了自力文团所提倡的“为艺术而艺术”倾向和改良倾向的影响。在他一生最后的几年，他的消极浪漫主义主义倾向表现得越来越明显。

石岚和一零兄弟俩的情况和陈宵与概兴兄弟俩的情况相似。在石岚反映破败集市上生活的雇工、长工等穷人时，陈宵也把目光投向了农村。陈宵替农民说出了一辈子的愿望是拥有一头耕田的水牛，这样生活可以轻松些。（《水牛》，1939）他还进一步挖掘出农村的豪绅们繁复的礼仪习俗和对等级的争夺。（《竹丛背后》，1937）陈宵很同情农村妇女的痛苦，“为丈夫受完苦又要为孩子受苦”，“一辈子都在默默无闻地牺牲”。（《丈夫和孩子》，1941）陈宵没有吴必素、阮公欢那种严肃的现实主义，直接描写奸恶的地主强豪和农民尖锐的阶级斗争。如果石岚的创作带有现实主义色彩，那么陈宵的作品则带着风俗描写色彩。

从《风化周报》面世到石岚去世（1942），自力文团前后活动了约十年时间。在石岚去世的前三个月，在安埠的环湖草屋就已经冷清了：一零逃往中国，概兴和黄道被囚禁，世旅怕被连累也躲了起来……概兴和黄道在《新纪元——今日周报》、《越南》、《正义》等报刊上的活动脱离了自力文团的宗旨。自力文团到此时已经寿终正寝。

在这十年的活动中，自力文团的作家们为越南文化事业做出了什么贡献呢?

首先，自力文团提出了小资产阶级知识分子及城市市民的民主愿望。自力文团没有提出解放社会这个问题，但它已经进行了要求个性解放、解放本我的斗争，特别是为妇女争取生存权和婚姻自由、反抗封建大家庭、封建礼教的束缚而进行的斗争。

其次，自力文团作家们为丰富人的内心世界做出了贡献。他们通过自己的作品把一个具体的祖国展现在读者眼前。自力文团抨击封建官僚，特别是范琼等甘做法国殖民者的走狗，同时也表露了对生活穷苦的农民真诚的同情。自力文团的作品提高了民族精神；在世旅的诗和《断绝》、《一对朋友》等小说中，尽管征夫的理想模糊、脆弱并带着改良主义色彩，但他们具有爱国爱民的精神，对当时陈腐的社会持否定态度。

第三，自力文团对越南文化事业有抱负。事实上他们也为民族文化事业做出了巨大的贡献。搞文学创作在当时是神圣的事业，是一代人的理想。干不了革命就做文章，融爱国心于爱越语、爱家乡的感情中。因此，他们呕心沥血搞创作。自力文团为越南文学的革新和现代化做出了重要的贡献。自力文团小组是现代文学最初的改革小组，它不是唯一的，但它是最重要的。

第四，自力文团的组织活动能力。只有7个人却能集合庞大创作队伍，在全国范围内掀起广泛的文学运动。《风化周报》和《今日周报》是文学革新的重要中心，也是新诗运动的中心，同时它还是苗圃，是介绍和培养如春妙、辉瑾、元鸿、清静、济亨、杜德秋、段富思、英诗、裴显等年轻诗人作家的重要园地。

自力文团在十年中所创作的辉煌成就直到今天仍然令人瞩目。一零、概兴、黄道等人的作品主要指向城市资本主义和小资产阶级知识分子。1930年前后，浪漫主义为作家们的审美感受开辟了新的空间。但浪漫主义的创作方法、态度与群众的政治斗争运动相脱离，资产阶级改良主义在很多方面限制了自力文团的文学革新。

虽然一零在提倡、组织、引导文学运动中有着巨大的贡献，但自力文团的文学事业不是个别人的而是集体的，其成就属于一代作家，包括吴必素、阮公欢、武重奉、元鸿、南高、苏怀、裴显等批判现实现实主义作家和范辉通、刘重庐、辉瑾、韩墨子、制兰圆、阮遵、碧溪、阮春生等不属于自力文团的浪漫主义主义作家。

在十年左右的时间里，自力文团对文学革新和文学的现代化作出了重要贡献。在这里，我们用越南著名诗人辉瑾1989年5月27日在河内国家大学自力文团研讨会上的讲话作为对自力文团的总结："我们有足够的时间来评价自力文团的贡献。可以说，自力文团对越南文学史有重大贡献。他们对民族文化事业有抱负，虽然有条件但他们不贪图做官和富贵，而投身于文学创作。自力文团及一零、概兴最该批判的是末期的创作。但不能因为这些方面而错误地评价他们。一开始，他们事实上有爱国心，但后来走错了路，最终成为反动……自力文团对小说艺术、小说的现代化有重大贡献，对民族的文学语言及行文风格明朗化、越南化有重大贡献。”

第三节　浪漫主义新诗运动

1932—1945年间越南的新诗运动是一个既丰富又复杂的文学现象。对新诗运动的研究目前越南研究界还没有统一的意见。一方面是由于批评家们对新诗运动的观点各不相同，另一方面他们对于马克思、恩格斯对19世纪西欧浪漫主义作家的评价也持不同意见。有人认为马克思对夏多布里昂的观点是经典作家对浪漫主义文学的典型观念。他们将马克思对法国反动浪漫主义的苛刻评价运用到对越南浪漫主义新诗运动的评价上。马克思严肃批判了夏多布里昂的反动浪漫主义和托马斯·卡莱尔的“保守浪漫主义”，但是对于托马斯·卡莱尔的小资产阶级浪漫主义倾向，马克思也肯定他“起来反对资产阶级，偶尔还采用革命的方式”。而对于英国浪漫主义作家雪莱，马克思则封其为“社会主义先锋”。当然在这个问题上马克思主义经典作家们的看法也并非完全一致。对于一些作家，马克思严厉批评了他们作品中的反动浪漫思想，同时也肯定其中的民主思维。

浪漫主义新诗运动中的诗人们并不是夏多布里昂式的封建贵族残余。如果以意识形态划分的话，他们更接近于小资产阶级浪漫主义倾向。越南浪漫主义文学正是部分民族资产阶级和城市小资产阶级的心声，浪漫主义新诗则主要是小资产阶级知识分子和都市职员的心声。尽管它脱离了群众革命运动，但是小资产阶级知识分子还没有独立的思想意识，于是逐渐自发地接受“艺术为艺术”的资产阶级思想。浪漫主义新诗与工人阶级的革命诗歌有着不同的指导思想，但是也存在着相同点即都反映了殖民地国家小资产阶级知识分子的心态。素友认为：“在当时人们的思想中，有着一样的不安与痛苦，渴望着自由与幸福，但是却找不到出路，于是很多时候便陷入厌世思想。”因此，出现《思念人们》、《思念森林》、《一杯寿酒》、《乌江敌声》、《过古塔》、《在回程的路上》等相似的作品并非偶然。长证认为新诗诗人们在浪漫主义中找到了“反抗殖民制度的长叹”。

资产阶级学者们往往将浪漫主义视为一股统一的潮流，总结出其在形式上的共同特点，而很少对其中不同的甚至对立的倾向作出区分。基于不同的社会、政治立场及不同浪漫主义作家的审美观念，马克思主义理论家一致将19世纪的浪漫主义划分为革命、进步与反动、保守两个倾向。这种划分源自维萨里昂·格里戈里耶维奇·别林斯基和高尔基的观点，有一定的合理性，但是也并不能反映浪漫主义的全景及其复杂性。实际上浪漫主义作家的作品中总是交织着进步与落后，革命与反动，而且同一个作家的创作也并非总是如夏多布里昂、珀西·比西·雪莱和拜伦一样前后一致，有的作家会从进步转向反动如弗里德里希·威廉·约瑟夫·冯·谢林、威廉·理查德·瓦格纳，也有的从反动转向进步如雨果。而且进步浪漫主义作家与反动浪漫主义作家也不总是相互斗争，有时候他们会联合起来一起反对古典主义。在越南，世旅、制兰园、碧溪、韩墨子等诗人的创作历程也是复杂而矛盾的。尽管如此，却也并不能有多少种浪漫主义风格就划分为多少种倾向，这种划分可能会导致经验主义。

新诗运动诞生于白色恐怖与经济危机之中，有着大致相同的政治态度与审美观念，具有一定的积极进步意义，但是总体看来仍属于“脱离现实与消极浪漫主义倾向”。当然，到了后期，这种倾向在碧溪、武黄璋、丁雄的诗中明显减少。

近年来有人认为应该“将新诗运动与脱离倾向相区分”，新诗中反映的苦闷不是那种“萎靡不振乃至失去信念的苦闷”，甚至认为新诗应该划归到“热爱生活倾向”之中。

肯定新诗的“艺术为艺术”浪漫主义倾向却否认其“脱离”倾向，在理论上本身就是矛盾的。这里的“脱离”指的是脱离政治斗争、革命斗争，脱离当时那些水深火热的问题，而不是脱离人们的一般生活。

批判现实主义的作家们对生活尚且持悲观态度，更何况浪漫主义新诗诗人们。有时候他们“对任何事情都失去了信念和希望”：

我要一个冰冷的星球
远在天边的孤独的星星！
让我在那里躲避岁月
和忧烦、痛苦与惆怅。
（制兰园）
上帝啊！我低头奉还
我的灵魂已经空无
愁肠已断别无他求
接受我吧，无论天堂还是地狱。
（辉瑾）

新诗运动的诗人为生活所苦，并没有积极乐观的生活态度。他们热爱生活但是又自我封闭，找不到出路，于是这种热爱就化为痛苦。尽管脱离了生活中的现实问题，但是新诗运动的主流仍然是人本主义，《愁乐》中的眼泪依然是感慨世事人情的热泪。从创作手法上看，大部分新诗是浪漫主义的，同时也有象征主义和超现实主义的。碧溪的《精血》和阮春生的《春秋雅集》就是象征主义的代表作。韩墨子在为《精血》所作的序言中认为碧溪的审美观念深受波德莱尔的影响。《春秋雅集》肯定了“兰波的形象、马拉美的句法及瓦莱里的结构与哲理”的“清新”、“纯粹”。

如上所述，浪漫主义新诗有着复杂的性质和不同的倾向，不可一概而论，而应该区分不同历史时期的不同流派与作家。同时由于小资产阶级知识分子作家的世界观矛盾而复杂，没有稳固的精神支柱，他们的立场总是摇摆不定。因此在新诗运动中“派别”是不清晰的。阮春生本来在河内报上发表浪漫主义诗歌，但是很快就转向象征主义。碧溪则相反，从象征主义《精血》转向浪漫主义《五行山》。这种混乱的思想、艺术局面导致了诗人们的作品在不同的历史时期有着不同的风格。如创作《思念森林》与《河畔的喊声》（又名《征夫客》）时的世旅与创作《堕落》和《麻醉》时的世旅是不一样的。而韩墨子在创作唐律诗时与创作《村姑》时也是不同的，与创作《春如意》、《上声气》时则更是相去甚远。因此在方法论上必须区分清楚不同文学流派、不同作家或者同一位诗人在不同创作时期的不同思想与艺术风格。只有这样才能做出正确而恰当的评价。

浪漫主义散文学的出现实现了对个人的解放，尤其是将妇女从封建礼教的枷锁中解放了出来。浪漫主义新诗运动继续提倡个体化的“自我”的审美观念，反映了人们对解放情感、发挥本我和个人自由的渴望。世旅的《思念森林》是对“屈辱、囚禁”的奴隶人生的痛恨，是对“自由”、“解放”的期盼。辉通、春妙的诗也隐含着对个人独立存在的渴望。春妙诗中的“我”如同“脱缰的马”，“蹄下尘土飞扬，自顾昂头向前飞奔”，放荡不羁的“自我”“冲破一切藩篱”、“打破所有禁忌”，只愿将灵魂提升到一个顶点，“享受来自四面八方的风吹”（《浩瀚》）。辉通诗歌中自由的“我”也一样怀抱与众不同的梦想。它梦想化作一只小鸟在广袤的天空中自由飞翔，渴望将“茫茫天地间所有阳光”都“纳入肺腑”，“期盼有一双无限宽大的翅膀，将宇宙万物都拥抱入怀”。

浪漫主义新诗运动为了争取自由和表达独立情感的个体化视角，为了革新诗歌形式而进行了不懈的斗争。但是新诗运动中的“我”一方面控诉纸醉金迷的社会，另一方面又脱离群众革命运动，使得“我”陷入了孤单、漂泊、无助，找不到出路。在“艺术为艺术”及个人主义的生活哲理指导下，新诗运动使人们日益走进死胡同。

诗人们都在努力寻找脱离困惑生活的出路，但是愈寻找愈迷失，“自我”愈陷入孤立。这种脱离生活的消极态度使得新诗运动诗人们完全用个人主观审美态度来看待生活。他们只看到生活中符合个人主观审美观念的部分，否认不符合他们审美的另一部分。刘重庐在孤舟横渡中寻找美，在旅途中牵着缰绳的壮士身上寻找美，在秋天树林中迷茫的麋鹿身上寻找美。世旅追随着征夫遍布五湖四海的足迹及诗人的美梦。辉通则在历史上战败的英雄身上寻找美（项羽、荆轲）。深心沉迷于离人的梦境……辉瑾在过去中寻找“美”的痕迹，春妙则沉醉在美丽的爱情中……

每个作家都有不同的脱离苦闷生活的方式，但是归纳起来有一些共同的特点：沉迷于爱情（春妙、刘重庐、韩墨子），沉迷于过去与超现实世界（辉瑾、武庭联），沉迷于堕落与迷乱（武黄璋、韩墨子、碧溪）等。

沉迷于爱情之中是当时浪漫主义诗歌的一个普遍现象。对于某些作家而言，爱情不仅是情感的源泉，还是最高的和唯一的生活方式！因此当爱情破碎之后，生活也完全崩溃。武黄璋曾经执着于一段爱情长达十年之久。爱人别嫁他人之后，诗人日日在灯下酗酒垂泪，如《六月十二》。

春妙是陷入爱情世界最深的一位诗人，但是他知道爱情中存在着不测与不稳定。“我”认识到生活的渺茫，因此惧怕改变。他对自己没有信心，也怀疑别人随时会背叛自己。春妙看到了爱情的变动性与不稳定性，看到了变化，但是却不能用辩证的眼光看待这种变化，只看到了生活的“沉浮、生离、死别”，如《我的思想道路》。于是在生活的变动中，诗人对爱情的看法变得“急迫”、“慌乱”：

日出不可信，花谢不惊奇，
情来情去有谁知！
相遇时就存离别，
故园人迹已断绝。
抓紧吧我怕明天，
世事浮云，人心不会永远。
（《催促》）①

在世旅和春妙的诗句中隐约可以看到文艺复兴时期法国诗人龙萨的享受生活的观念，将生活看作是一个充满花香、果实的花园。龙萨在16世纪提倡及时享乐，是对封建制度和天主教的禁欲主义与克己主义的反抗，是进步的。但是到了20世纪30年代，这种及时行乐的观念则包含着很多其他意义。春妙写道：

宁愿辉煌之后黑夜来，
强于冷清孤单一百年。

---

① Tuyển tập Xuân Diệu，nhà xuất bản Văn học，Hà Nội，1983，tr. 115.

（《催促》）[①]

春妙不认为生活是单调无味，是被禁锢的，他提倡人们要活得充实，而不是碌碌无为，如残烛般燃尽自己的生命！

当然，浪漫主义新诗运动中也有很多热爱生活的诗篇，如春妙的《头春》、《赠诗》，辉瑾的《白衣》、《走在飘香的路上》，阮若法的《香积寺》，阮丙的《相思》、《愉悦》等。上述这些热爱生活的抒情诗，归根到底是爱诗人自己，或者还可以扩大到爱自己的爱人，而其他人则被忽略了。沉浸在爱情中的两个人虽然无限缠绵、依恋，但是他们在诗中的形象仍然是孤单的、可怜的。爱情如果仅仅局限在两个人之间，而与社会完全隔离，就无法成为完美的爱情。

新诗中的“我”有多种不同的形象，但是任何一种形象都是孤独的、忧伤的，找不到出路，看不到将来，看到的只是一片黑暗的天地。因此新诗从一开始在本质上就是忧伤的。“彷徨”、“迷茫”、“寂寞”都集中体现在安静的夏日午后一声声沉闷的鸡叫声中：“每当太阳溪上照，午后鸡叫真闹心”[②]（刘重庐），“鸡叫声愁似血滴，空间死寂魂魄枯”（春妙）。

有时候则是下午一声孤单的鸡叫从河边散了的集市上传来，更添了山脚下的孤寂、荒凉：“后晌怪鸡堤上啼”（辉瑾）。

孤独是浪漫主义的病态审美观。浪漫主义的人物如一零笔下的阿勇，阮辉想笔下的丹蟾，世旅笔下的征夫等都因为找不到自己在社会中的位置而感到孤独、迷茫。新诗运动中诗人的孤独、忧伤是小资产阶级的“我”的悲剧，尽管脱离了群众的革命斗争，但是无法融入当时纸醉金迷的社会。春妙和武庭联两人相见痛苦不堪，心态如同纯洁的翠翘要跨入青楼一般。春妙在美荻呆了三年，心情跌到谷底。一方面被纸醉金迷的官僚社会侵蚀，一方面又脱离群众的革命斗争，因此新诗运动中的“我”生活得孤独、失落。每个新诗诗人都抱着“彷徨如同迷失在生活之中”的心态。刘重庐的孤独形象地体现为秋天树林中“迷茫的麋鹿”。春妙也将自己比喻为“被打伤背的麋鹿，不知道何去何从，苦恼地站在黑暗之中”。在新诗运动诗人中，春妙是对孤独感觉最深刻的诗人。在《妓女言》中，他描述了自己的孤独、无助：“妓女心愁似大海/唯有自身怜自身……”[③]

商人、妓女、密探混杂的社会里，每个人都竞相发起国难财，新诗诗人的孤单、贫困是他们为了保持自己的“清白”而自愿做出的牺牲。他们甚至自喻为喜马拉雅山上的火焰，时刻准备着为人类承受千年的冰冷，因此他们为自己

---

① Tuyển tập Xuân Diệu，nhà xuất bản Văn học，Hà Nội，1983，tr. 115.

② Mỗi lần nắng mới hắt bên sông/ Xao xác gà trưa gáy não nùng.

③ Tuyển tập Xuân Diệu，nhà xuất bản Văn học，Hà Nội，1983，tr. 108.

的孤单感到自豪，骄傲，如春妙的《喜马拉雅山》：“用千年的寒冷换来清白/以无声的静寂营造骄傲。”[①]

新诗的危害在于它使人们沉迷在烦闷、忧伤与孤独之中难以自拔。“忧伤”成了“乐趣”，孤独成了一种骄傲，因此人们沉迷其中根本不愿走出来！

新诗出现在20世纪30年代初的革命低落时期，有着其积极进步的一面，但是总体看来，新诗仍然带有浓厚的消极色彩。酒、鸦片、妓女曾一度成为武黄璋诗歌的主题，以至于春妙、辉瑾起来大声疾呼：“文学何时变得这样无耻、裸露？”[②]但是喜欢新诗的青年并不是堕落的一族，他们大部分都是喜欢幻想、沉迷爱情、热爱祖国的城市小资产阶级知识青年。

总体而言，新诗中凝聚着民族精神，反映了人们对自由的渴望。初期，这种民族精神主要受1925到1930年间的爱国革命运动的影响（潘佩珠运动与安沛起义）。此后，新诗中的民族精神日渐淡薄。

世旅在《思念森林》一诗中的老虎一直梦想回到自由搏斗、弱肉强食的森林之中：“咱常活在思念中，往日威武纵横时。回想深山老林处，吼一声地动山摇……”

老虎被“身陷”在动物园中，正如当时的越南民族被外国奴役，因此这首诗为广大共产主义战士所推崇。1930年以前，世旅是一个爱国青年，熟读《越南魂》，努力为潘佩珠请赦，在海防参加革命青年同志会。那些年积极参加革命活动的余音只在老虎的咆哮声中及征夫的形象中隐约可见：“咱是一个征夫客，艰难脚步遍天涯。披星戴月天当帽，风尘认咱忧愁面。”（《河边呼声》）

这个征夫客辞别了家庭，放弃了幸福。人们不知道他的隐秘行踪，但是在他周围总是弥漫着浪漫、梦幻、眷恋的色彩：“应征上路已五年，发乱皆因四方风。”

世旅诗中的征夫融合了背负亡国之耻的知识分子与沉迷于大自然纯粹的“美丽”的文人形象。征夫的形象与一零《断绝》中勇、泰、柱的形象，概兴的《萧山壮士》中光玉、范泰的形象有很多相同之处。在现实中不能成为英雄则在梦中实现，这也许是一种解脱方式。

新诗运动中诗人的爱国之心经常伴随着失败主义。辉通、刘重庐、韩墨子对潘佩珠都抱有同情之心并非偶然。在顺化国学院厌倦地度过数日之后，刘重庐离开学院搬到了潘佩珠的旧居中，之后他又搬到武廉山的家中居住。但是他还是找不到生活的方向！在组织梦游诗社时，韩墨子的三首唐诗《不眠》、《荒庙》、《寺中女子》受到了潘佩珠高度赞扬。

---

① Tuyển tập Xuân Diệu，nhà xuất bản Văn học，Hà Nội， 1983， tr. 151.

② Một thời trõ trẽn. Báo Thanh niên（Sài Gòn）， 1944年1月8日第19期。

韩墨子因赴顺化探望潘佩珠，被法国密探跟踪，将他从赴法留学的名单上除名。1935年，韩墨子作诗《深夜与香江抒情》赠潘巢南先生："为何男女梦中行，香江不动恻隐心。城中许愿香已灭，人们酒醉不问月。"[①]

辉通将潘佩珠视如历史上的英雄般敬仰。他在1935年创作了诗歌《老象》歌颂潘佩珠。他把潘佩珠比喻为一头老象。老象的一生自由而壮烈。但是一帮"卑鄙又无耻"的人用武力侵占了"老象壮丽的山河"，导致老象不得不离开森林，来到陌生的土地上。年迈力衰之年，老象蹒跚着朝家乡走去，竭尽全力"发出心底的呼喊"以警醒自己的同类。老象"震动山林"的嘶叫触动了诗人的心："告别高山与大江，相辞森林与天空。呼唤大象雄伟魂，以为自己告自己。"

1935—1936年间，制兰园在归仁中学求学。归仁是古占婆属地，这座古城对年轻的制兰园产生了巨大的影响。平定湛蓝的天空下伫立着孤独的占婆古塔，消逝的民族留下的孤寂、荒凉让制兰园沉浸在悲痛之中（《在回程的路上》）。当然，制兰园是借用占婆的消亡来表达自己作为亡国奴的悲痛。诗人回忆起越南民族曾经独立、自由、辉煌的历史，亭台楼阁，"在青天下美仑美奂"，一艘艘战船"在静静的河上做着美梦"，"神圣的象群在城边默默漫步"……这些情景贯穿在整部《凋残》诗集中（《在回程的路上》、《战象》、《残夜》、《不灭》、《大鹏》）。《战象》中闪现着亡国之人的深痛回忆。制兰园的《战象》站在家乡荒凉的土地上回想以往的赫赫战功……清冷的夜晚，望着天上孤寂的一颗星星，诗人仿佛回到了古占婆国：

占娘啊笑起来吧
让我忘却一点愁
不见你远走的脚
思念你我占国仇
你看星星在坠落
快快闪身躲一躲
一定是咱魂在游
急忙回到咱占国。
（《残夜》）

制兰园诗中的爱国之情是淡漠的、隐晦的，经常湮没在对过去的唏嘘感慨之中。

1940年后，新诗中的民族精神逐渐淡漠。大部分诗人致力于将历史浪漫化、现代化（如潘可宽的《范泰——琼茹》、《陈湨——李昭皇》）。偶尔提及民族精神也是一种狭隘的民族主义。另外一小部分诗人如深心、陈玄珍等，

① 《公论》，1935年第2、3期。

由于受到了秘密救国文化小组的影响，他们的诗中闪现着失去祖国、失去自由的诗人们的痛苦，如陈玄珍的《独行歌》、《北方雨中的下午》和深心的《送别行》、《肝肠行》等。

民族精神在新诗中集中体现为对越语的热爱。沦陷为法国殖民地以后，越南的官方文字是法语，阮进朗、范文记、陈文从等很多人开始用法语创作、写诗。但是新诗运动的诗人们致力于保护越语，用越语进行创作，丰富越语语言。新诗运动的诗人们将爱国与爱越语相联系起来，因此尽管越南长时间被外国奴役，但越语不但没有被丢弃，反而日益兴盛、丰富起来，可谓是新诗运动的一大贡献。

新诗诗人的爱国之心还体现在对家乡的热爱上。尽管殖民国家的文人极力丑化越南，但是越南诗人在新诗中对祖国山河的赞美却让越南人民更加热爱这片熟悉的土地。阮若法诗中的香积寺；辉瑾笔下河静省香山县蒙山边上深江左岸山下的村落；刘重庐诗中广平布泽山旁的小山村；韩墨子、南珍、阮庭诗、春心、秋红、梦玄诗中“谁家园子碧如玉”的金龙女孩、御山、香江与顺化；济亨笔下平山的山水；制兰园诗中“排排椰树拥影而眠”的平定春色；此外还有碧溪笔下的“谁的笑脸似梨花，潘切江边一片白”。很多新诗诗人，尤其是阮丙将浓郁的乡村气息带进诗歌。在阮丙、团文奎、英诗、衡风等人的诗中，我们可以看到越南北部的乡间美景：西村、东村、雨季的渡口、角落里的茶房、飞檐、长廊……新诗运动是极具民族特色的一种文学现象，越南作家们从北到南都积极参与其中；新诗中的越南是一个统一、美丽、可爱的国家。

新诗诗人一方面在诗中隐晦地表达自己的爱国之情，另一方面又通过其他方式控诉当时封建殖民制度的黑暗。没有任何新诗诗人拥护当时的社会制度与统治阶级，他们清楚地看到当时生活的痛苦，期望能够脱离这种黑暗的奴隶生活，如《思念森林》、《怅惘之人》、《愁乐》、《聊天》、《后来》等诗作。世旅的“怅惘之人”无法融入当时纸醉金迷的社会，在大年三十晚上一个人在街上徘徊，寻找自己的人生理想：“转过脸去，继续往前走……朋友啊！你要去哪里？”

辉瑾经常用“痛世”二字来表达自己对旧生活的态度：既热爱生活，又为生活中的琐事所困扰。生活在旧社会，找不到任何知心朋友，诗人只好回到过去，与古人“聊天”。辉瑾也尝试与旧社会中痛苦的诗人对话：“同一种恨世代相传，都回到这里来吧诗人们！……千古诗人都到这里来吧，世态如此炎凉，我独自一人如何受得了。”（《聊天》）

新诗中的“痛世”也暴露了对生活中受压迫的人们的同情。在此之前人道主义诗人经常提及妓女的生活，新诗继承了这种人道主义，如刘重庐的《江湖》，潘文逸的《悲春娘》，蔡甘的《断肠景》，春妙的《妓女言》。

新诗还提到封建社会的妇女命运问题。她们被封建礼教束缚、压迫，没有自由恋爱的权利，婚姻完全由父母按门当户对的要求包办。阮丙的《失足为娼》深入普通人民的生活，描述了旧社会被婚姻束缚的少女的心态。该诗开头就是即将嫁入夫家的姐姐含泪叮嘱妹妹的情景："妹妹呀你要在家，管理桑园照顾家。妈妈辛勤劳作苦，姐姐一去痛断肠。"少女为自己的命运落泪，同时也是为其他人的命运悲叹："罢了罢了不再说，失足为娼唯有我？桃花褪色梨花淡，绵绵此恨人多少！"

诗人们由自己联想到了家乡、祖国，他们渴望独立、自由，关心下层人民的命运。另一方面，诗人们伤痛的泪也是对封建殖民制度的无声控诉，尽管只是"反抗殖民制度的一声长叹"。

从1935年到1945年，新诗受到了法国诗歌发展的影响：有意境上的，有形式上的，有形象上的，有韵律上的，如：蓝山的《心中的伤痕》与苏利·普吕多姆的《破碎的花瓶》；蓝山的《葬礼》与波德莱尔的《巴黎的忧郁》；制兰园的《战象》和辉通的《老象》与李勒的《大象》；春妙的《飘在半空中的云》与魏尔兰的《银色的月亮》；济亨的《乡路的诉说》与兰波的《醉舟》；辉瑾的《催促》与拉马丁的《湖》；团文奎的《节日的集市》、《庙会》与萨曼的《集市》、《夏日的傍晚》；碧溪的《琵琶》、《蒙琴歌》与波德莱尔的《下午的佳音》；春妙的《远山》、《寄香于风》与波德莱尔的《海鸥》、戈蒂埃的《松树》；辉瑾的《后来》、《聊天》与波德莱尔的《海灯》、《求福》等。

最先受到法国诗歌影响的诗人是世旅。世旅的诗深受法国浪漫主义的影响，尤其是受夏多布里昂的影响。辉通的诗跟雨果的创作相似，同时又或多或少地受到了李勒的影响。但是到1936年以后，越南诗人更多地受到波德莱尔、魏尔兰等人的影响。象征主义理论的影响深入到很多越南诗歌中，如辉瑾的《走在飘香的路上》，春妙的《玄妙》、《月琴》，段富思的《买时间》，碧溪的《乐》、《骷髅头》、《花酴醾》、《现形》等。碧溪、韩墨子受波德莱尔的影响较深。而春秋雅集诗社成员阮春生、范文幸等人受瓦莱里、马拉美等象征主义诗歌的影响较大。为什么1936年以后波德莱尔、魏尔兰对越南新诗有较深的影响呢？

《越南诗人》及其他一些著作提到了表现力方面的原因。新诗诗人们从波德莱尔、魏尔兰身上学到了细致入微的表现手法——深入内心，富于韵律，意象丰富，感情细腻。但是我们认为主要原因还在于越南新诗诗人与波德莱尔、魏尔兰在心态上的相似：群众革命运动在白色恐怖的残酷压制下失败之后，知识分子对社会的不满与厌倦。波德莱尔是一个用无政府主义小资产阶级观念批判资本主义社会的诗人，在这种观念支配下，他曾参加了1848年的工人武装起义。在波德莱尔19世纪50年代的很多诗歌中可以找到1848年革命的印记。诗人在诗中表达了自己对巴黎被压迫贫苦大众的同情。路易·波拿巴的政变使波德莱尔完全失望，开始厌恶政治，对任何政治活动都失去了信心。在1852—1857年反动派执政期间，波德莱尔偏向戈蒂埃的“艺术为艺术”观点，且愈走愈远，从将美与实用相对立，发展到将美与道德相对立。他认为美可以来自任何地方，上至天堂、上帝，下至地狱、阎王（《歌颂美色》）。碧溪《精血》中的很多诗都明显受到了这种观念的影响。巴黎公社失败后，资本主义日益腐朽，资本主义文化随之逐渐衰退，象征主义便在1880年代后半期迅猛发展。象征主义集合了很多在巴黎公社失败后对社会悲观失望找不到出路的大诗人如魏尔兰、兰波、马拉美等。巴黎公社在兰波和魏尔兰的很多诗中都留下了美好记忆。

越南新诗诗人们与波德莱尔、魏尔兰有很多相似之处。尽管属于不同的民族，但是他们作为小资产阶级知识分子对当时社会的不满心态是一样的。他们都同情革命，有的甚至在某个时期直接参加革命运动，但是当革命运动失败后，他们都不约而同地脱离了政治斗争，陷入苦恼、抑郁和自闭之中。

同时，新诗还受到了中国唐诗的深刻影响。如东湖、韩墨子、碧溪等诗人曾经写过唐律诗，郭迅甚至自始至终都只写唐律诗。而其他大部分新诗诗人如蔡甘、刘重庐、辉瑾、云台、深心、武黄璋……等也从家庭中或者从伞沱、吴必素、祝溪等诗人的翻译作品及《金云翘传》、《征妇吟曲》中受到了唐律的影响。另一方面，唐诗与对越南新诗产生巨大影响的法国象征主义诗歌在某种程度上也有些相似。含蓄、深沉、富于韵律、抒情等象征主义诗歌特点在很多中国唐代诗人如李商隐、贾岛、孟郊、李贺等的诗中也隐约可见。制兰园在为郭迅的《古典》所作的序言中将唐诗誉为“最纯粹的象征主义”之源。但是唐诗与新诗的相同之处并不是在艺术领域。新诗诗人们在唐朝浪漫主义诗人如李白、王昌龄、王之涣、崔颢、王维、孟浩然、杜牧、李商隐、温庭筠……的诗中找到了自己熟悉的情感与爱情。

在唐朝的浪漫主义诗歌中，有积极的浪漫主义诗人李白，也有消极的浪漫主义诗人如张若虚、杜牧、李商隐、温庭筠等。晚唐三大诗人也一样身怀爱国之心，他们梦想能够恢复盛唐时代的辉煌，但是现实却让他们日益失望。对现实的厌倦及政治上的失意，使他们转而在爱情和大自然中寻找寄托。王维、孟浩然、刘长卿、韦应物等也是消极的浪漫主义诗人，深受佛教和道教思想的影响。唐朝诗人悲观、消极的态度与越南新诗诗人对现实生活的心态有很多相似之处。当然新诗也受到了李白、杜甫、白居易等唐朝诗人的积极进步影响。

唐诗与法国诗歌对越南新诗产生的影响较为复杂，但是这些影响进入越南之后都被越南化了。刘重庐在《江湖》一诗中的眼泪与《琵琶行》中江州司马的眼泪相似。但诗句“鸡已啼鸣村中乱，黎明时分竹丛欢”极具越南特色。

春妙身深受法国诗歌的影响，但我们仍然能够从他的诗中看到中国文化的痕迹。如他的《夜花》，既有《聊斋志异》中月光下花园里的诡异气氛，也有张君瑞翻墙幽会崔莺莺的影子，还回荡着胡春香古怪精灵的笑声，各种影响互相交集在一起。

唐诗和法国诗歌的影响使越南诗歌与越南语言更加丰富、细腻。由于表达方式灵活，韵律生动丰富，语言形象，新诗比旧诗更具表现力。新诗运动掀起了一场关于诗歌思维、格律的革命，通过“自我”开辟了一个表现自然万物的个体化的新视角——抒情。没有东方与西方的对立，没有传统与现代的矛盾，越南新诗是东方与西方，传统与现代的完美结合，开创了“诗歌的一个新时代”，标志着越南现代诗歌的新发展。

新诗运动是20世纪上半叶越南文坛上的一个重要现象，在1930年代发展辉煌。它对1945—1975年抗法抗美救国战争时期抗战诗歌的发展有着重要的影响。1945—1975年抗法抗美救国战争时期抗战诗歌体现着浪漫与现实、抒情与赞歌、感情与智慧、民族与现代的互相融合，而这浪漫、抒情和民族中，我们总能看到新诗的影子。

第四节　新诗运动的小将：辉瑾

辉瑾是越南现代诗坛上广为人民熟知的诗人，从一个浪漫主义诗人，新诗运动的代表之一，逐渐成长为新社会的出色诗人。他写下了大量优秀的作品。

一、生平与“八月革命”前的创作

辉瑾，越南诗人。原名瞿辉瑾，1919年5月31日生，河静省香山县人。越共党员，越南作家协会会员（1957）。

辉瑾初学农林，后从事文学创作，是20世纪30年代积极主张写新诗的诗人之一。1940年第一部诗集《圣火》出版，获得较高评价。初期作品大部分是吟风弄月、触景伤怀的诗章。1945年7月底，出席在新潮召开的国民大会，当选越南民主共和国临时政府的前身——全国民族解放委员会委员，进驻顺化接受保大皇帝退位。曾任临时政府农业和特别清查部部长。1946年5月—11月，任内务部副部长，1946年12月—1947年7月，任农业部副部长，1947—1949年任经济部副部长，1949—1955年任政府会议秘书长，1955—1984年任文化部副部长，1984年9月任部长会议办公厅文化通讯工作特任部长兼越南文学艺术联合会中央委员会主席，越南文学艺术联合会全国委员会副主席。

辉瑾是越南第一、二和七届国会代表。1996年荣获首届胡志明文学艺术奖。

辉瑾在八月革命前的主要作品有诗歌《圣火》（1940）、《大龄女子的心事》（1940）、《宇宙歌》（1942），散文《求嗣经》（1944）等。

二、"八月革命"前的辉瑾诗歌

童年在乡间的生活孕育了辉瑾的诗魂。生活在一个中农阶层家庭，与乡野和田园劳作的亲密接触，将诗人与农村大地和生活紧密联系在一起，并使之对其产生了深厚的感情，而这在日后也成为辉瑾诗歌灵感来源的深厚根基。香山是一个半山地地区，这里的山山水水别具灵韵："我出生在山麓间，山为日月做脊梁。大地让肌肤清爽，江上风舞似魂灵。"

十三岁时，辉瑾前往顺化学习。从平静的乡下来到繁华的大都市，他的视野与感觉都得到了拓展，也正是在这里，辉瑾开始带着些许忐忑不安和难以抵御的热切期盼接触诗歌。四十年后，当再次回想起那段岁月时，诗人写到："聆听诗篇，激动的内心让我的脸颊似火焰在燃烧，在冬季里映红了那一方庭院。"

从1936年起辉瑾开始有诗歌在报刊上发表，同年他在顺化遇上了春妙，并很快成为知己，无论是文学创作方面还是日常生活中，这份友谊始终推动着辉瑾在创作道路上不断前进。中学时期，同当时的许多知识青年一样，辉瑾读了很多法国文学作品，尤其是14世纪的浪漫主义文学作品，而且尤为珍贵的是诗人学着走近并接触民族的传统诗歌。

1. 首部诗集《圣火》

1940年，首部诗集《圣火》的出版，奠定了他在越南现代诗歌中的地位。《圣火》共包括50首诗。诗集出版后立即得到了当时"新诗"读者的热烈欢迎，辉瑾也因此被推为"新诗"运动极盛时期的代表作家之一。

《圣火》是诗人年轻敏感、渴望与外界交流的心灵感应，他敞开心扉面对生活，却时常感到孤独与失落。

年轻的心灵常常热衷于"我去寻找人，我去寻找诗"（《恳求》）的情怀，他害怕孤单，期望着被人们接受，"噢，去踏青的人们啊，让我和你们一起去，快快把我拉近"（《春》）。这样的心灵容易感受到大自然的活力，尤其是当春天来到，诗人内心的激动与自然界的勃勃生机相遇时，"颤微微地与娇艳的季节相遇，在含苞待放的花枝上，在小鸟的脖颈里。"在《春》中，通过纯洁的心灵与少年那清醒的认识，更让人感受到了春天的娇嫩，"田间弥漫着初春的香气，路边留下的是少年的足迹。绿树花枝诱人伸手相采撷，河中清

凉的春水溢满岸堤。”（《春》）

青春与爱情是新诗中的常见题材。《圣火》中提及的是初谙世事的少年的爱情，是学生的爱情，依然带着几多羞涩茫然，几多躁动不安，是一个与肉欲无关的纯洁的爱情。沿着“香路”走入乡间美景，“路淹没在充满香气的花丛中，他和我共同在香路上漫步，地上铺满竹子和凤尾树的影子”。人的整个身心似乎都彻底敞开，完全融入了充满柔和浓郁香气与美丽景致的大自然中。而年轻伴侣之间的感情也是那么的深沉迟疑与不知所措，“脚与脚相挨，魂与魂相依，静默不语”。他们刚刚经过少年时代，脑海中依然保留着学生时代的美好印象与回忆，保留着纯真的友谊，正如诗人所说那时的“生活尤如十五的月亮般柔美”。

然而正当那个年代的人满怀憧憬劲头十足地走进新生活时，迎面而来的却是殖民地半封建社会那冰封的生活，处处遇到的都是冷漠与无动于衷，“我的灵魂随生活漂流，脚与心同步，身却不随人前进”。找不到生活的出路，人们在对生命的消磨和无望的徘徊中，期待着改变（《徘徊》）。

正如诗人春妙所说，《圣火》是“一本长长的惆怅”（《圣火序言》）。贯穿整个诗集最为突出的一点是一种愁绪，一种广漠的、连绵不断的忧伤。似乎大自然的每一事物，都浸透着忧伤，都会激发人们内心的忧伤，从深夜屋檐上淋漓的雨声，到天高水长，日落鸟归巢的空旷原野，从“山高凉亭密，渡口芦苇稀”的景象，到路上被风吹尽的行人脚印，相依相偎说着情话的伴侣都会引发诗人无尽的思绪。内心的愁绪一旦遇到外界的景物便扩展蔓延开来。辉瑾正是这样借助大自然景象来表达自己那一代人的忧愁。在经历了从“仙梦”和缠绵的爱情中寻找快乐的短暂几年后，处于新诗时代的“自我”依然找不到出路，又回到了内心的孤独与冰冷之中。

辉瑾诗中的忧愁不仅来自自己，更多地与一种社会心态相关，即所谓的“近人世”，其背后的深刻根源是对处于沦陷后祖国山河的悲痛：“少年的心依然为晴雨而抱怨，祖国同样在为江山而忧虑。”（《日后》）

《圣火》是诗人的首部诗集，但在其中已经体现了辉瑾成熟的艺术手法，有些地方堪称精湛。《圣火》的整体音律是低沉轻柔发自内心的声音。面对汹涌澎湃的生活，诗人能够将自己从中隔离出来，融入大自然中，用心聆听来自心灵深处的声音。这种音律可能会使辉瑾的诗略显“老气横秋”，但其仍然有一种独特的魄力，将读者带入其内心深处。

2.《宇宙歌》和《求嗣经》

1940年后，越南社会日益黑暗，新诗也逐渐滑向低谷。《宇宙歌》和《求嗣经》正体现了诗人为给自己的诗歌寻找出路而做的努力。企图逃入大自然和宇宙的这种倾向在《宇宙歌》中得到了更为充分的体现。大自然和宇宙带给了诗人更为旷达与强烈的新感受。由于沉迷自然之中，深刻感受到了天地之间与日月星辰的浩瀚无边，辉瑾写出了许多精彩诗篇，其中不乏壮丽旷达之作如《快乐的数量》，《青天映绿叶》。

由于彻底地与春天大自然的清朗娇嫩融为一体，诗人的灵魂再次感受到了那种清新明亮的感觉："我们穿着春的衣裳，欢欣鼓舞地走在大路上。把馥郁的心思献给生活，身体也随着火焰的节奏而放声歌唱。天上鲜花一齐开放，如同人间妖艳的双颊。"

但《宇宙歌》中的这种愉悦多少带有一种孤独的意味，很多地方的诗句都过于讲究求奇，其形象带有象征的色彩。在当时黑暗的社会条件下，执意扭转身，不肯直面生活中令人痛苦的问题，而是躲入茫茫宇宙，无论如何，这都是一种对现实的逃离。因此，许多时候尽管有意把自己沉浸在日月星辰的世界中，本身却仍无法完全忘却尘世的烦恼，诗句也终究又回到《圣火》中人们所熟悉的那种情感："那遥远的灵魂啊，我们来自地球，忧愁的思绪将苦痛的心灵束缚。漫漫长夜将深更看穿，宇宙的彻底欢乐，减轻人间的愁苦。"（《朝乐》）

哲理散文集《求嗣经》真实记录了诗人对人生与艺术的思考。面对艺术思想的闭塞与困扰，辉瑾致力于寻找通往大自然和宇宙的出路，并为这种超脱的快乐建立起一种理念。他呼吁人们走近造物主，"也许造物的悲伤，天地的清寂，都是因为我们的心灵远离了造物。快快回来吧，快快投入其中，有生活的节奏相送，有人生的潮流推动，那巨大的快乐，那巨大的愉悦，将遍及生命各处。"

辉瑾的诗歌发展道路代表着越南走向革命的一代诗人的整体发展历程。作为"新诗"运动中的一名杰出诗人，辉瑾曾经试图说出充满渴望的青年一代的痛苦心声，并对"自我"加以肯定，但殖民地半封建的社会现实却让诗人感到力不从心；是革命让诗人得到了解脱，带给其美好的憧憬，让他找到了真正属于自己的艺术之声，辉瑾也从而成长为越南社会主义现实诗歌最初的代表作家之一。

作为一名成功的诗人，以其博大精深的文化底蕴，明确坚定的艺术观念和丰富的想象与感悟能力，辉瑾为越南诗坛奉献了富有自己特色的宝贵的艺术之声，极大丰富了民族诗歌的辉煌成就。辉瑾在"八月革命"后的诗歌创作下文将论及。

第五章 现实主义文学的代表作家：武重奉和石岚

第一节　写真主义的著名健将：武重奉

一、生平与创作

武重奉（1912—1939），号天虚，越南兴安省美豪县人。1912年10月20日生于河内一个贫寒的家庭。父亲是一名车工，在武重奉7个月时病逝。幼年丧父，母亲为人缝补衣服养家糊口。15岁时小学毕业，因家境贫苦而辍学到一家印刷厂当打字员。两年后被开除。18岁开始创作，在《河城午报》、《日新》、《海防周报》、《河内报》、《将来》、《礼拜四小说》、《香江》、《印度支那杂志》、《时务》、《骚坛杂志》等报刊杂志上发表作品。1938年初结婚，年底生一女儿。一生生活拮据清贫。1939年10月13日因肺结核去世。年仅27岁。

武重奉一生共写了近20部作品。他的思想受到弗洛伊德和左拉、莫泊桑作品中消极成分的影响很深，作品的自然主义色彩较浓。他的主要作品有《害人的陷阱》、《嫁给法国人的艺术》、《请老师饭》等报告文学和《暴风骤雨》、《红运》、《决堤》、《妓女》、《为情而结婚》、《特等奖》等长篇小说。

1987年和1998年越南先后出版了《武重奉选集》和《武重奉全集》两个集子，集中了武重奉几乎所有的作品。

武重奉1930年开始在《午报》报上发表短篇小说。1931年，武重奉出版了剧本《没有声响》，正式走上越南文坛。也正是这部作品确定了他是一位批判现实主义作家。剧中人物葛顺一家的灾难某种程度上标志着当时经济危机时期普遍的被破产、贫困化、流氓化的现象。武重奉通过葛顺说：“现在钱是天，是佛，只有钱是值得敬奉的，因为它可以差遣任何人，人人都只有敬奉它才能生活。良心？比钱差得远呢！法律？不如钱！老天爷、佛？不如钱！只有钱是人人都要敬奉的，只有挣钱的方法才值得人们念念不忘。”这是武重奉对铜臭社会的有力批判。

武重奉直到他的报告文学《害人的陷阱》在1934年12月5日的《日新》报上发表后才开始响誉文坛。他是当时报告文学的两位作者之一，为越南报告文学体裁走向成熟作出了重大贡献，确立了他在“国语字”散文学中的稳固地位。

多年来越南围绕武重奉曾有过多次讨论，甚至是激烈的争论，武重奉已成为越南文坛长期的重要“文学案件”。直到1986年越南党的“六大”实行革新开放政策后，这个“文学案件”再次引起越南文坛的讨论，得以彻底解决，武重奉在越南文学史上的历史地位得到了充分肯定。

二、长篇小说《红运》《暴风骤雨》

20世纪三四十年代是越南民族与帝国主义、殖民主义之间的矛盾最为激烈和复杂的时期。在这一时期，无产阶级与资产阶级矛盾异常尖锐，各种思潮和意识形态相互碰撞、相互影响，无产阶级革命进行得如火如荼。法国殖民者为了加强统治，在社会上努力推行“文明”、“西化”运动，发展体育，用以麻痹人民的思想。武重奉的长篇小说《红运》便是反映这一时期越南社会世态的作品。

长篇小说《红运》

《红运》揭露了资产阶级所谓的“文明”和他们的伪善。

长篇小说《红运》是其最为成功的两部长篇小说之一。它是一部讽刺性小说，从1936年7月起在《河内报》上连载，1938年成书出版。它讲述了一位社会上的小混混“红毛春”，由于种种机缘巧合，利用所谓上流社会人物的虚伪与迂腐，从一位球场上陪人练球者、整天找机会占球场旁边卖甘蔗小姑娘便宜的小混混一跃成为“把越南从战争边缘拉回来的救国英雄和伟人”，成为人们仰慕的对象。这部小说由于其涉及面广、描写的人物多且性格特点鲜明，成为20世纪30、40年代越南批判现实主义文学作品里面较有代表性的一部文学作品。

《红运》对当局打着“文明”、“西化”和“体育”的幌子肆意践踏越南人的传统美德进行不留情面地讽刺。小说以“红毛春”的“红运”为主线，以上流社会“鸿老爷”一家为主要人物，用独到、犀利的讽刺笔触，无情地揭露了在文明外衣掩盖下的资产阶级上流社会腐化堕落的生活，抨击了当时法国殖民统治者掀起的“西化运动”、“体育运动”和所谓的“女权解放运动”，以及由此造成的对传统伦理美德的践踏和颠覆。

在法国殖民主义者鼓吹的用以麻痹人民心灵的所谓“西化运动”、“文明”和“女权运动”的掩护下，上流社会对传统的美德进行了肆意的践踏。

首先，是对传统“婚姻观”的颠覆。作品塑造了“关长夫人”、鸿老爷的大女儿“黄昏”和二女儿“雪”等一系列典型的人物形象来进行了不遗余力的讽刺。当她们一个个道貌岸然、义正严词地说出她们所谓新时代妇女的婚姻观、恋爱观时，在“黄昏”与情人在蓬莱宾馆相会时，她们的情人要求她们与丈夫离婚并与其结婚，她们的回答却是这样的：

> 不，亲爱的。我只想你做我的情人！如果你做了我的丈夫，那你肯定会戴绿帽子的！与其这样，还不如就让我丈夫替你戴这顶绿帽子呢！现在的妇女，哪个不是这样的？只有丈夫没有情人？这是让人感到耻辱的事情，没有什么幸福可言，这种女人既不聪明也不漂亮，所以没有人喜欢。如果我没有情人，我的朋友们将会看不起我，那我将无法继续活下去了……

这就是当时上流社会所谓“文明”和“新时代”的妇女们所共有的婚姻观与贞节观，在“文明”的外衣下，她们已经是无所顾忌，而且已经成为社会的主流。与其说这是“黄昏”的新时代妇女的宣言，不如说这是武重奉借“黄昏”之口表达对当时社会上妇女的不自爱、不自重、践踏传统美德的行为的不耻和愤慨。

其次，是对传统家庭伦理道德观的颠覆。小说中对给“鸿老爷”的父亲治病及其葬礼进行了大篇幅的描写。小说主人公“红毛春”之所以从一个卖假药的人变成上流社会眼中的医校毕业的医生，正是因为无时无刻不把“文明”和“社会进步”挂在嘴边的文明夫妇想着能早日分到家产，就请了一个他们清楚知道不学无术的小混混来为其爷爷治病。与此同时，“鸿老爷”的大女婿为了早日分到家产，花钱雇“红毛春”在老太爷面前说他是个戴绿帽子的，以此来让老太爷一口气上不来，早日归西。总之，为让老人家能够早日归天，“鸿老爷”一家人无所不用其极。在“红毛春”歪打正着治好了老太爷的病后，他们表面上感谢他，但心里面都恨得咬牙切齿；而在“红毛春”把老太爷气死以后，一家人都把他当作恩人来看待。作者用这强烈的反差和对比对社会上的道德沦丧进行了无情的鞭鞑和讽刺。这就是作者眼中当时法国统治下的越南社会，人们为了一己私利，把父母的养育之恩、家庭伦理道德抛到九霄云外。什么孝顺、什么父母，在他们眼中早已不存在，有的只是个人的利益，个人的得失。

老太爷的葬礼是作者进行浓墨重彩描写的一个重要部分。在葬礼上，人人都感到幸福无比，就连请来担任保卫工作的两个警察也是“极端的幸福”，因为罚不够钱来上交罚金，有工作做就意味着有钱了。作者把这场葬礼描写得几乎成了一桩喜事，这也体现了作者对社会中这种现象已是无比的愤怒，忍无可忍了。他用了这么一句来总结这场葬礼：“这真是一场浩大的葬礼！就连躺在棺材里的人都要幸福地微笑了……”

《红运》批判法国殖民者统治下越南社会的腐败。作者刻划的人物形象包罗万象，栩栩如生：从印支总督到法人遗孀，从投机商人到佛教界人士，从政界到警界等等，涵盖了当时越南社会中几乎所有上层社会人士，讽刺法国殖民者统治下越南社会的腐败是自上而下的、彻头彻尾的，毫无希望的。

半封建殖民地社会本来就充满了矛盾，是一个畸形的社会，本来就是一场闹剧和悲剧。它为当时关注社会，关注生活的作家们提供了丰富的创作素材。法国殖民者为麻痹越南人民的心灵，努力推行西方文明，在越南实行“西化”政策，发动越南人进行体育运动。可是，其殖民者的本质决定了其不可能推动真正的文明。另外，越南残留的封建残余还有着极大的势力，这也决定了越南不可能有真正的“平民”主义，像“红毛春”这样的平民的“红运”，正说明了“红运”不可能降临到广大人民群众的头上。

《红运》的语言生动活泼、幽默有趣，时代特征鲜明。由于《红运》刚开始是以报纸上连载的形式发表的，这决定了小说的语言必须形象、生动。如在描述蓬莱宾馆老板决定转行卖药的时候，作者写道：“他看到文明的浪潮正以梅毒病菌和走私的形式涌向我国，便决定转行。”

这样的语言，既对法国殖民政府所推广的“文明运动”进行了讽刺，又让读者在心里面会心一笑，提起了读者的兴趣。另外，作品中还穿插使用了大量的法语词，使小说带有明显的时代特色，又嘲讽了这些上层人物的奴性心理和假文明的真实面目。

《红运》作为一部批判现实主义的长篇小说，它无疑是成功的。它向我们描绘了一幅20世纪30年代半封建殖民地越南社会上光怪陆离和荒诞不经的现象。种种看似不可能发生的事情在特定的环境和人物心理状态下发生了，造就了小说主人公“红毛春”的“红运”。如果说小说有什么不足，那就是小说开头作者借算命先生的口说出了“红毛春”的命运，为小说后面的情节发展做铺垫，有散布“宿命论”等封建迷信之嫌疑。但这也是可以理解的，因为这是一部报纸连载小说，在一开头抛出一些噱头来吸引读者也是情有可原。有评论认为，武重奉作品的特点是其对劳动人民的冷漠。这是在历史的一定阶段越南文学评论家对其的评论。但是，我们看到，在《红运》中，几乎所有的人物都是以一种讽刺的口吻写的。但在描写到“鸿老爷”一家人在为老太爷的病装模作样忙着的时候，他写到两位“鸿老爷”从乡下来的弟弟和他的女儿。他们不理会“鸿老爷”一家子说什么，只是本着一片孝心，细心地、尽心地照顾着老太爷。这是在这部小说中唯一能看到的人性光芒的存在，而它就存在于平凡的老百姓身上。所以，可以说，武重奉并不是对劳动人民冷漠无情，他只是对这个社会过于失望。他只能对这个社会和统治当局进行无情的、痛快的鞭鞑，而无暇于其他了。正如他所说的：对于我来说，这个社会所看到的全是令人憎恶的：官吏贪污腐败，妇女学坏，男人嫖娼，文人投机取巧，有钱人荒淫无度，农民船工生灵涂炭……

长篇小说《暴风骤雨》

《暴风骤雨》描写一个大地主、大资本家兼议员发家致富的丑史。

在一个静谧祥和的乡村夜晚，一位家世显赫、富可敌国的议员老爷谢庭赫在去省长家送礼的路上，将一位年仅18岁的乡村少女氏汨强奸。谢庭赫原本只是一名普通的泥瓦匠，是通过诈骗、勒索等无所不尽其恶的极端手段发家致富，并强占其旧时工友海云的妻子。氏汨一家在村民的支持下将谢庭赫议员告上了法庭。神通广大的谢庭赫通过其社会关系网，不仅化解了这场官司，反倒诬陷氏汨的父亲违反规定开私塾。

谢庭赫的大儿子秀英是一位接受新学教育的青年，他在其父亲的资助下开办了一家新式学校。秀英对其父亲的做法十分不满，在得知氏汨的未婚夫阿龙正是自己学校的会计后，便极力劝说其父亲迎娶氏汨做妾，并把自己的妹妹阿雪许配给龙。龙是一个在保育堂长大的孤儿，一直视秀英为恩人，对秀英几乎是言听计从。氏汨和龙在经历了最初的劫难后，最终迫于各种压力接受了现实，并对这种貌似合情合理，其实近乎荒唐的安排，逐渐变得心安理得。

然而，在他们的内心，其实一直处在无比的挣扎与矛盾之中。这时，当初被谢庭赫议员陷害并强占其妻的旧时工友海云出现了。海云作为一位国际主义革命战士负责回国协调越南国内党组织合并事宜。他成功地化身为一名江湖人士，以老朋友的身份从谢庭赫那里得到了党的活动经费。同时他也带来了一个可怕的事实：秀英其实是他海云的亲生儿子，而龙则是谢庭赫与海云的妻子所生。这对谢庭赫来说简直无异于晴天霹雳。但谢庭赫毕竟是谢庭赫，他为了能够顺利当选议长职位，竟然当中宣布将自己的亲生女儿雪“下嫁”给龙。而龙却无法接受与自己同父异母的妹妹乱伦的现实，在一次宴会上龙痛苦地结束了自己的生命。

《暴风骤雨》所反映的是一个金钱至上、有钱能使鬼推磨的社会。人们最终会承受自己种下的恶果。谢庭赫不可能预料到氏汨正是自己私生子龙的未婚妻，龙也从未料到自己是谢庭赫老爷的亲生儿子，妻子雪正是自己的同父异母妹妹。故事的结尾，在一个暴风骤雨即将来临的前夜，海云与自己的儿子秀英在码头相别，前往澳门参加国际红色政权会议，预示着越南即将有一场暴风骤雨般的大革命。

第二节 浪漫真实的呈现者：石岚

一、生平与创作

石岚（1910—1942），原名阮祥荣，又名阮祥麟，笔名有石岚、越生、善士、阮祥麟。1910年7月7日出生，河内人，是文学家一零和黄道的亲弟弟。高中毕业后参与了自立文团的《风化周报》、《今天》等报刊的编辑工作。石岚擅长短篇小说。其作品贴近现实，真切地感受贫苦老百姓的命运。1942年6月28日因肺结核在河内去世。

主要作品有诗集《季初的风》、《院子里的阳光》，长篇小说《新的一天》，评论《随波逐浪》、《一根头发》，随笔《河内三十六条街坊》等。

生活中的石岚是个谦虚的人，他不喜欢城市的喧闹，住在西湖边的一间小木屋里。小屋虽然简陋，但十分整洁、敞亮，柳条垂在窗边，景色十分优美，这是石岚创作最好的地方。作为一名浪漫主义作家，石岚爱美，追求美。他认为，“作家的任务是发现美，表现美，使读者不断得到美的享受。”

石岚是一个进步的作家，他真正关心和同情劳苦大众。他的作品有浪漫主义倾向，却也不失现实主义价值。石岚的作品有自立文团的气息但也有自己鲜明的个性。这也是他的作品经久不衰，为青年们喜欢的原因所在。

二、石岚的人物形象

石岚十分善于刻画人物。他的人物可分为三类：

1. 小资产阶级知识分子人物形象

随着越南社会步入殖民地时期，小资产阶级知识分子人物形象出现。1930—1945年间，小资产阶级知识分子人物形象在文学作品中渐渐丰富，在众多描写小资产阶级知识分子人物形象的文学作品中，石岚的作品特别注意刻画小资产阶级知识分子人物形象的心理。

与“自立文团”的其他理想化作家不同的是，石岚的作品更偏向现实主义。一零、黄道等笔下充满了“非常的人”、“浪漫的人”，他们生在大官僚，大资本家等豪门中，不是“情圣”就是“斗士”，动不动就到涂山等风景名胜度假。但实际上，小资产阶级知识分子人物形象日渐没落，生活日渐困难。所不同的是，石岚更加关注写实，关注真实的日常生活，其笔下的人物常穷困潦倒、饥寒交迫，如《饿》、《年青的朋友》、《新的一天》等。

《年青的朋友》中的主人公是贫苦人家的孩子，被学校开除后他流落街头，终日无所事事，生活困难，疾病缠身，家庭的负担，不甚艰辛和耻辱，最终自杀。

有的作品中主人公虽未被置于死地，但却生不如死，如《饿》中的阿生。失业后，阿生夫妇生活极端困难，痛苦不堪，一次大吵之后，阿生砸了所有的家具，把阿梅赶出家门。但随之而来的饥饿又使阿生难受，饥饿难忍之下，阿生投降了。石岚笔下类似的悲剧很多。为了一口吃的，这一人的基本需要，阿生失去了做人的尊严。阿生双手捂脸，绝望哭泣，似乎成了小市民普遍的形象。元鸿也创作了同样的人物形象，如他的短篇小说《一块饼》中的阿兴因为忍受不了饥饿，背着妻子偷吃了一口饼，之后他心里又充满了歉意和自责。但写作手法的不同，阿生的形象似乎比阿兴传神，对读者内心的触动也更大。

如果说《年青的朋友》、《饿》节选了悲剧人物最痛苦的一段经历的话，那么《新的一天》则展现了人物一生与贫困和饥饿相伴的水深火热的生活。阿长是个穷人家的孩子，勤奋好学。在拒绝了有钱人家的女孩后，他娶了他所钟爱的农村姑娘阿征。虽然生活贫困，但他们倒也过得怡然自乐。阿长退学后到了一个商业部门工作，他完全不知道生活等待他的是什么。工资过低使这样一个两口之家都感到入不敷出。夫妻俩吃不饱穿不暖，生活的艰辛使阿长变得脾气暴躁。渐渐地，阿长将这一切怪罪于妻子。他开始打骂阿征和孩子，到街上闲逛。阿征的心里痛苦万分。

偶然的机会阿长遇到了已变成大老板的老朋友阿光。阿光衣着光鲜，已不再是从前老实巴交的穷学生了。谈话中得知阿光拒绝了对老师的救助，这使阿长感到万分意外与愤怒。要知道是老师无偿的帮助才使阿光完成了学业，但阿光却这么回报老师。阿长猛醒了，他开始讨厌商人，甚至讨厌自己的致富梦。他开始觉得自己比富人们更加富有。

与南高的《残生》相比，《新的一天》虽然也涉及市民的穷苦生活，但却未做出反思和斗争，而是一味地自我安慰和逃避，但这种自欺欺人的做法能解决尖锐的社会矛盾吗？石岚没有描写人物内心的挣扎和反思过程，他们并没有觉悟，而是一味忍受和退让。与南高相比，石岚对社会矛盾的思考显得不够深入，但比起自立文团的其他作家来，他对现实主义的探索又显得宝贵。

2. 穷苦大众的形象

1936—1939年，越南人民在党的领导下，掀起了大规模的反抗斗争运动。劳苦大众开始成为社会历史舞台的主角。不仅现实主义作家，浪漫主义作家也开始关注他们。劳苦大众形象开始普遍出现在当时的文学作品中。

民主阵线的活动深深地影响了石岚的创作。他写了许许多多的穷苦人形象，他们生活贫困，度日如年，如《黎妈家》中集市的老婆婆，《一阵怨气》中河内的车夫家，《孩子》中的女孩，《新日子》中的农民。

石岚在《黎妈家》中真实地描写了一个忍饥挨饿，吃了上顿没下顿的穷苦人形象。故事紧紧围绕着一个农村妇女展开，她独自承担着养活十一个孩子的生活压力，其家庭的困难程度可想而知。石岚笔下的黎妈家里十分拥挤，一家人挤在一起睡，跟狗窝似的。

农忙季节是黎妈最幸福的日子。因为这时她才可以找到工作，换得一点粮食回家，看着锅里煮粥的蒸气飘到房檐上是黎妈最幸福的时刻。但是这样的欢乐日子是很少的。冬天一到，田地里就只剩野草，湖泊里也找不到鱼虾，黎妈家此时就完全找不到一点吃的，全家陷入绝境。在迫不得已的情况下，黎妈找到"播"爷家借粮食，但他不但不借反而放狗撵人。黎妈不但没借到粮食反而被狗咬伤。黎妈带着流血的伤口和绝望的心情回家后开始发烧，她朦胧中看见自己的一生，从小到大，从未吃饱穿暖过，仿佛自己生下来就是来吃苦的。

黎妈的死深刻揭露了旧社会的罪恶。地主恶霸强豪都是逼死黎妈的元凶。与"播"爷形成鲜明对比的是"阿福"，他虽然同黎妈一样，生活贫困，但他心地善良，给了黎妈许多帮助。

黎妈的死在某种意义上说是一种解脱，但活着的十一个孩子却犹如掉入无底深渊的人间地狱，痛苦绵绵无期。

在关注农村穷苦人悲惨命运的同时，石岚也把目光投到城市贫民身上。在旧社会，劳动人民深受压迫，过着苦难的生活，这当中又以车夫为最，他们当牛做马极其艰苦，石岚在《愤怒》中，车夫"余"是个典型的悲剧人物。他衣着褴褛，在寒风中瑟瑟发抖。有一回他为了多赚几毛钱而被警察罚款，数额巨大。由于交不上车主的车钱而被打成残废，他不愿回家成为拖累，他的孩子也因病无钱救治而相继死去。

《愤怒》没有局限于对一个车夫命运的探讨，在更广泛深刻的意义上，小说揭示的是许许多多贫苦家庭的痛苦和磨难。作者在深入批判旧社会吃人制度的同时也告诫读者，应该仁厚，宽以待人，也许在某一刻，你的一句不经意的话，不经意的行为对于命运不济的人就是致命的伤害。

在石岚的创作中，特别是描写劳动人民的作品中，"实事求是"可以说是其原则或者说是其标志。与石岚同时代的作家武平说："在'风化今日'的作家中，黄道是理论家，一零是实践者，概兴是抛弃旧生活换取新生活的尝试者。他们的中心思想都是在抽象意义上爱人、爱大众。……注重人本主义的作家是石岚。"在整个童年时期，石岚都居住在海兴的小县城里，他与穷苦大众为伍。在其父过世后，石岚的家庭陷入苦难，他的母亲一个人含辛茹苦照顾他的七个兄弟姐妹。结婚后，石岚夫妇生活仍然贫困，他们生活在西湖边上的一座小房子里。有一次他姐姐去看望他们，看到他们天气寒冷却只盖一小块单被，不忍心就又买了一块厚被子给他们夫妻。正因为终日与贫困为伴，石岚深刻理解了穷人们的悲惨生活和对命运的无奈。在创作中，石岚十分注重忠实于人物情感。他主张创作应该表现人物真实的情感，而不是就某个论题或某种理想去编造人物内心世界。在论文《文章中的乡下人》中，石岚批评有的作家赶时髦："近年来关于农民的作品不少，但一部分作家为了赶潮流或者凭自己所好，抛出一些浪漫人物、英雄人物，许多作家以前并未关注过农村生活，一夜之间就变成了平民作家，乡土作家。" 石岚认为要做一个真正的乡土作家就要"下田扶犁，流汗在野，要观察生活，体验生活，从而了解人物内心世界的秘密。"

石岚对劳动人民优良品质的褒扬持一种慎重的态度。在一零、概兴等浪漫主义作家笔下，劳动人民的许多优秀品质似乎出其本能，是与生俱来的，有人物脸谱化倾向。石岚不认为穷苦人就没有坏品行，他关注他们的快乐、梦想和言行中的美德。在黎妈死后，尽管都很贫困，但乡亲们还是帮她入殓埋葬；在《老兵》中，主人公生活极端艰难却没有丧失一位军人应有的气质，可以看出，石岚的创作与同时代的作家有许多不同之处。

但是，由于没有找到穷苦人生活苦难的原因，没有看到社会中的阶级矛盾，石岚只能停留在对人物同情的层次上，他主观地认为："一点点同情，一点点关怀，就能安慰这些可怜的人。"虽然他这种关怀发自内心，但也只是一种抽象的人道，仿佛这些可怜的人只有随波逐流，安于现状，只有忍受而无法改变。这种特点在其创作的妇女形象中体现得更为明显。

3. 妇女形象

石岚的作品关注穷苦人，其中又以妇女为最。他深情赞扬了越南劳动妇女的勤劳、勇敢和牺牲精神。

"八月革命"以前，劳动妇女不仅受殖民压迫，还深受封建压迫，"在家从父，出嫁从夫，夫死从子"。石岚从一个艺术家的角度看越南劳动妇女身上的美德。不管生活怎么困苦，这些伟大的女性一直保持纯洁的的心灵，如《邻居小妹》中的阿心，《两次死亡》中的阿勇，《三十晚上》的阿慧，《一代人》中的阿莲。

石岚对劳动妇女的描写总是充满深情和敬重。在《新的日子》中主人公二婆命运不济，丈夫死得早，她一人又当爹又当妈把孩子们拉扯大，她承受着物质上和精神上的双重痛苦。在这种情况下，一般人常常会产生愤世嫉俗、消极厌世的情绪，但二婆没有，她仍保持着一颗宽容仁厚的心灵。石岚的母亲就是一位仁厚无私，富有牺牲精神的伟大女性。

邻家小妹的形象在革命前后的农村随处可见，特别是在北部平原。在《阿心》中，主人公阿心就是一个典型的邻家小妹形象。她有着漂亮的外表，但她更有着美丽的心灵。作为一个女孩，一个女儿，一个姐姐，一个妻子，她始终不渝地爱着自己的亲人。每天天不亮她就到集市上劳作直到天完全黑下来，在伸手不见五指的黑夜里独自回家。她时常给弟弟妹妹带些糖果，自己却什么也舍不得买。婚后她一个人挑起两家的生活重担。她不仅要关心自己的弟弟妹妹，还要照顾丈夫一家的起居饮食。随着时间的推移，阿心肩上的担子越来越重，特别是在她有了自己的孩子以后。

石岚笔下的阿心是越南劳动妇女的典型代表，她们勤劳、能干、富有牺牲精神。

生活在半封建殖民地社会中的越南劳动人民经受着非人的压迫和苦难，其中以劳动妇女的苦难最为深重。在《两次死亡》中，阿容是个自出生之日起就开始苦难命运的姑娘。她自小得不到人们的关心，后来又被卖到别人家作童养媳。在“丈夫”家，她动不动就要受到打骂。她的第一次自杀没有成功，没有实现肉体上的死亡，后来经历的种种磨难使她第二次产生自杀的念头。但这一次，她是精神上的成功死亡。这相当可怕和可悲。第二次“死”后，她如同行尸走肉，生命残烛早已熄灭。

在旧社会里，妇女和儿童是最受苦的人。在关注妇女苦难的同时，石岚还将目光投到儿童身上，我们可以在他的许多作品中看到儿童的形象，如《黎妈家》中，她的十一个孩子生活在吃了上顿没下顿，饥寒交迫当中；在《寒风》中，石岚首先关心的是寒风吹到的孩子，严冬将至，孩子们衣不蔽体，这是何等的人间惨剧！

三、结语

越南现代作家概兴认为“如果我们将作家们分成两类：写思想的作家和写感觉作家，那么，石岚毫无疑问属于第二类。别的作家写景写情是为了写自己的思想，但石岚不是。他只写自己的感觉，他只忠于自己的感觉。” 石岚努力探寻人物的内心世界，研究人物的感觉，却把是否有引人入胜的故事情节或离奇的场景抛在一边。石岚记录人物瞬间的感受和真实的想法。石岚描写感觉很到位，在《河内三十六坊》中，他把各种吃的描写得生动逼真、跃然纸上。我们仿佛可以看到、嗅到，乃至尝到这些美食。

* * *

1930—1945年间的越南文学是20世纪越南文学发展的一个光辉灿烂的时期。文学创作非常繁荣、文学表现最多元化，从创作内容到艺术手法有着巨大变革，是越南文学史上空前活跃的一个历史时期。各种流派异彩纷呈，各种文学体裁争奇斗艳，“新诗运动”和“自力文团”等多种文艺思潮和文艺团体相继出现。但归结起来主要是浪漫主义文学、现实主义文学和革命文学占主导地位。

第三部分　充满革命激情的抗战时期文学（1945—1975）

第一章
1945—1975年越南文学综述

在越南历史上，1945年至1975年是一段特殊的时期。漫长的30年间，中南半岛东部这片狭长的土地经历了前所未有的变动和举世瞩目的战争：民族独立、抗法战争、南北分裂、抗美救国战争、国家统一。这是充满斗争和矛盾的30年，既有越南民族和帝国主义侵略者之间为争取民族独立进行的斗争，也交叉着越南民族内部为达到国家统一而进行的斗争。从平原到山区，从城市到乡村，每个角落都因此发生变化；不论男女老少、贫富贵贱，每个人的生活都因此而改变。这是越南历史上个人命运与民族命运联系最紧密的时期。人们不管是主动的，还是被动的，都不可避免地汇入到历史的洪流之中，在激烈的民族斗争中演绎着自己的人生。这一时期的文学作为时代的一面镜子，具有鲜明的历史特征。它着力表现人们的喜悦和激情，勇敢和胜利，同时也反映了人们的悲伤和痛苦，迷茫和无助。

一、历史背景

第二次世界大战爆发后，1940年日军入侵越南，使越南成为日、法两个帝国主义的殖民地和日军的军事基地。在印度支那共产党（越南共产党前身）的领导下，越南人民进行了英勇的抗日反法武装斗争。1944年12月22日，根据胡志明的指示，越南解放军宣传队在越南北部的密林中成立，标志着共产党领导下的越南人民军队建设的正式开始。1945年3月9日，日军发动“3 · 9政变”，踢开法国殖民主义者，独占越南，建立傀儡政权。越南人民掀起抗日救国的新高潮。解放军宣传队和其他武装力量统一改编为越南解放军，不断发展壮大，为发动武装起义、夺取全国政权奠定了基础。1945年8月15日，日本战败，宣布无条件投降，反法西斯战争取得胜利。印度支那共产党抓住大好时机，领导发动“八月革命”。8月25日，阮朝末代皇帝保大在顺化宣布退位。9月2日，胡志明在河内巴亭广场发表《独立宣言》，宣告越南民主共和国诞生。越南历史从此掀开了崭新的篇章。仅仅20天后，法国殖民者卷土重来并于1946年11月对越南发动全面战争。12月19日，全面抗战爆发。在中国等社会主义国家的大力支持下，经过八年抗战，越南于1954年5月取得“奠边府大捷”，迫使法国在《日内瓦协议》上签字。按照协议内容，越南以北纬17度为临时军事分界线，越共及其军队集结到北方，法军撤往南方。越南北方获得解放，从此开始进行社会主义政治、经济和文化建设。在南方，由法国和美国扶持的吴庭艳集团破坏日内瓦协议，于1955年10月成立了“越南共和国”，南北分裂。1960年12月，越南南方民族解放阵线成立。1961年，美国指挥的“特种战争”遭到失败；1964年8月又制造“北部湾事件”；1965年3月把侵越战争升级为“局部战争”。经过艰苦卓绝的抗美救国战争，1973年1月，《巴黎协定》签订，美国从越南撤军。1975年春，越南人民军发动总进攻，经过“西原战役”和“胡志明战役”，于4月30日解放西贡和整个越南南方，实现国土统一。1976年越南举行全国普选，成立统一国会，召开第一次国会会议，改国名为越南社会主义共和国，正式宣布越南统一。

1945—1975年间的越南文学受政治的影响最深。这个时期文学的发展和特点都和时局的变化紧密相连。如果把越南文学发展的历史比喻成一条长河，那么社会历史背景就是这条长河所经过的地理环境。不同的地理环境决定了河流的走向和姿态，河流的运动也会对周围的环境产生一定的作用。20世纪越南文学是越南文学长河中绚丽多姿的一部分，其中1945—1975年的越南文学又呈现出特别的风采。这段河流的地理环境最复杂多变。山川、峡谷、暗礁、险滩层出不穷，使得河流随之改道，形成瀑布急流、分支岔道，水声轰鸣，浪花四溅，爆发出激越豪迈的乐章。经过这段曲折艰险的路程，地势逐渐开阔，支流与主流汇合，整条河流以崭新的姿态向前流去。1945—1975年的越南文学由于处于这样特殊的历史背景，虽然看起来不够浑厚和深刻，但是充满了激情和昂扬的生命力。它继承了20世纪前期越南文学现代化的成就，成长前进，为20世纪后期越南文学的发展积蓄了力量，奠定了基础。

二、诗歌

诗歌善于抒情，利于传诵，一直深受越南人民的喜爱。从文学体裁来说，诗歌能够迅速、及时、热烈地感应时代的召唤，形成创作风气。“八月革命”

后，变化巨大的新生活给人带来强烈的冲击，对于从过去步入新社会的前辈诗人也是艰巨的考验。他们必须和旧的生活决裂，转变创作观念、认清新的道路才能跟上时代的步伐。抗法战争对诗人和越南诗歌的改变起到了决定性的作用。在民族存亡的斗争中，民族主义、爱国主义的情感被激发，集体意识占据主导地位。诗人们逐渐跳出“自我”的局限，关注国家和民族的命运，赞美爱国主义、集体主义和英雄主义，从“小我”升华到“大我”，以新的审美眼光和语言风格创作出大量充满激情的崭新诗篇。他们的代表是春妙、辉瑾、制兰园、济亨、刘重庐、深心、陈玄真、云台、英诗等。革命战争需要文艺工作的宣传支持。到处掀起了诗歌创作的热潮，人们不论语言的雅俗，不拘泥于形式，不管是专业还是业余水平都积极地表现眼前的生活，抒发自己的感受。同时各地创办了大量的文艺刊物，设立创作奖项，不仅为新作品的传播提供了条件，而且培养了大量新的文艺创作人才，如崔友、阮庭诗、政友、黄中通、红原、明慧、春勉、桢堂、范虎等新一代诗人。

1945—1954年抗法战争期间，越南诗歌较“八月革命”前的诗歌不论在内容还是语言方面都有了新的发展并展现了全新的面貌。这一时期的越南诗歌从艰苦的抗战和火热的生活中来，塑造了新的英雄形象，刻画群众的内心变化，控诉法国殖民者的野蛮暴行，洋溢着革命乐观主义精神，富有现实意义。诗歌语言质朴生动、感情真挚单纯，表现形式丰富多样，具有强烈的感染力。代表作品有素友的《开路》、《妈妈啊》、《越北》，陈梅宁的《山河情》，政友的《同志》，光勇的《卖杂货的姑娘》、《西进》，阮庭诗的《祖国》，明慧的《胡伯伯今夜不眠》，英诗的《武陵的故事》，黄中通的《地裂之歌》，陈友椿的《访稻》等。

1954—1964年是越南诗歌成长的十年。抗法战争胜利，国土南北分裂。越南北方开展社会主义建设，推动全国反对美帝国主义和伪政权，争取解放南方、统一国家的斗争。这一时期越南诗歌内容主要是歌颂社会主义建设，北方人民对南方人民的思念、对国家统一的渴望，揭露敌人对革命者和爱国群众所犯下的罪行。诗人们深入生活，用热情的笔触抒发自己对社会主义事业由衷的热爱，用深情细腻的语言表达对南方强烈的思念。经过长期的积累，不论是老一代诗人还是新一代诗人都焕发出旺盛的创作生命力，写出了大量思想性强、艺术性高、表现形式多样的作品，逐渐形成了各具特色的艺术风格。代表作品有素友的《劲风》，辉瑾的《天越来越亮》、《鲜花盛开的土地》、《生活赞歌》，济亨的《南方的心》、《对话贤良江》，阮庭诗的《战士》、《黑海之歌》等。

1964—1975年是越南诗歌繁荣壮大的时期。抗击美帝国主义，争取民族解放、国家统一的正义战争把人们紧紧凝聚在一起，形成不怕牺牲、不畏强敌的战斗精神和对祖国的无比热爱之情。诗人们深入战区，亲历战争的激烈残酷，用手中的笔颂扬英勇的人民军战士。这一时期的诗歌除了战争主题，还深情地歌颂祖国，讴歌社会主义建设事业中的劳动者，赞美生活中美好的东西。诗人们不仅用丰富多样的语言来表现真和善，而且显现出对美的追求。这是越南诗歌在“八月革命”后近20年新生活的锻炼中成长进步后自发的要求，是诗人们在思想认识成熟后对民族文化、人生哲理、艺术价值的更高追求。因此，这一时期的越南诗歌数量最多，形式多样，内容丰富，语言生动，逐渐体现出越南民族文化的特质和审美追求。代表作品有制兰园的《祖国如此美丽》、《新的对话》，辉瑾的《祖国》、《真理》、《同禄三岔路口》，春妙的《生活从不烦恼》、《高高的嫩酸果》，济亨的《郊外之春》、《地下的问话》，政友的《站岗的灯》，黄中通的《越南啊，我们歌唱》，陈友椿的《我的祖国越南》、《稻子》，范进聿的《灯火》，平越的《爱情和警报》，黎英春的《越南站立的姿态》，阮美的《红色的别离》，杨香骊的《幸福的诗篇》，意而的《走过我们的人生》，春琼的《海浪》，陈登科的《咱村的稻米》，吴文富的《鹧鸪》、《夜耕》，海鹏的《绿洲》，武高的《守桥人》等。

三、小说

“八月革命”后的一段时期内越南小说的创作似乎没有迅速跟上形势，作品很少，远远比不上诗歌的数量。究其原因，是小说这种文学体裁的特点所决定的。小说的创作要求作者对现实细致的观察，深入的思考，同时还要有对小说基本要素足够的把握能力。简单地说就是小说创作，特别是长篇小说的创作比诗歌创作复杂，对作者的创作水平要求高。如何转变思想观念，如何描写新的社会生活、塑造社会主义新人，老一代作家们需要观察生活、积累素材、思考创作的时间。“八月革命”后新一代作家还需要时间来学习、摸索、实践。

随着抗法战争的全面爆发，不少文艺工作者背起背包，走上前线，深入基层，扎扎实实体验生活，经历了战火硝烟的洗礼。作家们一手拿枪，一手握笔，创作出了反映时代风貌的新作品。1950年前发表的小说主要是短篇小说，代表作品有南高的《一双眼睛》，金麟的《捡来的媳妇》、《村子》，胡方的《嫩草》。抗法战争后期，长篇小说陆续问世，代表作品是武辉心的《矿区》，阮庭诗的《冲击》和阮文俸的《水牛》。1953年苏怀出版短篇小说集《西北的故事》，其中《阿甫夫妇》最为成功，并于1960年改编成电影剧本。

抗法战争结束，越南北方的主要任务是社会主义建设和反抗美伪政权、争取国家统一。紧接着是抗美战争开始。作家们经过长期的体验生活、积累酝酿，爆发出极大的创作热情。从20世纪50年代后期直到70年代初期，大量的反映不同题材的长篇、中篇、短篇小说问世。具有史诗风格的长篇小说代表作有阮辉想的《与首都共存亡》、友梅的《天空》、元鸿的《海口》、阮庭诗的《决堤》、阮明洲的《战士的足迹》、潘泗的《我和敏》、苏润伟的《静静的河流》等。相比之下，这一时期的短篇小说显得更加繁荣，成就了众多的新生作家，如阮诗、元玉、英德、潘泗、阮坚、阮狄勇、吴玉佩、武氏常、麻文抗、阮光申、阮明洲、黎明奎、杜周、阮凯、阮光创、阮成龙等。代表作品有阮凯的《花生收获的季节》、阮光创的《一把象牙梳子》、阮明洲的《月儿在林梢》、潘泗的《回乡》等。

四、纪实文学

越南文学术语中，“Ký”是和诗歌、小说、戏剧并列的一种文学类型，包括多种文体，主要有散文、笔记、回忆录、游记、日记、通讯、纪事、随笔、自传、杂文、政论笔记……。根据这一定义，我们把“Ký”统称为纪实文学。

因为“Ký”具有及时快捷准确报道时事新闻，反映焦点话题，描写真人真事的特点，能够有助于作家们完成忠实记录历史的崇高使命，所以在越南20世纪60、70年代得到了迅猛发展，空前繁荣，成为文艺战线的“排头兵”。抗法时期的代表作品有陈登的《首都行》、《安世林中》、《攘街战役》、《准备》，南高的《距敌据点4公里》、《越北的路》、《刚解放的地区》、《林中日记》，阮遵的《欢乐之路》，武秀南的《12号公路》，苏怀的《去南方之路》、《滔江上游》，阮辉想的《高谅纪事》，阮庭诗的《永安详记》、《今年秋冬》，阮克次的《清香战役》等和许多关于奠边府战役的纪实作品。抗美救国战争时期的代表作品有制兰园的《愤怒的日子》，阮凯的《他们活着并战斗着》，裴显的《大路》，胡方的《我们在绿洲》，陈梅南的《狭长的土地》，阮诗的《钢铁土地上的事迹》、《持枪的母亲》、《土地的憧憬》，陈庭云的《像他一样生活》，阮德顺的《不屈》，陈孝明的《九龙风浪》，洪洲的《雄壮的长山》，春韶的《路上的战斗》，英德的《金瓯来信》，阮遵的《沱江》等。

五、文艺思潮和主旋律文学

以上评述的诗歌、小说、纪实作品主要是越南共产党领导下的北方文艺工作者的文学创作。这些作品以爱国爱党爱社会主义、反抗帝国主义侵略者为主题，描写越南军民团结一心，克服一切艰难困苦，获得了民族解放统一的最后胜利，洋溢着英雄主义和革命乐观主义的豪迈气概，极大地教育和鼓舞了人民群众。这些作品符合印度支那共产党（今越南共产党）所领导的文化方针，是激励越南人民勇敢前进的精神武器，具有鲜明的时代特色，是1945—1975年间越南的主旋律文学。

1943年，印度支那共产党发表《越南文化提纲》，明确提出文化阵地是共产党领导活动的三个重要阵地之一。知识分子都要参加革命文化工作。新的民主文化以辩证唯物主义和历史唯物主义思想为指导，以民族、人民民主和社会主义为根本，以社会主义现实主义为创作方法，以“大众化、科学化、民族化”为基本原则。《提纲》成为“八月革命”后印度支那共产党的文化方针，为1945—1975年间的文艺工作指出了明确的道路。“八月革命”后不久，印度支那共产党又号召文艺工作者“文化抗战化，抗战文化化，思想革命化，生活群众化。”新老作家在时代的洪流中，在党的文艺方针的指导下，创作出大量的主旋律作品，为教育群众，鼓舞士气，提升民族自信心，增强民族凝聚力发挥了不可磨灭的作用。

多年以后的现在，我们客观地审视1945—1975年间越南的主旋律文学，发现能够超越时空、具有强大生命力的作品并不多见。社会主义现实主义的创作方法几乎成为“文学为政治服务”的代名词。整个文艺创作过于关注“社会主义”，而忽视了“现实主义”。因此，主旋律文学的思想性强于艺术性，人物形象“高、大、全”，缺乏应有的艺术个性和感染力。1945—1975年间的有些文学作品几乎成为照相式的反映，抒情性弱，叙事性强，英雄赞歌多。有些作品让人分不清是小说还是纪实文学，是诗歌还是故事。也许这正是1945—1975年间越南文学的主要特点，漫长的战争，动荡的生活，作家们没有时间、没有合适的距离来冷静思索，只能用激情式的书写来完成自己当时所肩负的历史使命。

六、南方文学

越南当代文学史上存在着一个很大的盲点。这就是1954年《日内瓦协议》签订后至1975年西贡解放前的南方文学。由于历史的、政治的原因，有关南方文学的内容一直被有意或无意地忽略或回避着。除了那些南方革命作家的作品外，我们能够从文学史上了解到的南方文学似乎只有“反动颓废”这样简单的评语。北纬17度线把越南一分为二，南方和北方成了完全不同的两个世界。在20年的时间里，南方人民的内心世界经历了怎样的变化？南方的文学到底如何？由于资料的不足，我们还不能作出全面的把握和准确的判断。

2007年3月，越南南方出版公司首次重印了1975年前南方作家的作品，包括杨俨茂的4部小说《天上的眼睛》、《也罢》、《容颜》、《小弟的笛声》和黎川的《芒乡月》。杨俨茂的小说语言质朴，感情真挚，不局限于时空的限制，描写看似平淡轻松的现实带给人的困惑，探索人们内心的生存忧虑，把读者引入哲理性的思考。南方文学的存在是真实的，不是“想象中的”。我们相信，随着研究的深入和自由，越南当代文学史一定会以忠实的态度弥补上这段长久的缺失。

第二章
爱国情感升华：阮庭诗、春妙、辉瑾、制兰园

第一节　越南一代文豪：阮庭诗

阮庭诗（1924—2003）是自越南文化救国小组成立以来20世纪越南新文学的代表作家。他既是一位在文学艺术领域有突出贡献的作家，又是越南文艺界的主要领导人之一。

一、生平和创作

阮庭诗，越共党员，越南作家协会会员（1957），河内武石乡人。其父亲曾在东洋邮局任职，曾有段时间在老挝工作。阮庭诗就是在其父亲在老挝工作期间，于1924年12月20日出生在老挝琅勃拉邦，小时候和家人一起生活在老挝。1931年回国，先后在河内、海防和堤岸居住过，并在河内、海防等地上学。家庭的这种“迁居”状态使阮庭诗从小就比较了解祖国各地的情况。1941年，17岁时的阮庭诗又回到河内求学并参加学生运动。1943年与阮辉想、元鸿、如风、南高、苏怀等人一起参加文化救国小组，负责《独立报》并任《先锋》杂志编辑。他曾两度被法国殖民者监禁：一次是1942年在河内，一次是1944年在南定。1945年，阮庭诗出席了新潮国民大会并被选入越南民族解放委员会。1945年“八月革命”后，他任文化救国小组秘书长，第一、二、三届国会代表，第一届国会常务委员会委员，国会宪法起草小组成员。抗法战争时期，亲身参加了许多战役并进行文学创作。1948年任越南文艺协会执委会副主

席。1952年入伍，担任308师首都团的营副教导员直至奠边府战役结束。这段经历使他对战士的生活有了深入的了解。1955年调越南文艺协会工作，1956—1958年任越南文艺协会主席；1958—1989年连任越南第一、第二、第三届作协主席；1958—1995年任越南文学艺术协会全国联合委员会（原越南文学艺术联合会）副主席；1995—2003年任越南文学艺术协会全国联合委员会主席。2003年4月18日在河内逝世。

主要作品有诗集《战士》、《黑海诗篇》、《清澈的河流》、《阳光》，短篇小说《今年秋冬》，短篇小说集《泸江畔》，长篇小说《冲击》、《决堤》、《上战场》、《空中战线》，剧本《黑麋鹿》、《梦》、《涛声》，文学评论集《关于艺术的几个问题》、《关于文学的几个问题》、《当前文艺思想斗争的一些问题》、《小说家的工作》，少儿故事集《小猫的节日》和《阮庭诗选集》等。

阮庭诗在文化救国小组秘密活动期间，发表了一些文学评论文章，后来分别收集在《关于艺术的几个问题》、《关于文学的几个问题》、《当前文艺思想斗争的一些问题》和《小说家的工作》等集子里。1944年在《知新》杂志上发表的《歌谣和古代故事中越南民族的生命力》一文引起越南文坛的广泛关注。

1945年“八月革命”胜利，越南民主共和国成立后不久，法国殖民者卷土重来。1946年12月，越南全面爆发抗法战争。阮庭诗1947年创作了歌曲《消灭法西斯》，鼓舞人民进行抗法斗争。这首歌成了越南在抗法、抗美救国战争中的一首著名歌曲。

阮庭诗是一名文学理论工作者和文学评论家、诗人、小说家。他在文学理论和文学批评方面的作品收集在《关于文学的几个问题》和《小说家的工作》两本书中。阮庭诗在这两个集子里向读者展示了从1945年到1964年越南文艺界的一些重要事件，论述了党在具体历史阶段的文学创作思想，及时为文艺战线上的思想斗争指明方向。

阮庭诗开始创作的时间较早。1955年访问苏联后，创作了《黑海诗篇》。另外，阮庭诗还创作了《富利人》、《维川的小孩》、《致南方监狱中的兄弟姐妹》、《秋日午后思念胡伯伯》等作品。他的诗歌真诚、深刻而又别具特色，在读者心里留下深刻的印象，如《思念》、《江山》和《分别在河内的夜晚》等。

从20世纪50年代中后期开始，阮庭诗很长时间没有发表诗作。直到1967年他才又创作了诗歌《分别在河内的夜晚》。他的诗现在都收集在《战士》、《黑海诗篇》、《清彻的河水》、《阳光》四部集子里。

阮庭诗在抗法战争初期，主要从事评论文章、诗歌及音乐创作。1948年才有小说面世，直到小说《冲击》问世后，他才算正式步入小说创作领域。他的创作清一色是战争题材，我们知道从1945年的“八月革命”开始直到1975年胡志明战役的胜利，越南连续抗战的30年，民族独立、祖国统一是越南的中心任务、神圣愿望。这一时期文学的主要任务是为抗战服务，文学作品主要通过塑造英雄人物形象来宣传、颂扬爱国主义、革命英雄主义和革命乐观主义，鼓动人民群众积极参加抗战，因此许多作家都集中精力创作战争题材的作品。阮庭诗当然也不例外。

二、阮庭诗的诗歌

阮庭诗诗歌、小说、戏剧创作的主导思想是歌颂祖国和民族。了解了阮庭诗的情感，了解了那个充满苦痛的年代，我们就会明白他在抗战期间所创作的诗是如此强调所有权和当家作主的精神。国家的命运已经改变，于是他向读者们展示了现在和过去整个天地、河山、田园所发生的变化：

这是我们的蓝天
这是我们的山林
清新的田园
宽阔的道路
翻滚的河流
我们的国家
永不屈服的人们
（《江山》）①

阮庭诗在他的诗中所塑造的受殖民者、法西斯和封建主义多重压迫、处在水深火热之中的贫穷落后的越南形象对读者具有深刻的感染力和影响力。如他在写到敌人的罪恶时表现出非常的气愤：

抢我口中粮
泪水滴入碗
洋人与土豪
欺压在头上
（《江山》）

阮庭诗的诗善于表达为民族独立和人民的幸福而战斗的人们的思想和情感。在国家南北分裂、全民族艰苦抗战的岁月里，面对敌人，面对死亡，他们勇敢、坚强、沉着、自信：

咱手中紧握钢枪

① 越南作家协会：《抗战诗》（1945—1954），新作品出版社，1986年，第268页。

赤脚踏平鬼子营
衣虽破心中有党
狂风暴雨不动摇
（《越北故乡》）

阮庭诗探索并了解为革命理想而奋斗的人们丰富多彩的内心世界。他不单单写革命诗歌，他也创作爱情诗篇，如《无言》、《分手》、《在鬼子据点边写的诗》、《思念》和《姜黄花》等。这是一系列的优美情诗。爱情诗在九年抗法战争时期极为少见，情诗在当时就像是被禁止了一样，人们都不涉及这方面的创作，担心自己走向旧的朦胧、消极的情感倾向。因为当时的越南正处在水深火热中，他们的作品都集中在反映工农兵抗击外侵、积极生产的生活。所以阮庭诗的情诗显得新颖独特，更显其珍贵。事实上生活是有其正常的、自然的规律的，不管抗战如何艰苦，人们需要民族共同的感情，但不能没有个人的感情，需要英雄的赞歌，但也不能没有情歌。抗战时期的人们需要前赴后继的不断战斗，但爱情不会因此而走开。阮庭诗大胆地跨越当时人们普遍的心理障碍，为这个主题的诗歌创作做出了积极的贡献。这些作品的新颖首先体现在情感的内容上：

星星在为谁而闪烁
照亮战士山中之路
火把为谁把寒夜照
温暖千里战士的心

我爱你正如爱祖国
不尽的艰辛与悲痛
我思念你啊每一步
每个夜晚每一口饭

夜间星星从来不灭
我们相爱战斗终生
林中火焰熊熊燃起
我们相爱自豪做人
（《思念》）①

除了《思念》，阮庭诗的许多作品都体现了个人与集体、人本与革命等种种情感的融合。且总是以爱国情为基础，给男女恋情增添了新的时代色彩：

我们相爱战斗一生

① 越南作家协会：《抗战诗》（1945—1954），新作品出版社，1986年，第267页。

我有了你
就像天空有了太阳
爱你，使我爱所有的人
（《分手》）

以往作品中爱情的主题大多是离别、相思。阮庭诗也写离别与相思，如《无言》，《分别在河内的夜晚》等。但在阮庭诗的诗中出征的一方更多的是女性。为了战胜敌人，走上战场的不仅仅只有男人，还有女人。这种痛苦深深地感染了读者。人民战争的意义由此更加深入人心。特别是《分别在河内的夜晚》给读者留下了一种平静、新鲜而健康的印象。抗美救国战争时期首都的年轻人并不需要借星光和火光来遥寄相思，他们用很有“河内特色”的方式来分别，相互立下了充满信念的约定：“让我们牢记彼此吧，相约在打败美帝后。”诗在结束时这样描写恋人分别的场景：“亲爱的，让我紧紧拥抱你和你肩上的长枪。”

这个“拥抱”意味深远，无法用别的词来代替。只有通过这样的行为才能表现出年轻人相思情感的高潮，也只有这样的刻画才能清晰地表现出战争时期正在战斗着的人们的爱情。

当然，读者也会在阮庭诗的诗中偶尔感受到普通人的一种情感。在《无言》中，恋人分别时那种“雨水浸湿双鬓”，那种“何日再相聚，犹疑不敢问”的心情表现出一种十分的寂寞与难舍。又如在《回家》中，战士望着寂静河畔的故乡，“田野上细雨纷飞”，忍不住担心妻子在“战火纷飞的夜晚，你带着孩子去哪？”

在艺术表现方面，阮庭诗希望“诗句像日常对话”，能塑造“健康、顽强、真实、质朴”人物的形象。虽然阮庭诗的诗以传统的五言诗、七言诗、六八体诗和八言体诗为主体，但总的来说他更倾向于自由诗。因为自由诗诗体能更好地抒情，更自由地表现人们情感的纠葛、生活的苦难及深刻的思考。自由诗更能展示人们内心的声音，且这种新的韵律和节奏也更为大众所接受。阮庭诗的诗既有雄壮、激烈、光辉，又有抒情、歌颂、陶醉，还有沉思与平静。阮庭诗的诗具有浓厚的时代感和故乡情。越南著名文学批评家怀青认为阮庭诗为越南诗歌的发展做出了积极的贡献，使越南年轻的革命诗歌更加多样化。

三、阮庭诗的小说

阮庭诗的短篇小说数量不多，几乎都是在抗法战争时期创作的，收在《泸江畔》（1957）集子中。这部小说集记录了一些简单而生动的生活和战斗故事：攻击敌据点的战斗（《据点英雄》），伏击敌船的夜晚（《泸江畔》），人民关心部队、爱护部队的故事（《白衣服》，雨季中一个机关在越北深山老林里的情景（《雨季》等。在这些作品中，阮庭诗刻画了抗战中军民高尚的心灵。这些作品是阮庭诗在部队工作、和战士们一起行军战斗时创作的。

这些短篇小说的价值主要在于它们的真实性、深刻的思想内涵以及丰富的情感。《白衣服》、《伤兵阿贤》等作品像是优美的散文。但是，确立阮庭诗在小说创作中的地位的作品是《冲击》。以后又陆续出版了《上战场》、《空中战线》和两卷本长篇小说《决堤》。

阮庭诗的《冲击》所表现的精神是很珍贵的。阮庭诗和当时大多数作家一样，在革命需要的时候，克服种种困难来到部队，和战士们一起生活，全面而真实地反映部队的战斗生活。

《上战场》和《空中战线》这两部小说也是写革命战争的，但阮庭诗向读者展示了越南人民军队的成长历程。以前那种“衣衫褴褛，赤脚、土枪”的状态已经成为历史，现在的军队又增加了坚固的现代化兵种和先进的武器。

阮庭诗的《上战场》反映的是两代人共同持枪战斗的军旅生活。以阿春为代表的父辈们已经在抗法战争中经历了种种磨难，现在以阿当为代表的下一代仍然要肩负重任继续战斗。这两代人团结合作、互为补充，为人民军队不断注入新的力量，保证了抗美救国战争的胜利。

《空中战线》题材新颖，表现了阿良、阿本、阿六等年轻的英雄形象。他们正成为现代军事技术的主人，成为祖国领空的主人，与号称拥有最先进技术、力量最强大的美国空军相抗衡。他们之间的团结合作精神是实现抗美救国战争取得胜利的坚实基础。

《上战场》和《空中战线》注意发掘人物的内心世界，笔法明快，韵律感强，结构上首尾呼应，让读者感到，不管战争多么艰苦，生活仍要有节奏地继续下去。但这两部作品的不足之处是对现实的残酷、艰险反映不够，人物的内心世界还较简单，人物语言也没能深刻地体现出人物的个性化。

《冲击》和《决堤》是阮庭诗最具代表性的两部长篇小说。

阮庭诗的《冲击》描写平原地区战役胜利的过程中的许多抗法战争时期人民战士的感人形象：阿通、阿谷、阿敏，及连部的阿产、阿柯、阿棣，还有联络员阿磊、补给员阿曾、班长阿那、排长阿贤等。他们个性鲜明：指导员阿产镇定、坚毅，外冷内热；连长阿柯思想较为浪漫，像一个勇敢的城市学生；副连长阿度急躁、率直；阿通伶俐而老练；阿谷能吃苦、心地善良；新兵阿敏俏皮、对战争的艰苦还认识不足；老战士阿磊聪明、质朴且正直。人物栩栩如生，他们自愿加入革命队伍，勇敢地投入到战斗之中。

在《冲击》里，为了更好地突出人物性格、拓宽小说的主题，阮庭诗很注意刻画一些动人的场面：阿柯和女友阿里短促的一次相遇在阿柯的心里掀起了一阵莫名的冲动；阿谷与曾和自己一起给地主作苦力的老人阿得的一次谈心激发了阿谷对敌人的仇恨、更坚定了他战斗的决心。阮庭诗用整整一章的篇幅来描述阿柯与阿里最后一次见面的悲壮场景。阿柯那些听不清的话语、特别留出来怀念女朋友的一点时间以及他为战友、为祖国的最后一点担忧，这些情景无不让人感动。

在《冲击》里，阮庭诗所描写的战斗非常激烈，复杂情况难以预料。为了取得胜利，战士们不但要有准备随时牺牲的勇敢精神，还要有清醒的头脑和判断力，不但要发挥个人的能动性还要重视与战友的密切合作，同生死，共存亡。如运输队员们顶着冰冷的雨水在寒风刺骨的夜里行动，他们的行动沉着而不失生活节奏，有愉悦的笑声，有嘀咕不清的说话声，甚至还有开玩笑。这些声音合在一起表现出了他们乐观、不畏艰难险阻、坚决为抗战服务的精神。《冲击》是几十年来，直到今天仍对读者具有吸引力的、为数不多的抗战文学作品之一。

阮庭诗的另一部代表性的长篇小说是《决堤》。这部作品共两卷，第一部写于1962年，第二部完成于1970年。它反映的是1945年秋越南全国总起义前的革命运动过程。

《决堤》反映了从第二次世界大战初殖民统治法西斯化开始到人民夺得政权止这样一个漫长的历史时期。塑造的人物形象众多，有来自不同国家、不同阶层、不同年龄、不同职业的五十多个人物。在这历史革命洪流中，他们正生活在河内、海防、鸿广煤田及良江两岸广大农村地区。

这部作品的一些主要人物集中在几个家庭中。如阿克、阿娟等革命家庭，阿桂、阿瑰等农村家庭，阿安、阿山等城市家庭，阿会、阿东、阿四等小资产阶级家庭，广利、美兰等站在对立面的家庭，还有议员阿卿夫妇等。这些家庭的悲欢离合有着其阶级根源，具有重要的社会意义。

阮庭诗对小资产阶级知识分子阶层比较了解。他在作品中刻画了一些私塾老师、作家、画家和音乐家。他们为生计的艰难而烦恼，精神上、思想上很忧郁。他们原本都怀有伟大的理想抱负，有的想要建立一个真正的教育系统，有的想要创造一个具有民族特色的艺术体系，但这些梦想都被殖民地社会的黑暗所扼杀了。

《决堤》与越南当时其他批判现实主义作品相比，其不同之处在于它展示了小资产阶级知识分子走向革命的各种不同的道路。教师阿恬走向了战区，阿会与自己的家人在农村生活并成为当地的起义领袖，阿四在临死之前还及时地画出了自己最得意的作品：一幅鼓动全民支持越盟抗日的宣传画。

《决堤》还成功地反映了工人在议员阿卿等人的压迫下的贫困、痛苦的生活。土地被霸占，劳动力被剥削，幸福被践踏，人格被踩在了脚下……这就是以阿桂、阿瑰等人为代表的枕村和碛乐村村民的命运。但在他们的心中仍然有美好而高尚的理想，他们具有牺牲精神，具有同甘共苦、友爱团结的精神、具有坚强不屈的气概。老人四砖的壮烈牺牲、阿桂的让人怜惜的死亡、阿瑰的痛不欲生以及许多家庭恶劣的环境等感人至深的描写都体现了阮庭诗对农村生活丰富、具体而深刻的了解。

《决堤》中的阿凤是阮庭诗用心刻画的人物。阿凤是一个性格复杂、极具个性而又带有悲剧性的人物。阮庭诗希望通过阿凤来反映那种内心悲苦、绝望挣扎的人物形象。阿凤是旧社会的牺牲品，在她的身上我们似乎看到了安娜·卡列尼娜这一类人的影子。

这部作品的主要不足在于没有充分地体现出当时那种"决堤"的汹涌势头，描写东潮战区、各地起义和1945年总起义的片段还比较简单公式化。

革命战争小说当然不能缺少对共产主义战士的刻画。在第一部中，阮庭诗较为成功地刻画了阿克这一人物形象。阿克这个共产党员虽然没能在革命中很好地表现自己的聪明才智和组织能力，但他在战斗中顽强拼搏、对敌人不屈不挠、对朋友同志敦厚善良、对家庭和爱情情深意切的人格魅力得到了充分的展现。直到今天，阿克仍然是越南小说中少数刻画得较为成功的共产党员形象之一。这部作品中有不少关于阿克的精彩片段，阿克的生活和牺牲都清楚地表现了民族主义精神和共产主义理想的顽强生命力。在第二部中，虽然阿克牺牲了，但他对战友们来说永远是一种无形的、巨大的鼓舞。

《决堤》属于多主题、多线索和多面性结构的长篇小说。第一部受古典小说的影响，尤其受列夫·托尔斯泰等俄国文豪的影响。第二部，阮庭诗有意识地摆脱这些前辈的影响，故事发展节奏加快。《决堤》还受到越南其他大家的影响，比如阿会就能让我们联想到南高《死亡线上的挣扎》中的阿次，其中的有些情节还让我们联想到石兰的短篇小说。

阮庭诗用自己特有的逻辑秩序来组织故事情节的发展，在刻画人物的个性和发展道路上有他自己的特点。《决堤》是阮庭诗创作道路上的一个重大成就，也是越南现代文坛上的一部重要作品。

2003年4月18日16时22分，河内，越南一代文豪阮庭诗的心脏永远停止了跳动。

阮庭诗逝世后，越南国会常务委员会、祖国阵线中央委员会、文学艺术协会联合会全国委员会、越南作家协会成立了由祖国阵线主席范世阅，文学艺术协会联合会党组书记、副主席陈环，越共中央委员、中央思想文化部常务副部长红荣，国会常务委员会委员、国会青少年儿童文化教育委员会主任陈氏心丹，文化通讯部常务副部长韦重算，中央财政管制委员会副主任阮光临，文学艺术协会联合会副主席、党组成员武降香，越南作协主席、党组书记友挺，音乐家协会主席仲鹏，戏剧家协会主席阮仲魁，河内市委常委、人民委员会副主席阮国兆组成的阮庭诗治丧委员会。

阮庭诗的葬礼2003年4月23日在河内隆重举行。越共中央总书记农德孟，原总书记杜梅，中央政治局委员、中央书记处书记潘演，越南祖国阵线中央委员会主席范世阅，国会副主席阮文窈，副总理范家谦，中央组织部长陈庭欢，中央思想文化部长阮科恬，河内市人民委员会主席黄文严等领导人和257个党、国家、国会、政府、祖国阵线中央委员会以及群众团体的代表团出席了遗体告别仪式。国家主席陈德良、总理潘文凯、原国家主席黎德英、原总书记黎可漂、武元甲大将及党和国家其他领导人、老革命家送了花圈。越南祖国阵线中央委员会主席范世阅在葬礼上致悼词。

第二节　春妙：从情歌王子到革命诗人

春妙是20世纪越南著名诗人，他在越南诗坛乃至整个文坛上都占有重要地位。“八月革命”之前，春妙就已经在新诗运动中崭露头角。“八月革命”成功后，他创作了大量的诗歌和文学评论文章，为越南文艺理论和诗歌的发展做出了重大贡献。

一、生平与创作

春妙（1916—1985），原名吴春妙，河静省甘禄县人，1916年2月2日生于平定省绥福县。从小开始跟着在平定省执教的父亲吴春寿学习中文。1934年就读归仁中学，1935—1936年就读河内保护中学期间，在《风化报》上发表了处女作《那只手》。1936—1937年就读顺化中学时结识了辉瑾并与之结拜兄弟。1938—1939年，身为“自力文团”成员的春妙一边在升龙私立学校任教，一边在《今日报》上发表诗歌作品。1938年12月当代出版社出版了他的诗集《诗》。同年，今日出版社出版了他的小说集《金松粉》。1940—1943年在美荻税务局工作。1943年秘密加入越盟。1945年在河内参加“八月革命”。1946年当选越南民主共和国第一届国会代表（1946—1960）。1946年12月至1954年，在越北战区负责越南之声广播电台的文化故事专栏，1948年当选越南文艺会执委会委员，1949年加入印度支那共产党，1957—1985年连任越南作家协会第一、二、三届执委。1985年被越南社会主义共和国授予一级独立勋章，同年12月18日逝世。1996年被授予首届胡志明文学艺术奖。

已经出版的作品有诗集《诗诗》、《长歌》、《寄香于风》、《国旗》、

《在金星下》、《光明》、《母子》、《星星》、《公私》、《金瓯山——握手》、《一片玫瑰》、《双重浪》、《我富有一双眼睛》、《吾魂双翼》、《清歌》等，报告文学《出访匈牙利》，随笔集《越南南部和千里越南人》、《山河会议》、《阵痛的越南》、《涨潮》、《魂系越南》等，评论文集《青年与国文》、《诗声》、《我的思想道路》、《对诗歌的批评介绍》、《与青年诗人对话》、《刀要磨才利》、《走在大路上》、《陈济昌的诗》、《读阮劝的诗》、《长青树》、《磨铁成针》、《信息量与灵魂工程师》等，考证集《喃字诗女皇胡春香》、《民族诗豪阮攸》、《伞沱研究》，翻译诗集《保加利亚诗人》、《越南古典诗人》（第一集）、《越南古典诗人》（第二集）、《春妙诗选》、《春妙情诗》、《春妙情诗》等。

二、“八月革命”前的情诗创作

20世纪30年代的越南骚动不安，春妙就是在这样一个充满彷徨和期待的时刻踏浪而来。“八月革命”前的春妙激情澎湃、热爱生活，希望双手像常春藤一般紧紧拥抱自己的青春，双脚像树根一样深植于大地吸取营养，让自己细细地品味人生。

春妙的内心是一座随时可能猛烈喷发的火山！他创作了大量的爱情诗。新诗运动的主要内容就是爱情。春妙爱情诗热情奔放，“紧贴住你的双唇”、“进入你的灵魂”，享受彼此身体的温暖，“双唇紧贴在一起，胸口紧靠在一起”；有的相隔千里，两地相思，“向你所在的远方望去，不敢望得太久”，或者“我伤心，我思念，啊，我思念你！天天默默呼唤着你的名字！”；有时请求“轻启朱唇，说一声爱我”；有时乞求“给我一点爱吧，浇灌我那干涸的心灵”；有的情意绵绵，两人坐在一块，“相看两不厌”；有的沉重、压抑，因为心上人远嫁他人，或香销玉殒。在年轻的春妙看来，相爱就是为了爱，爱就是相爱的唯一目的。

园中艳阳鸟欢闹
少女观露映朝阳
为何初春这般媚
原来玫瑰加笑容

阳光照耀高树梢
金树迎日叶喧嚣
香风吹来本无意
却让梅枝碰桃花

柳枝垂青真美妙
鲜花盛开如歌唱
情侣对对在漫步
鸳鸯双双戏水中

少女第一次听见
抑扬顿挫唱痴迷
粉面桃花青春色
却使他人心悠悠

少女忐忑等一人
不曾相约在新春
想着远方那少年
少女微笑在心间
（《春天的微笑》）

《春天的微笑》堪称是春妙爱情诗的代表作。春天美丽灿烂，少女春心荡漾，“暝暝中等待着一个人，等待着一个没有约定的约会”。诗人的爱炙热澎湃，尽管知道“那些紧紧追寻爱情的痴心人只会陷入加倍的痛苦当中”，诗人还是宁可绝望地爱着，“我生来命苦，上天注定要一辈子强忍泪水，任凭爱情把我辜负”。春天也带来了烦恼。好花不常开，好景不常在，春天就将被别的季节代替。春妙认为越珍惜青春，青春就越短暂。岁月给人们留下的只有虚无与死亡，只剩下一个愤怒、哀怨的声音：“宁愿用百年的孤寂，来换取霎那的辉煌”。最后，历经了青春与爱情洗礼的诗人只觉得“我的灵魂象座黑夜中的孤岛，只能与寒雪、冷月为伴”。

春妙热情地歌颂美丽的爱情，唤出了青年人的心声。春妙的浪漫主义创作风格继承了伞沱等人的诗风，汲取中国和法国浪漫主义诗歌之精华，擅长运用各种声音、色彩和形象，细腻地表现个人的情感。

三、“八月革命”后的诗歌创作

春妙在“八月革命”后迎来了创作的第二春，诗人放声歌唱祖国不断涌现的新事物和取得的新成就。《国旗》（1945）描写了金星红旗的巨大号召力，“四千年的旧山河，在金星红旗下又焕发了青春”，“爱国青年挺起胸膛，祖国处处涌现变化，坚定一心只为救国，双手紧捧金星红旗”。

……

谁曾听说游击军?
提到丹心溢感激。
战士们啊英雄们,
青春年华似玉璧。
神圣祖国在召唤,
立在旗下去抗敌。

胸中怒火在燃烧!
军歌嘹亮震天响!
肩扛钢枪去杀敌,
头戴钢盔待出发。
溪水磨剑利无比,
刀映月光亮堂堂。
心随红旗在飞扬,
赤脚一样上战场!

民兵穿戴家乡色,
棕黄黑绿样样全。
大小样式各不一,
短衫长袍遍地走!
干饭竹笋充饥饿,
渴喝山间溪流水。
行军劳累就地歇,
身卧稻草头枕秧。
没有蚊帐没有帘?
只有心灵来催眠。
缺吃缺穿缺军需,
英雄心有全富足!

战斗一场接一场,
国土一寸也不让!
亭格银山接连胜,
武崖山石皆惊恐①!

① 亭格,银山,武崖:地名。

黄花探安世再现[①]，
山河处处笑开颜。
平原频传新鲜事，
巴围湖畔女兵队[②]！
高山成立新战区，
改变山河之疆界。
边界天天在变化，
村庄不断在增加。
四方清冷无颜色，
朝朝向着越北望。
人间还有豺狼豹，
天上清平应没寇。
下面惊恐恨无边，
祖国在上避恨辱。

祖国魂在解放区，
外面江山还黑暗。
这里游击刀光闪，
金星红旗迎风飘。
红旗似眼深夜睁，
似火把山顶燃烧。
红旗似太阳永照，
温暖千千万万家。
时刻坚守神圣心，
永远飘扬完使命！
（《国旗》）

1946年初，法国殖民者有意挑衅，企图扼杀年轻的越南民主共和国，越南第一届国会召开紧急会议商讨国策。此时，身为国会代表的春妙创作了一篇热情澎湃的《山河会议》。几个月后，他又怀着满腔的愤怒写下了《19日晚的首都》。这一时期，诗人充分展现了对革命的热情与真挚。

抗法战争爆发，越南政府被迫迁都。春妙也扛起背包，开始了新的生活。他感到人民战争与人民的伟大，而这种伟大来自于乐观。他在抗法战争期间共创作了四部诗集：《金星下》（1949）、《清晨》（1954）、《母子》

① 黄花探：人名；安世：地名。
② 巴围：地名。

（1954）、《星星》（1955）。贯穿其全部作品的是一种革命乐观精神。

正如诗人所说，他在抗战初期仅仅实现了理论上的觉悟，“还是陶醉于自我，因此作品还不够接近现实生活”。1951年的整风运动帮助广大文艺工作者运用马克思主义审视自我，从思想上保证了文艺创作的先进性。

土改期间，春妙坚持与最贫苦的农民“三同”：同吃、同劳动、同斗争。他的作品中第一次出现了贫雇农翻身闹革命的内容。诗集《母子》是这一时期最成功的作品之一。

1954年，越南取得了抗法战争的胜利，春妙也在革命的道路上获得了丰硕的成果。他实现了渴望周游世界开阔视野的宿愿，先后去过法国、中国、苏联、匈牙利、印度等国家。他融入人民的伟大事业，不停地创作。

诗集《公与私》中的《泪》这首诗把新旧社会的眼泪进行对比。在旧社会，人们不能不流泪，因为“宇宙到了尽头，世界到了末日”。人民翻身做主人后，流下了幸福的泪水。抗法战争胜利，“公私”问题从根本上得到了解决。人们亲切地“握手”，共同眺望破浪前行的“金瓯角”，祖国一片生机勃勃！

《扁担》（1959）表达了他对党的感激之情。党代表着“2000万越南人民，长山山脉是他们的扁担，4000年文明史是他们的肩膀”，“金字塔是宇宙中的奇迹，胡志明是最亮的星星！”

1954年日内瓦会议后，越南南北割裂，春妙时刻想念着南方，想念着哺育了他的那一片蓝天碧海。《金瓯角》收集了诗人大部分关于思念家乡的作品。

美帝国主义在越南南方扶植傀儡政权，破坏越南的和平与统一。战争很快蔓延到了全国，历史步入了新的阶段。春妙也整装待发，准备以新的热情投入到新的战斗中去。

经过革命战争的洗礼，春妙以敏锐的“双眼”，任“灵魂展翅飞翔”，尽情歌颂新人新事新生活：胡志明领导的越南阳光明媚，人民坚持劳动、学习和建设，连风都雄纠纠、气昂昂。春妙与人民同流汗、同吃苦，用心观察着人民的所思所想。革命成功后，无数新颖事物强烈地吸引着诗人，年过四十的春妙依然热情澎湃。爱，让一切变得美丽，让一切充满了意义。

春妙的创作历经了“八月革命”前后两个阶段。“八月革命”为整个越南民族带来了翻天覆地的变化，春妙的诗歌创作也发生了根本性的变化。“八月革命”前，春妙认为“我是独立的，是第一的，没有朋友”，“八月革命”后“我愿与人民同呼吸、共命运”。但有一条主线始终贯穿着八月革命前后的春妙，那就是充满着青春活力。

1945年“八月革命”取得胜利，春妙“第一次看见人们如此全心全意地投入，去救灾就象赶庙会一样热闹”（《第一个秋天》）。高高兴兴地去救灾，高高兴兴地参加抗战。“现在的生活真是年轻，我活了30年，现在才发现身边的时间和空间无比的年轻。即使到了六十岁，我也同样地年轻。”春妙从群众中找到了永远年轻的生活。青春是永恒的，也正是诗人毕生所追求的。他“张开双臂，拥抱金星”。他拥抱金星，拥抱祖国，拥抱人民。明确的生活目标确保了他旺盛的文学创作力。

四、结语

春妙在文学创作中的一贯风格是对生活的热爱，其变化是由从前的幻想变成了今天的现实。爱情题材集中体现了春妙的这种一贯性和变化性。“八月革命”前，春妙笔下的青春与生活范围狭窄，只是属于两个人的世界。爱情是他当时唯一的主题。“八月革命”后，爱的主题在《国旗》、《山河会议》等诗作中得到了延伸：爱人民，爱祖国，爱劳动，爱社会主义，爱五湖四海的朋友，爱党爱领袖。

春妙的语言大胆纯朴，感情真挚，形象生动，感染力强。他从起初的宣传自我到后来对祖国和党的歌颂，从浪漫主义诗人转变为革命诗人，走过了很长的一段路程，为越南文学的发展做出了宝贵的贡献。春妙的发展道路为文艺工作者提供了许多经验。真正的作家必须有活跃丰富的内心，有强烈澎湃的感情，不断研究、学习和开展艺术创作。春妙的宝贵经验就在于密切联系群众生活，积极参与现实生活。真正的作家必须是真实的自己，表达自己真实的思想与情感。

第三节　辉瑾“八月革命”后的诗歌创作

辉瑾的生平与“八月革命”前的诗歌创作在前文已经介绍，本节不再赘叙。

“八月革命”后辉瑾积极参加越盟的各种活动，在政府中被委以重任，很快由一个富有梦想的知识分子成长为一个革命干部，思想意识有了根本的转变，而作为一名诗人，其艺术思维的转变，却需要一个长期的过程，需要不断地深入革命生活才能有深刻的转变。在抗法战争期间，辉瑾的创作很少，也没有突出的成就。直到1958年才创作出较为成功的作品《天越来越亮》和《百花盛开的大地》。随后，《生活的诗篇》和《我的双手》获得了巨大的成功。面对新生活发出的感慨，将辉瑾的诗推向成熟的顶峰。

抗美救国战争时期，辉瑾及时进行诗歌创作，鼓舞人们的士气，歌颂越南人民在伟大的民族战争中所表现出的崇高品质和英雄主义。

辉瑾“八月革命”后的主要作品有《天越来越亮》、《百花盛开的大地》、《生活的诗篇》、《我的双手》、《扶董天王》、《六十年代》、《苗族姑娘》、《英雄少年聚会》、《近战场与远战场》、《母亲，妻子》、《山精水精》、《阳光中的房子》、《又在播种》、《辉瑾诗歌选集一》、《鸟儿带来风》、《辉瑾情诗》、《东方的潮水》、《辉瑾诗歌选集二》、《辉瑾诗歌》等诗集。另外还有：《对艺术的思考》、《回首诗歌中的一场革命》、《越南文学》等。其中《阳光中的房子》和《又在播种》是其在抗美救国战争胜利后的两部力作。

一、1960年前后辉瑾的诗歌创作

《天越来越亮》、《百花盛开的大地》、《生活的诗篇》这三部诗集记录了辉瑾在八月革命后的稳步发展与成功。

1. 对新生活的肯定与积极参与

“八月革命”后，辉瑾在艺术道路上的发展，首先表现为他通过艺术对新生活的肯定与积极参与。

在此之前诗人曾充满渴望，想寻找生命的活力，寻找快乐。在《圣火》中，诗人那年轻的心灵，还是很容易随着青春生活在大自然中的各种表现，而产生种种感动，期盼得到生活的认同，却往往又陷入孤单之中。贯穿辉瑾诗歌始终的依然是无限的痛苦与懊恼。在《宇宙歌》中，诗人试图让自己沉湎于自然与宇宙的快乐中，然而事实却是依然无法完全忘却尘世的烦恼。

《世纪心间》（1946），是诗人在“八月革命”后的第一首诗，它肯定了人类在历经战争灾难后，奋勇崛起的顽强生命力：

把握世纪心间
倾听从骨髓中飞扬出的
来自前生的不安心声
听脊骨唱响雄伟之歌
它源自正在奋起的千万代人
（《世纪心间》）

加入抗战队伍后，由于随机关深入农村，前往越北，有条件接触群众生活，辉瑾开始从身边的日常生活中发掘出新的诗歌灵感。诗人通过平易近人的表现手法，再现了同胞情、祖国情：

在这里与同胞共处
熟悉的人
熟悉的胡同
无比快乐
（《在工作地附近》）
熟悉的河流记得那渡船
记得码头上老牛的叫声
（《谁回到了梅岭、祝山》）

前往矿区深入实际之行使辉瑾诗歌灵感再度升华。在矿区的八个月，诗人与矿工生活在一起，目睹他们勇敢的劳动生活，聆听矿工们为解放而英勇斗争的故事。这对诗人而言，是对工人阶级的一种发现，是其诗歌创作灵感发生深刻转变的决定性因素。因此，辉瑾将《矿区》放在诗集《天越来越亮》的开篇，绝非偶然。在此之前，辉瑾诗中几乎见不到人的影子，而只有造物主与诗人“自我”；如今，不仅仅是人，而且是劳动者，连同其生活、命运和美好的品质一起涌进了辉瑾诗中。面对劳动人民的生活和品质，诗人无比激动与钦佩，他急切地想将现实生活中的细节，甚至那些普通劳动者的姓名年龄直接写入自己的诗歌中，如《财乐哥》、《阿房的斗争故事》、《卖米粉的裘伯》、《锦普的五个英雄女孩》等。诗人使用一种近乎直白、浅显的表达方式，并不加以修饰，有时甚至是让人物用自己的话语进行表白。正是这些诗给辉瑾的诗歌带来一种现实生活的真实感，而这在之前辉瑾所创作的诗歌中是从未有过的。

2. 回首过去，肯定现在

为肯定新生活，辉瑾常常回首过去，并将其与现代的新生活放在一起加以比较，从而更加珍惜革命给人们带来的新生活。这似乎也是“八月革命”革命前的诗人认识生活的一条有规律的道路。如果说制兰园“从个人的痛苦深渊走向大众的快乐平原”道路，常常与诗人本身的思想斗争，和他那一代人所面临的问题相关，从而摆脱昔日的形而上和对人生的悲观，那么对辉瑾而言，他的诗中所提及的则是更多的人甚至是整个民族的过去。

在描写矿区的诗篇中，辉瑾在很多地方都提到了工人阶级艰难而顽强斗争的往昔。无论早年的一些作品，还是后来的那些令人感动的故事，如关于“财乐哥”和“卖米粉的裘伯”的一生，或“锦普的五个英雄女孩”的事迹，都让诗人更加深刻地认识到了人民群众痛苦的过去，和奋起反抗的强大力量，从而更为透彻地理解了革命解放人民的意义。在《生活的诗篇》中，诗人进一步认识到“母亲、姨妈、姑妈”过去的苦痛生活，尤其是通过《西方寺里的罗汉》的塑像这一颇具特色的形象，看清了农村的“地狱”，这些既具体生动又富有概括性的塑像，让诗人更加深刻地感受到人们在旧社会的艰辛与苦难。

站在今天的角度回首往昔，辉瑾越发体会到先辈们为寻求出路所走过的艰难历程：

诗人对过去的认识与以前已经大不相同，已不再是以那种“复古”的心态去寻找昔日那已经消逝的美景，而是通过催人泪下的的悲剧，令人伤怀的挣扎，和人们对新生活的渴望，得出了对旧社会本质的深刻认识，更体味到新生活的价值。进入抗美救国战争时期，辉瑾对过去的认识又有了新的发展，他开始发掘民族传统的优秀品质以增强人们对抗战胜利的信心。

3. 歌颂新生活

辉瑾以敏感而细腻的心灵从丰富的日常生活找到了诗歌创作的灵感。诗人肯定新生活、新社会是美好的，因为它充满着活力，它使自然和人类恢复了生机。诗人通过描写一个美好的清晨，感受到了生活的幸福：“你给了我今天这样的清晨，清丽的莲花在西湖上绽放。你给了那样清凉的一片天，像明净的河水流淌在两行绿树之间。”

大自然、家乡和祖国是辉瑾诗歌中的重要题材，“描写大自然、家乡和祖国是辉瑾的长处，在这方面，似乎诗人开拓出了自己心灵中最为高尚纯洁和深远的一片天地。”（春妙，《辉瑾的诗歌世界》）诗人对童年、家庭和故乡的土地、田野和自然景物有着深厚的感情。走进田野，辉瑾似乎就回到了自己心灵的摇篮。

辉瑾诗中的家乡美丽亲切，富有传统甚至是古老的气息。他那位于山麓地区的家乡，连同他少年的回忆和故乡辛苦操劳的父老，常常出现在他的诗歌中。当然还有其他许多地区，但无论是马江、朱江流域富庶的乡村，还是拥有“山精水精”美丽传说的巴围山区，都一样的美丽动人。

辉瑾的诗歌中随处可见造物主与大自然的影子。如果没有了金色的阳光，湛蓝的天空，翠绿的竹叶，初生的嫩芽，带有香气的土地与草木，我们难以想象辉瑾的诗将会是什么样子。但诗人并没有仅仅停留在写景上，他的诗也不是“田园”诗，他常常借助大自然来肯定生命的力量，寻找人与大自然的交融点，使人们的生活变得更加丰富和纯洁。

写社会主义新生活，就要提到劳动和劳动者。在辉瑾的诗歌里，有很多对大自然与造物主的描写，而其中心依然是突出劳动者。如《打鱼船队》就是通过一些虚实相间的形象，描写了在一望无际的海天之间劳作的壮丽场景：

我们的船乘风扬帆
滑行在高高的白云
与平静的海面之间
停泊在辽阔的大海

排好阵，撒开鱼网
（《打鱼船队》）

在辉瑾的诗中有许多的劳动场面，他写陶器工人、木匠、渔夫、伐木工人的劳动，写农民在田间的劳动。劳动者的美好形象与金色的阳光，蔚蓝的天空和湛蓝的大海相互映衬。辉瑾就是这样善于发现劳动的美好，告诉人们劳动的美好。

辉瑾喜欢描写幸福的家庭生活，如《得知孩子学习走路》、《聆听孩子的呼吸》、《母子》、《少年与月亮》等诗作。

诗集《我的双手》（1967）是辉瑾为少年儿童创作的。这部诗集中的题材，多取自儿童生活中常见的事物与情景，如青蛙、蝉、虾、风车、风、夏日的中午，或者是来自人们所熟悉的家庭亲情，如父母对子女的感情，兄弟姐妹之间的感情，或是历史故事，少年英雄事迹等。

辉瑾的诗擅长深入儿童的世界，使他们在面对自然界和身边的生活时，产生对家乡和祖国的纯真感情。这种感情那样的淳朴可爱，深深吸引着少年："千万片树叶的间隙。如午间朦胧的睡眼。连树影也静静躺在，静谧无声的庭院里。"

蟋蟀那划破夏日午间寂静的尖叫，让少年儿童惊讶不已：

少年轻声呼唤蟋蟀
知道它习惯藏在茴香枝下
蟋蟀猛然尖叫
惊落了枝头的柚子
（《夏日的中午》）

《我的双手》通过描写少年的双手教育人们爱劳动是这样的美好：

晚上睡觉时
采来鲜花与我同眠
花放在脸颊旁
花与心相偎抱
我的手刷牙
牙齿像茉莉花一样洁白
我的手梳头
头发散发出梅花的光彩
（《我的双手》）

二、抗美救国战争时期辉瑾的诗歌

抗美救国战争给辉瑾的诗带来了新的变化，为其开辟了新的道路。抗美救国战争时期，辉瑾曾多次前往充满硝烟与战火的第四联区和北部的许多地方，针对战争中的许多事件与问题，诗人都及时地发表了自己的见解，相继出版了《六十年代》、《近战场远战场》、《英雄少年聚会》、《母亲，妻子》等诗集。《六十年代》在战争初期对民族和时代做出了思考与推测；《近战场远战场》写抗美救国战争时期面临艰巨的挑战，带有浓厚的时事政论气息；《英雄少年聚会》、《母亲，妻子》则通过越南少年与妇女的形象，集中歌颂了越南民族在抗美救国战争中所表现出的崇高品德。

在抗美救国战争时期诗歌中，辉瑾的诗歌具有时事性，倾向于肯定和歌颂在这场伟大的抗美救国战争中，越南人民所表现出的英雄主义和美好的精神。辉瑾诗歌中的形象极其丰富，有巍峨的咸龙大桥，有安瑞海区民兵队长，有写在海防墙上的书信，有同禄三岔路口十个英勇姑娘和永灵地道中人们的生活。诗歌直接描写战斗生活，辉瑾依然是对战斗中的人们，尤其是他们的心灵和情感最为敏感。在描写咸龙这座记录了抗美救国战争初期显赫战功的大桥时，诗人没有直接描写激烈的战斗场面和巨大的胜利成果，而是去发掘胜利背后的强大力量，人们将自身命运与战争融为一体的崇高品质和为之付出的巨大牺牲。

面对战争中越南妇女所表现出的美好情操，辉瑾感慨万千。在她们身上集中体现着勇敢、英雄和温柔贤慧，她们代表着越南民族的坚韧品质。

抗美救国战争时期，辉瑾的诗歌创作主要源于其对时事政治的敏锐感应，源于他的概括能力和具有哲理深度的推想。辉瑾的诗源自社会生活，富于思考，往往从一个具体的事件展开联想，发现其政治社会意义，发掘其哲理内涵。

在同禄三岔路口这个通往南方的重要地段，英勇的排雷姑娘用自己的牺牲换来了巨大的胜利，由此诗人想到了人生和民族的三岔路口，想到了在重要历史关头的正确而勇敢的抉择。（《同禄三岔路口》）

辉瑾对生命情有独钟，他认为越南人民有一种永恒的生命力，无论敌人有多么强大，都无法将其消灭。越南人民的战斗是进步与残暴的斗争，是生命与死亡和毁灭的对抗。辉瑾通过自己的诗作让人面对战争的残酷始终保持一种平静自信的心态。（《中午时分》）

在抗美救国战争时期，辉瑾继续创作了大量描写祖国家乡和农村的诗歌。其中有描写人们所熟悉的田间劳作的，如插秧、打鱼、选种、修筑水利工程；也有写兴安省蜜蜂的；还有写丰收季节巴围的鸡叫声，等等。

在辉瑾的诗中，洋溢着劳动的节奏和民族的美好传统，人们熟悉的越南农村生活。如今，心细的辉瑾在田野的香味里又捕获到了新的灵感。

（《土香》）

走进田野，诗人为自己的心灵找回了一方熟悉的乐土，许多时候他都想和身边的景物融为一体：

多想生出翅膀，变成一只小麻雀
从碧绿的稻田飞向辽阔的天空
多想变成一只鲈鱼，在水中翻腾
潜入红河、泸江那清凉的水中
（《水利之歌》）

辉瑾有善于倾听的心灵，有敏锐的感应能力，无论是在大自然中的一个微小生物身上，还是从天空、日月、宇宙这样的宏观概念上，辉瑾都能感受到生命力的存在，他总是对造物主、大自然和生命有着特殊的感应，他能聆听到时光流逝的脚步声：

外面，秋天到了
闻到了果实中果仁的香味
听到了树枝间树脂的静谧
看到了风儿在催稻子成熟
缤纷飘落的树叶改变了季节
（《成熟》）

在抗美救国战争时期，辉瑾的这些诗歌证明了越南民族在敌人的残酷破坏面前，所表现出的顽强的生命力、自信心和坦然，都源于敌人炮弹无法毁灭的人们深厚的生活根基。辉瑾的心灵常常为家庭亲情、故乡情怀所感动，革命斗争和战争硝烟中的同志感情，更是能激发诗人的创作。对生命的关注体现了诗人对生活的热爱。

诗集《活着的日子就有诗》写于1973至1974年间，当时巴黎协定刚刚签署，越南北方已停止了枪声。诗人的情怀又回到了熟悉的往昔，回到了身边的日常生活，回到了生产劳动建设，回到了大自然，重新对生命和人的命运进行思考。辉瑾的诗写生活中的平凡，但有了更多的思想内涵。

三、结语

辉瑾的诗歌发展道路代表着走向革命的一辈诗人的整体发展历程。作为“新诗”运动中的一名杰出诗人，辉瑾曾经试图说出充满渴望的青年一代的痛苦心声，并对“自我”加以肯定，但殖民地半封建的社会现实却让诗人感到力不从心；是革命让诗人得到了解放，有了美好的憧憬，找到了真正属于自己的艺术归宿。

第四节 制兰园的诗：情感与智慧的完美结合

制兰园在很早的时候就表现出其特有的诗歌天赋，十七岁时，他的首部诗集《凋残》一经出版，即引起舆论界的广泛关注。然而不幸的是，这种诗歌天赋也很快随着新诗运动陷入低潮而干涸了。是革命帮助诗人走出闭塞的深渊，并开辟了广阔的创作天地。“八月革命”尤其是1954年以后，制兰园的诗歌日益丰富多样，为越南社会主义现实主义诗歌做出了出色的贡献。

一、生平与创作

制兰园（1920—1989），原名潘玉欢，1920年10月23日生。广治甘露县人。自幼在平定的归仁生活、学习，最早的诗歌也写于这里，因此，平定又被视为他的第二故乡。

平定的归仁在制兰园心灵中留下了深刻的印象。这里曾经是昔日占城王国的中心，如今仍四处可见那个曾辉煌而现在早已烟消云散的封建王国的痕迹，其中最具代表性的是占塔。尽管无情的岁月和无数的战争造成很大的损毁，但今天从广南到平顺，沿途依然可见许多占塔，有的零星分散，有的则集中成建筑群体。

少年时代的制兰园在上学的路上，每次都能看到许多占塔，经过许多荒凉的墓地。当时这里还流传着关于占婆鬼神的故事。所有这些勾起了制兰园对占城王国命运的深深同情。诗集《凋残》是作者在中学时代创作并出版的。

1935—1936年间，制兰园就开始有诗歌见诸报刊。1937年，他的第一部诗集《凋残》问世，立即引起人们的极大关注，他本人也被视为当时新诗运动中著名的诗人之一。他和韩墨子、燕兰、郭晋一起被称作“磐城四友”。

1939年他到河内学习，后往西贡办报，又到清化执教。自1940年起，面对法日双重帝国主义的压迫，思想与艺术的极度困惑，制兰园开始走近形而上的唯心哲学和宗教。“正是宗教带给我最为可怕的忧伤，和极度深刻的虚无。开始时我热衷于上帝，后来又迷信佛。我按照基督教和福音的教条去寻找上帝。我在父亲的佛龛前，在寺院的经书里，以及寺院以外的地方去寻找佛。”日后在回忆那段岁月时，诗人无限痛心地感慨道：

> 我在哪里，去往何方，我在做什么？
> 生活在佛经教义中缥渺不定
> 祖国在日寇铁蹄下痛苦不堪
> 迷失于群星之间，我浑然不觉

（《领袖改变了我的生活，改变了我的诗歌》）

正当这时，“八月革命”爆发了。1945年制兰园在归仁参加八月革命，后来到顺化，与怀青、刘重庐、陶维英等一起参加建设团，为中部越盟的《决胜报》撰稿。

整个抗法战争期间，诗人在第四联区从事文艺活动和报社工作，是第四联区文艺协会的常务委员。他曾两次深入平治天战场。

1949年7月，制兰园加入印度支那共产党（今越南共产党）。

1954年恢复和平后，制兰园到河内，任文学报编辑，文学家协会执委会常委，出版了许多诗集和文学批评与理论著作等。在整个抗美救国时期，他是越南作家协会领导成员之一，曾多次以越南文化使者身份前往中国、前苏联、法国、南斯拉夫、印度等国参加国际文化会议。他曾是第四、五、六、七届国会代表。1975年越南统一后，他迁居胡志明市。制兰园同时还是一位积极的社会活动家。1989年6月19日制兰园在胡志明市统一医院病逝。

主要作品有：诗歌《凋残》、《致同志》、《阳光与沃土》、《平常花、报风鸟》、《抗敌诗歌》、《新对话》、《伟大的日子》、《伟人陵前的鲜花》、《大地和天空》、《应季采撷》、《石上花》、《致我们自己》、《制兰园诗歌遗稿卷一》、《制兰园诗歌遗稿卷二》等，散文《金星》、《访问中华》、《愤怒的日子》、《胡伯伯来到咱家乡》、《与民族同路飞翔》、《和数之时》、《地上的仙女》等，专著《文学批评》、《思考与评论》、《对诗的思索》、《从奎文阁到中新馆》、《谈诗论文》等。另外还有《制兰园选集第一卷》、《制兰园选集第二卷》、《姑娘和我》、《制兰园诗歌》等作品选集。

1988年荣获二级独立勋章，1996年荣获首届胡志明文学艺术奖；1995年《石上花》获越南作协奖一等奖，《遗稿第一集》和《遗稿第二集》获1994年越南作协奖。

二、制兰园诗歌的发展道路

制兰园在半个世纪的创作生涯中为世人留下了十一部诗集。革命前，他只有一部诗集即《凋残》。《致同志》标志着制兰园诗歌在革命后的转变，而《阳光与沃土》则标志其已稳步走向成功。抗美救国战争时期的《平常花、报风鸟》、《抗敌诗歌》、《新对话》等体现了其诗歌的新发展。1975年后出版的《应季采撷》、《石上花》、《致我们自己》、《伟人陵前的鲜花》等诗歌均继承了这一发展方向。

1. 《凋残》

《凋残》共收入36首诗，当时作者还是归仁中学的学生。《凋残》塑造了一个独特的世界，一个“充满椰子壳、尸骨和妖魔”的世界。通过对古占城王国消亡这一题材的发掘，制兰园把我们带到这样一种空间：墓地和荒凉神秘的占塔。清冷的月光下隐现的坟墓，隐约徘徊的鬼魂，干枯的尸体，虚幻缥渺的占婆女子身影……另一方面，诗人也以自己的想象展现出古占城王国在昔日辉煌时期的壮丽景观：

这里，阳光下殿阁辉煌
美丽的亭榭与青天相映
战船安息在静谧的河面
沉默的灵象环绕着城池
（《归途中》）

昔日的华丽景观愈发衬托出现在的凋残：

这里，占塔因太久的等待而消瘦
古灯，经不起岁月的冲击而倒塌
河流，在静寂的夜色中慵懒缓行
占象，带着累累伤痕哀怨地呻吟
（《归途中》）

对占婆民族的同情是作者心中亡国之痛的一种间接体现。《凋残》能够唤起当时读者心中对自己祖国命运的深刻认识。

与同时期的诗人相比，制兰园不同于世旅、刘重卢诗中的忧伤，也不同于辉瑾诗中的烦恼、春妙诗中的孤独清冷。《凋残》中所体现的是心灰意懒，“对我而言一切都没有意义。一切都不外乎苦痛而已。”

《凋残》是对当时社会现实的一种否认：

我不想天地再继续旋转
让日月都相继音讯杳然
春莫归夏日不要似火焰
秋莫至冬风不要挠我心
（《心丝》）

刚刚迈进人生旅程的年轻诗人对现实生活已经感到深深的失望：

老天啊，今天我烦死了
那些尘世间的色彩与形影！
（《创立》）

这正是当时找不到前进方向的青年一代的失望。对生活的拒绝真可谓尖锐激烈：

给我一个冰冷的星球吧！
遥远的天尽头，那孤独的星星

让我在那里，永远躲避
一切忧伤、痛苦与烦恼！
（《心丝》）

这不单单是古往今来厌世诗文中常见的那种对世俗的厌倦，而且包含着对整个现实生活的彻底否定，同时带有诗人通过东西方书籍接触到的，具有形而向上的孤独。他在孤单中，在寂寞中寻找着自我："归途前望路漫漫/孑然一身我独行。"甚至对自身的存在也产生怀疑："谁能告诉我们，我们有吗？有我们吗？"

值得注意的是，这种强烈的厌倦来自一颗还十分年轻的心，似乎还没有经历人世的甜酸苦辣，却毅然决然地拒绝了一切现实。这本身就是对旧制度的一种控诉。《凋残》尤如一种强烈的预感，预示着"自我"的毁灭。

尽管如此，诗人年轻的心并没有丧失对生命的渴望。虽然他不想面对这一切。但当春天来到时，他的心中还是感受到了那生机勃勃的景色：在春天旭日的照耀下，熟悉的景物是那般娇艳、生机盎然："椰林婆娑拥日眠，桃花含笑迎春归。"

作为首部诗集，《凋残》写于作者刚刚迈入青年时期，此时作者的创作手法和风格正在形成之中，很明显地受到了西方象征派尤其是波德莱尔诗歌的影响。《凋残》体现了作者强烈的感觉，独特的构思，洋溢着丰富的想象力。

2. 《致同志》：在革命诗歌道路上迈出的第一步

"八月革命"后，制兰园积极投身革命工作。其诗歌中的工农形象已坚决走上革命和抗战的道路，而文艺工作者却依然在艺术与革命这一问题上充满疑惑，徘徊不前。由于积极投身革命，深入人民群众的现实生活，诗人的内心逐渐发生了变化。

1952年出版的《致同志》共14首诗，真实记录了在第四联区平治天战场上的生活。诗人用心感受美好的一切和人民在战争中高尚情怀与伟大牺牲。面对部队官兵在绵绵长山上的牺牲，作者感慨万分（《长山》），他愤怒控诉敌人对越南人民犯下的野蛮罪行（《为报仇而牢记》）；他为在革命中翻身的贫苦百姓感到由衷的高兴（《小山村》、《小乡村的家常饭》）；他被抗战中的英雄母亲深深振撼着（《送儿子上前线》、《致敌统区的母亲》）……

在《致同志》中，制兰园找到了最容易为群众所接受的表现形式，如五言、六八体等民族诗体。但总的看来，制兰园的诗歌在这一阶段尚未达到艺术上的稳定与纯熟，还没有较为明确的风格。

3. 《阳光与沃土》：从伤痛谷地通往快乐平原

诗集《阳光与沃土》收入了制兰园于1955至1960年间创作的69首诗歌。当时越南北方已进入社会主义建设时期，而南方则正在为祖国统一而斗争。"阳光照耀着我，沃土培育着我，我理想的精神阳光与物质沃土！”——制兰园正是这样来解释自己诗集标题的。

诗集《阳光与沃土》表现了诗人为超越个人的痛苦，融入大众的快乐而在内心和思想上所进行的斗争。由于革命前，诗人曾深深陷入形而上的阴影，因此现在在创作上面临着许多困难。首先是要解决好生存观念这一基本问题：

我们是谁？像形而上学的风
虚无的问题，灭了万千蜡烛
我们为了谁？轻轻转变风向
用双手点亮百万碧绿的嫩芽
（《两个问题》）

提出“我们是谁”这一问题是有意义的，甚至是文艺战士要经常面对的，但不能把这看作每个人的生存目的，而且只有回答了“我们为了谁”才有可能正确解答这一问题。

接下来诗人找到了对诗歌真正意义的回答：
终生享食人民的稻米
第一次文人学习插秧
猛然懊悔：诗句万千
不及一顿米饭为他人
（《参加实践》）

在这里，体现了诗人对“诗歌要对生活对人民有益”这一简单道理的深刻认识。

为给自己的生活和艺术正确定向，诗人将自己融入人民，融入祖国，用生活的沃土培育自己的灵魂。《走向郊外》表现了作者走近淳朴民间生活的愉快；《春节植树》则充满出人意料而又合乎情理的联想，从种树想到革命复苏的深刻意义和在旧社会早已干涸的心灵所获得的新生活。在这段道路的最后，《回首冬季》是对悲观、病态的过去的告别，是一个复苏的、健康的心灵和机体在启程前的欢歌。

诗集《阳光与沃土》超越个人的苦痛，融入大众的欢乐。诗集洋溢着信心、热爱与感激，处处体现着诗人与人民、与祖国、与党之间的密切关系。

即使在远离祖国去治病的日子，诗人也想插上双翅翱翔在祖国的上空，每天早上鸟瞰自己可爱的祖国，“我诗歌的翅膀离开狭小的房间，在祖国辽阔的天空千百遍地盘旋”。《小船清歌》则表达了作者投入人民的怀抱，重返生命的源泉，接受人民培养锻炼的那种幸福。诗中虚实相间的形象和真挚的情感相互交织，体现着诗人对融入人民大众热火朝天生活的渴望，凝聚着对祖国和人民的深刻感情。在今天读来我们依然可以感受到和平建设时期那种浓郁的战斗生活气息。

描写矿区的生活的组诗（《海上风兰》、《船来》、《船去》）展现在读者面前的是丰富多样而奇妙的景象，和对祖国富饶的陶醉与自豪。诗人的情感已经和人民的悲欢触融为一体（《汛期来信》、《计算》）。

与人民生息相联，就不可能不向党靠拢。母亲、家乡、祖国，这一切引导着诗人走近了党，在诗人看来是党给了自己第二次生命，“党成为出生地”。越是跟党走，诗人就越是敬爱和感激胡志明。胡志明为国家和人民开创了独立自主的新纪元。《他去寻找救国之路》是他歌颂胡志明诗歌的杰出作品。踏着胡志明寻找救国之路的足迹，诗歌深入表现了这位伟大的爱国者的崇高理想和渴望，描述了胡志明寻求马克思列宁主义的必由之路，同时也表现了作者对胡主席的钦佩和感激之情。

诗集《阳光与沃土》记录了制兰园在诗歌艺术上的稳步发展与成功。如果说《致同志》还让读者隐约感到，作者在为创作上的改变而努力，那么在《阳光与沃土》中，崭新的内容已经与多样而纯熟的艺术形式有机地结合在一起，其创作手法日臻完美、灵活、多样而富有变化。如《在故乡接受党》，《小船之歌》等作品洋溢着诗人的深刻感受；《病人的日记》、《回首冬季》、《明日情歌》、《桃花早绽》等作品体现着诗人通过深沉而激烈的内心斗争所得出的富于哲理的思索。诗人的灵魂在丰富的想象中飞舞。《阳光与沃土》的艺术特色突出体现在其超强的想象，华美的形象，及感情与智慧的完美结合上。诗人的灵魂已经彻底摆脱昔日心中阴影的束缚，开始迎接革命理想光辉的照耀和人民生活沃土的培养。

4. 制兰园在抗美救国战争时期的诗歌

抗美救国战争时期，为使诗歌服务于党领导下民族抗战这第一次世界大战略任务的转变，制兰园进行了大胆的探索与尝试，诗歌有了新的发展。《阳光与沃土》已成功解答了“个人与集体”这一基本问题，诗人圆满完成了意识中从个人到集体的转变。伴随抗美救国战争，制兰园及时转变自己的创作方向，使自己的诗歌与越南的民族战争紧密结合在一起。其诗歌中人们所熟悉的那种抒情已经提升到了一个新的高度，开始对民族战争进行深刻的思索，具有时代气息，从而创作出了抗美救国战争诗歌中的出色作品。

每当祖国处于生死存亡的紧要关头，诗人总是时刻关注着祖国的命运，关注战争的变化。1964年8月5日，当美帝国主义将战争扩大到越南北部时，面对战场上沸腾的气势和越南军队击落敌机的巨大胜利，制兰园奋笔写下豪迈而深情的《胜利之星》，诗歌如同一曲赞歌赞颂了那些赢得胜利的人们：

美机坠毁在这方土地，有谁听到吗？
星辰彻夜不眠，碧海欢腾雀跃

浪花拍岸，浮云随风轻舞
胜利之神是那些布衣少年
那些十八九岁的一等兵、二等兵
将敌人杀得片甲不存
（《胜利之星》）

《祖国何时如此美丽》，《思索1966》，《白藤之眼》，《栋多之眼》等诗歌洋溢着诗人对祖国、对党、对人民的骄傲心情。从1968年开始，战争越来越残酷，越南军民所取得的胜利也越来越大，制兰园创作了《68年的思考》、《一场战斗的素描》、《消灭美军之歌》等。1975年春季大捷这辉煌的历史时刻，诗人对祖国的感情升华到了顶点，写下《伟大的日子》结束了他抗美救国战争时期的诗歌创作历程。

对祖国和民族的自豪感时刻体现在制兰园的诗中。他为越南历史上曾有过的辉煌时刻而自豪，更为抗战中的祖国而自豪，他认为越南在抗美救国战争中所表现出的力量、气势和智慧是从未曾有过的：

每次提及祖国，制兰园的诗总是充满着自豪感。诗中的感情发自诗人内心。制兰园在抗美救国战争时期的诗是英雄的赞歌，是对祖国和人民英勇御敌的赞扬和歌颂，鼓舞着一代又一代的抗战人。

制兰园在抗美救国战争时期的诗歌不仅善于及时地反映时代的大变迁，同时也十分擅长以极其细腻的笔法表现简单的日常生活。诗人希望自己的诗歌“既是杀敌的板椿坑，又是生活中的醒目花朵”。制兰园描写生活的诗十分丰富，多为诗人随着岁月的流逝，对家庭、世事人情和大自然的内心感慨的真切流露。

《秋季芦苇》、《黄草金花》等诗中所描写的大自然，是一种经过诗人的心灵“过滤”过的大自然。这样的大自然留给诗人的印象是丰富多彩的，因此，有着一种独特的美；《为儿取名》、《小鹤》等描写家庭亲情的诗歌也常常出现在制兰园的创作中，这些诗写了许多质朴而感人的亲人间的情感。

胡志明是制兰园诗歌创作的重要题材之一。从《他去寻找救国之路》开始，制兰园就开创了以胡志明为题材的诗歌创作。在抗美救国战争时期，诗人更是将祖国、民族与胡志明密切联系在一起。描写胡志明的诗歌集中为诗集《伟人陵前的鲜花》。

抗美救国战争时期，诗人继续从多个角度描写胡志明，从不同侧面展现给读者一个真实的胡志明：胡伯伯——水手，摄影师，战士，哲人……然而在激烈的抗战时期，诗人要强调的是“胡伯伯是谁？在今天他是一位将军！”“每前进一步，我们的民族都从本质上再次肯定胡伯伯。”随着战争格局的变化和时代思想的演变，制兰园对伟大领袖有了新的认识，如《读伟人的文章》就让人深受教育：“他不希望神化自己的书，让人民跪读，即使绝笔诗书也不过是生活的产物。”而《海与领袖》则通过将胡志明一生与浩瀚大海的联系，表现出伟大领袖对生活真理的透彻理解。

1975年后，制兰园的诗歌创作再次有所转变，更多地关注平凡的日常生活，创作了《随季节采撷》和《石上花》等作品。这些诗作抒情的成份更浓，更具人情味。

三、制兰园的艺术风格

在第一部诗集《凋残》中，制兰园的独特之处已经有所体现。到《阳光与沃土》的问世，诗人的艺术风格已经开始形成。当然其风格不是固定不变的，而是随着时代的变迁有所变化。

制兰园的艺术风格体现了感觉与智慧的统一。其许多描写祖国的诗歌，特别是在抗美救国战争时期的诗作是一首首英雄的赞歌。同时，他对日常生活又是得那样的一往情深。制兰园诗歌中的形象有时在飞扬的思绪中变化，有时又朴素得似乎是直接从生活中信手拈来，没有任何修饰，但依然感人至深。制兰园的诗歌在体例上丰富多样：不仅在越南民族诗体上近乎达到了炉火纯青，还创造了节奏独特的六言诗（《回首冬季》），同时对自由诗体也运用自如。制兰园一方面吸收越南诗歌的传统，另一方面，他不断探索尝试，冲破传统的束缚，为现代诗歌注入了新的活力，满足了时代对诗歌的要求。

制兰园在诗歌创作中提出了诗歌与生活的关系，诗歌的作用与使命，时代对诗歌的要求，诗歌的创作过程、艺术形式等问题。认为诗歌不仅是催眠曲，而要令人清醒；诗歌不仅是咏叹，还要拍案喝斥和思考。当然，这并不是说他的诗歌只有智慧，没有情感。没有情感就没有诗歌。

制兰园的诗歌对生活有着独到的把握与表现。诗人不是简单地停留在事物与现象的表面，而是试图“从深处，从后面，从远方”对其加以领会。诗人的智慧在于把握潜藏在事物和现象之中的哲理，通过联想将各种事物与现象加以联系，进而从中发掘出深刻的意义。因此制兰园诗歌中所表现的生活，不仅是诗人所感受到的，更是诗人所思考过的。

制兰园诗歌的另一特点是对对立关系的发掘。诗人善于将相反的现象放在一起加以比较，突出事物的本质和发展规律，创造出其不意的审美情趣。在制兰园看来，过去与将来、民族与人类，热爱与仇恨，动与静，拥有与失去等等并不是一成不变，而是辩证的，甚至还会相互转化。

制兰园诗歌艺术手法的独特之处是对形象的塑造。制兰园通过形象来感受和思考问题，其艺术世界也是通过各种形象建立起来的。这些形象中有真实的，象征的，也有隐喻的，概念的，有单个的，也有群体的。

诗人对形象的塑造能力早在诗集《凋残》中就表现了出来，只不过当时偏于通过想象塑造形象，甚至是一些怪异的带有形而上色彩的形象。革命后制兰园诗中的形象愈来愈丰富，这时诗人所塑造的是源于生活、与现实有密切联系的形象。有些形象甚至真实得如同诗人直接从生活中搬进了诗歌，而实际是每一个形象无不渗透着诗人的心血。

但制兰园诗中更多的是那些虚实相间，通过大胆的想象，丰富的联想塑造出来的形象。如对下龙湾的石岛的描绘：

无数月夜，岩石如老人般沉思
春回大地，它也动了相思之情
夏日似火，它的心中躁动不安
姹紫姻红的凤兰花，引来双双对对的蝴蝶
（《海上凤兰枝》）

又如描写色彩变幻莫测的大海：

碧波荡漾，千秋消逝海魂依旧
浪花嬉戏，晴空化海不思归期
如果说高山是男儿，那么大海，
就是家乡最为风姿态绰约的那一部分变幻而成的女子，
夏夜绵绵，纤纤海浪蕴育新生
（《海上凤兰枝》）

这种真实形象、象征形象与隐喻形象的交叉运用，深为人们所熟悉。

制兰园作为一位杰出的诗人，以独到的智慧和高度觉悟，结合自己深厚的文化底蕴，继承传统而又不断创新，为现代越南诗歌的发展做出了卓越的贡献。

第三章 沐浴战火成长：阮辉想和阮诗

第一节 阮辉想“八月革命”后的文学创作

阮辉想（1912—1960）是越南1945—1975年间前半时期的一位重要作家，

创作了大量的作品，其在20世纪越南文坛上的地位不容忽视。

一、阮辉想的生平

阮辉想，1912年5月6日出生在北宁省慈山县的一个家境中等、思想进步的儒学家庭。阮辉想的家族中有许多文人志士，他的伯父高中举人，曾参加东京义塾运动。其父亲是一个不得志的儒学家。

小的时候，他在家乡学习汉字。7岁丧父，8岁来到海防念书。在家庭的积极影响下，阮辉想很早就具有爱国精神，他参加罢课，参加潘周桢、范鸿泰的追悼会，散发传单。在安沛起义和义静苏维埃运动遭血腥镇压之后，在帝国主义白色恐怖下，年仅18岁的他开始从事地下活动。

1932年20岁时，阮辉想开始教私塾。三年后（1935年）他到海防税务局任职做秘书，1942年底秘密参加越盟阵线，1943年加入文化救国小组，1945年6月在党报《解放旗》和文化救国小组主办的《先锋报》社任编辑。1945年八月革命总起义前，他被选入文化救国小组代表团前往参加在新潮举行的国民大会。

“八月革命”成功后，他任越南文化救国小组副主席。1946年1月1日，他加入印支共产党（今越南共产党），1946年7月当选第一届国会代表，并在越南文化协会和文艺协会等组织中任职。抗法战争时期，他作为越南文艺会的领导，亲自为《文艺》杂志写稿，为最初的抗战文艺事业的建立做出了贡献。他参与创办第一个儿童出版社——金童出版社。

1954年抗法战争胜利后任越南作家协会执行委员会常委、《文艺》编辑部秘书、金童出版社社长。1960年7月25日在河内去世。1996年被授予首届胡志明文学艺术奖。

主要作品有长篇小说《龙池夜会》、《安思》、《阿陆的故事》、《四年后》、《与首都共存》，剧本《武如苏》、《马援铜柱》、《北山》、《留下来的人们》，剧本集《阿山投军》和小说《高谅纪事》，电影文学剧本《花垒》、《汽船战士》、《安阳王建螺城》、《找妈妈》、《六字金旗》等儿童文学作品。

二、阮辉想的创作

1. 阮辉想“八月革命”前的创作

阮辉想的文学创作分为“八月革命”前和“八月革命”后两个时期。前后两个时期的创作态度和创作目的有所不同。“八月革命”前的主要作品有小说《龙池夜会》、《安思》，剧本《武如苏》、《马援铜柱》等。

阮辉想的《龙池夜会》是一部历史小说，它讲述的是这样一个故事：靖都王郑森的爱妃——宣妃邓氏惠有一个弟弟名叫邓茂麟，他因姐姐受宠而肆意妄为，是一个极为残暴阴险之人。有一次，靖都王的女儿琼花郡主借龙池夜会之机举办了一场诗会，邓茂麟看见琼花国色天香，便求姐姐让靖都王把琼花许配给他。靖都王虽然清楚邓茂麟的为人，且琼花尚年幼，但他还是答应了邓茂麟的要求。不过他要邓茂麟许诺等琼花18岁以后才可以圆房。可是在结婚的那天晚上，邓茂麟违背诺言闯进了琼花的房间，还打死了两个看守房门的忠臣。面对邓茂麟越发猖狂的恶行，一个名叫阮迈的年轻护城战士忍无可忍，勇敢地站出来杀死了邓茂麟。邓氏惠要靖都王杀了阮迈给弟弟报仇。幸亏有靖都王的母亲出面说情，阮迈才免于一死。这个故事中的邓氏惠、郑森、邓茂麟等人物在历史上都是真实存在的。他在小说中塑造了众多生动的人物形象：残暴成性的邓茂麟，义薄云天的英雄阮迈，生活奢华、多愁善感的宝金，温柔善良、美丽高贵的琼花，精明狡黠的邓氏惠，既可恨又可怜的郑森等。这些形象对比鲜明，体现了作者的爱与憎。阮辉想通过描写人物的言行举止、心理活动来塑造这些人物的个性，人物形象饱满、栩栩如生。小说情节描写十分生动，能引起读者的广泛共鸣。如描写英雄慷慨就义时，读者能感受到一种激昂的心情，当描写琼花在邪恶面前软弱无助时，读者能感受到一种无比的气愤与怜惜。这正是作品的感染力所在。

《安思》也是一部历史小说，它再现了全国上下一心对抗外敌的场面。当时朝廷奉行亲民政策，百姓一心要“报皇恩”，所以那时的朝廷深得民心，小说叙述了在这种背景下的一些战争故事，如两个名叫阮可立和阮专的年轻农民集结本区所有的年轻男子，组织了一个纪律严明、装备齐全的两万人的义兵队伍，专门攻击敌人的据点、破坏敌人的交通、保护无辜的百姓，立下了汗马功劳。通过这些故事作者暗示着越南人民一定会团结起来抗击外敌，那时人民的力量将是不可估量的。

剧本《马援铜柱》和小说《安思》是同一主题的作品，都是反映越南人民的爱国之心。它讲述了马援在平定二征夫人起义后，为了纪念自己的战功，他在边界上为自己竖起了一根刻有“铜柱折交趾灭”字样的铜柱。交趾地区有两个青年名叫熊支和曲越，他们决心要推倒这根铜柱。然而他们没有成功，马援抓住了他们并把他们押解到中国，当他们再次经过铜柱时发现有石块盖住了铜柱的根部，于是两人兴奋地想到不久后铜柱将一点点地被人民的石块所覆盖，那时它将消失得无影无踪，作者在这里点题，同时表现了作者对解放国土的信心与决心。

《武如苏》是一部五幕长剧，阮辉想以黎朝作为整个故事的背景。武如苏是黎朝一位有名的建筑师，黎襄翼要他修建九重台，武如苏没有屈服。这时，一个名叫丹蟾的宫女向他吐露了自己的心声，她希望自己的国家能够拥有其他国家所没有的出色的建筑，说服武如苏接受了修建九重台的任务。虽然武如苏接受任务，但他也要求黎襄翼要善待工人，同时不得对他设计的九重台作任何修改。然而九重台的工程太劳民伤财，许多忠臣出面阻挠，但都被黎襄翼压制下去。渐渐地这个工程失去了民心，然而武如苏并不知道这一切，他只知埋头设计他的九重台。到后来，朝廷再也压制不了民愤，郡公郑维产领导百姓和工匠起义，杀了黎襄翼，捣毁了九重台，追杀丹蟾和武如苏。阮辉想通过这个故事反映了封建贵族生活的无比奢侈与平民百姓生活的贫困痛苦的鲜明对比。

综上所述，阮辉想在“八月革命”前的作品主要是以历史为主题，他想通过历史故事来唤醒越南人民的爱国热情，团结一心抵抗外敌。他在作品中塑造了许多人民英雄形象，赞扬了越南人民不屈不挠的爱国精神，表达了他对人民的热爱和他对人民所寄予的厚望。

2. 阮辉想在“八月革命”后的创作

阮辉想“八月革命”后的作品主要有剧本《北山》、《留下来的人们》和小说《高谅纪事》、《阿陆的故事》、《四年后》、《六字金旗》、《与首都共存》和电影文学剧本《花垒》等。阮辉想“八月革命”后的作品形式更加多样化，内容更加丰富。

1）阮辉想的戏剧创作

阮辉想在“八月革命”后的第一部作品是剧本《北山》。这是一部反映北山起义的历史剧本，1946年 4 月第一次被搬上舞台，是越南舞台上第一部革命戏剧。

《北山》是以北山起义为主题创作的历史题材剧本。北山是谅山地区与太原接壤的一个岱依族聚居地，1933年，黄文树在这里建立了一个根据地。四年后，在武陵建立了第一个党支部。1940年9月，日军从广西攻入谅山。法军溃败逃往北山。党支部抓住这个机会，发动起义，截击逃亡的法军，攻占了武陵。后来法军与朝廷及日军相勾结，反过来镇压革命起义。1940年9月27日由陈登宁率领的一个干部团来到后，起义队伍奉命撤入森林。半个月后，北山起义军组织成为越南第一支游击队，后来发展成为救国军的三个排。阮辉想的《北山》是以这些事件为基础而创作的。

《北山》在1946年 4月搬上舞台，无疑为当时的舞台注入了新的活力。阮辉想通过它告诉人们：革命并不可怕，人民需要革命，不论男女老少，只有通过革命才能重获独立与自由；革命是必然的，它对于人民来说就像是一次盛大的聚会，它是一种团结的力量，是群众与干部、人民与党紧密联系的纽带；革命是共产党员的理想所在，是党的向心力所在；革命需要同敌人作斗争，在斗争的过程中有失败，有困难，有牺牲，但革命不会消亡，因为革命是人心所向，人民的力量是永远不会消亡的，所以革命必然会最终走向胜利。这些都是越南舞台上最新的亮点，也为越南文学艺术注入了最新的内容。

《北山》还歌颂了越南妇女的传统美德。而从这部作品开始，对妇女美好形象的描写在阮辉想的创作中，乃至在整个越南文学作品中都占有越来越重要的地位。《北山》的出现开创了越南新的戏剧时代。

阮辉想的另一部剧本《留下来的人们》也是一部备受人们关注的剧目。这部戏是为了纪念那些为保卫祖国的独立而战斗的战士、群众而创作的。这是一部三幕长剧。剧中的主人公是一个知识分子，是一个有着矛盾心理的人。他热爱祖国，拥护胡志明，但他对抗战没有信心，坚持留在河内。随着抗法战争的深入发展，他终于相信了抗战的伟大，也终于明白自己留在河内是多么的愚蠢。阮辉想通过该剧本歌颂抗战的伟大，歌颂为保卫祖国而战的人们。当然这部作品也有它的不足之处，比如情节繁复冗杂，人物关系过于复杂等，但这部戏剧及时而恰到好处地反映了知识份子在抗战初期所普遍存在的矛盾心理，所以它不失为一部有特殊价值的作品。

总的来说，这两部戏剧因为是对革命戏剧的初步尝试，所以还比较粗糙，但它们开创了越南戏剧的新时代，为抗战服务，在越南革命戏剧史上占有难以代替的地位。

另外，阮辉想还写了一些短剧，反映了越南人民在社会变革时所发生的一些小矛盾，如独幕剧《报纸》、短剧《妻子》、两幕剧《阿初参军》等。

2）阮辉想的纪实文学作品

“八月革命”胜利后，人们沉浸在一片欢欣鼓舞之中，新生事物层出不穷。在这样的革命形势面前，作家们精神振奋，也急于表达自己的感受和所见所闻，及时反映新生活，笔记体小说应运而生，成为当时一种普遍的创作形式。阮辉想就以日记的形式记录了总起义前后8天内（1945.8.14—1945.8.21）从河内到越北战区所发生的一系列重大事件，创作了《在孟奔嫁接柑橘 》和《奠边实录》等作品。阮辉想以他的文学作品为保存宝贵的历史资料做出了积极的贡献。

1950年末，他参加了边界战役并写下了《高谅纪事》。这是一部成功的战争纪实文学作品，荣获越南文艺会1951—1952年度的文学奖。在这部作品中，他歌颂了边界战役中越南军队的英雄气概，歌颂了越南人民同军队的鱼水情，成功刻画了陈渠等将领的伟大形象，生动地表现了从领袖胡主席到前线士兵和人民团结一心抗击法军的可歌可泣场面，让读者充分地感受到战场上艰苦卓绝的抗战气氛，以及越南官兵的英勇和胡主席的伟岸形象。这部作品特别突出了胡主席对前线官兵的关心爱护，老百姓对指战员们的全力支持，让读者在质朴的文字中真切地体验到了团结的力量。《高谅纪事》是一部成功的作品，是抗战初期越南文坛上的一朵奇葩。

3）阮辉想的小说创作

阮辉想在1954年越南抗法战争胜利、北方恢复和平以后陆续创作了《阿陆的故事》、《四年后》、《与首都共存》和《花垒》等作品，其中以《与首都共存》为代表。

《阿陆的故事》是阮辉想的一部关于土地改革的小说，反映了周兴村的村民与大地主氏勤斗争的故事。村民们要求地主氏勤退还余下的地租，并揭发了地主的罪行。最终村民们取得了这一斗争的胜利，地主阶级退出社会历史舞台。越南现代著名作家元鸿认为《阿陆的故事》是“农民的心灵和渴望得到了体现，真实而生动地反映了生活，读者不再感觉自己是在读书，而是已经和书中的人物走到了一起。”①

农民翻身做主，抗战胜利，彻底解放了的北方人民开始着手生产建设之后，阮辉想写了长篇小说《四年后》。这部作品反映了奠边府战役后一支部队回到奠边府农场参加生产劳动的故事。虽然阮辉想在这部作品中没有用历史的眼光来看待这些军人，但他用仰视的眼光来看他们，把他们描述得既平凡又伟大，越南当代著名作家阮凯在读了《四年后》之后，认为他陶醉于作品的字里行间，其中的许多人物刻画得非常美好。

为了反映河内军民在抗战中的英雄主义，阮辉想创作了电影文学作品《花垒》和长篇小说《与首都共存》。这两部作品是同一主题，后者是前者的进一步扩展，是阮辉想的小说代表作，也是越南现代文坛一部有价值的作品。

《花垒》是反映抗法战争的电影文学作品。阮辉想在这里主要刻画的不是人物形象，而是描写场景。阮辉想在这里描写了很多安静祥和的场景，以此来烘托战争的残酷，和控诉好战者的罪行。他描写了艺术家秋枫在一个宁静的夜里弹琴，阿民、阿胜和阿栾几个人坐在周围静静地聆听，城外的溪流在缓缓地流淌，河内就在这样一个安静的夜里沉睡着。这是一幅多么安静祥和的画面！他描写了百姓家准备迎接除夕的场景：家里都收拾得干干净净，供桌也摆好了，有红色的对联，有喜庆的年画，有香烛、香塔、白蜡、糖果、瓜果、美酒、鞭炮等等，应有尽有，赏心悦目。但在所有这些美好景致的背后却是随处可见的弹片和法西斯的符号，由此而形成一种强烈的场面对比，让读者能更清楚地感受到战争给善良的人们所带来的痛苦。

继电影文学作品《花垒》之后，阮辉想创作了长篇小说《与首都共存》。这是对《花垒》的进一步扩展。这部小说虽只描写几天内所发生的事情，但其篇幅却比《花垒》长了三倍。其中有些人物是《花垒》中曾经出现过的，如阿民、阿仁、阿胜、秋枫、阿栾、阿娟等等。长篇小说《与首都共存》描述了

① [越]元鸿：《读〈阿陆的故事〉》，越南《文艺报》，1955年10月10日。

1946年12月19日前后几天河内城中一触即发的紧张气氛，其中所提到的安宁大屠杀、法国发出最后通牒和在北部府、邮电局的战斗等都是已经载入史册的真实事件。

《与首都共存》描写越南绝大多数人保持着清醒的头脑，响应党和政府的疏散号召，主动撤离河内，积极投身伟大的抗法救国战争。如一位名叫日新的热血青年，他曾参加越盟，参与推翻日本人统治的斗争。他的身上到处都是战争给他留下的刀伤、枪伤。当法国人卷土重来时，他再次挺身而出参加抗战。当时河内老百姓，特别是很多青年积极地参加战斗。有无数人自愿参加了自卫队。许多家庭用自己家的床、柜子、毛巾和枕头等做障碍物堵敌人的枪眼。还有一些女学生，她们积极地参加抗战运动，被法国人抓捕后坚贞不屈；还有热爱真理的教师陈文，有勇敢参军的少年阿胜等。民族资本家也积极参加抗战运动，如坚决拥护卫国军的印刷厂老板阿禄先生。又如一个叫永发的富商，深知亡国的痛苦，珍惜来之不易的独立和自由。他奖励那些罢市的妇女们，并且决心投入到抗战中去。有一个资本家的儿子叫阿福，他为自己父母唯利是图的行为感到羞愧，他支持抗战。他们代表了当时越南社会的各个阶层，反映了绝大多数的人民对抗战的拥护。

小说除了刻画各个阶层人民的形象，也刻画了胡主席的形象。作者并没有让胡主席直接出现在读者面前，作者是通过描写胡主席在人民心目中的地位和形象来表现胡主席的伟大的。即使在最困难的时候，胡主席在人民心目中的地位也决不会有任何动摇。

在《与首都共存》中，阮辉想刻画了许多非正面的人物形象。他们或是封建残余势力的代表，或是唯利是图的小资本家。如巨林这个资本家，她可以花很多钱来给已故的母亲办盛大的祭典，但却对躺在床上奄奄一息的老父亲不闻不问。她有一个妹妹是个教徒，从18岁亡夫后就没再改嫁而一直守寡，朝廷封她“节行可嘉”；她要求孙女“束胸，不准出门，不准读书看报，看见男人要低头，不许看”；她反对人民的抗法斗争。又如米粉街的广昌隆号，有成堆的铁锹，但就是不肯借给自卫军用来挖战壕。还有一个叫范玉敬的承包商，他拆下越文牌匾换上法文牌匾，希望一旦法国人攻入河内后，看到法文牌匾可以给他一些照顾。玉英饼店抬高物价投机倒把，发国难财等。有一位叫静斋的老人视花比生命都重要，“安宁、同春事件后，因为死光了，幸运的是平安了。我正担心我家的那枝琼花今晚十二点开时没人观赏呢。”还有很多人不愿意离开河内，如一个叫阿包的设计师，他从法国留学归来，不愿意疏散，不想离开河内，他埋怨道：“我们只能在河内或者比河内好的地方生活。”尽管当时的河内十分危险，但他们总认为“升龙非战地”，甚至还有人选好日子在河内举行婚礼。

《与首都共存》拓宽了历史的深度和空间的广度。小说塑造了各种类型、各种年龄和各阶层的人物形象，有正面的，也有反面的。作者通过正反两方面的描写来突出全国军民团结一致抗击法军的主题。每个人物都有其自己的特性。他们既有阶层的共性，又有不同人格的个性，没有哪两个人物的性格是重复的。这部小说的描写手法细致隽永。阮辉想甚至注意到了在惊惶中一位母亲给女儿整理好系错的扣子这样的细节。他用充满情感的语言叙述着，读起来让人倍感亲切和自然。阮辉想可能是第一个发现并生动记录这段时间里越南人民的生活和心理活动的作家。他花了很长时间来写《与首都共存》，但也只完成了第一集，而且还没来得及作全面地修改就与世长辞了。但这部作品仍然是越南现代文学中一部优秀的作品。它对人们研究当时的社会、风俗、人们的心理提供了宝贵的资料，具有文学价值和史学价值。

4）阮辉想的儿童文学创作

儿童是祖国的未来。作为金童出版社社长的阮辉想非常关心少年儿童的成长，他是最早用文学作品来启发教育儿童的作家。他经常在家中与苏怀、范虎、刘有福、诗玉、胡善言等从事儿童文学创作的作家座谈交流。阮辉想为少年儿童所创作的作品主要有：《粽子的故事》、《青蛙是老天爷的舅舅》、《安阳王建螺城》、《六字金旗》、《光中的故事》、《战士的双手》、《孩子们的奠边府》、《勇敢的小女孩》、《找妈妈》等。

在儿童文学方面，阮辉想了解儿童的心理和爱好，他对人们所熟知的故事进行加工，增加一些儿童们所熟悉和感兴趣的内容，用简单的语言讲给儿童听。这样孩子们既能认真听下去又不会感到疲倦。比如《安阳王建螺城》的故事中，要想在一夜之间建完，就必须有超自然的力量的帮助，于是阮辉想在其中安排了仙女，既赏心悦目，又能保证按时完成任务。孩子们就喜欢这样的情节，对他们来说，劳动就应该是轻松愉快的。

三、阮辉想的艺术风格

阮辉想的艺术风格特点主要体现在将首都河内作为创作中的一个重要素材、尊重历史真实、关注知识分子和语言应用艺术等几个方面。

1. 描写首都河内

阮辉想将首都河内作为创作中的一个重要素材。

阮辉想的作品无论是“八月革命”前还是“八月革命”后，主要都是以河内作为人物活动的背景。武如苏在升龙（今河内）建九重台，安思公主出生、成长直到去世也都是在这里。《龙池夜会》中，所有人物的活动都是在升龙，《花垒》、《留下来的人们》、《与首都共存》、《安阳王建螺城》和《六字金旗》等故事中，所有的情节都在河内展开，所有的人物也都是河内人。阮辉想在“八月革命”后主要在河内生活，他把自己当成河内人，通过自己和身边的朋友来描写河内人民。他热爱首都河内，热爱河内人民。他将河内及河内人民典型化、个性化，通过他们来代表广大热爱首都、热爱祖国、决心与祖国共存亡的越南人民。因此，在他的作品中，热爱河内、为河内而战其实就是爱国的具体表现。阮辉想将河内作为整个祖国的缩影，它不仅仅反映社会的积极面，同时也描写社会的消极面。在他的作品中就有许多反面人物形象，他们是反动势力的典型代表。

河内人民最具代表性的地方就在于他们与敌人进行过面对面的斗争。他们亲眼目睹、亲耳听见了敌人的暴行，如安宁屠杀事件等。河内人民对抗战的感受是最深切的，不同年龄、不同阶层和不同性格的河内人都在按照各自不同的方式进行着斗争。

而河内人民当中最具代表性的是青年。他们热血沸腾，誓死保卫祖国。他们有着共同的爱国心，而他们的战斗方式带有河内特色。比如，自卫队员将鲜花点摆放在堡垒上等待敌人的到来，阿兰去抢救伤员还要穿戴整齐甚至涂上香水。因为在作者看来，河内是一个历史悠久的古都，河内人的生活也应该是典雅而别致的。即使面对战争，他们也要保持这种生活态度，这就是河内的特色。

2. 尊重历史

阮辉想的第二个创作特点就是以历史为本，主要写历史事件，其次写历史人物。

在“八月革命”前，阮辉想创作的四部作品都是以历史故事和人物为主题的。“八月革命”后，他也没有放弃创作中的历史成分，而是把历史和现代融合到了一起。所以他的作品总是能够及时地服务于社会，满足历史发展的要求。当革命到来时，他创作了《北山》。当战争到来时他创作了《高谅纪事》。战争胜利后需要动员部队进行生产建设时，他创作了《四年后》。他在“八月革命”胜利后的作品，集中反映了在首都发生的重大的事件。

阮辉想创作的历史文学作品具有大型史诗的宏伟气魄，场面雄伟、富有感染力。这正是他的作品的魅力所在。

3. 关注知识分子

阮辉想的作品很突出的一点是对知识分子思想问题的重视。最为典型的就是对武如苏这个形象的刻画。武如苏是一名不可多得的艺术家。他的才华无人能及，以至于他心比天高，连达官贵人甚至于皇帝他都可以不放在眼里。但他除了艺术什么都不关心，也顾不上劳动人民的感受，在无意中参与了对劳动大众的剥削压迫。这种小资产阶级的局限性决定了他最终可悲的下场，可惜他一身的绝技也无法再得到发挥，无法为人们造福。

又如《留下来的人们》中的主人公——阿成医生也是一个典型人物形象。他是科学界的权威人士，也是一位不可多得的人才。但他不相信人民的力量，对抗战没有信心，于是他留在了河内。到最后他也后悔不已，意识到自己对人民没有信心是多么不明智，意识到只有依靠人民才能做出正确的选择。

通过这些人物，阮辉想表达了这样的观点：只有相信人民、依靠人民并发扬民主，科学和艺术才能得到真正的发展和最大的限度的发挥。

4. 语言运用艺术

阮辉想的文笔简洁流畅，他会不时地在文中穿插一些轻松活泼的语言，正如他的个性一样。特别是在他创作的儿童文学作品中，语言简洁易懂，所以儿童们能够很轻松阅读他的作品。他还喜欢用排比、重复等修辞手法来进行描写，使他的文章读起来有诗歌的节奏感。

四、结语

阮辉想是一位富有民族精神和爱国热情的进步作家。虽然他在“八月革命”前的创作还带有一些小资产阶级的局限性，但充满了爱国的热情。这在当时的越南社会也是很需要的。“八月革命”后，他亲眼目睹了人民英勇顽强的斗争和所取得的伟大胜利，受到了强烈的影响与震撼。他不知疲倦地创作出了大量的作品来歌颂这一切可歌可泣的事迹。阮辉想是一位能及时满足社会和历史发展需要的作家。他对儿童文学的贡献也是不可忽视的。这反映了他具有长远的眼光和大局意识。他是越南抗战时期一位举足轻重的代表作家。他的作品对越南文学的发展有着深远的影响，对抗战有着积极的作用，对后来的文学创作具有一定的指导意义。他将毕生的精力都献给了文学，用手中的笔实践了自己的爱国心。

综上所述，我们可以看出阮辉想在“八月革命”后的作品大部分都是以越南革命和抗战为主题的。阮辉想作为一名作家，他敏锐地感觉到时代的变化并迅速地作出了反映，及时地创作了反映时代的文学作品，并用自己的作品鼓舞士气，团结民心，为越南革命和抗战做出了积极的贡献，具有时代意义和社会价值。

第二节　战士作家：阮诗

阮诗是在战斗中成长起来的作家。他的一生虽然短暂，但在越南文学史上却占有较为重要的地位，他对越南小说、记事等文体的发展做出了较大贡献；他还是越南共产党文艺路线的坚定拥护者和执行者，他的作品深刻反映了党的文艺政策的正确性。在硝烟弥漫的战场上，阮诗是冲锋陷阵的英勇战士，在没有硝烟的战场上，他毅然拿起手中的笔，不屈不挠地与敌人作更为顽强的斗争，他是用自己的血肉之躯和灵魂在创作。两个战场，赋予了他精彩而有意义的一生。

一、生平及作品

阮诗，原名阮黄歌，笔名阮玉晋，1928年5月15日生，南定省海后县人，越共党员，越南作家协会会员（1957）。阮诗的父亲阮倍琼，是一位有志向的乡村教师，因参加爱国运动和革命活动被捕，在阮诗10岁那年去世。母亲成氏渝是一位勤劳勇敢的妇女，出生于一个穷苦家庭，是阮诗父亲的二房。她很早就有了革命觉悟，曾帮助共产党散发传单，为革命干部当过联络员。丈夫去世后不久改嫁。父亲去世后，阮诗和大妈及其同父异母的兄弟（后来和他叔叔）到河内生活，做过缝纫工。他12岁才上小学，14岁跟了一个街头卖艺的学唱戏，一个月挣得3个越南盾。15岁随其兄去了西贡，两年后辍学。1945年“八月革命”成功后，法国卷土重来，阮诗参加了抗战，加入了西贡郊区游击队和东南部部队，并从那时起开始写诗，取笔名阮玉晋。他19岁加入越南共产党，26岁成家。1954年抗法战争胜利恢复和平后，他又回到北方进行革命和文学活动，1956—1962年间，他在《军队文艺》杂志社工作。1962年5月，他再次去南方，继续从事文学创作，这时他在《解放军文艺》杂志社工作，并改笔名为阮诗（“诗”是他留在北方的儿子的名字）。从那时到他牺牲的6年间，几乎每场西贡周边大型战役的战场上都能看到他的影子，他下到作战部队与战士们打成一片，参加游击战，深入实际调查……他的创作才能在这一阶段得到了真正的挖掘且进步飞速。1968年5月，他随一个炮兵营参加第二次戊申总进攻，不幸在战场牺牲，时年40岁。越南人民为了纪念这位战士，把他牺牲的街道命名为胡志明市阮诗路。

童年生活的坎坷给阮诗留下了许多阴影，对他性格的形成产生了消极的影响：母亲是二房，父亲早逝，生活贫困，寄人篱下；母亲再嫁，且居无定所；弟弟中有一个被拐骗失踪，20年后才找回，其余的弟弟与大妈生活在一起；阮诗与叔叔生活3年后叔叔又去世，只好吃百家饭，在乡亲们家每家住两个月；没上过几年学却频频换班、转学……所有这些，在阮诗幼小的心灵中都显得过于沉重。1954年他与一个叫阿柏的姑娘相爱并结婚了，阿柏的不忠使阮诗没有享受到家庭生活给他带来的快乐与稳定，也使他不再相信爱情；1959年再婚，娶了一个简单、忠厚、老实的普通女子为妻。生活的不顺使本来就沉默寡言的阮诗更加忧郁和苍老了，正如他的好友贰歌在《余下的面容——阮诗》中所分析的那样：阿晋深沉，但有时也粗鲁、急噪，遇到不顺心的事也会抱怨，他懂得忍耐但也会生气。他性格中的忧郁，一定与他过去几十年不幸的生活经历有关。

阮诗是一个多才多艺的人。在《解放军文艺》杂志社工作期间，他不但创作，而且还给报纸杂志设计封面、画插图；教舞蹈、唱歌，有时自己也演剧本。

文学方面，阮诗最爱看历史小说和苏怀、南高等以家乡为题材的作品，喜欢深心、陈玄珍、武黄璋和阮炳的诗，爱读《传奇漫录》、《碧沟奇遇》，还有前苏联小说《他们为祖国而战》等。

阮诗深入生活，刻苦学习创作，他严谨求实，勤奋积极。他在工作、战斗之余积极创作，在他短暂的一生中，写下了许多不同体裁的作品。主要作品有短篇小说集《明月》、《朋友》、《小说集》、《未远的岁月》和《阮玉晋阮诗全集》等。

二、阮诗的创作

1. 短篇小说集：《明月》和《朋友》

阮诗是以诗歌和短篇小说的创作迈向越南文坛的。1950年代初，他出版了诗集《同内乡》共20首诗。一位批评家把这部诗集看作是“一个学生在学做文章”。这部不起眼的集子给阮诗提供了一个练笔的机会，使他的创作才能在以后的作品中逐渐得到释放。后来的短篇小说集《明月》和《朋友》便给读者留下了较为深刻的印象。

阮诗似乎无意于描绘雄伟壮丽的画卷：他的作品不记叙惊天动地的大事，在题材方面，其短篇小说也并无新颖之处，如写军民情谊、南北统一、美伪政权的罪恶等等，《明月》和《朋友》中就分别有5篇和3篇叙述军民情谊。两部集子中都有直接揭露吴庭艳政权罪恶的短篇小说：如《朋友》集里的《自由》和《明月》集里的《明月》。

这些小说中的人物还具有着某些共性。如小说中的军人，他们都是日内瓦协定签订后集结于北方的南方人，是“胡伯伯的兄弟和儿子”，劳动人民尊敬和爱戴的人。南北分裂后，他们成了渴望统一的老百姓中的代表；两部集子中的女性都给人一种健康、积极、可爱的印象，从深爱丈夫却因工作需要而不得不远离他的女干部到指挥民兵的18岁的姑娘，再到阿奋、阿杏、琴老太，她们每个人身上都凝聚着各自独特的美。

虽然作品题材大致相同，人物性格近于相似，但阮诗在故事情节和创作艺术方面的独巨匠新使他仍然拥有大量读者，这主要表现在以下几个方面：

1）自身经历的坎坷丰富了阮诗的内心世界，这正是作家进行文学创作取之不尽的源泉，也因此小说的故事情节中有许多带有自传性，故事中的现实也正是他内心世界的真实写照，而作品中不同类型的人物也或多或少具有作家身上的某些个性。从这个意义上来说，阮诗是用自己的灵魂在进行创作。

《明月》里的“月光”也正是那片曾经陪伴作家度过许多艰难岁月、抚慰过作家心灵并带给他憧憬和遐想的温柔之乡。如作家亲历的东部战区的月夜、新婚之夜的月色等都被写在了作品中。

尽管如此，作品中似乎也找不到作家的刻意留下的痕迹。作家不动声色地钻到人物的内心，通过笔下人物的思想和行为来纪念自己过去的岁月。创作主体与客体在这里得到了高度和谐的统一。

心灵是一个丰富多彩、永不枯竭的世界。从这里截取创作的灵感，这正是阮诗作品的魅力所在。

2）“文学作为人的创造物，他从一开始就是按心灵家园的图景来设计和创造的，没有内在的情感、心理动力和蓝图，作家不会自言自语地编出虚幻而动人的文学世界，人们也不可能在这个世界中因那些与自己毫无直接干系的人、事、物而动情，经历流泪与欢笑、憎恨与挚爱等等大起大落的情感颠簸，并从中获得安慰和满足。”[①]因为是用心灵在创作，所以阮诗的作品是饱含感情的，且心理刻画多于动作描写，情感记叙重于情节铺陈；对人物的心理描摹是阮诗作品突出的艺术手法。饱含着作者感情的文字，以共鸣的方式吸引读者，让读者感到充满着温馨与实在。

这一时期阮诗在北方以《明月》和《朋友》两部短篇小说集为代表的创作初步显示了他的创作才能，为他日后在南方战场用笔和枪更坚决地与敌人斗争打下了良好的基础。

2. 《小说集》

《小说集》（1969），越南解放出版社出版，是南方革命文学的杰出代表。《小说集》包括4个短篇，1部长篇，2篇记事，1篇通讯和3篇随笔。《小说集》代表了阮诗创作事业的顶峰，它深入细致地介绍了越南南方人民生活和斗争的方方面面，讴歌了美占越南南方社会绝大多数的农民，尤其是南方妇女对这片神奇的土地所做出的重要贡献。他们身上既保持了越南民族的优良传统，又走在时代的最前列，对革命充满了热情与憧憬，他们是最革命的阶级，是越南民族之魂。

这本集子所反映的故事大多发生在1960年代。当时的背景是：美国对越南发动了“特种战争”，在1962至1964年三年之内进行了无数次的恐怖进攻，并

① 张永刚，董文学：《文学原理》，北京：北京大学出版社，2001年，264页。

与南越伪政权一起实施“战略村”计划。特种战争失败后，美国又转向“局部战争”，进驻越南的美军数量从1965年的8万猛增到1967年的54万。正如阮诗在作品中描述的那样：在每一个村子，“每一棵竹子下都站着一个兵，每一个土堆上都有一支敌人的枪。国家好像被倒了个似的，地面上随处可见大炮坑，炸弹坑。”

作品揭露美伪政权对越南人民犯下的滔天罪行。在美伪政权统治地区，每一个善良的人都无一例外地成为难民和他们铁蹄下的牺牲品，人人心中都埋藏着仇恨的种子。对老百姓们来说，不反抗就没有出路，对敌斗争几乎成为他们的一种生活方式。

阮诗的作品所反映的故事从西部高原到中部、东南部平原的茶荣、槟椥、美萩、龙安、鹅贡、巴地等地。饱经硝烟并在战争中成长起来的南方人民，尤其是农民中的贫雇农，是作家笔下主要人物的原型。如他笔下的阿杏夫妇、思沉大爷等都是上无片瓦下无寸土靠给人做长工打短活过日子的人。他们在抗法战争时期，深受革命的影响，得到了革命的实惠，分得了田地。可好景不长，抗法战争胜利后不久，他们的土地被南方伪政权没收，他们的家庭被挂上“黑榜”，不能互相联系……

《小说集》中女性人物占了很大比例。当时的越南妇女不仅要承受面临亡国威胁的巨大的民族痛苦，还要受到来自封建国家传统礼教的束缚，生活极为悲惨。就拿爱情来说吧，她们思念自己的亲人，眼泪哭干了，但这浓浓的思念之情只能放在心里，她们能向谁倾诉？这时母亲和姐姐们开始逼婚了，希望她们能早点过上安稳日子，哪知道这使她们迈入了更加痛苦的深渊：她们中有的随丈夫背井离乡去谋生，有的整日挨丈夫的打，有的被丈夫嫌弃甚至抛弃……哪里有压迫，哪里就有反抗。也正因为如此，她们是最“革命”、最英勇、最坚韧、最具有反抗精神的一族。她们既锋芒毕露，又忠厚诚实。顽强不屈的她们从不在残暴的恶势力面前低头，这似乎又是她们与生俱来的本性。阿杏从小就不爱哭，挨打也从不躲闪，她学武，让谁都抓她不着；小李被敌人抓去后进行严刑拷打从不呻吟半句；二溪被强奸时的哀求深深刺痛了她自己的内心，她从此发誓一辈子不向任何人求饶。

她们一旦走上革命道路就不会再动摇，她们有走到底的勇气和信心。因为“在这场抗美救国的战争中，我们什么也没有失去，我们只是失去了长满虱子的麻布裤子，失去了让长大的女孩光着屁股爬槟榔树的心寒，失去了在猪圈内睡觉的生活，不用再一年四季光着脚丫直到露出白花花的骨头……他们把我们折磨到现在，是我们回击他们的时候了，而一旦还击，我们就要把他们打的屁滚尿流而绝无还手之力。”阿杏在婚前不久的一个晚上这样鼓励自己的未婚夫，“你一定要去参军，牺牲了就算了，如果还活着，国家独立了，我们到那时再相聚。”

阮诗笔下女性同胞们对爱情的忠贞，对去参加战斗的丈夫和孩子的担心与疼爱，对革命的忠诚和对胡伯伯的爱戴通过一封封“南方来信”表现得真切感人。在丈夫阿振去战略村之前，阿杏重新收拾了屋子，她把它打扫得干干净净，仿佛还有人住在里面似的。去部队之前，阿振叮嘱阿杏说，祖国独立后，他回来还要住在这间屋子里。这块土地上，阿杏的三姐15年如一日等待着丈夫的归来，四姐把丈夫牺牲前凝视自己时“含情脉脉的奇妙的”眼神一直珍藏在心底……她们一边与敌人做不屈不挠的斗争，一边默默承担着家中所有的活。在阮诗笔下，越南妇女身上所具有的传统美德得到了充分的体现。

除了爱情专一，她们还有一个共同的地方，那就是对地主和殖民主义者满腔的仇恨。革命给她们地狱般的生活带来了新的希望，她们日益觉醒，并找到了悲惨命运的根源。这种仇恨在她们的内心产生了无穷力量，并化作了坚决的行动，革命的彻底性在她们身上体现得更加明显。

爱憎分明，这是越南女性的突出品质。对敌人的仇恨有多深，对亲人和同志们的爱就有多厚。阮诗笔下的女性，不仅深爱着自己的丈夫、孩子，还深深关心着身边的同志和一起承受着苦难的同胞。阿杏越过“死亡线”到被关押的小李处安慰她、鼓励她。思沉老太为给二溪姐送去一袋鱼露和几个鸡蛋走过8公里的竹桥，6个居民站点。

正是因为有了这样深沉的爱与痛彻心扉的恨，才使她们在敌人面前表现得无比勇敢。为了给亲人报仇，为了建立美好的生活，她们毅然与敌人展开斗争：阿杏接到了革命的任务后，全然不顾吃饭、睡觉，“她的周围似乎全都是敌人的影子，但怎样才能消灭他们呢？她就这样走着，她那羸弱的身影就好像一片树叶随人流飘动。在她的脑海里只是不停地出现两个字：杀敌。”在一次又一次的生与死的较量中，她们积累了经验和智慧。“四姐在哪儿，敌人就得在哪认输。她的家就好似一个弹药库。敌人将弹药拱手送来，再将传单从她家带出。”

阮诗《小说集》中的妇女的确是越南妇女中的杰出代表。她们善于打敌人，强于做兵运工作，巧妙地与敌人周旋，她们几乎成了动摇美帝国主义的一支具有势如破竹力量的“长发军”。不用涂脂抹粉，她们的光彩已经“装扮了祖国的河山”。

《小说集》中有三篇随笔，分别写于1965年和1967年，正是美军疯狂入侵、以越南人民的鲜血来书写他们罪恶的时候。当民族尊严遭到严重破坏时，它爆发出来的力量是不可想象的。这一时期阮诗的随笔主要是对自己心理路程的小结和在对敌态度方面的宣言。通过这些气宇轩昂、充满激情和饱含深情的文字，作家理清了生与死、幸福与痛苦、个别和一般等一系列的矛盾关系，将思想上升到了一个哲学的高度。

《持枪的母亲》是阮诗纪实文学的代表作，也是越南抗战文学中的优秀作品之一。《持枪的母亲》获得了1960—1965年越南南方民族解放阵线文学艺术协会颁发的阮庭炤文学艺术奖。故事讲述的是抗美救国战争时期人民武装力量的女英雄、越南南方妇女的典型阮氏小这个真实人物不平凡的一生。和阮诗笔下大部分的人物一样，阮氏小出生于一个雇农家庭，世代以典当为生，她8岁开始给地主干活，受尽欺凌，生活极为困苦，以至于连做梦都“梦见在吃红薯”。这也使她从小就具有了反抗精神：12岁时为了自卫，将碗砸到地主婆的脸上，“连自己都不知道怎么敢这样做”；两年后，她对地主的压迫忍无可忍，第二次举起了反抗的拳头，把准备好的一把辣椒面甩在地主的脸上，她知道“为使自己不挨打，只有反抗”。她趁机逃离虎口，来到她向往的部队，当上了一名光荣的联络员，并开始与敌人做坚决的斗争。环境的残酷练就了她大胆、泼辣的性格。她参加过大大小小的许多战斗，从爬到树上为部队侦察敌情到在弹火中为军队送情报，再到和部队一起攻碉堡、战略村，直到重病躺在床上指挥民兵……她的病床好似成了一位司令的大本营。这位神奇的妇女已经让上百个美国鬼子命丧黄泉，敌人听到她的名字无一不闻风丧胆。

在战场上她是一位英勇的骁将，而在丈夫和孩子的眼中她则是一位温柔贤惠的妻子和母亲。她入伍后嫁给了一个名叫阿锡的战士，他们互相关心，共同作战；再忙，她都不会向丈夫求助，更不会影响他的工作；她教育孩子们要学会自律，培养他们的自理能力，教他们怎样躲避炸弹的袭击；对待同志和同胞，阮氏小更显示出她处处为他人着想的无私情怀：有一次，她把准备在某次会议上卖的大米粥分给碰到的几个弟兄吃了；她还帮助一个误入歧途的参加伪军的青年重新找回了生活的勇气，使他走到革命的正义道路上来，这在当时也很具有典型性。

阮氏小的命运就是旧社会奴隶的命运，是越南整个民族的命运。在她身上集中体现了越南妇女“英勇、不屈、忠厚、勤劳”的优秀品质，她纯朴自然，有旺盛的精力和生命力，具有典型的“南部性格”和民族品质。作家通过这种人物典型化的处理方式，提升了作品的主题和现实意义，成功地为当时讴歌革命英雄主义精神提供了范例，具有较大的社会时代意义。

3. 其他短篇小说

阮诗创作的短篇小说，每一篇都具有很强的可读性。《我村的故事》（1964）是作家以阮诗为笔名所创作的第一个短篇，讲述的是在磨街地区一个小村子里打敌人的故事。《春天》（1964）是《我村的故事》的续集。相同的地点，相同的人物，但是斗争的环境要激烈的多。《家里的孩子们》（1966）中“孩子们”的父亲被法国鬼子抓去砍了头，母亲被美国的大炮炸死了。姐姐阿战和弟弟阿越争着去当兵。在一次作战中，阿越消灭了6个美国大兵并销毁了一辆敌车，自己也身负重伤，他在战场上躺了三天三夜，枪膛里还上着子弹，唯一能活动的大拇指还死死地扣着扳机……作家把即将死亡时的那种无意识的生理和心理反应刻画得十分细腻，增加了作品的可信度和可读性；同时，作家还通过许多感人的细节升华了作品的主题，如描写频频在阿越记忆中浮现的母亲去讨父亲头颅时的情景，如在母亲去世后，姐弟俩抱着祭台到五叔家寄存的情景等等，无不催人泪下。《妈妈不在家》写的是阿席的几个孩子们的故事。作家通过孩子们清澈、活泼、真实的眼睛来诠释战争，同时，作者在故事中也留下了自己心灵的印记。阮诗在北方时惦念儿子，回到南方则想念母亲。于是他把这种浓烈的思念之情寄寓到他的反映惨烈现实和抗美战争残酷的文学作品中。

三、阮诗的艺术风格

阮诗热爱生活，他在抗美救国战争中成长起来，因此对现实社会生活有较为深刻地把握和独到的见解，所以他的作品具有独特的艺术魅力。

1. 阮诗的作品具有很强的时代精神。

作品主要通过特定地点和特定的历史时期（越南南方抗美救国时期）中所出现的英雄人物来诠释作品所反映的主题——革命英雄主义。

2. 作家将作品内容和艺术形式有机的结合起来。

在内容上，阮诗的作品好似一部部雄壮的史诗，虽然人物较多，情节较杂，但却具有诗一般清新和抒情的特质。阮诗作品歌颂共产党给劳动人民带来了希望。在艺术形式上的有机结合体现在作家对作品篇幅的短小精悍与对其所蕴涵的丰富意义的处理方式上。

3. 阮诗所创作的人物内心世界丰富。

阮诗谙熟他笔下的人物，他具有战士作家的丰富的情感。他迷恋他的人物，在现实中跟踪这些人物原型的生活，因而可以较为深入地把握人物的内心世界和他们丰富的精神生活。同时，人物形象的多样也丰富了作品的思想内容。另外，阮诗作品宽广的时间和空间背景也丰富了作品的内容。

四、结语

阮诗通过多样化的艺术手法，凸显出他笔下人物普通外表下高尚的灵魂，这些人物不知激励了多少越南人民为革命贡献出自己的青春、热血乃至生命而赢得最终的独立和自由，增强了人们改造生活的勇气。这在当时成为一种新的人生价值观：为胜利而战是最大的幸福。

阮诗把文学的教育功能推向了一个新的高度，他是同时拿起笔和枪与敌人作战的战士和作家。在战场外，笔就是他最有力的武器，他用他的心灵去观察、去感受、去思考、去创作，他将自己的命运和他的作品与祖国、民族和人民的命运紧紧结合起来，因此两者都具有不朽的生命力和穿透力。

第四章 直面现实剖析社会：元鸿、阮遵

第一节　深深植根于民间的发掘：元鸿

元鸿（1918—1982）在越南现当代文学史上占有较为重要的地位，他是越南1940年代最为进步的批判现实主义作家，是劳动人民和穷苦人民的作家。元鸿以他丰富的生活经历和高尚的人道主义精神，谱写了一曲文学艺术之歌。

一、生平及主要作品

元鸿，原名阮元鸿，1918年11月5日生于南定市一个天主教的小资产阶级家庭。其父曾做过狱吏，失业后家庭中落。在元鸿12岁那年，父亲去世。元鸿的母亲是一位贤淑的妇女，她一生任劳任怨，相夫教子，是一位极富牺牲精神的女性。丈夫去世后，为生活所迫，她不得不到义安省的荣市当奶妈来养家糊口，元鸿被迫辍学。15岁那年，因与歹徒搏斗而被诬陷以“行凶罪”入狱。1934年，为逃避生活的困苦和邻居们猜忌、鄙夷的目光，母子俩来到海防，为他们的物质和精神生活寻找避风港。

在海防，元鸿以教书为生。民主阵线时期（1936年），受进步思想系影响，走向革命。1939年至1941年，曾因宣传马列主义文艺思想和私藏革命书籍，两次被捕。狱中生活使元鸿更加有条件接触百折不挠的共产主义战士。出狱后的创作开始反映工人阶级的觉悟和斗争，为《世界》、《新人》等进步报刊撰稿，由此开始了他的写作生涯。1943年，元鸿秘密加入了文化救国小组，并以高昂的斗志和革命浪漫主义和乐观主义情怀投入到他所钟爱的文学创作

中。海防对元鸿进步的艺术之路产生了深刻、决定性的影响。他在《创作的源泉》中写道："海防是我的家乡和血肉，《海口》这部倾注了我毕生心血的小说就是献给这片我所热爱的土地的。"

文学作为人类高层次的精神创造活动，要求作家具备超强的文学创作意识、敏锐的审美感受以及深邃的思想开掘。对文学的执着与孜孜不倦，以及那与生俱来的丰富、细腻的情感，为元鸿的写作生涯奠定了良好的基础，也使他无论是在饥寒交迫的凄风冷雨中，还是在环境恶劣的监狱里，都没有放弃创作，丰富的生活经历成为元鸿的创作的源泉。他读《三国演义》、《封神榜》，读阮公欢、武重奉等作家的小说，世旅、刘重庐等诗人的诗作，读雨果的《悲惨世界》、高尔基的《母亲》。这种广泛的涉猎在很大程度上弥补了元鸿只有小学文化程度的缺憾。但从元鸿的的整体创作来看，我们也必须承认，与他丰富的经历以及敏感的直觉相比，这种缺憾无疑对他的文学创作产生了一定的负面影响。

元鸿的一生是颇为坎坷的，1937年发表的长篇小说《女盗》使他在越南文坛上声名鹊起。作品描写流氓无产者的生活，揭示使人陷入贫困和堕落的根源。1939年刊登在《新报》上的短篇小说《一位中国母亲》歌颂了无产阶级国际主义精神。越南文艺界认为他是这个时期进步的、靠拢革命的批判现实主义作家之一。

元鸿"八月革命"前的作品经常发表在《礼拜六小说》、《东方》等报刊杂志上。1945年在河内参加"八月革命"后，元鸿在文艺救国战线上更加积极地耕耘，并于1948年参加印支共产党。1947—1967年，在越南文艺协会工作，是越南作家协会第一、二届执行委员会委员，曾一度负责《文学周报》的编辑工作，曾任海防文艺协会主席。元鸿是一个多产的作家，尤其是到了1960年代，元鸿创作出了他的长篇巨著《海口》和《创作的源泉》、《诗文创作》等回忆录。1982年5月2日在北江省安世逝世。1996年元鸿荣获首届胡志明文学艺术奖。

元鸿的创作分为"八月革命"前和"八月革命"后两个时期。

"八月革命"前的主要作品有：长篇小说《女盗》、《深渊》、《火焰》，短篇小说集《七佑》、《生活》、《透过夜幕》、《布袋店》、《雏鸟》、《两行乳汁》、《残喘》、《一块饼》，自传体小说《童年时代》等。"八月革命"后的主要作品有：短篇小说集《地狱与火炉》、《一滴血》，随笔集《解放之夜》、《保卫稻谷》，诗集《蓝天》，长篇小说《海口》四部曲（《怒潮》、《风暴》、《黑暗》、《新生》）、《家乡山河》、《国仇家恨》，选集《元鸿选集》、《安世山林》等。另外还有一些有关创作感想的随笔《创作的源泉》，回忆录《我的创作生涯》、《诗文创作》、《曾和我一起生活过的人物》等。

二、元鸿的创作历程

1. 1945年“八月革命”前的元鸿及其创作

元鸿是幸运的，他用毕生的精力去追求他的文学道路，且因他的处女作《女盗》而一举成名（当时元鸿只有19岁）。元鸿的文学创作是他高尚的人道主义精神的最好体现。促使元鸿步入文坛的主要动力正是源于他对劳苦大众痛苦的切身感受。他不幸的童年、坎坷的经历，他对社会下层劳动人民尤其是海防市劳动人民悲惨命运的深切同情，使元鸿的小说充满着强烈的人道主义的人文关怀。社会最底层、最贫困的劳动人民成了元鸿笔下最主要的人物。但元鸿并不仅仅只是记录痛苦，相反，这些痛苦都被元鸿看成是人类的炼狱，在这样一个精神和肉体的地狱里，元鸿看到的是美好的人性，同时反映人类和他自己对美好生活的憧憬以及对未来的信心。就是这种情感，经过升华，融汇着人类的普遍理想和愿望，或者说融汇着人类追求自由，追求超越现实的束缚与压迫，实现完美的人性本质。在元鸿的人道主义精神里，时时都透着一种革命乐观主义情怀，并且随着无产阶级革命影响的日益扩大，这种革命情愫越来越明显的反映在元鸿的作品中。元鸿的作品是人道主义、现实主义和浪漫主义的有机结合。

文学表现人的思想，并且这种表现是通过作家主体的观念来实现的，作家的主体观念又依赖于他笔下的人物来传达，而这些人物必然是作家最为熟悉的。归纳起来，“八月革命”前元鸿笔下的人物有以下几类：

1）流氓无产者。在1930—1945年的越南文学中，流氓无产者人物形象是写实的作家们所津津乐道的。他们性格乖戾，语言、行为失常，引起了年少的元鸿极大的兴趣，同时，元鸿的血气方刚与他骨子里浪漫的性格也使他更容易接近这一群体。这些人物形象在元鸿的初期创作中得到了淋漓尽致的描写，如他的成名作《女盗》。

《女盗》写于1936年，1937年获自力文团文学鼓励奖，1938年出版。它奠定了元鸿越南现实主义作家的地位。小说以独特的视角，向人们展示了一位纯洁善良的农村姑娘一步步沦为妓女、女盗的过程，揭示了各种黑恶势力压迫下人性的扭曲和变形，对逼良为娼、逼人为盗的黑暗社会进行了有力的抨击。

《女盗》的主人公阿冰天真地爱上了一个大骗子阿谭，阿冰有了身孕后被阿谭遗弃，同时也被当时的社会所遗弃。小孩生下后被她迫不得已卖给了别人，走投无路的情况下她从南定跑到海防找阿谭。几天的忍饥挨饿流浪后，不幸的她遇到了一个富家的公子哥，善良的阿冰再一次被骗：她被强奸了，并且染上了性病，之后又被这个流氓的老婆当成妓女送进了警察局。沦落到妓院后，纯洁的阿冰无法忍受自己受到的屈辱，想一死了之。这时遇到了对阿冰一片真心的嫖客西贡老五。他把已经病倒的阿冰带到家中精心照料。但孰料西贡老五是一个盗窃集团的头子，不久就被抓进了监狱。老五服刑期间，阿冰靠做小买卖维持生计，决不要老五兄弟们交上来的肮脏钱，并决心劝老五改邪归正，重新做人。但事与愿违，阿冰不但劝说失败，反而在老五及其兄弟所设的圈套和引诱下，被迫走上了女盗的道路，并且成为一个十分专业的女盗。后来由于种种误会，阿冰被老五赶出家门，回到南定。在得知父母遇到灾祸之后，为了能得到一笔钱解燃眉之急，她又嫁给了一个警察。富有戏剧性的是老五被她的丈夫所抓，阿冰念及旧情，偷了钥匙放出老五并和他一起逃走，阿冰又重操旧业。老五的所作所为一次又一次使阿冰陷入深深的痛苦和恐惧中。最为悲惨的结局终于发生了：老五在船上看到一个身上戴了很多金饰品的小孩，便打劫了小孩。没想到小孩被救回家后已经死亡。更没有想到的是，这个小孩竟然是阿冰日思夜想的亲生儿子，她抱起自己的小孩嚎啕大哭之时，一直跟踪老五的警察和密探冲了进来，老五和阿冰双双被送入监牢，在那里度过了自己的余生。

中山大学中文系教授、博士生导师谢有顺认为，真正有价值的写作是靠近心灵中神圣部分的写作。而真正有力量的语言，也是为了更加有效地达到心灵的事物的本身，而非远离它。文学不是用智慧来证明一些生活的经验和遭遇，而是用作家内心的勇气去证明存在的不幸、残缺和死亡的意义，以及人身上还可能有的良知和希望。从这一意义上说，元鸿不愧为真正的勇士。从终极关怀出发展开写作，这令元鸿具有一种独特的声音：犀利、无畏，并且饱含着内在的精神性。真正有价值的写作，是那种不断地靠近心灵，靠近心灵神圣部分的写作。

在阿冰这个元鸿成功塑造的悲剧人物背后，元鸿找到了一连串的社会原因，不论是在农村还是城市，正是这些原因，将一个原本淳朴、善良的农村姑娘，一步步推向了肮脏和充满罪恶感的生活，而她的每一步选择，都是迫于当时处境的无奈。甚至她的偷盗行为，都是对这个不可理喻的旧社会的无声反抗。阿冰虽然被迫走上偷窃的道路，但她一刻也没有停止过良心的自责，她的善良和淳朴也依然如故。阿冰的心理转变过程是真实可信、符合人物发展的内在规律的。在老五深陷牢笼的时候，阿冰毅然决定放弃与警察丈夫风平浪静、不愁吃穿的生活，铤而走险地救出老五，再次陷入漂泊无定的生活当中。尽管这种生活并不是她愿意过的，她也清楚她走的是一条人生的不归路，但阿冰的性格本质决定了她这一行为的必然性。她置父母对她的恶毒于不顾，在父母危难之际仍“舍身”相救；她不顾社会、舆论对私生子的鄙视，出于母爱将孩子生下来，并且一生心系于他；上帝将一切灾难降临到她头上，可是她依然虔诚……这一切，都是阿冰的性格所致，可以说，她的良心一刻也没有泯灭过。

有了这些情节的铺垫，我们就不难理解阿冰在她人生之路上对老五的选择了，这个在世上唯一对她真心、曾经让她绝处逢生的人，她怎能割舍的下呢？

情感作为文学的重要对象和文学创作的提升力，是文学活动不可缺少的部分。有人甚至将它定位为使文学形象生动的根本因素，是文学形象活动灵魂。作家丰富的生活体验是他的情感来源，阿冰这一人物形象折射出了作者对劳动人民的深厚情感即对他们美好品质的歌颂和信任。这种朴素的情感我们可从他的饱含深情的字里行间窥见一斑。

2）劳苦大众。城乡穷苦的劳动人民是元鸿笔下的代表人物。他们中又以船夫、码头工人和贫穷的劳动妇女两类人物最为典型。尤其是第一类人物，他们是海防这个海港城市的特色，是极为重要的群体，没有他们就没有海防。他们终日辛苦劳作却仍然衣不蔽体、食不裹腹，直到被榨干只剩最后一滴血汗——因工残废或无用时则被抛弃，甚至要靠乞讨为生（《黑暗》）。典型环境造就人物的典型个性，他们的性格是属于海防的：放纵、大胆、讲义气，当然更具备元鸿眼中所有穷苦人民都具备的美好品质。我们可以从他的《刀锋》、《黑暗》、《没有子女的母亲》、《一位中国母亲》、《生活的希望》、《一个晴天的中午》、《两行乳汁》、《奄奄一息》等作品中认识这些典型的人物形象。也正是因为这些典型人物的塑造，使元鸿的小说具有浓厚的地域特色——海防特色。

妇女是越南作家钟爱的题材。对于深切关心劳动人民疾苦的元鸿来说，这一弱势群体顺理成章地成为他人文关怀的对象。元鸿作品中的妇女具备美好的品格，她们勤劳、贤淑、坚韧不拔，靠自己的劳动相夫教子，默默承担着生活的重担。这是母对子的疼爱之心，是妻对夫的忠诚之义，是上升到后来成为阶级情感的对同胞的仁爱之情，这些是越南妇女的真实写照。元鸿在《一个晴天的中午》中写道："今天中午，她去赶集了，明天一大清早她还要顶着霜冻去赶另一个集。在她的肩上哪里仅仅是天气的压力，还有那沉重的玉米、稻谷、红薯秧苗、猪草，对丈夫、孩子的忧虑，对邻里的忧虑，一切都显得那样沉重。"

元鸿笔下的妇女是传统的，她们可以承受世间的一切苦痛，可以为家庭牺牲自己的一切，但当她们找到真爱的时候，又敢于冲出封建礼教的重重束缚，与"三从四德"抗争到底。小说《一块饼》中的主人公丽霞在她遇到自己的心上人之后，她义无返顾地跟了他，"没有丝毫罪恶感"；《童年的日子》中的妇女也是如此：虽然受封建礼教的束缚，她不得不跟着一个她不爱的吸毒的丈夫，但她的心也会随着阿H"欢快的喇叭声"砰砰直跳……

在旧社会，真正的爱情往往不能够给妇女带来幸福：或如丽霞那样要远离自己的情人，或如《二十年后》里的阿瑰，与自己的情人落入贫穷凄惨的境地，或如阿冰被欺骗、辜负……这些在元鸿的笔下都成了作者对旧社会的绝妙的讽刺。

总的来说，在“八月革命”以前，元鸿是越南作家中谙熟妇女命运的作家之一。他对婚姻、家庭的观念在当时是非常超前、进步的：主张自由恋爱，歌颂真正的、矢志不渝的爱情，认为这才是真正的幸福；在夫妻关系上，他倡导真正平等的夫妻关系，强调经济和社会地位的平等。

元鸿还创作了许多感人的儿童小说。这些可怜的小生命的经历正是元鸿小时侯所体验的，在《童年的日子》中我们都可以感受到这些可怜的小生灵，他们或明或暗地闪现在作品中。石岚认为“《童年的日子》是对一个年轻、孤独灵魂的最震撼时刻的回忆”。《雏鸟》这部长篇小说专门记叙了几个孤儿为生活所迫而不得不过早进入社会谋生存的命运；在《生活》这部随笔集中，也有许多关于穷苦孩子的感人篇章。

3）小资产阶级。1940年代初，元鸿又较多地描述了贫困的小资产阶级年轻人的生活，如《生活》、《一块饼》、《两行乳汁》、《奄奄一息》等。当时的背景是一方面殖民主义制度在物质和精神上的封锁，另一方面，这一时期的元鸿已开始觉悟（尤其是在加入文化救国小组后），而城市小资产阶级青年这一形象正好满足了元鸿抒怀的需要：他们具有一定的知识和技能，却也与其他人一样，陷入了贫穷、尴尬、无奈的境地。读者也很容易发现，这一人物形象正是元鸿本人的真实写照，而人物形象的思想转变过程也正是作家本人的思想转变过程：从由于遭遇相同而与劳动人民命运相连到主动融入人民群众并将此视为真正的生活。《两行乳汁》中的阿暄是一个音乐家，完全有能力过上富足的物质生活，但在经历了一番精神炼狱后，他意识到：“我的生活，我的艺术，只有与劳动人民紧紧相连，就像婴儿依恋乳汁那样，才能获得新生。”《奄奄一息》中的阿生是一个自愿参加劳动改造的贫困小资产阶级青年，他积极参加体力劳动，把劳动人民看成是自己的亲兄弟姐妹；虽然生活贫困潦倒、疾病缠身，但他对未来、对生活仍充满信心：“将来！正在经历痛苦并努力奋斗的人们一定会争取到美好的将来。”

元鸿还用较多的笔墨去描写小资产阶级中的艺术家。他在这些人物身上寄寓了他对艺术的思考，他认为艺术要紧密联系人民群众的生活，“正如根要深深地扎进泥土中”才能枝繁叶茂（《两行乳汁》）；“要直面生活，看穿它，接受它，然后再改变它，给自身力量的发展创造条件。”（《火》）……这种观点在当时无疑是进步的。

2. 1945年“八月革命”后的元鸿及其创作

元鸿的创作并不像越南大多数作家那样以八月革命为界点有明显的断痕。1946—1954年的抗法战争时期，元鸿只创作了《解放之夜》、《保卫土地》、

《亲爱的祖国》等短篇小说集，给读者留下较深印象的是1946年出版的短篇小说集《地狱与火炉》。《地狱与火炉》正是写于那火热的革命年代，它标志着元鸿的思想和艺术的成长过程是与革命、与人民紧紧联系在一起的。

也许是因为在作家还未写尽对海防的依恋之时，他无法安心于其他创作吧，海防对于元鸿，是故乡，是他的漫漫人生之路，是萦绕在他心头挥之不去的影子，是他永远也还不完的感情债。他在处女作中写它（《女盗》），在《北迷》的河江集中营中回忆它（《燃烧的村庄》）；革命成功后，元鸿本打算回到海防，但战争又爆发，海防成为敌战区，元鸿留在了越北。这更使海防成为作家心中的一份牵挂。他在《创作的源泉》中写道："当我背上行装的那一刻，当我一个人走在越北林间小道的时候……在敌机狂轰乱炸的硝烟中，在夜深人静的夜晚，在饭桌前看着热气腾腾的饭菜，我的母亲、妻子和孩子都在我身边的时候，我那遥远、可爱、正战斗着的海防啊，你的模样为何如此清晰，你怎能让我不心潮澎湃！？"这就是元鸿的海防情结，这份特殊的情结也使他的小说充满了浓浓的地域风情。

海防一解放，元鸿就回到了这片他无限热爱的土地，他与海防人民一起参加海防的经济复苏和社会主义建设，与此同时，他开始着手创作他酝酿了二十年之久的巨型长篇小说《海口》四部曲。

长篇小说《海口》

元鸿的创作数量是惊人的，以至于我们在他的许多作品中经常会看到相似的痕迹，它们以短中篇小说、回忆录、报告文学、随笔等不同的形式出现。《海口》是20个世纪60—70年代越南文学界中出现的规模最大的长篇小说，它依然是元鸿"海防情结"的再现，但这部作品无论从创作视角、创作内容和思想深度来看，都较之以前有很大不同。作家的综合概括力在这部小说中也得到了完美的体现。有人评价它是一部意义丰满、感情丰富的史诗小说，是一幅恢宏的历史画卷，浸透着作者对人类、社会、历史和无产阶级革命全面、深刻的思考和认识；它像一首长诗，倾诉着在越南社会主义共和国诞生前夜的海防痛苦而又激动人心的分娩。这种激情，并非来自海港城市的风花雪月，而是来自海防码头的煤矿堆中、劳动人民和革命战士的血汗里和监狱黑暗的生活。

长篇小说《海口》（包括《怒潮》、《风暴》、《黑暗》、《新生》）是元鸿继《女盗》之后的又一部里程碑似的传世之作，从1960年初稿写成，到1976年最后一卷《新生》的完成，历经16年。它全面反映了从1935年到1945年以海防为中心的越南社会大变革时期的生活。作者叙述了禁村贫民窟中几十个家庭的悲惨遭遇和贫苦生活，其中罗大妈、钟大伯、甘大爷、阿青等人的生活具有典型性。作品歌颂了他们坚强不屈、顽强生活的精神，批判了以德·瓦尼歇、德生、施珊为代表的殖民者、买办和资本家压榨劳动人民的罪行以及西球、尔队长等密探、狱卒为代表的殖民统治者走狗的凶残。

1936—1939年，印支共产党民主阵线运动给港口城市海防吹来一股革命春风，唤醒了包括禁村在内的广大劳苦大众。在这场斗争中涌现出以苏、振、良和国为代表的共产主义战士，他们在酷刑面前无所畏惧、宁死不屈。第二次世界大战爆发，法国殖民者又对越南人民采取了镇压和白色恐怖政策。接着，日本法西斯侵占越南，海防人民陷入了更加痛苦的水深火热之中。禁村被日本法西斯占领，禁村的人们被赶出家门，他们无家可归，四处流浪。而买办资产阶级则乘机大发国难财。白色恐怖笼罩着越南，许多革命志士被捕或被杀害，但越南人民并未被吓倒，他们踊跃参加了革命，如作品中的希、甘、钟、青等人。终于，“八月革命”取得了伟大胜利，驱散了笼罩在海防上空的乌云，荡涤了海港污浊的空气和残渣余孽，从此那里的人民开始过上幸福的新生活。

作品中的人物几乎囊括了当时越南城市现实社会里的各类人物，当然并非所有人物都得到了成功的塑造。作家在作品中最为成功地塑造了两类人物形象：

第一类是我们最为熟悉的海港城市穷苦的劳动人民，这类人物中又以妇女这一形象最为突出，而其中又以罗大妈和黑姑娘为代表。罗大妈是一个其貌不扬的妇女，生活的劳累已一点一点侵蚀掉她身上本应具有的女人的温柔与贤淑：她皮肤黝黑，穿着邋遢、破烂，说话粗俗，迷信，因涉嫌“杀夫罪”而坐牢……但这一切都是由于艰辛、饥饿和接二连三的灾难与不幸等外部原因造成的。在她灵魂深处仍然是至真至善的，她对丈夫忠诚、对儿女关爱、对朋友义气，并坚持着自己做人的原则。同时，她有着顽强的生命力，敢于与社会的不公作斗争。在河江的监狱里，正是这种强烈的母子情、家乡情给了她两次越狱后回到海防的勇气。

黑姑娘也是一个生命力极强的女孩，具有典型的海防性格：胆大、义气。“一袋米‘嗖’地一下扛上肩，走路快如飞，男人都比不上”，她骂骂咧咧，有时还和人打架……但和罗大妈一样，黑姑娘为人正直、忠厚、重人情、讲道理……不幸的是，因轻信他人，她爱上了一个反革命分子并有了身孕。由于长期受到良心的谴责，深觉自己有愧于祖国、祖先和同胞，最后在分娩时痛苦地死去……

《海口》中第二类成功塑造的人物如前文所述也是作家最擅长勾画的，即旧社会的流氓歹徒，如西球、波来和金秀等。元鸿并不仅仅停留在对他们罪恶行为的外部描写上，他还深入到人物的内心世界，去寻找使他们疯狂的社会原因。

作家的世界观会对作品及人物的塑造产生深刻的影响。具有浪漫气质并从小受天主教思想影响的元鸿使他笔下的人物有着灵魂和肉体的对立，是一个集魔鬼和天使于一身的矛盾统一体。而后来对马克思主义阶级观的接受，使元鸿的世界观逐渐脱掉了唯心主义的外衣，变得更加进步了。这种人物性格上的二元对立表现为粗俗的言行外表与善良纯洁心灵之间的对立，使人物的内心世界经常波涛翻滚、矛盾重重，不可避免地一部分人堕入罪恶的深渊，一部分人则达到精神的至善境界。

同时，元鸿笔下的人物具有复杂的地域性和浓厚的民族传统色彩。一个民族的传统很大程度上是靠劳动人民尤其是农民来传承的，这些人物正是元鸿创作对象的主体：他们虽然生活在海防，但他们中的绝大多数都是背井离乡从农村来到这个城市谋生，他们的心灵是贴近大地的，他们保持着越南“竹乡”最淳朴的风俗。作家善于从劳动人民身上发现民族的传统美德，并选择两类人物来承载这种美德：一类是老人，他们是传统的代言人和化身，历史在他们身上留下了厚厚的积淀，如甘大爷、约大爷等；一类则是勤劳坚韧、富有牺牲精神、忠厚老实、乐观勇敢的劳动妇女。元鸿正是在这种对人物的深入挖掘中窥见了民族的特质，从而形成了他的创作规律。

《海口》最大的成功来源于作家丰富的生活经历，这也正是其作品生命力经久不衰的原因。但作品的人物创作也有其不足之处，体现在对革命战士和资产阶级知识分子人物形象的塑造上。作品描写了从1940—1945年法属殖民制度统治下最黑暗时期艺术家思想的贫乏，酒和鸦片成为抚慰他们心灵伤口的一剂良药，他们以这样一种方式逃避社会现实，发泄他们怀才不遇的痛苦。但我们不得不承认，元鸿对于他们的心理分析似乎不如南高那样成功。总的来看，《海口》的人物塑造最大的不足之处在于作家急于把人物推向他们情感的极点，不符合人物的心理发展规律，使读者感到些许沉重。在篇章结构的安排和行文方面，也暴露出作家的局限性：对景物和心理的描写过于冗长，以至于使文章的脉络不清晰，故事情节发展缓慢，读者有时感到杂乱无章。

三. 元鸿的艺术风格

1. 穷苦人民的作家

元鸿的一生只为生活在旧社会最底层的穷苦劳动人民而写作。在当时，越南大部分现实主义作家都出身贫困，贴近工农生活。但元鸿的遭遇是独一无二的，15岁就品尝了狱中生活的滋味，与受到威胁、恫吓的妇女和儿童共同分担狱中生活的痛苦，《灵魂》、《童囚》等就是反映这一社会现实的。元鸿习惯并喜欢与这些衣衫褴褛的人一起生活和劳动，他希望着他们的希望，爱好着他们的爱好。作家非常善于描写穷苦人民的饮食，当他描写一顿有着空心菜蘸酱或一碗螃蟹汤的午餐时，读者似乎可以从字里行间嗅到那可口饭菜的香气……

他把他最激情、最呕心沥血的文字都留给了劳动人民。读元鸿的作品，我们可以感受到作家会把所有的痛苦都加在他笔下的人物身上以此来考验他们的耐心和韧性，最大程度地挖掘人的潜质，他们热爱生活的乐观精神以及非同寻常的承受痛苦的能力也因此变得无限大。这里，人物的性格中也包含了一种克己的苦行僧精神，这是天主教教义在作家身上留下的痕迹。

2. 海防的作家

元鸿的作品，不论描写什么地方，也不论是自然风光，还是社会面貌，我们仿佛都能从中嗅到海防的味道，这可以说是元鸿及其小说突出的地域特色，主要表现在以下几个方面：

首先是海防的阳光。“碧蓝天空下、旋风中白刺刺的阳光，它愉快地叫着；天上偶尔飘来几片白云，像雪山，又像大轮船。”这种景象在元鸿的小说中似乎随处可见。“它（指阳光）不再叫了，而是在它黄灿灿的光中吼了起来，海风呼呼地吹来，草木的绿色和土地的棕色散发着浓浓的酒母的味道。”（《奄奄一息》）这种阳光，读者一看便知是属于这个海口城市的，是属于元鸿的。在这赤裸裸的日光中是来来往往的船只，热闹的集市和快节奏的生活，汽笛声、嘈杂声掺合着泥土、灰尘和凤尾花①的味道，她孕育了一代又一代的海防人，同时也深深感染着元鸿和他的创作。

其次是人物的性格。小说中的人物源于现实生活，现实生活中的海防人虽然来自不同的地方，但一旦踏上这片热土，生活的残酷便开始磨砺他们的个性，使他们只相信自己的才智和胆略；为了生活，他们变得大胆、泼辣和不顾一切，他们向往自由自在、放纵的生活，男人多江湖浪子，女人则性格刚烈，向往自由的恋爱和婚姻，并对爱情忠贞不渝；他们愿为朋友两肋插刀，讲义气……这些都是典型元鸿笔下的人物性格，海防人的性格。

3. 批判现实中的浪漫主义色彩

元鸿的作品总能让人看到神话传说和中国小说的影子，也能品出高尔基短篇小说和雨果小说的浪漫主义味道，特别是小说中的人物，会让我们联想起中国文学作品中的佛祖、关公、孙二娘、顾大嫂和法国浪漫主义文学作品《巴黎圣母院》中的卡西莫多。从元鸿的创作中我们不难发现，作家倾向于运用丰富的想象和夸张的艺术手法来塑造人物形象，反映现实生活：他们大都性格刚烈、身形怪异，心理异常；他还善于把这些人物置于尖锐的矛盾冲突中，这对于作者抒发自身感受的需要来说无疑是一种很好的处理方式。元鸿浪漫的气质还表现在他对诗歌的钟情上。他是作家，还是诗人。元鸿把他强烈的浪漫主义情怀以情绪激昂、感情洋溢的文字投向了蓝天碧海、阳光狂风中，投向了抱负远大的年轻人身上。

---

① 凤尾花是海防市的市花。

四、结语

元鸿以他的创作确立了其作品的价值以及他在越南文坛中的地位。他的创作思想深深根植于一定的地域和一定的社会阶层，在这一阶层里，元鸿最大限度地挖掘了并存的民族传统与时代精神。作家善于从中汲取写作所需的营养，使他的艺术思想和创作风格并不像越南大部分作家那样在“八月革命”前后有太大转变，他的思想和风格是保持着较高的一致性的。他把他的才能在他所能企及的范围内发挥到了极致，为越南文学留下了宝贵的遗产。

第二节　融入民族大众的情怀：阮遵

一、生平与创作

阮遵（1910—1987），1910年7月10日生，河内市人。其父阮安兰曾考取秀才，是一位颇具才华的儒学家，但不得志，对生活表现出强烈的不满。这样的家庭环境对阮遵无论是在思想上还是在艺术风格上都产生了深刻的影响。阮遵虽然生在河内，但从小跟随父亲生活在庆和、富安、会安、岘港、顺化、河静、清化等中部各省。小时候学习汉字，后来又学法语，在南定上中学。1929年他因参加反法活动被学校开除。他经老挝去了泰国。1930年，阮遵在曼谷被捕，押解回国后关押在顺化监狱。出狱后，阮遵前往河内，并在这里正式开始了自己的文学创作生涯。1938年初，阮遵进入剧团前往香港拍摄电影《魔鬼田野》。回国后，他创作了游记《一次旅行》，展示了他的文学创作才华。

阮遵在顺化接受关押管束期间，就开始以兀雷崛、青霞、一郎、遵等笔名为《中北新闻》、《安南杂志》、《东西》、《礼拜六小说》等刊物撰写诗歌、随笔和短篇小说。此后他常以阮遵、殷五宣、俊承敕为笔名进行创作。从1937年开始人们注意到，他有许多讽刺小说发表在《印度支那杂志》上，从1938年起，随着《一次旅行》、《显赫一时》、《没有家乡》、《蟹目铜炉》等的出版，他的知名度日益提高。

阮遵多才多艺，无论是写小说、随笔、文学批评还是绘画、拍电影、演戏，无不精通。读他的作品我们会发现，他不仅对语言艺术运用得游刃有余，更是谙晓音乐、绘画、雕刻、建筑、电影、地理、历史、生物学等各个领域的知识。因此他的随笔总是拥有很大的信息量。

阮遵在“八月革命”前，作为一个尚无革命觉悟的小资产阶级知识分子，在法国殖民统治时期，由于受西方资产阶级文化的影响，在其身上体现了艺术意识的复杂演变：一方面他宣布遵循纯粹的艺术观点，在创作中不带有任何倾向，而另一方面他从未做到对时局的“漠不关心”。相反，通过他的作品，我们看到了一个注重良心与人格的爱国者鲜明的爱憎情感。一方面想躲入骄傲、密封的“自我”，另一方面又满怀激情地投入现实生活，在充满变动的浩瀚生活海洋里，渴望着为自己的灵魂寻找精神食粮。

归根结底，这是在审美观点上与周围社会环境不协调的表现。在这种不协调的态度中，有小资产阶级知识分子骄傲闭塞的个人主义的成分，但同时，也包含着一个在心灵深处蕴藏着传统文化与思想精华的民族知识分子对爱国精神与人格的深刻认识。民族精神、爱国心与越南民族传统文化价值，尤其是民族语言的紧密结合是阮遵的主导思想，正是这造就了其作品真正而持久的价值。

民族精神与爱国心促使阮遵热情地投入到革命当中，并坚定地跟随革命一直走到了最后。1950年他加入了印度支那共产党。从1948年到1958年他一直担任越南文艺协会秘书长。阮遵积极参加抗法和抗美救国战争，曾多次深入广平、永灵前线，随部队参加战斗。他深入敌后，与游击队员同卧一个战壕，发动群众进行减租减息和土改运动。他深入北方的许多建筑工地……阮遵走的地方多，写的作品多，用自己的作品歌颂革命，歌颂祖国和人民，抗击敌人。同时阮遵也通过自己的作品对社会上的丑恶现象进行批判。1987年7月28日，阮遵在河内逝世。阮遵半个世纪的创作生涯，是他严肃而认真的艺术创作过程。

他的创作分为“八月革命”前和“八月革命”后两个时期，其主要作品有《一次旅行》（1938）、《显赫一时》（1939）、《花生油灯》（1939）、《没有家乡》（1940）、《花生油残灯》（1941）、《蟹目铜炉》（1941）、《随笔Ⅰ》（1941）、《随笔Ⅱ》（1943）、《怀姐的头发》（1943）、《阿阮》（1945）、《檀寺》（1946）、《快乐大道》（1949）、《战役情》（1950）、《战胜扫荡》（1963）、《萧村的交通员》（1953）、《访问中国随笔》（1955）、《抗战与和平随笔一》（1955）、《抗战与和平随笔二》（1956）、《一只土船的故事》（1958）、《沱江》（1960）、《我们河内英勇抗敌》（1972）、《随笔》（1976）、《祖国的香味与景色》（1978）等①。

二、阮遵在八月革命前的创作历程

阮遵的名字是同第二次世界大战期间越南浪漫主义文学潮流分不开的，这

① Tàn đèn dầu lạc，Tuỳ bút I，Tuỳ bút II，Tóc chị Hoài，Nguyễn，Chùa Đàn，Đường vui，Tình chiến dịch，Thắng càn，Chú Giao làng Seo，Bút ký đi thăm Trung Hoa，Tuỳ bút kháng chiến và hoà bình I，Tuỳ bút kháng chiến và hoà bình II，Truyện một cái thuyền đất，Sông Đà，Hà Nội ta đánh Mỹ giỏi，ký，Ngọn đèn dầu lạc，Hương vị và cảnh sắc đất nước

是浪漫主义文学中积极、进步因素正逐渐消失的时期，极端个人主义、颓废主义等表现日益明显，为浪漫主义文学造就了一批孤单、绝望、厌世的人物。他们总是感到烦躁，想通过无目的旅行或是沉湎于堕落的生活中来解脱与遗忘。

阮遵就是在这个时期进入文学领地的。由于不愿意接受这个污浊的社会，阮遵开始反抗，越来越与污浊的金钱社会对立。他挖掘、解剖自我，观察社会。

阮遵自从1939年步入文坛，努力创作，最大限度地实现自我，展示自己的才华。当时社会流行的享乐、堕落的生活哲学对阮遵的创作有很大的影响。在浪漫主义的作品中，那些理想化了的人物经常带有作者本人的影子。阮遵笔下的人物同样如此，尽管名字不同，但都是那个“从来没有一秒钟珍惜人生”的“阮”。“阮”从来都是相信自己所想的。阮遵想在世俗社会的礼仪、法则与习惯面前肯定自我。但由于没有一个明确的目标和理想，他的创作经常偏离方向。他时而对那些得志的小人或凡夫俗子及卑颜屈膝之辈大加鞭笞，时而又极为不公平地对那些普通人嗤之以鼻。总之他很少有善良。“阮”轻视别人，认为周围的朋友“也只是火把，只能用来在一片水田里寻找一只只青蛙”。

阮遵的人物都是他自己的影子。他们总是置自己与社会对立的地位，反抗一切社会习俗、准则、习惯。由于对现实社会的失望，阮遵便开始寻找过去，希望过去能带来一丝温情，能给冰冷黑暗的生活带来一点光明和信念的东西。回忆过去，怀念过去是消极浪漫主义的一种表现。

《显赫一时》（1939）再现了衰退的“美好过去”。阮遵觉得自己“只是一个在东方与西方夹缝间生存的人，丢失了以往，丢失了无数的精神财富。”在《显赫一时》中，阮遵是在极力忘却他所生活的现实，这个他认为充满丑恶、斗争和妒忌的现实社会。他沉醉于修饰、渲染那些已经被冲淡的美好，那个已经过去，已经消失了的过去的美好之处。阮遵也认识到，那个时代已经过去了，永远不可能再来，因此他免不了表现出自己的惋惜。《显赫一时》是一部“为艺术而艺术”的作品。作品中所描写的那些日常生活，如喝茶、下棋、赏花……都被修饰得十分讲究和认真，像一种仪式，一种生活理想，身处此情此景人们忘却了在那被奴役的社会中还有多少大事要做。

对现实极端否定的态度使阮遵消极逃避，爱上了鸦片和歌妓，创作了《花生油灯》、《花生油残灯》和《蟹眼铜炉》。

《花生油灯》和《花生油残灯》描写了瘾君子的处境与思想。作者对那些瘾君子们的相互中伤、欺骗、利已等行为进行了生动的描写。《蟹眼铜炉》“是摘录了自己在那个放浪形骸年代里的一点思想”。在1940—1945年间的越南文坛上，有许多写堕落题材的作家，阮遵只是其中的一个。但是阮遵的创作不同于其他任何一个人。他不像自然主义那样描写堕落的具体情节来激起人们的好奇心。他和当时的批判现实主义作家一样，批判社会丑恶现象。不同于浪漫主义作家那样去描写享乐，阮遵的《蟹眼铜炉》是一个在堕落的路上走得很远的人的忏悔，是一个人格不完整的人在为自己的“丑恶肮脏”行为惭愧。但利已与享乐使他不可能与之彻底决裂。所以只要有邀请，他又回到了过去的生活中。《蟹眼铜炉》没有歌颂堕落，但对于这种不负责任、放纵自己的生活态度也没有认真地批判。作品中的“我”是一个对现实社会不满的小资产阶级知识分子，但又缺乏毅力和行动的方向，只能借酒精、鸦片和女人来摆脱空虚的日子。

当然，阮遵并不是只有享乐、逃避、孤单与封闭，还有良知、故土和属于民族的东西。他总想与众不同，想反抗这个污浊的社会，但又无法实现。在“整日欢歌，彻夜笑语”的日子里，阮遵也在审视自己，曾不止一次地想“重新生活！”但怎样重新生活阮遵却不知道，因此他总是陷入徘徊的困境。

“八月革命”前，阮遵的创作带有消极浪漫主义的色彩，但也具有一些进步因素，如民族精神，对金钱社会的否定态度。在他的作品中，我们能看到一个拥有民族精神，对英雄充满热爱和崇敬的阮遵，而不仅仅是一个病态的、利己的阮遵。这是一个有才华却不得志的阮遵，一个对那些愚蠢的、附庸风雅的和伪君子毫不留情、决不对殖民社会妥协的阮遵。在他的灵魂深处还是渴望美好的。他所塑造的人物，虽然都处于社会最底层，靠出卖肉体或歌声来谋生，但依然活得骄傲。他们故意以自己的才华玩世不恭，报复这个轻视他们的社会。

阮遵在他的作品中常常揶揄、嘲讽那些愚蠢而又作威作福的法国人，他爱憎分明。在《死囚者言》中，他歌颂了一名有才华，有气魄的死刑犯；这是一个在黑暗的牢狱中光明磊落、胸襟宽广的浪漫进步形象。这些理想化了的人物和《显赫一时》中的那些浪迹江湖的形象正是阮遵自己的影子，是他所向往的，他在一个爱国学者，一个有才华的学者，一个为了大义而敢于站在朝廷对立面的人身上发现了知音。在《血酒宴》中，阮遵控诉了殖民公使和卖国首领的野蛮、残暴。

“八月革命”前阮遵的创作中最具积极意义的是通过对民族传统美德的发现与坚持而表现出来的民族精神。阮遵对于越南民族，对优秀传统，对民族语言始终坚持自己的信念。阮遵的语言富有色彩、乐感、动情、绘形。阮遵是大师级的语言学家，他创造出了许多原本没有的东西。这种创造来自于社会生活，来自于不断探索，浓郁的乡情浸透了阮遵作品的每一页。

《一次旅行》

《一次旅行》（1938）让阮遵第一次真正展示了自己的才华。阮遵成为真正意义上的阮遵是在《一次旅行》的出版之后。这部作品集中了1938年发表在《礼拜六小说》上题为《在香港与电影〈魔鬼田野〉一起生活的小故事》的一系列游记。《一次旅行》采用了随笔、游记的体裁，以作家“自我”为中心人物，塑造了一个喜欢流浪与享乐、将人生视作一场游戏的形象。在这部作品中，阮遵找到了真正属于自己的风格：时而庄严古典，时而戏谑调侃，时而如行云流水、抑扬有致，时而似酒后胡言、杂乱无章，但无论何时都一样的精彩。这正是一个几乎怀疑一切，只相信自己在流浪漂泊途中积累下来的、精巧细微的感觉、意念与情感的人的作品。

《一次旅行》是一部充满真挚感情的作品。作品中既有作者在异地他乡，面对新奇的人物、景观和风俗习惯，获得灵感而写出的飞扬的诗词的成分，又有散文的直白：他痛苦地认识到“才子佳人”在酒净钱光之后的悲凉处境，以及那些自私、没有理想的凡夫俗子的凄惨情景。

在《一次旅行》中有些篇章堪称杰作，真实而绝妙地记录了香港独特的风景和风俗（《岁末的一天一夜》、《粤省女孩的印信》）。还有一些篇章洋溢着一种发自心底的无限感慨，如同酒之酵母一般浓郁，而其背后则是一个感到囚禁闭塞，因此以“流浪漂泊”为借口“逃离生活束缚”的人那忧郁、憋闷的心境。

《没有家乡》

继《一次旅行》之后，漂泊成为阮遵熟悉和喜爱的题材。他的许多颇具特色的文章都是写的这方面的题材。漂泊是一种生活，也是一种状态。漂泊也许是一种心情，也许是一种傍徨，也许是一种无奈，也许是一种期待，也许是一种眼泪，也许是一种自由，也许是一种感动，也许是一种境界。漂泊是心灵的旅程。

《没有家乡》描写了一个患有“漂泊、流浪”病的人物。但不是我们通常意义上所说的那种对旅游的热爱，而是一种病，一种只有靠走，无目的地走才能医治的病，也就是要在地球上四处飘荡。漂泊主义来自西方，说到底是一种无原则的闭塞的个人主义：毫无责任地惹事生非，试图摆脱对家庭、社会、祖国和家乡所担负的责任，以及人世间的一切伦理道德。

然而读过《没有家乡》，我们会发现，作者对西方资产阶级理论观点的这种借鉴，无非是想要得出一种悖论，一种邪说，以此来表明自己的狂妄自大和玩世不恭。小说中的人物阿白实际上依然爱着自己的妻子，尊敬自己的父亲，并和家乡密切相依。那个人依然还是阮遵，阮遵依然还有一颗安南心。而且正是因为在心灵和情感上与家乡的息息相依，才在亡国的环境中倍感“没有家乡”的痛苦。这一点正好解释，为什么阮遵在《没有家乡》及其他许多以“漂泊”为题材的随笔中，以那么真实生动的笔触描写了祖国、家乡的景象，尽管许多时候只是一叶小舟，一个轮渡码头，或是河内的一条街道，或是金名的一个矿区，甚至是中部河流上的一声船夫号子。

《显赫一时》

短篇小说集《显赫一时》是阮遵1939年陆续刊登在《骚坛》和《礼拜六小说》上的一些短篇小说，1940年结集成册出版。《显赫一时》将作家推向创作的第一个高峰。

《显赫一时》体现了阮遵在“八月革命”前，思想和艺术风格上主要和深刻的一面。作品描绘了衰落的封建时代“昔日的美丽”：进士、举人和秀才们，终日赏兰品菊，吟诗弄月，斛光酬酢；每天清晨以各种“神圣”仪式品尝香茗；在香江上赛诗赌歌妓……当时，刀斧手还是用剑杀人，参加科举的人还要自备草棚竹榻，而远行的人则要乘网床或是坐轿舆，边走边下象棋，缓缓前进在没有任何景色的道路上。

然而这种时光并不久远，法国殖民者已经在越南国土上建立了督护制度，“勤王运动”也惨遭失败；参加最后一届科举考试的“才子”们，不幸地遭遇“末世”，那些举人、进士们纷纷抱怨，恨自己投错了胎，怨混乱的时局打破了原有的观念，毁灭了无数的精神价值，以至自己手中没有利害的“新式武器”，无法一展身手。

而这正是阮遵父亲阮安兰秀才家中情形的真实写照。阮遵在写出《显赫一时》之前，也确实曾“显赫一时”地生活过。

1939年到1945年文学复古潮流在越南风起云涌，《显赫一时》即被归入这一类作品当中。当时的小资产阶级作家，面对黑暗的社会现实反映消极，纷纷以不同的方式逃离现实，沉湎于过去。

不同于吴必素的《草棚竹榻》等当时同为描写封建教育和科举制度的一些作品，也不同于阮公欢描写当时官场制度的《清淡》，阮遵在《显赫一时》中只描写了昔日人们逍遥享乐的生活。作品的消极之处也正在于，它提供了旧的贵族阶层吃喝享乐，风流闲适生活的模型。他们尽管已处于败势，已经投降，而且明知无法掩饰自己日益衰败的命运，却依然顽固地通过行乐艺术自我肯定。

作品的可取之处在于它能不仅体现在通过写景状物和烘托气氛的精彩细腻语言上，还表现在作品中那些狂妄自大的人物身上体现出的积极思想因素：尽管他们不得不接受失败，却绝不向殖民社会低头妥协。作品中除了消极的落魄封建阶级外，也有一些还保留着自己纯洁“天良”的人。在黑暗的社会环境中，他们不随波逐流，没有跻身于污浊的名利场。阮遵经常提及“天良”这两个字。在其塑造的人物当中最突出的是训高这一角色，在他身上出色的才华与崇高的气魄得到了完美的结合，虽然大志未得实现，但他不怕艰苦，无畏牺牲，他的光辉形象照亮了阴暗的监狱。

阮遵尊重事实。在描写封建贵族阶层时，他丝毫不掩饰他们的落魄过时、力不从心，以及无可救药的凄惨处境。另外书中的一些细节还会让人们想起某些具有历史意义的事件，如《最后一届科举考试》等 。《血酒宴》和《死囚者言》可以看做是在艺术和思想上都相当成熟的两部作品。《死囚者言》描绘了一位才华横溢而刚强不屈的义士的美好形象。《血酒宴》以十分“冷静”的笔法突出了殖民侵略者和封建卖国贼的残暴。

《显赫一时》以其出色的艺术品质在越南文坛上确立了阮遵的地位。作品的成功不仅在于作者曾亲身经历并深刻了解的一切，无比热爱自己所描写的一切，更在于他善于运用巧妙的笔法和现代的技术，来塑造昔日的形象：对人物感觉意识和景物色彩线条的精细分析能力，从绘画、雕刻、音乐、舞蹈等多种不同艺术角度进行观察的能力。

《蟹目铜炉》

《蟹目铜炉》写于1941年，用作家的话讲，是记录自己“放纵形骸”日子的随笔。那是1930年代初，作者刚刚被从清化监狱里释放出来。“获罪入狱只想玩”，“一年的监禁生活在我脸上刻下了明确的怀疑。”而家庭也惧怕这样的儿子，这样的丈夫给自己带来事非。这样的环境让阮遵沉溺于堕落的生活尽情放纵。

描写堕落生活的其实不止阮遵，但他的描写却与众不同。他不像批判现实主义作家那样将“堕落的生活”作为一种社会弊端来描述，也不像自然主义作家那样，以写实为借口表露自己粗俗卑微的志向。《蟹目铜炉》如同对自己过去放荡生活的自首，却全无忏悔之意。作品中想要表现的不是“堕落”本身，而是要表明一个对社会极度不满的知识青年，要求摆脱社会的束缚，却苦于没有足够的意志和不知将逃往何处而无法摆脱，因此心中无比恐慌的状态。他潜入“堕落”以消愁，企图以“寻欢做乐”来欺骗自己，改变孤独空虚的岁月。

《蟹目铜炉》中一些写实的篇章颇具特色。这是一个满腹经伦却不得志的才子对社会的报复，恰如其分地表明了作家对那些本应鄙视的对象的轻鄙：狂妄自大、愚蠢粗俗、道德虚伪的长者。《蟹目铜炉》中的人物是阮遵作品中具有代表性的人物：通夫先生和歌妓阿心，原本是才子佳人，落入堕落放纵的生活后，仍然目空一切，自以为是。而阿阮则以有这样的朋友而自豪。由于受到社会的轻视，他们反过来以自己的才艺去鄙视社会。他们彼此息息相依，在歌声琴声中彼此消愁，以艺术的翅膀相互支撑，飞离不公、粗鲁的社会：“阿心直直地望着从炉上升起的青烟，大概有一尺高时，才绞缠在一起，如同榄仁树冠，又像烟做成的龙眼树。”阿心望着烟开始歌唱，双目炯炯有神，歌声饱含情义。歌声在这感人的气氛中飘扬，如同洗净了阿心身上自从步入这一行业就与之俱来的所有污浊，洗清了她生命中所有的罪过，“在弹唱的纯粹中，她和我共同用心灵的语言交流。”

《蟹目铜炉》有对世事人情的辛酸讽刺，有源自孤独灵魂的凄凉叹息，有亦庄亦谐的自嘲……无论抒情、状物、写人还是对话，其语言轻快自然，在艺术上达到了炉火纯青的地步。

《蟹目铜炉》与《显赫一时》是阮遵作品在“八月革命”前的两个巅峰之作。

三、阮遵在八月革命后的创作

“八月革命”这狂风暴雨使阮遵在祖国的巨大欢乐中获得了新生，从《快乐大道》到《战役情》，是阮遵对革命从情感到责任的升华。

《快乐大道》和《战役情》

社会的黑暗、内心的消沉使阮遵面对前所未有的精神危机。1941年至1945年间，阮遵在精神上面临的危机日益严重。第二次世界大战开始后，日军侵入印度支那。日法两帝竞相镇压革命，剥削人民，伺机相互残杀。不仅那些革命人士被追捕屠杀，就连包括阮遵在内的一些文艺工作者也遭到监禁或流放。这样一来，社会风暴便动摇到了那些以为“生来只是搞艺术”的人的象牙塔。这一时期，除了继续根据原有题材进行创作外，人们发现阮遵开始涉足“妖怪”题材，如《画中的烛火》、《乱音》、《病酒》等，通过对阴间对鬼魂的想象，既可以脱离黑暗的社会，又能满足对那种奇异感觉的渴求。

1942年到1945年间，阮遵创作较少。以前，尽管怀疑一切，阮遵依然对美好和艺术充满了信心，并以此与社会生活相对抗。根据阮遵的观念，美在金钱中是找不到的，而艺术同样是与商贩的钻营大相径庭的。但这时，所谓的“红市黑市”已俨然进入艺术的领域。在《梧桐网》中，作家就提到了自己的一位好朋友阿江姐，她原本迷恋艺术，每逢下雨都只想到那些哀怨的诗词，而如今正是她利用下雨来走私货物，“现在雨已不再属于诗，倒是下出钱来。”确实如此，在法国殖民统治的最后日子里，资产阶级和小资产阶级文艺工作者队伍发生了分化，有些人处于饥寒之中，有些却借黑市买卖发迹；有些人加入了文化救国小组，有些却倒向亲日、亲法的反动派别。

阮遵在写作上的真正转变是在“八月革命”之后。《快乐大道》完成于1949年，这是一次长途旅行的结果，但不再如昔日的“阿白”，孤零零一个人，在车上，在船上漂泊，而是步行，成群结队地走，是和人民、和部队一起走，是去工作、去战斗。在首都作战的枪声即将打响时，他从河内出发，同救国文化干部团一起，前往南方前线，深入敌后。当队伍来到清化时，全国抗战已经爆发了几天，他不顾炽热的老挝风，立即参加到一个流动剧团中，在义静地区进行宣传活动。后来他接受上级的任务，几经周折，进入到越北密林中工作。

在《快乐大道》中革命气息与江湖义气夹杂在一起。作品整体来说是激动人心，感人肺腑的，洋溢着一种快乐，一种信念，一种源自家乡、祖国，源自热烈欢腾革命与抗战气氛的真挚情感。

当时，对于像阮遵这样的作家而言，人们经常提到的是“新人”和“旧人”之间的斗争与挣扎。事实确实如此。尤其对阮遵而言，这种“斗争”有时相当激烈：“必须用尽一切智慧来钳制天性和兽性，必须不断思索，许多时候还是浑浑噩噩，像被扔进一个大坛子里用力地摇晃。”但最后他还是取得了胜利。《快乐大道》从根本上说是思想上的一场大胜利，尽管这还只是第一步。作品的主导思想是站在抗战立场上对敌人的无比仇恨。阮遵素有的讽刺、鄙视笔法，如今化作有力的武器，刺向法国殖民者（《1948年初的三岛》），刺向无视祖国利益的商贩（《平原的蘑菇》），而对部队，对同胞，对一切与抗战有关的事物，哪怕是自然界的一草一木，作者的笔触中都充满了深厚的感情。有时即使是陌生游击队员的一声问候，或是寂静河边分离的一夜，都让作家感觉到一种难以言表的深沉与神圣，似乎将永远回响在自己生命的明天（《相反》）。

继《快乐大道》后，1950年作家写下了《战役情》。这部作品是响应印度支那共产党“思想革命化，生活群众化”的号召，深入实际的结晶。

与《快乐大道》不同，这次作家不仅仅是前往前线看望部队官兵，前往敌统区问候群众，或是去参观火箭炮什么的。《战役情》是与战士们一起进行的一次真正的行军：凌晨三点不洗漱就吃早饭，跟着大家一起翻山越岭，做政治、民运工作，点着火把、趟过溪水去与群众开会，和士兵一起唱小合唱，在硝烟弥漫的敌人阵地上举行升旗仪式……

与《快乐大道》相比，《战役情》更加深入战斗生活。作家自豪地说：“这个时代的重心是行动”，“在斗争中生活是一项无尚的荣誉”。他真正地与战士们同甘共苦，分享喜悦与哀愁。他在牺牲的战士墓前念悼词时昏倒。对同胞同样如此，“许多同胞已记住了我的名字，我也深深地与最纯朴最可爱的人们融合在一起了”（《战役情》）。

《战役情》在更深层次上体现了作家的责任感。他认真地重复着作家陈登的话：“我们整顿思想还不够，还要整顿感情，要使哭和笑都不致犯错。”他发现必须进一步增进艺术中的战斗情谊，必须更加猛烈地去进攻一切敌人：侵略者和自身复旧、自私的思想。

1952年初，阮遵前往北宁敌后工作，在那里写下了《敌腹的日记》、《战胜扫荡》、《萧村的交通员》等作品。1953年他参加了党的整顿学习土地政策的活动，在北江发动群众进行减租减息运动。

这次整顿学习与深入实际对阮遵的思想立场产生了重大的影响。

《沱江》

《沱江》是阮遵在“八月革命”后创作历程上的重要里程碑。1958年初，在一次政治学习后，阮遵深入西北地区，在这里与部队官兵、筑路工人、突击队员及山区人民生活了很长一段时期，不久后他即写出了《奠边》、《沱江》等作品。

读《沱江》，人们会发现越南是这般美丽富饶。这里有天然的石灰矿、石英矿，有肥煤、磷、铜、铅等多种矿藏。西北的景色更是美轮美奂，层峦叠嶂的山峰犹如石海，清澈的江水如同舒展的绸缎，熟透的稻子一片金黄，湛蓝的天空飘着白云，地上的花朵千姿百态，万紫千红，直引得蝶舞蜂飞。最美的还属沱江，“长长的像多情的秀发，飘逸在鲜花怒放的西北云天之间。”

《沱江》不仅描写了大自然的美，更有人们心灵的美。作家将其称为西北人心灵赤金般的品质。作家时而追忆往昔，在山萝监狱中不屈的革命战士身上，在西北敌占区从事地下活动，历经艰难建立根据地的干部身上，在进军奠边府的战士、民工身上寻找这种美好的品质；时而回到现在，找到日夜艰辛施工的筑路工人，找到高温干燥的环境中守卫边境的士兵，找到横渡沱江运输货物的西北工人，找到昔日为解放奠边而战斗，现在又自愿带上全家前往奠边府建功立业的指战员，找到年轻的地质干部……在他们身上寻找这种崇高品质。

在艺术风格上，《沱江》没有了《显赫一时》、《没有家乡》中的狂妄自大，傲视一切的语气，但继承了对人与事物的充满美感的独特视角。通过西北和沱江题材，作家带给人们一系列宛如浑然天成的优秀作品。继《沱江》后，作家又走了许多地方，写了许多作品。总的看来，1958年到1965年间，阮遵的作品主要有两个主题。一是歌颂正在大力建设社会主义的美丽祖国，如《走近苗族的日记》、《一首唐诗》、《岛县》等；二是描写被割裂的南北双方的感情和反对美伪分裂祖国的斗争，如《立一块界碑》、《鬼桥》、《金瓯之声依然在回响》等。

1964年8月5日，美帝国主义疯狂轰炸越南北方。阮遵及时地发表了自己的随笔，对美国空军发起进攻。作者的爱国心、民族情，以及敏感的神经受到了强烈的刺激，他将自己的才华和所长发挥到了极致，写出了一批具有很高价值的随笔。

抗美救国战争将越南民族推到了时代的制高点。站在历史高度上的抗战必胜精神是越南抗美救国战争时期文学的主流，阮遵以自己独特的方式体现了这种精神。在他的笔下，越南人对美国的抗击，既英勇、灵活又从容不迫，体现了越南不仅是一个富有正义的民族，而且是一个富有文明与文化的民族。他所描写的1965年永灵、广平军民战胜美军之后的春天，在古香古色的黄梅映衬下，宝宁军民边观察美军飞机，边织鱼网的景象，是那样的华美与壮观（《峥江与线江上的春火》）。当描写抗美的河内时，阮遵的这一风格得到了更明显的体现。河内的仇恨也"像受伤的芍药一样美丽"（《河内英勇抗敌》），而河内人不管是开枪射击还是躲避炸弹，都"不肯使任何一朵鲜花因惊慌而凋萎"（《新山一伤兵医院切除一个安南空军上尉的手》）。如果说战火中的广平春天黄梅灿烂，那么胜利后河内的春天则是桃花绽放。枝头绽放的桃花象征着越南民族神圣不朽的生命力（《让美国的空军过一回咱们的春节》）。

阮遵对美帝国主义最厉害的打击，当属针对在越南北方被活捉的美军飞行员的《近程》。阮遵最瞧不起那些庸俗、愚蠢的暴富商人，将其比喻为"剃光了毛用两只脚直立行走的猪"。在作家此时的眼中，没有人比美帝更污浊，更富有，在他笔下，美帝最突出的性格是其"特有的愚蠢"和无耻的"逻辑"。他们看不到自己的愚蠢，口中说着蠢话，还"死皮赖脸地认为自己说出的是既聪明又实际的话"（《美伪飞行员的故事》）。阮遵的成功之处在于他通过具体直观的美国人的形象，总结出了美军的"威力"与虚伪及其强盗文明。

四、结语

阮遵是一位充满才华的作家，首先是因为他对祖国对民族的感情，越南悠久的文化传统使他更热爱自己的国家，更为自己的民族感到自豪。正是从这种思想出发，阮遵鄙视那些倒行逆施的人和事，即社会上那些世俗、粗鄙，没有文化、没有审美的现象和那些小气、卑微、蜕化、忘本、讥讽祖先、诬蔑家乡的行为。也正是在这种思想的激励下，阮遵在自己的创作生涯中，逐渐摆脱怀才不遇、桀骜不驯的情怀，摆脱对"漂泊"、对鬼神题材的偏爱，最终将自己的才华融入民族、融入大众、融入抗战、融入时代，为世人留下大量的佳作，在越南现代文坛上牢牢确立了自己独特、无可取代的地位。

第五章 笑迎生活洗礼：苏怀、阮凯、素友

第一节　心系民族抒豪情：苏怀

苏怀是越南文坛上一位不可多得的作家，他是越南报告文学、传记文学、通讯、杂文等领域中的杰出代表。他长期的笔耕不辍成就了他扎实的写作功底，他在语言艺术方面的独巨匠心和写作经验为越南新时期文学作出了较为重要的贡献。苏怀是越南文坛上的大家。他在西北山区和他的家乡——河内市郊两大地域题材上的独特的挖掘和贡献以及他对儿童文学的具有开创性的成功奠定了他在越南现代文学史上重要的地位。

一、生平与创作

苏怀，原名阮珊，生于1920年8月10日，原籍河东省清威县吉洞乡人（今为河内慈廉郡）。苏怀在河东省怀德府长大，升龙古城著名的苏历河河水养育了他，因而在他步入文坛后取苏（苏历河）和怀（怀德府）二字作为自己的笔名，此外，他还曾用过其他笔名如梅中、唯方、海眼、泰安、武突击、红花等。

苏怀的家庭以手工纺织业为生，生活并不宽裕，所以苏怀很早就踏入社会：小学毕业后他就挑起了生活的重担，曾当过家教，卖过货、当过杂货店的会计。苏怀是以几首浪漫小诗开始他的创作生涯的，之后他迅速转向了带有现实主义思想倾向的、自由散文体的创作。从他后来所取得的成就来看，这一转变是及时且符合苏怀自身写作特点的。《河内新文》、《礼拜六小说》上刊登的他的最早创作的短篇小说就引起了读者的注意。他所写的以家乡和小动物为题材的作品得到了包括少年儿童在内的广大读者的喜爱，尤其是他的《蝼蛄历险记》更奠定了他在越南文坛，特别是儿童文学的地位。

越南民主阵线时期，苏怀参加了河东纺织工人爱友会和河内民主青年运动，与越南共产党公开出版的报纸编辑部保持着经常性的联系，同时阅读了许多进步书籍。1943年，苏怀加入了文化救国小组，宣传革命，为进步报刊秘密撰稿。

“八月革命”后，苏怀到越盟总部机关报——《救国报》编辑部任编辑。

他前往南方战线，到芽庄，上西原战场，下安溪前线……抗法战争的头几年，身为《越北救国报》编辑部主任，苏怀穿梭于越北的高山密林中；这一时期，他与南高在越北地区任地方干部，与岱依族、瑶族等少数民族同呼吸、共命运。1950年，苏怀参加了边界战役，1952年随主力部队挺进西北……跋涉、生活、写作、再跋涉……构成了苏怀生命的全部。在艰苦的抗法战争年代，当不少作家还处于徘徊的时候，苏怀的许多作品泉涌般地出现，如报告文学《在中南部的前线上》（1946），短篇小说集《救国山》（1948），纪实文学《洮江上游》（1949），报告文学《胜平连队》（1950），短篇小说集《下乡》（1950），小说集《西北的故事》（1953）等，令读者应接不暇，大饱眼福。

1954年抗法战争胜利，在北方恢复和平后，苏怀一直担任文艺领导工作。1958年，苏怀任越南作家协会秘书长，同时参与社会工作。在抗美救国战争时期，他任街道办事处主任，这项工作使他更加贴近人民群众的生活；后来，他一直担任亚非团结委员会副主席一职。这些经历丰富了苏怀的人生阅历，这对他的创作是不无裨益的；另一方面，苏怀并未忘记他在抗法时期就钟情的以家乡为题材的创作。他深入周木、周顺、巡教、同文等他所熟悉的西北地区和其他高原地区、少数民族地区。这一阶段苏怀扩大了自己的创作领域，不但写小说，还写电影、木偶剧、动画片剧本等。

苏怀共有一百多部作品问世，同时，他也是越南作家中作品翻译成国外文字最多的作家之一。仅一部《蟋蛄历险记》就被翻译成俄罗斯、捷克、罗马尼亚、波兰、德国、匈牙利、蒙古、日本、印度、前南斯拉夫、缅甸、法国、汉语等多种语言。1957年出版的小说《西部》获得了1969年亚非作家协会荷花奖。

苏怀的作品分为“八月革命”前和“八月革命”后两个时期。“八月革命”前的主要作品有：小说《蟋蛄历险记》（1941）、《他乡》（1942年）、《鼠大婶》、《月誓》、《穷苦人家》（1944）、《从前的邻村》（1944）、回忆录《野草》（1944）等。“八月革命”后的主要作品有：小说《救国山》（1948）、《下乡》（1950）、《西北的故事》（1953）、《与以前不同》、《震市》、《城边人》（1972）、《十年》（1957）、《西部》（1967）《青年黄文树》（1971）、《自传》（1978）、《小巷》（1980）、《路人》（1980）、《家乡》（1981）；报告文学《胜平连队》（1950）、《列宁市》（1961）、《我去柬埔寨》（1961）、《高区日记》（1969）、《胡伯伯陵寝》（1977）、《双门黄玫瑰》（1981），儿童文学作品《鹪鹩迷途》、《一只懒猫》、《一群斑鸠》、《金童》、《荒岛》等，文学评论和创作经验《我的一些写作经验》（1959）、《那个读者朋友》（1963）、《写作手册》（1967）等。

二、苏怀的创作历程

1. “八月革命”前的创作

谈到苏怀的创作之始，那是在他十七八岁的时候，《礼拜六小说》刊物上登载有他最初创作的如《呼啸声》、《织衣》等几首小诗，这时候的苏怀在语言艺术上还十分不成熟，对诗歌的把握更是欠火候。这一点使他意识到自己在诗歌方面并没有太多潜质可挖，于是他把笔头从浪漫主义的天空转到冷静却不乏激情的现实主义的地面，他开始关注普通人的日常生活，因为生活的艰辛和困苦很难让作家把眼光局限在男女之间的风花雪月上。苏怀从小在义都长大，他周围都是一些勤劳朴实却又贫困潦倒的农民，这些人物形象对苏怀来说是无比熟悉和亲切的，这就促使作家自然而然地将笔锋转到现实社会中来；印支民主阵线运动以及文化救国小组的影响成为苏怀由浪漫情怀向现实主义过渡的催化剂。我们可以从他的短篇小说《涨潮》中清晰地看到苏怀的这种转变。

苏怀写自己的家乡义都村，写临近的村庄，写家乡的小路，写从简陋的房子里飘出来的沉重的织布声，写耕地、菜园……写支撑他笔下人物生存的一切环境和在这个环境下生存的所有人，包括农民和小手工业者。

一个时代的作品或多或少地会带有某些共性，会留下那个时代的烙印，对苏怀这一代作家而言，穷苦农民这一主体人物形象不可避免地成为多数作家反映社会的一面镜子。除了农民外，还有一类特殊的群体进入苏怀的视野，那就是和人类生活密切相关的小生灵。如短篇小说《白鼠的故事》中那个“形如酸果、圆润丰满的家伙”，《鼠大婶》中那只“寄于一修道院师傅篱下，颓废却也严肃的”灰猫等都成了具有类似人类情感、性格、个性和心态的活灵活现的形象，它们与人物形象一样，有着自己的命运。在这样一个动物的世界里，充满了作家的人文关怀，寄寓了他对穷苦农民、小手工业者命运的忧虑。从作家笔下一只小麻雀的身上，我们仿佛看到了那些“终日手脚沾满泥土、勤勤恳恳、衣衫褴褛、落破、潦倒的土地的儿子”的农民群体形象，“他们节衣缩食、吃苦耐劳，平和，与世无争，日子在片片绿荫下无声无息地溜走，义都人的生活就好似四面竹林里和织布机上的阵阵叹息，勤恳、清贫而无奈。”

没有激烈的阶级矛盾和冲突，也没有大人物的显赫与非凡，苏怀的小说向读者展示的正是普通人普普通通的生活小事。他们实在是太平凡了：单纯，热爱简简单单的生活，没有远大的理想抱负，对生活没有过高的期望，安于现状。他们在常人习以为常的小事中品尝着幸福：如找到一份工作，找到一个心爱的人……“他们的爱情散发着玉兰花的芳香，闪烁着朦朦胧胧的月光”（小说《他乡》）。但生活并不会一帆风顺，幸福总是短暂的，饥饿、贫穷和灾难顽固地敲着每家每户的门。汇老太病了还得下地，因为“少一双手干活坛中的米立刻就陷了下去”（短篇小说《佝偻夫妇》）。阿香太穷了，大过年得四处躲债，最后连香炉和祖先的灵位都被讨债奴抢去了（《讨债客》）。还有更加凄惨的命运：小妮子出生在一个不幸的家庭，吃不饱穿不暖不说，父母之间终日的漫骂使幼小的她从未体会过家庭的温暖，最后痛苦地死去——那是在一场瓢泼大雨后，她和村民们一起去抓小蛙来填饱自己和家里人的肚子，不幸的是被毒蛇咬了。父亲抱着小妮子冰冷的尸体，才“猛然意识到自从她来到他们夫妻之间，吃了多少苦，受了多少罪啊，她是那样单薄，肋骨一根根地露出来，像无数把利剑戳在他心上，天哪！她真的离他而去了”。（短篇小说《穷苦人家》）

从以上的作品中我们可以很明显地感受到“八月革命”前苏怀的作品的写作特点和倾向：他把笔触放到贫困却详和安静的乡村，在那简陋却最能展现一个真实越南的背景里，苏怀挖掘到了一种平静的美，并从他们身上看到了人性的质朴、重情、宽容、乐观，还有无法摆脱的苦痛。

苏怀与革命一起成长起来，他积极接触新的进步思想，从他的作品中我们不难体味在那暗含淡淡哀愁的字里行间，随处闪烁着的对生活乐观和积极的人生态度。比如通过短篇小说《白鼠的故事》，作家鼓励人们要尽力摆脱狭小的生存空间和味如嚼蜡的生存方式，即摆脱像白鼠那样的笼中生活，因为其可怕之处并不在于它的平淡，而在于这种平淡给人们带来的麻木不仁，它使人们丧失了对独立、自由的渴望，磨平了人们积极向上的斗志，让生活变成了毫无激情、毫无生气的一坛死水。正如文中所描述的那样：“有一次，不知哪个调皮的小孩为看白鼠打开笼子忘了关，于是笼中的这对白鼠夫妇一前一后，慢慢腾腾地向笼外爬去，它们翘起那尖尖的嘴茫然地望着四周，它们似乎并不习惯在这样空旷的地方爬行，于是乎，一前一后地，慢腾腾地，夫妻俩又一步一步爬回去了，就像它们爬出来的时候那样。是啊，它们老了，身体也差了，况且笼子外面哪儿有米可吃呢？”苏怀在作品中还尖锐地指出，法国殖民者的险恶用心正是让越南老百姓都接受这种死气沉沉的生活，麻痹人民的思想，进而达到他们的控制越南的政治目的。

小说《从前的邻村》寄寓了作家对年轻人的期望，并引发他们对当时憋闷闭塞的生存环境的思考。“阿凤啊，我们这群年轻人该走向何方，去向何处呢？”故事中的年轻人渴望呼吸自由的空气，他们都盼望着“下一场瓢泼大雨，散尽天空和人们心中的乌云，让天空放晴，使人心大快……”，作者在小说中还含蓄地号召“祖国四面八方的青年朋友”“在某一个清晨起程，向着那充满红色希望的地平线方向前行吧！”

当时的苏怀并未完全觉悟，况且在殖民者的高压政策下，作家在作品中反映出来的无产阶级革命意识尽管模糊，但在当时已实属难能可贵。这种意识的获得与作家主动接受革命进步思想的洗礼，积极参加文化救国小组的活动是密切相关的。苏怀朴素而丰富的阶级情感和激情，以及其间夹杂的他对国家民族和年轻人命运的思考，宛如一阵春风，给越南青年朋友们带去了清新自由的空气；同时，写作也使得苏怀更加坚定他的信仰，使他不至于陷入困境乃至绝望的境地，并永远保持乐观向上的精神。

这一时期苏怀创作的弱点也十分明显，如《他乡》、《野草》等作品在结构上的安排不够紧凑，作品中偶尔会露出自然主义的痕迹；在《鼠大婶》和一些写牲畜的作品中，作家的立场有失偏颇，穷苦的劳动人民有时成了他嘲笑、鄙视而不是同情的对象，这一点使他的某些作品在思想内容上欠深刻。

研究“八月革命”前苏怀的创作我们要提到他的两部作品——《野草》和《蟋蛄历险记》。从《野草》中，我们可以深刻地感受到构建作家灵魂和他独特的艺术风格“材料”。通过作家饱含深情、生动的回忆，展现在读者面前一幅居住在河内市郊人们的生活和风俗习惯图景，反映了穷苦劳动人民每况愈下的生活遭遇。“幼年时代，它在马路边的草丛里摇曳着，挣扎着。这颗野草的种子，这颗没有名字的种子，在垃圾遍布的土地上茫然地张望着。”与母亲一起生活在老家的日子是那样平静：和外公住在古砖砌的房子里，门前的小菜园里热热闹闹地挤满了果树，宛如一个趣味盎然的百草园。亲人们的形象一个一个渐渐浮现在脑海里：慈祥、爱喝酒的爷爷，贤淑、能干的妈妈，聪明伶俐、调皮却不幸因出麻疹而夭折的妹妹；因失业而不得不离家出走到南圻漂泊谋生的父亲，还有深深疼爱着自己小孙子的三奶奶……作家还记叙了在乡村刚刚开始上小学时可怕又可笑的难忘经历；还有和父亲的好友在河内生活的两年，名义上是学徒，却整日忙于杂货店摆货、擦鞋、擦车、帮厨、洗碗等琐碎小事……

《蟋蛄历险记》是苏怀的一大成功，这部作品确立了苏怀越南文学史上独特的声音和文学地位。每一位读者，不论老少都能从这部作品中找到自己感兴趣的内容。孩子们被小说新奇有趣的故事情节、戏剧化的叙事方式、现实和神话交织的情节结构和可亲可近的动物世界所吸引：那些蟋蛄中有的神气、华贵，有的勤劳、忠贞，有的活泼、可爱，有的嚣张、傲慢，有的乖戾怪癖、飞扬跋扈，有的博学多才、从容不迫……每一个小动物都给孩子们带来了不同的快乐，这些培养了他们丰富的想象力、敏锐的观察力并提供给他们大量准确的词汇；不仅如此，他们还从中学到了虽然简单但却终生受益的为人处世的哲学：对朋友要真诚，要有一颗仁爱之心，要有高度的纪律性和责任心，要有敢于同丑恶事物作斗争的勇敢精神，要有崇高的理想等等；和孩子们一样，成年读者们也能从中受到启发，该作品更多的是引发了他们对人生观问题的思考。在那令人窒息的半封建殖民社会里，作品含蓄地提出：是顺从环境，忍受痛苦和饥饿，还是像作品中的蟋蛄一样立即行动起来，改造环境？赢得和平、幸福生活的秘诀就是要有一颗仁爱、真诚的心和团结的精神。

受当时环境背景所限，苏怀无法把这种理想上升到共产主义的高度，但他后来回忆说："我对蝼蛄们'大同世界'的理解，可能也就是我当时所理解的美好但也有缺憾的共产主义社会吧！"

2. "八月革命"后的创作

"八月革命"后苏怀并没有经历太长时间的思想上的挣扎，很快投入了新的创作。《震市》可以看成是他丰收季节收获的第一颗果实。虽然很大程度上作家是在用以前的生活经验写作，但革命的成功赋予了苏怀新的认识，尽管作家此时还未完全意识到人民群众中蕴藏的巨大革命力量，但他却以一种前所未有的强烈和鲜明的爱与憎，清醒而犀利地描述着这个旧社会的一切。

这一时期苏怀的创作节奏明显加快，作品的艺术风格也日趋成熟。民族、民主和社会主义革命给生活带来的巨大变化和进步并未使苏怀产生困惑、犹豫和徘徊，他欣喜地接受这一切，并将此转化为写作的动力。

苏怀的创作主要围绕着他的两个故乡：河内和西北。这两个完全不同的地方是作家永不枯竭的创作灵感之源。河内市郊是苏怀的出生地，他的一生，除了9年抗法战争时期和以后的短期出差外，都住在首都；而西北，却是苏怀在第一次抗战期间才走近的，然而，一经走近，苏怀的心就再也没有离开过，并将她视为他的第二故乡。所以提起苏怀，有人说他是河内作家，也有人说他是山区作家，就是这个原因。

"八月革命"后苏怀作品的题材不论从时间还是空间来看都宽泛了许多，他仍然写河内，但时间的镜头拉回到了20世纪初，空间也不仅仅局限在自己的家乡和家乡人民的贫困生活上，而是写人民群众地下的或是公开的抗法斗争，写历经战争的河内（《家乡》、《古铜庙门后池塘边的故事》），写"八月革命"前的几十年间在河内发生的几乎所有普通的小事：从河内新街凄惨的贩卖人口的景象到东门法国士兵经营的极脏的小吃店，从法国殖民者搜查私酿酒到大街小巷兜售饼食的叫卖声……（《河内旧事》）

小说《十年》向读者展示了越南从民主阵线时期（1936）到"八月革命"这段时间里在河内市郊演绎的复杂、痛心却又异常激烈的一段历史。河内建设社会主义时期和攻下B—52战斗机的辉煌历史也被苏怀记录在他的《街道》、《小巷》和《路人》中。

以上这些作品几乎可以看成是一部连环画，记载了河内变迁的历史。作品中的人物还是那些为苏怀所熟知亲近的市郊农民，却是以新的面貌出现的：他们不再是卑微、饥寒交迫的受害者，而是意识到自身价值、意识到自己对于处于危难之际的祖国应尽的义务的默默无闻地为抗法事业奉献的人们（《家乡》），是胸怀共产主义理想，积极投身于无产阶级革命运动的热血青年们

（《十年》）。

这一时期苏怀作品的价值还体现在其资料性上，它们生动地再现了在一个很长历史阶段中越南劳动人民的生活图景，它让我们了解过去，甚至是日常生活中的细节，包括从前的地名、物名、土特产以及人们的生活方式等等，使其作品融知识性与艺术欣赏性于一体，显示了苏怀较宽的知识面以及他对祖国家乡的点点滴滴深深的眷念。

作品所反映的弱点也很明显：故事情节的安排显得有些杂乱（《河内旧事》），结构不紧凑（《家乡》），而小说《十年》暴露出来的缺憾是作家没有从历史现实最为本质的角度去描写，作品中的人物，包括主要人物，都没能从最主要的社会政治关系中去塑造他们的性格特点。

然而在这一创作阶段河内并不是苏怀写作的重点，他把他的大部分心血都放到了西北山区的人民和他们的生活上，这使他成为越南文学史上真正以少数民族人民生活为题材写作的第一人。他主要记叙了民主革命（《救国山》、《西北的故事》）和社会主义革命时期（《高区日记》、《西部》）这片陌生的土地所发生的巨大变化。这类作品又可以分为两类：一类是记实性的，如苏怀在刻画高原英雄的代表（《金童》中侬族的金童，《青年黄文树》中岱依族的黄文树）时，基本尊重了人物原型和历史事实，只稍稍进行了必要的艺术加工；第二类是通过现实主义和典型化等手法纯粹写小说的，如《西北故事》、《西部》等。

但在以西北为题材的创作的初始阶段仍然存在很多不足，如在《救国山》中，苏怀倾向于以一个局外人的身份观察并表现当地的特色和风俗，注重对人物外形的描写而忽略了对其内心世界的勾勒。他在后来谈写作经验时说道："人物形象要在凸显于材料之上，而不应被他的'个人资料'所淹没，《救国山》就失败在这点上。"①

思想情感的转变需要有一个过程。1952年苏怀随主力部队在西北驻扎长达8个月之久，并参加了解放西北的战斗，这对苏怀思想走向成熟起到了关键性的作用。"枪声打到哪儿，我就到那儿去深入了解那里的人民。先是去府安州的芒族、傣族游击区，经99号游击区，到站奏，然后去秀丽、三渊州、琼崖周，过巡教，上奠边府，再从苗族游击区到西北刚刚解放不久、四面都是肥沃田野的傣族村。"②苏怀按捺不住内心的激动，他说道："祖国和西部太让我魂牵梦绕了，我永远也无法忘记。"他还高度赞扬了西部人民的美好品质："忠厚老实，重情义，不管生活如何艰难，他们都盼望着干部、部队和战士们的到

① [越]苏怀：《我的一些写作经验》，河内：文学出版社，1960年，第2页。

② [越]苏怀：《我的一些写作经验》，河内：文学出版社，1960年，第76页。

来。”①

一次又一次的西部之行使苏怀积累了丰富而独特的生活经验，并与少数民族人民建立了深厚的友谊，这些朴实的人民，后来有的就成了他小说创作中的人物原型。

这一时期越南劳动党（今越南共产党）的政策也明显朝西部少数民族地区倾斜，这在很大程度上为苏怀的创作提供了帮助。为了响应党的指示，为党的路线方针服务，在《西北的故事》出版后，他又创作出了大量随笔和报告文学。但在写山区的作品中，最为成功的还是《西北的故事》，这部作品曾获1954—1955越南文艺协会文学奖。

这部作品由两个部分组成：中篇小说《芒杦》和两个短篇：《阿甫夫妇》和《救国救芒》。作品反映了山区人民在法国殖民统治者和土地豪绅的双重压榨下悲惨、痛苦的生活，控诉了这两股恶势力相互勾结并借助神权欺诈、剥削百姓的罪行，他们剥夺了劳动人民的劳动力和自由，使他们受尽肉体和精神的双重折磨。其中妇女又是这种悲惨命运的代表，她们不仅承受着与男人相同的折磨和虐待，而且人格上也遭到最为卑劣的侮辱：成为官吏豪绅们发泄自己肉欲的对象。

我们可以把整部作品看作是一部少数民族人民的血泪史和对殖民主义者及其走狗的控诉书。同时，在这部作品里，作家还真实地再现了山区人民革命意识从无到有的觉醒过程。他们倔强的天性赋予了他们大无畏的反抗精神。老芒不愿生活在敌占区，更不愿被敌人抓去当壮丁（《芒杦》）；阿甫不甘受到阿史的欺凌，阿媚差点用一把有毒的叶子来结束自己屈辱的奴隶般的生活（《阿甫夫妇》）……但单一、自发的斗争只能使他们陷入更加痛苦的不幸之中。只有当他们有了革命意识，自觉团结起来，才能彻底粉碎套在他们身上的枷锁。苏怀在这部作品中最大的成功之处在于他通过生动的艺术形象，间接指出：山区人民的革命道路需要与民族解放和农民阶级解放紧密结合起来才能取得成功。

《阿甫夫妇》是这部作品中最突出的一篇小说。苏怀在这篇小说中把他描写大自然、风俗和通过人物的内心世界反映生活的特长发挥到了极致，标志着作家的思想艺术水平达到了一个新的高度。作品成功塑造了阿媚和阿甫两个人物。尤其是阿媚，她是一个多才多艺、充满活力的苗族姑娘，残暴的监狱制度并没有使她放弃生的希望。作品中有不少极具感染力并蕴涵深刻思想意义的情节，如春天夜晚的笛声唤醒了阿媚对生的渴望、对幸福的渴望，阿甫无声的眼泪是对阿媚阶级情感和反抗意识的呼唤，阿甫和阿周兄弟结义的神圣仪式也就是人民和革命结合的象征等等。

如果说《西北的故事》记叙的是西北人民在民主革命过程中具有决定意义

① [越]苏怀：《我的一些写作经验》，河内：文学出版社，1960年，第76~77页。

的转变，那么《西部》则反映了越南在社会主义进程中西部人民迈出的艰难的第一步。苏怀以高度的艺术概括力扩大了现实所反映的范围。作品头两章回忆了山区人民暗无天日的生活境遇，以降苏阿婆一家最为典型，让他们感到更为沉重的是，不论多大的痛苦，他们都要孤独地品尝，并不断地被同类排斥、怀疑和猜忌。刻画这一凄惨的景象，是为了烘托后来世事的改变给繁沙人民生活带来的翻天覆地的变化。作家在这部作品中花了大量篇幅写芒族人民为争取和保卫革命成果而进行的不屈不挠的斗争，包括与落后习俗、迷信思想的斗争，与美帝国主义走狗、反动派的阶级斗争和政治斗争等。

三. 苏怀的艺术风格及成就

苏怀不愧为一位多产的作家。他以超常的毅力，完成了不同体裁的作品一百多部。苏怀对文学的痴迷与热爱、自觉为思想文化阵线服务的意识以及他的生活和写作方式等，都为他常年的笔耕不辍提供了源源不断的动力。

谈到苏怀的成就，我们要提到他对小读者的贡献。在儿童文学还未得到应有的重视的阶段，苏怀在这一方面所做的努力是十分可贵的。他把对儿童无尽的爱护与希望倾注到他的创作中，并找到了与孩子们共同的声音。他以他笔下独特的动物王国，达到了与少儿读者情感上的交流，激发了孩子的想象力、好奇心以及对真、善、美的向往。

苏怀经历了“八月革命”前后两个创作阶段。熟悉他的读者会对他的作品进行分期：“郊区”的苏怀、“动物世界”的苏怀和“西北高原”的苏怀等。但就苏怀的创作的艺术空间来看，有两片主要区域：即义都和西部山区。这两个地方的人和景是作家百写不厌的。从苏怀作品主要的人物艺术形象来看，主要是农民，他们可能由于生存环境、民族不同而风俗、生活习惯各异，但在阶级本质和深层性格方面却是相似的：勤劳、质朴、重情、坚强、倔强等。苏怀所营造的动物世界实质上也是他身边所熟悉的农民形象的折射，是苏怀独到的象征艺术手法在文学作品中创作的运用。

苏怀作品中特殊的艺术空间和人物群体构建了作家独特的艺术风格。河内市郊对于苏怀，是从他呱呱落地时起就紧密相连的。那里的一切他都是那样熟悉：从织布业到造纸业，从庙会到赶集、过春节，从原有的家乡习俗到参加革命的全过程。如果想了解河内，那么就必读苏怀。

苏怀敏锐、细致的观察力和他深厚的文学功底使得他笔下的人物、动物、大自然和生活场景都鲜活起来，仿佛具有某种灵性。苏怀的作品读起来让人感觉像诗、像画、像歌，诗、画、乐三者互相交融，使他的作品给人以很强的艺术美感。

苏怀作品长于对民间风俗的反映也构成了他小说的又一个特点。他对农村及少数民族风俗习惯生动、细致的描写，深深吸引了每一位读者。让读者知道了什么是河内郊区农村的早婚习俗、怎么迷信治病、讨租逼债以及怎样祭祀、怎样过年等；“八月革命”后苏怀开始在作品中大量反映西北山区少数民族，尤其是苗族的那些带有中古气息、奇怪中带有野蛮的风俗，并借鉴对少数民族精神生活有着重要作用的神话传说来建立反映小说主题的主要艺术模式。

苏怀长于短篇小说，长篇小说并不是他的强项，到最后常常显示其笔力的不足，但他的每部长篇小说都有他独到的吸引人的部分。包括在他的儿童文学的作品中也并不是篇篇都尽如人意，有的作品显得过于冗长和空洞，丧失了作家清新自然纯洁的文风。

无论何时，作品最为重要的价值在于它所反映的思想、社会意义。苏怀的作品偶尔过于偏重对风俗习惯的描写，使其冲淡甚至掩盖了作品想要表达的主题，这也不能不说是他作品的一个小小缺憾。

第二节　与时俱进论英雄：阮凯

在阮凯的创作生涯中，有着多种体裁的创作，如短篇小说、中篇小说、长篇小说、随笔、纪实文学、小品文等。

一、生平与创作

阮凯（1930—2008）原名阮孟凯，南定人，1930年12月3日出生在河内市一个职员家庭。越共党员，大校。小时候在兴安省仙侣县生活。他的少年时代是在这个平原地区和一群穷苦人一起度过的，长大后进城工作，这一切让阮凯很早就对生活持有一种复杂、深刻的态度。阮凯的家族比较复杂，有很多不公平和虚伪的现象，而阮凯是这些现象的直接受害者，他的父亲虽然是官员，但他的母亲是小老婆，他一直都受到轻视甚至可以说是被遗弃，这使他从小就痛恨那些有权有势的人。因为童年缺乏亲人的关爱，阮凯从小就开始思考人情世故的问题，很早就喜欢独立思考。

阮凯16岁时，抗法战争爆发，参军入伍当护士。1949年任《兴安省军区报》记者。1951年任第三战区《战士报》编辑部秘书。1956年起在《军队文艺》杂志社任职。1957年加入越南作家协会。1988年以大校军衔转业到越南作家协会工作。曾任越南作家协会第二、三、四届执委会委员、常委会委员，越南作家协会第三届执委会副主席。阮凯曾是第七届国会代表。2002年荣获第二届胡志明文学艺术奖。2008年1月18日在胡志明市逝世。

主要作品有长篇小说《建设》（1951）、《冲突》（1959）、《父亲、儿子和……》（1979）、《岁末的会晤》（1982）、《对死亡的调查》（1994），中篇小说《光荣的女儿》（1956）、《花生季节》（1960）、《一段路程》（1962）、《再走远一点》（1963）、《归来的人》（1964）、《云中路》（1970）、《上岛》（1970）、《县主席》（1972）、《战士》（1973）、《一个河内人》（1989），报告文学《他们活着并战斗着》（1966）、《和汪》（1967年）、《西原的三月》（1976），剧本《革命》（1978），短篇小说《大校先生与老和尚》（1993）、《阮凯短篇小说》（1996）等。

阮凯善于捕捉社会生活中的一些敏感的问题为自己提供创作素材，其作品涉猎较广，对人物内心活动的描绘细腻深刻。他往往能恰到好处地运用朴实、无华的大众化语言，塑造出一个个真实质朴、个性鲜明的人物形象。

他的最初作品是刊登在《新稻》杂志上的《外出》。1951年开始创作关于游击战争的作品。《建设》曾荣获1951—1952年度的文艺鼓励奖，阮凯写作才华得到了展示。1956年，阮凯创作了《光荣的女儿》。

1957年，《冲突》问世后引起了人们的关注。经过在奠边农场一年多的生活，阮凯写了《花生季节》，这部作品引起了不小的反响。1963年他出版了小说集《再走远一点》，1964年10月出版了《归来的人》。

美国进攻北方，阮凯到了前线。1966年，他写了《他们活着并战斗着》来纪念战斗英雄事迹。1967年的《和汪》是一部具有时事性的政论笔记集。1970年2月到1970年10月，文学出版社和军队出版社出版了阮凯的两部战争题材《云中路》和《上岛》。1972年，他写了《县主席》，但抗美救国战争仍然是他主要的创作主题。1973年的《战士》是描写抗美救国战争战场上人们的一部值得重视的作品。1976年出版了《西原的三月》后，阮凯的创作就开始了新的主题。

1975年后，阮凯来到南方，开始了一段新的路程。他创作了《革命》、《活着的瞬间》、《岁末的会晤》等反映现实社会生活的作品。

二、1960年前后的创作

1951年到1956年期间的战斗生活使阮凯对革命思想、革命力量有了一定的认识，也炼就了他的政治敏锐性。这期间他得到了阮遵等前辈在写作上的帮助，阮遵对他的创作有很重要的直接影响。

1957年到1964年是阮凯文学创作成熟的阶段。这个时期越南北方开始进入社会主义革命和建设，阮凯创作了《冲突》。《冲突》集中反映了人们从黑暗的旧社会走向光明的新社会这样一个主题。

《冲突》的第一部是充满了现实性和战斗性的作品，描写了许多充满尖锐矛盾的复杂事件。由于“宗教”问题的涉入，矛盾显得更加尖锐复杂。一些伪装成修道士的反动分子在道袍的掩饰下得到了教徒们的信任和尊敬，他们利用人们的信仰来疯狂地破坏革命，他们在教徒中散布谣言，煽风点火引起村民暴动。从小孩到老人都被他们拉进了各种反动组织，只要他们几句话就会有成千上万的人甘愿为圣教洒热血。这场斗争之所以会如此艰难复杂，就是因为敌人利用了天主教教徒的信仰，这些教徒祖祖辈辈都习惯了天主教教义的束缚，他们害怕改变。因此，当新生活向他们挥手时，他们不敢靠近，他们害怕自己赖以生存的信仰会被证明是错误的。这场共产主义与天主教义的斗争是信仰的斗争，它也向共产党员干部们的信仰提出了更高的要求。《冲突》所反映的是要从精神上、思想上解放人民群众。要解除天主教义对落后农民的束缚，打击反动分子利用宗教来迷惑民众的险恶用心，这样才能真正实现解放，农民们才能真正地翻身做主人。

这一时期阮凯开始描写农业工人，在这里阮凯可以更透彻地分析在社会主义新关系下的新人。他创作了《花生季节》。这部作品是阮凯在该阶段的代表作，它着重描述了人们摆脱旧社会的束缚，在今天这个新社会中进行自我改造的过程。阮凯通过分析被旧社会思想毒害而无法觉悟的人物的心理来批判旧社会。作品主人公阿桃是一个倍受旧社会摧残的女性，新的生活对她来说还很陌生，她前方的路也还充满着坎坷，她要抛掉旧社会留在她身上的沉重包袱重新开始新的生活。阿进是一个孤儿，从小就在冷漠的人群中独自过着流浪的生活，幼小的心灵蒙上了生活的阴影，使他变得萎靡不振、思想混沌而又多疑。这部作品中还描写了新社会中仍然存在的一些自私的人，阮凯通过揭发这类人的庸俗和势利来批判个人主义，同时还大胆批判了小资产阶级落后的人生观以及其他一些非无产阶级的思想。阮凯笔下的这些人并不是普通的犯罪分子，他们有些还有着冠冕堂皇的外表，很容易让人对他们放松警惕。如其中有一对夫妇表面上很勤劳也很能干，但实质上他们却是很虚伪的人，除了关心自己，他们并不真正关心别人。《花生季节》歌颂了新的社会关系下的新人。阿进后来终于得到了人们的关爱，终于找回了对人们的信任。阿桃也有一个幸运的结局，在集体的帮助下，健康的劳动生活挽救了她，使她重新找回了充满生气的灵魂。人们开始了新的社会关系、走进新的社会环境，虽然被旧的思想束缚了很长时间，但阮凯并没有表现出对他们有偏见，他相信人是可以改造的，这正体现了他的共产主义人道精神。

小说集《再走远一点》是在农村合作运动得到进一步发展的背景下诞生

的。在合作社的问题上，作品不再反映进或出、走或留的问题，而是反映应该怎样生产。个人和集体的矛盾发展更加复杂，公与私的矛盾也更加微妙。这部作品深入分析了获得新生的人们的内心世界，在批判旧思想、旧社会的基础上直接提出社会主义的新道德、新思想问题。《再走远一点》提出了在新社会中解决公私矛盾的最佳方法。阿南是作品中的主要人物，他就曾在如何处理个人与集体的问题上斗争了很久，最后，他摆脱了狭隘的算计，心灵得到了真正的解放，真正感受到了自由。

《远见》这部作品主要批判了某些人对于社会主义思想原则的扭曲，他们扭曲了个人与集体、小集体与大集体的关系。在作品中，阮凯将小生产者的私有思想和自私自利的思想、披着“集体”外衣的个人主义视为社会的主要罪犯。大胆披露农村合作化运动的消极面是这部作品的特色所在，但这种批判的出发点在今天看来并不是很恰当了，当然这不能说是阮凯的错误，而是由当时的环境所决定的。

总的来说，阮凯在1960年前后的作品比较忠实和敏锐地反映了北方农村进行社会主义革命的现实。经过艰苦卓绝的斗争，新的生活与新生的人们开始奕奕生辉。《花生季节》描述了奠边农场上人们辛勤劳作的欣欣向荣的场面，获得新生的人们耐心地进行斗争，逐步克服各种困难，他们忘我地劳动着，将一片片荒芜的土地改造成为肥沃的良田，为提高生活水平而做出不懈的努力。农业生产“两条道路”的斗争在作品中得到了真实、生动、全面而具体的反映，与新的生产关系同时形成的是新的人与人之间的关系。阮凯的作品用艺术说明新生的人们是革命的产物。阮凯的特点是他不描写生活外表的美，而是深入到那些反映人道主义和社会主义关系本质的事物中去。他的目的是要发现从旧社会走向新社会人们在精神上的变化。

三、1965—1975年间的创作

1965—1975年间阮凯的创作主要集中在抗美救国战争主题上。他站在革命英雄主义的高度上来歌颂人民的力量。

《他们活着并战斗着》描述了发生在北部前沿的一个岛上的战斗。作品通过真实而生动地叙述战争的惨烈来表现岛上的战士们所立下的赫赫战功。作品中的人物既平凡又伟大。工兵战士日复一日不停地挖地雷，随时随地都有生命的危险。观测兵站在高高的岗亭上，用肉眼在枪林弹雨中监测敌机。炊事班的战士则在泥土中摸索为战友们寻找食物。阮凯还描写了勇敢炮击敌机的炮兵，在敌人疯狂的枪弹声中平静地读着家书和报纸的战士们。他很少直接描写战场的激烈，而是通过描写这些战士来突出革命英雄主义的主题。无论在战斗还是在生活中，作品中的人物都表现出英雄的个性。阮凯和读者一道去探索革命英雄主义的根源和在抗美救国战争中无人能敌的力量的根源。他的《和汪》告诉人们，一个智勇双全的人能够以一顶百，但如果一个人不仅智勇双全，而且还有坚强的民族精神，那么他是无人能敌的。

《云中路》和《上岛》也是反映抗美救国战争的作品。《上岛》和《他们活着并战斗着》一样反映的是在海岛上进行的战斗。《云中路》描写在陆地上进行的战斗。工兵们在高山上与海岛上的战士们配合战斗。这两部作品都是颂扬战士们的伟大。从这两部作品中我们了解了战场上前方与后方的关系，各兵种间的关系，当然最重要的是了解了战士与人民的关系，了解了战士们在民族历史关键时期所背负的重要责任。《云中路》着力描写了战争形势的紧张、激烈和艰苦卓绝，特别刻画了那些不畏牺牲与危险的钢铁般坚强的人们，他们是生活在艰苦岁月中的工兵战士们，他们经历了各种考验，战胜了各种恶劣的气候；他们在泥泞中摸索着，驾驶汽车通过“死亡关隘”；他们探测地雷、射击敌机、追剿土匪，无异于与死亡捉迷藏，付出的就是沉痛的牺牲。《上岛》反映的是长期生活在恐怖得令人窒息气氛中的人们，每天都有货物通过敌人的封锁线从海上送到岛上来，每夜都有简易的小木船迎着风浪和炮弹停泊在岛边，战士们乘风破浪，战斗在辽阔的海面上。这两部小说突出了集体人物，全面地刻画了战士们的革命英雄主义形象。

《战士》也是以抗美救国战争为主题的作品，但其表现手法不同，所概括的内容和所体现的主题更加丰富。该作品有描写和表现，有叙述和记录，还有评论，议论占了相当大的比例。作者以作品人物的口吻阐述自己关于战士们的英雄主义观点。

阮凯关于抗美救国战争题材的创作，忠实地反映这一历史时期越南民族的艰苦奋斗和革命英雄主义。

但阮凯并不只局限于反映，他还很注重理解。他特别关心战场上的指战员们，充分肯定他们的大无畏英雄气概，但并没有将他们神化。他分析个人与环境的问题，认为战争对所有指战员的精神、耐力、毅力、信心和理想来说是一次严峻的考验，因此革命战争也是衡量革命英雄品质的准绳。

阮凯1965年至1975年的创作因为找到了新的创作题材而显得更具活力，读者们可以看到这一时期阮凯作品中的现实主义与浪漫主义的结合更加自然和谐了。

1975年后，阮凯的创作开辟了一条新的道路。作为一个积极的作家，他发现了一片充满吸引力的“处女地”，那就是解放后的南方。这一时期阮凯的作品大部分都是描写社会主义改造和建设过程中南方人民的生活，并且集中体现了从反面来反映革命真理的创作倾向。

阮凯在1975年后的创作引起了舆论界的广泛注意。这是因为他用新的表现手法及时地反映了新时代新领域里的新问题。

四、阮凯的艺术风格

阮凯的创作有一种独特的风格，他的作品有一种明显的倾向：政论性和时事性。

1. 严肃性

阮凯用严肃的态度对待生活，他的作品具有认知生活的作用。阮凯走进人民的生活，努力从生活的琐碎繁杂中找到真理的所在。在他的笔下，生活不再平淡无奇，他将生活中各种丰富生动的画面，包括生活的质朴、通俗都尽收眼底。阮凯也从不回避冲突和矛盾，而是主动从中挖掘出本质的东西。因此，他的作品能反映出生活中的现实问题及人们内心激烈的斗争。个人思想和情感的斗争是社会政治斗争和思想斗争的反映，他的小说因此而充满了戏剧性。战争在战场上进行，但思想斗争却普遍存在着，似乎到处都有相互对立的两个方面：两个阶级、两个对手、两种社会关系、两种势力、两种生活方式、两种道德观、两种世界观、两种思想方法。

阮凯能从一些看似没有的地方甚至看似完美的地方找出问题。他常常对生活中的各个方面进行对比。除了以战争为主题的作品，其他的作品主要都围绕着两个领域展开：信仰天主教的农村和推行农业合作社的地区。通过对比，阮凯想反映的是从旧社会走过来的人们如何走向光明这样一个主题。

阮凯能够很快地进入作品人物的内心世界，他希望拓宽读者的眼界，将读者的眼光引向更高的目标。人的命运是阮凯的作品所关心的一个话题。他通过刻画人们的内心世界来表现那个历史阶段人们的社会生活。当然，他很注重表现人们自我改造的过程，以革命理想的标准来完善人们的性格。在那个充满硝烟的年代，到处都是新与旧、先进与落后、革命与反革命的斗争。

阮凯作品中的人物都是现实主义的人物，总是带着现实的面孔出现在读者面前。阮凯观察现实生活中的人，然后以他们为原型来描写作品人物，所以他的人物，都有生活原型。《岁末的会晤》、《革命》中的人物就是以阮凯家中的成员为原型的。

另一个表现就是阮凯创作的人物不会过分理想化，同时也不会受到过分的批判。在需要歌颂的时候，阮凯塑造了许多积极向上的人物。这些人物集中了多种优点以丰富和完善社会生活中人们的内心世界（如《再走远一点》中的阿南、《县主席》中的阿光等）。相反，在那些需要批判的时候，阮凯很注意表现他们身上的积极因素，突出人的可改造性：如《远见》中的绥乾，他就是一个既具有许多优点，又带有农民意识的人物。在阮凯的眼中，不过分批判人物不仅仅是创作风格与方法的问题，更是现实主义精神和人道主义精神的体现。

阮凯塑造的人物全面而具有典型性，并不囿于某种公式。他就反对将正面人物过分理想化，认为这样的人物不符合现实主义的要求。读阮凯的作品，我们能感觉到作品中的人物很亲近。他的作品告诉读者，每个人都有缺点，要正确地看待自己，要深刻地反省自己。在阮凯看来，人的美好高尚或者丑恶庸俗都不是与生俱来的，误入歧途的人并不是无药可救，只要他们还有良知和毅力。相反，再高尚、美好的人都不能停止锻炼、奋斗和继续提高。

2. 政论性

阮凯的作品具有明显的政论性。吸引读者的正是他作品的说理性。

阮凯并不希望读者们沉醉在作品的情感纠纷中，而是以唤醒读者的心灵为目的。作为一名作家，阮凯大胆地表达自己的爱和恨。每部作品都包含着一定的人生哲理。他注重自己特有的叙述方式、提问方式、解决问题的方式和对话、议论、辩论的方式。他的作品无论戏剧还是小说都表现出明显的政论性，那是关于社会政治、思想、心理和哲学的观点，有时通过哲学语言来表现，有时是通过人物形象来展示。特别是1975年后的作品，政论性尤为突出。

阮凯的作品强调社会主义革命对人的改造意义。1975年后的作品积极表现社会主义理想和革命真理的力量，这种写作倾向在他战争题材作品中也有体现。

阮凯的作品探讨人与思想解放的问题或者从黑暗走向光明的问题，探讨人与环境的问题，人与时间的问题。这也是个人生活与社会生活的问题，是人历史之间的问题：人应该怎样生活，怎样做人？怎样的生活才算美好？阮凯在提出这些复杂而深刻的问题同时，也提出一种强烈的愿望：对新的人格进行定位，设计一个新人的模式。

阮凯的人物喜欢争论，他们总在推测、判断、评论、争辩着，经常进行自我思想斗争，如《再走远一点》中的阿南和《岁末的会晤》中的阿黄。有时他们通过对话直接而有力地高声争论如《远见》中的绥乾。因为这个特点，阮凯作品中的人物对话过多，尽管语言很精彩，但仍然让读者感到沉重。

3. 时事性

阮凯是一个感觉敏锐、积极活跃的作家，充满战斗力。他能及时感觉到革命形势的演变，并掌握历史事件的主要发展轨迹，不断地融入不同时期人们的内心世界。

阮凯喜欢现在。他认为只有充满变化的世界才是值得作家开垦的地方。他的作品常常针对当时的重大事件，如抗美救国战争和社会主义建设等。阮凯总是将笔锋直接指向现实生活和现实问题，常以人们的思想现状作为创作的素材，时刻与现实紧密相连。他的注意力集中在变化着、运动着的事物上，这体现了他的审美观和历史观：“如果昨天总是比今天好，那明天就没有历史可

言，就不存在关于历史的科学，不存在生命，什么都不存在。”（《通往自由的过程》）

因此他的作品中提出的问题往往带有时事性。充满变化的现实世界是探讨的基础，也是创作出充满政论性和战斗力的现实主义作品的基础。

阮凯的创作手法总的来说是灵活的、不受束缚的，总是与现实赛跑，深入现实热点，讨论现实，分析当代人的生活，因此他的作品总是“现在时”。

阮凯的语言充满活力。他的叙述中有对话，有独白，有直接的语言，有间接的语言。有时议论多了，他就穿插一些质朴、通俗的群众语言。因此，气氛不会过于紧张，真实而生动。

阮凯是一个才华横溢、精力充沛的作家。他将自己的一生和全部的经历都融入到文学创作中，他的责任、信心、灵魂和智慧都在作品中得到了体现。他总是活跃在时代的前端，具有敏锐的政治洞察力。他经常深入生活，真实地反映生活，及时地掌握焦点问题，并能及时提出解决问题的建议。

阮凯的作品总是提出问题并与读者共同讨论。独特的政论性特点使他的作品具有说服力。他的每一部作品都是一次尝试，一次探索，一次创新。

第三节　革命乐观谱新曲：素友的诗歌

素友在越南革命的各个不同历史时期都留下了大量的诗歌作品，记录了越南民族解放和国家统一的漫长斗争岁月中每一个重要历史时期，他的诗歌堪称越南革命的“编年史”。素友诗歌革命性、民族性强，热情高涨、充满革命乐观主义精神，感情真挚纯朴。

一、生平及主要作品

素友（1920—2002），原名阮金诚，1920年10月4日生，承天——顺化省广田县富莱村人。父亲是邮局职员，对汉文颇有修养，喜爱民间俗语、歌谣以及潘佩珠和黄叔抗等人的诗。母亲出身儒士家庭，熟悉许多歌谣和俗语。素友深受家庭环境的熏陶，六七岁时就开始学诗、写诗[①]。

素友12岁时母亲去世，13岁时入顺化国立学校念书。期间熟读伏尔泰、卢梭、雨果、高尔基、契诃夫、莎士比亚、列夫托尔斯泰的作品。1936年16岁在中学加入共青团，1938年7月加入印度支那共产党（今越南共产党）。1939年4

① Viện Văn học，*Nhà văn Việt Nam hiện đại*，Nhà xuất bản Hội Nhà văn，1997，tr. 315.

月被法国殖民者逮捕入狱，先后在承天——顺化、牢保、邦美属、归仁等越南中部和西原地区的监狱关押。1942年越狱成功。1945年“八月革命”时，任顺化起义委员会主席。1946年10月，任越南全国文化救国小组副主席。1947年在越北和首都地区负责文艺工作。1948年任越南文艺协会副主席，1951年后，任越南文学艺术联合会副主席。1951年在越共“二大”上当选为中央候补委员。1955年任越共中央委员。1958年至1980年任越共中央书记处书记。1976年在越共“四大”当选为政治局候补委员。1980年任越共中央政治局委员、中宣部部长、阮爱国学校校长。1981年任越南部长会议副主席。1986年越共“六大”后退休。2002年12月9日在河内逝世。

素友在越南革命的各个不同历史时期都留下了大量的诗歌作品，主要有《从那时起》（1946年）、《越北》（1954年）、《劲风》（1961年）、《上阵》（1972年）、《血与花》（1977年）、《琴声》（1992年）等诗集。另外还有《建设无愧于人民、时代的伟大文艺》（1973年）、《革命生活与文学艺术》（1981年）等论文集。可以说，素友用诗歌记录了越南民族解放和国家统一的漫长斗争岁月中每一个重要历史时期，他的诗歌堪称越南革命的“编年史”。素友说：“我一生为民族独立事业和共产主义理想而奋斗，在革命活动中我写诗也是为了革命。对我来说‘百年情结：党与诗’”。[①]越南文艺界认为“诗人、老革命家素友为越南革命文学作出了重要贡献”。[②]

《从那时起》（1946）共收集71首诗，分为“血与火”、“枷锁”、“解放”三个部分。

“血与火”是诗人在1937年至1939年间创作的，共21首，主要反映了旧社会对人民的残酷剥削、压迫和人民反法西斯，要求和平，争取民族解放等斗争生活。

“枷锁” 共30首，是诗人1939年4月到1942年3月在监狱里创作的。“枷锁”反映了诗人作为一个革命者被囚禁、与世隔绝的监狱生活和心理感受。

“解放”部分共14首，创作于1942年至1946年间。他深入群众，用诗歌表达对敌人的憎恨和对革命成功的万分喜悦。

诗集《从那时起》充满了强烈的阶级感情和对未来的无比憧憬，展现了一个崭新的视角和人生态度。

《越北》（1954）共24首，主要反映长期艰苦的抗法战争。诗人用大众化的语言呼唤出抗战时期战士和群众的心声。诗句通俗易懂，节奏简单，琅琅上口，易于传颂。“欢呼奠边府战士”、“我们来了”、“越北”这三首诗在当时广为流传。

---

① Viện Văn học，*Nhà văn Việt Nam hiện đại*，Nhà xuất bản Hội Nhà văn，1997，tr. 315.

② Tố Hữu，*Đối với tôi，làm thõ là làm cách mạng bằng thõ*，Tạp chí Văn học，số 2 năm 2003.

如果说《从那时起》感情强烈，有时略显空洞，那么《越北》叙述简捷，情感内敛。《越北》获1954—1955年越南文艺协会文学一等奖，从而确定了素友在越南诗坛上的地位。

《劲风》（1961）共25首，反映的是越南抗法战争胜利后在北方进行社会主义建设和解放南方、统一祖国这两大中心任务。

在歌颂建设社会主义北方热火朝天的新生活，歌颂社会主义兄弟国家的支持和帮助的同时，诗人没有忘记在水深火热中的南方同胞。

《劲风》还表达了诗人对革命的感激之情：感激引导他走上革命道路的革命先烈；感激保护和养育了他的母亲们，她们有着一颗金子般的心；感激伟大的党给人民带来了崭新生活，广阔天地和衣食花香；感激胡志明，他身先士卒，率领全民族稳步迈向胜利。

如果说《从那时起》反映的是诗人在革命活动和艺术创作中的觉悟和探索，而在《越北》中诗人进一步完善了创作方法和艺术风格，那么《劲风》则标志着诗人在思想上、艺术上的完全成熟。

《上阵》（1972）共31首，创作于1961—1971年间。1960年代初的《怎能平静》、《槟榔来信》、《南方》等诗作在当时具有特别的意义。这些诗作控诉了敌人的野蛮罪行，歌颂了南方人民勇敢的反抗精神，充分肯定了抗美救国战争的历史意义。在素友的诗中，南方解放问题总是与胡志明联系在一起，时代任务与领袖形象的有机结合大大加强了诗歌的艺术效果。

《血与花》（1977）共13首，写于1971年至1977年间。这部诗集对越南从传说的山精水精之战到最为艰辛的抗法、抗美救国战争这一充满鲜血与鲜花的历史发展道路进行了总结。

素友是一位民族革命抒情诗人，用自己的艺术手段真实而细腻地把越南革命各个历史时期的政治、社会生活记录下来，为其民族的解放和社会主义建设事业作出了积极贡献。

二、素友诗歌的艺术特色

1. 革命性强、热情高涨

“素友是民主阵线时期革命诗派的一颗璀璨的明星”[①]。在革命斗争中，每逢重要事件，他都能及时地用诗歌把它反映出来。1938年7月，素友加入越南共产党。

从那时起我心中炽火点燃

---

① Phan Cự Đệ，Trần Đình Hượu，Nguyễn Trác，Nguyễn Hoành Khung，Lê Chí Dung，Hà Văn Đức，*Văn học Việt Nam 1900—1945*，Nhà xuất bản Giáo dục，1999，tr.651.

真理的阳光照我心田
花香浓郁百鸟争鸣
我的灵魂犹如一座花园

我的心与大众相连
走遍天下我情愿
紧密联系穷苦人民
走进工农创造新的生命
……
（《从那时起》）①

诗集《从那时起》洋溢着爱国青年的沸腾热血与对共产主义理想的追求。

素友认为，最美好的世界应该是人与人之间真诚相待，共同生活。诗人密切联系群众，用自己的诗喊出了人民群众的心声。

在1949年9月举行的文艺讨论会上，素友在《建设人民文艺》一文中阐述了他的观点："一部文艺作品想要得到普及，提高人民群众的认识能力，那么，首先它的内容必须是关于群众命运的，要反映群众的疾苦、仇恨和幸福、希望，还要符合群众的文化程度，让群众看得懂。如果作家自身脱离群众，不了解群众的心理、语言和习惯，或者不尽职尽责，不深入发掘材料，怎么可能反映广大人民群众的实际生活呢？"

作为一名革命战士，素友认为，美好明天离不开今天的战斗，离不开"打破旧世界"，"所有人为打破旧世界而奋斗，为美好的明天而奋斗。"他不畏强权，安慰、帮助、教育并组织受压迫的劳苦大众控诉日本帝国主义、法国殖民者的罪行，号召群众抢粮仓，打倒法国殖民侵略者，驱赶日本帝国主义。如《饿，饿！》、《决堤》等。他时而从永安北上，在山腰上休息，与卫国军战士同吸一支烟，时而跟随大部队进军西北，时而随炮兵把大炮拉上山，架在敌人的头顶上。

作为革命诗人，素友以诗歌为武器，不论从每首诗所反映的内容，还是从诗集的名字所反映的历史阶段来看，都具有强烈的时代感。

用革命和创作活动来表现正确的认识和真切的情感是素友的创作特色。素友的特点就是感情真挚强烈。"沉默了4000年/今天中午一阵劲风扬起了我们的头/心中有一颗火热的太阳"（《顺化的八月》）；"在春天/我高高兴兴地来到北方"《春天的北方》，"幸福啊/我们无比地热爱你"（《25岁》）；"曾几何时/我心中愤怒的火山象今天这样猛烈地爆发出来！"（《斗争》）；"给敌人以沉重打击/让敌人抱头鼠窜"（《71年春之歌》）。

① GS Phan Cự Đệ，*Tác phẩm văn học 1930—1975*，Tập I，Nhà xuất bản Khoa học Xã hội，1991，tr.219.

2. 真理、情感和乐观精神贯穿所有作品

素友追求真理，是一个革命乐观主义者。诗人敢与“青天一比高”的精神充满了青春活力。

素友有着强烈的民族感情。他的心总是系着其祖国和人民，把所有的感情都献给了祖国和革命。所以，诗人笔下的人物，从勇敢走上断头台的革命先烈，到为国捐躯的战士，到普通百姓，都有很高的革命觉悟。

当人民夺取政权翻身做主人后，他道出了人民的喜悦：“日月天地都属于我们/高山长河都属于我们”，“祖国处处美如画”。“河流绵延/两岸长满了嫩绿的玉米和水稻”，“灿烂阳光下的泸江/回响着阵阵歌声/蒲葵林、茶园和田地一望无际”。

在诗人的眼里，反动派及其走狗，尤其是帝国主义侵略者是多么地渺小和卑鄙：“帝国主义虎视眈眈地看着我们/仿佛夜里的豺狼一般”，“蝙蝠岂能遮住大海/乌鸦岂能挡住太阳？”（《光荣啊，我们的祖国》）

除了对真理的追求和强烈的民族感情外，我们还从素友身上看到革命乐观主义。他认为十月革命开创了“地球也笑起来”的时代。素友的诗歌代表了追求真理者的心声。在艰苦抗战的岁月里，他向往着无比快乐和灿烂幸福生活，不论何时何地，他总是在高歌，如《香江歌声》、《春之歌》、《流放之歌》等。他认为在革命的道路上，虽然困难与挫折重重，坐牢、流放和生离死别无时不在，但对于一个具有坚强毅力、具有共产主义理想的革命者来说，战胜这一切是最大的快乐。

素友认为为革命而死是一种更崇高、更纯洁的生，因为“每具倒下的尸体都化做一段桥梁/让后人通向更加幸福的生活”（《站起来吧》）；“熟睡在草地上/任凭梦想在绿色的稻田上驰骋/嘴角浮起一丝希望的微笑”（《夜空的月亮》）。他的《不死的人》告诉人们，身体可以死亡，但革命战士的精神将永存。

素友的诗是快乐的歌声，是春天的歌声。春天是他诗中最常见的题材之一。大自然的春天，人类的春天，北方的春天，南方的春天，1938年的春天、1961年的春天、1971年的春天、1975年的春天、1977年的春天……，都源自于诗人春天般的心境。

同时，素友还是一名重情义、极具爱心的诗人。他认为革命包含着多种情和义，首先是党对于革命战士的恩情。有了革命的指引，诗人才找到了真理、幸福和快乐。有了群众，革命才能蓬勃发展。他热爱人民，关心人民的疾苦，对穷苦大众给予深切的同情：

在香江上
我松开船桨

天碧蓝
水碧蓝
我松开船桨
漂流在香江上

月上月落
我在船上随波逐流
船已破
无夫婿
我乘着空船
何时才能靠岸不再随波逐流
天啊，何时我才能结束这五更折磨
真情在何方，我这只破船还能修复吗

怎么不能呢？
江上的姑娘
明天你将从里到外
香似茉莉花
清似林中泉
明天八面来风
将你送到满春园
明天的你冰清玉洁
不再浪迹江湖
到明天，污浊将随今夜薄云散去
姑娘啊，来日方长
敞开胸怀迎接灿烂的明天吧！
……

《香江歌声》

素友的诗具有很强的号召力，他呼唤人民大众，吐露共同的心声，歌唱幸福的生活。

3. 民族性强、感情淳朴

素友的作品由心底而发，感情真挚纯朴。

素友诗作的民族性体现在他诗歌创作的体裁上，如六八体、双七六八体、唐律体、杂体和自由体。素友比较侧重大众读者的需要，多采用六八体进行创作，为六八体这种最具越南民族特色的诗体的发展做出了贡献。他的诗内容与形式相统一，很具越南民族性。

素友用心记录身边的事物和自己的感受。他力求作品生动形象而不乏自然真实。素友是一位重情感、明大义、善于抒情的诗人。“下午没有风/在温暖阳光和蓝天白云的簇拥下/胡主席回来了//……红河两岸一片热闹/正是收获的季节。”（《不倦的双翼》）“我们的云朵/我们的蓝天/越南民主共和国！”（《我们来了》）“穿越千里长山去救国/而我心中荡漾着对明天的向往”，“30年来从不曾停歇/直到今天把梦想实现”（《跟着胡伯伯走》）。

素友善于描写革命英雄主义。他认为光明必将战胜黑暗，先进必将战胜落后。他想象丰富，热情澎湃，用革命浪漫主义手法把人民、祖国和领袖形象化，“在桌旁觅食的白鸽/慈祥的眼睛/迎风飘动的胡子/普通的棕色衣服/手中的红铅笔/一条小溪/一块玉米地……”（《五月的晨曦》）“他们钻到地下去/他们飞到天上去/他们无天可飞/我们的子弹织成天网/他们无地可钻/铁丝网把他们紧紧包围！”《欢呼奠边府战士》

素友始终把诗歌创作与革命斗争和社会主义建设事业有机结合起来，塑造了一批有深度、有活力的典型形象，为越南革命和新诗歌的发展做出了重要贡献。

* * *

1945—1975年间越南文学为越南民族的长达30年的抗法抗美救国战争的伟大胜利做出了不可磨灭的贡献。该时期的文学积极为抗战服务，文学作品重在宣传、歌颂革命英雄主义和革命乐观主义，思想性、政治性较强，艺术价值高的作品并不多见。但是，这30年也的确为越南当代文坛培养、造就了一大批诗人、作家和文学批评家，为越南统一后文学的发展奠定了坚实基础。

第四部分　社会转型、文学革新时期（1975—2000）

第一章 社会转型与文学创作

第一节　当代社会的转型与文学的发展

1975年4月30日，越南南方全部解放。1975年9月，越南共产党决定结束南北分裂状态。11月15日至21日，越南南北统一政治协商会议达成全国统一协议。1976年4月，全国举行普选，成立新国会。6月24日至7月3日，越南统一国会第一次会议在河内举行，宣布南北统一，改越南民主共和国为越南社会主义共和国，完成了国家统一的法律程序。“抗美救国战争胜利结束后，党要集中全部力量来实现的另一个巨大的历史任务被放在了首位，这就是在全国范围内进行社会主义建设，使国家富强，所有的人具有自由、温饱和幸福的生活。”①

国家的统一为经济社会发展创造了前提条件。但是统一之际的越南社会经济形势相当严峻。一方面，长期分裂造成南北经济社会的巨大差异。北方通过社会主义改造确立了严格的计划经济体制，推行以重工业为中心的工业化发展战略；南方则在美国商业化援助与建设中初步发展了资本主义经济。这种差异为国家深度统一及其后的经济社会发展带来了较大的困难。另一方面，长期战争所造成的双重后果又对统一后的经济社会发展产生着多方面的影响：民族主义经过战争磨砺成为可资利用的发展资源和动力，严重的战争破坏却给人民生活和经济发展的恢复带来了极大的困难。

全国统一后，越南通过社会主义改造和促进重工业发展，开始在全国范围内强力推行战时体制与高度计划体制相结合的社会主义产品经济发展途径。遭

① [越]阮文灵：《党信民民信党是一切革命胜利的源泉》，越南《文艺报》，1990年2月10日第3版。

受挫折之后，通过新经济政策和价格、工资、货币改革对产品经济途径进行调整。

虽然越南从20世纪80年代初就已经开始经济改革，但越南官方认为1986年12月举行的越共“六大”提出全面改革的方针才是越南革新开放的正式开始。1986年7月10日，越南长期执政的越共中央总书记黎笋去世。在1986年7月越共中央特别会议上长征出任总书记后，着手准备越共六大，公开主张实行革新政策，使越南政治经济形势有了新的变化。1986年12月召开的越共“六大”上阮文灵当选为越共中央总书记。大会总结了经济政策调整的经验教训，宣布实施全面革新的政策，启动全面革新与对外开放。1991年6月越共“七大”在河内举行，大会选举杜梅为越共中央总书记，阮文灵等为中央顾问。“七大”提出要继续深化改革，在经济增长、政治社会稳定、文化发展、人民生活得到明显改善、巩固国防安宁、扩大对外交流等各个领域取得更多更大的成就。1996年6月28日至7月1日，越共“八大”在河内召开，大会继续选举杜梅为总书记。大会要求继续进行经济管理机制改革，彻底取消官僚集中、统给统包机制，形成一个相对配套的、社会主义为既定方向的、由国家管理的市场机制。在1997年12月召开的越共八届四中全会上，黎可漂接替杜梅任总书记，继续推行“八大”制定的路线方针政策。2001年4月19日至22日，越共召开了第九次全国代表大会，选举农德孟为越共中央总书记。此次大会的基调是，继续贯彻越共“六大”确定的革新路线、越共“七大”通过的过渡时期国家建设纲领和越共“八大”制定的工业化、现代化战略目标，动员全民族力量，继续革新，推动工业化现代化事业，建设和保卫社会主义祖国。具有承前启后意义的越共“九大”初步确立了“社会主义过渡时期”融入国家经济进程中的“社会主义定向的市场经济”架构，勾画了新世纪初期越南经济社会的发展蓝图，选举了新一届越共中央领导班子。农德孟当选为中央总书记，“象征着越南政治顺利完成从战时结构向文职政权过渡的进程。”[①]越共九大在改革理论上有一个较大的突破，就是提出要搞社会主义定向的市场经济。越南共产党第十次全国代表大会2006年4月18日至25日在首都河内举行。农德孟再次当选越共中央总书记。大会号召全党全军全国人民高举革命英雄主义旗帜，发扬全党全军全国各族人民的光荣传统，坚定民族独立和社会主义的目标，主动地创造性地掌握时机，迎接挑战，决心胜利实现党的“十大”决议，提高党的领导能力和战斗力，发挥全民族的力量，全面推进革新事业，使越南尽早摆脱欠发达状态，实现“民富、国强、社会公平民主文明”。

越南在全国统一后的前十年内，对内实行传统的计划经济，对外完全倒向前苏联，经济陷入了严重的危机之中。阮文灵在1986年12月召开的越共“六

① 刘咸岳，黄铮：《2001年越南国情报告》，南宁：广西人民出版社，2002年，第43页。

大”上当选为越共中央总书记后，抓住世界格局发生重大变化、冷战结束后国际环境有利的机遇，大幅度地调整对外政策，推行全方位的外交路线；对内进行大刀阔斧的全面改革，在坚持越南共产党的领导和走社会主义道路的前提下，实行“社会主义定向的市场经济”。全面建设社会主义成为越共“要解决的中心任务”。[①]经过20年的革新开放，尽管越南还是一个欠发达的国家，但它已经摆脱了多年的经济危机，并且加快了经济发展的速度。越南不断融入区域和世界，2006年11月上旬加入WTO，2006年11月中旬在河内成功举办了APEC会议，其在国际上的地位不断提高，国家的工业化和现代化进程加快，基础设施和人民生活有了明显的改善。越南全国统一30多年来，革新开放20年来，越南在社会、政治、经济、文化等各个领域里都有了很大的发展并取得了令世人瞩目的成就。

越南文学在这30年里发生了明显的变化，及时地反映了越南国家统一以后人们的心态世相。“从1975年后，我们的国家从根本上转向了和平生活。人们开始从不正常的战时环境回到了正常的生活环境。历史的新要求，人们及个人全面、丰富的精神需求迫使文学要转型。”[②]文学与其他的精神表述形式相比，有自己的特色。这种特色就是敏感性和及时性。当不少人没有感觉到问题，或对问题只有朦胧的感觉时，作家能够很快感觉问题，并以文学的方式表达出来。这就是文学的优势之一。文学的这种功能特性，在越南当代社会实践中有着充分的体现。可以说在越南当代的思想氛围中，最重要的社会思潮和思想探索，常常是以文学的方式最早提供给世人的。

越南当代文学根据其发展可以分为1975—1985、1986—1991、1992至今三个阶段。1975—1985年是越南文学的转型期，现实主义思潮复兴，悲剧意识、民间精神（或称民间意识、民间视角）开始显现；1986—1991年间是当代文学的繁荣期，文学创作呈现多元化，现实主义、人本主义、民间精神、悲剧意识、孤独意识等文艺思潮和创作方法同时并举；1992至今是越南文学的稳步发展期，各种文艺思潮和创作方法在进一步完善。

“文学的发展始终与社会为之创造的条件和背景密切联系。”[③]文学作品是作家高度个性化的精神劳动产品，同时又是社会生活的反映和时代的产物。一切时代的优秀文学作品都汇聚着那个时代的风云雷电，辉映着那个时代先进生产力的发展要求，体现着那个时代先进文化的前进方向，激荡着那个时代最广大人民群众的心声。

在新的社会历史发展时期，新的作家群不断涌现。在越南当代文坛上活跃

①[越]阮文灵：《党信民民信党是一切革命胜利的源泉》，越南《文艺报》，1990年2月10日第3版。
②[越]阮登孟：《新形势下的文学批评》，越南《文艺报》，1987年8月29日第7版。
③[越]文艺报：《为了越南现代文学的发展》，越南《文艺报》，1989年6月10日第2版。

着四代作家。第一代作家主要有在1975年以前就已经崭露头角的麻文抗、阮明洲、朱文、阮玉秀、阮潘赫、庄士熙、阮凯、春韶、阮坚、春刚、武暴、阮光创、英德、武秀南、友挺、武氏常、鸿儒、胡方、阮本等，以及在1945年“八月革命”前就已经在文坛上有“一席之地”的苏怀、裴显等老作家。他们虽然在1975年以前就已经创作了很多作品，且已经有了一定的知名度，但仍然在辛勤耕耘，特别是麻文抗、阮明洲、阮玉秀等作家。他们在越南文坛的真正地位是在当代文学创作中奠定的。

阮孟俊、阮辉涉、杨秋香、黎明奎、夜银、陈垂梅、范华、陈氏长、范氏明舒、暴雨、贤芳、屈光瑞、中盅顶、徐元静、陈文俊等为第二代小说作家。他们长期生活在统包和革新时代。他们比第一代作家洒脱。他们中的许多作家，如阮孟俊、阮辉涉、杨秋香等人的作品经常引起争议，但拥有广泛的读者。第二代作家是越南当代文学的中坚力量。他们有着差不多相似的经历，一般都出生在20世纪40年代末或50年代，已年过五旬。他们从少年时代起就接受了革命和抗战的影响，有的甚至直接参与了抗美救国战争，具有一定的“革命资历”。这使他们年轻的履历变得十分耀眼，曾经是踌躇满志的一代文学新人。他们以文坛上的新一代主人的身份和热情，携着他们对现实积极干预的作品走上了越南当代文坛。

他们依凭着特有的群体优势，自然而然地成为越南当代文学创作的主力军。他们大多数人心系国家民族的未来，自觉地充当人民大众的代言人，敢于以执政者的诤友身份为民请命，揭露和批判种种社会弊病。他们自觉认定，文学创作要与劳苦大众血肉相连，倾听群众的呼声，走在时代的前列和敏锐地感受生活的需要，探索真理，以极大的革命热忱投身于火热的战斗。他们密切注视着国家政策上的抉择与变化，毫无保留地坚信并支持革新开放的政策，对社会上的消极现象展开了无情的批判。

第三代作家是一些20世纪50年代后期或60年代出生的人。代表性的作家有谢维英、范氏怀、胡英泰、伊斑、范玉进、赖文龙、河汪、阮氏秋惠、阮氏荫、阮明酉、谭琼玉、武氏好、武氏春霞、潘氏王英等。他们都是科班出身，受过学校正规教育，接触过世界文学的精华。他们的创作较为自由。

第四代作家很年轻，他们都是刚刚在文坛上出现的新人，是20世纪70年代出生的人。他们是陈青霞、如平、阮氏福、韩月、陈氏玄庄、封蝶、阮氏洲江、杜秋贤、阮方连、周秋蘅、阮氏明华、厢月明、刘山明、黄石草、陈雅瑞、阮庭秀、潘庭明、阮进达、冯文开、阮玉思等。他们的特点是热情高涨。

我们发现第三代和第四代作家是“阴盛阳衰”，女作家占总数的75%①。所以，有

① [越]裴越胜：《今天的短篇小说》，越南《文学研究》，2004年第1期，第73页。

人戏称“越南当代文学带有女性面孔”。[①]在文学创作中，作家人数和作品数量并不能完全说明什么，但要想有高质量的作品，起码要有一定的数量为基础。

1975年，长达30年的战争结束了。但几十年来的战争使越南伤痕累累、满目疮痍。人民群众的生活极度贫困，时刻与种种经济困难作斗争。越南社会在新的形势下出现了许许多多的新情况、新问题。在新的社会历史发展时期，越南社会发生了一系列重大变革。“国家的生活在大的转折之后经历了一系列的深刻变动，随之在社会意识和人的意识深处都发生了许多的变化。”[②]这一系列重大变革牵动了社会关系、生产方式、生活方式、观念形态的变化，特别影响到心理结构、道德规范、价值尺度和文化传统。无数的新事物、新矛盾和新问题吸引着作家们的视线。新的生活需要出现新的作家，新的作家需要寻找表达他的深刻感受的新的形式。作家们深入生活，用不同的色彩和情调表现了各种心态世相，从宏观到微观、从表层到深层、从局部到整体揭示出革新与保守、现代与传统、文明与愚昧、理智与情感之间的种种冲突，出现了《余下的距离》、《下季的种子》、《园中落叶》、《遥远的时代》、《星星移位》、《人多鬼杂之地》等一批具有较高思想价值和艺术价值的优秀文学作品。越南当代文学的突出倾向，是正在“贴近”生活，与生活对话。本着以人为本，重视人的因素，发挥人的创作积极性的精神，多少关于人、社会的问题被提了出来：生活的大民主需求，对命运和人格的关心，树立信心，树立社会主义人格，革新经济、社会、人、艺术思维等等。正是由于接触到了这些迫切的焦点问题，越南当代文学受到了读者的关注和喜爱。

在抗美救国战争中和全国统一后成长起来的新的年轻一代作家的作品“多样化，充满生气”，[③]如阮孟俊的《余下的距离》、《面对大海》、《湛岛》、《外情》，麻文抗的《夏季雨》、《园中落叶》、《没有结婚证书的婚礼》、《洪水逆流》，朱文的《星星移位》，黎榴的《遥远的时代》、《河底之波》，杨秋香的《盲目的天堂》、《梦想的彼岸》，阮玉秀的《下季的种子》，宝宁的《战争的忧愁》（又名《爱情的不幸》），阮克长的《人多鬼杂之地》，阮潘赫的《云散》，阮凯的《岁末的会晤》，黎明的《孤岛》，蔡伯利的《他们与谁共时》，阮晓长的《厂长的风格》，丛典的《空间》，武辉英的《外边的生活》，陈征武的《沱河对话》，范氏怀的《天使》，黄明祥的《又见河流》、阮光韶的《野草》，谢维英的《老苦》等长篇小说和阮明洲的《芦苇》等中篇小说都是越南当代文学中很出色的作品。

除了我们提到的这些长篇小说和中篇小说外，在越南当代文坛上更多的是

① [越]裴越胜：《今天的短篇小说》，越南《文学研究》，2004年第1期，第73页。

② [越]赖元恩：《与同时代文学共存》，河内：越南青年出版社，2003年，第166页。

③ [越]友挺：《对正在走来的文学一代的期望》，越南《文艺报》，2006年5月20日第6版。

几代作家创作的大量的短篇小说。越南当代短篇小说及时地反映着越南社会生活和艺术领域的方方面面。还有尹黄江和武克严的《以公理的名义》、春程的《海之夏》、刘光武的《我和咱们》、必达的《憧憬的顶点》、怀交的《历史与人证》等话剧作品和春琼、林氏美夜、意而、黎达、黄兴、阮光韶、阮眷、韦垂玲、文琴海、阮平方、陈进勇、阮有红明、潘玄书等人的诗集也是反映社会的优秀作品。这些作品让我们读到了当代越南人的生活、心理和价值取向，了解了当代越南社会生活。

越南当代文学变革的基础源于文学的自我意识，即文学对自己在社会中的作用、文学与政治之间的关系以及文学对人的意义等方面的觉醒。1987年越共中央政治局第05号决议对文艺的地位和职能进行了新的定位。文学艺术不能再单纯地理解为对群众进行宣传和教育的政治工具或思想工作的武器，而是思想和文化革命的重要组成部分，“是文化中特别敏感的部分，体现人们对真、善、美的向往，有培养公民情感、心灵、人格、思想政治素质，建设社会道德环境，树立社会主义新人的作用。”[①]河内国家大学潘巨棣教授认为“政治局第5号决议给文学创作活动吹来了一股新鲜的空气，把文学创作活动推向了一个新的高潮。”[②]

越南当代文学许多作品深刻地描写了艰苦、复杂的社会生活，不回避两次抗战中的痛苦和牺牲。越南当代文学意识到了文学对人的作用，许多作家深入个人命运，披露、解剖各种消极现象，生动地反映了人民群众生活的各个层面，激烈地批判了战后越南社会上出现的一些比较凸显的非道德的问题。越南当代文学的创作方法和创作风格比以前更加丰富多样。抗美救国战争中和战后成长的一批文学新人生机勃勃，活力四射。文学评论界也在努力公正而充分地评价“八月革命”前的文学潮流和作家作品，大胆地提出了关系到文学革新的理论问题。总的来看，越南当代文学在创作上，现实主义的内容更为广泛。作家们“多角度地认识、感受和反映以往的两次抗战现实生活和当前的改造和建设社会主义斗争的实际。”[③]因此，造就了作品内容和人物性格的丰富多样。当代的文学创作给越南文坛带来了一股清新的空气，深受广大读者欢迎。文学正在“帮助群众认识新的生活实际和认识自我”。[④]

新的社会环境为社会生活注入了生机，革新的春风刺激了经济、社会、政治、文化等领域的全面改革。社会的全面革新推动了越南知识界和文艺界新的思维方式、新的研究方法和创作手法的产生。作家、诗人、剧作家、批评家纷

① 政治局决议（即由阮文灵代表政治局签署的第05号决议）：《革新和提高文学艺术和文化的管理领导水平，发挥创作性，把文学艺术和文化推向一个新的发展阶段》，越南《文艺报》，1987年12月19日第2版。

② [越]潘巨棣：《文学革新与符合规律的步骤》，越南《文艺报》，1992年11月28日第3版。

③ [越]何春长：《继续奋斗提高文化文学艺术活动的质量》，越南《文艺报》，1985年8月17日第2版。

④ [越]何春长：《继续奋斗提高文化文学艺术活动的质量》，越南《文艺报》，1985年8月17日第2版。

纷在自己的作品中体现革新思想。越南作家协会主席友挺认为，“面对国家的巨大变革，面对当前诸多的社会问题，也许读者们从来没有像现在这样要求、期待着作家们。因此提高作品的质量，努力创作出好的成规模的作品，不仅仅是对青年作家的要求，也是我们全体作家的首要任务。”①在越南国家的革新事业和工业化、现代化进程中，文学自身也在不断地发生着变化，出现了一大批新的作家、诗人和作品，在思想内容和艺术风格上出现了一些与以往不同的特点。作家队伍的精神风貌更加高昂，社会责任感和历史使命感明显增强，许多贴近时代、直面现实的优秀作品，都以其深刻的思想性、鲜明的时代性和强烈的艺术感染力受到广大读者的欢迎。作家们通过自己的创作劳动，为推进越南文学的发展做出了积极的贡献，“文学本身也逐步繁荣、成熟起来。”②创作英雄史诗的时代，也是文学艺术攀登高峰、大有作为的时代。越南当代社会的全面革新事业这一波澜壮阔的国家工业化、现代化历史进程，呼唤着文学艺术继续为高扬和振奋越南民族精神书写新的篇章，做出新的贡献，同时也为作家、艺术家们提供了取之不尽、用之不竭的创作源泉。可以说，越南文学已经步入了一个崭新的阶段。

第二节　文学风格的多样化

文学风格是文学形象的总体特征，是创作个性的体现。文学形象是独特的，不可重复的，这种独特性就表现为风格。不同的风格，把不同的文学形象区分开来。文学风格既包括了思想内容的特征，也包括了形式结构的特征。它既体现在文学作品的思想内容之中，也体现于文学的形式结构之中。文学作品在语言修辞方面有不同的风格，有的朴实，有的华丽；有的简约，有的繁复；有的风趣，有的呆板；有的含蓄，有的直露……文学作品在篇章结构方面也能体现出不同的风格，有的篇章宏大、情节线索众多、全方位地展示历史事件，主题不那么单一，具有史诗般的雄伟壮阔的风格；有的则情节线索单一，突出主要事件，主题比较集中，具有鲜明、单纯的风格。此外，体裁作为文学形式的规范也是文学风格的构成要素。

文学风格作为创作个性的对象化，具有独特性、多样性。对象化的创作个性即风格是最独特的，它克服了主观的作风和客观的模仿的雷同性，成为自由

①[越]友挺：《对正在走来的文学一代的期望》，越南《文艺报》，2006年5月20日第6版。

②[越]杜梅：《越南作家团结创作为国家服务为人民服务为把革新事业推向胜利贡献力量》，越南《文学杂志》，1995年第4期，第1页。

创作的理想形式。正是文学风格的独特性使作家实现了独特的自我，也创造了独特的理想世界。文学风格的独特性是文学作品的审美价值之所在。古今中外的优秀文学作品总是体现了与其他作品不同的文学风格，古今中外的优秀作家也体现了与其他作家不同的创作风格。如果文学作品没有特色，陷入某种雷同的模式，那么它就没有风格，也就没有审美价值，不会引起人们的兴趣。文学风格的独特性必然导致文学风格的多样性。文学史上出现了众多的文学风格使文学作品丰富多彩，千姿百态，产生了迷人的艺术魅力。

在文学创作活动中，不仅每个作家的创作风格不同，就是同一个作家的不同作品的风格也有所不同。这是由于人的个性是多侧面的，创作个性也是一次性的创造，具有多种可能，因此可以选择多样的风格。文学风格虽然是独特多样的，但又是相对统一的。同一作家的不同作品都有自己独特的风格，但它们都是同一创作个性的体现，互相之间不是隔绝的，而是互相影响、内在相关的，具有统一性，形成了统一的风格。所以，我们不仅可以讨论具体作品的风格，还可以讨论一个作家的风格。同样，虽然，每个作家的风格都不相同，但由于存在着同一的时代精神、民族精神以及文学风格之间互相影响的现象，也存在着超越个别作家、作品的统一的文学风格，包括一个时代、一个民族、一个文学流派、一种文学思潮的文学风格，它们都是共同风格的体现。

文学风格是历史的产物。由于历史条件的变化，文学风格也不断发生变化。同一个作家也往往因为命运和个性的变化而导致创作风格的变化。1975年后，“文学在生活的许多领域，包括那些在以前是被禁忌的领域里冲锋陷阵，同时深入挖掘人物的内心世界。”①越南当代文坛上出现的与以往创作不同的新的现实主义创作倾向，我们称之为现实主义的复归。我们之所以说是复归，是因为现实主义的创作方法在越南20世纪30、40年代的文坛上已经很盛行。阮公欢的《最后的道路》、吴必素的《熄灯》和南高的《志飘》是越南1930—1945年间现实主义文学最杰出的作品。1945年后，由于抗战的要求，文学创作方向有所转变。文学创作被当作政治宣传、思想教育和动员群众的工具。“革命思想从根本上深入了越南社会，影响着生活和人们。”②

作为一种社会意识形态，文学是通过文学作品对人们的思想感情和精神面貌起着潜移默化的作用，并鼓舞人们去改造自己和自己周围的环境，影响社会的发展。当代越南在政治、经济、文化等各个领域发生了一系列重大变革。作为上层建筑的文学领域也取得了丰硕成果。一些艺术审美价值较高的作品已经开始出现，这是越南当代文学变革、成熟和开始融入整个世界文学的一个标志。文学创作内容丰富、题材形式多样；创作方法、创作题材和创作风格有了

---

① [越]潘巨棣：《文学革新与符合规律的步骤》，越南《文艺报》，1992年11月28日第3版。

② [越]阮明洲：《小说漫步》，越南《文艺报》，1989年8月12日第2版。

新的发展，不再像以往那样片面、单一。越共已故总书记阮文灵在与文艺工作者的谈话中指出，“官僚主义、欺压群众、损公肥私、投机倒把、骑在劳动人民头上作威作福等现象和迷信、异端邪说、道德退化堕落等不良风气需要你们的笔杆子进行反映并强烈谴责，让全社会憎恨丑恶现象，批判并远离一切丑恶现象。”①作家们通过自己的作品不遗余力地批判官僚主义、机会主义、特权等消极现象和各种非无产阶级的思想倾向和生活方式，提出了人的命运和性格问题，呼唤被扭曲、被扼杀了的良心良知，形成了一种以批判而不是全盘否定、批判是为了使其更加完善为特征的现实主义文学。越南当代文学“有力地批判了日常生活中违反民主和社会公平、削弱道德和人格的种种消极现象，同时作家们也表彰了社会复杂环境里的新人。”②作家们在各种题材创作领域里自由翱翔，写出了自己的心灵所感，真实地反映了越南当代丰富多彩的社会生活。随着越南革新开放的深入，种种思想禁锢的消失，一大批旨在使社会主义制度日臻完善而批判种种社会弊端的新的现实主义文学作品不断涌现。

同时，越南当代文学不再把文学当作政治宣传的工具，而是当作认识生活、认识社会和认识自我的活动。在这里，作家不是将自己的思想强加给读者，而是将一幅幅生动的生活画卷展现在读者面前，通过自己的感觉和思考来启发读者，与读者进行讨论并让读者自己去评判。这一创作倾向的代表作家是阮辉涉、阮凯、宝宁、范氏怀、潘氏王英等。越南“几年前，刚刚开始革新的时候，文学界有两位短篇小说作家——阮辉涉和范氏怀，他们打开了一个很少被人挖掘的现实世界，引起了一阵目眩。”③在他们的创作中，人物形象成为一个鲜活的机体、一个艺术意识存在的生动形式，同时也成为一个涵盖内容更为广泛的概念。读者可以从多个角度去认识人物形象，从同一部作品中可以总结出多个不同的结论。

越南当代文学中的人物塑造已经不再像以往的作品所刻画的人物形象那样拘泥于社会典型形象或者只重视共性，不重视个性，人物形象脸谱化。现在关于人的观念和认识越来越广泛、贴切、精确，注重描写个性。人物形象越来越具有厚度，每个人物都是“他本人”。

除人物形象的多义性与主题的丰富外，越南当代文学作品中的语言也有了很大的不同。当代越南作家的语言特点是不再像以往那样充满说教、劝戒，而只是进行简单的叙述，显得“不严肃”。一方面认为自己所叙述的是真实的，另一方面又视其不重要。这样不仅丰富了作品的内容，活跃了气氛，增强了作品的吸引力，而且还能消除意义和思想方面的对立，使作品的精神内涵更加深刻。

---

①[越]阮文灵：《与文艺工作者的谈话》，越南《文艺报》，1987年10月10日第3版。

②[越]潘巨棣：《文学革新与符合规律的步骤》，越南《文艺报》，1992年11月28日第3版。

③[越]范春元：《短篇小说与今天的生活》，越南《文学杂志》，1994年第2期，第28页。

上面提到的人物形象塑造和叙述语言的变化对作品的其他要素起支配作用，形成了一种新的叙事方式。这样的叙事方式必须建立在将文学看作一种创造性活动的新的文学观念的基础之上。因此，越南的当代文学创作变得丰富和生动起来。越南开始出现一些在国际上有影响的作家，他们的作品被译成多种文字出版。如麻文抗的长篇小说《园中落叶》在前苏联被译成俄语出版发行，宝宁的《战争的忧愁》被译成英语在英语国家出版发行并获英国《独立报》文学奖，范氏怀的《天使》分别在法国、德国和美国被译成法文、德文和英文出版发行，并获德国法兰克福国际书展“1993年文学作品奖”，谢维英的短篇小说《越过誓言》被译成英语，并被美国收入教科书。

越南当代文学的“许多作品在探索、革新表现方式上取得了一定的成功”①。与社会生活关系密切的文学创作正在进行革新，并变得更加生动，更具吸引力。但20世纪90年代以来这一气氛变得沉闷起来。社会稳定的要求不允许作家像以前那样进行写作。当文学将批判的矛头由消极现象转向引起消极现象的根源时，则被认为超过了必要的限度。同时，作家们也已经对追究复杂的政治、社会问题感到疲倦。许多人认为，文学应该走进平凡。对于文学来说重要的不是写什么，而是应该怎么写等等。最后是市场经济的诱惑和影响。作家也不能老是守着贫穷。为了生活，许多人纷纷去写一些迎合读者心理的作品，甚至从事其他一些行业去赚钱。这些因素导致的结果是，文学创作停滞不前，陷入沉闷的境地。读者在等待，而作家们却不急于做出回应。

其实，作家要做出回应不是一件容易的事。它关系到国家、政府，甚至艺术家本身所面临的一系列问题。作家可以避开空泛的口号，但却无法回避生活中存在的诸多问题。越南的革新事业旨在实现民富国强、社会公平和文明。在越南社会目前的环境下，文学的使命是满足人们精神生活的需求。每一个民族、每一个社会在不同的时期会面临不同的紧迫问题。文学的任务是根据人文主义的观点和历史发展的要求以自己的方式去解决这些问题。当社会生活变得越来越丰富之后，文学的任务也会随之变得越来越复杂艰巨。但就目前而言，越南文学是无论如何也不能脱离革新与民主、国家工业化和现代化的斗争事业的。

目前越南文学所面临的考验相当严峻。它既要承担革新事业中的“社会责任”，又要满足广大读者的正常精神文化生活的需求，即创作关于平凡生活、个人命运的作品。它既要对现实进行反思，又要扩大文学的认识范围，并通过深入“内心世界”、走进人的自我意识过程来实现越南文学的现代化。它既不能脱离市场经济，又不能从此消沉下去，更不能因为一味追求销量而迷失自己。“文学要使人们的心灵趋向光明，排斥黑暗，满足人们对真、善、美的渴

① [越]何春长：《继续奋斗提高文化文学艺术活动的质量》，越南《文艺报》，1985年8月17日第2版。

望。”[①]它既要不断吸收当今世界上的一些新的创作理念，又要避免“生搬硬套”，以形成符合越南人心理和思维方式的创作风格，丰富多年来被政治、行政思维方式削弱和僵化的越南文学。

多年来积累下来的问题聚集到了一起，要求一次性解决，使越南当代文学承载过重。“80年代以来的文学革新正面临着和谐解决理想与现实之间、集体与个人之间、社会的人与大自然的人之间、史诗与日常生活之间、创作的主体和被反映的客体之间、历史的具体的创作方式与浪漫的象征的深化的创作方式之间等一系列关系。”[②]这样的重担可能会使文学无能为力，变得疲惫。作家们的精力被分散，文学的满足人们精神文化需求的程度处于一般水平。当然，这样的重担也可能是一个挑战，成功渡过之后就会成熟起来。选择什么道路去减轻包袱、迎接并战胜挑战，只有生活才能揭开这一谜底。

但不管选择什么道路和措施，越南当代文学的使命仍然是很明确的：它必须成为一种独立的创造性活动，以自己的方式积极参与社会革新和民主化进程，丰富人们的精神生活，增强人们对世界和自身的认识。在理智压倒情感的背景下，大众传媒手段的发展或多或少对个人创作意识有所限制，文学既要作为一个对象存在，帮助人们获得幸福生活，同时又要启发人们去寻找最优的发展道路，指出人们在走向将来、走过工业、后工业社会和消费社会的道路上和处在受污染的世界中需培养和保持的价值观念。“对于文学创作，决定性的是要挖掘创作源泉，有大的志向和怀抱，与革命、与人民、与祖国、与党和民族的革新事业紧密联系起来。”[③]

越南当代文学创作的题材范围扩大了，开始批判种种保守、不公、不忠实、贪污、贿赂等社会消极现象。越南当代戏剧创作虽然比不上小说创作这样繁荣，但也有一定的影响。最具代表性作品有尹黄江和武克严的《以公理的名义》、春程的《海之夏》、刘光武的《我和咱们》、必达的《憧憬的顶点》、怀交的《历史与人证》等五部话剧。另外还有刘光武的《戴灰色呢便帽的姑娘》、《人生的光源》、《最后的谎言》、《瞬间与无尽》、《第九种誓言》、《病人》，尹黄江的《花和野草》、《我的霞嵋》，必达的《那个黎明，我的心》，女剧作家青香的《爱情盆地》、《金子》，军队剧作家陶红锦的《绝妙的歌声》，阮光立的《酸苦的夏天》、《被鬼缠绕的屋子》、《活灵魂》，阮克服的《对命运的不和》、《远雾垂衣》，春韶的《失踪者》、《琐事》、《时间的证明》，黎黄的《去寻找已经丢失的东西》、《2000年的寓

① [越]杜梅：《越南作家团结创作为国家服务为人民服务为把革新事业推向胜利贡献力量》，越南《文学杂志》，1995年第4期，第3页。

② [越]潘巨棣：《文学革新与符合规律的步骤》，越南《文艺报》，1992年11月28日第3版。

③ [越]杜梅：《越南作家团结创作为国家服务为人民服务为把革新事业推向胜利贡献力量》，越南《文学杂志》，1995年第4期，第4页。

言》，玉玲的《没有男人的屋子》、《我们的屋子》等。其特点是紧跟时代步伐，贴近生活，更深入、更真实、更努力地体现人本精神。越南当代戏的剧创作倾向与以往有所不同。除了反映战争题材的作品外，更多的是描写人与人之间的关系，人与社会的关系，人与生活中其他相关联的问题。戏剧直接表现了生活，以不同的乐律和色彩反映了生活的声音。

越南当代诗歌创作根据题材特征进行了全面革新。抗美救国战争时期的诗歌对于革命领袖、人民群众和武装力量的歌颂已经达到了顶点。这一时期的诗歌饱含战斗热情，思想道德纯洁高尚，是战争年代越南民族灵魂的真实写照。

全国统一后，在新的历史时期，越南诗歌出现了“向内”的倾向，从表达大众的共同思想转向描述每个个体的内心世界。个人成为具有社会和人文意义的描写对象，如意而的诗集《坐着编织的女人》。该诗集中体现了许多创造性和探索性的写法。如何使诗歌变得更为真实是越南当代诗人的共同心声。在这方面，抗美战争中成长起来的阮维、阮光韶、友挺、范进聿等付出了很大努力。他们的创作已经呈现出一些积极的势头，并取得了初步成就。由武群芳、陈登科、光辉、黎成毅、阮潘赫等诗人选编、越南作家协会出版社出版的《1975—2000越南诗选》（第一、二、三册），共选了538位诗人的1144首诗。越南每年大约有五六百本诗集出版，如果每本诗集按20首诗计，那么每年至少有一万首诗可供选择。这样，30年来所创作的诗应该是一个非常大的数字。越南真可谓是一个“诗的王国”。

越南当代诗人们所关注的已不再是和侵略者之间的民族冲突了。他们更加注意那些人生问题、人们的痛苦、人们的无奈、人们的郁闷。“如果说1945—1975年间的诗歌集中于‘最崇高的’即祖国和社会主义题材，……那么越南当代诗歌却是朝着另一个方向发展的，即在平常生活中回归自我。”①越南现当代著名文学评论家，原国家社科人文中心文学院院长风黎教授认为越南当代诗歌“与1975年以前的诗歌相比，有探索革新——变革的发展。”②诗人竹刚也说，“现在的诗更加接近生活，更加接近真实的心情。”③

越南当代诗歌“敢于直面战争的反面”④，更多地描写痛苦、损失和牺牲。诗人们开始较多地表现人生痛苦和焦灼心理。回归自我是越南当代诗歌创作的“最突出的趋向”⑤。战后的生活纷乱，生活节奏加快，生活方式的改变，这一

① [越]阮登蝶：《20世纪越南诗歌的发展》，何明德主编：《20世纪越南文学回顾》，河内：国家政治出版社，2002年，第889页。

②[越]风黎：《识别诗》，越南《文艺报》，1985年9月14日第3版。

③[越]竹刚：《对诗歌和……的思考》，越南《文艺报》，1999年4月17日第3版。

④[越]阮登蝶：《20世纪越南诗歌的发展》，何明德主编：《20世纪越南文学回顾》，河内：国家政治出版社，2002年，第889页。

⑤[越]阮登蝶：《20世纪越南诗歌的发展》，何明德主编：《20世纪越南文学回顾》，河内：国家政治出版社，2002年，第890页。

切促使诗人们改变思维。显然，如果诗人跟不上生活的节奏，总是停留在过去的甜美赞颂中，那么他很快就会被淘汰。“回归自我，反映个人的真实感受，是新的历史时期民主精神的表现。”①

越南当代诗歌的创作出现了多元化局面，诗人的创作呈现一种“百花齐放”般的自由态势。

越南当代文学在文艺理论方面也出现了许多新的论点。主要是关于文艺的目的和功能方面。在文艺的认识、教育和审美等功能中，审美功能尚未得到应有的重视。文学的认识和教育功能是通过审美特征实现的。当认识到文学有关培养精神生活、为生活带来平衡的作用时，文学的娱乐功能也得到了重视。文学是一种为人的生活带来快乐和丰富的真正的精神活动。文学是斗争的武器，是滋养培育人的心灵的乐曲。在革新时期的生活中文学作品所反映的情感和格调多姿多彩，满足了社会各阶层人们的精神文化需求。对于文学和生活之间的关系的理解越来越深刻而富有创造性。生活丰富多彩，千姿百态。作家们不断用自己的作品反映生活、思考生活，提出、评价和解答生活中出现的各种问题。

第三节　文学的主要特点

回顾20世纪越南文学的发展进程，我们认为其发展经历了三个主要阶段：第一个阶段从20世纪初到1945年，文学朝着现代化的方向发展。文学现代化的特点贯穿于这个时期的整个文学，把文学从中古带入现代，越南文学发生了根本性的变化；第二个阶段是从1945年到1975年，其文学特点是革命化，歌颂革命英雄主义和革命乐观主义，这是特定的历史时期的特点；第三个阶段是从1975年后至今，民主化已成为越南社会和人民精神生活的大趋势，同时也是文学发展的总趋势。越共“六大”（1986）提倡的革新思维，已经深入到文学创作的民主化进程中。民主化已经深入文学创作的许多层面。社会生活和人们观念的转变带来了文学创作观念的革新。文学的作用与职能为作家们所特别关注。

1975年至今已经30多年过去，越南社会发生了深刻的变化，人民克服了战后的重重困难和严峻考验，新生的越南社会主义共和国稳步发展，并且进行了全面、深刻的变革。尤其是1986年越共“六大”倡导革新开放以来，越南以崭新的面貌展现在世人面前。越南当代文学在现代化的道路上有了长足的发展。

越南当代文学，展现了越南当代生活的精神风貌。她与越南民族同呼吸、

①[越]阮登蝶：《20世纪越南诗歌的发展》，何明德主编：《20世纪越南文学回顾》，河内：国家政治出版社，2002年，第891页。

共命运，经历了无数的波折起伏，其自身进程的各方面也发生了深刻的变化。30多年来的越南文学尽管纷繁复杂，波折起伏，但总的来看，我们仍可以辨认出越南当代文学的总体的发展趋势及其主要特点。

一、现实主义的复归与新变

现实主义思潮是资本主义社会矛盾日益尖锐化的产物。资产阶级的残酷剥削引起了人民的不满和反抗。这种不满和反抗情绪鼓舞了作家，于是产生了一种揭露社会矛盾，批判剥削制度的文艺。这种文艺被称作现实主义。

现实主义的基本原则要求按照现实生活本来的样子来描写，也就是要真实地描写生活。现实主义的创作既然要真实地描写生活，那就不仅要如实地描写现实生活的外表现象，同时还要深入地写出它的内在实质，也就是说要真实地描写它的现象以体现本质，真实地描写它的个别性以体现它的普遍性。只有这样才能真实地描写现实生活。因为社会生活的本质必须通过它的现象才得以体现出来，文学作品要写出它的本质也必须通过它的现象来描写。如果说只描写了生活现象而没有体现它的本质，那无论如何是不真实的，也是歪曲了现实生活的。“一部艺术作品不可能是现实存在的抄本。”①杰出的现实主义作品往往创造了典型形象，主要是典型人物的形象。越南当代文学的作家们深入生活，在自己的作品里反映生活的方方面面，取得了巨大了成就。统一后的越南社会在人们面前展现了生活的许多层面，人的命运的不同变化：有顺利的，有不顺利的，还有许许多多的社会混乱现象。一些曾经的好人，现在蜕变成了一个随时随地钻空子为自己捞取好处的机会主义分子。这些投机分子的内心又是怎样的呢？为什么一些低贱的、虚假的东西四处横行，善良的、美好的东西却遭到挤压？为什么正义的、真理的声音要沉没？是什么阻止了这种声音？阿谀逢迎的小人大有人在且受到重用、扶持，牢牢地控制住某个单位或某个部门。拉帮结伙分子、投机取巧分子发家暴富起来。在坐下来交流的时候，人人都知道什么是好的，什么是不好的，这个人是诚实的，那个人是虚伪奸诈的。但到具体行动时，人们的表现又完全不同了，令人惊愕不已。是什么在人们的心中作祟，使得他们在面对具体事情时这样的言行不一、表里不一？所有这些都是社会消极面。社会生活中的诚实与虚伪之间，先进与落后之间，革新与保守之间，对与错之间，好与坏之间，善与恶之间的斗争在越南当代社会非常突出。人们总是向往诚实的、进步的、美好的。引导人们，引导社会朝着真、善、美的方向发展是文学和文艺工作者的神圣职责。越南当代作家们深入生活，了解生活，体验生活，歌颂真善美，批判社会丑恶现象，创作出了一大批深受广大

① [越]阮明晋：《长篇小说与今天的现实存在》，越南《军队文艺》，1985年第8期，第116页。

读者喜爱的现实主义文学优秀作品。“阮明洲、阮凯、麻文抗、阮孟俊、黎榴的作品为这一革新趋向开了头。”①

文学发展的内在需要，在遇到合适的外部条件后，便开始一个新的变革时期。阮明洲被认为是当代文学的开路人之一。他从写《士兵的足迹》（1972）开始，就坚信，现在为全民族的生存权力而斗争，以后要为每个人的生存权力而斗争，使每个人更加完善。到了20世纪80年代，当阮孟俊的《余下的距离》（1980），阮玉秀的《下季的种子》（1984），麻文抗的《园中落叶》（1985），黎榴的《遥远的时代》（1986）等长篇小说和阮明洲的《疾行船上的女人》（1983）和《乡村渡口》（1985）等短篇小说集问世后，现实主义开始成为越南当代文学创作的主流。作家与所反映的社会现实之间的关系发生了变化。

文学是反映社会的镜子这一原理，曾经被认为不仅是内容要现实，而且表达方式也要现实。读者有将作家写的故事与现实世界相对照的习惯。因此作家们也更关心说什么，而不是怎么说；更关心现实信息，而不是审美信息。在阅读作品时，读者们将思想价值放在第一位。在当代文学发展过程中，写实的倾向总体来看占有优势。反消极现象的文学潮流，曾经有过巨大的影响力。

越南当代文学“在与现实相联系方面是比较强的，但弱点也是拘泥于现实……可惜的是，许多作家还年富力强，却仅限于再现事实，没有进行超越。”②事实上，我们还是看到，作家们在写实之外，还是进行了很多实验和开拓。越南当代文学的创作方法和认识现实的方法已经多样化了：历史的具体的或者抒情的浪漫的，象征的或者神话的虚渺的等等方法都得到了运用。所有的这些创作方法和认识现实的方法都能够反映生活并且都能够给读者以健康的审美享受。认识现实的方法不仅仅是多样化，而且在艺术方法里把时事性的事件与内心独白和意识流相结合。如阮智勋和朱来先后分别在《飞燕》（1988）和《往日的乞丐》（1992）等长篇小说里都运用了上述艺术表现手法，把过去与现在之间的心理空间，个人空间和神话空间结合起来，既反映了现实又观照了人们的心灵。又如阮克长的《人多鬼杂之地》（1990）等长篇小说里的神话空间是一种深入人物性格转变时期意识和潜意识世界里的检验的标尺。阮克长把神话和世俗这两个空间连接在一起，把神话的因素运用于现实日常生活中来探索和观照现实生活。荒诞怪异的神话轻松而具有吸引力且不无深刻地把长篇小说的现实内容转载给读者。胡英泰使用虚实结合的笔法来描写心灵世界的秘密，范氏怀的代表作《天使》用意识流、剧本化等现代艺术手法，将世界映

---

①［越］何明德：《文艺不断发展和革新的世纪》，何明德主编：《20世纪越南文学回顾》，河内：国家政治出版社，2002年，第227页。

②［越］阮坚：《在作家协会主办的2002—2004年小说大赛上的发言》，越南《文艺报》，2002年6月7日。

入一面弯曲的镜子中，将人的原生态进行模型化，与传统现实主义原则相去甚远。范氏怀是一个接受国外文学，主要是现代主义影响的作家，她的《天使》说到底还是来自描写现实的愿望。

二、个人意识和民主精神的觉醒

在1945—1975年间的抗法抗美救国战争时期，文学主要被视为革命的思想武器，为政治服务，为抗战服务，一切为了抗战的胜利和国家的统一。越南当代文学随着国家的统一和社会民主化进程的发展，更多地开始表现“自我”，表现个人、个性。文学不只是全民族的共同呼声，更多的是个人的心声。文学创作空前繁荣。

1945—1975年间的革命文学培养、造就了一大批作家，他们为抗战和革命文学贡献了自己的聪明才智和心血。有不少作家在当代文坛上继续辛勤耕耘着，在创作上有了大的突破。如军人作家阮明洲就是一个很典型的例子。今天的读者要求作家能够启发、引导读者，与读者对话。作家与读者之间的关系随着民主化进程而更加平等：读者受到真正的尊重，而作家也不再是唯一拥有发言权的人。文学朝着民主精神方向迈进的时候，是需要个人的思想和观念的。

现实生活作为文学反映、挖掘的对象，要求当代作家们对它的理解更加全面。现实生活不仅仅指革命、工作、重大历史变故和集体生活，还包括个人的日常生活，诸如个人财产、命运、人格、家庭、婚姻、爱情、欲望、幸福、苦恼、郁闷、悲剧、孤独等。现实生活的丰富、全面、完整性，为文学尽情地释放、挖掘开启了无限的空间。民主化趋势使各种创作风格和创作方法开始兴起，充分展示了作家的创作个性。他们努力探索、运用各种新的表现形式和表现手法，包括吸收、运用一些西方现代艺术派别的优点来进行创作。

文学民主化的发展趋势深入到创作的许多层面，从题材、结构、主题、旋律、人物到语言。民主化趋势和个人意识觉醒把文学带入了一个蓬勃发展、形式多样的新阶段，尤其是在革新时期，文学的丰富多样化主要体现在：题材的多样，体裁的丰富，创作手法的革新，艺术风格与审美观念的多变。确实，当代文学呈现出个性突出、品味多样、形式新颖，甚至荒诞怪异的景象。

个人意识和民主精神的觉醒是这一阶段文学的思想基础和主要特点。20世纪初，尤其在20年代，由于社会形态的转变和西方思想文化的影响，个人意识与民主精神在城市小资产阶级和西学知识分子当中萌芽并发展起来，为文学创作中的个人或个体“我”的形成和发展奠定了思想基础。作品中的“我”反抗封建礼教的束缚，要求个人、个性、情感的解放，首先是爱情与婚姻的解放。“我”为文学提供了崭新的、丰富的、自然的、感性的认识源泉。“八月革命”后长达30年的两次抗战，个人意识和民主精神被抑制，爱国主义、民族精神和阶级意识成为这一时期越南全民族的共同意志。可以说，从1945年到1975年整整30年的革命文学就是在这一共同意志的基础上形成并发展起来的，其主要特点是爱国主义、对独立自由的渴望和社会主义理想。1975年以后，当生活逐渐恢复其常态，人们重新回到千姿百态的正常生活当中，面临着社会变革时期出现的多少新问题。这样的社会背景推动了个人意识和民主精神的觉醒，要求给予个人和命运以关心。阮明洲写于战后的短篇小说《一幅画》批判了以集体的名义、以民族利益的名义而不顾人民的疾苦，甚至践踏个人命运的种种不人道。从当代文学作品中，我们看到一些被环境和命运所愚弄的人们的悲剧。黎榴的长篇小说《遥远的时代》（1986）是反映这一主题的代表作品。

个人意识的觉醒为文学提供了新的题材和主题，带来了对人的全新认识。军队剧作家陶红锦的剧本《绝妙的歌声》具有代表性。文学是人学，文学的关键是人。人既是文学创作的出发点、主要的考察对象，又是文学的最终目标，同时也是所有社会问题、所有历史事件、历史变故和价值尺度变化的折射点。个人意识的觉醒是文学创作中人本主义的体现。如果作家不热爱生活，对人没有一丝怜悯之心，他所创作的作品我们无法想象。作家对自己周围的人的命运：欢欣、忐忑、悲痛、幸福的关心，把握住自己内心的这份情感，他才可能深刻理解世人的痛苦与不幸，帮助人们克服精神的恐慌，勇敢地面对生活。

当代文学中的人物形象纷繁复杂，有社会人物、历史人物、家族人物，有知识分子，有农民、军人、工人、市民。人是各种社会关系的总和。文学创作就是要挖掘、照射出人的各个层面：思想、情感、生活、意识与无意识、自然本能的生活、崇高的理想与平凡的欲望。越南当代文学中的人物已不再单调、乏味，而是内涵丰富、辨证统一的。在人物内心世界往往光明与黑暗、伟岸与渺小、正义与邪恶、崇高与平凡错综复杂地交织在一起。

事实证明，建立在人本精神基础之上的文学是不会带来对人性的怀疑、贬低和否定的。文学在发掘、理解人性的同时，对人性提出高要求，重视其自我觉醒，以期达到人格的真、善、美。

第四节　人物形象在人格结构上的革新

人物一般地说是组成艺术形象的主体，是文学作品特别是叙事性作品描写的主要对象：从人物与社会生活的关系来看，文学反映社会生活和反作用于社会生活，都离不开人物及其相互关系的描写；从文学作品内容诸因素的关系来看，人物占有特殊的地位，常常成为作品的描写中心。人的问题永远是一种文学或是一个阶段文学的中心问题。一个新的文学时代总是从关于人的文学观念的革新开始的。

文学中的人物形象尽管是作家创作的产品，但始终是时代的产儿。时代的特点对一个时期的文学面貌有着重大的支配作用。文学作品要反映社会生活，就不能不描写人物和他所处的环境。人物在一般文学作品中往往占有重要的地位，是作品描写的主要对象。因为人是社会生活的主体，是社会关系的联系点。作者主要是“通过具体的人物去认识社会生活”①。

人物指的是“文学作品中所描绘的人物形象。它是作品内容的重要构成因素，也是组成文学形象的核心。叙事性文学作品主要通过对人物和人物活动及其相互关系的描写来反映现实生活。典型人物在文学作品中占有特别重要的地位。优秀的文学作品，总是通过典型人物的塑造来揭示一定社会生活的某些本质方面”②。人物是表现文学观念、意识水平变革的一个重要因素。对于叙事性文学作品来说，人物的作用被认为是“故事的关键，具有体现作品题材、主题和思想的中心位置”③。越南1945—1975年间的文学从“为抗战服务”的方针出发，确定了自己的方向，那就是“很好地、真实地、强有力地描写新生活、新人”，要求作家们努力走进现实生活，以工农兵为中心人物。塑造人物的原则主要是塑造典型环境中的典型性格。一旦典型环境总是民族、国家的“大环境”，人物就有了一个相应的模式，“共性”便成了重要的艺术特征。人们习惯于按阶级和民族的观点来评价现实生活。小说创作的‘场景化’，情节安排上的戏剧冲突模式，人物的角色化，以及人物语言的‘台词化’等现象，成为当时普遍的潮流。人物被清晰地分为敌我两类，作家的观点即作品中正面人物的观点。正是因为这样，这一阶段的文学就像好多学者所评判的那样，没有对话，缺乏更多的声音。

越南抗美救国战争的胜利是越南社会政治经济生活中的一个重要里程碑。20世纪80年代后开始了现代化、工业化进程。说起越南当代文学，人们普遍认为它是“全部文学中的一个起色”，是“一个新的文学思维正在形成”，是“文学在民主的道路上前进了一步”，“小说从来没有像现在这样迅猛发展……作家从来没有像现在这样诚实。”④人们通过各种具体的方法，比如从人的观念、体裁、语言到“个性意识”、“嗜好和读法”等多角度来认识文学的

① 蔡仪主编：《文学概论》，北京：人民文学出版社，1982年，第138页。

② 孙家富，张广明：《文学词典》，武汉：湖北人民出版社，1983年，第17页。

③ 河内国家大学，阮攸创作学校，军队文艺杂志：《八月革命后越南文学50年》，河内：河内国家大学出版社，1999年，第218页。

④ 河内国家大学，阮攸创作学校，军队文艺杂志：《八月革命后越南文学50年》，河内：河内国家大学出版社，1999年，第217页。

革新，文学创作空前繁荣。

在越南，个人和个性解放的要求只是在1945年前的“新诗运动”和“自力文团”的作品中被提了出来，紧接着在抗法抗美救国的战争岁月里又销声匿迹了。人们更多的还是写民族的人，阶级的人，集体的人。现在，个人在作家的创作中又有了“重返文坛的环境”①。胡英泰、谢维英、阮越河、武氏好、阮氏秋惠、潘氏王英等一批新生代作家正努力探求且为读者所接受的非英雄化的人物、人格性格不完善的人物、悲剧人物、不幸的人物、有着各种恶习的人物、异化或者觉醒的人物等等都出现了。

1945—1975年间的文学往往从社会政治生活角度来看人物。当时的读者和文学批评界根据阶级和民族的观点来分析人物，所以作家们所塑造的人物脸谱化，几乎都是同样的面孔。尽管每个人物都有自己区别于其他人的名字、地址和个性，但他们的活动规律几乎都是按照某一两种固有的模式进行的。1975年以后，人本主义的观点渐渐代替了阶级的观点。人物形象渐渐“脱掉社会外衣”，回到了他原有的样子，不再千篇一律。人物形象丰富多样、纷繁复杂、各式各样。这一切表现出了当代文学创作中关于人的新的思想和新的观念。这一时期的人物具有复杂的人格构成，不再一目了然。人物形象除了阶级性，还有人的本性。在反映道德的同时，还反映人性、意识、无意识、心灵、本能……“作家的塑造人物，往往把具体的外部特征的描写和必要的心理刻划结合起来，通过写外在的容貌、姿态、行动以揭示内在的思想、感情、性格。”②

深入人物结构，我们认为越南当代文学比1945—1975年间文学的人物世界要生动的多。人物形象多种多样。形象是艺术区别于社会科学的一个基本特征。“形象就是艺术反映现实生活的一种特殊手段。”③最值得我们注意的是那些孤单人物形象的出现。这种人物形象在世界文学中和1945年以前的越南文学中并不陌生。但在1945—1975年间的越南文学中几乎不存在。这是因为他们与革命、抗战生活格格不入。越南当代文学创作中自我忏悔的人物形象普遍出现。这种现象在以前的文学创作中很少见。1975年后的人物形象与以前相比有了很大的区别。“对一个时期的描绘，重要的是对人的命运的成功描述。生活中有成千上万种命运。他们是反映一个时代声音的单位，虽然小，但富含能量。有多少新奇的人物模型可以进行挖掘、刻画。”④在寻求和肯定人本价值的过程中，作家们对“社会关系的总和”的人有了深刻的认识。他们通过对自己的人物一生沉浮的描述，从不同角度反映了生活的规律和人的命运。战后人们生活的艰辛在作家的作品中得到了深刻体现。“进入国家发展的新阶段，敏

① [越]风黎：《渴望革新的文学》，越南《文艺报》，2006年4月15日第3版。

② 蔡仪主编：《文学概论》，北京：人民文学出版社，1982年，第140页。

③ 蔡仪主编：《文学概论》，北京：人民文学出版社，1982年，第140页。

④ [越]何明德主编：《越南文学的新阶段》，河内：国家政治出版社，1998年，第115页。

感的意识与当代文学生活紧密相连。多年来一直以战争为题材进行创作的阮明洲、阮凯如今也进入社会心理领域，关注起战后正常生活中人们的各种命运。麻文抗预示了家族和社会在传统道德价值受商品经济和市场机制的负面影响而面临崩溃的危机。”①

题材的拓宽，特别是世俗、私人生活题材受到关注导致关于人的艺术观念的调整。或者说，正是由于关于人的观念的改变使得作家们必须拓宽视野，拓展到一些过去曾经是隐藏着的角落或禁地，去发现“经典的社会人”之外的东西。这是一个从多个角度对人进行透视的文学新时期。人们渴望自己能够建设神圣的世界，尽管他们知道自己不是神圣。他们经常需要为了生存而斗争，正是这些斗争使越南当代的社会精神面貌变得丰富、多样和复杂。阮凯在其作品中往往通过巧妙的处理和深刻的思考表现人物的新颖和灵巧。阮辉涉作品中的人物冷淡并带几分残忍。但从总体来看，他的作品带有浓厚的人本主义气息。麻文抗继续深入研究当代社会所面临的问题。他的作品从肉体和灵魂两方面来表现人物，因此，既包含着浓烈的期望，又充满着在尘世社会中生活的艰辛和人情世故。阮氏秋惠、胡英泰和武氏好作品中人物的个人命运多少带有悲剧色彩。潘氏王英作品中的人物是默默承受和冷静观察。阮越河、阮庭正等人作品中的人物表现出的是孤单。朱来及其他军旅作家作品中的人物往往在追寻过去，好象是寻求心灵上的安慰。关于人的艺术观念的改变使文学中的人物在来源、性格和命运方面不断发生着变化。

现在，作家们把人物置于集体与个人、家庭与社会的关系中，对其性格和情感生活进行细致的观察。“许多作家已经关心描写人物的心理深度，努力探索对人生的思考。”②因此，出现了越来越多的生活中真实的具有明显性格特征的人物。关于人的艺术观念的改变不仅体现在工农业生产题材文学作品的创作中，而且也体现在战争题材的文学作品中，如《遥远的时代》、《星星移位》、《战争的忧愁》、《往日的乞丐》、《飞燕》等。越南当代文学作品在对人的本质、性格进行深入剖析的同时，将现代与过去、与民族传统和道德问题紧密联系起来。为了深刻反映不同的命运、性格和遭遇，作家们走进各类人物的生活，与他们分享快乐和悲伤。在关于人的艺术观念中，可以说，人本主义精神是越南当代小说创作中最重要的一个特点。

革新运动深刻地影响着文学和人的观念。直面现实的方针使作家们看清了前一时期文学的稚嫩。社会经济模型的转变、扩大交流、革新思维允许文学也革新思维。当生活从战争时期转为和平建设时期后，每个人开始有机会为自己、为家庭、为子女、为事业操劳。这样，“史诗化的语境就结束了，文学史

① [越]何明德主编：《越南文学的新阶段》，河内：国家政治出版社，1998年，第16页。

② [越]何春长：《继续奋斗提高文化文学艺术活动的质量》，越南《文艺报》，1985年8月17日第2版。

诗化渐渐趋淡，继而转向关注道德、世事和个人生活。即使还在描写战争题材，其视角也有了变化：如阮明洲的短篇小说，黎榴的《遥远的时代》，蔡伯利的《回团里的两个人》等。”[①]战后人们的生活很艰苦，长期的战争所带来的经济落后和一系列社会问题及市场经济的冲击是对人们品质和能力的考验。朱来在《往日的乞丐》、《街道》、《三次与一次》等一系列作品中集中观察和塑造了战后军人的形象。这些军人继续着新的战斗，有的通过努力和忍耐来证明自己，如《街道》中的阿览；有的则蜕化变质，以牺牲同胞或战友的利益来满足个人的私欲，如《翻脸无情的圆圈》中的阿训；有的则试图忘记过去，重新去追求权力和地位，如《往日的乞丐》中的三霜等。战后许多军人生活不稳定，他们幻想着回到过去，以求心灵的慰藉，如《往日的乞丐》中的二雄。人往往无法跟过去都割断联系。过去战争的荣耀已经成为人们的一种标准，一种精神支柱。但过去教条主义、幼稚病所带来的惨痛后果也在自我认识的需求中得以反思。阮明洲《一幅画》中的画家，在一次偶然的机会遇到一位战士的母亲之后就开始生活在痛苦的折磨之中：如果他很负责任地及时把这位战士的信交给这位母亲，证明她儿子还活着，而且很健康，她怎么可能会失明？黎榴《遥远的时代》中的人物江明柴在战争中荣获过许多军功章，因此，他认为自己能够实现所有的梦想。但这一错误的想法让他再一次尝到失败的滋味：在坚决地抛弃过去——“半辈子爱一个别人逼迫自己爱的人”之后，他不知道自己正在“追随自己没有的东西”。最后他不得不两手空空地回到阔别几十年的老家。江明柴的悲剧一方面是由历史造成的，另一方面也是由他自己造成的。朱文的《星星移位》以越南南方解放、国家统一这一重大历史事件为主线，反映了越南军人在战争时期与和平时期两个不同的历史阶段的两种不同境遇。战争时期，军人是最可爱的人。他们得到人们的普遍尊重、拥护、支持和帮助。他们以自己是军人而骄傲，他们的家属以自己是军属而感到自豪。南方解放了，和平时期军人的地位发生了变化。国家已经统一，走上了医治战争创伤、以经济建设和文化建设为中心的正常轨道。军人们从前线下来，带着伤痕、穿着褪色的军装返回故乡与亲人团聚。但他们的工作、生活并非一帆风顺、万事如意，而是困难重重，遇到了许多麻烦。在麻文抗的《园中落叶》、《没有结婚证书的婚礼》、《洪水逆流》，黎明奎的《小悲剧》，吴玉倍的《噩梦》中，作者对各种不同类型的悲剧进行了细致的观察。重新认识历史是一种要求，但首先是自我认识，正是自我认识增加了人物观察的深度，使关于人的艺术观念不断得到拓展。

越南当代文学中的人物形象渐渐失去史诗化文学中的高大全，代之以许多

①[越] 陈廷史：《20世纪越南文学人物观念的几个问题》，何明德主编：《20世纪越南文学回顾》，河内：国家政治出版社，2002年，第64～65页。

矛盾，特别是情感、道德方面的矛盾冲突。“一种‘非史诗化’的倾向已经开始。”①非史诗化意味着生活中存在着各种消极现象，如人格的异化、悲剧的命运、忐忑忧愁的心情等被更多地披露出来。甜美的歌颂和热烈的鼓掌被讽刺、批判、询问所代替。人物被从多角度来塑造，反映角度不再单一，除了意志、思想、情感外，还从本能、潜意识、心灵等方面来刻画。在阮明洲、阮辉涉、范氏怀等诸多作家的作品中，理想的光芒已经淡化，生活失去了所有的光辉。代替以往英雄、战士位置的是那些实用主义者、那些平凡的普通人。

阮晓长的长篇小说《厂长的风格》选取了一系列最能体现主人公个性的事件进行描写，塑造了有情有意、光明磊落、爱憎分明、坚强不屈的二窭这一人物形象，“一个少见的独到的性格。”②

首先，二窭是一个知恩图报的人，但他的这种知恩图报有别于一般的江湖义气。“我”对二窭只一顿饭之恩，而他却三番五次地在“我”危难之时出手相救；几十年后对伪军少尉的救命之恩依然念念不忘，总想找机会报答；而对与自己出生入死的好兄弟八纪，他却能抛弃江湖义气，大义灭亲。

其次，二窭爱憎十分分明。在他做强盗时，往往劫不义之财，行义盗之举。等到他的队伍被革命军队收编后，他又率领自己的部队倾尽全力参加抗法和抗美救国战争。他不徇私情，不袒护与自己情同手足风雨与共的好兄弟八纪。当八纪违反部队纪律遭捕，并被判死罪时，二窭亲自劝说他，并怀着无比悲痛的心情却又毫不犹豫地亲自处决了他。这也显示了二窭性格豪爽的一面。二窭从不矫情造作，始终依自己的性情行事。在做义盗时，逢打劫之前他都会通知要打劫的对象。他对党存在着许多的疑问和迷惑，总是直言不讳地讲出自己心里的想法。但二窭的这种性格也决定了他固执的一面。在与法军作战时，他和他领导的部队屡败屡战，屡战屡败，他却从不更改他既定的一成不变的战略战术；从与阿兴共事之初直至阿兴牺牲，他一直没有消除对阿兴的成见。

小说着力刻画二窭这一人物形象，让读者看到抗法战争和抗美救国战争中千千万万个这样英勇不屈的越南人的品德。当那段痛苦而光辉的经历过去之后，越南人民开始正视这一段并不遥远的历史。阮晓长自然而然地把事件、人物置于抗法战争和抗美救国战争的时代背景之下正是迎合了广大读者的这种心理。小说没有刻意地去塑造一个英雄人物，把人物英雄化或是神化从而给人一种可遇而不可求的感觉。作者首先是把主人公二窭从“英雄”的光环中释放出来。我们在二窭这一人物形象身上看到了生活在他那个时代大多数越南人的共性；他经历着大多数越南人都有过的经历；他有优点，缺点也很突出；他并不

①[越]陈廷史：20世纪越南文学人物观念的几个问题》，何明德主编：《20世纪越南文学回顾》，河内：国家政治出版社，2002年，第65页。

②[越]云庄，吴黄，保兴：《1975—1985年间的文学——作品与争鸣》，河内：越南作家协会出版社，1997年，第161页。

比常人坚强，有着常人的喜与忧，乐与悲……因此，二窭这一人物形象身上不仅带上了时代的印记，还使这个人物形象真实可感，一如生活在自己的身边，增强了人物形象和作品对读者的亲和力。《厂长的风格》是一部关于人的命运的长篇小说。这里二窭的命运不完全是他在人生道路上有些离奇的升沉起伏，而是因为他的命运与革命的紧密相连，反映了“革命对人们的生活的深刻影响”。①

小说真实地再现了那段让越南几代人既感到光荣与自豪，但又不愿意太多回首的充满太多残酷与悲痛的历史。艰难痛苦的日子虽然已经成了过去，但流逝的时光和现实的生活并没能抹平他们心头的创伤，他们从不曾释怀过。战争的残酷，丧失亲友的悲痛，实在是他们心底，也许是永远也无法驱散的阴霾。小说主人公与亲友的几次生死离别，引起了读者心中强烈的震撼与共鸣。

革新关于人的观念，普通人已成为作家关注的对象。屈光瑞在《最后的暗角》中描述了一个做着极普通的事的普通人：一个守太平间的人。作者通过巧妙的处理，栩栩如生地刻画了一个被生活逼到极点但心灵依然保持圣洁的人物形象。阮庭正《圣人夜》中的许多人物虽然生活在社会的最低层，但他们没有因为环境的恶劣而堕落，而是勇敢地去承受。“只有爱心、求生的欲望和真诚的忏悔才能挽救一个人的灵魂。”②一些小人物生活非常艰难。有时正是生活的艰辛使他们走上了歧途。作家们以理解和分析的眼光巧妙、细腻地剖析了社会中许多人蜕化变质的原因。阮辉涉《退休将军》中的阮俸原本粗鲁、莽撞、不知廉耻。但当奄奄一息的姐姐喊出他“是人”的声音时，他禁不住大哭起来：“还是姐姐最疼我。全村人都叫我狗东西，老婆叫我无赖，阮椿叫我混蛋。只有姐姐把我叫作人。”③阮辉涉的作品冷峻，所描写的对象大部分是穷人。他认为使人们变得渺小的原因在多数情况下是贫穷。但在外表冷漠、枯燥的人物形象下，阮辉涉在其作品中仍然非常注重体现人文精神。

越南当代作家们根据自我认识的要求，努力走进人的灵魂深处，多视角对人物进行观察。“越深入人的内心世界就会发现人与外部社会的关系越密切。”④人们经常期待着、希望着、追求着，尽管他们知道过去的已经过去，期望的、追求的也不一定能实现。在我们的生活中，怀念过去的人们很难融入新的机制和新的环境。革新关于人的观念，作家们深入观察人的内心世界和感情生活，发现个人的渴望、期望与现实之间充满着矛盾。所以，在越南当代的

---

①[越]云庄，吴黄，保兴：《1975—1985年间的文学——作品与争鸣》，河内：越南作家协会出版社，1997年，第162页。

②[越]孙方兰：《关于革新时期文学中人物的几点思考》，越南《文学杂志》，2001年第9期，第45~46页。

③傅成劼，赵玉兰，祝仰修，余富兆：《越南现代小说选读（第三册）》，北京：北京大学出版社，2004年，第192页。

④[越]陈廷史：《诗的艺术世界》，河内：越南教育出版社，1997年，第356页。

许多小说创作中出现了孤独者。如阮明洲《疾行船上的女人》中的人物阿妫患有梦游症，因为“浪迹天涯去寻找绝对完美的价值”而一生孤单。这一孤独的感觉在阮明洲的小说《芦苇》中塑造的阿力这个从战场归来的军人形象身上体现得更加具体和悲惨：长年的战争和南北割裂使许多人的家庭组合发生了很大变化，在这一具体环境中，人们完全变得力不从心。这一时期，特别是20世纪90年代头几年小说中的孤单人物，尤其是孤单妇女形象的普遍出现并不是偶然的。从战争中走出来的妇女不仅仅是孤单，因为她们经常生活在“人间与地狱的边缘”，在工作和生活中成年累月地接触的都是同性，如武氏好的《笑林中的幸存者》。战后，当生活恢复正常之后，不少妇女才惊愕地发现，她们已经青春不在，她们的“半辈子”或留在了战场上，或已无法找回。在新的生活条件下，作为人的一些正当需求属人之常情。伊斑以这些妇女的名义给“瓯姬妈妈”写了一封信：英雄的国家遭到外侵、天灾连绵不断，因此，母亲关心英雄、诗人。母亲没有注意到那些温顺的女孩子。她们没怎么给母亲提过要求，但现在我想给母亲提点要求。母亲啊，请关注她们吧！

许多作家通过充满了期望、幸福、不安与忧虑的具体生活来表现人物。“抗美时期，我们生活在生与死的边缘，一些本能的欲望可以抑制。而现在却真的无法忘记……集体可以锻炼我的意志、可以消除我一时的苦闷，但集体无法给我个人幸福”（胡英泰：《岛上的女人》）。当个人幸福问题在人本主义和利他主义的影响下被提出来之后，人的爱和生存的本能得到了应有的认识。因此，在阮光韶的《村寨里的两个妇女》、谢维英的《过去你最美》、伊斑的《写给瓯姬妈妈的信》、阮氏荫的《幸福的绿叶》等作品里出现了不安地等待、痛苦地压抑、忧虑、恐慌、逃避强烈的欲望的人物形象。他们用自以为可行的疗法为自己疗伤。如阮光韶《村寨里的两个妇女》的女主人公年复一年地等待着，以等待来安慰自己的心灵，尽管她们清楚她们等不到什么。吴自立《永别荒岛》中的女孩儿跳进水里“不停地游”，因为她知道对岸有她的同类——人。胡英泰《岛上的女人》中农场五队的妇女自己开了一条经过一个陡峭石壁的非常危险的路。因为她们知道，小岛的那边有一位老翁守着一个玳瑁庄园。武氏好《笑林中的幸存者》主人公，那位笑林中存活下来的女孩自导自演想找个合适的理由出走。“文学对人物进行多元复合是符合生活真实的。”[①] 正是这种复合，才使生活和文学变得那么迷人。

不能说所有这些封锁的解除都是合理的，但这些处世方式的多样化至少证明关于人的观念中的人本主义思想在越南当代文学创作中正在得到越来越多的体现。正是这些体现和表现角度的多样化说明，人正在被全方位地彻底地认识。正是作家们对人的这种彻底的全方位的认识，才能在作品中对人进行正确

① 曹文轩：《中国八十年代文学现象研究》，北京：作家出版社，2003年，第156页。

地完整地描写和反映。“人在成长的过程里因为进入社会规范的需要而不断赏识自我，这是人性的一种处境。”①

20世纪80年代末，人生的许多“新”的东西，即长期以来未知的或被掩盖的东西被披露，或至少开始触及：潜意识、无意识、情欲等。这一时期文学的“新”特点之一是：人的情欲被当作一种自然需要来认识。可以说，将这些要素体现在作品中应被看作是艺术思维转变的一个表现。阮明洲和春韶的一些小说开始很有限地涉及这一问题。到了范氏怀、阮辉涉等新一代作家的作品中，这一问题已成为人物生活中的一个重要环节。具体说，在小说中，这一观点大部分体现在人物做妻子、做母亲的需求上，甚至体现在成长的需求上，将其视为是一种幸福。如范玉进的《他们成了男人》、阮氏荫的《幸福的绿叶》。越南当代文学正在重新认识个性，评价个性在生活中的作用，正在寻找一种新的观念，“使个性得到顺势发展”。②从这样的角度出发，一些作品在对一些反常现象的描写中、在人物的思索和行动中体现了人本主义的观点。特别是当把家庭置于特定的环境中，受到社会多方面的影响时，对人的描写就处于复杂的运动中。现实生活中金钱至上、不顾道德规范的利己、放纵的生活方式使一些人成为不仁不义之徒。黎明奎的短篇小说集《小悲剧》、阮氏秋惠的短篇小说《天堂之后》、麻文抗的长篇小说《园中落叶》等许多作家的作品都对人有着深刻的认识。

第五节　知识分子形象的塑造

1945—1975年间的文学由于反映现实和走进群众、为工农兵服务的需要，作家们以高度的责任意识创作了许多以工农兵为中心人物的作品。在这一时期的文学作品中，往往狭隘地运用阶级的观点，多少影响了人们对知识分子的看法和认识。这不是说1975年以前的文学没有塑造知识分子的形象，只是说知识分子人物形象在别的人物形象得到大量描写的同时，显得非常单薄。

国家统一后的越南社会走上了正常的发展轨道，经济建设和文化建设成为全社会的中心任务。经济建设时期，知识分子的作用凸显了出来。而经济时代，知识分子的待遇问题也随之凸显出来。在这样的背景下，越南文学有了新的发展。个人意识在蓬勃兴起的市场机制下开始走进文学创作中。觉醒的愿望和探索现实的需求要求作家们以主人翁的精神和态度来发表自己的意见。应该

① 骆玉明：《简明中国文学史》，上海：复旦大学出版社，2004年，第424页。

② [越]陈廷史：《试论越南文学中的个性意识》，越南《文艺报》，1990年6月9日第7版。

说，这就是越南当代文学创作中知识分子形象普遍出现的缘由。知识是衡量民智和文化的一把尺子，有思想，最具思想的人物必定是知识分子。我们发现作家们自觉不自觉中把自己变成了作品中的一个人物。像《园中落叶》中的主人公论，《没有结婚证书的婚礼》中的主人公序，《洪水逆流》中的主人公谦等都有作家自己的影子，或者说就是作家自己。另外《父亲和儿子和……》、《岁末会晤》、《人的时间》、《梦想的彼岸》、《讲在天亮之前的情事》、《夏季雨》、《战争的忧愁》、《小悲剧》、《遥远的时代》、《那天的村事》、《天使》、《迷路》、《一幅画》等一系列作品中的中心人物都是知识分子或半知识分子。

麻文抗的长篇小说《没有结婚证书的婚礼》（1989）以一个越南当代知识分子群体为基础，以主人公序所在学校为舞台，描述了越南社会变革时期，河内一所中学教师们的生活和工作，旨在为读者展现越南当代知识分子的生存状态。

作者借用主人公序的眼睛观察当代越南社会生活，通过大量细腻而深刻的心理描写，揭示越南知识分子在经济革新大潮冲击下清贫的生活和彷徨、矛盾的内心世界。知识分子群体一身学识，换来的只是贫穷的生活以及孤独、惶恐、寻觅、困惑、无奈的精神状态。

小说在创作布局上匠心独具，通过对两种知识分子形象的塑造，形成强烈的对比，揭示了当代越南社会中知识分子这一群体的没落和失望。作者用婉转的笔触，反思整个越南社会的价值取向。在社会政治平面上，麻文抗提出了一个不仅具有时事性而且具有时代意义的热点问题。这就是知识和知识分子在社会生活中的价值，知识和知识分子在人类生活进化中的作用。人们对小说中的人物和生活情景不能不思考。

主人公序的身份具有两重性：典型的精神上的唯美主义者和现实中的软弱失败者。序空有一身才识却不能施展，时时刻刻要小心提防周围伪君子们的打击报复。真正的知识分子在这里被人为的亵渎。在小说里，麻文抗反映了一位教员、一位知识分子的悲剧：他时而扮演一位贤哲，拥有高尚圣贤的人格，但是被置身于一个各种精神价值颠倒的环境里，一个人品被污染和道德遭破坏的环境里；时而表现得像一个充满幻想和浪漫，因自卑和爱面子而脸红的人，却又被淹没在庸俗的尘世生活的大海里。在这里每天都在进行着"肆无忌惮的无廉耻的钻营和抢夺。"①小说中序的生活是贫穷的，婚姻生活是不幸的，其妻钏常常与他闹矛盾。起初，钏以为序好歹也是个知识分子，在越南长期的尊师重教传统之下，应该能拥有较高的社会地位和较好的经济生活。但在婚后，序成天只会读圣贤书，不会投机钻营，其微薄的收入造成家境日益困窘，使得钏

① [越]潘巨棣：《关于长篇小说〈没有结婚证书的婚礼〉的讨论》，越南《文艺报》，1990年2月10日第2版。

越来越不满意这种拮据、清苦的生活方式，自己做起了生意。她与序之间的分歧越来越大。她看不起序，认为序是无能的，最后终于背叛了自己的丈夫。序是一个充满悲剧的知识分子，终身失败。序带有一代知识分子的生动的现实印记。他有一种既很值得珍重又很可悲甚至可恨的一种性格。

麻文抗在这部作品里大胆揭露被称为社会净土的校园和抨击所谓的“人类灵魂工程师”，用揭露、反映现实问题代替歌功颂德和粉饰太平，揭示了广大知识分子物质生活和精神生活的两重困苦，使读者看到在当代越南社会里，知识分子仍然孤独、惶恐、困惑和无奈。麻文抗“不回避今天社会生活中的各种迫切问题，”①他描写学校，但实际上是提出了一个更为广泛的社会问题。《没有结婚证书的婚礼》对知识分子命运进行了深刻的思考，是对越南当代文学的一个贡献。

麻文抗的另一部长篇小说《洪水逆流》（1999）中的主人公谦是一位才华横溢的作家，他有着高尚的品格和一颗善良的心。他是河内一家文学出版中心的主任，由于直言不讳冲撞了顶头上司而被革职。随之，昔日他提拔、帮助过的人一个个离他而去，甚至站到了他的对立面来反对他，抨击他。残酷的现实一度消沉了他生存的勇气。最终在经历了种种磨难之后，他战胜了自我，以积极昂扬的姿态投入到文学创作中，并取得了积极的成就；而那些玩弄权术、见风使舵的人也受到了应有的惩罚。

主人公谦是普遍意义上的越南当代作家或知识分子的代表，他具备了作为一个作家和知识分子应具有的性格和品质。作者塑造这么一个人物形象，其匠心独运之处在于他赋予了故事主人公一个“作家”的身份。麻文抗曾说过，他的作品只写他自己的生活。因此，主人公谦无疑带有作者本人的印迹。作者在作品中把主人公的身份职业与现实生活中的自己统一起来，借助这一统一，作者借主人公之所想所言表达了自己的观点。从而，这种表达来的直接、干脆，颇为酣畅淋漓。

阮氏玉秀的长篇小说《下季的种子》（1984）主要围绕一所农科院培育和推广新稻种工作，集中展示了农科院内部矛盾和人们之间在生活、工作和情感上的激烈冲突。主人公阮越潮是一位留学归来的农艺师。他承受着生活的不幸，工作的挫折，但始终充满对生活的热情和对事业成功的信念。小说不仅反映了真善美与假恶丑、革新与保守的激烈冲突，同时也反映了新形势下艰苦奋斗与追求物质享受之间的矛盾。小说揭示了社会变革时期人们对社会、历史和人生的深沉思考，也暴露了新形势下的新问题和社会阴暗面。

小说所描写的农科院可以说是当时越南社会的一个缩影，农科院内的冲

① [越]阮玉善：《一位精力充沛的作家，一段勤敏的人生》，何明德主编：《文学理论和历史问题》，河内：越南文学院，1999年，第566页。

突实际上是新形势下越南各种社会思潮激烈碰撞的真实反映。战争留给越南人的是满目疮痍。在当时的社会经济条件极端困难的情况下，各种不同的价值观念猛烈地冲击着人们的思想。有人勇于革新，也有人囿于保守；有人追求进步，也有人阻碍进步；有人坚持艰苦奋斗，无私奉献，也有人贪图享乐，不思进取。小说也暴露了某些领域道德失范，机关的官僚主义作风，青少年犯罪，生活方式西化等消极现象。小说直接触及当前人们对社会、人生所做出的哲学的、伦理的思考，反映出当代作家对社会思潮和读者心理的深入体察和敏锐反应。作家通过小说肯定了以阮越潮为代表的新一代知识分子追求真理和事业成功，追求真挚爱情的生活方式。

阮玉秀在小说中塑造的主人公阮越潮是一个学成归来、立志献身农业技术革新的知识分子。他秉性正直，在被女友欺骗、母亲去世、兄弟不和的情况下仍然充满着对事业成功的信心。通过阮越潮这个人物，作家向读者描绘了当代越南知识分子在新时代中奋然前行的身影。

第二章 时代变革的感应

第一节 对时代的反映和作家的思考

越南当代社会生活的一个重要特点是从战争时期转向了和平时期。这是怎样的一个时期呢？这是一个战后的时期，是一个承受着严重战争后果的时期，是一个社会生活严重分化的时期，是一个面临严重社会经济危机的时期。1986年越共“六大”开始推行的全面革新事业对越南社会的发展具有深刻的历史意义。这场革新运动为使越南这个饱经战争创伤、人民生活极度困难的国家朝着正确的方向进步发展创造了很好的条件，同时也出现了许多新的复杂的问题。商品生产和经济结构、社会结构、管理结构的变化带来了一系列的问题，人们的认识水准、生活方式、心理状态都发生了深刻的变化。人们今天生活在市场机制条件下的所思所想所作所为与以前生活在集中统包机制条件下的所思所想所作所为完全不同了。以前人们在战争环境里愿意承受牺牲，竭尽全力同心协力来赢得战争的胜利、民族的独立和国家的统一。现在战争胜利了，人们在和平环境里有着许许多多正当的欲望和要求，实际上却又过着十分艰难困苦的日子。人们要与自然界做斗争，要与经济困难做斗争，要与社会弊端做斗争。在这样的社会背景下，以反映生活现实为己任的文学必然要经过一场新生的阵痛来迎接革新和新的发展。

作为越南当代历史的见证者和表现者，越南当代文学一直在追求着一种积极参与当代社会生活的“史诗”品格。越南当代社会历史风云变幻，本身就是一出出充满大起大落的悲喜剧，神奇和腐朽、庄严与滑稽以及新生与裂变之间的变奏令人目不暇接。越南文学在当代的每一个发展阶段，也曾站在时代的浪尖上主动参与了其时的生活。但当代文学生活的形势是复杂的，它来源于当代文学参与生活的立场的复杂性。既有政治意识形态所要求的参与，也有知识分子本着自身文化传承、道义良知以及个人经验所进行的参与。

文学作品是社会生活的一面镜子，是社会生活的反映。文学作品的内容随着社会的变化而变化。每当社会生活发展到一个新的阶段，就给文学提供了新的表现对象和新的社会内容。随着越南社会新阶段的到来，越南文学也进入了一个崭新的阶段。越南当代文学以特定的历史内容和审美素质同以往的小说相区别。它迅速、广泛、深刻地反映越南统一以后的社会生活和社会心理，容括当代越南人民对历史与现实的丰富体验，全面观照和深沉思考。这些明显的变化，标志着越南文学进入了一个新的历史发展时期。在这个时期中，文学始终与人民共心声，与时代共脉博。

阮孟俊的长篇小说《余下的距离》描写了南方解放、国家统一后，一个有着各种不同生活经历、不同政治态度的家庭团聚的故事。作者把1975年后在越南南方开展的轰轰烈烈的社会主义改造运动浓缩到一个家庭里来描写，各种矛盾和冲突都在这一家庭成员的会晤与团聚中充分反映出来。麻文抗的《夏季雨》呼吁人们要如同处理防洪堤上的蚁穴一样去清醒地认识并解决社会上的各种消极现象。阮氏玉秀的长篇小说《下季的种子》和阮潘赫的长篇小说《云散》反映了革新与保守、进步与落后、善与恶、美与丑的冲突。麻文抗的长篇小说《园中落叶》从伦理道德角度来表现民族精神和传统文化的伟力，揭示了“家庭、社会与人生”这一重大课题，提出并解答了在新的历史时期人应该怎样生活的问题。作家呼唤真诚的生活，呼唤人与人之间应该真诚相待、互相关心、互相体谅；呼吁人们要继承和发扬民族的传统美德，关心他人、关心社会。同时呼吁社会要为家庭幸福和个性的发展创造良好的物质条件和精神条件。阮凯的《岁末的会晤》和《人的时间》一方面肯定了革命的必胜趋势，另一方面也指出了这些胜利者所肩负的历史重任。阮孟俊的长篇小说《面对大海》反映了由旧的经济管理体制向新的经济管理体制转换的过程及其必要性。

他的另一部小说《湛岛》呼吁人们要为人民，为革命，为建立合理、幸福、和谐的社会生活而竭尽全力，无情地批判了政治流氓、机会主义等消极现象。麻文抗的短篇小说集《晴朗的日子》大胆地批判了一些异化现象。朱文的长篇小说《星星移位》忠实而出色地表现了越南年轻一代军人在抗美救国战争中的坚强斗志、赫赫战功和他们的优秀品质，同时反映了他们在战争结束后，回到地方，不仅得不到人们的尊重和理解，反而受到了种种非常不公平的对待，在日常生活中遇到了许许多多的麻烦。

这些作品深受广大读者喜爱，是具有较高思想价值和审美价值的好作品。它们给越南文坛带来了一股清新的空气。

与以往的文学作品相比，越南当代文学作品开始对社会丑恶现象进行无情的批判，出现了一些真实、大胆地提及当代生活中的焦点问题的吸引着公众注意的“高质量的文学艺术作品。”[①]如阮氏玉秀的《下季的种子》、杨秋香的《盲目的天堂》、尹黄江与武克严合作的剧本《以公理的名义》等。以往作品中的反面人物大多是危害人民利益、危害国家利益的反革命分子，对于国家干部和公务员，其存在的道德问题和工作失误经常只是描写成可以改正的缺点和过失，而从本质上来说他们仍然是好人。如今由于敌我矛盾不再像以前那么突出，同时，越南共产党提出了反消极现象、纯洁党的组织的主张，这使文学在面对消极现象时不再持宽容的态度。许多国家干部和公务员的形象不再是“本质上是好人”的形象，而成为道德败坏、利用革命的名义谋取个人利益、满足个人权力欲望、排挤他人、提高自己的人。作家们在创作中对社会上的消极人物、官僚作风和大锅饭机制进行了无情的批判。

1975年以前文学作品主要是歌颂战斗和生产劳动中的革命英雄主义和革命乐观主义，其主人公几乎是清一色的战斗英雄、劳动模范，都是好人，是正面人物。他们形象高大，思想崇高。越南当代文学则不同，作品中的主要人物除了战斗英雄和劳动模范外，还出现了许许多多消极的、虚伪的、非法经营的、道德水平低下的非正面人物。即使是正面人物也有他们的缺点与不足。主要人物的变化使作品的主题思想发生了改变，批判、讽刺代替了热情歌颂。这一点在关于社会题材的作品中得到了充分的体现。原越共中央委员、中央文化文艺部部长、《共产主义杂志》主编、文艺理论批评家何春长认为，“一些批判丑和旧的作品，在某种程度上，几乎就是鼓励、肯定美和新。”[②]

文学创作上这一特点的出现并不是偶然的。越南共产党发起的反消极运动鼓舞了文学创作上的批判精神。我们知道，“好的作品应该是千姿百态的。

① 政治局决议（即由阮文灵代表政治局签署的第05号决议）：《革新和提高文学艺术和文化的管理领导水平，发挥创作性，把文学艺术和文化推向一个新的发展阶段》，越南《文艺报》，1987年12月19日第2版。

②[越]何春长：《继续奋斗提高文化文学艺术活动的质量》，越南《文艺报》，1985年8月17日第2版。

要想这样，就要给创作活动一个广阔的空间。”①这一时期，越南除继续歌颂社会上的好人好事和传统美德之外，允许作家在自己的作品中反映社会上存在的阴暗面，反映社会生活中一些阻碍社会主义建设事业发展、干扰人民正常生活的消极现象。这是符合人民群众的心声和作家的愿望的。多年来的战争环境使社会生活、国家机器内部产生的消极现象被搁置起来，被暂时掩盖起来。现在战争已经结束，迎来了和平发展时期。这些早就存在的问题连同新的消极现象引起了广大人民群众的强烈不满。文学必须成为社会的发言人，反映人民群众的心声。控诉丑恶和不公、反映人类的过失和痛楚是文学的天职，是作家的责任。只要社会生活中存在丑恶和不公现象，作家就有理由进行写作，进行批判。“反对消极现象，反对没有责任感的官僚主义，完全不是为了提高或者降低某些个人的威信，而是为了更加美好的目标：重整秩序、社会公平、卸掉国家经济发展道路上的沉重包袱。”②

第二节　对时局的敏锐感应：《余下的距离》

阮孟俊（1945—　）以对时局的敏锐感应而享誉越南文坛。“读者们都知道阮孟俊是近几年来文学生活中被突出注意的现象之一。”③阮孟俊的创作真实地反映社会生活，不回避现实社会生活中的激烈矛盾，大胆地批判种种消极现象和阴暗面。阮孟俊被越南文艺界认为是越南当代文坛上政论小说、新闻小说的代表作家。他的长篇小说《余下的距离》（1980）对越南1975年后文学的发展产生了深远影响，从而确立了他在越南当代文坛上的地位。

1975年，越南南方解放，国家获得了统一。许多因战争而离散多年的家庭陆续开始团聚。黄富士是南方解放后接管西贡的一位老干部。在5月的一个清晨，他找到了失散多年的妻子杜顺成的家。如今的杜顺成已是西贡市纺织业的巨头。但二十年来夫妻二人虽历经艰辛却依然保持着对彼此的“忠贞”，尤其杜顺成在艰难的环境中，不仅独自一人将次子黄富山、女儿黄素琼和“养女”顺莹抚养成人，还经过苦心经营由一个普通的家庭主妇，成为西贡市首屈一指的资本家。如今苦尽甘来，终于盼来了相聚的时刻，二人都喜出望外，激动不已，整个家庭洋溢着团聚的亲情与喜悦。

但是矛盾很快暴露出来——毕竟在同一个屋檐下生活着本属于不同阶级

①[越]杜梅：《越南作家团结创作为国家服务为人民服务为把革新事业推向胜利贡献力量》，越南《文学杂志》，1995年第4期，第3页。

②[越]阮文灵：《当务之急》，越南《文艺报》1987年7月18日第2版。

③[越]赖元恩：《与同时代的文学共存》，河内：越南青年出版社，2003年，第116页。

的两种人，他们分别代表两种截然不同的社会制度和意识形态：一方是无产阶级，一方是资产阶级；一方是军人出身的越共高级干部，一方是靠剥削人民发家的大资本家。双方思想深处的矛盾冲突迟早会爆发出来。

黄富士首先向妻子“开战”。革命的他不允许家中存在一个资本家。在经过了短暂的温馨甜蜜后，他要妻子将全部财产无偿献给国家。他做出这样的决定是经过深思熟虑的：即使他们现在不主动献出，将来国家也一定会对其进行改造，同样会失去财产，相比之下，倒不如主动提出，这样还表现出自己的先进觉悟。道理虽然如此，但对于杜顺成来说，这无异于晴天霹雳：二十多年的苦心经营换来的丰厚家产就这样送与国家，她自然无法接受。可她知道丈夫的决定一旦做出，是没有回旋的余地的。况且，她已经苦等了二十年。如今丈夫回到身边就是最大的幸福。她接受丈夫的建议，要把全部资产献给国家。

然而事情并不这么简单，杜顺成内心的感情却发生了细微的变化：多年的守候换来的是丈夫对自己的“改造”，这让她怎能不伤心？其次是女儿黄素琼，在优越的家庭环境中，早已习惯了母亲的溺爱与放纵。她长期受西方生活方式的影响，思想颓废，整日吃喝玩乐、游手好闲，放荡不羁，不肯受任何约束。因此，她对严肃呆板，满口“革命”的父亲就没有任何好感。同样，黄富士也看不惯她的言行。父女二人从一见面开始心中就存在着某种隔阂。黄富士“逼”杜顺成献财产一事，更激起黄素琼心中极大的不满与怨恨。另外，与杜顺成一样同为纺织业乃至工商业巨头，并掌握着杜顺成某种隐私的教夫人，对献财产一事的出面干预，更让杜顺成感到不安。她只得暗地里为教夫人等人从事某种不可告人的勾当打掩护。

就在这时，次子黄富山杨翠恒夫妇携幼女小娥回来了。黄富山是原西贡美伪军的上尉，1975年4月29日，在解放军进城之际，为逃避共产党政权的惩罚，携妻女前往头顿，企图逃往国外，但始终没能如愿，只得回到家中。黄富士对他们的归来所表现出来的态度，令全家人感到出乎意料：与儿子相拥落泪，慨叹一家人终于团聚，而并没有提如何处置这个伪军官！并且在为黄富山一家接风的宴席上，黄富士头一次和女儿黄素琼有了开诚布公的交谈。然而这种轻松愉快的气氛并未持续多久，就在晚饭即将结束时，黄富士提出依然要送黄富山去接受改造。突如其来的决定，让全家人惊讶，让黄素琼愤怒，更让杜顺成伤心欲绝。黄富山在与父亲的彻夜长谈后，表示愿意主动接受改造！

在黄富山走后，黄富士杜顺成夫妇间的关系进一步恶化，表面上依然维持着夫妻间的礼节。这时，大儿子黄富海从河内来到了西贡市这个完全陌生却让他倍感亲切的家中。在这里，他如同鸟脱牢宠、鱼归大海，立即完全投入到奢侈挥霍的繁华生活中，与妹妹黄素琼可谓“情投意合”，相见恨晚。他们在母亲的庇护下，终日尽情地吃喝玩乐，以至于无论是黄素琼的狐朋狗友还是家中纯真无邪的小妹顺莹，都看不出他身上有丝毫共产党员的影子。更为可怕的是，他在母亲及妹妹面前大讲北方的落后与“丑恶”，赞颂南方的繁华和优越，反对父亲提出的“献财产”决定，坚决拥护母亲守住属于自己的所有财产。他积极与社会上反动的资本家交往，并与母亲沆瀣一气，共同策划导演了“为兄弟城市河内捐助机器设备”的闹剧，将杜顺成工厂中的大批不动产巧妙地转移出去。同时他们还利用新成立的政府在管理上的疏漏，又发了一大笔横财。至此，原本就疼爱大儿子的杜顺成更是把黄富海看成了必不可少的得力助手。

对大哥行为迷惑不解的顺莹首先向父亲诉说了自己心中对大哥的怀疑。不久，黄富士在西贡市工业局任组织处处长的一位老朋友也将关于黄富海的反动言行告诉了黄富士。这令黄富士震惊而怒火中烧。回家后，他无法遏制心中的愤怒，勒令他第二天返回河内。

尽管有诸多不情愿，黄富海还是回到了河内。妻子秋霞也早已从黄富海及黄富士的来信中，得知了黄富海的“堕落”。为此她痛心疾首，对丈夫的爱恨交加。

黄素琼很快又掀起一场大的风波。她一直深深爱着一个叫阿孝的青年。阿孝曾被迫参加伪军部队，又被人利用参与了一场杀人抢劫案，曾一度入狱，名声相当不好。黄富士反对黄素琼与他交往。但阿孝在本质上却与黄素琼不同。他向往着能靠自己的知识与能力自力更生。然而就在他历经周折好不容易找到一份工作之际，一天深夜几个公安到他家里通知他，政府要对有前科的青年进行集中改造。当时衣着妖艳暴露的黄素琼正在他家中，于是二人被一起抓到了公安局。惊闻这一消息后，黄富士、杜顺成及杨翠恒立即驱车前往探视。但黄素琼摆出一副玩世不恭的样子，甚至不承认黄富士是她父亲。这更激起黄富士的怒火，但事后，黄富士于心不忍，打电话给老朋友公安局长，替黄素琼求情。于是，黄素琼和阿孝一起被送往青年突击队进行改造。但在杜顺成看来，丈夫先后伤害了三个子女，更伤害了自己的感情。与此同时，黄富士得知了妻子与儿子所做的一切投机倒把勾当，夫妻二人的感情已不可调和，于是黄富士搬到了单位去住。

为了缓和家庭危机，黄富士只好去信要求大儿子夫妻立即南下西贡定居。然而他怎么也不会想到新的矛盾与危机即将产生。再次来到西贡市后，黄富海的腐败本质更暴露无遗。他帮母亲出谋划策，继续投机倒把的勾当。而秋霞从一开始就没赢得杜顺成的好感，尤其是刚来就加入到杜顺成母子的谈话中。因为在这个家庭中，媳妇是没有发言权的。更可怕的是秋霞被分配到市改造处工作：专门改造像杜顺成这样的资本家！为了不使矛盾激化，她暂时对杜顺成保守这个秘密。

精明强干的秋霞很快就查出了教夫人及其死党飞雄的犯罪事实。这招来许多人的恐吓和威胁，但秋霞没有退缩。然而飞雄贿赂她的一盒首饰和其中夹带的一封信，却让秋霞犹豫了：信中提及黄富海对他们的帮助！当秋霞问及此事时，黄富海没坦诚相告，他听从母亲的教唆，决定用武力教训秋霞。这让秋霞在伤心与失望中搬到单位去住。在第二天对飞雄等人展开的突击搜查中，她们却扑了空。很明显是她昨晚与丈夫的争执暴露了今天的行动，从而让杜顺成有机可乘，给其同党报了信。这让她懊恼不已，只得求助于黄富士，并听从黄富士的建议与顺莹前往头顿休假。

在这之前，黄素琼已经获释，从改造地川木回到家中。其男友阿孝却主动要求留在了那里工作。回来后，黄素琼依然对父亲、对革命、对自己被"冤枉"一事怀恨在心，并最终为坏人利用参与了一起爆炸案，当场被抓获。此事惊动了全家。秋霞和顺莹也从头顿赶回，与黄富士、杨翠恒以及回市里参加先进突击青年表彰大会的阿孝共商对策。关键时刻父亲、大嫂的亲情和担保及恋人的出现，终于感化了黄素琼。

秋霞得知在她走后，黄富海也与母亲闹翻离家出走。杜顺成知道大势已去，继续留在这里，只有死路一条。于是她联系了自己昔日的情人、顺莹的生父——一个法国人，让他办好护照，企图逃往国外。出乎她意料之外的是，顺莹、黄素琼以及得知丈夫因表现出色即将获释回家的杨翠恒，都不愿随她出国。众叛亲离的杜顺成在绝望中，失口说出了顺莹的身世，惊呆了全家人。

这部小说完成于20世纪70年代末80年代初，当时的越南刚刚统一不久，社会还不是特别稳定，可以说正处于百废待兴的阶段。此前的文学作品，尤其是1945—1975年间的文学作品，基本上以革命题材为主，反映的大多是战争中的故事，表现的是革命英雄主义和革命乐观主义。而这部作品，勇敢地将视角瞄准统一后的越南社会，尤其是南方社会，其中又以当时南方最繁华的西贡市为代表，以现实主义的笔触真实大胆地反映了当时的社会状况，揭露了当时新成立的革命政权在恢复南方战后秩序，尤其是在对原美伪政权下成长起来的资本家，以及以他们为代表的南方工商业进行改造所面临的种种困难。

经济是一个社会赖以存在下去的基本命脉之一，而当时美伪统治下的南方社会，尤其是西贡市之所以令许多人向往，一个很重要的原因就在于，南方的经济在当时相对于北方来说要发达得多。小说开篇便交待了这一点：雨季的北方城市首都河内，在风雨飘摇中，给人一种破落萧条的感觉——道路泥泞，路灯昏暗，女主人公秋霞下班回来要扛着自行车淌过一段泥水才能回到自己那狭小潮湿的家。而从好心邻居蔚婆婆的述说中，我们更能体会到当时越南北方人民生活的艰苦——买米买菜都要凭票排队，而好多时候都因缺货而买不到日常必需品。正是这些描写为后文衬托西贡市的富足繁华埋下了伏笔：黄富海来到西贡市后，立即为这里发达的物质生活所俘虏——高楼林立，霓虹闪烁，交通畅达，人们衣着时髦艳丽……

正是这种对比给解放后新成立的革命政权带来极大的压力：如何确立新的经济制度，如何对现有的经济成份进行改造，使它们平稳地由资本主义转为社会主义，而又不影响人民的正常生活，并且让人们体会到社会主义的优越性，除了维护社会政治的安定外，这是新政权面临的最大问题。作家敏锐地感应到这一问题，并抓住了对资本主义工商业的改造这一切入点，在小说中给以真实的反映。这在同时期的作品中是颇为新颖的。

作家在如实反映社会经济改革的同时，也通过成功地塑造当时社会上不同阶层的人物形象，反映出统一后南方社会人们的心理状态。社会制度的改变，势必会波及人们内心世界，使他们的世界观、人生观、价值观等等各种观念都遭受到前所未有的冲击。阮孟俊塑造了分属多个阶层的一系列人物形象，反映出新的制度下他们相应的心理变化。原美伪时期的政府要员、伪军军官，随着旧政权的倒台，感到末日已到，由于害怕革命政府对自己的惩罚，纷纷设法逃往国外。黄富山就是一个典型代表。由于不了解革命政府的政策，在解放军进城的当天下午，他携妻女仓皇出逃。而以杜顺成、教夫人等人为代表的大资本家，则不甘心旧制度的覆灭，也不肯轻易服从新政府的改造，更不相信新的社会制度下他们会有出路。但他们也很清楚与政府公然对抗是不明智的，于是表面上做出驯服状，听从政府安排，暗地里则绞尽脑汁以一切手段与政府对抗，企图趁新政权尚未成熟之机，利用自己原有的资产优势，将西贡市的经济命脉牢牢掌握在他们少数几个大资本家手中。同时他们还利用政府在管理上的漏洞，尽施投机倒把的肮脏伎俩，更有甚者，则做好打算准备在关键的时候携带全部资产逃往海外。以黄富士、秋霞等为代表的真诚率直坚定不移的革命者，则对新的社会信心十足，并随时准备为捍卫新生的政权牺牲一切。当然，彷徨迷茫找不到出路的黄素琼，踌躇满志渴望施展的阿孝，天真纯洁对新社会充满憧憬的顺莹，经不住灯红酒绿诱惑的黄富海都各自代表着社会上的一类人，从他们身上分别折射出不同类型的人面对新的社会制度所具有的不同心理。

在反映统一后越南社会的整体状况和面对新的社会制度不同阶层的人所表现出来的复杂心理的同时，作家将目光集中于家庭这个一切问题和矛盾的聚集地。家庭是社会的基本细胞，是一切社会关系的联结点。透过家庭这个视角，我们可以透视社会上的一切变化与动荡及其给现实生活中的人们带来的影响，可以说一个家庭就是一个浓缩了的小社会，也许正是出于这种考虑，阮孟俊才巧妙地选择了黄富士的这个典型家庭，作为一切故事发生的背景，并通过他们的家庭这一侧面，揭示了统一后，越南社会所有类似家庭的境遇。

我们知道1954年随着日内瓦协议的签署，以北纬17度为界，越南国土被分为南北两部分。其中在南方工作的革命者按照越南劳动党的统一布置，纷纷前往北方继续革命工作。这在越南革命史上称为“集结”。小说中的主人公黄富士正是在这场集结运动中告别妻儿来到北方的。和众多因战争而饱尝离别之苦的人们一样，南部解放，南北统一后，当年集结到北方的人们，纷纷回到南方家乡，许多家庭迎来了举家团聚的美好时刻。但是正如小说的标题所提示的那样，团聚后，原先曾给离别中的人们带来无限相思之苦，让分居南北的亲人受尽精神折磨的时空距离，在一夜之间突然消失了。久别重逢的人们欢呼雀跃，相拥落泪，有着诉说不完的相思情，一切是那么温馨与甜蜜。然而，事情并未就此而止，他们在思想上、在心灵上的距离却更加遥远了。在经过短暂的让人忘乎一切的激动后，当生活恢复平静，人们理智地面对现实时，问题与矛盾开始暴露出来。毕竟二十年来，他们天各一方，生活在迥然不同的环境里，首先是物质生活方面，人们早已有了各自的生活方式。南方的发达与北方的相对落后，让他们在饮食穿戴上各有不同的习惯。生活方式和习惯的不同尚有调和的余地，更重要的差别在于他们的精神领域。二十年来，他们生活在截然不同的社会制度下：一方是社会主义，一方是资本主义。两种不同的社会体制造就了各人不同的人生观、价值观。以黄富士为代表的立志为民族解放、国家统一，为社会主义、共产主义奋斗终生的共产党人，克已奉公、大公无私、嫉恶如仇，在他们的眼中是容不下任何资本主义残余的。而以杜顺成为代表的西贡上流社会的大资本家，则老奸巨猾、唯利是图。他们才不管什么国家与民族，终日纸醉金迷，一心想的是施展各种伎俩剥削人民，投机倒把。可是现在就是这样两种人却要生活在同一个屋檐下。志不同则道不合，可想而知，在表面的亲情、爱情掩饰下，他们之间会有怎样尖锐激烈的矛盾冲突。于是，人生观、价值观的本质冲突便不可避免地反映到现实生活中来：黄富士不能允许在自己家中有一个资本家存在，他要求妻子提高觉悟，将财产全部捐献给国家，主动实现由资产阶级向无产阶级的转变。而杜顺成虽然不想破坏双方苦守二十年换来的团聚，故而勉强答应交出财产，背地里却难改资本家剥削成性、嗜财如命的本性。她与其他工商业巨头串通一气，利用新成立的政府在管理上暂时存在的疏漏，继续暴敛钱财的勾当。如果说黄富士看不惯女儿黄素琼的不学无术、刁钻乖戾，那么黄素琼则更不喜欢父亲的严肃、苛刻。他们之间尚存在一个沟通理解的问题。这需要时间。只要有足够的时间和适当的机会他们最终会理解并接受对方。可黄富士和杜顺成之间代表着两个对立阶级的矛盾，则是不可调和的。

作家通过发生在黄富士、杜顺成家庭中的悲欢离合故事，将一个很严肃的社会问题摆在了读者面前：对于统一后团聚的家庭而言，如何协调亲情背后隐藏着的阶级冲突、观念冲突，如何拉近、消除人们心理上“余下的距离”？如果这个问题解决不好，必将引发其他各种社会问题：家庭的破裂，社会的动荡等等。正是对这一问题的大胆披露，进一步提高了作品的思想价值和社会意义。

第三节　对农村经济体制改革的关注：《云散》

阮潘赫（1942— ）的长篇小说《云散》1983年由越南新作品出版社出版。小说反映了革新与保守、进步与阻碍进步、善与恶的矛盾冲突。整部小说分为7个部分，27个章节，主要围绕双庙乡的土地改革与改组农村合作社这一中心内容来展开。秋是双庙乡新上任的领导，年轻有为，干劲十足，管辖东庙、西庙两地。他看到了合作化后带来的种种弊病，决心改革。就在他锐意改革的同时，却碰到了诸多的阻力与困难。阻力主要来自西庙农村合作社的老主任川，现任主任司。但他们两人反对改革的初衷大不相同。川是一个老革命，当过兵打过仗，集体主义意识极强。他一心为公，毫无自私自利之心，在村里很有声望，但做事比较保守，甚至有点刚愎自用。他反对秋的改革是认为秋的做法破坏了社会主义原则。他反对的动机不是出于自己的私心和个人恩怨。而司则不一样，司是由于川的工作失误，靠着得力助手垒的帮忙才当上了合作社主任的。他还算精明能干，但心里只有怎样当官，怎样取悦上级，是一个名副其实的官油子。为了长远考虑，秋要迁走司创办的化工厂。这使司大为恼火。因为化工厂是司“辛苦”来的政绩之一 —— 化工厂给西庙带来了所谓的现代化。由于建在西庙的化工厂是政府投资兴建的，得到了政府的扶植，所以西庙就通上了电，用上了电灯，与周围的村子显然有了明显的差别。司明明知道西庙的地理环境不适合建化工厂，但为了给自己挣功绩还是把化工厂从东庙手中抢过来，这样导致了西庙自然环境的恶化，司却为他的短视行为沾沾自喜。秋不仅要迁厂，还要对土地、农副业、加工制造业等实行承包责任制。秋的魄力使司这个一心只想混官的官油子惴惴不安，如坐针毡，认为秋威胁到了自己的利益。司找到川，花言巧语地拉拢川，并利用自己手中的权力尽可能地阻止改革和破坏改革。秋作为一个改革者遇到的压力是多方面的，有的来自同事，有的来自上级领导，还有在实际工作中遇到的，诸如丈量土地、拆迁、秧苗、种子等困难。但是改革毕竟是民心所向，即使是在司的百般阻挠与破坏下，秋的改革最终还是得到了上级领导的肯定。司以及和他一起搞破坏的彪也得到了应有的惩处。

小说在反映农村改革这一重大主题的同时，也描写了主要人物之间的感情纠葛以此来烘托主题。秋与垒是从小应“父母之命，媒妁之言”而结合的的一对夫妻。他们的婚姻毫无感情，只有靠着他们的孩子珊来维系。秋与川的女儿青由于一起工作而相互倾慕。垒则是司一手提拔起来的青年女干部，司常在垒的面前提到秋与青，挑拨秋与垒的关系。垒是痛苦的，因为她除了因工作关系经常和司在一起以外，几乎没有什么朋友，更别说结交异性朋友。对于丈夫秋，垒虽然也觉得他优秀，但始终不喜欢他。后来垒调到县工地去工作，司带着垒去应酬，当垒被灌醉后，司在县里的朋友修对垒有不轨行为，司反而在一旁助兴，恰好萌这时经过，帮助了垒。萌一直喜欢青，但自从得知青的心上人是秋之后，就拒绝与秋合作搬迁化工厂。这一次萌救了垒，两个孤单、痛苦的人走到了一起。垒劝萌继续帮秋工作，最终他们都“有情人终成眷属”。

小说以“云散”为题，一方面预示着阻碍改革的阴霾的散开，成功曙光的到来。另一方面也是主人公们痛苦感情旅程的结束，新生活的开始。小说多是场面描写，作者以主人公秋对合作社的改革为主线把一个个松散零碎的场景串了起来，并且叙事手法多样：使用了顺叙、倒叙、插叙，人物心理描写较少，语言流畅而优美，多使用叠音词，这一切都使得《云散》作为一本小说有了散文般的美感，读起来自然亲切，却也不失其深刻性。

阮潘赫的《云散》用抒情诗般的语言塑造了一批有血有肉的典型人物，无论是正面人物还是非正面角色都刻画得恰如其分，栩栩如生。就以一号反面角色司来说，作者并没有因为他坏就一概否定：司也是精明干练的。在当时刻板，“左”倾的情况下，司若不是私心太重也可能是个好官，可惜的就是他有才无德。再看秋为了推进改革找来的帮手们：研因为私自搞承包被司等人免了职。为人正直，但却不会做官，最终在秋的帮助下研才又有了用武之地。精明的小商贩酸，虽然以各种手段致富了，但在当时的社会中却是没有任何地位的。酸曾和司相互利用，但司决不会冒险提拔这样一个人。而秋却不同，他看到了阿酸身上的优点：很有经济头脑，并且也没有做过什么违法勾当，于是委以重任。酸从未得到过任何领导的信任，此时非常感动，遂与司脱离了关系，一心投入到秋的改革中来。还有村民黑维特，这个人是典型的投机分子，貌似革命，却又畏首畏尾，好像是坚决拥护合作化，但心里也明白其弊端，所以偷偷的去抢地承包，又不敢当众承认。最后，经过种种事件黑维特转变了，他大胆承认了承包的种种好处。正是对这些人物现象的生动刻画，更加突出了主人公秋的不易，反映了解散合作社搞承包是民心所向，是社会发展的必然趋势。作者没有把自己的主观看法强加给读者，没有刻意地描写每个人的思想动态，而是通过蒙太奇似的手法，将人物的客观生活一个场面一个场面地展现出来，让读者自己去思考，去感受，去品味其中的美与丑，善与恶。

第三章
社会问题的探索

第一节　社会分析精神和对历史的重新审视

越南的革新开放这一历史潮流为越南作家们重新思考自己的创作奠定了社会基础。现在已经不能再像战争时期那样以传统的创作思维进行创作了。对社会上暴露出来的复杂问题已经无法再以简单和公式化的解释来说服读者。越南当代文坛上的作家们意识到，文学作品的力量不仅在于对现实的如实反映，还取决于作家对社会现实的深层思考以及他想要表达的思想和情感的深度。这就要求作家对人物形象和事件进行多角度地描写。作家们可以创作的东西是很多的，现实的生活为越南当代作家们“提供了许许多多宝贵的创作素材”①。写什么东西，怎么写，是每一位作家的权利。生活中，美与丑、善与恶、光明与黑暗，有的时候分得清清楚楚、明明白白，也有很多的时候是相互颠倒的，让人一时看不明白的。

麻文抗的长篇小说《园中落叶》是一部描写家庭生活的作品。作家从家庭这一窗口去透视社会。小说从伦理道德角度来表现民族精神和传统文化的伟力，揭示了“家庭、社会与人生”这一重大课题，提出并解答了在新的历史时期人应该怎样生活的问题。作家呼唤真诚的生活，呼唤人与人之间应该真诚相待、互相关心、互相体谅；呼吁人们要继承和发扬民族的传统美德，关心他人、关心社会；呼吁社会要为家庭幸福和个性的发展创造良好的物质条件和精神条件。

杨秋香的长篇小说《梦想的彼岸》“是一篇爱情故事，婚外恋情故事”②，“全是婚外情”③。这种故事总是能吸引读者，特别是青年读者，因为爱情、幸福是人类社会的一个永恒话题。杨秋香的小说是“当人们还没有认识到自己，还没有把握自己，社会方面也没有充分认识集体中个人地位的时候生活状态的一种反映。”④杨秋香创作的爱情故事是对已经在相爱、正在相爱和将要相爱的

①[越]友挺：《对正在走来的文学一代的期望》，越南《文艺报》，2006年5月20日第6版。

②[越]朱江，阮文琉：《这也只是梦想》，《文章论战》，河内：越南文学出版社，1995年，第46页。

③[越]黄进：《关于长篇小说〈梦想的彼岸〉》，越南《文艺报》，1987年10月10日第6版。

④[越]朱江，阮文琉：《黎明前讲述的爱情故事》，《文章论战》，河内：越南文学出版社，1995年，第45页。

年轻人的“一种有益的交流”[①]。《梦想的彼岸》所体现的主题在某种程度上反映了社会生活的本质。这是作品的价值所在。作家选择题材取决于自己对生活的理解和认识水平、经历以及习惯。作家们在自己熟悉的领域里进行创作，并通过自己的作品向读者传递信息。“通读杨秋香十年来的作品，她的优势是关于爱情的故事。”[②]《梦想的彼岸》的突出点是“谴责虚伪、卑贱，揭露每个人生活中的神像的普通本质”[③]。杨秋香的小说有着“几乎和侦探小说一样的吸引力”[④]。

阮辉涉在这一时期的文学中开了分析和重新审视历史这一创作倾向的先河。阮辉涉不是越南第一个写历史题材作品的作家，但他是第一个从多个角度来反映历史的作家，是第一个根据作者自己的观点而不是普遍遵循的传统观点来评价历史的作家。他第一次将历史作为一个思考的对象，甚至变成一个艺术形象或一种表现方式，而不再将其看作是一种神圣不可侵犯的东西。对待历史的这种自由的态度在越南革新开放的初期是很难被接受的。阮辉涉的《品节》、《利剑》、《金火》等作品一问世，就轰动了越南整个文坛，引来了不少争议。当然，阅读欣赏文学作品，由于每个读者的期待、视野、心理准备、审美心理以及在阅读欣赏中对于作品的形象、情感、寓意的想象复现、再度体验、“合理误解”，都会千差万别，因而就会有种种不同的主观评价。但越南文坛最终给予了阮辉涉充分的肯定，包括一些开始不赞成阮辉涉的人也认为他的作品很有新意。

第二节　家庭、社会与人生：《园中落叶》

麻文抗（1936—　）少年时代参军并被派往中国云南读书。1960年入河内师范大学学习。大学毕业后在越南北部山区老街省担任中学教员、曾任中学校长，后调任老街省委书记秘书、省委机关报记者、副总编辑。1976年麻文抗调回河内市工作，曾任越南劳动出版社副社长兼总编辑，越南作家协会主办的《外国文学》总编辑。麻文抗是越南作家协会第五届、第六届执委、党组成员，是越南当代文坛上一位有重要影响的作家。

20世纪80年代以前，麻文抗的创作主要是山区题材，因为那是他“青年时

① [越]朱江，阮文琉：《黎明前讲述的爱情故事》，《文章论战》，河内：越南文学出版社，1995年，第45页。
② [越]黄进：《关于长篇小说〈梦想的彼岸〉》，越南《文艺报》，1987年10月10日第6版。
③ [越]阮康：《关于长篇小说〈梦想的彼岸〉的思考》，越南《文艺报》，1987年9月25日第3版。
④ [越]陶雄：《杨秋香与〈梦想的彼岸〉》，越南《文艺报》，1987年9月19日第3版。

代生活过的地方”[①]。20世纪80年代以后，麻文抗的创作转向描写平原地区和城市生活。麻文抗是文坛上率先革新的作家之一，他超越了自己，开始了一种新的创作风格。从《夏季雨》、《园中落叶》、《没有结婚证书的婚礼》、《世态炎凉》、《洪水逆流》等作品中，我们看到麻文抗作品的突出特点是注重生活的真实。麻文抗以一个作家的责任感深刻地批判了社会上的消极现象。

长篇小说《园中落叶》1985年由越南妇女出版社出版，至今为止，已经多次印刷，是一部描写家庭生活的作品。写家庭问题的小说是社会小说，因为在小说里提出并解决了重大的社会问题。家庭是社会的一个细胞，它常常蕴藏着社会矛盾和社会思潮。家庭也是个缩小的社会。所以，通过描写家庭来深刻地反映社会面貌和社会趋向，指出人物的性格与命运是世界各国文学创作中最为常见的。小说把视点主要集中在家庭，描写在1975年后越南复杂多样的社会环境影响下的家庭变化。

作家从家庭这一窗口去透视越南当代社会。“麻文抗以长篇小说《园中落叶》直率大胆地提到了一些在一个家庭里出现的社会问题。在国家正在朝着一个新的充满艰难困苦的阶段前进时，全国范围内社会经济生活的巨大波动已经正在深入影响每一个家庭的日常生活，正在打乱每一个家庭的日常生活。”[②]

人们认为是安乐港湾的家庭，恰恰正是诸多不幸的滋生地。放纵自己、贪图享受、不顾社会道德准则、一切向钱看、利己主义的生活方式正在侵入每一个家庭。“人的欲望固然从来都有，但在今天，也许利润法则的刺激，也许由于商品化、实惠哲学带来物质对精神的覆盖，总之，人的世俗欲空前地放大了、突出了，无形中成为文学描写的重点。”[③]在越南当代文学的大量作品中，围绕各种欲望展开的矛盾，错综复杂，光怪陆离。权欲、钱欲、情欲、占有欲、支配欲、爆发欲、破坏欲等，成了很多作品中最常见的场景。困难重重、消极现象不断滋生的社会环境极大地影响着家庭中的每一个人。家庭成员对不同的生活方式在认识、看法上产生了种种矛盾和强烈冲突。麻文抗把家庭放到了具体的社会环境里进行观察。“社会正在变革，丑恶、不良的东西肆意横行。它们向我们进攻，侵入了我们的每一个家庭”（麻文抗：1985：48）。作家清醒地认识到，当社会环境变化时，家庭也不可避免地发生变化。“过去，战争吸引着民族所有成员的全部毅力，阵线引导着人们的道德情感。过去，人们忍受艰苦、匮乏的生活，个人的要求被压抑。贪欲、渴望没有刺激它的环境，人们不用面对被诸多外部环境所支配的生活。”现在，“生活从两个方向展开，更加丰富、更加复杂”（麻文抗：1985：94）。社会无论发展到什

① [越]黎金荣：《访作家麻文抗》，越南《文学杂志》，1988年第5、6合期。

② [越]裴显：《1985年的小说颁奖》，越南《文艺报》，1987年3月28日第3版。

③ 雷达：《当今文学审美趋向辨析》，中国作家协会理论批评委员会编：《中国文学理论批评文选（2004卷）》，北京：作家出版社，2005年，第134页。

么程度都不能轻视家庭关系。“家庭存在了几千年，有非常牢固的基础”（麻文抗：1985：94）。在这种精神指导下，麻文抗批评道：“似乎有一个时期人们幻想可以轻视家庭关系。诸如父子关系、夫妻关系、兄弟关系……似乎没有必要再讨论了”（麻文抗：1985：48）。个人、家庭、社会之间的关系应当得到妥当合理地解决。麻文抗以一个作家的现实责任感关照了维持和巩固家庭关系的必要性：“现在的家庭应该是一个坚守的碉堡”（麻文抗：1985：48），并认为：“这个小小的细胞多么的神圣。这么小但它是个基础，有多少关系集结于此。父子情、夫妻情、兄弟情、那些不成文的规则深深地扎根在每个人的心中”（麻文抗：1985：73），“愿所有的家庭都美满幸福将是永恒的愿望”（麻文抗：1985：48）。

社会生活走上了经济轨道，人们是否只是为了经济利益而活着？人们应该如何对待他人、对待自己？应该如何处理夫妻关系、父母与子女的关系、师生关系、朋友关系、同事关系、同志关系？怎样才是正确的？在生产劳动关系中、在思想情感方面人的价值如何体现？长篇小说《园中落叶》是越南在新的历史时期解答这些问题的最具代表性的长篇小说之一。

家庭反映了外部生活的全部内容。在上述各种关系中，每个人都既是孩子、妻子或丈夫、父亲或母亲，同时也是带有时代烙印的社会的人。因此，尽管是集中描写家庭，但是小说反映了社会生活，揭示了生活中有现实意义的问题。鹏家中亲人之间新与旧的交错、激烈的矛盾明显地反映了社会上新与旧、对与错的冲突。有时新与旧、美与丑可以暂时相容，接着会自我打破这种现象，使原有的格局来个颠倒，然后又渐渐稳定下来。或者美的、新的取得胜利，或者丑的、旧的暂时占优势，但是新的、美的最终会胜利。这就是《园中落叶》的主要思想。

“从1975年到‘六大’召开前是我国社会意识连续发生重大争论的时期：在社会政治方面，就围绕管理活动和组织实现社会经济路线的等一系列问题的争论；在思想道德和社会生活方面，也有许多公开或者暗中的一系列的争论。”[①]描写家庭的变化，最终是要描写生活中每个人的活动和命运。1975年后的越南社会生活发生了很大的变化。真与假、道德与非道德常常被混淆。在小说里，麻文抗的笔锋揭露了像李、琚等典型人物的生活方式和思想、人格的堕落过程，同时对在新的、复杂的环境下仍然保持崇高理想、优良传统美德的论、怀、凤等正直、忠实的人们充满了信心和关怀。

在鹏的家中，似乎有多少人就有多少种对人生的认识和评价方式。鹏的第四个儿子琚曾参过军、留过洋。他认为生活就是欺骗，“都是假道德”。他自私自利，对社会、对家庭、对妻儿没有一点责任感。怎样能使自己快活就怎样

① [越]赖元恩：《与同时代的文学共生活》，河内：越南青年出版社，2003年，第162页。

生活。最后琚抛下妻儿，和情人一道跑到加拿大并死在异国他乡。鹏的二儿子东的媳妇李，曾经是个善良、勤劳、贤惠的妻子。她心灵手巧，漂亮能干。她为有一个在前线打仗的中校丈夫而感到无比自豪。她工作积极，任劳任怨地操持家务。现在国家统一了，丈夫退役在家休息，整天除了打牌就是睡觉，从不关心她的思想和生活。丈夫已不再是她的精神支柱。她以往的自豪感没有了。她觉得“现在的世道糟糕透了”，“有钱能办一切”。所以，李不顾一切，私欲大发、追求物质享受。最后跟人私奔、离家出走。“李和东这对夫妻塑造的最成功，其次是鹏和怀。”[①]作为一个重道的人，一家之主鹏不认为世道像二儿媳李和四儿子琚所认为的那样“黑暗”。他看不起丑的、假的、非道德的东西，但也只能“依靠一种坚固的精神支柱去反对正在破坏生活的丑恶的东西”而已。尽管是亲眼所见“许多东西太乱了”，“它们使社会道德变坏了”，但鹏仍然认为“好人还很多，讲道德的人还很多，人文精神还很牢固”。他回避现实，故意去忘却不好的东西。这是一种防御思想。即使他再回避，坏的东西仍丝毫不会顾忌他。所以当他得知琚擅自离开工作岗位跑到国外时，他的精神一下子就跨了，立刻跌倒在地，不省人事。与此同时，鹏的二儿子东却用一种极其简单的眼光来看待生活。这位曾久经沙场，在抗法抗美战场上出生入死、现已退休在家的中校变得很寂寞、孤单，跟不上形势，与现实生活格格不入。整天除了打牌就是睡觉，说是“补觉”。对于东来说“一切都很简单”，“人生有什么复杂的呢”成了他的口头禅。以这种简单的眼光来观察现实生活中丰富、繁杂的现象，怎么能不死板、不僵化？鹏的三儿子论与东不一样，在如今的现实环境里，仍能从“仁爱、厚道、舍己为人、牺牲和忍耐”的传统文化美德中找到精神支撑点。同时以高度的责任感积极主动地去影响、改造身边的环境。

通过这部小说，作家想对人们说，新与旧、美与丑之间的替换是一种自然规律，正如落叶一样，是一种自然现象。不必惊讶、不必紧张。要正视现实，进行思考、分析，然后从中找出解决的办法。

艺术是生活的教科书。它有责任对人们群众进行道德教育，它教导人们应该如何生活和怎样做人。因为艺术作品有特殊的吸引力，有生动的形象，所以它的教育作用特别大。一部好作品，可以提高人的道德水准和精神境界。“作家、诗人帮助人们把他们在生活中遇到的那些私密的、深远的、精细的东西用语言表达了出来。作家最神圣和最有意义的使命就是使人们在生活中思想和行为更好更美。”[②]《园中落叶》呼吁人们应该有真诚的情感、真诚的生活；呼吁人们要保持优良的传统文化美德，不要否定传统文化。同时作家也认为应该接

①[越]《关于〈园中落叶〉的讨论》，越南《文艺报》，1985年11月30日第11版。

②[越]丽秋：《革新与作家的责任》，越南《文艺报》，1990年7月21日第2版。

受当今社会合理的东西和有价值的文化。以鹏为代表的那些只知道依靠传统文化的人与现实生活显然有距离；像李、琚那些完全否定传统道德和传统文化的人在思想、道德方面的滑落是必然的。只有以论为代表的那些既保持民族的优良传统文化，又积极吸收新的、合理的东西来丰富民族传统文化的人，才是新的社会形势下的新人。而像怀、凤这些始终为他人着想，充满爱心的人是社会发展到什么时候都需要的，这样的人越多，社会就越美好。

小说在评价困难、复杂时期的人们时照射出一种人道主义的光芒。作家对越南妇女千辛万苦地操劳表现出了极大的同情，塑造了像凤、怀、志、云等美好的人物形象。同时对她们的缺点、错误进行分析时入情入理。某印刷厂的女行政处长是一个苛刻、挑剔并有许多怪想法、很可恨的女人。“凤在业务上从来没有得到她的帮助指导。她从来不与凤商量工作”（麻文抗：1985：183）。这位女处长整天嘟囔着那些无聊的事。什么“出纳和技术处长结婚了。肚子胀鼓鼓的，很明显是结婚前就怀孕了”；什么“娟傲慢得很，常顶嘴，就是靠她的丈夫从日本回来时送给厂长一只高级打火机”，“顽嫁给了一个退休老头，特别爱吃零食”…… 有一天凤刚开始吃中午饭，这位女处长把桌子敲得咚咚响，大发雷霆：“别以为我不知道！纸是包不住火的。大学生有什么了不起！”（麻文抗：1985：110）凤想：“一个如此不正常的人却放在这样一个岗位上？”但是麻文抗理解她：“恶毒不是她的本性”，“只不过因为能力太差，懂得太少，所以她总是怕被人轻视，被人夺权。她这样恶毒也是为了自卫而已。在内心深处，她仍是一个对生活负责任、疼人的妇女”（麻文抗：1985：269）。她常常第一个上班，最后一个下班。下午下班之前她要把所有的柜子上的锁、办公桌上的抽屉锁和厂长办公室的门锁检查一遍。早上上班之后如果勤杂工没到，她就主动去烧开水、扫地。她虽然苛刻、挑剔和有许多怪想法，但也有宽容、豪爽的一面。“我训斥她们是为了让她们成人。我哪会恨谁呢？况且，当领导应该严厉，这是经验。说真的，以我的能力担任此职是很勉强的。我哪学过什么东西。实际上，大学生还是强一些”（麻文抗：1985：269）。

小说还提出了老年人问题。“在这个世界上老人越来越多了。老人应该想法走到一起”（麻文抗：1985：162）。人人都要经历从小到老这一过程。老人的生活应得到社会关心。子女应对老人的生活负责，要在精神上帮助老人，让老人安度晚年。教育小孩的问题也得到作家的关心、讨论。麻文抗认为不能单纯地批评那些坏孩子。正是生活环境、家庭大人的行为和生活方式严重地影响到了小孩的性格形成。在教育人的过程中，好的动机要与正确的方法相结合。“年轻人对不公平现象本来就很敏感”（麻文抗：1985：178）。麻文抗把欢送琚和勤的情景所作的比较说明了这一点。送勤去国外留学时大家特别高兴，场面很热闹。而送琚去参军时，大家的心里都这么想：送他去参军，让部队来教育他。琚在家里没有得到公平的待遇，没有得到正确的引导。所以琚变坏，家庭和亲人不是没有一点儿责任的。

小说热情歌颂了那些平凡而心灵纯洁的妇女，对她们在现实生活中承受太多的牺牲表示了深切的同情。

小说充分体现了作家对越南20世纪70年代末、80年代初丰富、复杂的社会生活的高度责任感，提出并解答了具有重大社会意义的问题：家庭、社会与人生。

第三节　对社会精神道德领域的关切：《梦想的彼岸》

杨秋香（1947—）是20世纪80年代初开始活跃于文坛的越南当代女作家，是越南当代文坛上一个特别的现象。谈越南当代文学，不能不提及她。

杨秋香在20世纪80年代获得了一系列的短篇小说奖，“从一开始，她的创作就受到人们的注意。”[①]阅读她的作品，人们感觉她“像17岁的青年一样充满活力”[②]。杨秋香的小说之所以吸引读者，一方面是因为她的作品“充满对理想的渴望，催促读者，特别是青年读者向往高尚、纯洁，向往心灵美”[③]，另一方面也是因为她的小说所提出的问题都是越南今天的人们在日常生活中常见的问题。她的作品主要反映“日常生活中的问题”[④]，“富有时事性”[⑤]。

如果说战争是严峻情况下考验人的品质的一种环境，那么和平时期的生活也有它特有的复杂性。这同样也是一个考验人品质的环境，而且从某种意义上说，是一个更为严峻的环境。杨秋香的作品是对越南当代社会生活“富有艺术性的照会，是关于当今现实的S.O.S紧急照会，是给广大民众和全社会的紧急照会”[⑥]。杨秋香能写且相当大胆，不怕不雅，不怕孤立。杨秋香是一个“在创作生活和现实生活中都很胆大、直爽和要强的人”[⑦]。她的小说是对那些道貌岸然者的揭露批判。她的作品给人的突出感觉是，在日常生活中，人是不完善的，人很容易变化，而且是很容易朝坏的方向变。人的关系——特别是爱情、夫妻

①[越]碧秋：《杨秋香的短篇小说》，越南《文学杂志》，1982年第3期，第131页。
②[越]朱江，阮文琉：《作品与阅读方法》，《文章论战》，河内：越南文学出版社，1995年，第52页。
③[越]朱江，阮文琉：《作品与阅读方法》，《文章论战》，河内：越南文学出版社，1995年，第52页。
④[越]云庄，吴黄，保兴：《1975—1985年间的文学——作品与争鸣》，河内：越南作家协会出版社，1997年，第114页。
⑤[越]云庄，吴黄，保兴：《1975—1985年间的文学——作品与争鸣》，河内：越南作家协会出版社，1997年，第114页。
⑥[越]朱江，阮文琉：《作品与阅读方法》，《文章论战》，河内：越南文学出版社，1995年，第50页。
⑦[越]朱江，阮文琉：《作品与阅读方法》，《文章论战》，河内：越南文学出版社，1995年，第53页。

关系——是不牢固的。因此，她的作品多少表现出对道德现状和现代人格感到失望。她的作品主题思想和态度都非常明朗。杨秋香有与众不同的表现方式和视角。她塑造的人物都是很清晰的两种相互对立的人。一位优秀的姑娘身旁生活着一个特别一般的丈夫。他整天只知道擦洗自行车和数鸡蛋，为了衣食而甘愿为那些富婆富姐们修指甲，忘记了年轻时的美好憧憬和远大抱负，或者通过已经不再爱他已经厌恶他的女人的感觉来体现生活中一位男人的粗俗和粗鲁，或者是一场炙热的爱情却被环境和愚昧的人们所干涉、所折磨而夭折。

读杨秋香的作品，我们“看到了一个小说家的风骨”[①]。杨秋香的作品主要反映越南现实社会生活，对读者有着较强的吸引力。杨秋香小说“最成功的是人物和结构非常接近生活”[②]，杨秋香在她的作品中往往塑造两种相反生活方式的一对对人物，使作品中提出的问题更加凸显；用这一人物的自私自利来突出另一人物的高尚纯洁。同时作者又敢于用犀利的笔触剖析人物性格的弱点和揭露社会阴暗面。“如果说阮孟俊大胆反映生产管理和社会组织中的消极现象，那么杨秋香的小说也毫不逊色，只是她所描写的是日常生活中和一般世事中的消极现象。”[③]遗憾的是，她只在越南当代文坛活跃了十年就消失了。就像朱江、阮文琉所认为的那样，“关心当代文学的人，就这位作家而言，将遗憾地感觉到一位刚刚出现的文学才子，像流星一样，在闪亮一时之后就突然不见了。”[④]

杨秋香的长篇小说《梦想的彼岸》（越南妇女出版社，1987）通过爱情故事的背景和生活原型对现实社会生活展开了讨论。

一位天真无邪、充满幻想的少女在一位年老的偶像面前变得如此盲目，直到爱情破灭才醒悟：“每次摔跟头后的失望对我们来说有什么值得说的？……每当梦想破灭一次就是我们成长一次。每当我们推翻泥塑的偶像一次就是我们往明哲的道路上前进一步。人们需要经历失望的痛苦来寻求美好的希望……，人们只要把信任寄托在别人身上，即使他是个神，他也永远不可能成长起来……人们应该把信任和希望寄托在自己身上，因为只有用自己的双翅，才能到达生活的彼岸……”（杨秋香，1987：334）。

小说问世后，“读者对它的讨论是相当热烈的。赞扬的很多，批评的也有。”[⑤]我们认为，一部作品问世，引起了许多不同的评价，甚至有的意见完全相左，是一个好的现象，是令人高兴的。这一点至少证明作品触动了生活，触动了社会生活和艺术生活中的焦点问题。“在杨秋香的作品中，通过爱情、幸

① [越]陶雄：《杨秋香与《梦想的彼岸》》，越南《文艺报》，1987年9月19日第3版。

② [越]陶雄：《杨秋香与《梦想的彼岸》》，越南《文艺报》，1987年9月19日第3版。

③ [越]云庄，吴黄，保兴：《1975—1985年间的文学——作品与争鸣》，河内：越南作家协会出版社，1997年，第120页。

④ [越]朱江，阮文琉：《作品与阅读方法》，《文章论战》，河内：越南文学出版社，1995年，第51页。

⑤ [越]黎庭良：《通过文学书籍的记录》，越南《文艺报》，1987年12月5日第6版。

福，精神道德价值被多次提及。”①

作家、诗人通过作品抒发自己的感觉，寄托自己的思想。他们通过神话或现实、战争、爱情、生活的故事造就作品的价值。爱情、幸福是个永恒的主题，但在今天的社会里，它仍然存在着羁绊，美好的事物仍然被遮盖、掩埋。

推翻偶像和梦幻的醒悟，只有在偶像和关于偶像的梦想反映了一定的社会状态时才有社会意义。小说里被尊崇的偶像是个什么样的偶像呢？政治社会偶像还是爱情偶像？一个科学艺术方面的偶像还是足球或者银幕等其他方面的偶像？小说中的陈方这一人物形象被塑造成当代社会青年一代所崇拜的偶像，当代热爱艺术的青年们的偶像。在他身边，始终环绕着追星族。他是爱慕虚荣和喜欢爱情冒险的妇女们所崇拜的偶像。陈方是一个才华横溢、风流倜傥、金玉其表的男人。他有对那些多情女子极具吸引力的一脸绝美的络腮胡和一双深思的眼睛。在社会上，陈方并不是什么偶像。他的人格非常一般。在爱情上，他特别贪婪和虚伪。他认为“爱情，对男人来说，那只是一次加餐。”（杨秋香，1987：228）“那些走进过他的生活的女人们像是一群聪明且贪婪的野兽。她们每一个人都要求得到属于自己的那一份……她们所有的人都爱慕虚荣到了愚蠢的地步”（杨秋香，1987：106）。在艺术上，陈方也不是什么真正令人钦佩的偶像。他只是有点才气，但“热爱艺术的的青年们把他传神了”（杨秋香，1987：299）。在爱情上推翻一个偶像往往是一个令人欣喜的事情。但是，爱情如果离开了生活，离开了理想，那只是一种缠缠绵绵而已，没有任何社会意义。小说中的芳玲开始时是热情高涨地去追寻理想，但整个过程却是一场极为普通的情缘。一场场的嫉妒与报仇，最后推翻了偶像。读者从杨秋香的作品中看到“爱情只有在人们完全忠实生活的时候才是真正美丽的”②。

小说通过阿原和芳玲两个人物形象的塑造，体现了人们的理想信念有所衰退这一普遍存在的社会现象。因为生活困难，阿原和芳玲投降了，妥协了，最后背叛了理想，“他返回到我们所尊崇的东西——人们生活的共同原则”（杨秋香，1987：312）。这是一个需要清醒认识的社会实际。因为缺吃少穿而减退信心，远离理想，应该受到谴责。但是，社会给予人们的是过于艰苦的生活，人们容易变得退化，这是社会的悲剧。“这是人类永恒的悲剧，使读者可以在小说中的每一个人物身上找到自己。”③忠实往往与贫乏和困难并肩而行。越南民间有对联说：“正直老实加亏本，错误钻营又加薪。”④长期以来，人们造就了一种不诚实的生活。对上级不诚实，对下级不诚实。这是一块让机会主义产生和发展的最佳土壤。现在，正是人们要承受这种后果。在越共“六大”和阮

① [越]碧秋：《杨秋香的短篇小说》，越南《文学杂志》，1982年第3期，第132页。

② [越]碧秋：《杨秋香的短篇小说》，越南《文学杂志》，1982年第3期，第132页。

③ [越]陶雄：《杨秋香与《梦想的彼岸》》，越南《文艺报》，1987年9月19日第3版。

④ 黄进：《关于长篇小说〈梦想的彼岸〉》，越南《文艺报》，1987年10月10日第6版。

文灵的号召下，多少的社会消极现象被暴露在阳光下。“当看到这些由我们有权有职的同志所犯的错误时，我们感到非常震惊。”[①]阮文灵提倡的“要立即做的事”[②]在继续深入进行，那些危害国家危害人民的蛀虫继续被挖出来，送上审判台。在当今的越南社会生活中，梦想心理、唯意志论——社会经济程度不高的产物——非常严重，文学要进行反映，为改造这种国民性做出自己的贡献。但是这种心理与一般爱情中的梦想心理相去甚远，它需要在产生它的社会经济背景下进行反映。在政治社会中的唯意志论是一种天真的善良，也是一种梦幻。这不仅是个体的个别人，多少带有时代的问题。杨秋香以《梦想的彼岸》这部长篇小说向旧的错误认识习惯堡垒发起了进攻。这一强大的力量使小说从一出版就具有强烈的吸引力。“杨秋香是第一个把探索的‘钻头’钻进复杂而精微的现实生活‘矿层’的作家之一。”[③]

杨秋香对人物性格的观察能力相当准确、独到。她在小说中的优势是人物的塑造。她的作品没有就一个人的全部生活或整个命运做出判断，而是仅就人们生活的一部分或者说某个阶段的生活进行反映。小说仅仅围绕文化界、文艺界或者新闻界、教育界的个别人物的零零碎碎的爱情故事展开。时间仅限于从这个春天到第二个春天这一年的时间里。空间也仅限于河内市。尽管如此，它的人物形象却栩栩如生，很有个性。杨秋香在反映人物心理变化时表现得相当干练成熟。她只是通过一句话语，一个眼神，一道皱纹，或者一根刚刚出现的青筋，一只放在膝盖上的手，一个落落大方的步伐等一些细小的外部表现就把人物表现得活灵活现。读者对记者阿原失去妻子，失去温暖家庭的痛苦感同身受。阿原曾犯过一个最普通的错误，那就是因为太关注妻子和孩子的生活，以致最后按照自己领导的意图撰写文章而失去自我。正是这种行为使他在妻子和孩子的眼里失去了神圣的地位。紧接着，也正是因为这一点，他失去了幸福的家庭。读者对年轻漂亮、善于教书但充满幻想、单纯、轻信的女教师芳玲的失误也感到很痛心。她把所有的希望都寄托在她的偶像身上，开始是丈夫阿原，后来是一个“著名的”音乐家陈方。

芳玲爱陈方是因为在她心中长期以来，陈方是她敬重、钦佩的偶像，她已经不再爱犯有机会主义错误的、虚伪的阿原了。她是诚信的俘虏，生活的俘虏。她是一只落入猎艳高手陷阱的猎物。当陈方让他的妻子来打芳玲的时候，当他在他不爱的妻子的周旋下重新走上原领导岗位的时候，当看到他极力吹捧他曾最瞧不起的、现在却掌握着他命运的人的时候，芳玲看到了他的真实面目。她看透了他，感到恶心。“但这一次，她平静地审视自己的痛苦”（杨秋

① 黄进：《关于长篇小说〈梦想的彼岸〉》，越南《文艺报》，1987年10月10日第6版。

② 从1987年初开始，越共中央总书记阮文灵以N.V.L为笔名连续在越南人民报上发表以“当务之急”为题的文章，揭露和批判越共党内及社会上存在的种种弊端，对越南的革新事业和社会的发展产生了深远的影响。

③ [越]碧秋：《杨秋香的短篇小说》，越南《文学杂志》，1982年第3期，第131页。

香，1987：335）。事实上，芳玲“只是一道比他过去曾尝过的其他‘菜’更具有吸引力的‘新鲜菜’”①。他并不爱她，只是想得到她，占有她。一旦她成为他追求功名地位的阻碍时，他会对她毫不留情。

当她心中的第二个偶像彻底破灭后，她失去了幸福的家庭，可她还在追寻新的偶像。她认识事实真相的过程充满着幻影的遗憾。这种幻影在她面前时而敞开，时而关闭，使她不断犯错误。她为此付出了极其昂贵的代价。读者在为她痛心的同时，也对她不无讥讽和指责。对音乐家陈方，读者欢迎作品中作者对他的谴责。杨秋香的笔像是著名外科医生手中一把锋利的手术刀，从外表到内心，从虚伪的语言到粗鲁的举止，对这些所谓偶像顽症进行了解剖。在这个音乐家身上集中了生活中几乎所有的光荣和丑恶的欲望。他引诱科班出身的少女少妇，破坏了许多家庭的幸福，却道貌岸然，整天道德不离口，“跟着感觉走”，渴望回到原来的岗位。正因为这种渴望，他出卖自己的爱情和幸福去和丑陋的妻子生活在一起，因为这个丑女人是一位高级领导干部的侄女。

这部作品的不足是作家没有对人物形象进行太多的艺术加工，或者说是虚构的成分少了点，尤其是人物的外形几乎是生活中的原型。“生活是原态的，纯属自然现象；小说则是观念态的，除了逼真地再现生活，更表现着作家的生活体验。读者从作品中看到的，主要不是生活现象，而是人的心灵。”②只要稍微加工，其社会意义就会更大，且能避免不必要的猜疑。“塑造陈方是暗指谁，你知道吗？”③其次是作品的结尾。尽管这位道貌岸然音乐家陈方最后被阿凤、芳玲等人物指责、揭露，但他仍然爬上了有职有权的位置，仍然是迷恋音乐的年轻一代学生和其他一些少女少妇们的偶像。她们将继续落入他的魔掌，一些幸福的家庭将继续被破坏。像香璃等少女们又在承受不幸。这样，当我们读完小说后总想说：“人啊，要警惕！”也许这正是杨秋香的用意，正是杨秋香的与众不同之处。当然，今天的读者不像过去那样要求作品有个圆满的结局。但是，作品的倾向性还是很明显的。

第四节　对历史的反思：《盲目的天堂》

杨秋香的长篇小说《盲目的天堂》（越南妇女出版社，1988）一出版就受到舆论的广泛关注。这是越南当代文坛上最引起争议的一部作品。有赞扬的，

---

① [越]阮祥蓝：《关于长篇小说〈梦想的彼岸〉》，越南《文艺报》，1987年10月10日第7版。

② 韩进廉：《中国小说美学史》，保定：河北大学出版社，2004年，第199页。

③ 黄进：《关于长篇小说〈梦想的彼岸〉》，越南《文艺报》，1987年10月10日第6版。

有批评的，最后是被封杀。

小说以一个家庭的悲剧为切入点，其创作目的，我们可以从作品的最后一段话来理解，“不能因为过去的已经凋谢的花枝、愚昧失误而埋怨生活，应该面向未来……”（杨秋香，1988：284）。应该说，杨秋香的真正目的是想把过去的事实再现在读者面前，希望过去的历史不再重演，社会朝着更人性化方向发展，人们将在和谐的社会里幸福快乐地生活。杨秋香以她娴熟的手法选取了越南土地改革和劳务输出这两个在社会生活中有深刻影响的问题进行挖掘和剖析，引起人们对过去一段历史的社会生活的反思。作者将对越南社会阴暗面的不满十分大胆地展现在作品当中。“反映生活中的悲剧是我们当代文学的一个特点。”①这是生活的自然发展道路，是真正艺术的发展道路。“作家们的创作实践反复证明：郁结在心头的‘孤愤’是创作的根本动力。对于艺术家来说，‘孤愤’不断郁结而又不断发泄，是永葆创作青春的奥秘。”②

小说主人公“我”（陈氏姮）家的悲剧是从其父亲陈逊的死开始的。把陈逊的家庭成分划错的人正是陈氏姮的舅舅杜国政。正在上大学的陈氏姮因家庭出身不好，只好辍学去劳务输出。小说以家族血脉亲情为线索，塑造了“我”陈氏姮、“我”的母亲杜氏桂、“我”的姑妈陈氏沁和“我”的舅舅杜国政等鲜明的人物形象。“长篇小说的对象是人，因此，自古以来，不幸的问题始终是作家们所提及的问题，每个人都有他独特的方式进行解读。”③

姑妈陈氏沁是杨秋香最倾注心血的人物。陈氏沁是一位聪明、勤劳、坚韧、爱憎分明的农村妇女。她在生活的各种考验面前特别坚强，从不躲避。在土地改革运动中，陈氏沁的家庭陈家被划为地主成分，全家遭批斗。陈氏沁的母亲因不忍耻辱而病逝，陈氏沁的弟弟，也就是陈氏姮的父亲陈逊也因无法忍受而离家出走，最终客死他乡。只有陈氏沁，在众人的批斗前“从不发抖”，“眼睛像神像，对世事无动于衷”（杨秋香，1988：23）。土改结束后，陈家平反。为了振兴陈家，陈氏沁付出了全部的心血。她坚信“我必须富起来，祖先留下的房子必须修缮得比原来更气派，让世人刮目。只要能实现我的梦想，就算粉身碎骨，我也要做”（杨秋香，1988：73）。她的性格非常坚强。长期没日没夜的辛勤劳动，终于换来了财富和村民的尊重，但陈氏沁牺牲了青春，牺牲了个人的幸福。作为补偿，她把自己全部的爱倾注到了侄女陈氏姮的身上。“现在，只有你是陈家唯一的血脉，我的房子、祠堂、土地只留给你而没有别人”（杨秋香，1988：83）。于是，她苦心为陈氏姮打造了一个她心目中的“天堂”：送陈氏姮食物、金银饰品，为庆祝陈氏姮考上大学而大摆宴席，花

① [越]杜氏明翠：《从〈盲目的天堂〉看关于社会悲剧的反映》，越南《文艺报》，1989年8月26日第6版。

② 韩进廉：《中国小说美学史》，保定：河北大学出版社，2004年，第355页。

③ [越]陶雄：《杨秋香与《梦想的彼岸》》，越南《文艺报》，1987年9月19日第3版。

钱供陈氏姮念大学……。可以说，她一生最大的目标就是光宗耀祖，振兴陈家。

爱憎分明是她性格的突出特点。她最恨的仇敌是陈氏姮的舅舅杜国政，因为杜国政害死了她最亲的母亲和弟弟。她弟弟陈逊在法属时期是一个乡村教师，是一个很自重自爱的人，在家是个孝子。他敢于放弃县上的工作来到家乡，是因为这样可以离母亲近些，可以照顾老母亲。他娶杜氏桂为妻。可是他的妻弟杜国政在土改运动开始后对他说，“你是阶级敌人，没有权利和我姐姐来往。如果你还要靠近我姐姐，我就给游击队下命令，把你捆起来”（杨秋香，1988：23）。陈逊因无法忍受而离家出走，最终客死他乡。“他是我弟弟，我知道，他可以忍饥挨饿，可以忍渴受冻，但不能受侮辱”（杨秋香，1988：75）。土改结束后，平反的村民因无法找到杜国政，欲把仇恨发泄到杜氏桂的身上，陈氏沁对愤怒的村民们说：“各位失去了土地，而她失去了丈夫。现在平反了，你们的土地还能再要回来，可她踏破铁鞋也找不回丈夫了”（杨秋香，1988：28）。陈氏沁在关键时刻替杜氏桂解了围。因为尽管她是仇人杜国政的姐姐，但毕竟她是自己的弟媳，侄女陈氏姮的妈妈。但是后来当她得知杜氏桂变卖了她送给陈氏姮的戒指等金银首饰为杜国政治病时，因为痛恨杜国政，她对杜氏桂的态度也由同情转为仇恨，立即就跟杜氏桂翻了脸：“我必须跟你说清楚，你的弟弟是我全家的仇人，他把我的弟弟逼上了死路，我不允许任何人用我的钱来养活他……从今以后，你没有权利供奉我的弟弟”（杨秋香，1988：196）。甚至到死都不原谅她：“我恨她，天杀的弟媳……”（杨秋香，1988：266）。

陈氏沁为人正直，好打抱不平。当得知副村长要阴谋抢夺一个村民的土地时，她敢于在宴席上与副村长作针锋相对的正面斗争。尽管最终未能解决问题，但她的勇气、智慧令村民们敬服。

陈氏姮的母亲杜氏桂善良、懦弱，忍辱负重。她认为弟弟和他的孩子是杜家唯一的传人，所以非常迁就弟弟和他的家庭。为了弟弟杜国政的仕途顺利，她失去了自己的丈夫，并背井离乡到河内做小贩谋生。为了能在弟弟的家庭中占据一点点可怜的位置，她宁愿自己和女儿住在破旧的屋檐下，而省下钱来接济弟弟的家庭。为了给弟弟治病，她和女儿忍饥挨饿，甚至偷偷变卖了陈氏沁送给女儿陈氏姮的金戒指，还在陈氏沁与女儿陈氏姮的面前编造谎言来掩盖事实，她得罪了陈氏沁。她为弟弟受尽了苦难，换来的只是杜国政的冷漠：她被车碾断腿住院时，杜国政连看都不来看她一眼。而这一切，杜氏桂都心甘情愿默默承受。另外，身为一名小贩，她的内心比较狭隘，陈氏沁对陈氏姮的宠爱，使得杜氏桂暗地里十分嫉妒。杜氏桂与陈氏沁的矛盾集中于两点：一是抢夺对陈氏姮的爱，一是杜氏桂倾尽所有无私奉献的亲人杜国政是陈氏沁最大的仇人。总之，杜氏桂的一生，可以说是完全被弟弟杜国政给毁了。因为杜国政的缘故，她身边的亲人一个个离她远去，而她全身心付出的对象杜国政，却从来而且永远也不可能给她任何回报。“也许，这是血缘的神秘力量……”（杨秋香，1988：192）。

杜国政在作品中被塑造成一个彻头彻尾的反面人物。“在《盲目的天堂》这部小说里，如果说陈氏沁和杜氏桂是文学人物，那么杜国政只不过是让杨秋香给他穿戴上‘宣传干部’的衣帽，并注入她的人生哲理的衣服架子。”①他外表是一个道貌岸然的越共干部，内心却十分肮脏、卑鄙。在担任土改队长时，他为了向上爬，不惜牺牲姐姐的幸福，硬逼着姐姐与地主家庭的姐夫决裂。他对姐姐说：“因为我们家三代做雇工抓药，没有一寸土地，所以我才能够当队长。而你与地主家庭有联系，如果有人报告给上级，会影响我的威信。”（杨秋香，1988：25）。两姐弟分别十年后相见，是杜国政找到杜氏桂的家，目的不是重叙血肉亲情，而是为了两件事：第一，杜国政因工作调动，要搬家，需要钱。第二，杜国政瞧不起杜氏桂的小贩身份，要求杜氏桂进工厂做工人。如果杜氏桂进工厂，微薄的薪水将无法养活女儿，所以杜氏桂拒绝了。但她因此而常有负罪感：“如果我也象杜国政同事的姐姐一样是个有十年、十一年党龄的革命干部，那么杜国政去年就已经升迁了。”（杨秋香，1988：92）。然而，具有讽刺意味的是，幸亏依靠杜氏桂做小贩挣的钱，杜国政的家庭才得以度过一个又一个难关：杜国政因营养不良而患低血糖病、杜国政的两个孩子瘦弱不堪、杜国政因糖尿病需要大量的钱购买进口药品……杜国政深知姐姐对自己的感情，他却卑鄙而贪婪地利用了这份深情厚谊。无情无义的他尽管知道姐姐遭车祸压断腿住院，却因怕花钱而忍心不闻不问。杜国政与陈氏姮在莫斯科的两次会面都带有个人目的。第一次是要陈氏姮帮他出手从越南夹带来的私货，第二次是要陈氏姮为他解决邮寄货物回国的高额费用。他在生活中自私、卑劣，在工作中又表现得十分官僚，尽管如此也不能掩盖他的无知、粗陋。一次在批阅年轻下属的报告时自以为是，出尔反尔，甚至把《大越史记全书》的作者说成了黎贵惇，出尽了洋相。其丑恶嘴脸被杨秋香刻画得淋漓尽致。“生活中平常的语言，生活中历历在目的人物被很自然地，没有任何羁绊地写进了小说。”②

作品中的主人公陈氏姮可以说很大程度地表达了作者自己的思想。对越南农村的土地改革运动中的一些现象，作者用不无讥讽的笔墨表达了自己的情绪。如描写批斗地主的场面，村民们“一听见高呼‘打倒地主’，就有任务举起拳头大声呼喊：‘打倒，打倒……’”（杨秋香，1988：17）。“呼喊得越大声越能证明坚定的革命精神，越能证明对剥削阶级的憎恶，而在群众中，不

① [越]杜氏明翠：《从〈盲目的天堂〉看关于社会悲剧的反映》，越南《文艺报》，1989年8月26日第6版。

② [越]陶雄：《杨秋香与《梦想的彼岸》》，越南《文艺报》，1987年9月19日第3版。

乏拥有土地并深深地热爱土地的农夫，他们依靠自己的劳动经验和辛勤劳作获得了一间屋子，一头牛和几个谷仓。只需一个刁唆的揭发，他们就很容易从一个坐着参与批斗者降格为被批斗者……”因此，在村民喧嚣的呼叫声中，不少声音是为了遮盖恐惧……（杨秋香，1988：18）。作者假借一个留苏越南青年之口揭露越南社会的阴暗和官场的丑恶：“你们根据裤腿的宽度来判断人的品格，如果你们穿二十三寸裤腿的裤子则我们一千八百万青年也必须穿二十三寸裤腿的裤子。太宽或太窄都是反党、反国……为什么人们要遭受如此无理的折磨？……慢慢我认识到曾经像那个副经理那样有权控制我们的人完全不像我们所想象的那样可敬和高尚。他们是天才的演员。他们定下了多少苛刻的条条框框。可是暗地里，他们过着没有道德、没有纪律的靡烂生活……”（杨秋香，1988：230）。作者还无奈地道出了一个生活在国外的越南青年心中的自卑和痛苦：“日本人，似乎仅凭他们的国名就足以作为自豪的保证……似乎仅凭这一简短的名称，就可以保证他们从容、潇洒地走遍世界上的任何地方。我们跟他们有什么不同？就在同一个时间里，我的脑海中浮现出上百张我们这一代青年朋友的面孔。这些面孔被担忧摧残得枯槁、憔悴、愁苦、沮丧……这些面孔因担惊受怕而怅惘。不知多少担心的事情会发生……担心买不到货物，担心寄不回货物，担心年迈的父母会在期盼子女微薄的支援时操劳或病重，担心大使馆的某位官员……在大街上，这些面孔无法与别的安乐、和平、幸福、自由的面孔融合……在柜台前争抢商品时激烈、粗暴、野蛮的样子……没完没了的勾心斗角……”（杨秋香，1988：250～251）。

作者对越南社会阴暗面的不满十分大胆地展现在作品当中。“杨秋香相当成功地塑造了那个已经过去的时代的气氛。”①但批评之声随之而来，“有时她的创作方法有点儿过，使人物形象，即使是我们生活中的消极人物形象与我们生活中的人物有些偏离。”②比如朱江、阮文琉在《文章论战》一书的“作品与读法”一文中批评说，“《盲目的天堂》中所反映的社会事实，在土地改革中的人和事是真实的。但这只是社会生活的某些片段。这样以偏盖全来发出具有社会意义的通牒是完全错误的”③，“作家认为，共产主义理想只是一种虚幻的理想，我们正在走的社会主义模式只是一种虚假和欺骗，认为她这一代人被欺骗得太多，宣传机器只是欺骗巧诈……她要做一个公民作家，敲起钟声，让生灵涂炭和痛苦中的愚昧的民族惊醒过来！杨秋香把她的社会政治观点直接融进了她的作品里，小说只是她说话的喇叭，是她扩大其社会政治观点的麦克风”④。也许正为因如此，她的长篇小说《盲目的天堂》一出版就受到广泛的关

① [越]朱江，阮文琉：《作品与阅读方法》，《文章论战》，河内：越南文学出版社，1995年。

② [越]碧秋：《杨秋香的短篇小说》，越南《文学杂志》，1982年第3期，第135页。

③ [越]朱江，阮文琉：《作品与阅读方法》，《文章论战》，河内：越南文学出版社，1995年，第57页。

④ [越]朱江，阮文琉：《作品与阅读方法》，《文章论战》，河内：越南文学出版社，1995年，第53页。

注并最终在越南被列为“禁书”。

杨秋香对政治生活中的焦点事件具有可贵的敏锐感应和大胆反映。“通过从各个角度的全面分析，我们认为杨秋香的长篇小说《盲目的天堂》想表现的是刚刚过去的这一阶段我们社会的悲剧。”[①]小说深入地刻画了人物的内心世界，触及了社会的不公和阴暗面，道出了人民的心声。作者以《盲目的天堂》为题，大胆暗示越南人民如杜氏桂、陈氏沁、杜国政等在现今社会制度下苦苦追求的幸福天堂，实际上是非常盲目和缺乏价值的。追求幸福是人类共有的愿望。事实上，社会制度是不断向前发展完善的。正因为这样，才有了1986年后的革新开放。革新开放的目的还是为了使社会主义制度的优越性得到更好的体现，国家更加发展，民族更加强大，人民的生活更加幸福。杨秋香的人本价值在于她已经提出了在当今充满变化的社会里人们的多种愿望。文艺作品是暴露还是歌颂，是以歌颂为主还是以暴露为主？我们想，应由生活及作家本身的经历来决定。在社会生活中，总是有真、善、美的东西，这就需要歌颂。同样，在社会生活中，也总是有假、丑、恶的东西，这就需要暴露。而真、善、美的又常常同假、丑、恶的交融在一起，相比较而存在，相斗争而发展，因此又需要歌颂与暴露同时并举。当真、善、美的战胜了假、丑、恶的，文艺作品就容易形成歌颂。当假、丑、恶的压制了真、善、美的，文艺作品又容易制成悲剧。而且以歌颂为主还是以暴露为主，还需要依据作家本人的经验。如果他看到的现实的确是光明的，那他就去歌颂，如果他满目看到的是悲剧，那他就有权利去暴露和揭发，即便有时悲沉和压抑也无可厚非。因为生活的基调决定了作品的基调，生活的悲剧为艺术的悲剧创造了可能。

第五节　对时弊的针砭与批判：阮辉涉的短篇小说

在越南当代文学对社会现实生活中的阴暗面和种种消极现象进行揭露和批判这一文学思潮中，涌现出了许多影响力较大的作家，他们以自己独特的视角反映现实生活，对当代越南社会存在的种种弊端和阴暗面进行了大胆的批判。阮辉涉是这一阶段具有代表性的短篇小说作家之一。

阮辉涉（1950—）越南河内市清池县人。1970年毕业于河内第一师范大学历史系，曾在越南西北山区执教约10年。1980年调回河内在教育部工作，后调地图局地图测量技术公司工作。现在河内市从事文学创作。

阮辉涉生活阅历丰富，当过教师，做过公务员，当过画家，开过餐馆，

① [越]杜氏明翠：《从〈盲目的天堂〉看关于社会悲剧的反映》，越南《文艺报》，1989年8月26日第6版。

经营过陶瓷。他做的这一切使他的文学创作有了丰厚的积累。20世纪80年代后期，阮辉涉在越南文坛上一出现就受到了人们的广泛注意，并引起长时间的争鸣。尽管意见各不相同，但大多数人都一致认为他是一个实力派作家。其作品的出现使小说界普遍觉得不能再像过去那样进行创作了。他的作品充满生活气息，对社会不同阶层不同职业的读者都具有吸引力。他的短篇小说丰富多样有深度。在他的作品里有当代的现实生活，有妖魔鬼怪，有神话传说，有历史故事。他所写的一切都能凸显出越南社会生活中的尖锐矛盾和问题，凸显出日常生活中的道德面貌，凸显出可怕的丑恶现象和人们生活的沉沦和痛苦。

阮辉涉的出现，在越南20世纪80年代后期的文坛上刮起了一阵旋风，被越南文学界称为“阮辉涉现象”。阮辉涉的短篇小说往往没有一个明确的主题，或者有许多主题，多层多义。通过紧缩、穿插、埋伏笔等巧妙的安排，给人以多层的思考。如短篇小说《水神的女儿》可以使读者产生许多不同的联想。在这里可以看到人们对美的渴望，对自由的渴望，对生活的渴望。同样，在这里，也可以看到对人们天真愚昧的讽刺。怎么会有高明的神圣呢？一名地痞流氓到老的时候仍然狂傲地编造故事。可悲的是，村民们却偏偏相信他的谎言，偏偏能想象得出高尚灵验的东西来。短篇小说《林中之盐》是一篇很难确切说是什么主题的作品。一个猎人猎到了一只猴子，接着是这位猎人与这只猴子的僵持。等到猎人抓到了这只猴子时，看见它非常美丽，听到它的呻吟声，他感到于心不忍，把自己最后一条裤子脱下来为它包扎，然后他就裸露着身体，孤独地走着回家。似乎猎人老姚是一个富有爱心的人，会珍惜一只漂亮的动物。其实，他是一个怪人，扛着枪去打猎，打到猎物后又很伤心，要放生。扛枪打猎是俗人所做的事，放生是佛门的善事。老姚既要扛枪打猎，又对被自己抓到的猎物产生怜悯之心，还用自己仅有的一条裤子为猎物包扎好放生。这是地地道道的俗不俗佛不佛的怪人。

阮辉涉在其作品中，大胆地对社会状况进行描写。他的作品没有歌颂，主要是对社会阴暗面的批判。那些矛盾突出和集中的领域，更能引起他的创作热情和兴趣。他的批判矛头指向了越南社会生活的各个方面。“到了80年代中期，作家阮辉涉可以看作是写真创作的第一人，如他的《退休将军》、《没有皇帝》、《农村的教训》、《罪恶与惩罚》等。同一创作倾向的还有范玉进、莫文钟、阮氏秋惠、谭琼玉、华午幸、封蝶、厢月明等。他们的短篇小说充满着生活气息，非常接近现实生活，讲述的是身边已经发生或即将可能发生的故事。”①

在《农村的教训》里，作者描写农民的生活困苦不堪，指责政府无动于衷，民众的愚昧落后。他通过作品中的人物召这样说道：“只有到了人民领悟

① [越]裴越胜：《短篇小说的步伐》，越南《作家》杂志，2000年第1期，第174页。

到不能要求利益，即使要求利益也没有人给予，他们只是开个空头支票骗骗罢了。或者偶尔给予也只是一点点，弊大于利……”（阮辉涉，1996：311）“我们所有的城市居民和有学问的人都对农民犯了重罪。我们以自己包括教育和假科学的物质乐趣在摧毁着他们，用法律来折磨他们，用感情来欺骗他们，敲骨吸髓地剥削他们，我们以全部的文件和文明的概念这些上层建筑的东西来欺压农村……”（阮辉涉，1996：309～310）“民众也是这样的轻信和浅薄，政治家们、天才家们是能够把民众推向一边的人。民众求利，只要有一丁点的利就阿谀而来”（阮辉涉，1996：310）。这是对越南当代一些社会现实的真实反映。又如《流吧，江河》、《最大的野兽》等作品中的语言直接、尖刻，如利刃一般，将越南当代社会的一些阴暗面毫不留情的剖析开来。阮辉涉显然是一个大胆的作家，言人所不能言，是一个激进的社会批判家，一个愤世嫉俗的文学家。就像文学批评家阮登孟教授所说的，“阮辉涉的每一句话、每一个字都凝结着很多意义。”①

阮辉涉作品的另一个重要的特点，就是善于借古讽今，以历史喻现实。“历史的河流可以是映照现实的一面镜子：或以古鉴今，或以古讽今，或以古启今……”②《金火》、《品节》等历史题材的短篇小说曾引起舆论的强烈反响。在这里，“野史的成分和现代的成分相互渗透”③，作者只是想借历史故事来说明对现实的态度。“《退休将军》之所以像是刻进我们的脑海里，是因为作者用历史的眼光来审视现在的东西，而《金火》、《利剑》是用现在的眼光来审视历史。”④不急于说阮辉涉所讲的故事与历史是否相吻合，他在把历史问题和历史人物推向文学舞台时表现得非常大胆。

《金火》讲的是阮福映依仗法国的势力建立了阮朝，称嘉隆帝。他特别信任法国人帆，让他组团去开金矿。当地居民与之斗争并火烧其营寨。帆的挖金矿团在大火中逃散。帆携金回朝，受到嘉隆帝的重赏。这是一篇历史题材小说，其思想应是对阮福映养虎为患，和对法国殖民主义对越南资源掠夺的批判。其艺术手法是意识流创作方法，一边是作品中人物的回忆，一边是作者在叙述。边叙边忆，缩短了当代与历史之间的时空。最后写了三段结尾供读者参考。这种结局在越南文学史上的作品中是很少见的，很具阮辉涉特色。

《金火》是非传统的历史故事的重新演绎，用含蓄的手法批判当时的社会现实。在这部作品中，阮辉涉借古讽今，描写了越南历史上很多有名的人物。这些在传统观点中早已被划定“忠奸善恶”的人物，在阮辉涉的笔下被重新定义，重新演绎。在他的作品中，这些历史人物的传统形象被彻底推翻，得到了

① [越]阮登孟，《今天的短篇小说》，越南《文艺报》，1991年11月30日第14版。

② 韩进廉：《中国小说美学史》，保定：河北大学出版社，2004年，第135页。

③ [越]王智闲：《蝴蝶与向日葵》，海防：海防出版社，1999年，第254页。

④ [越]王智闲：《蝴蝶与向日葵》，海防：海防出版社，1999年，第254页。

新的诠释。传统认识中的英雄豪杰，在作者的笔下现出了残暴、丑陋、利己的一面。作者把越南古代著名的文学家阮攸描写成一个穷困潦倒、入仕无门、懦弱无能、不得志的落魄文人。在作者的笔下，嘉隆皇帝具有了复杂的性格，既巧于权谋，热衷私利，又有清醒地自我认识，在政治的伪善和邪恶中寻找一种微妙的平衡。并且对他的这种“无赖式”的成功表现出了一定程度的赞赏。这样的彻底推翻传统观念，在越南文坛以及社会上引起了轩然大波。究其原因，是他触犯了越南政府着意建立的“民族英雄主义”框架和模式。1954年后，越南历史学界按照“革命性”和“反动性”的评判标准，将越南历史人物进行了“忠奸善恶”的评判。随之而来的，是电影和电视上，按照这样的评判标准对历史人物中“英雄”和“坏人”的演绎，这些既定角色在越南早已深入人心。而《金火》的问世，无疑是对这种既定的人物形象的一种推翻。

在《金火》中，作者认为阮攸虽然对人民生活充满同情，但是这种同情心既不能让他自己实现价值，也没有让人民脱离苦难。作者把阮攸的这种济世之心称作是“小善”。他通过作品中的人物帆的口吻对阮攸这样描写道：“我面前的人是个小个子，他的脸因痛苦而爬满了皱纹……他是一位闻名的有才气的诗人。我觉得他完全不懂得政治。自始至终他是个鞠躬尽瘁的官员。他的人格比别人高贵，可是这种高贵在他的贫困、拮据的生活中根本一文不值”（阮辉涉，1996：334～335），“他的这种好心是小善，无法救济众生”（阮辉涉，1996：336）。

在同一篇小说里，阮福映，这个在越南传统观点中被认为是历史的罪人，是将暹罗军队引入越南南部，向殖民国家敞开大门，等待机会重新恢复家族皇权的人。作者却把他评价为越南历史上的一块瑰宝，认为是阮福映使越南的历史生动起来，并且对他的作为称之为大善。“这是政治家的好心，政治家的好心不只是对单个的命运做善事，而且是他对整个民族的推动力……没有一种推动力，整个民族将生苔朽烂。”（阮辉涉，1996：336）。作者给与了嘉隆帝人性化的描写。

与此相反，对常人眼中的“贤君”，作者进行了丑陋的刻画。在历史小说《品节》中，他将越南历史上的农民起义领袖，传统观念中的大英雄光中帝描写成了一个好色、残暴的君王。《品节》讲的是吴氏荣花在西山王朝阮惠时期被召入宫。后阮福映灭西山朝，吴氏荣花又被阮福映带入后宫。吴氏荣花绝代佳艳，能掐会算，话语灵验。虽先后事二朝二主，但始终保持贞操。

作者这样描写这位赫赫有名的皇帝见到美女时的样子：“皇帝看见荣花，身体突然颤抖起来，只觉得目眩头晕，手中的酒杯都掉到了地上。”（阮辉涉，1996：349~350）“荣花在宫中，光中王殷勤疼爱有加。……，人人都迁就她。她参与朝政，她所有的意见光中帝都叹服”（阮辉涉，1996：352）。

“临终时，荣花在床前侍候，帝一直看着荣花不闭眼……其子阮光瓒给父亲抹眼睛，只要一松手，帝的眼睛又睁开。玉欣皇后来也是这样。后来，荣花只好用自己的小拇指放在帝的眼皮上，帝才合眼”（阮辉涉，1996：352）。而对于臣子，这位皇帝粗俗而又残暴地对他们进行侮辱。“作家对历史知识领域的真正参与不仅仅只是把编年史翻出来，然后写成故事。作家可以而且应该通过新的意见来参与，特别是他们有根据推翻‘疑案’和那些不太站得住脚的论点时。”[①]当然，成熟的读者不会把历史题材的文学作品和真正的历史研究混为一谈。“历史演义即使是历史的再现，也不能没有作家主体意识及其时代精神的注入；注入了作家主体意识及时代精神的历史演义，只能称之为小说，而不是历史。小说是在作家主体意识的支配下，灌注了时代精神的一种美的创造的产物，或者说，是小说家精心营构的一个富有现实感的审美世界。小说家以这个世界唤醒读者的审美情感，使读者获得审美享受和精神愉悦，以致陶冶性情，净化心灵，甚至体察世情，感悟人生。”[②]

这样的题材和创作方法，给越南文坛带来了极大的震动。批评和反对之声如潮水一般涌来。阮辉涉当然不是想冒天下之大不韪哗众取宠。颠覆由政府划定的正统形象意味着对现实的不满。借着对这些历史人物的重新刻画，作者隐喻着的是现实社会。对于阮廌和黎利这两位越南历史上的名臣和贤君，阮辉涉这样描写他们，“阮廌推崇集体，而黎利强调个人，黎利认为那些杰出人物才能够改变历史”（阮辉涉，1996：366）。有评论家认为，作者在这里把阮廌看作是广大人民的代表，而黎利则是暗指越南共产党的领导人。对于越南共产党领导下的中央政权，阮辉涉用了封建时期的宫廷来暗指，他说“宫廷如同绿林英雄聚集处，有的在这里生火煮饭，有的在这里舞拳弄棒。律法是在说笑之间儿戏一般制定出来的。在政客们的脸上只见挂着亘古不变的已经修炼到极致的政治神情，年轻一些的还能在他们的脸上看到拒绝学问、追求享受的感觉”（阮辉涉，1996：368）。

在越南当代文坛，阮辉涉的影响力是不可置疑的。他的作品在海外多次再版，被翻译成多国文字广泛流传。在越南国内，他的作品引起了一轮又一轮的争议，给越南社会带来了极大的震动。他对社会现实的看法，用自己的笔宣泄出来。按照他自己的话说，他不同于那些“按照指示创作”的“御用文人”，他写自己所见所想，大胆直接，犀利尖刻。越南的传统社会是一个“庸德之行，庸言之谨”的社会，缺少一针见血的批评，当头棒喝的警醒。不可否认，他的作品中所描写的一些方面在越南社会可能的确存在，揭露出了一定程度的社会问题，给人以警醒。一个尚未成熟，正在前进中的社会需要有这样的声音。

---

① [越]赖元恩：《与同时代的文学共生活》，河内：越南青年出版社，2003年，第392～393页。

② 韩进廉：《中国小说美学史》，保定：河北大学出版社，2004年，第136页。

第四章

悲剧意识的兴起

第一节　文学创作中的悲剧意识

悲剧是以一定现实生活的矛盾斗争为反映对象，表现主人公所从事的正义事业由于历史条件限制或自身过错等主客观原因而致失败。所以悲剧冲突是历史的必然要求和这个要求的不可能实现之间的冲突，最后以主人公受难或死亡告终。悲剧的创作目的，在于通过矛盾冲突及其结局，肯定和歌颂伟大的思想品格、英雄主义和献身精神，以激起人们对正义力量的同情、敬仰和对非正义力量的憎恨。悲剧是通过矛盾冲突，描绘人们遭受不应遭受的厄运，描绘美好正确的东西受到摧残、失败或者毁灭。它强烈地激起人们悲哀、愤怒的情感。它可以使人们的灵魂得到净化。

在越南1930—1945年间的文学创作中，有许多作品表现的是人的失望、厌烦、痛苦与不幸，像黄玉柏的《素心》和南高的《死亡线上的挣扎》等长篇小说都给读者留下了难以忘怀的悲剧效果。这些作品创作了意识到自己深刻痛苦的人物。他们的命运在读者的心中留下了深深的惋惜和怨恨。从“八月革命”后开始的抗法、抗美救国战争时期文学，因为特殊的历史背景，而没有为悲剧意识留下太多的空间。

到了20世纪80年代，悲剧意识才重返文学创作舞台，并为文学带来了崭新的面貌。首先，当社会由计划经济向市场经济体制转型后，生活就变得丰富、复杂、紧张起来。正是现实生活中充满悲剧色彩的典型矛盾与冲突开启了作家们的悲剧意识。

越南当代著名作家阮凯认为悲剧是社会在任何时期都普遍存在的。人一生不只是有喜，还有悲，且往往是悲多于喜；不只是有成功，还有失败，且往往是失败多于成功。有的人一生痛苦，一生失败。这种意识、这种观念促使作家们拿起笔将人生中的悲剧写出来。描写悲剧是为了消灭悲剧，并从悲剧现象中显示出人们的意志、信念和力量。

在当代文学作品所塑造的一些人物形象中，不论是坚强勇敢的士兵还是优秀模范的教师，是有勇有谋的别动队女战士还是坚贞纯洁的女学生，是仁厚的老者还是刚刚呱呱坠地的婴儿……所有的人物都是“一难过去一难又来”。他们无论在过去还是现在常常被道德和义务所愚弄。人物命运中的受难和悲惨性被作家们特别注意挖掘、刻画，从而使悲剧性成为越南当代文学一些作品的主要特点。

阮智勋的《飞燕》（1988）、宝宁的《战争的忧愁》（1991）、朱来的《往日的乞丐》（1992）等作品是以抗美救国战争和战士的人生为题材的。这些作品讲述的是那些在战场上直接拿枪杀敌的战士们的“亲眼所见”和亲身经历。这些作品的主人公是那些历尽枪林弹雨，在炮火硝烟中幸存下来的胜利者，他们在和平时期心中一点都不平静。他们感觉自己已经“被排挤在人行道之外”（朱来：《往日的乞丐》，1992：6），“在人生路上被卡住了”（宝宁：《战争的忧愁》，1991：87）。这样的人生还不是悲剧吗？

确实，悲剧意识是这些反映战争题材作品的整体氛围。战争不仅夺去了阿归三个最爱的亲人，还夺去了她做一个妻子、做一个母亲的能力（《飞燕》）。这确实是一个对于世间所有的妇女来说超出承受能力的损失。15年“泡在被血与悲伤包围”的战场，经过多少次战斗，阿坚完好无损地回来了，但是他的心灵受到了永久的创伤。战争夺去了阿坚的所有：青春、爱情与正常的生活（《战争的忧愁》）。《往日的乞丐》中的二雄也是同样不幸。窘迫贫困的物质生活，经常钻防空洞钻丛林，白天黑夜颠倒，既进攻敌人又要躲避敌人。这种生活把人都变了样子，从一个身高170厘米、身材魁梧、体格健壮的小伙子变成如今的模样：“体重45公斤、白发斑斑、形容枯槁憔悴、胸腹干瘪、皮肤土褐色、牙齿脱落三分之一、不爱说话、怕光怕声怕都市、带有神经质的失业的像是人群中一个稻草人似的已经49岁的中年人”（朱来：《往日的乞丐》，1992：6）。

对于归、坚、二雄和与他们同一代的人们来说，战争像一场恐怖的风暴一样，使他们离开了温暖的家庭，远离了世俗的喜与悲，将他们推向最为残酷、最为艰难的地方。当这场战争结束后，他们带着枪林弹雨留给他们的伤痛回到家乡时，却成了“来的不是时候的客人”。他们寻找逝去的岁月，寻找凝固在他们心中的一张张面孔，和这些面孔聊天、谈心，以打发孤单和寂寞。他们沉浸在“既为战友悲伤，又触景生情感伤自己”的回忆中。

悲伤、忧虑的心情是存在的，但是这种心情并不是悔恨自己所做过的事和所选择的道路，并不是与自己曾崇拜的理想断绝关系。阿归“曾经杀了一些臭名昭著的恶霸。现在如果还要再做一次，她会一点都不犹豫”（阮智勋：《飞燕》，1988：130）。虽然坚和他的战友们、他的同胞们在过去的战火中“从来都不是主战人”，但阿坚手中的枪不止一次“不是射击而是残杀。身穿灰色军装的士兵被坦克驱赶过来，驱赶过来让阿坚的手叫他们死在一堆”（宝宁：《战争的忧愁》，1991：131）。二雄有一次暗暗数了一下敌方死在自己枪下的人数："55条人命。对于拿枪的岁月来说这也算是很多、过多了……天哪，请求一次宽恕"（朱来：《往日的乞丐》，1992：144）。话语真诚痛切但完全不是认罪或者"忏悔什么"（朱来：《往日的乞丐》，1992：278）。

作家们在小说中描写战争的所有残酷的表现，像是正在用一个人文立场来呼吁人类对战争要更冷静、更警觉，要慎重，不要轻易地让战争重演，至少在越南这块充满伤痛的土地上不再重演。

《遥远的时代》、《飞燕》、《战争的忧愁》、《往日的乞丐》等作品还突出了命运的悲剧。人们在战争中不能自由地选择自己的命运。因为战争是一个十分残酷的环境，在战争中"那些不平常的都变得很平常"，"残杀已经成为人类自然、必要的行为"（阮智勋：《飞燕》，1988：12）。因此，如果有人去思考那些战争规律中违背"平常"的行动，就很容易陷入被折磨、自我质问甚至是纷乱迷茫、痛苦、麻木、不能清楚明白地解释根源的困境，也就是说陷入了悲剧中。

阿归的悲剧是命运的悲剧。在她还是13岁的小女孩时就参加燕子灭恶组，后来成为军队英雄，做县里主要的干部，当选国会代表，直至去逝。在这个过程中，阿归一直在身上保留着纯洁如水的情感。这种情感是仁爱，是她面对自己和他人的痛苦与不幸的真挚感情。在战线分的很清楚、在社会中还有很多分离、猜忌的环境中，像阿归这样包容的心很难找到一个平静的港湾。归勇敢、坚强地投入战斗中，是因为悲痛已故之人，是因为与家乡的血肉亲情，是因为想把清平世界带给乡亲们，是因为想保卫自己的爱情。阿归在与几名越奸相遇时有些犹豫，那是因为她想到了失去丈夫的妻子的痛苦，失去父亲的孩子的痛苦。解放后阿归对伪官员尊的妻儿的关心就来自于人类的这种恻隐之心，一个女人的恻隐之心。阿归放弃自己的爱情，归根结底也是因为想要使别人的爱情更加圆满……

从社会政治这一角度来看，阿归是头等公民。但从人的角度来看，她不免有时将自己看成是一个犯下许多错误、给他人带来诸多不幸的罪人。心中的恻隐之心、良心的自我拷问和责任意识让她心绪不宁。对自己的过去的确没有什么好后悔的，但对今天的结果，她的心却坦然不起来。"为什么我把那些自己从不认识的人给杀了？"阿归在要离开人世时，人人都"怜惜她，但是都不知用什么办法可以化解她心中的孤独"（阮智勋：《飞燕》，1988：20）。

与阿归和阿坚相似的是，在《往日的乞丐》中的二雄也在战争中失去了美丽的青春岁月，现在他只是一个孤单、寂寞的人。和平来到了，但是一切又过于复杂，他不能融入"恶臭的生活"中。他静悄悄地追寻着自己既痛苦又神圣美好的过去。在这美好的过去里面有他与三霜——一个纯洁、美丽的女游击队员的恋情。以为恋人活着，和恋人见面聚首将会使自己在多年的疲惫、残酷的征战后，身心的痛苦和损失能够减轻一点。但是现在的三霜不再是过去的那个三霜。这个女游击队员曾经投降叛变，现在正高高地坐在经理的位置上，过着通宵宴席不断、男女关系混乱、从事非法经营的生活。二雄感到曾经被珍爱的美丽水晶瓶瞬间破碎成许许多多的碎片划向自己的心。他痛苦、愤郁："总之你是一个恶毒的女人……但是现在知道了一切的事实后，我又遗憾为什么你当时不死去，在那个痛苦的早晨永远地离开……现在什么都晚了"（朱来：《往日的乞丐》，1992：264）。二雄的悲剧是一个受骗者、被背叛者的悲剧。

说到越南当代文学创作的多样化，我们要提一下体现人类在与战争的关系中的心理倾向和描写人们在与集体、家庭、宗族关系中的心理倾向。在前一种倾向中，作家们深入探寻命运悲剧，凸显出人们"一个人生—两个劫数"的痛苦，如朱来的《往日的乞丐》和朱文的《星星移位》等长篇小说。在后一种倾向中，作家们关心个人悲剧，深入刻画出人们"一个人—两面性"的痛苦。后一种倾向的代表作是黎榴的长篇小说《遥远的时代》和杨向的长篇小说《寡妇渡口》。

在这些作品中，我们看到了环境与性格的不和谐。正是战争的环境与官僚统包机制及其后果造成了江明柴、阮万的悲剧。我们注意到，尽管参军的背景与动机和对战争的认识不同，但他们都是从军路上一路畅通的人。在和平时期，他们得多于失。如果不是参加过战争，江明柴、阮万就是很平凡很普通的人。由于是军人，是从枪林弹雨的战场上走来的人，他们已经近乎摆脱了属于过去的强烈的自卑。总体上看，他们更适合在旧体制中生存，而不是期望着改革这种体制。那么到底什么是他们人生悲剧的真正原因呢？是他们的性格。在这里，环境对命运的影响是一方面，而主要是性格造就了命运。也就是说，他们的性格是导致他们和他们周围的其他人悲剧的原因。正是应该由他们自己来承担责任。他们应该为自己的考虑、选择、行动而付出代价。

江明柴的悲剧源于他畏首畏尾的软弱性格。江明柴的人生是"别人想要的"——集体的意志与"自己想要的"——个人的意愿这两方面的连续的冲突链。因为软弱而不敢"不顾舆论，按着自己的意愿去做"。江明柴甘于屈服于环境，向命运投降。江明柴的悲剧表现在一直要去对付"舆论"、对付自己、要按照"一个人—两面性"的生活方式去过的状态。可以说江明柴的悲剧是放弃了自我、不能按自己的思维方式来生活，也就是说，没有摆正自己在生活中的位置。

杨向的长篇小说《寡妇渡口》（越南作家协会出版社，1990）中的阮万是"一个人—两面性"这一悲剧的另一种表现。从想为自己营造一个"不愧于革命战士的称号，不愧于乡亲们仰慕之心，不辜负人民，不辜负党"（杨向，1990：61 ~ 62）的典范的生活方式到幻想成为东村的圣人，这是一条将阮万引向悲剧的道路。因为想成为圣人，所以阮万为自己选择了一种克己的、无视日常物质与尘俗快乐的生活方式。“长期以来阮万经常在修正自己的心，并且感觉阮万已经在爱着茵。这是偶尔不能抑制的懦弱……这一点是与革命战士不相称的遗憾的错误……”（杨向，1990：64）。但因为他还是一个平凡人，所以他免不了渴望有一个温暖、幸福的家庭。他在精神上虐待自己。最后，当他身上凡人的东西复萌时，不幸发生了。当在爱情婚姻上受挫、无奈的杏像飞蛾扑火一样投入阮万的怀抱时，他还是不能自持。阮万的悲剧是观念、生活方式与行动错误的悲剧。阮万这一人物形象贯穿小说始终。他自杀后全村人为之送葬的场面非常感人。他的悲剧命运让人们对人情世态有所醒悟。

长篇小说《寡妇渡口》的作者杨向非常熟悉越南北部平原沿海地区的农村生活。这部小说以抗美救国战争为背景，通过对东村人们生活的描绘，真实地再现了当时人们的生存状态，表现了作家对造成其中爱情婚姻悲剧的复杂的历史和现实原因的深入剖析和深刻反思，寄托了作家对普通人的命运和前途的深切关注。小说描写了几代人的“许多悲剧人生命运”①。杨向在小说里塑造了从老冲、老谦到阮万、阿茵、阿杏、阿义和阿柔、阿水等多个悲剧人物。小说主要围绕男女主人公阿义和阿杏的爱情婚姻悲剧展开。阿义和阿杏从小青梅竹马，但他们的结合却遭到双方家庭乃至家族的反对和阻挠，因为他们两个家族有世仇。义和杏这对年轻人冲破重重阻力勇敢地走到了一起。婚后不久，阿义参军上了战场。杏在家苦等了十年，等回的是在战争中受伤、已经丧失了生育能力的阿义。可是，所有的人都认为，他们没有孩子是阿杏的问题，因此都归咎于她。由于传统观念的压力，她只得忍痛跟阿义离婚。“你整个家族的誓言依然存在，它千百年来已经浸透你们的血液，永远也洗不清”（杨向，1990：273）。阿义调到省城工作后，把母亲接到省城，并跟对他母亲照顾有加的阿水结婚。但由于同样的原因，他们的婚姻也未能持久。而阿杏在离开阿义后，精神几尽崩溃，白天强颜欢笑，夜晚偷偷哭泣，竟然与从小把她当作女儿看待的阮万生下一个孩子。阮万也因自责而自杀，结束了孤独的一生。

在《寡妇渡口》这部长篇小说里，杨向告诉我们，“人们既是受害者，同时又是自己一生悲剧的制造者。”②他们应该对自己的命运负责。阮万的悲剧具有代表性。他作为一个从奠边府抗法战场回乡的伤员、老战士，对自己的过去和革命品质非常自豪。他真诚坦荡，一心为公，同时也是一个简单愚昧，常常被人利用的人。他从来没有个人和幸福这种意识。他始终把对已经牺牲的战友的妻子茵的美好感情压在心底。他选择了一种他自认为是革命战士应该有的苦行僧式的生活。他和茵因为顾忌舆论，放弃了他们本可以得到的幸福。最后，

① [越]阮文龙：《乡村图画与命运》，越南《文艺报》，1991年3月23日第3版。

② [越]阮文龙：《乡村图画与命运》，越南《文艺报》，1991年3月23日第3版。

阮万仍然是一个不幸的孤独的人。他唯一的一次和女人生活竟然是和阿茵的女儿阿杏。这使他深感罪恶，愧疚不已。他只有一死才能解脱。

越南从20世纪40年代后期抗法战争开始，长期以来，文学都是为政治服务，忽视了文学的“人学”本质。“几十年来，我们的国家这样生活在政治生活中。革命、战争、政治事件、政治生活深入日常生活中。一切都用政治来衡量：从对人的评价到作品的分析，有的时候就连诸如吃饭穿衣，甚至艺术描写形式等一切都归结到立场、观点上来。”①越共中央政治局05号决议指出：“我们不能对已经做的事情满意。以直面事实的态度，应该认清文学艺术活动的质量和效果总的来说还很低，有价值的文学艺术作品还很少，创作潜能还没有得到充分发挥，重形式、公式化、简单化现象还很严重。”②1975年后，特别是20世纪80年代中后期，大量的文学作品开始关注现实生活，关注人生命运。杨向的《寡妇渡口》从是否尊重人的正当的个性和权利这样的角度，发现了现实生活中那些隐藏得很深或者虽然随处可见但却又为人们习焉不察的社会矛盾，揭示了封建残余和旧的传统观念仍然是今天造成各种各样畸形儿或病态心理、阻碍人们在社会主义条件下获得正当权利和自由、维护人格独立和尊严的社会根源。“所有的这一切通过阮万和杏这两个人物的命运折射出来。”③

小说描写战争摧毁了青年一代对美好生活的幻想，给人精神和肉体以巨大的创伤。描写战争如何毁灭人的精神，扼杀人的爱情，但它并非是一般的反战小说。小说中人物的悲剧原因表面上是战争，战争导致了阿义和阿杏这对夫妻的长期分隔，导致了阿杏的不育。但如果不是旧的传统观念在作怪，如果人们能摒弃旧的传统观念，那么他们的悲剧也不是不可避免的。他们的悲剧并不是命运之神对他们个人的捉弄，实际上是传统观念和以老冲头为典型代表的传统势力对人的命运的作践。

现实生活中的人是极其复杂的，人性的善与恶、美与丑、高尚与卑劣往往交织在一起。优秀的作家善于把握人物性格的各个层面，揭示出人物性格的多样化、复杂性，从而塑造出有血有肉的人物形象，“面对复杂人性的任何一种概念化、简单化，只能导致人物形象的苍白、失真、僵化。”④越南当代文学描写这类人物时已经开始注意发掘他们纯朴善良的性格、美好的人性和高尚的道德情操，展示他们复杂的心灵和坎坷的命运，开始把他们拉回到现实的大地，写他们在工作、爱情和家庭生活中的喜怒哀乐与悲欢离合，写他们心理的复杂性和性格的多样性。

① [越]黎玉茶：《文艺与政治》，越南《文艺报》，1987年12月19日第2版。

② 政治局决议（即由阮文灵代表政治局签署的第05号决议）：《革新和提高文学艺术和文化的管理领导水平，发挥创作性，把文学艺术和文化推向一个新的发展阶段》，越南《文艺报》，1987年12月19日第2版。

③ [越]裴越胜：《束缚的根源》，越南《文艺报》，1991年3月23日第3版。

④ 曹伟：《〈金瓶梅〉文学语言研究》，广州：暨南大学出版社，2004年，第21页。

《寡妇渡口》以战争为大的社会背景，却不写战争，不写英雄。小说一反漠视、践踏普通人的价值、尊严和权利的传统，尖锐地提出尊重人的价值、尊严和权利的问题，从人性的角度批判封建余毒，是一次勇敢的尝试。它把描写现实生活作为首选题材，肯定了人追求幸福与个人自由快乐的权利。整部小说张扬着人的本能的欲望，完成了文学向人学的回归。

通过刻画这些“一个人—两面性”的形象和他们的悲剧，作家们想要带领读者来到一个平凡、普通的生活，把读者带到一个尊重个人、个性的具有人文性的社会中去，告诉人们必须更加深刻地意识到自己在与集体、家庭、宗族的和谐、统一的关系中的权利和义务，对自己的选择必须敢于承担责任。

阮凯的作品往往用细腻的叙事风格和富有哲理的语言来概括人生的悲剧。人间境界无穷大，但转来转去也就是那么几件事情：“操劳、娶妻、生子”。因此，其实是很小的。在时间的无穷流转中，人生是很短暂的，很有限的。因此，人们努力尽一切办法想要延长自己的寿命。但“活上百岁也是没福的。朋友全没了，孩子也全没了，自己出生的那个年代也没了。属于自己的年代逝去了就等于说一切全没了”（《在小小的人世间》，第62页）。因此，活的越久越孤独。死原本是一件悲伤、让人害怕的事。但它也是很奇妙的。它可以帮助化解痛苦和矛盾，“过得舒服的人不至于一直舒服下去，受苦的人不至于一直受苦下去”（《在小小的人世间》，第118页）。只有死是公平的，人们只有在坟墓里才是真正平等的。当然，我们每一个人的一生都还是要努力为生活而奔波，要努力去证明自己存在的价值。

“文艺应当反映生活，但反映是有限的，感应才是无限的。感应可以超越一切时空界限。有主体感应才有作家的理想，才有作家的预见，古今中外的东西才可能被作家主体所同化、所变形，这才是美的再创作。”[①]所谓作者对于生活的评价态度，主要是指作家艺术家渗透于艺术形象的感受体验，是主客体关系的一种反映，既是主体感受达到的客体，又是客体对于主体的感受。托尔斯泰认为，无论作家写的是什么人，是圣人、强盗、皇帝、仆人，我们寻找的、看见的是作家本人的灵魂。因此，文学史上有“文如其人”、“诗品”即“人品”、“练文必先练人”的遗训；鲁迅有“从喷泉里喷出来的都是水，从血管里流出来的都是血”的名言。作家的文化素养突出地表现为高度的艺术感受能力，如敏锐精细的观察力，形象的记忆力，丰富的想象力，对创作素材进行选择、提炼、集中、概括的表现能力等。这些能力的获得和发展，自然要通过生活实践和艺术实践去锻炼和积累，在学习有关艺术规律的各种知识，吸取前人的艺术经验的基础上，通过主观努力，充分发挥个人的禀赋，才有可能创新。巴尔扎克在谈到法国一位著名的艺术家塔尔玛时说，她口中说出的一个字，就

① 谢宏：《坛下谈文》，桂林：漓江出版社，1989年，第156页。

能把全场几千观众的心灵都吸引到同一种感情的激动中去；她只用一种表情，就能传达出一个史诗性场面的全部诗意。这就是艺术的力量。艺术作品就是用最小的面积惊人地集中了最大量的思想。

阮凯在他的《在小小的人世间》这部长篇小说里关心的是人与时间的关系中产生的人间悲剧，而阮明洲则关注人的命运、人的劫数与空间、自然、宇宙的关系。他的长篇小说《爱情的土地》所反映的是边达村人们的命运，如归、波等老人一生与大海打交道，可以说是“历尽沧桑”，很了解人类生命的渺小、飘摇、无意义。在辽阔无垠的天地宇宙间，人是那样的渺小。人们像精卫填海一样，在勤劳地坚持不懈地劳动着。但在大自然顷刻的狂怒下，人们的这些劳动成果就毁于一旦。大自然是喜怒无常的。它一边赐予，一边毁坏。它让你得到，又让你失去。它刚刚包容大度，立刻又冷酷无情。大自然是无情的，在它面前人人平等。人不一样，人有爱和欲望。爱是永恒的，“波和我爷爷的生活被天地全给夺去了，只剩下生活中的爱情与不停地劳作的双手”（《爱情的土地》，第44页）。欲望也是与生俱来的，直到死亡才会消亡。“一辈子坚忍，慢腾腾地拾捡着一只只螺蛳螃蟹过日子。然而坚忍的性格仍不能造就出一个安分的人，仍然不能滋生投降主义，仍然不能扼杀漂流冒险的渴望”（《爱情的土地》，第86页）。正是爱和欲望使人类代代相传永无止境。作家们都始终对人生怀有热切之心，都认识到了人类强大的生命力。

悲剧写的主要是主人公的现实环境之间的必然的冲突，往往以主人公的失败、受难以至灭亡而结局。它的主人公大部分是正面人物，甚至是英雄人物，他所追求的进步理想或所从事的正义事业，在具体的历史条件下，为强大的现存势力所阻挠，不能实现；也有的主人公虽不是正面人物，甚至有严重缺点，但他要实现的某些希望还有合理的因素，却由于所受环境的黑暗势力的打击以至惨败。因此他们的牺牲都是可悲的，值得同情的。正因为主人公的思想行为是正义的，他的斗争是合理的，所以他的失败或毁灭，必然引起人们的悲愤或敬仰之情，并从而得到积极有力的启示和教育。普罗米修斯就不知鼓舞了多少代先进人物为造福人类而进行过英勇斗争，罗密欧和朱丽叶也一直是旧时代青年男女争取合理婚姻的不灭火种。中国古典戏剧《窦娥冤》中的主人公窦娥这个正直、善良的妇女，为了保全自己生活的纯洁和家庭生活的安全，反抗恶棍的讹诈和昏官的枉法，以至惨遭杀害，更能引起人们悲痛愤恨之情。中国现代戏剧作家曹禺的《日出》中的主人公陈白露不是正面人物，是资本家的玩物，是资本主义社会的渣滓；但她知道自己不应该如此堕落，有时还不甘如此堕落，却因社会的罪恶和自身的弱点，终于堕落不能自拔，以至只有走向自杀的道路。她的结局依然是可悲的，引起读者对于主人公灭亡的哀怜之情，对社会罪恶势力的愤恨之情。

在越南当代文坛上，悲剧意识的出现是一个新的现象，它在20世纪80年代中后期以来，被作家们广泛运用到自己的创作中。悲剧意识是对史诗意识、批判意识、嘲讽意识的一个重要补充。它让人们更加全面、充分、深刻地认识现实。“悲剧与人的生存困境的关系实在是非常密切。”[①]通过对以上作品的介绍和分析，我们看到悲剧意识证明了它在体现个人生活、分析人们内心的冲突与提出迫切的具有哲学意义的问题中所具有的能力与优势。通过描写忧郁的人生、不幸的命运、梦想破碎的人们的痛苦，带有悲剧意识的创作并没有使读者感到悲观、厌恶生命和社会。相反，它们的背后隐藏着的是懂得“在陌生人的痛苦面前感动”的心灵——这就是作者们仁爱之心的真正表现。悲剧意识对激发人间的真情、触动人类的爱心起着巨大的震撼作用。

第二节 悲剧的人生：《遥远的时代》

黎榴（1942— ）是在抗美救国战争中出现并成长起来的军旅作家。他的第一部短篇小说集《持枪的人》（1970）就较为成功地体现出了自己的特色：非常熟悉农民出身的军人身上所具有的风采和性格。他作品中的主人公几乎清一色是军人。

长篇小说《遥远的时代》（越南作家协会出版社，1986）是黎榴的一部力作。小说主要讲述主人公江明柴在抗美救国战争时期及全国统一后，在部队、家庭、爱情、婚姻生活中所遭遇的种种坎坷和不公平。小说通过描写江明柴，反映了越南社会生活和人们的精神观念在战争年代和与平时期两个不同时代的变迁。

小说真实生动地反映了人们对社会现实生活的认识和评价的转变。在这里所体现的不仅仅单纯是江明柴这个农民出身的军人个人的爱情悲剧，而是一个农村青年走进新生活的时代共同的社会心理问题。

《遥远的时代》“是一段英雄的历史里程，是从建国到全国解放的30年里程，是小说通过塑造江明柴这一农民的悲惨命运来概括的历史。”[②]对这一人物形象所处环境的真实生动反映，引起了人们的广泛思考。正是因为全国统一后，社会生活走上了正常轨道，作家们才开始了创作的转变。“我们已经走上了一个有着区别于以往的变化的自然的和复杂的和平时期的文学生活。”[③]《遥

① 任生名：《西方现代悲剧论稿》，上海：上海外语教育出版社，1998年，第6页。

② [越]吴文富，风雨，阮潘赫：《20世纪越南作家（第四册）》，河内：越南作家协会出版社，1999年，第483页。

③ [越]元玉：《关于当前文学生活带有规律性的一些现象》，越南《共产主义杂志》，1993年第5期，第27页。

远的时代》正是在这样的背景下问世的。“黎榴的这部长篇小说是一颗射向过去的炮弹。过去是一种时间的流逝，每个人都可能忘记它，但历史不会忘记。《遥远的时代》这颗炮弹穿透了我们长期以来没有涉及的一块无形的遮布。过去并不只是一块香甜的面包，它还有苦涩。”①

小说主人公江明柴生长在农村，但这个农村家庭并不普通。他有一个思想保守的老学究父亲，还有一个当干部的叔叔和一个当干部的哥哥。这样一个家庭在他的家乡可以说是很有威信、很受关注的。江明柴本身也是一个老实善良、聪明好学的人，大家都很喜欢他。唯一的缺憾就是他9岁时，家里给他娶了一个比他大三岁的“妻子”。而这个缺憾几乎毁了他一生的幸福。

江明柴从小就很讨厌“妻子”，但无奈于父亲严苛的家教和舆论的压力，他无法避开“妻子”。从刚懂事开始，“妻子”就成了他生活中最大的阴影。而且因为是已经有家室的人，他不敢与任何其他女孩有接触。直到他考上县里的学校，认识了一个美丽而聪慧的女孩阿香。虽然他尽量避免与阿香的接触，但一个偶然的机会还是使两个人聚在了一起。于是，他和别的女孩偷情的消息使江明柴那个本来很荣耀的家庭受到了极大的冲击。为了躲避舆论的压力，江明柴的叔叔江河托熟人安排他参军入伍，远离家乡，也远离了阿香。

在部队的日子里，江明柴不敢与阿香联系，两个人饱尝相思之苦，而且因为种种原因，他们俩始终无法见面，还产生了许多误会。就在江明柴对感情近乎绝望之时，干部们推荐他入党，前提是他必须解决与“妻子”不和的问题。同样无法抵抗领导的压力，江明柴只好答应，在一个干部的陪同下，回到家乡与“妻子”圆房，成为真正意义上的夫妻。但可笑的是，由于妻子的家庭成分不好，他还是不能入党，一切的努力付之东流。后来，妻子怀了孕。苦等他多年的阿香为了报复江明柴的背叛，迅速地与别人结婚了。受到这一连串的打击后，江明柴心灰意冷，决定去南方战场。他宁可壮烈地死在炮火中也不愿再见到妻子。

在战场上，江明柴表现出色，屡立战功。11年后，战争结束。战友们都迫不及待地回到自己的家乡，只有他有家不愿归，因为不想见到自己的妻子。他选择在河内继续上大学。此时，由于社会环境的变化，他的叔叔江河与部队的老领导终于决定帮助他从这段痛苦的婚姻中解脱出来，困扰了他二十几年的问题这才得到了解决。重获自由后，亲戚朋友给他介绍了许多女孩，但他还是思念着阿香，渴望获得一段真正的爱情来弥补他过去的损失。但阿香已经结婚，她是个家庭观念很强的人。所以，尽管不爱自己的丈夫，她还是拒绝了江明柴的要求。

江明柴与很多女孩见过面，但都无法给他带来那种爱情的感觉。直到阮

---

① [越]阮和：《从〈遥远的时代〉的思考》，越南《文艺报》，1990年12月5日第7版。

垂珠的出现，他才又燃起了对爱情的渴望。阮垂珠是一个非常迷人且家庭条件优越的河内姑娘。江明柴从第一眼见到她开始就迷上了她。但阮垂珠很复杂。她在认识江明柴之前，曾与一个名叫阿全的有妇之夫相好，并怀上了阿全的孩子。由于阿全不愿意离婚，阮垂珠为了保全名节，也是为了报复阿全才与江明柴闪电结婚。对此，忠厚老实的江明柴全然不知。婚后，阮垂珠一方面完全控制住了江明柴，一方面又嫌弃他是农村人，没有情调，所以一直对他很不尊重。江明柴没想到自己对妻子的疼爱和包容会换来这样的回报。可是他已经完全被妻子控制住，早已不懂得反抗。当阿全与前妻离婚后又来找阮垂珠，想要恢复关系时，阮垂珠对江明柴的态度更加恶劣，夫妻关系越来越紧张。江明柴为了两个孩子忍了四年，最后被逼得无路可退，再次心灰意冷，终于提出了离婚。这对阮垂珠来说是正中下怀，她毫不犹豫地答应了。江明柴只想要带走大孩子，但阮垂珠却在法庭上公开承认她的第一个孩子不是他的亲生骨肉。他这才知道了事实的真相。倍受刺激的江明柴“遍体鳞伤”地离开了法庭、离开了家，两手空空回到故乡。“江明柴的悲剧是在一个幼稚天真、人们把愚昧当成真理的时期里，人们可以用自己的好心互相伤害的时期里一个被动的好人的悲剧。”①

纵观江明柴的一生，他从小被父亲管教得温顺老实，不敢违背父亲的意愿，所以才让婚姻束缚了自己二十几年。后来被送到部队，让本就老实的他更学会了如何忍耐，更不敢违背领导的意愿，所以才导致阿香一气之下嫁给了别人，葬送了自己的真爱。接下来十一年的战场生活，更让他有了惊人的毅力和耐力。正是因为他这样的经历、这样的个性，他才被阮垂珠所利用，才能在后来面对阮垂珠的咄咄相逼时表现出非同一般的宽容与忍让。也正是因为这样，才有了阮垂珠的变本加厉，导致了他自己最后凄凉的结局。可以说，他一生中遭遇的几次挫折绝非偶然，都是由他的成长经历和个性所决定的必然结果。他总是按照别人的意愿生活，把自己的感受深深地埋藏起来。父亲要他和妻子一起生活，他就委曲自己和妻子一起生活。并且为了家庭的名誉，他还努力在外人面前假装跟妻子关系很和谐。遇到阿香以后，阿香作为一个女孩尚能勇敢地面对自己的爱情，而他却为了逃避舆论而离开阿香，宁愿自己和阿香痛苦也不让家族的名誉受损。后来又遵循领导的意愿回家与妻子圆房，终于彻底地失去了阿香，失去了真爱。在处理与阮垂珠的关系上，他的这种性格更是表现得淋漓尽致。为了让阮垂珠满意，他被阮垂珠牵着鼻子走。让人为他的窝囊又气又怜。到最后，他勇敢地作出了与阮垂珠离婚的决定。虽然这次他终于学会了反抗，但他已经付出了太大的代价。他的人生已不会再有大的转机了。黎榴把江明柴这一人物的悲剧表现得相当成功。

江明柴的一生从表面上看是被别人所耽误了，但实际上他自己有不可推卸

① [越]阮和：《从〈遥远的时代〉的思考》，越南《文艺报》，1990年12月5日第7版。

的责任。他的性格是造成这一切悲剧的主观原因。而时代的变迁正是隐藏在这故事背后的深层次的客观原因。作者正是想通过江明柴的故事来反映时代的变迁给人们的生活所带来的影响。江明柴的一生跨越了两个截然不同的时代。他成长在一个战争年代，那时祖国没有独立统一，各种封建残余和不合理的事物在农村还大量存在。他童年的婚姻就是那个时代的畸形产物。当他在战场上度过了自己的前半生之后回到社会，时代已经发生了巨大的变化。祖国统一了，新的社会要树立新的思想意识，需要摒弃不合理的事物。因此，他得以从畸形的婚姻中解放出来。但由于他不了解都市人的生活，不了解新的时代里人们的思想意识和价值观，所以他选择了错误的结婚对象，被人利用，又走进了另一个婚姻的桎梏。过去，在他的生活中出现的人大部分都是很正统、很单纯的人，所以他想象不到年轻的阮垂珠会是一个那么复杂、有心计的女人。阮垂珠所追求的爱情和婚姻根本就不是他所能给予的。他们成长在不同的年代、不同的环境里，在思想意识上有很大差距。这是他们婚姻悲剧的根本原因。

故事的主人公江明柴是作者用心刻画的，他既具有具体的个性，又有时代的共性。在江明柴身上具有他所生活的那个时代的整整一代人的特性。所以他的性格是多样的，既可爱，又可恨，又可怜。江明柴身上的那种让人又气又怜的善良而怯懦的性格特点非常突出，并且在整部作品中随情节的发展不断得到强化，让读者越看越为他着急、越看越为他担心。看到结尾，读者更禁不住为他叹息，为他感到强烈的惋惜和同情，在猜测他的余生的同时产生思绪万千。

在艺术手法上，黎榴也是很成功的。在叙述过程中，黎榴使用了许多穿插手法。他不是按故事发展的时间顺序来进行叙述，有时使用倒叙，有时使用插叙。比如在叙述江明柴与阮垂珠的婚姻生活时，他常常将最后两人在法庭上对峙的情节穿插其间，不时地预示两人的婚姻将走向决裂的结局，让读者对以后将发生的事情非常好奇，很想知道到底是什么原因让本来怯懦的江明柴竟然有勇气提出离婚。这样的穿插并不紊乱，它既可以缩减描写两人在法庭上对峙的笔墨，使文章紧凑，又可以首尾呼应，使情节发展依然完整，不会因为这种缩减而导致唐突。

作者善于进行心理描写，尤其在刻画江明柴的过程中，作者运用大量的篇幅进行心理描写。因为江明柴本身不是一个健谈的、善于表达自己的人，不应该有过多的对话描写。作者用心理描写向读者展示了江明柴许多想说而不敢说或者想说而不知该怎么说的话，展示了他的内心世界，让读者更好地了解他个性的发展演变。

江明柴参军后开始记日记。但他日记里面的内容全是虚构的，如在里面说他的妻子是阿香等等。尽是这些子虚乌有的内容。一天，日记被指导员发现并没收，江明柴的日子从此就不好过了。因为连里把这本日记看作是思想腐化堕落的危险物证，把江明柴当成一个重大的典型案例在全连进行批判。一次江明柴得了肺炎，高烧不退，病得起不了床，人们都以为他是犯“思想病”，还要对他进行批判。①“这是一个黎榴称作‘遥远的时代’的故事。其实并不远。”②

江明柴又是幸运的。当连队把江明柴的日记风波上报后，团政委杜孟下连检查处理这件事。他看到的是已经高烧四十度的江明柴，就立即让连队将他送往医院。杜孟政委也许是因为江明柴是自己战友的侄子才这样照顾，也许是这件事情实在是被连里的干部处理得太让人看不下去了。但他对连队干部说的那一席话确实令人感动，不仅是在当时的那个时代，即使是今天，在我们的现实生活中也是极其难能可贵的。“检查不意味着对一些个人的事情瞪大眼睛窥伺、好奇，闭着眼睛去谈论。个人的一些表现，包括言谈举止触犯了军队纪律、军人品质、战斗意志和人格时应该密切跟踪和严肃处理。但是那些属于个人隐私的情感问题要从多角度来了解，要坚持，要耐心，有时还要艰苦忍辱才能完全了解人，如果你想了解并帮助他。匆忙、粗浅地对别人的人格作结论，捶打别人来达到自己的个人目的，有时把别人给杀了，自己还觉得跟自己没有关系，没有罪行，大不了承认自己有缺点要吸取教训。如果我是一个公民，是一个有权要求别人遵守法律的公民，那我就要把你们这些侵犯别人人权的人送上法庭。你们用所谓的讨论会这种压力来追查、追问人家。你们造成了一个对人很恶劣的很糟糕的成见，可以这样说，你们不顾及一个一周来已经发烧到四十度的战士，仍然认为他是患有思想病，要‘隔离’。请问，如果没有你们的思想反映到团里来，且幸运的是我们及时把他送到了医院，那么再过几天，这位战士的命运将是如何！？你们的做法让我感到愤怒”（黎榴，1986：96）。小说的初稿完成于1984年9月。黎榴在当时越南思想还不开放的环境下，通过小说人物说出这样的话，真的是很不容易的。这也难怪为什么小说出版后，会在越南引起一场轰动，且一版再版，就是因为小说注重探讨的是人性的话题。军队纪律严明，但也必须要人性化管理。团政委杜孟的这段话，多么的人性化，多么的具有人情味！

配合这些心理描写，作者还运用了不少的细节描写，通过这些细节描写来表现人物复杂的心理活动。这种细节描写不仅表现在江明柴的身上，还表现在其他人物的刻画上。比如江明柴的妻子黄氏雪，她没什么文化，是一个典型的农村妇女。为了突出她的气质，作者也是用了很多的细节描写，描写她的衣着、描写她大大咧咧的言谈举止，让读者对她的形象一目了然。江明柴入伍这

---

①[越]朱江，阮文琉：《通过〈遥远的时代〉要求对实在的重新认识》，《文章论战》，河内：越南文学出版社，1995年，第213页。

②[越]吴文富，风雨，阮潘赫：《20世纪越南作家（第四册）》，河内：越南作家协会出版社，1999年，第485页。

一年多中，从来没有给任何人写过信，没有一个人知道他的地址。但是黄氏雪通过与江明柴乘同一趟船参军的一个战士那里打听到了他的地址。在江明柴要去上大学的前几天，黄氏雪精心地打扮了自己，穿上最好的衣服来到部队探望江明柴。她热情大方地和别人拉家常。但在和别人交谈聊天中显出了自己身上的“土气”、没文化。在黎榴的笔下，黄氏雪“异样、土气、粗鄙，从形象、举止到言语都很粗鄙”①。知道日记事件的人们在心中起了疑问：这就是江明柴在日记中所描写的那个美丽有学识的爱人吗？

黄氏雪本想通过自己的热情大方来改变丈夫对自己的态度，因为江明柴一直讨厌她，总闷着头不说话。可谁知，这次来部队探亲的表现让江明柴更觉得她讨厌，更觉得和妻子无法沟通。在黄氏雪来探亲的日子里，白天江明柴一直在俱乐部看书。晚上回到招待所更是不说一句话，整晚整晚地看书。原本黄氏雪想让丈夫在上大学前和她一起回一趟娘家，可江明柴为了避免和她单独在一起，考上大学这么重大的事情都不曾想着向家里报喜。

又比如对阿香的描写。江明柴来到河内办完入学手续后，直接去阿香所在的高中去看望她。恋人之间很久没有见面，按理说应该是阿香很盼望这次相聚才对。然而阿香更多的却是一种怨恨：“就江明柴杳无音信出走的痛苦和希望已经几年了。暑假里又突然听说江明柴的妻子要探望丈夫。几个月来，外人都知道江明柴的妻子有他的地址。只有她知道，且快去探亲了。然而在阿香去学校的前一天确切地知道，那天早上黄氏雪用一根甘蔗挑着两个很大的提包去探望江明柴了”（黎榴，1986：111）。因为有了这种怨恨，江明柴去找她她不见。到晚上八点后，她故意在自己班上“借”了一个男同学一起回宿舍见江明柴，且对江明柴的态度非常冷淡。可是，江明柴不知阿香是在误会自己“脚踩两条船”。江明柴就这样被阿香赶走了。

春节的时候，江明柴休假两周。这次他回家了，是离家参军后第一次回家。阿香也在江明柴回来之前两天放假。阿香从其母亲那里得知江明柴并没有“脚踩两条船”。江明柴没有把地址告诉黄氏雪。江明柴考上大学后，家都没回，就最先来见阿香。这时，阿香后悔自己当初怎么就把自己日思夜想的人给赶跑了呢。阿香心中一片惆怅。阿香很清楚“自己有想爱谁，什么时候结婚都可以的优势。但她不能理解的是她为什么爱江明柴。一种不知道会有什么结果的爱情，自己却无法割舍”（黎榴，1986：116）。江明柴在探家的日子里，几乎每天都在阿香家附近玩到好晚才回朋友的家去睡。阿香也整天在自己家门口转悠。可命运就是这样，两个人终究没有再见到面。一个是怕再次被阿香赶走，一个是不好意思再主动一次。机会就这样再次从他们身边溜走。

两年半后，阿香已经是百科大学的二年级学生。她参加了江明柴所在部队

①[越]吴文富，风雨，阮潘赫：《20世纪越南作家（第四册）》，河内：越南作家协会出版社，1999年，第489页。

驻地附近海边的夏令营。她知道江明柴心里除了她以外，没有别的姑娘。阿香托人带信告诉江明柴。但是江明柴没来，只是来了江明柴的上司，他们团的文化干事阿晓。阿晓说江明柴出差去了，估计在阿香结束夏令营之前回不来。然而就在阿香带着没有见到心上人的遗憾要坐火车离开时，得知江明柴一直都在单位，没有离开过。阿香不明白到底是谁在骗自己。

原来是阿晓很关心江明柴，认为江明柴是一个有天分、勤奋、努力的年轻人，肯定会有一个很好的前途。他怕阿香的到来会给江明柴带来负面的影响。目前他正在帮助江明柴入党。其实，他也不愿意这样去破坏两颗纯洁相爱的心灵。但是为了江明柴的前途，他只好做了狠心人。面对阿香寄来的一封写满疑问的信，阿晓决定一直保持沉默。当他后来把这件事告诉江明柴时，江明柴辗转几个晚上没有睡好觉。"作为一个有一定阅历的人，阿晓知道过一段时间就好了。重要的是，江明柴正受到大家的关心爱护。他有了一个很多同龄人都非常羡慕的职业——教学。江明柴很难割舍这些，特别是对他胆小的性格来说，不会发生什么的。年底，江明柴被评为团部唯一的竞赛战士。支部大会一致同意吸收江明柴入党，如果以下两个条件已经清楚：是否已经真正爱妻子，检查妻子的家庭情况。"（黎榴，1986：128 ~ 129）从他们的谈话中，我们可以看出领导对江明柴的生活很关心，虽然这种关心不正确，并间接导致不善反对、一味屈从的江明柴错过了以后找到自由的绝好机会，也可以从谈话中看出江明柴的不幸其实和他的性格也是有很大关系的。他只懂得对关心自己的人唯唯诺诺，不管他们关心的是不是自己想要的，只要是他们关心的，自己不管喜欢与否，全都默默地承受。"所有的都是好人，都是有着崇高理想的、愿意鞠躬尽瘁的、忠诚的人，想给别人带来真正幸福的人。但结果是事与愿违，善变成了恶。人们正是用自己的好心造成了别人的痛苦，害了别人。"①

请看政治副主任在办公室和江明柴的这段对话：

请喝水。老婆孩子的情况怎么样?

报告，还和原来一样。

什么意思?

报告首长，我不嫌弃她。但仍很难交流。

这样可不行。你记住，我们是政治机关，没有政治是不行的。现在这样，刚才支部大会通过了你的履历和入党申请。只是在老婆孩子问题上还有些问题。说真的，我喜欢你，同志们也都喜欢你，别辜负了大家。现在我以你的直接上司的名义要求你要爱妻子，能不能做到?

是，能做到。

只有这样。但是要真正地爱。

① [越]吴文富，风雨，阮潘赫：《20世纪越南作家（第四册）》，河内：越南作家协会出版社，1999年，第488页。

> 是，我努力按首长的意思去做。
>
> 难道我们还让你做蠢事吗，坚决地去做，你又有妻子又有孩子，我们能得到什么。我也要告诉你，连你一起是七个人，政治组的七个人，从过去到现在夫妻闹别扭，我都能摆平。现在都很好。你还很年轻，很有前途，让这种事情弄的说不清道不明不是好玩的。好了，我只想和你说这一点。（黎榴，1986：129）

为了贯彻组织上对江明柴的关心，保卫干事阿贤和江明柴一起回家，检查江明柴与其妻子的关系问题。黄氏雪和所有的爱丈夫的乡下姑娘一样，即使整天担心自己不被丈夫爱，但在家庭还没有彻底破散之前，不会在外人面前说自己丈夫的半个不字。她高高兴兴地讲述着所有的一切。"我丈夫一定很忙的，所以不写信，我也觉得没有什么不可理解的。……难道你们单位的同志们希望我们'不团结'吗？我也听说有这姑娘那姑娘，但是没有'捉奸捉双'，没影的事我是不相信的。"（黎榴，1986：137）听完黄氏雪的述说，阿贤颇有感慨。晚饭后，阿贤拉着江明柴的手说，"你先去睡吧，进房间去睡。她很辛苦，你要疼人家。"（黎榴，1986：139）

第二天，阿贤得知江明柴昨晚一直在通宵读书。阿贤又与他进行了一次畅谈，"现在我们谈这件事。走之前，副主任叮嘱我要想一切办法让你们相爱。要真正地爱，而不是像以前那样。他说你已经向他保证过。我来是要检查是不是像你所保证的那样。我觉得做这个工作太难了。但是，你想想，如果你刚刚入党，在团部机关里人们发现你爱妻子只是应付，那么这个政治组的党支部如何是好！"（黎榴，1986：140～141）经过阿晓的这一番劝导，使得本性懦弱的江明柴屈从了，"好了，你放心吧。我知道各位首长和组里的同志们都很关心、爱护我。我将努力去做，不辜负同志们的期望"（黎榴，1986：141）。这就是《遥远的时代》所反映的一种悲哀。"我们每一个读者都仿佛从江明柴的身上多少看到一点自己的影子。"①

就这样，江明柴和黄氏雪当晚同房了。看到这儿，读者心里就涌起一股怒火。这个副主任和阿贤怎么就那么不关心江明柴的真实感受呢。人家真正想要的是什么，他们不去管，只知道一味地把自己认为是对人家有利的事情强加在人家头上。黎榴不愧是一位军旅作家。他对军队的了解确实很深，不然也不会把这么人性化的问题放在作品里让读者自己去体会。

尽管江明柴努力按组织上的意见去做了，但命运并没有放弃对他的捉弄。"支委传达了'司政后'党委根据政治组支部的建议不吸收江明柴入党的决定。江明柴本身很好，基本家庭，有很好的影响。"八月革命"前后和现在都没什么问题。只是联系到妻子的家庭关系，却非常严重。他岳父有血债。他岳

① [越]吴文富，风雨，阮潘赫：《20世纪越南作家（第四册）》，河内：越南作家协会出版社，1999年，第488页。

父和大舅子帮助敌人抓捕过许多基层干部。地方政府都证明江明柴在经济、政治等方面没有受其岳父家的影响。但是，愿意与否，这是存在的很复杂的社会问题，需要时间来考察”（黎榴，1986：150）。考察到什么时候，没有人能知道。江明柴没有权利去问。在当时的情况下，即使问了，也没有人能做出回答。人们最多只能是安慰他，让他继续接受党的考验。

在这之后，黎榴引用杜孟政委在被调去南方战场临行之前的晚上与阿晓、阿贤之间谈话而把自己对军队中存在的问题说了出来。谈话的主要内容是“人情世态”、待人接物、相互关心之类，且内容大多是围绕江明柴而讲的。

“你们是些什么人呀？你们提出条件要他爱妻子才能入党。他按照你们的意思爱他的妻子了，却又入不了党了。因为他妻子家的历史太糟糕了。你们设身处地地想一想，是不是我们造就了他的悲剧？难道我能劝他，劝你们让他抛弃妻子？……为了确保安全，避免人们对自己的人的不好的议论，你们不需要留意或者怕连累、怕误解，用这种办法那种办法，不管对错，立即‘平息’自己单位的、自己周围的那些私人的麻烦。这样就利索了。这样就轻松了。这样就精明了。但是你们想过没有，你们扼杀了一个人对革命、对军队、对我们美好社会的一颗纯洁的心灵、一种信念和一种爱情。我告诉你们，事情已经这样了，也只能是吸取教训而已……在我们吸取教训的时候，已经结束了一个人，已经把一个人从好的一方推向了坏的一方，从关爱推向了仇恨，有时甚至完全了结人的一生！你们认为是不是这样？要坚决、坚决到残忍、恶毒地要求所有的军人严格执行纪律规定、军队的条令，遵守国家的法律、社会主义新人的人格和道德。但是不允许自己感兴趣的要求人家也要感兴趣，自己厌恶的要求人家也要厌恶。爱谁恨谁要由别人来指挥。指挥员喜欢谁，就大家都去围着这个人，尽可能地把自己跟他联系起来以引起注意，证明自己也是先进的，明智的，与指挥员所喜欢的是一致的。指挥员厌恶谁，就想方设法远离他、厌恶他……这种东西的危险性在于它不知不觉的已经浸入我们每一个人的肌体，成了我们的血肉，成了我们的思想意识，存在于社会的各个领域和人们的日常生活中……说真的，我很讨厌所谓的‘集体关心’这种‘帮别人生活’的生活方式。应该是当社会需要时，集体需要时，要做出自己最大的贡献。当集体要关心个人时，也应该关心人们需要的，人们所渴望的东西，而不是关心自己想要人家怎么样……”（黎榴，1986：153 ~ 157）

当年不能入党和不能与阿香结婚这两件事，不管江明柴愿意不愿意，还是来到了他身边。尽管这些不愉快的事让他连续几个晚上合不上眼，但他不能发疯，不能发火，不能躺下，不能萎靡不振，不能缺勤，不能不负责任地胡说八道。他要有组织纪律！大概从那个时代生活过来的人都有这种体会吧。

历史的车轮进入了1964年。越南北方到处都在选人去南方战场。江明柴不停地在向上级交志愿书。在我们普通人的观念里，战争总是意味着痛苦，意味着流血，意味着暴力、灾难、毁灭与牺牲。但江明柴的想法跟我们常人不同，他宁可到充满艰苦和牺牲的南方战场上去。只要越过临时军事分界线到了南方战场上，就没有人再这样时时刻刻紧紧盯着他了。在战场上就不会再有人总要求他和妻子搞好团结了。在战场上不会再有人拿老婆孩子来折磨他。能这样安宁就比什么都好，对江明柴来说，战场上的艰苦算不上什么，牺牲算不上什么。从江明柴参军到他要求到远方战场上去参加战斗这一段的描写，给读者带来了无尽的思考。

在这里，我们的眼前出现了一个有血有肉的江明柴，一个活得很痛苦的江明柴，一个在心灵上倍受折磨的江明柴。想起他被命运捉弄，每日所受的思想上的煎熬，心中不免有些酸。“了解黎榴的人都有这样一种感觉，那就是《遥远的时代》是作者的一部自传体小说。黎榴太多地把自己的身影写进了小说，以至于人们都误以为他就是江明柴，把黎榴叫做江明柴。”①

十一年后，江明柴从南方战场上回来了。在南方战场的十一年中，他没有休过一次假，每天都在战场上与死神作斗争。十一年中，他的父母亲都过世了。现在没有了父母，没有了“夫妻关系和睦”的问题，没有人强行要求江明柴回到老家与那位他一生都不会说出一个“爱”字的女人身边。正在他考虑着要去哪栖身的时候，他收到了军事技术大学的入学通知书。江明柴将去大学深造。这样，江明柴“将有一个职业，有自己后半生的一个‘饭碗’”（黎榴，1986：211）。

杜孟，现在是军政治部主任，来找江明柴。他给江明柴带来了好消息。他和江河一起想办法“解放”江明柴。杜孟说：“事实上，黄氏雪也是很不幸的。江河将回来和家人商量，让她思想上有所准备。无论如何都要解决。这样互相牵制着干什么……你写个离婚申请吧，政治部将发公函向法院建议。如果有必要将派干部来就这一问题向地方方面陈述部队的态度”（黎榴，1986：213）。听完这一席话，江明柴这时的心“揪得紧紧的，喉咙哽咽住说不出一句话来……两行清泪涌向双颊静静地流淌着”（黎榴，1986：213）。

杜孟接下来的这段话很能概括江明柴自己的性格在这场爱情与婚姻的悲剧中所起的“作用”：“正是你自己本身充斥着一种雇工的生活方式。饭好了就吃，有事情就做，干等着主人来差遣，不敢决断、定夺任何一件事。小时侯就不说了，上过学后，长大了，是一个公民、一个军人，为什么不敢对自己的人格负责？为什么你不敢直说：我的环境如此束缚，你们要是老是强迫我，我就随时准备抛弃一切，即使是回家当农民，我也要自由。一个被绳索绑住的人不敢挣扎，只是这样干等着，等着命运的安排，难道我这个当团政委的会劝你抛

①[越]吴文富，风雨，阮潘赫：《20世纪越南作家（第四册）》，河内：越南作家协会出版社，1999年，第488页。

弃妻子！”（黎榴，1986：214）

这段话是小说的点睛之笔，点出了江明柴为什么到如此地步的关键。这段话把江明柴悲剧的原因写了出来，是他自己没有反抗，只是一味地去屈从别人，听从别人对自己的安排，这样是换不到他想要的幸福的。幸福是要靠自己去争取的。

最终，江明柴和黄氏雪离婚了。可我们想一下，在这场爱情悲剧中，还有一个人在默默地承受煎熬和痛苦，那就是黄氏雪。黎榴在小说里“把黄氏雪描写的太粗浅、土气，失去了对她客观和仁爱的审视”①。黄氏雪也是一个痛苦的人，她爱自己的丈夫江明柴。可江明柴何曾给过她一丁点的爱。从结婚到离婚这二十年间，他们在一起的时间是怎样的短暂，她也渴求丈夫能给她些许的关心啊。可是，我们看到的却是一个冷冰冰的江明柴，自始至终都在躲避着她，更不用说去关心她了。而黄氏雪呢，一直在做着她应做的：照顾老人与抚养孩子。这些义务江明柴尽到了哪些？他只是躲在知识当中、躲在战火当中。尽心尽力照顾老人是一件多么辛苦的事情，十月怀胎是一件多么辛苦的事情，辛辛苦苦把孩子拉扯大又是一件多么辛苦的事情，江明柴尽到过一点责任吗？当江明柴因为黄氏雪的家庭问题而不能入党时，黄氏雪在家里受到的是江明柴的家人对她的冷淡与疏远。事实上，黄氏雪有什么错？她和江明柴一样，也是美好理想的受害者。试问黄氏雪在这中间有的选择吗？她十二三岁过门，就已经吃苦耐劳地为婆家做事了。她难道不想让江明柴入党吗？她难道不想让江明柴进步吗？我们回想一下，当团里的保卫干事阿贤陪江明柴回家，并负责监督江明柴落实“夫妻关系”的情况而问起黄氏雪关于他们夫妻两人的关系时，尽管黄氏雪满腹委屈，可她没有说出半个不字。实际上，她和江明柴同住一室的时间还不到十天，而且就算是同住一室，也仅有一天江明柴没有撇下她而去读书。当黄氏雪等待十一载盼到江明柴从战场回来时，得到的是什么？是一纸离婚协议。可以说，黄氏雪的一生也是在苦苦地挣扎着。如果说阿香是得到了江明柴心中的爱，却没有能够和江明柴在一起生活而痛苦的话，那么黄氏雪的遭遇就更让人同情。她得到什么了？既不能和江明柴在一起，更没有得到江明柴的爱。提起江明柴的爱情悲剧，更多的人想的是江明柴和阿香是如何如何痛苦，而实际上，黄氏雪所承受的一切痛苦并不比他们少，可又有谁去真正关心过她？黄氏雪是“一个不幸并值得同情的乡下女人”②。

江明柴离婚后，众多的亲友都在给他介绍对象。他的条件在当时算是很好的：“军事技术学校党委委员，大学后班班长，一个人们早已闻名的勇士，

---

①[越]朱江，阮文琉：《通过〈遥远的时代〉要求对实在的重新认识》，《文章论战》，河内：越南文学出版社，1995年，第216页。

②[越]吴文富，风雨，阮潘赫：《20世纪越南作家（第四册）》，河内：越南作家协会出版社，1999年，第489页。

当时少有的34岁的年轻大尉，帅气、健康、聪明、善良，学习像玩一样，仍然是全班第一。江明柴成了那些挑剔姑娘严格选择的最完美的人物”（黎榴，1986：215）。亲友们给他介绍了好多人，可他最终选择了阮垂珠。在阮垂珠的身上，江明柴找到了自己压抑多年后一直想寻找的那种爱。她是那么的小鸟依人，聪明伶俐并惹人怜惜。更为重要的是，阮垂珠可以了解江明柴所受过的难，曾遭受的苦。这让江明柴很快地爱上了阮垂珠。但与江明柴不同的是，阮垂珠隐瞒了她的过去。江明柴蒙在鼓里，对这一切一无所知。阮垂珠在与有妇之夫电工阿全相识的八年中，不知道与多少男青年相处过。阮垂珠曾为这个电工打过一次胎。而当阮垂珠把自己再次怀孕的消息告诉电工时，电工又打算将胎儿打掉。阮垂珠不同意，她想和电工成立一个家庭，不想再这样下去。可电工却说离不了婚，要阮垂珠做他永远的情人。阮垂珠愤怒之下离开了电工。一个星期后便经人介绍认识了江明柴。经过短短几个月的认识，两个人闪电般地结了婚，拉开了江明柴第二次不幸婚姻的序幕。

“黎榴的《遥远的时代》从一出现就给文坛带来了一种响亮的声音。《遥远的时代》的结构由事件故事和心理故事穿插进行的。这是一个朴实的故事，没有反面人物。所有的人都是好人，然而所有的矛盾和摩擦又都是由人们的这些‘善意、好心’引起的。黎榴的人物在自己的身上都带有一个时期的悲剧。读黎榴的小说，读者记住了故事，记住了已经过去的一个时期的似乎人人身上都多少有点影子的人物。”①

第五章 民间精神的展现

第一节 文学创作中的民间精神

随着国家的统一、革新开放的深入和市场经济的发展，越南社会逐步由以政治为中心向以经济建设为中心转型，社会文化也相应地开始向多元化转轨。

① [越]碧秋：《革新后越南长篇小说创作中的努力》，何明德主编：《文学理论和历史问题》，河内：越南文学院，1999年，第598~599页。

在这经济文化转型时期，经济话语逐渐取代了政治话语而成为社会的主导话语。在文学上，知识分子的精英意识日趋边缘化与个人化，一部分作家找到了意识形态以外的新的广阔的叙事空间，即隐身于“民间”这一自由而独立的文化空间，真正地回到了社会的底层，立身于民间生活丰厚的土壤，描述民间坚韧顽强的生存状态，自由自在的生命活力以及民间藏污纳垢的复杂性。这不仅触动了知识分子对自身存在价值的思考，而且也越来越受到文学界和思想界的广泛关注。

所谓“民间”是一个充满活力而又含混多义的概念，是价值多元化的资源所在。它是非权力形态、非知识分子精英文化形态的文化视界和空间，是政治意识形态无法涵盖的广阔、博大的生活世界和想象空间，是指在国家权力控制范围的边缘区域形成的文化空间。“民间”并不是一个崭新的存在，只要有社会，就有“民间”的存在。民间文化虽然在越南历史上也曾被侵蚀、分化、瓦解，但是只要有民间存在，民间文化就不会消亡。民间文化以自身强大的存活力，对抗所有的这些侵害，以它自己的方式延续生长。只是更多的时候它作为一种潜在的隐形结构，采纳某些文化背景、某些破碎的内容片段，存活于单一的政治话语系统之中。越南革新开放以后市场经济的强大刺激终于使原来处于隐形状态的民间话语逐渐越出了原来的文化层面呈现出本真的形态。

“民间”既是现实的又是艺术的、审美的文化空间，显示出在文学现象背后更为丰富复杂的社会文化、深层心理和原始生命力冲动。它既指现实的自在的民间文化空间——现实生活中的那个边缘的、夹缝的生存空间，又指具有审美意义的民间文化空间——相对于意识形态而言的另一种生活存在，即文学形态下的民间；同时也是指知识分子的民间价值立场——或者是依照底层劳动人民的价值准则、思想情感、审美标准去写作；或者是站在知识分子的启蒙立场上去发现民间文化形态的意义并将其纳入启蒙思想系统中。“民间”是这三个空间的有机组合。

作为自在的现实民间文化空间，它是在国家权力控制相对薄弱的领域产生的，保存相对自由活泼的形式，能比较真实地表达出民间社会生活的面貌和下层人民的情绪世界。现实的自在的民间一般是以偏远、落后的乡村农民为主要“属民”，他们大多未受或者少受现代文明教育的浸染，卑微且平凡，但是他们最大限度地从感性上保持了民族的传统生活方式，是民族传统的充分代表。民间文化一方面接受权力的控制，另一方面以其特有的沉静和保守默默与政治相对峙，对权力报以一种冷漠、疏远、鄙夷、抗拒的姿态。

民间社会主体身上隐现着未受太多文明濡染的原始力量和欲望，他们在原始的生命力紧紧拥抱生活本身这一过程中所迸发出的对生活的爱和憎，对人类欲望的追求是任何道德说教都无法规范，任何政治律条都无法约束，甚至连文明、进步、美这样一些抽象概念也无法涵盖的自由自在。因而，自由自在就是这一空间最基本的审美风格与精神特点。“民间”作为一种审美文化形态，它表现出的是一种自由自在的生命活力。当作家把自己隐身于民间，用讲述老百姓的故事作为认知世界的出发点，表达自己原先难以表述的对于世界，对于时代的一种认识，从而树立新的生活价值和理想追求时，“民间”意识必然渗透在作家的写作立场、价值取向、审美风格等方面。这并不是说，民间没有意识形态的的渗透，民间是非意识形态或外意识形态的，而是说，意识形态不能穷尽民间世界的意义，民间却可以藏污纳垢，不断吸收、化解意识形态的流行色，产生出不那么容易为意识形态所同化的新的生活气息、新的意义形态。比起意识形态的流行性，民间世界就显得永恒、沉稳和缄默。

民间文化形态虽然与封建文化传统有着千丝万缕的联系，但具有浓厚的自由色彩，而且带有强烈的自在的原始形态。它有其自身一套流传的语法规则，它的伦理道德观念、宗法意识以及风俗信仰一代一代扎根于人们思想、心灵深处，深深影响着且制约、指导着人们的思想意识和行为规范。它有意识地回避了政治意识形态的思维定势，用“民间”的眼光来看待生活现实，更多地注意表达下层社会，尤其是农村宗族社会形态下的生活面貌。在这里，单一的价值判断很难完全成立，没有模式化的标准，始终是多元文化、多元价值的交错陈杂，而不是以一种标准去规范另一种标准。民间生命意识具有独立、自由、不受外在规范束缚的个性精神，往往能够展现出穷苦人民在承受和抵抗苦难命运时所表现出的正义、勇敢、乐观和富有仁爱的同情心，普通人在追求自由、争取自由的过程中所表现的开朗、健康、热烈的生命力冲动，这是一种从苦难的生存状态中表现出来的韧性、乐观精神。

越南国家统一以后，特别是革新开放以来，知识分子在“民间”获得了这种精神启迪，感受到这一空间的顽强坚韧的生命力的诱惑和鼓舞，使他们的小说从意识形态话语和精英意识的双重权力“牢笼”中突围而出，融入民间世界，游刃有余地穿行于民间精神空间。对土地的钟情使他们不自觉地采用了“民间”的观察视角，他们把根深扎进“泥土”，让根须去贯通大地之脉，生活本身的色彩和亮度成为这类小说艺术的支点。民间视角的摄取赋予文学作品以饱满的生命力度，使小说焕发出难能可贵的生命热力和思想力度，在越南当代社会中呈现出一种既古朴幽远又鲜活灵动的审美愉悦。

越南当代文坛上的这种“民间”思潮，在很大程度上也是一批作家鉴于社会转型期政治意识形态对民间利益的忽视，以及高高在上造成的同民间现实需求的脱节，而故意采取一种老百姓的立场，以达到对民间利益曲折的伸张和维护，其中知识分子对社会的精神关怀是显而易见的，这类作家的不少作品都取得了相当高的艺术成就。

这种民间精神在当代战争题材文学作品中和农村题材文学作品中有着较好的体现。陶红锦的剧本《绝妙的歌声》、朱文的长篇小说《星星移位》和阮克长的长篇小说《人多鬼杂之地》是民间精神的具有代表性的作品。

1975年，越南的抗美救国战争结束了。但当凯旋曲结束之后，当胜利的欢呼声沉寂之时，人们面对的是一个千疮百孔、百废待兴的国家。整整30年的战争，似乎让作家们没有条件也没有时间静下心来从多个角度对社会现实进行观察、梳理和思考。当战争的硝烟逐渐散去，他们才有机会从适当的距离、从宏观的角度、从多个层面上对现实生活进行观察、认识和思考。那些在战争中尚未暴露、尚未认识、尚不便于讨论的问题这时完全摆在了人们面前。“在这个硝烟弥漫的战场上仍然在暗中进行着一场静悄悄的，但激烈程度一点也不逊色的战斗。”[①]在庆祝南北统一的喜悦中，在家庭、宗族和乡亲故旧的团聚中，依然有人在为牺牲和损失而难过；在祖国山河重整的胜利中，依然有每个人或每个家庭的失落；在每场战争的胜利背后，存在着不为人知的残酷和血腥的一面……人们开始从另外一个角度来看待战争。

“关心个人是作家的本分。”[②]30年的战争所造成的物质和精神上的损失在越南整个民族的心中永远也无法弥补。所以抗法抗美救国战争仍然是作家们取之不尽的创作素材。挖掘战争的残酷性和描写精神道德问题的不同层面是越南当代作家们创作的两个主要内容。新的现实不仅要求要有新的创作来提高艺术水准，而且正是新的现实为艺术家们表现自己对在战争环境下往往被回避或者说掩盖的棘手问题的认识和感觉创造了条件。“描写昨天的现实仍然是对今天作家们的需求和要求。”[③]有许多描写抗美救国战争题材的作品，因为是在战后创作的，所以提出的问题就比较开放和丰富多样。如对于指战员的心理变化及其复杂的品质的描写使被描写的对象逐渐地向现实生活靠拢。通过这些作品，人们发现原来英雄除了光辉的一面，他们身上也有普通人的一面，甚至和我们平常人一样普通。当代作家们在反映残酷战争的同时，描写了情感，描写了约会，描写了出征和归来，描写了损失和牺牲，描写了在生死关头对人的考验。友情、爱情、同乡情、战友情、过去和现在、前线与后方紧密联系在一起。大部分作品都遵循古典传统的结构形式，与作者在作品中所寄予的思想和内容相吻合。战争的残酷现实不再回避，也不再被刻意渲染，一切从客观实际出发，具有浓郁的生活气息。人物性格具有了真实性和多样性，如《我的连长》中的连长雄的犹豫、《一双眼睛》中的医生海的迟疑是真实而普遍的心理

① [越]孙草棉：《1975—1985年间戏剧文学回顾》，何明德主编：《文学理论与历史问题》，河内：越南文学院，1999年，第695页。

② [越]黎玉茶：《作家的理论思想与文学创作》，越南《文艺报》，1987年8月22日第6版。

③ [越]孙草棉：《1975—1985年间戏剧文学回顾》，何明德主编：《文学理论与历史问题》，河内：越南文学院，1999年，第697页。

变化。作家们似乎具有了客观的历史条件对英雄人物进行全面的分析，在歌颂的同时，坦然地指出他们身上存在的缺点和问题。因为在犹豫和迟疑的背后，是战士们正确、高尚的决定，是纯洁的品质和良心。从低贱到高尚、从普通到杰出的心理历程将战争中人们的形象提升到了一个新的现实高度。相对于1975年以前文学作品中常见的人物形象，这是一个质的转变，而这一切都是作家们努力探索，全面而深刻地解读战争而取得的成果。

"社会政治的变动深刻地影响着文艺工作者的认识。"[①]世界文学史特别是俄国的文学史表明，战争结束后才真正是作家们最全面、最深刻地描写战争的时期。面对战后出生的一代，作家们感到有责任通过具有感染力的人物形象、通过现实的最本质的冲突来解释生活的可贵与价值。战争题材之所以具有吸引力就在于战争时期的历史经验和道德社会问题可以为和平时期精神生活中出现的许多问题提供比较适当的答案。特别是战后有关人道主义的问题迫切而尖锐地摆在了人们面前，导致了社会思想以及有关幸福、个人、品质等观念的重大变化。战后社会生活中出现的一系列问题使作家们对过去发生的一些重大变故有了新的思考，对过去有了新的认识，对其本民族的生活和战斗有了新的视角。正是和平时期的新的社会条件使作家们对战争，对事件，对个人和民族的精神面貌有了新的认识和反映。特别是对战争有了新的发现和新的见解。基于人道主义，战争被视为一种非正常的变故，由于战争过程中的悲惨和死亡，从某种角度看，战争是一种不人道的变故。但在另一方面，战争又被解释为一种历史的必然，必须从战争的目的来看它的人道或不人道。在越南民族的思想和意志中，战争不完全是毁灭和杀戮，它还是价值检验，是保卫和发展全社会的精神基础，是对于公民意志在国家的命运面临考验时的挑战。

越南当代文学的一些作品，如武勇明的《一双眼睛》、《母亲的日记》，陶红锦的《我的连长》、《绝妙的歌声》，必达的《我的爱情》等剧本，阮芳心、阮氏幸选编的《关于战争的出色的短篇小说》等，我们发现它们在认识问题的方法上、在挖掘对象的方式上、在描写战争心理瞬间和普遍心理的方法上都带有明显的转变痕迹。以艺术家的敏感和丰富的生活阅历，作家们撷取了那些典型的情节来展示作品主人公的行为和品质。如在剧本《绝妙的歌声》中，军队剧作家陶红锦开始思考人们用生命换取胜利的价值。阿山牺牲之后，他的恋人阿青不仅要继续生活，还要承受失去亲人的痛苦，并且在社会和人们的成见面前保持极大的克制与忍耐。在这里，剧作家完全站在这位女主人公的一边，为她辩护。读者们也掩卷深思：一名未婚而孕的女人能不能当英雄？每个人都有自己的答案。通过《绝妙的歌声》，我们了解到，战争不仅有残酷无情

①[越]孙草棉：《1975—1985年间戏剧文学回顾》，何明德主编：《文学理论与历史问题》，河内：越南文学院，1999年，第713页。

的一面，同时也有不同一般的浪漫的一面。在描写战争时，如果只写英雄的不同一般的一面，而忘记或故意省掉其普通平常的一面，如果仅仅表现军人在战争中的英雄品质，而不去观察在前线的军人们每时每刻如何克服本身的需要，不体现英雄们在面对危险甚至死亡威胁时的自然感情，这是不全面的，是片面的。正是因为有这样的思想，陶红锦的《绝妙的歌声》等剧本比以往的作品多了一些视角，将战争变成了一个可以从多个角度、多个方向进行观察的多维对象。这样，在描写战争题材的作品中，首次出现了一种新的观察视角——民间视角。在这样的视角下，战争中的人们不但具有勇敢的战斗精神和为民族的共同理想献身的勇气，而且还有其他的各种情感，有生存的欲望，有对爱情的渴望，有为人妻、为人母的愿望。这是自有人类就有的一种欲望，也是战争年代许多悲剧发生的根源。这表明作家们已经开始有了探索现实生活、关注普通人群的意识。可以说，陶红锦等在战后初期所取得的成就是一个重要的艺术成就，标志着越南文学走上了一个新的高度。

在着力描写战争中有关人的人道主义情感的同时，这一时期的作品还集中描写了高大和英雄的一面。事实上，人道主义和英雄主义是人类不可分割的两种品质。人道主义是产生高尚动机的基础和前提，而英雄行为是保护和发挥人道主义的保证。我们还以陶红锦的《绝妙的歌声》为例。作品中的阿青在生与死的瞬间越过重重世俗的道德阻碍把纯洁的爱情献给了自己的爱人。她的献身不仅仅是一位姑娘对一位小伙子的献身，而且是后方人民对前方战士的献身，是同志和同志之间、人与人之间关爱和信任的献身。她在发生的事情面前毫不犹豫，从不悔恨。相反，她相信自己，相信爱情，相信爱人。正是这种信念使她有了特别的毅力，使她跨越了舆论的重重包围，克服了人们对她品质的极度偏见，耐心地等待着。当然，如果仅仅是这样，她也和其他的许多妇女一样，并无独特之处。在硝烟弥漫的战争前线，她是一位孤胆英雄；她不顾敌人的炮火，冒着生命危险运送部队和伤员过河，全心全意地完成任务。她因此受到领导的重视；组织上建议把她培养成一名英雄人物。于是，矛盾出现了，一边是个人的感情生活得不到世俗道德的接受，一边是她身上具有英雄的品质。假如采纳她叔叔的意见，找到一个适当的保全名誉的方法，那她完全可以成为英雄，但是她却没有这么做。她拒绝了别人的建议，决心保护自己肚子里渐渐长大的爱人的骨肉，实现自己忠贞的爱情。这样，她配得上英雄这一称号吗？或者她是英雄中的英雄？这个问题引起了人们的认真思考。政治话语和意识形态都不能很好地做出解释和回答。于是，作家从民间精神中去寻求答案。事实上，在现实生活中，像阿青这样的故事还有很多。通过阿青这一人物的表现，作家使战争的悲剧性披上了浪漫的红色风衣。

第二节　对战争的全新解读：《战争的忧愁》

宝宁（1952—　）的长篇小说《战争的忧愁》（又名《爱情的不幸》）1990年由越南作家协会出版社出版。这是一部既受到读者广泛欢迎又引起争议的作品。小说所提出的问题是具有普遍性的问题，是人们每时每地都在关心的问题。这是一个战士的真实回忆。作者宝宁是一名长期在战场上直接参加战斗的军人，他把自己的生活积累经过精心选择后创作出了这部小说。

越南的抗美救国战争已经成为历史，越南当代文学的作家们不再像战争时期那样去描写战争，而是用自己的作品再现人们对战争的回忆和思考。通过人们的回忆、纪念等形式来反映过去，可以使作家对历史的探索更加自由，可以表达自己对过去的感觉和思考。宝宁在小说中，通过自己的所见所闻，以战争中普通一兵，一个胜利者的身份来认识战争，看待战争。他将一场刚刚结束不久的战争作为一段历史来反映，在更宽阔的时空中分析这场战争。“在关于宝宁的创作中，我注意到他对战争的不同一般的视角。他的这一视角比我们以前见到的描写战争的许多作品所熟悉的视角要复杂得多，当达到‘思维外边遥远的境界时，到达活人与死人、幸福与苦痛、回忆与憧憬融合在一起时’就变得更加复杂了。”[①]在宝宁的这部小说里，和平的日子里没有“花”只有“战争的忧愁”。《战争的忧愁》是“一种比幸福和超越痛苦还要高的崇高的忧愁”[②]。小说的思想是集战争、爱情和艺术创作热情于一体的。在战争中，在爱情里，在艺术创作热情中真与假、得与失、信与疑、幸福与痛苦、希望与绝望始终是扑朔迷离的。

小说“给人们带来了一个观察战争的全新视角，是对我们已经习惯的思维的一种补充”[③]。宝宁只是把战争看成战争。他不谈目的、战功、胜利因素等等，只讲述一场具有所有战争性质的战争。越南以往描写战争的文学作品更多地是谈战争的正义性、革命性和英雄主义，很少谈及战争的残酷性、毁灭性和悲惨性。事实上，战争的残酷性、毁灭性和悲惨性不仅仅体现在马革裹尸、战死疆场，而且也体现着人们心灵和爱情的死亡。战争使多少人的心灵缺损，又使多少人的爱情不幸！小说让人们看到了以往不曾看到的或者说被遮盖掉的战争的另一面。

这部作品最早在《文学杂志》上连载时叫《战争的忧愁》。也许是为了回避什么，也许是为了迎合读者的心理，正式出版时更名为《爱情的不幸》。

---

① [越]黄玉献：《亮点，争论区》，越南《文学杂志》，1995年第4期，第9页。

② [越]黄玉献：《亮点，争论区》，越南《文学杂志》，1995年第4期，第9页。

③ [越]陈廷史：《关于长篇小说〈爱情的不幸〉的讨论》，越南《文艺报》，1991年9月14日第6版。

几年后再版时，又再更名为《战争的忧愁》。越南的抗战是伟大的、正义的战争，曾得到全世界爱好和平者的广泛支持。现实主义的文学应该从全局，从正面来反映它。许多的作家都是这样做的。以往描写战争的作品都是誓师大会和旗海歌声，场面总是激动人心的。事实上，胜利也是用损失和牺牲换来的。

小说讲述的是老兵阿坚在从战场上回来之后，开始了文学创作。在写作的过程中，他周旋在现代社会与战争回忆之中，痛陷于感情纠葛与抑郁孤单的旋涡中，带我们去感受战争年代那血雨腥风的场面，体会炮火下普通人的命运、爱情及内心世界。

男主人公阿坚17岁时入伍参加抗美救国战争，离开了同学、恋人阿芳，像母亲那样坚强地战斗。他将自己的青春和梦想都献给了战争，献给了部队，成了受人尊敬的英雄。然而战争结束，胜利回来之后，他却又陷入了无尽的孤单、迷茫中。他似乎是继承了父亲留给他的唯一遗产，那就是“忧愁”：对战争的忧愁，对生活的忧愁，对爱情的忧愁……阿坚从一出场到战斗再到后来的写作，不论是在回忆中还是在现实中，他似乎都是被动者，很少有主动追求的时候：爱情方面，阿芳是主动的；战争方面，暴力是主动的。他就是这样一个跟着指示走的人。他虽没有像父亲那样过于消极厌世，但也不像母亲那样热情、积极，他听话、顺从，不提出问题，似乎也没有问题。

越南1975年以前的抗战文学主要关注的是整个民族的命运，它是民族危机的警钟，是民族魂魄的颂歌。民族解放意识成为抗战文学的思想特质、价值取向原则与审美意识的灵魂，成为一切不愿作亡国奴的越南人的凝聚力和向心力的支撑点。抗战文学的文学观念与思维方式不能不与当时的政治观念与思维方式相迎合。就抗战文学主流而言，与其他国家的抗战文学大致相同，或是抒写高昂的民族解放热情，或抒写英雄壮举，或批判揭露阻碍民族解放力量的阴暗面与社会弊端，因而抗战文学能引起普遍的乃至轰动性的时效性，获得广泛的共鸣。我们知道绝大部分的战争文学都是采取这种方式进行创作的。而《战争的忧愁》不同。它有别于以前那些从战士的雄心壮志及国家的命运的角度去描写战争的史诗性作品，而选择了以个人命运为主线的角度去叙述战争。以往的战争文学作品多是站在国家、民族的高度去描述、去理解，而宝宁在描写平凡之中见伟大，沉郁之中见光明，不浮夸、不激情，却能够深入到战争年代平凡小人物的内心深处。小说从较为悲观的层面去认识战争，在小说中，作者对战争是这样定义的：“战争就是进入到一个无国无家的境界，痛苦流浪与漂泊，世界上没有了男人也没有了女人，是一个悲惨、无情的世界，会让人类遭遇到最最恐怖的事情，那就是断子绝孙。”小说没有像其他战争文学中人物的英雄气概，而是把大量的笔墨都用在了揭示小人物在战场上的恐惧、抑郁，甚至当逃兵，真实体现了战争所造成的毁灭性结果不仅是肉体上的，还有精神上的。

作者毫不避讳地给了我们一个抑郁的背景去感受战争。这在大前提上就区别于那些让人激情澎湃、催人奋进的战争文学。小说采用第一人称与第三人称穿插的方式讲述了一名老兵阿坚，在抗战胜利回来之后，想要写一本小说描写已经过去的这场战争，“一场不为人知的战斗，一场属于他自己的战斗”。通过阿坚这个独立个人的意识、行为以及所接触的人和事，读者可以直接参与到战争中去，看透那些残忍的杀戮，见证人类嗜血的本性。从阿坚的感觉、印象、梦想及迷茫之中，凸显出了战争的忧愁、幽隐及窒闷。小说中绝大多数战争背景的描写都让人感到凄凉、沉郁，让人透不过气，“有的晚上是下暴雨，有的晚上是刮狂风，没有哪天晚上是爽朗的”，“雨虽然是停了，但空气仍然注满着忧郁、血腥的气味。”郁闷、孤独、希望的渺茫——这一切被视为极其消极的情感，在正统的战争文学中是见不到的，而宝宁却把它诠释得真实而精细。

这样的一个主题需要像宝宁这样的作家。宝宁是一个长期在战场上的军人。一个长期在战场上的军人作家往往能意识到自己的使命。这就是要说出他的战友们在神圣而痛苦的事业中的反复思考。战争结束15年后，经过15年的咀嚼，联系战后的生活实际，宝宁更觉得军人的不幸，他们在战争中的不幸和战后的不幸。所以宝宁的《战争的忧愁》不仅仅是说战争也说现在。从战场上走来的军人对现在的消极现象有资格说出他们的怨言。小说呼吁社会关心战后军人的不幸。“宝宁在这里已经帮我说了很多我想为我的战友说的东西。”[①]作家不回避战争中的痛苦和残酷的事实以及战争中的损失、人情和人性、爱情和人格、艺术的渴望和体验等问题。小说中再三地描写了忧愁，如“无限的忧愁”、“多么的忧愁”、“沁人心肺的忧愁”、“无尽的忧愁”。忧愁是小说的核心。小说呼唤人们不要忘记抗美救国、争取民族独立这场神圣的战争和人们要为胜利为和平所付出的代价。战争就是战争，战争具有毁灭性的破坏力。这就是战争的现实。小说真实地体现了战争的残酷性：成千上万不幸的生灵被卷入硝烟弥漫的战火中。这种叙事形式是我们在以往的越南文学中很少见的。我们认为《战争的忧愁》具有真正的文学价值。它是宝宁用尽了全部的心血创作出来的。

作品的主人公往往是作者自己，至少是作家自己的影子。我们发现小说中的主人公阿坚与作者宝宁本人有颇多的相似之处。宝宁，1952年10月18日出生于义安省演州县，原名黄幼方，原籍广平省广宁县宝宁乡。抗美救国战争年代，他在西原27旅作战，1969年在一场激烈的战斗中，宝宁是仅仅生存下来的十个人中的其中之一。1975年退伍之后，于1976年到1981年在河内上大学。而宝宁笔下的阿坚也有着这样一系列的经历：阿坚17岁时参军入伍，在抗美救国战争胜利后是位幸存者；阿坚在退伍之后便开始文学创作，写下了与自己一生

①[越]高进黎：《关于长篇小说〈爱情的不幸〉的讨论》，越南《文艺报》，1991年9月14日第6版。

类似的小说。这一切的巧合不能不让我们联想到宝宁就是在描写自己的一生。宝宁为什么不用自传的形式来写呢？我们想，宝宁自己可能也想用自传的形式写，因为这样可以把自己的所思所想发挥得淋漓尽致。但我们看到，这部小说具有高度的主观性和悲观性，而自传在真实性的问题上是要负很大责任的。如果用自传的形式来写，那么这部小说很有可能会被看作是反动文学，而这当然是作者和读者都不愿意看到的，而描写平凡小人物的悲观抑郁心理又是能够引起读者共鸣的，因而不应该因为小说对战争、对人都有一定的悲观性而抹杀它的可读性，采取这样间接“自传”的方式能让作者更好、更不避讳地去表达自己的情感。

第三节　平民意识的体现：《星星移位》

进入越南当代文学新写实作家视野的是平民的生活内容，新写实主义小说具有明显的平民化倾向。这种创作倾向写平民的庸常生活，写他们的家长里短，关注他们的日常生活状态，关注日常中的生命意义。

朱文（1922—1994）的长篇小说《星星移位》（青年出版社，1985）描写了一群越南年轻军人，他们在抗美救国战争中英勇战斗，立下了赫赫战功，具有优秀的军人品质。然而在战争结束，回到地方时，他们却没有得到应有的尊重和理解，遭受了种种不公平的对待，成了社会之外的人。小说描写从战场上下来回到后方，回到纷繁复杂的和平生活中的战士们，“给读者带来了从普通人的角度来看战争和战争中出现的社会故事”[①]。小说具体而生动地描述了他们的经历和心态，引发了读者的思考。“《星星移位》带有许多风俗生活小说的特点”[②]，“受到舆论的广泛注意”[③]。

小说以第一人称叙述。“采用第一人称叙事，叙述者同时又是故事中的一个角色，叙述焦点因此而移入作品，成为内在式焦点叙述。作者作为叙述者的视角受到角色身份的限制就造成了叙述的主观性，如同绘画中的焦点透视，可以产生身临其境的效果。”[④]小说上半部讲的是“我”（阿山）和战友们在部队，在战场的生活经历。尽管那时生活艰苦，随时都有牺牲的可能。但是大家都感到光荣和自豪，认为一切付出都是值得的，是崇高的。“阿山所讲的故事

① [越]赖元恩：《与同时代的文学共生活》，河内：越南青年出版社，2003年，第104页。
② [越]赖元恩：《越南文学十年回顾》，越南《文学杂志》，1986年第1期，第16页。
③ [越]陈刚：《〈星星移位〉——对战士品质的成功记录》，越南《文学杂志》，1986年第1期，第150页。
④ 韩进廉：《中国小说美学史》，保定：河北大学出版社，2004年，第544页。

是关于他在战斗历程和人生旅途上所耳闻目睹和所理解的所有的故事。”①战争结束后，他们返乡的车子被警察粗暴地拦在了临时军事分界线的桥头，军人的优越感顿时消失得无影无踪。这使他们非常恼火。接下来的转业安置困难等问题更加令他们感到失落。经历战火洗礼的国家十分凋敝，许多地方都无法安置人员，再加上战功并不能等于学识，让他们也倍受挑剔。而在部队里养成的直来直去、令行禁止的作风也使他们与地方格格不入。刚刚统一的越南社会问题十分严重，贪污、滥用职权等消极现象屡见不鲜。于是，军人大多带着赫赫战功去了极不相称的地方工作，诸如守仓库、看大门、养鸭子之类。也有一部分军人利用关系，混得不错，但很快腐化变质。

这部小说不同于以往的军事题材作品的是，它不再将重心放在描写战争场面和英雄人物上，而是更多的关注了普通人和平常事。“最近以朱文的长篇小说《星星移位》的出现，描写抗战的文学又展示出另外一种能力，从民间意识的角度，从曾经经历过抗战岁月的大量普通战士和平民的角度来讲述已经过去的战争。”②小说上半部对战争状态和战士生活的描写归根到底是为了与小说下半部呼应、比较，突出反差和不平，引发读者的思考和共鸣。有了上半部的铺垫，才能突出“移位”的落差感，才能使人更真切和深刻地理解军人的失落感，从而对他们更加崇敬。由于战争持续时间长，军人们饱受战火洗礼，几乎都有功于祖国和人民。他们为国家的独立、民族的解放献出了青春。当他们或复员回乡务农，或转业到地方，已经处于和平建设中的越南北方社会似乎已经忘却了他们。他们游离于社会之外了。一切已经按部就班，而社会需要的似乎并不再是他们那样抛头颅洒热血的人了。他们的心理落差十分大。

小说提出了在新的环境下关于人的个人命运问题，关于世间人情的善与恶、美与丑的问题。“《星星移位》的长处，也是它的新颖之处是描写了各种社会关系的状态，刻画了一批人的形象以及他们的精神面貌和他们在新的环境里所遇到的困难。”③

小说的主要人物形象都是抗美救国战争时期战场上的军人。他们几乎所有的人都有着多舛的命运。朱文把这些军人比喻成“星星”，把军人在战争时期与和平时期不同的地位变化、人生际遇比喻成“移位”。以主人公“我”的军旅生活、复员后的生活和感情生活为主线，从时间、空间、人的心态等多个角度表现了“星星移位”的深层喻意。在这部作品里，朱文“体现了一种才能，一种独到的艺术风格”④，他集中反映军人们在战争与和平时期的日常生活，描写他们的个人命运。可以说，朱文是一个富有创作经验和民间精神的作家。朱文

① [越]赖元恩：《越南文学十年回顾》，越南《文学杂志》，1986年第1期，第103页。

② [越]赖元恩：《越南文学十年回顾》，越南《文学杂志》，1986年第1期，第16页。

③ [越]陈廷史：《朱文的世事小说〈星星移位〉》，越南《文艺报》，1986年3月22日。

④ [越]陈刚：《〈星星移位〉——对战士品质的成功记录》，越南《文学杂志》，1986年第1期，第152页。

在小说里，没有太多地描写军人们的赫赫战功和他们对战争的最后胜利的决定性作用，却用大量的篇幅集中描写了人民在战争中所承受的无比艰苦和巨大牺牲。

同时，《星星移位》也相当具体而生动地再现了和平但并不是风平浪静、没有艰苦的越南国家统一后时期的生活。因为严重的战争创伤并不是一朝一夕就可以医治的。有着多少琐碎的算计和愿望的正常社会生活使得昨天还是战场上的英雄的战士们的高贵品质渐渐褪化。

小说最大的特点是全文摆脱了军事题材只谈论战争和英雄事迹的狭隘视点，以更为广阔的视角讲述了军人和社会的关系。深层次地揭露了人性在战争中和和平后的扭曲。批评家赖元恩认为："《星星移位》所打开的方向也许比这部作品本身更重要。"①

小说特别突出的是作家用民间视角来看各种生活现象。小说中所描写的社会各成分不仅仅是按着地位、级别、党内党外、敌我或者家庭出身、宗教来划分，而且还根据善与恶、美与丑来区别。在这里，处处都存在着对立的双方。且这种对立是绝对的，不会转化的。"恶人恶到底，不会回头。好人关心他人并互相关心。"②这种民间的视角突出了刚刚产生的社会分化现象。这种民间的视角给人们带来了一种纯洁的乐观精神，即让人们相信因果关系：善有善报，恶有恶报。这种民间视角的作用是肯定在现实生活中道德精神和人情世故的重要性，培养人们的信心。小说中陶氏柳开枪打死阻拦运送重伤员军车的地方司机，虽然犯了军法，但这是义愤的表现，是要求惩治不道德行为的一种民间形式。阿山站出来为阿杏翻案，阿姜在南方解放后自首坐牢，一位妈妈把自己的姑娘嫁给伤员，一位战士偷伪军官家的猪来分给正在挨饿的战士们吃……，这一切都是"提高公理，反对非正义的民间反应"③。

在小说里，朱文以战士们的口吻大胆直率地讲述着生活中所有的故事。这些曾经出生入死的战士们死都不曾怕过，他们当然不怕说实话。"他们的品质有多高，他们在战斗中有多英勇，他们今天的话语就有多么重的分量。"④他们大胆地对当前社会生活中的不正常现象、丑恶现象、错误现象进行揭露。这些消极现象从社、县、省、机关、企业到大学校园、部队到处都有。他们大胆地谴责贪污腐化、吃吃喝喝、行贿受贿、蜕化变质、充当黑势力的保护伞等新的社会弊病，批判现实社会生活中严重存在的歧视、偏见、官僚主义、黑白混淆等消极现象，批评那些既得利益者"像分肉一样地分配权力，"（朱文：《星星移位》（下），1985：80）指出更危险的是这些坏分子仍然披着革命的外

① [越]赖元恩：《与同时代的文学共生活》，河内：越南青年出版社，2003年，第115页。

② [越]陈廷史：《朱文的世事小说〈星星移位〉》，越南《文艺报》，1986年3月22日。

③ [越]陈廷史：《朱文的世事小说〈星星移位〉》，越南《文艺报》，1986年3月22日。

④ [越]朱江，阮文琉：《关于朱文的长篇小说《星星移位》》，《文章论战》，河内：越南文学出版社，1995年，第171~172页。

衣，披着党的外衣。通过描写军人们的普通生活，作家揭露了越南社会生活中诸多的消极现象：官僚主义、文本主义、宗派主义、衙门作风等等。“作者的笔墨在许多地方已经达到非常愤恨的程度，痛心但还是有分寸的。”①

小说“体现了始终紧密联系的浓郁的战友情”②。这部作品是一首雄壮的战友情颂歌。小说里的战友情很感人，它催促所有的人要克服艰难困苦，克服伤痛和死亡，克服一切自私自利、斤斤计较和一切烦恼去完成光荣的革命事业。但是，这首颂歌也有许多痛切的变曲。正是这些痛切的变曲让人们看到了人的品质、人的灵魂深处。小说全篇贯穿阿山和陶氏柳的情感主线，其间交错着与陈栓、敏、琼的感情故事，真切感人。阿山和陶氏柳二人总是因为各种原因而失之交臂。“这是命运的沉浮，环境的变化，而当战士们面对它时，即使是愚弄、苛刻，但是从这里凸显出了闪烁星光的璀璨品质。”③

小说在创作布局上匠心独具，作者运用两个不同部分的巨大反差和对比，给我们揭示了越南社会在战争结束以后，军人这一群体的失落。作者从军人群体这一独特视角，反思整个越南社会的价值取向。

第四节　民间文化的再现：《人多鬼杂之地》

阮克长（1946—　）的长篇小说《人多鬼杂之地》（1990）④真实地再现了越南社会革新开放前夕的社会现实和人们的心态世相。

在越南《文艺报》举办的“关于长篇小说《人多鬼杂之地》的讨论”会上，阮克长谈到他的创作时说：“解放至今，1988年的春荒是我国人民，特别是农村最艰难匮乏的时候。当时，我作为记者要为《军队文艺》杂志撰写一篇反映农村生活的文章。我去了当时认为是给报纸和文学提供许多具有典型意义的清化省。完成了《农村的记录》后，我又来到了海兴省，接着又去了我的家乡北太省的部分地区。我跑这些地方的目的是想去挖寻我们农村道德滑坡和异化的根源。我想透过一些被报纸称为新权贵的贪污、衙门作风、作威作福、吃吃喝喝等消极现象来创作一部更有深度的文学作品，我觉得这些现象还不够。要怎样解释得使问题的本质更加突出？我认为其原因之一是农村的家族问题。在抗美救国战争时期，族姓之间的矛盾暂时和缓，因为那时人们的一切行动都是围绕着如何战胜敌人这一目标的。人的最美好的品格得到了充分的发挥。但

① [越]陈廷史：《朱文的世事小说〈星星移位〉》，越南《文艺报》，1986年3月22日。

② [越]陈刚：《〈星星移位〉——对战士品质的成功记录》，越南《文学杂志》，1986年第1期，第151页。

③ [越]陈刚：《〈星星移位〉——对战士品质的成功记录》，越南《文学杂志》，1986年第1期，第151页。

④ 文中所引用的小说段落出自越南作家协会出版社2003年版的《新时期越南小说》。

是，在战后，面对社会的变革和生活的变化，人人又都恢复了其本来面目。那些本以为已经过去、已经不存在的东西又逐渐苏醒过来，包括美俗和陋习在内的旧的习惯势力抬头。我看到了这样一个问题：在我国的农村，封建制度其形式已经分崩离析，新的社会制度从形式上是已经占领我国农村。土地改革、换工组、农业合作社是对农村封建模式的阵阵打击。但是还必须承认，敲钟、点名、记分的合作社模式也的的确确在70年代末、80年代初解散了。面对这种情况，我国的农村往何处去？农民往何处去？在这些模式都不适合他们的时候，他们就开始自我调整。他们有他们自己的办法。这正是自古以来的村社之魂苏醒的时候。这就是家族问题。这是开天辟地以来农村的核心。早期的一个村是一个家族。后来地稀人多，就没有一个村是单姓的了。每个村子都有三五个姓，有的甚至几十个姓，也就是说有几个或者几十个家族。在内部，在潜意识里是有等级的。但现代的位次排序具有现代特色，就是说各个家族要争相掌权，在手中要有组织和工具……在这里没有敌我，没有战线，仍然是乡里乡亲的。我们是不是可以把这叫做对立的统一？或者用乡间的语言说，是鬼和人，人和鬼。鬼在咱们身边，也许就在我们心中！善与恶的斗争有时就在一个人身上进行！面对这种现象，我用同情、爱怜的眼光来看我所描写的人和事。客观地描写和分析，平等地称呼，其目的是要用他们自己的语言来体现他们自己。努力地让人物像他本来的样子展现在读者面前。我希望我的作品能真实地反映生活和生活中的尖锐问题。”①

《人多鬼杂之地》是越南当时最受到读者广泛喜爱的农村题材长篇小说。应该说合作化制度带给社会的负面、消极的东西太多，人们渴望革新，人心思变。小说以“井庙村”的典型事例有力地说明了革新的必要和深得人心。作者真实地描写了越南当代的农村生活。他在作品中披露了一个有着诸多变动、混杂、好与坏之间的斗争和各种势力的争斗的农村现实社会。越南的农村经过土地改革，打倒了地主，成立了农业合作社，但是封建思想仍然很严重。各个派别之间以集体的名义，以党的名义，以团的名义所进行的斗争和发生的冲突，实质上是那些带有严重的旧的封建思想和习惯的家庭家族之间的斗争和冲突。老百姓没有主人翁地位，民主被侵犯。封建意识和封建道德披上了革命思想和革命道德的新外衣。阮克长发现并对这一实际社会存在进行了生动的描写。那些带有严重封建思想意识的人不是只有老人，而恰恰正是像郑柏首、武亭福和郑柏憨等一批掌握权力、正在工作的一代人。小说在反映这一现实问题的同时，也指出了在农村已经有像松、桃等一批新型的年轻人。这是十分可贵的。他们是不被旧的思想和偏见所束缚的，他们生活得很轻松，非常融洽。

小说中的郑柏和武亭两大家族自解放前就一直是村里的两大劲敌，两个

① [越]阮克长：《关于长篇小说〈人多鬼杂之地〉的讨论》，越南《文艺报》，1991年3月16日第14版。

家族仇恨的起因是打土豪、分田地的时候，武亭家的人弄坏了据说是郑柏家祖传下来护佑家族的《猛虎图》。于是，郑柏家从此不再像往日那般威风。他们认定是武亭家破坏了他们的风水，便从此结怨。郑氏老人郑柏桓临终时还不忘叮嘱儿子一定要报这个仇。于是，长子郑柏憨开始挑起了这部小说中两家无休止的明争暗斗。郑柏憨决定趁武亭大刚刚下葬之机，去掘他的坟。可是，事不凑巧，刚好被正在幽会的一对青年松和桃看见了。松觉得事情不妙，就连忙跑回家让母亲杉去通知了武亭福。武亭福带人赶到坟地，把郑柏憨等当场人赃俱获。郑柏憨盲目武断、复仇心急。他任村支书的弟弟郑柏首却不是等闲之辈。就在这时，他利用嫂嫂杉和武亭福早年的恋情，让嫂嫂约武亭福在河边相会。他只交代嫂嫂要以自己的身份求武亭家放过丈夫一马、撤回诉讼；但在暗中，他叫来公安局副局长高，两人事先埋伏在定好的约会地点；等杉和武亭福双双来到约会地点后突然窜出，来了个人赃俱获，从而抓住了武亭福的把柄，并强迫武亭家撤回诉讼，扭转了郑柏家的劣势。就这样，郑柏首凭着多年的政治斗争经验，改变了第一回合郑柏家的败局。

可是，武亭福怎能忍下这口恶气？于是，武亭家族集中火力对准了郑柏首。他们向县里递了两封告状信，揭露郑柏首当村支书这段时间，村领导存在的不法行为和群众的不满。郑柏首得知消息后，又陷入了深思之中，再加上兄长郑柏憨的怒气唆使，他决定一不做二不休，干脆把武亭福与嫂嫂杉约会的事情闹大。于是他也添油加醋地写了封告状信，并让嫂嫂到村委会会场与武亭福当场对质。这样，他还不放心。在对质的前一天晚上，他又和高蒙面拦路劫持杉，佯装是武亭家的人来威胁她。可是，第二天杉却失踪了，有人在河里发现了她的尸体。杉被郑柏首一次次地利用，最终，在被郑柏首和高暗算后莫名地死去，做了两大家族争斗的牺牲品。郑柏首的反击没有成功，只得默默地接受上级的审查了。

小说所描写的真是一块人多鬼杂之地，真鬼假鬼都有，阴阳错乱。在井庙村这个小小的村落里，所谓人多是指各种各样的人物都有。有善良单纯的，有老实巴交的，有诡计多端的，有恶毒整人的。所谓鬼杂是指人们所讲的故事里的鬼，有自己想象出来的鬼，有人们故意制造出来的用来相互蒙蔽的鬼。在井庙村封建迷信严重，人们不仅不排斥，反而利用这些封建迷信和异端邪说。小说所反映的农村在爱国斗争中、在改革浪潮中死水微澜，但在其内部，在乡村事务中却是狂风暴雨。作者以其深刻的描写捕捉到了这些真实的面孔。

“描写农村的文学作品实在很多，但对我来说，已经很久了，才读到像《人多鬼杂之地》这样好的描写农村的长篇小说。读完后，我为之一惊，我对人、对人生、对人情世态等等进行了思考。”[①]故事的发生地——井庙村是一个

① [越]红耀：《关于长篇小说〈人多鬼杂之地〉的讨论》，越南《文艺报》，1991年3月16日第6版。

历史悠久的村庄，或许也是整个越南的隐喻，有好的传统，也有很多与时代格格不入的陈规陋习，是一个有强大势力的封闭的圈子，对其中的每一个人都形成一种无形的压力。可以说，整部小说都在证明着作者的这一思想。通过对善良人们的痛苦和不幸命运的描写，作家揭露了丑恶的手段和世人所能想到并做了的野蛮事件。阮克长在作品中认为，所有的丑恶手段和野蛮事件都缘自于家族的存在和家族之间的矛盾。

在越南民族民主革命阶段，农村和农民是相当一段时间里文学认识和描写的对象。如阮公欢的《最后的道路》、吴必素的《熄灯》和南高的《志飘》等。但是在社会主义革命时期，或者说是面对新的生产方式的要求，也就是说面对废除小农耕作习惯和小农意识，摆脱贫困、封闭、落后和各种陋习的时代，农村和农民问题也曾在战争年代的一些文学作品里提出来过。如阮文俸的《水牛》、阮氏玉秀的《晌午》等。但是，在这些作品里农民和农村问题都没有像20世纪80年代这样被深入挖掘，并成为文学观察和描写的对象。农民和农村问题正在演绎出许多新鲜而隐秘的东西。为了能更深层次地反映生活，越南当代文学的农村农民题材文学开始从人的精神生活和意识、习惯、家族、家庭和婚姻、乡村的关系和集体习俗等多个层面对农村农民问题进行观察和描写。阮克长的《人多鬼杂之地》提出了潜在和凸显的、表面上的和深层次的问题，给读者留下了深刻的印象。《人多鬼杂之地》是一场悲剧。在这里我们不只是看到了那些以各种名义在相互排斥的现象，我们还看到了被排斥或者被卷入激烈斗争中的各式各样的人物。这是一幅人们既是害人者又是被害者双重身份都存在的越南农村的全景画。

“读完阮克长的长篇小说《人多鬼杂之地》，我又认识到了一个非常有意义的事情，那就是农村长期以来不完全是土地问题，而且还有所有的文化生活问题。”①小说所反映的农村文化生活包括家族、血统和生活方式、风俗习惯都很重要。越南相对来说是一个人口不多，面积不大的国家，深受汉文化的影响，又经过一个多世纪以来的殖民主义和帝国主义的侵略。在这样的背景下形成的家族势力具有特别的作用。这种习惯一代又一代地传承下来。这种风俗习惯的精神价值在每年的祭祖活动中得到了最充分的体现。在每年的祭祖活动中，人们都要大力宣扬祖先美好的道德情操，让后人代代继承相传。这是越南人生活中的一件有很重要意义的大事，也是使家族在各种社会变故动荡中保持其存在和不断延续的精神力量。越南是很重视祭祖仪式的，家家都有供台，香火不断。时至今日，依旧如故。在一个村子里，家族和睦、尊卑有序，那么这个村子就和平。反之，就会引起混乱。而这种混乱往往带来长期的不良后果。

武亭福是他们武亭这一家族的代表，为什么郑柏家族的族长郑柏憨敢大

① [越]裴平诗：《关于长篇小说〈人多鬼杂之地〉的讨论》，越南《文艺报》，1991年3月16日第6版。

胆妄为地去做挖武亭福父亲坟墓这样一件非常恶毒的事情？这主要是因为，武亭福在土改时曾揭发、诬告了郑柏憨的父亲。井庙村家族间的矛盾从此开始。郑柏首是小说中一个有许多恶毒行动的主要人物，其实他也是一个很可怜的人物。他作为领导，一直在两大家族之间走钢丝，谋取和平。最后他还是希望这个有许多魔鬼的村子能够和平。小说“帮助我们体验和进一步了解那些人们不易知道的东西”①。阮克长以其长篇小说《人多鬼杂之地》反映了与我们的生活几乎是同步的越南农村生活，应该说小说选择的时间点，即故事发生的时代背景，是经历了长时间计划经济后即将发生变革前夕的这一转型时期的农村社会生活。用心的作家为我们真实地记录当时人们的心态世相。

作者所界定的时间是革新前夕，但通过对前人的追忆，很好地将传统历史、合作社的种种现象揭露无余。让我们看到真实的越南社会现状。小说所描写的整个井庙村两大家族——武亭家族和郑柏家族之间的恩恩怨怨、荣辱兴衰、起起伏伏所折射出的是越南社会大环境的变化。在《人多鬼杂之地》这部小说中，人们被卷进了仇恨的机器里，他们把生产劳动建设中的乐趣都抛掉了。那些善良的人们成了牺牲品。在我们面前展现了一幅很让人痛心的农村画面。河内师范大学教授陈廷史认为，《人多鬼杂之地》“从头到尾都具有吸引力”。“作家提出了一个我们现实生活中要关注的严重社会问题，即家族意识正在阻碍新社会——农村的公民社会建设事业。”②作者把希望寄托在像松、整等党员和像明、桃等纯洁情感的青年人的身上。

小说展现的两代人的感情生活是一幅丰富的生活画面。青年一代桃、明和松之间的感情交流，郑柏憨和杉、贝之间的感情纠葛，很具农村的生活气息。越南当代著名作家阮凯认为，“军队作家阮克长描写农村的长篇小说《人多鬼杂之地》很值得一读。我自己曾写过不少这方面的题材，但我的作品没有他的写得好。”③

“许多作家都在关心、在挖掘农村的家族问题，并且取得了很大的成功。但是阮克长的这部书仍然很吸引我们，因为许多的情节和许多生动的新的信息。”④小说更多的笔墨是用在揭露合作社体系运作过程中的大量黑幕，大量见不得人的事，如贪污、打击、报复，颠倒黑白、是非不分。村支书郑柏首能说会道，白说成黑，真说成假，假说成真，拉帮结派，所有的勾当都是他的能力的体现。正是他这一类人利用了合作社制度，也搞坏了合作社，却很得势。这恰恰说明这种合作社制度存在着许许多多的问题和弊端。阮登孟说，“我建议把《人多鬼杂之地》改为《人少鬼多之地》。真是一块全是鬼的地方：死鬼、

① [越]吴草：《关于长篇小说〈人多鬼杂之地〉的讨论》，越南《文艺报》，1991年3月16日第7版。

② [越]陈廷史：《关于长篇小说〈人多鬼杂之地〉的讨论》，越南《文艺报》，1991年3月16日第7版。

③ [越]阮凯：《要以欣赏的眼光和宽容的态度来看文学的转化》，越南《文学杂志》，1995年第4期，第11页。

④ [越]少梅：《关于长篇小说〈人多鬼杂之地〉的讨论》，越南《文艺报》，1991年3月16日第14版。

活鬼、半人半鬼、真鬼、假鬼……真是阴气很重！”[①]阮克长的成功就在于他给作品营造了一种特别的气氛，一种阴阳颠倒、人鬼杂居，有的人物让人分不清他是鬼还是人这样一种氛围。只有在这种氛围里，才会有相互挖对方的祖坟来报仇或者把人置于死地再来给他招魂来折磨人的事发生。正是在这样的氛围里，作家才能把他的主题思想通过巫师统杓这个年近90岁的人的嘴说出来，“别以为这块土地上已经没有鬼了，鬼正在生双胞胎、三胞胎呢！你们还记不记得合作社分地的那天？就像是过去斗鸡、斗牛一样！谁都不愿意让一块。村里的东庙是上等田，从村干部到社员，谁都想自己得到。什么时候亲兄弟在这块香火地里争过、吵过？……自古以来，人们都是怕死人，谁会怕活人呢，对不对？只怕鬼，谁怕人，是不是？可是，那天我去帮孩子认领土地时吓了一跳！根本没有见到人，全是鬼！那些人坐在那都不吭声，根本认不出是谁。越看越像是一些小土堆，或者是一些倒置的包装袋，高高低低充斥整个屋子！那些贪鬼、恶鬼就是从这里钻出来的。”（第457页）统杓巫师要失业了，因为他只能治阴间的鬼，治不了阳世的鬼。

小说尖锐地触及了合作社的种种问题，直面越南农村早就应该披露的一些事实真相：家长制的农民思想、非常落后的封建等级思想在农村还很盛行。在这里，个人被家族之间地位高低和富贵贫贱、家族内部严格的陈规陋习这两种关系紧紧地束缚起来。这样的机制很容易使人盲从。长期以来，人们自我放弃民主的权利，随时盲目地投入族长所提倡的事务中，甚至有时还会背叛自己的权利和义务。“原来在我国农村思想文化革命没有取得多少成功，产生强豪恶霸和派系的心理基础没有得到真正的清算。”[②]阮克长的长篇小说《人多鬼杂之地》是了解革新前夕越南社会生活的丰富读物，甚至是了解整个越南传统文化的一个窗口。“许多年了我才读到一本关于农村的有趣的具有吸引力的书。作者是一位军队作家，但对农村有很深的了解。”[③]由于阮克长的语言诙谐，《人多鬼杂之地》读来引人入胜。其之所以吸引读者，是作家的叙事艺术。许多段落很有气氛，一种农村特色的气氛。

“老潘也是党员，他揭发了一队的队长、副队长和保管员这样一件事：在一次称猪加工时，他们把一头猪来回称了三次，就算是交了三头。晚上他听见门外有人很快活地叫他，他刚一跑出来就有三个装束得像刀斧手一样的家伙毫不掩饰地对老潘示意不许叫唤，然后挟持到东庙村来让他知道‘什么叫礼貌’。”

“老龟家住村头一间破草棚里，太阳从几个破洞里照进来。他躺在一张光板床上，没有蚊帐。他不怕蚊子，因为他的皮很厚。他块头大大，性格傻傻，

---

① [越]阮登孟：《关于长篇小说〈人多鬼杂之地〉的讨论》，越南《文艺报》，1991年3月16日第7版。
② [越]阮登孟：《关于长篇小说〈人多鬼杂之地〉的讨论》，越南《文艺报》，1991年3月16日第7版。
③ [越]何明德：《关于长篇小说〈人多鬼杂之地〉的讨论》，越南《文艺报》，1991年3月16日第6版。

独来独往。他的脑袋大致是这样的：把衣服和毛巾搭在肩上，却整半天地急着到处找衣服和毛巾。合作社时期，主任让他负责喂养社里的50头牛。一天傍晚他骑着最大的一头牛赶着牛群回来，他数数前面的牛只有49只，他就着急起来。把连他骑的那头牛一起所有的50头牛赶进牛圈后，他便飞也似的跑回去找第50头牛。到了深夜，人们打着火把去找他，告诉他牛圈里有50头牛。他回来一数，果真是50头！但他怎么也想不出这第50头牛是从哪里冒出来的。老龟好像一出生就是来为井庙村村民们承受所有的呆笨的。这个村子听说自从开天辟地以来，风水先生曾说依靠势力有兴旺也有背运的。他有这样一句话：'幸运者得井庙村之玉，倒霉者被菩萨山鬼讥'。"

菩萨山是井庙村的坟地，因为这个山坡的外形像一尊坐着的菩萨，所以人们称之为菩萨山。关于菩萨山传说着许许多多的故事。老人们说过去的菩萨山树木葱郁，村亭里合抱粗的柱子就是从这里砍来的。山上有老虎、豹、白猿、风蟒、鸡冠方头蛇，特别是有许多的鬼。有些胆大的人曾见过菩萨山山鬼。村里那些赶早市的女人曾在菩萨山附近见到一个男人走在前面只有十来步远，走路姿势像女人，看上去很慢，但就是撵不上。叫了半天，他才回过头来，却见他面如白粉，咧着嘴大笑，嘴里吐出的是刺骨的凉气。瞬间就突然不见了。到了集市上，这些原本很精明的女人都变得很傻，有的说卖一斤，称给人的是两斤，有的称给人家米了却忘了收人家的钱。还有一个男人在黄昏时分去放筌，听到山上有人哭。他抬头一望，看见一个女人整张脸被头发盖住，手捧一个白包袱，其哭声如诉如泣。第二天，他去取筌，发现满满的全是水蛇。一位老人看见儿子晚上和一个非常漂亮的女鬼在山林相处，吓得惊魂失魄，当场晕死过去。当他醒来时，发现自己躺在屋子中央，周围烛火，巫师身穿红袍，头戴纸帽，手敲铜锣，嘴里念咒。第二天他就好了。"他们被鬼讥了！"（第451页）

当然，阮克长在这里不是为了写民间迷信故事而写各种各样的鬼的。我们认为，作者描写这一切，都是为反映井庙村的现实生活而做的铺垫。"《人多鬼杂之地》的故事情节是作者精心仔细布局的，很有艺术逻辑性。作家关心的问题是战后乡村氛围里家族之间的冲突和人的可怕的变质问题。这一系列问题通过情节的引领，通过作家对这些情节的精心组织，是那样的惊心动魄，吸引着读者。"①

阮克长非常熟悉越南农村的生活，有几处描写风俗习惯的段落写得非常自然、生动、出色。井庙村"是全乡最富有的村子。这里如果从北边开始往下数，是丘陵地区的最后一个地名"（第445页）。井庙村有河流，有山坡、树林，有稻田，是一个比较富庶的地方。该村有一条近一公里用砖铺的路，是因

① [越]碧秋：《革新后越南长篇小说创作中的努力》，何明德主编：《文学理论和历史问题》，河内：越南文学院，1999年，第599页。

为该村自古就有让结婚的年轻人为村里买砖铺路的这样一个风俗习惯。“村里的小伙子娶本村的姑娘交200块砖，就是说男女双方家庭各交100块。但是如果本村的小伙子娶外村的姑娘，或本村的姑娘嫁给外村的小伙子，那就要交200块砖给村里。这才明白这样一个小小的村子里，从来没有人鼓励出洋，不喜欢对外开放！村里还规定考取秀才以上的人、担任里长以上职务的人也要交200块砖。另外还有，如果谁家的姑娘未婚而孕也要交200块砖来向全村谢罪。原来，村里的这条路是用幸福、骄傲和部分人的痛苦铺就的。”（第445～446页）。

井庙村是一个有着悠久历史的古老的村子，这里的许许多多都留有越南民族传统文化的印记，“如果把整个乡比作一个大糖饼，比作一朵花，那么井庙村就是饼里面的糖仁，就是花蕊。”（第446页）就是说井庙村是全乡最富有的，最有文化底蕴的一个村子。

小说里所体现的文化是传统的民间文化。越南民族民间传统文化里的家族观念、红白喜事、丧葬习俗、招魂仪式等在阮克长的这部小说里得到了充分的反映，我们可以从作品中得到不少的关于民间文化和民间精神信息。我们在小说里能见到那些以为是远古时期的风俗原来就存在于现实的生活中。

阮克长在小说中“用心去理解、去爱，想道出越南乡村的关键问题”①。写一个混乱的现实，但作者的视角很准确，不是一味地描写消极的、丑恶的现象，“鬼”很多，但善良的、美好的东西在增长。应该说这是一部具有乐观主义精神的作品。作者写得很真实，他写出了他的关心，写出了他的忧虑，写出了他对丑恶现象和不公平现象的愤怒。但他也确实写出了他的责任感，写出了他的爱心，写出了他对今天的人的希望，对今天这块土地的希望。

第六章 孤独意识的萌芽

第一节 短篇小说的繁荣

在越南当代文坛上，特别是进入20世纪80年代后期和90年代后，短篇小说

①[越]阮潘赫：《关于长篇小说〈人多鬼杂之地〉的讨论》，越南《文艺报》，1991年3月16日第14版。

正在重新获得它在文学生活中的地位。统一后至革新开放初期，最受青睐的是长篇小说。人们喜欢看长篇小说，作家竞相写长篇小说，出版社也争相出版长篇小说。短篇小说的生存空间不断缩小。但随着时间的推移，情况又发生了新的变化，短篇小说再次繁荣起来。从越南当前的文学市场以及文化生活来看，短篇小说迎来了新的春天。“值得注意的是短篇小说作家的数量和质量越来越发展。”①每年获得作家协会奖的短篇小说集和《文艺报》、《军队文艺》短篇小说竞赛获奖作品让我们看到了一大批新的作家。“现在的短篇小说既是过去的继续，又与过去不同。”②而且越南当代文学涌现了大量的短篇小说女作家。她们的共同点是关心日常生活。

短篇小说的篇幅和容量比较短小，人物集中，情节单纯，结构紧凑。它往往选取生活中富有典型性的某一侧面或片段加以集中描绘，以揭示其社会意义。蔡仪认为，“短篇小说所反映的往往是生活的一个片段或一个侧面，人物较少，情节单纯，只是着重写出人物性格的主要特征和故事情节的中心环节，足以显示其根本意义的主题而已。如鲁迅所说：‘借一斑略知全豹，以一目尽传精神’。”③

现在，报刊杂志刊登的短篇小说越来越多。各个出版社现在也积极出版各种短篇小说集，特别是新人的作品。河内出版社曾组织过一场以首都为主题内容的小说、小说集比赛，大多数的参赛作品是短篇小说。胡志明市文艺出版社也曾专为文学新人组织了一场短篇小说比赛。越南《文艺报》、《新河内》、《军队文艺》、《新世界》、《香江》等报刊杂志在全国各地举办的短篇小说创作比赛活动此起彼伏，层出不穷。1997年后，越南作家协会出版社每年都要出版一本优秀短篇小说集。短篇小说“复活”的景象真是热闹非凡，可谓前途一片光明。

其实说短篇小说“复活”并不完全正确。读者的口味是经常变化的。前些年人们爱读长篇小说，现在则喜欢读短篇小说。这种变化有其社会心理原因。作家和读者的需求是最大需求。1975年后，战争结束了，但人们对战争、对战场的了解和回忆这一现实需求，使越南文坛上出现了一批军旅作家创作的反映战争和军人生活的长篇小说。只有长篇小说才能把恢弘的战争场面、战争的性质和军人的本质充分地反映出来，使之得到淋漓尽致的体现。和平时期，人们最关心和最想知道的，是一些长期以来未被全面了解的社会现实、社会心态、历史事件和政治运动。

长篇小说满足了统一后到革新开放初期人们的需求，但并没有人们想象的

①[越]何明德：《20世纪的越南短篇小说》，何明德主编：《20世纪越南文学回顾》，河内：国家政治出版社，2002年，第869页。

②[越]阮坚：《今天的短篇小说》，越南《文艺报》，1991年11月30日第14版

③蔡仪：《文学概论》，北京：人民文学出版社，1982年，第185～186页。

那样十全十美。市场经济时代，人们的生活节奏加快了。除了名著外，人们没有太多的时间来仔细品味长达几百页的长篇小说，就像我们不总是愿意看多集电视连续剧一样。这时，读者就需要短篇小说。短篇小说短小精悍，故事情节简单，主题明确，思想性强。因此，较之长篇小说，短篇小说更受人们普遍欢迎。“一部好的短篇小说集可以造就一个有价值的文学时代。”①

20世纪，越南现代文学在长篇小说、短篇小说和诗歌等方面都取得了辉煌的成就。就短篇小说而言，它有着连续性。从20世纪20年代开始的阮伯学、范维逊、阮公欢、石岚、南高、裴显、苏怀、金麟、武鹏……到1945年“八月革命”后出现在文坛上的陈登、胡方、武秀南、超海、徐碧黄、元玉、英德、阮光创、武氏常、阮坚、阮明洲等作家创作了许多的优秀短篇小说作品。越南当代短篇小说创作“在挖掘生活艺术上表现出了其活力和优越性”②。1991年越南《文艺报》举办的短篇小说比赛是越南当代文坛上的一件盛事。这次比赛后，《香江》、《文学》、青年出版社、青少年出版社等报刊和出版社组织了一系列比赛活动。这些比赛为作家们相互交流、学习提供了宽广的平台，繁荣了短篇小说创作。《军队文艺》从1988—1989年度开始一直到现在，每年都举行短篇小说比赛活动。伊斑、范玉进、阮氏秋惠等许多年轻的作家都是从这个平台上走进越南文坛的。《文艺报》从1996年开始，每年出版年度优秀短篇小说选。20世纪90年代以来，在长篇小说不景气的情况下，短篇小说非常繁荣。这一现象是值得我们去关心和研究的。

阮辉涉的处女作短篇小说《退休将军》（1987）通过描写一位70余岁的退休少将阮椿在家的所见所闻，反映越南统一后至20世纪80年代中期的社会问题和人们的思想观念、心态世相。阮椿常年在部队，很少回家。偶尔回家一次，住的时间也很短。家人对他几乎没有什么了解。现在退休回来了，妻子有病，儿子在一家物理研究院任工程师，儿媳阿水在妇产医院上班。家里还有两个孙女以及在他家寄住的基及其女儿莱。阮椿在乡下的同父异母弟弟阮俸愚昧、鲁莽、俗不可耐，给他添了不少的麻烦。儿媳阿水是一个十足的实用主义者。她的许多言行使这位退休将军不能接受。他显得与现实生活格格不入，越来越怀念部队的生活。退休在家使他明显地苍老了。妻子去世后，他应邀重返原先所在部队，精神振奋，仿佛找到了自己的归宿。在小说中，阮辉涉对生活进行了高度概括，很是生动，具有很强的影响力，有着内容和形式紧紧交织在一起的艺术魅力。人们在现实社会生活中的联系既密切又迷离。好人坏人各自都有自己的人生轨迹。短篇小说《退休将军》已经隐约可见现代文明时期的异化现

①[越]何明德：《20世纪的越南短篇小说》，何明德主编：《20世纪越南文学回顾》，河内：国家政治出版社，2002年，第871页。

②[越]裴越胜：《今天的短篇小说》，越南《文学研究》，2004年第1期，第69页。

象。这部作品一经问世就在越南当代文坛上掀起了波澜。作者在这里想告诉人们的是“孤独”现象。每一个人像是生活在几乎是关的严严实实的特别世界里：夫妻之间没有理解，爷爷和孙子之间没有理解，所有的人相互之间没有理解，而且也没有人想办法去沟通。阮椿退休后的生活，是他从来没有体会过的生活。他觉得，平常的日子比战争的日子难过多了。

黎明奎的短篇小说《一个很晚的下午》写于1990年。作品主人公阿姮在16岁那年还是个中学生的时候，一次骑自行车链条掉了。一位路过的法国留学生帮她安好。从此给她带来了一生的不幸。公安人员一直盯梢她。很长时间后，在一家商店里，阿姮又遇到了该留学生；他给了她一张名片。阿姮一出商店就被带上警车送到公安局进行盘问、审查。从此，阿姮变得沉默寡言，失去了少女的天真、活泼。阿姮的父亲和哥哥在南方战场上牺牲后，她被送往国外学习。她很少跟人接触，回国后一直过着独居生活。当阿姮的同事阿新对她表示好感时，阿姮却远离而去。短篇小说《一个很晚的下午》以批判的态度，反映了越南极左时代社会生活的一个侧面。它对人们心灵的创伤久久难以医治，耽误了多少人的青春岁月，甚至一生。

庄世熙的短篇小说《哭声与歌声》，通过一位剧作家和他的画家朋友阿海的邻居——一位卖香烟的中年女子的对话和耳闻目睹的事实，说明人民的生活还很贫困、落后。同时也反映了社会生活中的一些不健康现象。现实生活提醒作家应时刻不要忘记反映人民的疾苦和人民的呼声。

屈光瑞的短篇小说《负债人》讲述的是坚和江的爱情婚姻故事。他们因为一个穷字走到一起，同样还是因为穷而分离。婚姻的基础到底是什么，读完屈光瑞的《负债人》会给我们一些思考。

老一辈小说家在论及现代生活时，往往倾向于描写那些怪异的、混乱的状态来表现在转型的社会中兴起的市场经济和传统理论、人文准则之间的矛盾。代表性的作家是麻文抗。从他的短篇小说集《风卷残云》（1992）中可以看到在当代社会里，保持人性、人情，防止时间对人本质的腐蚀是人与环境、人与自身的一场搏斗。麻文抗的短篇小说读过之后会留下许多耐人寻味的东西，让人们咀嚼着藏在字里行间的情感。年轻的作家们一方面不惜揭露那些现实社会的消极面，另一方面他们态度冷淡得甚至害怕指出现在的危机：对自己漫不经心，对同类漠不关心，没有什么结能把人们联系起来。

现实是辨证的，复杂的。文学也是这样。眼泪、笑容、欢乐、忧愁，无时不在，无处不在。谢维英的短篇小说《越过誓言》（1990）故事里的主人公阿四和贵英是同村人，小学同学。阿四出身贫农，贵英是地主的女儿。他们两家有世仇：阿四的爷爷和叔叔都死在贵英父亲的手里。阿四家与贵英家势不两立。贵英因出身不好，从小自卑，小伙伴们常欺负她。一次，在野外放牛时，贵英又遭小伙伴们的欺负。出于同情，阿四帮助了她。阿四和贵英之间渐渐产生了感情，阿四的父母坚决反对。但最终，阿四的父母还是接受了这对年轻人的正常恋爱。小说所反映的内容非常丰富，标志着极左时代的结束，一个开放的新的时代的到来。有时出乎人们的意料之外，仇恨的成见可以变成某种誓言。相爱的人们会因为自己的誓言把自己牢牢束缚住。为了实现和满足爱的渴望——人的最高人性需求，除了越过誓言，没有别的道路可以选择。这是他这个短篇小说的主题思想。

生活是文学创作的源泉。每一种体裁都像是一艘破浪的航船。越南当代短篇小说这艘航船有出色的水手，它没有被波浪所淹没，而是乘风破浪开辟了一条新的航线，在宽阔无垠的海面上纵横驰骋。他们开辟了一个前人很少涉及的世界，在文坛上引起了长时间的争鸣，形成了一种闪亮效应。20世纪90年代后，短篇小说在更高的基础上得到了更好的发展。

文学是反映社会生活的一面镜子。短篇小说是这块镜子的有机组成部分。它反照碧蓝的苍穹，反照肮脏的水坑；它可以照出魔鬼，也可以让人看到天使。别去怪谁，苍穹、水坑都是镜子。这就是文学，这就是生活。“真正的文学任何时候都是温暖人情的文学。”①通过越南当代的短篇小说，我们认为，是有了人类的存在、有了人的生活，才有文学的存在。“说到底，正是生活决定文学的进程。”②人们没有停止对自己命运的思索，短篇小说是他们反复寻找“自我”的一片天空。

越南当代短篇小说创作的一个特点是出现了一大批年轻的作家，尤其是女性作家，她们的作品数量多，且显得相当稳健，不仅给短篇小说，而且给文学在体现今天人们生活的深度方面注入了新的活力。女性作家占当代作家比例的75%。她们是“充满希望的文学嫩芽，要关心、培养”③。越南当代的女性小说是伴随着社会变革，伴随着人的意识和女性意识的觉醒而蓬勃发展起来的。她们不断探索，锐意求新，由单纯到丰厚，由诗意的叙说到冷峻的审视，以鲜明的女性意识，观照女性的外在世界和内在世界，开启了一个女性自审的时代，对女性生命本体进行审视，对女性灵魂进行拷问。她们解构传统小说的模式，建构新的小说形式，作品具有独特的审美价值。她们“正像十七八岁的年轻队员一样在凸显出来”④。

越南当代的女作家们有着她们自己的声音，自己的特色。文学艺术是文化的特别敏感的部分，它体现人的渴望和真、善、美，有着培养一代代公民的情

①[越]裴显：《今天的短篇小说》，越南《文艺报》，1991年11月30日第15版。

②[越]阮坚：《今天的短篇小说》，越南《文艺报》，1991年11月30日第15版。

③[越]杜梅：《越南作家团结创作为国家服务为人民服务为把革新事业推向胜利贡献力量》，越南《文学杂志》，1995年第4期，第2页。

④[越]裴越胜：《短篇小说的步伐》，越南《作家》杂志，2000年第1期，第171页。

感、心灵、人格的作用，有着营造社会道德环境、塑造社会主义新人的作用。女作家们自登上文坛以来，一直在不断地丰富自己的知识视野、生活积累和创作能力。

阮氏秋惠是一位具有代表性的年轻女作家。她的许多作品都获了奖，是越南当代文坛上的一颗新星，拥有广大的读者，尤其是大、中学校的学生。1999年担任越南电视台电视片制作部主任，2005年当选为河内市作家协会副主席。阮氏秋惠是一位多产的年轻作家。她的作品在结束的时候往往是失望、痛苦和损失，而承受这一切的又往往是妇女。她在谈到这一问题时认为，不可能所有的妇女都对自己的工作、生活、家庭和爱情完全满意，谁都会承受一些。不同的是，有的人比较幸运就承受得少一点；有的人不是很幸运就承受得多一点。她认为她的人物之所以能在工作、家庭、爱情中生活下去或者能克服困难，是因为她们有信念。妇女始终是她作品中的主人公。阮氏秋惠曾说过，现在的妇女更加敢于面对事实，除了每日的事业和工作，她们“敢说敢做”谋求幸福和爱情。也许因为是这样，所以她塑造的人物有着对幸福和爱情的强烈渴望。她不“强迫”她的人物要这样或者那样，总是让人感觉非常自然。她很少写男人，即使有，也是一些不怎么样的男人。像《天堂之后》里的那个男人，已经是一位有两个孩子的父亲了，却整天和“我”还在上中学的16岁的女儿谈恋爱。不仅如此，还经常在吃饭后让“我”女儿付账。有时甚至还把“我”女儿付账找回的零钱抢走，装进他的口袋。“我以我自己的感觉来描写男人，可能有些片面……也许是我太疼爱和理解越南妇女的命运了，所以不喜欢越南男人。但是不要说我是在贬低他们。因为，事实上，在我们的生活中有许多的男人是很好的。我现在才有这种感觉，所以男人还没有进入我的作品里。”①

阮氏秋惠思考问题深刻，对现实的挖掘很有深度。她的语言细腻、甜美、富有哲理。她笔下的人物都有着很强的时代气息。

从潘氏王英的《当人们年轻时》和《博览会》等作品中，人们看到了这样的一批青年人：他们是战后出生的一代，他们现实，他们自私。与他们的父兄相比，他们对自由有更深刻的感觉。但是，他们的这种对自由的感觉缺乏文化基础。所以，他们在生活中往往不顾一切地去争抢本不应该属于自己的东西。她的作品引起了人们对年轻一代成长的关注。

女作家们常常描写忧愁、痛苦，很“女性化”。特别是她们常常隐约体会到幸福，而形成了她们特有的感觉，使读者热爱生活，即使过去穷困潦倒，今天困苦不堪，但也会对明天的美好生活充满希望。她们的短篇小说扬起了人们对爱情、对美好生活向往的风帆。

---

①《阮氏秋惠答读者》，www.vnn.vn，2002年11月28日。

第二节　孤独意识的显现

孤独意识是古今中外文学作品创作中惯用的一个主题。世界文学宝库中就不乏那些描写个人孤独的不朽作品。越南从1945年“八月革命”成功，越南民主共和国成立至1975年越南南方解放、全国统一，即越南抗法、抗美救国战争这一时期，孤独意识在文学创作中是绝对被禁忌的。这种状况一直延续到20世纪80年代中期。当越南当代著名作家阮辉涉的处女作《退休将军》1987年问世时，文学批评家、河内第一师范大学副教授邓英涛认为，《退休将军》的问世是孤独意识在越南当代文学创作中兴起的标志。对于越南文学来说，孤独意识还比较陌生。因此，邓英涛预言，孤独意识的出现“也许并不是一件糟糕的事情”，“如果生活在某个黑暗且拥挤的环境里，人们不感到孤单，却觉得像是‘鱼生活在水中一样’，那可真是悲哀！”[①]1945—1975年间越南文学作品中的人物是社会群体中的人，歌颂的对象主要是战斗英雄和劳动模范。他们周围是朋友、战友、民族、社会群体、人类。个人是很渺小的、不值一提的。人们没有条件来审视自己的灵魂。

文学作品的内容随着社会生活的变化而变化。每当社会生活发展到一个新的阶段，就给文学提供了新的表现对象和新的社会内容。随着越南社会新阶段的到来，越南文学也进入了一个崭新的阶段。战争时期的文学与和平时期的文学只有一点是不同的，那就是：在战争时期，民族独立、自由的敌人也正是美的敌人。但是，在和平时期，美的敌人却往往以美的面目出现。在战争时期，对作家来说最大的挑战是确立文学对民族独立、自由的使命。这种确立是一种血的付出。而在和平时期，对作家来说，最大的挑战是文学对一个民族人格的使命。世界上任何一个民族的人格也都是这个民族对自由，对平等，对博爱和对个人的渴望的文化态度。也正是由于这个使命和越南的革新开放政策，文学开始打开了其在战争时期没有条件实现的许多扇门和许多条路。作家们深入生活，用不同的笔触和情调表现了各种心态世相。随着越南革新开放的不断深入，种种思想禁锢的消失，加之经济社会的竞争日益剧烈，个体意识开始产生，个人意识开始觉醒，自我意识越来越强烈。在这种情况下，人们开始感觉到孤独，并有了强烈地表达这一心理状态的需求。在当今越南由集中统包的计划经济向社会主义定向的市场经济过渡的转型期，知音、知己越来越少，人情味日益淡漠，同情心越来越难觅。人群中孤独感越来越普遍。因此，孤独意识吸引了当代许多小说家的注意力。

越南当代文学作品是作家们对现实社会生活的一种思索，一种客观反映。

① [越]邓英涛：《当〈退休将军〉出现时》，越南《文艺报》，1987年9月12日第3版。

这一时期的文学所反映的更多的是人们在现实生活中的忧愁、苦闷、孤独。人群中孤独感越来越普遍。在越南当代文学创作中我们可以看到许多关于人的孤独意识的描写。比如范氏怀的《在雨中》里的“我”是孤独的，前面我们提到的《飞燕》中的阿归是孤独的，《往日的乞丐》中的二雄和《战争的忧愁》中的阿坚也是孤独的。孤独意识的出现是一种文学走向成熟的标志。越南当代文学冲破了过去与现在的时空，正视现实生活，对人和事有了一个正确的定位。作家们通过自己的创作，让读者去思考、思索隐藏在故事情节背后的东西，有时还要大胆地从政治角度去看问题。

越南当代文学创作有了越来越多的新的人物艺术观点。它不仅表现常人、蜕化变质的人、自然的人，还深入到作家们所刻画的孤独者的内心世界。在个人与社会群体的关系中，孤独者的问题已经变得突出了。短篇小说比以往任何体裁都更清楚地集中表现和暴露各类孤独人物的不同层面。

阮光韶的短篇小说《时间的诺言》（1998）描写的是一位抗美战争时期的战士棉，在战争结束后，主动要求到1972年全班战友牺牲的山坡上植树绿化的故事。阿棉携妻子利到这片荒山上无偿栽种松树，得到了省领导的热情支持。他和妻子买了一头水牛在山上生活，每月进城一次去拉树苗和购买生活必需品。他们的第一个孩子一落地就死了，因为阿棉染有美军撒下的橘黄毒剂。他的妻子很害怕。最终离开这荒凉的山岭，离开了阿棉。他没有去找她，依旧上山栽树。一次阿棉发高烧卧床两天不起，省林业局的人发现后，立即让护士华上山打针、照料。从此他们之间建立了感情。不幸的是阿华在一次锄地时被战争期间留下的地雷炸死了。阿棉从此形单影只，只知道栽松树，或者坐在孩子和战友们的坟前沉思，或者牵着水牛在林子里游荡；累了就躺在落叶上睡上一觉，失去了往日的生活节奏。水牛现在已经老了，他就不再让它驮树苗。他把老牛放归山里。可是第二天夜里，老牛又回来了，似乎它很通人性。阿棉从来没有像现在这样感到孤单。

夜银的《属于每个人的人》写的是一个老年人晚年的悲惨境遇。她是一农村妇女，丈夫死后，一个人把一对儿女拉扯成人。孩子们长大后都在城里过上了富足的生活，尤其是儿子还出过国。但老人进城后，却处处不受欢迎。在儿子那里，儿子和媳妇总是吵架，并总把原因归在她身上。终于，有一天儿子让母亲去妹妹那里住几天。没想到，女儿竟然不让她在自己家里住，哪怕一夜都不让。老人只好又回到了儿子家，迎接她的自然是冷嘲热讽。老人决定回乡下，途中跳河自杀。

孤独是人生向神和兽的十字路口，是天国与地狱的分界线。人在这里经历着最严酷的锤炼，上升或堕落，升华与毁灭。这里有千百种蛊惑与恐怖，无数软弱者沉没了，只有坚强者才能泅过孤独的大海。孤独属于坚强者，是他一显身手的地方，而软弱者，只能在孤独中默默地灭亡。孤独属于智慧者，哲人在孤独中沉思了人类的力量与软弱，但无知的庸人在孤独中只是一副死相和挣扎。

阮氏秋惠、武氏好、阮氏荫、潘氏王英、范冲红等女作家擅长描写那些去寻找理想的孤独者。她们“把忧愁和痛苦写得很精细，特别‘女性’”[①]。

特别是女作家范氏怀所刻画的人物，孤独意识已成了她的短篇小说的突出特征。从她的《迷路集》（1989）中可以看到各种孤独者的形象。范氏怀描写的人物常常具有冷漠的内心世界。她所塑造的每个人物都是一个独立的世界。他们即使生活在群体中也仍然是感到孤独的。她喜欢描写那些在纷繁人群世界里的孤独个体。她的《一团和气》中的主人公因为没有等到第十个人而感到孤独；《博爱》中自称妹妹的主人公通过孤独、安静、与周围世界隔离的方式来努力保持自己年轻时的纯真。在越南20世纪90年代以后的短篇小说里所描写的各种人物中，范氏怀描写的常常是一些感觉在语言上受限制和被束缚的人。她描写的孤独者常常使用零散的、没有逻辑的、没有意义的语言进行对话；她所塑造的人物形象常常沉浸在自己的苦思冥想之中；每个人都是一个孤独的、无法感化的世界。

范氏怀所描写的孤独者常常有一种恐慌的心理状态。他们害怕习惯和重复。他们害怕每天一成不变的生活。短篇小说《客人》塑造了一个名叫“孤独”的人物形象。从范氏怀的作品中我们看到了孤独的人是“生活在冷漠、残酷的社会中的人。他们远离社会、远离一切，孤独地活着，孤独地死去”。可以说范氏怀已经走上了一条有自己特色的创作道路。

内心独白（自白、独白、与不在场的人物对话、意识流的日记形式……）是体现人物形象孤独意识的一种艺术手法。内心独白可以更深刻地表达人物形象无言的痛苦。如范氏怀的短篇小说《在雨中》贯穿始终的是主人公的心灵独白，是“我”那随着雨丝飞舞的思绪。这是晚秋的一场连绵八个小时之久的大雨，这也是“我”一生中的第三次等待。第一次等待是等世界上最爱“我”的人：母亲去世时，“我”固执地认为“我”能感动神灵让母亲起死回生，但“我”没有把母亲等回来；第二次等待是“我”路遇分别三年的最好的朋友，约好在茶馆等他。他说十五分钟后到，但他最终也还是没有来；这第三次等待是“我”约的一位名叫韦的清纯女孩。“我”作为一名国家级的文艺工作者，给头顿旅游演唱，给升龙卷烟厂演唱，给沱江水电站演唱，给计划生育演唱，但心中还是觉得这世界有太多的不如意。“现在‘我’在等待着呈现在一个少女脸上的信任和幸福的亮点。如果我约大姐，她一定会带着理解的笑容说：‘我帮不了你什么忙’，我尽管被拒绝了，还要感谢她。二姐肯定会说：‘谢谢，换个时间吧’，她是又拒绝又感谢。我妻子一定会说：‘天哪，又有什么

---

①[越]范春元：《短篇小说与今天的生活》，越南《文学杂志》，1994年第2期，第28页。

事！’让我知道应该让她安静，就像是两只在一起的菠萝蜜不需要约会。而韦接受了邀请，我已经说过，年轻只是对纯洁轻信有些帮助，其他的难以解释”（《在雨中》）。所以“我”约了她，她也答应了。但“我”等了十几个小时她都没有来，这让“我”失望。“我”自我安慰地想，也许是天下大雨的原因。小说表现的是功成名就、为事业奔波的人在心灵上的孤寂。

艺术地使用时间、空间来描写人物的孤独状态是越南当代短篇小说创作中的又一个特征。在越南当代的短篇小说中，孤独者几乎没有任何一个人是处于过去与现在这种时间对比关系之外的。大多数短篇小说都是建立在回忆的基础上。过去的痛苦和现在的空虚造成了孤独者的内心冲突。一个人的生活被残酷的战争割裂成迥然不同的两个部分（阮明洲的《芦苇》）；曾经风光一时、如今变得孤独、冷漠的女人在战争中及战后艰难的、孤单的命运（谢维英的《过去你最美》）；少女—母亲承受着无法与人分担的痛苦（伊斑的《写给瓯姬妈妈的信》）…… 通过过去与现在的对比，通过心理状态的时间发展脉络的表现，作家们已深入到人物无尽的孤独世界中。每一个时期是一种心理状态，是期望、是幻想、是幸福、是痛苦、是梦想、是梦碎、是忐忑、是忧虑…… 这些就是人的命运的组合。

除了运用时间上的对比外，作家们还使用许多不同的空间表达方式来突出孤独的状态。运用不合环境的表现空间的方式，通过人物自己的言行来揭露人物自身，如阮辉涉的短篇小说《退休将军》；或者是在群体中孤独的但又不同于疯癫者的人，如谢原寿的短篇小说《乡村学校的英雄》。《乡村学校的英雄》中的主人公因为与众不同而被看作是“疯子”。乡村学校的老师们被推向两个极端：最真、最好，或者最希望与人打成一片的人被看作是“疯癫”；无教养的、下流的、最肆无忌惮的人反而成了英雄。人性的退化和人格的孤独被刻画得淋漓尽致。

越南当代作家们把自己所塑造的人物形象与无限的、无尽的空间联系起来，在无尽的空间中，这些人物形象的孤独显得更加悲惨。他们以宽广无边的大草原、荒林和大洋来衬托人物形象的渺小和孤独。越南当代许多小说中的人物形象都被置身于空旷、冷清的空间中，比如猛然发现自己在战争结束之后一无所有的士兵沉痛的、强烈的孤独感——孤零零地站在山坡上新冒出的芦苇丛中（阮明洲的《芦苇》）；比如阿妫一生都在追求绝对的完美（阮明洲的《疾行船上的女人》）；一座荒岛上的主人——两父子，他们孤独的生活景象和可怕的一身残疾强烈地震撼着读者（吴自立的《永别荒岛》）；欢笑森林中的年轻女孩有着特别孤独的心情（武氏好的《笑林中的幸存者》）。有的作家也让作品中的人物形象面对自己，个人的空间被挤到令人窒息的程度。作家们还常常运用黑影来让作品中的人物形象自己揭露自己。短篇小说《渡船》中的主人公伴随着暴雨夜、伴随着缠绵的呼唤、伴随着朦胧的月光，加强了空旷的效果，更增添了人物内心的孤独感。

总之，通过运用不同的艺术创作手法，作家们表现了孤独者不同的心理状态，悲剧在变化多样的人物心理活动中孕生。“短篇小说有力地面向社会，同时也深入人们个人的生活。人已经成为作家观察、处理的中心。作者从自己的经验出发，从自己的体验出发，而不再是在描写民族的体验。”①

刻画孤独的人物形象，每位作家都有其自己解决问题的办法。孤独感越高，矛盾就越激烈。有许多让人物形象逃避或与环境相对抗的方法。最典型的表达方式是让孤独的人物形象回到社会群体中。孤独者的共同之处是他们都渴望回到社会群体中。

孤独是个人的故事，但孤独的个人是社会生活中存在的一个不容忽视的问题。走进孤独者的内心世界，描写孤独者，正是今天人道主义的表现。通过孤独意识这一主题和多样化的表现手法，越南当代的文学创作的确能够帮助人们更进一步了解属于人们内心深层次的情感世界。

第七章
人本主义的凸显

第一节　关注普通人的生活和个人命运

越南当代文学与以往不同的又一个特点是关注普通人的生活和个人命运。文学本来就应该关心人的命运、关心个人的命运。但是，由于过去几十年的战争环境，越南抗战革命文学主要关心的是整体的利益，是以一个阶级、一个民族的利益为出发点的。因此，有关普通人的生活和个人命运的问题被掩盖了。

“1975年后，一批曾经历过战争最后岁月开始拿笔的新的作家诗人涌现出来，接着是战后出生的作家和诗人的问世。他们所有的人造就了一个在文学体裁和形式比越南文学史上任何时候都更加多样生动的文学现象。”②越南当代文

① [越]元玉：《今天的短篇小说》，越南《文艺报》，1991年11月30日第15版。

② 《文艺报》编委会：《革新20年》，越南《文艺报》，2006年9月2日第10版。

学出现了阮明洲、阮辉涉、麻文抗、阮光韶、谢维英等人的许多关注普通人的生活和个人命运的短篇小说。“短篇小说的思想有了变化。”[①]在越南当代文坛上，阮明洲和阮辉涉是两位最出色的短篇小说作家。关于阮辉涉，我们在第三章里已经有论述，这里不再赘叙。

战后，越南社会进入了一个独立、自由、统一和社会主义的历史新纪元。新的历史时期的文学创作题材扩大了，作家的认识水平和创作水平有了提高。国家从战争到和平，从分裂到统一，文学从集中反映民族神圣使命到关心个人生活和命运。潘巨棣教授认为，“描写日常生活和个人命运是一个很平常的问题，也是文学的一个特征。”[②]作为一位敏感的作家，一位密切关注现实生活的作家，阮明洲始终关心战友和人民的喜怒哀乐。他关心战友、关心人民的品格和勤奋的劳动使他在越南当代小说创作中的创作方法上进行了革新。“如果缺少阮明洲的小说，真是难以形容越南当代文学。”[③]

在阮明洲的《芦苇》、《架特会》，麻文抗的《园中落叶》，黎榴的《遥远的时代》，朱文的《星星移位》，阮智勋的《飞燕》，黎明奎的短篇小说集《小悲剧》等作品中，关于人的生活的描写更加真实，不仅有幸福、成功，而且还有不幸、失败和痛苦。现在，痛苦、郁闷、烦躁和哀愁已经是文学作品中常见的了，再也不用顾虑因为立场问题、观点问题遭到批评、批驳、批判。在30年抗法抗美救国战争结束后，作家们回到了对悲剧命运的描写说明了文学与生活的密切关系，体现了越南当代文学的人道主义精神。“革命的设想依然使某些人为之迷醉，但真正的问题都出现在‘革命的第二天’。那时，世俗世界将重新侵犯人的意识。人们将发现道德理想无法革除倔强的物质欲望和特权的遗传。人们将发现革命的社会本身日趋官僚化，或被不断革命的动乱搅得一塌糊涂。”[④]

从社会历史发展的角度来说，世俗化是现代化的标志之一。西方的文艺复兴、宗教改革都以强烈的世俗化取向促进了社会和文化的现代化转型。

在范氏怀的《天使》、《迷路》等作品中对人的关注则是从另一个角度来体现的。在她的作品中没有社会冲突和人的悲剧，是“没有正面人物和反面人物的作品”[⑤]。但作者在这里提出了另一个问题：从多个不同的角度、在极其平常的情况下观察心灵的丰富与贫乏和个人意识的发展。对周围世界和自身的认识过程成为作品中叙事的基础。范氏怀的处女作《天使》“是对人的永久的渴

①[越]何明德：《今天的短篇小说》，越南《文艺报》，1991年11月30日第15版。

②[越]潘巨棣：《关于阮明洲近年短篇小说的交流》，越南《文艺报》，1985年7月6日第2版。

③[越]王智闲：《蝴蝶与向日葵》，海防：海防出版社，1999年，第232页。

④[美]丹尼尔·贝尔：《资本主义文化矛盾》，北京：三联书店，1989年，第75页。

⑤[越]陈文士：《一幅深紫色的愁乡画》，越南《文艺报》，2006年4月15日第2版。

望——对爱的渴望的一种肯定”[①]。范氏怀的作品从文化、文明的角度审视越南社会和人民的现实生活，揭露现实生活中的腐朽、落后和非人道主义。越南文学界认为她是一位阅历丰富、思维敏捷、泼辣干练的现代派作家。年轻的女作家潘氏王英的一些短篇小说也有类似风格。作者通常讲述一些很普通的故事，但其中却蕴含着作者所观察到的人物内心的意识及其变化。以潘氏王英为代表的年轻一代作家的创作对“揣思与真诚、恬然与激烈、宽和与酸涩、庄重与随意、天真与精细有一种不同寻常的融和”[②]能力。上几代作家也有少数人有这种融和，但没有几个人像潘氏王英运用得如此精妙。当今的时代是一个融和的时代。人们越是有文化和自由，那么这种融和就越是丰富和精细。阮凯认为“潘氏王英在她的所思所想和独特的语言里所体现的紧张、不安和犹豫对年轻的读者很有吸引力。”[③]

阮凯是抗美救国战争中成长，仍然活跃在越南当代文坛上的老作家。在他的作品中，从《人的时间》、《在小小的人世间》到《尘世掠影》、《退休大校》和《深山老和尚》，其叙述语言越来越细腻、婉转、清新。阮凯在其作品中所塑造的人物就是生活中到处可见的人。他通过描写一个人一生的遭遇、一个乡或一个街道的变化来观察和研究社会正在发生的变迁。

阮凯60岁以前的作品对现实和人生有理性的思考和批判。他60岁以后的作品有了更多的感性。他觉得“世上的不幸太多，因而可写的题材也太多”[④]。

老年的阮凯认识到“太多的不幸”，他十分激动地谈到短篇小说《夕阳》里一个生活在权贵家庭中的人物帛，她像一个下人一样，直到生命终止的那一刻，她都没有享受到人世间的片刻幸福。正是这种转变，使得阮凯的人物世界开始饱含人情味，从而更加深入人心。

对普通人的生活和个人命运的关注使多年来一直对伟大和总体的东西过于偏重的越南文学创作活动回到了自身的运动轨迹。多年的革命和战争之后似乎只有艺术才能帮助人们去适应正常的生活，去认识周围简单、朴实的美丽。美丽是内心的一种奇妙的东西。在文学里面也是这样，美丽是由人们的认识所获得的。当然它有一些共同的标志。但是美丽也没有一个固定的概念，因为它总是在变化中的。也许在这种环境下它是美丽的，而在另一个环境里它就不是美丽的。自然是一种最美好的东西。要尊重自然和自己的生活环境。我们不喜欢，外面的花照样开，鸟照样在鸣唱。自然界包括人和生活。所有的美丽和创作实际上都隐藏在自然界里，作家的责任就是寻找并把它们发掘出来。深入到人的精神世界和人的内心活动的文学创作促进了越南社会个人意识的形成和发展。

① [越]黄玉献：《亮点，争论区》，越南《文学杂志》，1995年第4期，第8页。
② [越]黄玉献：《亮点，争论区》，越南《文学杂志》，1995年第4期，第10页。
③ [越]阮凯：《要以欣赏的眼光和宽容的态度来看文学的转化》，越南《文学杂志》，1995年第4期，第11页。
④ [越]阮凯：《职业故事》，河内：越南作家协会出版社，1999年，第29页。

第二节　阮明洲的短篇小说创作

在关注普通人的生活和个人命运这一创作倾向上，抗美救国战争时期成长起来的阮明洲是一位突出的代表。阮明洲是一位著名的描写战争的小说家。社会历史进入20世纪80年代后，他放弃了战争题材的长篇小说创作，发表了许多关于探讨世人心理、心灵和处世方式的短篇小说。他对战后日常生活中普通人的命运进行了深入的思考。

阮明洲1975年以前的作品主要是歌颂人民战士。1975年以后的作品特别是20世纪80年代的主要作品有明显的转变：从人本价值的角度重新认识人生和社会生活中的一系列问题。阮明洲被越南文学界认为是越南20世纪80年代文学革新的象征。

阮明洲（1930—1989）的主要作品有长篇小说《河口》（1966）、《士兵的足迹》（1972）、《燃烧的土地》（1977）、《楼房里出来的火》（1977）、《从林子里走出来的人们》（1982）、《爱情的土地》（1987），短篇小说《不同的天空》（1966），短篇小说集《疾行船上的女人》（1983）、《乡村渡口》（1985）和中篇小说《芦苇》（1989）等。阮明洲的作品有的描写越南人在战斗中的高贵品质和英雄气魄，有的对社会生活表现出强烈的忧虑和不安，渴望着人们良心良知的觉醒。从战争时期转向和平以后，阮明洲创作了许多有价值的短篇小说。特别是在当代社会里，各种精神价值正在变化，阮明洲抓住并接受了新的东西。

睁开眼睛，面向生活，目光敏锐，勤于搜索，面对现实。既看到事业的胜利、成功、凯歌行进，看到生活中属于未来的萌芽，看到蔚蓝的天空、金色的阳光、节日的鲜花和孩子的笑脸；也看到工作中的挫折、缺陷、困难、麻烦，看到我们周围的属于过去的渣滓，看到乌云、险恶、风浪，看到普通人的眼泪和愁容。把生活中真实的矛盾和冲突，试验和突破，痛苦和欢乐，激情与沉思告诉读者；把生活的辩证法，把生活的经验、智慧和力量，把对于真、善、美的追求和信念传播给读者。这些就是阮明洲短篇小说创作的特色。阮明洲是军旅作家，他特别诚实，对工作诚实，对自己诚实，对朋友诚实。他用自己的笔记述自己的生活，倾吐自己的所思所想。他是抗美救国时期革命文学的最具代表性的作家之一，同时更是越南当代文学革新运动的先驱者之一。

“阮明洲短篇小说的出现像是文学上出现的一个新现象。仰慕他的人很多，不喜欢他的人也不少。”①阮明洲生前，或者说是在20世纪80年代前半期应该说是寂寞的，就像越南作家元玉所说，是“静静的，因为某种真正的寻找，

① [越]陈廷史：《〈乡下码头〉——一种深刻的叙事风格》，越南《文艺报》，1987年2月21日第2版。

特别是先驱者，总是或多或少是孤立的”①。

对于文学家而言，文学艺术意识的形成和发展是紧密联系的，与文学创作紧密相结合，与解决生活中出现的各种现实问题相结合。阮明洲的文学艺术意识的形成与发展也不例外。“值得我们仔细讨论的问题是，在于为小说家们创造尽可能的条件，如何让他们能够真实地反映正在祖国大地上发生的革命现实生活，在历史的翻江倒海的风暴中的革命现实生活，描写人生，表现有血有肉的有生活气息的社会人物形象，表现外部社会关系的万千现象和某些在人们心中交战但还深藏不露的东西，诸如理想与欲望、智慧与本能、善与恶、人的本分、人的意识等，只有作家的笔才能点明、解释和预示。”②从一开始，阮明洲就深刻地意识到，只有将文学创作与现实世界、与所有人的生活相联系，深入地了解人们的愿望和思想，作家才能找到进步思想的支点。对于一个作家来说，每一部作品就是工作的一个阶段，思想的一段行程。阮明洲认为，每个有志作家都应尽己所能，为民族文学的发展尽自己绵薄之力。但他强调，关键在于每个作家的主要任务是反映广大群众所关心的问题。文学任何时候都应回答今天的问题，任何时候都应就生活中急迫的问题与当代的人进行对话。

阮明洲是在抗美救国战争时期出现在越南文坛上的。1962年，阮明洲从军队文化学校来到《军队文艺》杂志社工作。在战争环境下，这一阶段文学的发展明显打上了战争的印记，深受战争生活的支配和影响。这是整个越南民族都在争先恐后的上战场杀敌，步入救国道路的时期，这是作家和读者都关切民族命运，关注在战争风暴中人民的愿望和命运的时代。在这种环境下，作为社会成员的作家岂能装聋作哑无动于衷？作家又岂能创作与杀敌救国主题相左的作品？作为一名军旅作家，阮明洲从意识深处对自己的良知、责任和神圣使命有了更深层次的理解。他常常严格要求自己作为一个作家要当好党的思想战线上的战士。阮明洲在进行文学创作时，首先是将自己的创作理念与现实生活相对照，看是否能与生活的主流相吻合；看是否是与社会的发展进程相吻合；看作品是否能对社会有益。可以说，阮明洲的这种文学艺术意识、社会理想和审美理念始终贯穿在他的全部创作当中。“阮明洲的短篇小说符合总的发展要求，它超出了一种叫作阮明洲个人的东西。他的创作让我们对一些更大的问题进行了讨论。”③

在社会转型时期，作家们往往面临着新形势的考验。新的社会生活给作家们提供了许许多多的新事物和新问题。有的人要彷徨一阵子，有的人更是自以为像蚕一样已经将丝吐尽，不可能再创作出新的更好的作品来。有的人也付出

---

① [越]元玉：《阮明洲周年祭学术研讨会开幕词》，越南《文艺报》，1990年2月17日第3版。

② [越]阮明洲：《小说漫步》，越南《文艺报》，1989年8月12日第2版。

③ [越]阮坚：《关于阮明洲近年短篇小说的交流》，越南《文艺报》，1985年7月6日第3版。

了努力，但是仅仅停留在过去已经取得的成绩上，并没有创作出具有更新价值的作品。

阮明洲也和其他作家一样面临着1975年后新的转折和新的形势，但不一样的是他将文学创作视为积极参与现实生活的一种生活方式。他“战胜了新的考验，这是对自己的胜利，是超越自己的胜利”①。他要用手中的笔书写一片报国忠心，希望为全民族的生存权而斗争做出贡献。他经历了抗美救国战争的残酷岁月和国家和平建设最初时期的艰难阶段。因此，在整个抗美救国战争时期，他以在残酷战争中革命战士的生死观为题材，用自己的细腻、生动的笔触，较好的诠释了生与死这一主题。阮明洲在这一时期创作了长篇小说《河口》（1966）、短篇小说集《不同的天空》（1970）、长篇小说《士兵的足迹》（1972）。“《士兵的足迹》与《河口》相比，在量和质上都有重要的转变。从《河口》到《士兵的足迹》，阮明洲迈出了坚实而充满希望的一步。”②

这些作品的问世奠定了阮明洲军旅作家的地位。阮明洲笔下对战争中战士冒着枪林弹雨奋勇作战的描绘，精辟地反映了越南民族和时代的强烈愿望——渴望独立、自由。他的作品为再现越南民族抗法抗美救国战争中的宏伟历史画卷做出了突出的贡献。阮明洲在一次交流创作经验时曾说，对战争的描写并不只是要使经历过战争的人感到震撼，还应使没有经历过战争的年轻一代感到震撼。在阮明洲的创作中，绝大多数的作品都具有强烈的感染力，能使读者受到触动。阮明洲的创作符合越南抗法抗美救国战争时期文学创作的主流。他的作品常常倾向于正面描写、反映整个民族的生命力，倾向于一些伟大的事件和英雄人物，善于用饱含感情的笔触来表现上述主题。在阮明洲的作品中体现了真挚的感情与英雄主义的融合与交汇。他不仅在创作感受和创作方法两个方面，将他的文学创作理念与抗美救国战争时期的文学主流相结合，同时更体现出作家对抗美救国战争和抗美救国战争时期文学宝贵、突出和富有时代特征的贡献。越南的抗美救国文学是反击帝国主义的先锋文学之一，就像阮明洲所说的那样，不知包含了多少作家的智慧、汗水和鲜血。显而易见，抗法抗美救国文学在越南人的心目中已经成为极富价值的文学遗产，已经成为“历史的财产”，这一点是谁都不能否认的。但“说到底，描写战争也是描写人，描写人的命运……”③

作为一位敏感的作家，一位密切关注现实生活的作家，阮明洲早就已经意识到文学与现实生活之间有着不可避免和难以逾越的距离。生活的现实和战争

① [越]阮智元：《阮明洲1975年后创作方法的革新》，河内国家大学，阮攸创作学校，军队文艺杂志：《越南八月革命后文学50年》，河内：河内国家大学出版社，1999年，第249页。

② [越]吴文富，风雨，阮潘赫：《20世纪越南作家（第四册）》，河内：越南作家协会出版社，1999年，第74～75页。

③ [越]武高：《关于阮明洲的几点回忆》，越南《文艺报》，1992年1月25日第6版。

的现实在阮明洲眼中是一片尚未开发的原始森林。他认为，在两次救国战争中隐藏了许多问题，关于我们人的问题。抗法抗美战争30年间的文学作品“还不是真挚和殷切的关心，不是呕心沥血之作，更不是一代文人、作家的人生观、哲学观的体现。”[①]在经过严肃认真的思考之后，阮明洲在尊重真实的现实生活的基础上，致力于将文学创作与现实生活相联系。他认为，以题材丰富的现实生活这座“宝山”为基础，在文学创作中，作家应量力而行，如果不能拥有整座山，那么应该抱住山腰上的一根树枝，如果不能对抗战中重大问题进行概括，那么应该用自己的笔反映战争的一些真实面貌、环境和具有震撼力的片断。作家绝不能将现实生活这座“大山”变成一个精致的“盆景”。这一意识在阮明洲的文学创作中留下了深刻的印记。“任何跟踪二十年来阮明洲创作的人，都不能不承认这样一个事实：阮明洲创作了《河口》、《爱情的土地》等8部长篇小说，其中，有几部多次再版，受到了公众舆论的热烈欢迎和赞赏。但是他给世人留下深刻印象的却不是这些大部头作品，而是在他生命的最后阶段发表在报刊杂志上和收入短篇小说集中的短篇小说。”[②]正因为如此，在千篇一律的描写革命战争、抗美救国的作品中，仍然能够感受到阮明洲作品的独特魅力。除了探求生活中常见的美好一面之外，在一定程度上，阮明洲还努力深入生活中隐藏的一面，希望能发掘出人们心灵世界中的秘密和潜藏着的美好的东西，努力寻找埋藏在人们心灵深处的珍珠。通过解读这一时期阮明洲的作品，我们可以清晰地了解其创作倾向：分析越南民族优秀品德中最为独特的部分——体现在英勇战斗中的每个人都愿意随时为国捐躯的高尚品德。他认为，在每个人的心里都蕴藏着美好、奇妙的东西。它们是如此的美好、奇妙以至于穷尽一生去探讨、追求也不能完全了解它们。这一艺术追求已成为阮明洲的整个艺术道路中的一贯风格：对生活、对人生中美好事物的追求与渴望。

“战后，为创作一部以1972年广治古城的英雄战斗为背景的长篇小说，我多次深入生活，见到了许多老指战员，可以说做了相当认真仔细的准备。但当着手开始创作时，我发现与抗美战争并行的问题还有‘今天的生活’，它迫使我要关心。你们也一定看到了我们的周围人们，特别是青年的生活方式、道德，甚至生活观念，使我不得不关心和忧虑。我发现，每次国家从战争转向和平时，我们就要提出反对个人主义的问题。但与1954年恢复和平时期相比，1975年后的这次和平，个人主义问题就更严重了。我想，我们正生活在一个越南人民从来没有过的伟大时期，但同时我们也觉得，某些存在于今天我们性格和心理上的东西，造成了我们通称为社会消极现象的种种表现。很多时候，我自我开导：也许是生活还很困难，今后生活水平提高了，这些奇怪的性格和心

① [越]阮明洲：《灯下创作》，河内：越南社会科学出版社，1994年，第24~25页。

② [越]范永居：《关于阮明洲短篇小说中的长篇小说要素》，越南《文艺报》，1990年2月17日第7版。

理将会自行消失。但这一点并没有让我安心。我担心的是，我们在路上或在公共场所所见到的，它将侵入每一个家庭，长期下去，它会不会变成我们越南民族的精神主体呢？”①于是阮明洲决定在这个新的战场——道德战线上开始进行新的战斗，开始了新的创作。他关于这一题材的第一个短篇小说是发表在越南《人民报》上的《我们越南人》。随后，又在《人民报》上发表了《除夕遐想》的随笔。在这些作品里，他仍然表现出乐观精神。他认为，观察我周围的人，“我觉得好人还是多数，仍然占大多数。但是，似乎他们往往要反抗自己本身某种东西，每个人的心中似乎往往有一场善与恶、理智与欲望、公与私的斗争。”②人们仍然很好，但好人似乎跟过去不同了，他们只是始终把持自己，不让自己做出任何一件丑事、恶事。阮明洲想通过自己的作品来帮助每个人处理好心中美与丑的交锋。这种交锋尽管不是轰轰烈烈的，但是每时每刻、无论何处都在发生。

就在由战争状态转向和平时期的初期，经过对新生活的敏锐、积极的思考，阮明洲及时把握时代脉搏，很快发现了越南社会存在着许多急需解决的迫切问题。“革命前，有时候人们说‘风化衰颓，伦常颠倒’。而现在，把所有的简称为‘消极’。看一看那些抢劫犯，看一看那些只知道为自己的升迁和家庭的富裕而操劳的道貌岸然者……”③在作家的责任心和良知的驱动下，阮明洲又迅速地投入了全民族的新一轮战斗——为争取每个人的生存权的战斗当中。阮明洲认为，每个作家都应是党的思想战线上英勇的战士，并决心拿起手中的笔，“参加到善与恶、美与丑的交战中去。这种交战存在于每个人的生活当中。这场交战并不激烈，但每时每刻都会在生活的各个领域里出现、存在。”④文学即人学，阮明洲以一位作家的意识、良知、责任、经历和思考，用他的作品充分肯定了这一点。文学的关键就是人。战后，阮明洲连续创作了《疾行船上的女人》、《乡村渡口》、《远方的一只船》等。他的这些作品让我们看到了阮明洲的一张新面孔。

只有以对人确切的、独特的视角，作家才有可能得到关于生活和社会的有意义的见解和预示。从外部转向内部，从事件、问题转到人，从民族的命运转到每一个具体人的个人命运；这是越南当代文学的基本走向。阮明洲在这一时期的文学转型中扮演了重要的角色，从创作实践到文学批评，从艺术意识到表现方式等诸多方面都做出了突出贡献。“阮明洲的创作，特别是近几年来的短篇小说至少在文学界已经成为几乎是一系列的事件。”⑤阮明洲在论述一些社会

① [越]阮明洲：《关于阮明洲近年短篇小说的交流》，越南《文艺报》，1985年7月6日第2、3版。
② [越]阮明洲：《关于阮明洲近年短篇小说的交流》，越南《文艺报》，1985年7月6日第2、3版。
③ [越]武高：《关于阮明洲的几点回忆》，越南《文艺报》，1992年1月25日第6版。
④ [越]阮明洲：《灯下创作》，河内：越南社会科学出版社，1994年，第85页。
⑤ [越]赖元恩：《与同时代文学共存》，河内：越南青年出版社，2003年，第72页。

道德问题时，总是将注意力集中到人的内心中具有规律性的深层次演变上。寻求“人内心中的人”常常是作家艺术创作的一切努力的目标和方向。“革新社会，革新人，革新生活、思想、人的命运，革新文学。”①正是在艺术意识领域里的深刻变革，特别是关于人的艺术观念上的变革，很大程度上为阮明洲的创作转型创造了条件，奠定了基础，形成了他1975年以后，特别是20世纪80年代独特的艺术风格和对艺术的追求。“我想，我能写出点什么，那都是因为我和祖国，和人民的革命战争以及社会主义建设事业紧密地联系在一起。”②

从阮明洲最为熟悉的题材——革命战争和军人题材上，可以看出上述转变。阮明洲是最先提出以新的视角看战争的作家之一，这绝非偶然。亲身经历了两场战争——抗法战争和抗美救国战争。在抗法战争时期，他的足迹踏遍了四区和北部平原。在抗美救国战争时期，他走遍了甘露、溪山、越门等地。阮明洲深刻地认识到，战争不仅只是战功和荣誉，战争还与个人命运的沉浮相联系，与牺牲、痛苦、离别、悲伤相联系。这一点在他1975年以前的作品中就已经有着较好的反映。谈到战争和军人这一创作题材问题时，阮明洲认为，“我们的作家如果只是关注战士们在战场上斗志昂扬、英勇作战，而不关心他们在泥泞中、在挨饿受冻时的烦恼和痛苦，不关心他们在枪林弹雨中的感受，不能理解他们在面对战友受伤甚至牺牲时的感觉，那么我们的作品其实是不真实的……如果反映大后方群众生活的作品总是描写群众丰衣足食，描写母亲送子、妻子送郎上战场时，嘴角上总是挂着一丝满足的微笑，在她们的心中没有一点烦恼的话，我们的作家实际上是对所有人的一种背叛。”③阮明洲要求包括他自己在内的所有作家们“看问题要更全面，在反映无比激烈和多样的抗战生活时，应全方位思考，而不能仅从一个角度着手”④。在深刻的艺术观念和意识支配下，阮明洲对那些以讴歌战争、歌颂“蓬勃、浓厚、热烈、陶醉”为主的作品不甚满意，虽然这些作品奠定了他在抗法抗美救国战争时期越南文坛上的地位。阮明洲在自我超越，努力将文学创作融入现实生活，使文学作品更切合生活实际、更多样化和更富人情味。越南统一后的阮明洲开始深入地走进“世情王国”。他的作品不再是战争和枪弹。他以个人命运为起点、为目标、为方向，同时也将其作为艺术多棱镜的中心，描写人的命运时，他深入发掘人物的心理世界和性格特点，分析人物所处的社会历史背景。阮明洲以这样的创作方法和创作倾向反映战争和人的问题时艺术地再现了历史的真实，作品达到了新的思想高度。

“1975年后，阮明洲对曾经受战斗考验的人们的感情不仅没有上升，反

①[越]吴文富，风雨，阮潘赫：《20世纪越南作家（第四册）》，河内：越南作家协会出版社，1999年，第78页。
②[越]阮明洲：《岁末交谈》，越南《文艺报》，1985年1月5日第27版。
③[越]阮明洲：《灯下创作》，河内：越南社会科学出版社，1994年，第151页。
④[越]阮明洲：《灯下创作》，河内：越南社会科学出版社，1994年，第45页。

而深深地埋在了内心深处。”[①]通过《疾行船上的女人》、《一幅画》、《暴风》、《芦苇》等一系列作品，阮明洲以新的“人本主义”视角，严肃而深刻地反映了严酷的现实生活和残酷的战争。他“更深刻地挖掘了我们社会生活中的人本关系”[②]。可能没有谁比阮明洲更关心战争的后遗症，关心在战争影响下个人命运的一幕幕悲剧。这是《燃烧的土地》中的艾妈妈的痛苦和悲剧，是《芦苇》中台、力的痛苦和悲剧，是《架特会》中老穹一家人在痛失孩子那一瞬间的痛苦和悲剧。这些痛苦和悲剧深深体现在阮明洲的字里行间。面对《战争路旁》中幸奶奶悄然流出的泪水，面对《架特会》中老穹“涔涔泪滴”，面对《燃烧的土地》中老蘖悄然流出浸满满脸皱纹的泪水，面对《芦苇》中台和力令人心痛的悲剧，特别是当读到《芦苇》中人物充满磨难和孤单的命运时，读者不可能不痛苦、伤心。“满天涯到处都是望夫石，千姿百态，一个经历多少次干戈的女人世界，似乎战争都汇聚在这里，每人一座山峰孤零零地站着，危然耸立在最高的山顶上，有的把孩子夹在掖下，有的把孩子抱在胸前，有的把孩子背在背上，有的双手下垂，向各个有枪声的方向、有火把的方向张望。”[③]阮明洲的作品表达了上述所有的感情，表达了对生活，对人的关注和热爱。在他的人本思想和真挚情感的影响下，他的作品超越了极端的“重新认识历史”的倾向，并为读者战胜战争后遗症，医治战争创伤提供了精神力量。可以说，这一阶段阮明洲的创作是以人本思想为线索，满足了人们对“战后文学”提出的迫切的“人本主义”要求。而正因为如此，阮明洲的作品往往能引起读者深深的共鸣。

阮明洲的人本主义思想是非常值得关注的。他的这一思想并非偶然产生，而是经过长期酝酿并在艺术创作意识的作用下形成的，是阮明洲的主要创作思想之一。如果没有那些付诸心血、情感的思考，就不会有那些洞察人情世态的优秀作品的问世。阮明洲曾说：“我完全不能想像一个不热爱生活的作家将会有何作为。作家的这份真挚的情感既包括了欣喜、陶醉之情，又蕴含着痛苦、悲伤之情，这是对自己身边的人的命运和幸福的真挚的关怀。只有了解自己内心深处的这份真挚的情感，作家才有可能同情世人的痛苦与不幸，帮助他们越过精神上的危机，以勇敢的姿态直面现实人生。”[④]

另一方面，当回到革命战争和军人题材创作时，除了对美好事物的颂扬之外，阮明洲还严肃、激烈地批判了被战争“毁灭”了的人的人格和道德的异化与沦丧。如《燃烧的土地》中的鹏的人格的异化；《楼房里出来的火》中锋思想的偏差；《暴风》中光的反叛；《一幅画》中“我”的唯唯诺诺、不守承

①[越]王智闲：《蝴蝶与向日葵》，海防：海防出版社，1999年，第233页。
②[越]赖元恩：《与同时代文学共存》，河内：越南青年出版社，2003年，第167页。
③[越]阮明洲：《阮明洲短篇小说》，河内：文学出版社，2003年，第448页
④[越]阮明洲：《灯下创作》，河内：越南社会科学出版社，1994年，第95页。

诺、不守信用等。从这一涉及现实生活的全新的角度，阮明洲的创作对发现“人生世事”深刻的运动规律，对这一时期文学创作中的“人本主义”思潮的发展，做出了突出贡献。

正是在渴望发掘“人内心中人”的本质这一愿望的驱动下，阮明洲又重新回到他所熟悉的题材：农村和农民。综观他的艺术创作之路，农村和农民题材作品在他的文学创作中占据着重要的地位，如《乡下来客》和《架特会》等作品被认为是倾注了作家的泪水和鲜血的艺术遗嘱，在探讨农民的本质和命运方面反映了作者真挚的情感和深层次思考。深入挖掘老穹为贫瘠的土地“一辈子埋头田间”，“流尽汗水”这种昏暗的、几乎是静态的困苦命运，阮明洲创作了越南当代文学领域中具有深刻包容性的典型农民形象。“作家与作品的规格取决于痛苦的深度和思考的成熟程度。”①《架特会》这部作品的问世，以及作品主人公老穹的成功塑造，被认为是阮明洲在创作意识和艺术表现方式上成熟的标志。这是对人的内心世界的深层次发掘的能力，是通过个人命运再现历史面貌的能力，充分体现了阮明洲在创作中超强的艺术把握能力。

通观阮明洲的创作道路，可以清楚地发现，20世纪80年代是其创作思路变化较大的一个阶段，也是他取得特殊艺术成就的一个重要阶段，是他在人生感悟和经验累积的基础上厚积薄发的一个阶段。在创作中，阮明洲越来越深刻地意识到将文学创作回归生活，直接参加到“为每个人的生存权而斗争”中的重要意义。因此，千形百态的现实社会生活走进了他的艺术世界里，他的作品是现实生活的艺术再现。阮明洲在这一创作阶段的主旨是，在创作的每一部短篇小说中，都想在一个具体的环境下，与读者交流生活的态度或提醒人们应该注意的事宜。如在《抢劫者》中，他就提醒读者应注意生活中的种种意外；在《职业印记》中，他探讨了正确看待、评价别人的态度；在《战争路旁》中，他揭示了在社会发生巨大变化的背景下，人们思想认识的变化；又如在《阿姮母子》中，他谈到了子女应该如何对待父母的问题；在《除夕》中，他批判了家长制带来的严重后果等。在作品中，阮明洲不只一次地提到，人们应懂得正视自己，懂得忏悔，应该经常拷问自己的良心和灵魂。正是这种与生活相联系的创作意识，正是他敏锐的触觉和对生活的多样化感受，形成了阮明洲的看到什么都可以创作成小说的独特创作本领。特别是追求美好事物的努力和对生活、人的细致考察，帮助阮明洲透过日常生活中人情世故的冷暖等现象，深入地把握其本质，在“人格规律”和“人道主义规律”相结合的基础上，成功捕捉了人生的规律，深刻洞察了世事的变迁。这正是阮明洲独具特色的艺术创作的力量源泉：通过使读者置身于作品之中，深刻感受主人公的辛酸与痛苦，进而唤起读者对美好生活的热爱。关注普通人的生活和个人命运，这正是阮明洲

① [越]黎玉茶：《作家的理论思想与文学创作》，越南《文艺报》，1987年8月22日第6版。

的作品深受读者喜爱的重要原因。

阮明洲的作品充满了他对人民的无限热爱。他热爱和理解辛劳困苦又承受很多损失和牺牲的人们。他经历、了解战争年代和和平时期的得与失。“小说作品只有描写得真情出，写出人情物理，才具有可与天地相始终的艺术生命力。”①阮明洲以他的才能和胸怀，以他艰苦而持久的创作历程，以他用心血创作出来的作品，以他在文学革新方面的勇敢尝试，确立了他在越南当代文坛上的地位。阮明洲为越南当代文学从创作表现方法上的单一性到多元性革新做出了重要贡献。

* * *

1975—2000年的越南革新文学以特定的历史内容和审美素质同以往的文学相区别。它迅速地反映越南统一以后的社会生活和社会心理，关注新的社会矛盾，关注普通人的生活，与人民共心声，与时代共脉搏，及时表现了当代社会生活，尖锐地触及各种社会矛盾，体现了当代意识。创作题材、创作倾向和创作风格不再遵循某些原有的模式，开始大胆地冲破樊篱，突破了以往种种清规戒律所圈设的题材禁区。以往在艺术上保守、单一的文学创作，呈现出多元并举的态势。这一时期的作品都直接触及到当前人们对社会、人生所做出的哲学的、政治的、伦理的思考，反映出当代作家对社会思潮和读者心理的深入体察和敏锐感应。因此，这些作品比起以往那些远离人们的思考重心，或者缺乏思想深度和力度的作品更能引起读者的关注和喜爱。

① 韩进廉：《中国小说美学史》，保定：河北大学出版社，2004年，第168页。

附录一
1954—1975年间的越南南方文学

一、引言

越南1954—1975年间的南方文学资料奇缺，几乎找不到参考资料，南方文学作品很难找到，也很少有评论，人们对南方文学了解微乎其微。

1954—1975年间的南方文学分为1954—1963和1964—1975两个阶段。1954—1963阶段，政治相对稳定，经济发展，人们精神状态较为振奋。1964—1975阶段，政治相对混乱，社会堕落，经济衰败，社会不稳定，民众日益失望、灰心、彷徨。文学的情形大概能比较忠实地反映每个阶段总的情形，文学的主要体裁有小说、随笔、诗歌、剧本和纪事文学。

1975年以后的文学也出现了不少作家和作品。而1954—1975年间的南方文学没有人评论，南方人在20年里的喜怒哀乐随着时间而流逝，没有人观察它，体味它，这是不合适的，也是不公平的。

想要公平公正地评判南方文学，的确需要一定的时间。1954年日内瓦协定签订后到 1975年南方解放的20年里，虽然有残酷的战争，但反映生活的文学创作从来没有停止过，还是出现了许多作家。南方作家主要有丛隆、丽恒、清心泉、朱子、依渊、尹民、陈岱、武黄璋、胡友祥、阮孟昆、如风、维蓝、范日南、陈宴词、尹国士等。

南方解放文学的主要作家有：阮德顺、青海、江南、黎英春、阮诗、黄明先、陈白藤、英德、陈孝明、阮忠诚、潘四、阮武等。其实，他们都是从北方过去的。他们有的从小就受到党的悉心培养教育，有的到中国、前苏联深造过，有的出身高干家庭。有的年纪大点的是在北方有点名气的作家改名换姓过去的，如刘友福化名黄明先，阮文俸化名陈孝明，元玉化名阮忠诚，裴德爱化名英德，陈白藤化名享潮、晓长（做了小学校长）黎钦化名潘四，阮玉晋化名阮诗……

1954年以后的局势

1954年抗法战争结束，形势完全改变，为南方带来了新的希望。停战首先带来和平的感觉。对于人民群众来说，战争结束了，无论如何可稍微松口气了。至少不再有枪声，不再有人死亡，不再有扫荡……人们在考虑重建家园。

就这样，越南得到了暂时的统一。但法国为高台教、和好教等教派保留了单独的武装部队，每个部队控制一个地方，施行各自不同的法律，形势很复杂。吴庭艳政府曾呼吁武装部队自愿进行合作，逐步实现了南部的统一。

1955年后，南部有了民主选举的“国会”；1956年10月，有了宪法和共和体制，成立了“越南共和国”。

1954到1963年，越南北方有几个大事件深深地影响了南部人民的情绪，特别是那些知识分子和文艺界人士的情绪。南部的干部们集结起来砸了还剑湖畔警察局；学生们在首都河内的十字路口集结作乱；长征被免职；被冤枉批斗的受害者重获自由后回去找那些冤枉他们的干部报仇，引发了社会骚动……诸如此类的事件让南部那些亲共的人为之惊愕，就连那些从北方移民过来的同胞们也为之震惊。

1956年3月，明得出版社出版了《春季佳作》，开始指出党的一些缺点和不足；1956年8月，又出版了《秋季佳作》。1956年9月15日，越南《人民报》发行了头刊。随后大学生创办的《新土地》，阮丙主办的《百花》和《新时代日报》等报刊也都随大流攻击党和国家领导人，甚至连文艺协会的《文》也有反党言论……

1956年12月15日，越南政府颁布法令，具体规定了报刊杂志的“自由”界限，对那些违禁者要施行纪律处分。304名文艺工作者被抓去整训，瑞安、阮有当等一些被关进了火炉监狱，很多人被革职，被送去“劳动学习”，流放到一些自然环境恶劣，与外界断绝联系的地方。这就是越南北方1950年代的“人文佳品”事件。

从1959年起，越南劳动党用武力统一国土的主张在北部提出并实行。1959年5月，开辟了胡志明小道，70000干部被增派到了南部。1959年12月，南部解放阵线成立。1959年，南部有250名公职人员遇害。1960年，被暗杀的公职人员人数达1400名。随后还陆续发生了一些连级，营级的冲突事件……

面对这样的局势，时任美国总统的肯尼迪向南越增派了15000美军，南北双方对峙升级。

掌权三四年之后，吴庭艳被指责独裁，而且这股舆论和不满情绪在各党派和政客中蔓延。1959年，一个飞行员飞到独立宫上空投下了一枚炸弹。1960年11月11日，发生了一场未遂政变。但是形势在佛教事件发生后就开始变得严重了。1963年5月，顺化佛教徒因悬挂教旗问题组织了反政府游行。全国大范围反政府活动蔓延。1963年11月1日，吴庭艳政权被推翻。

二、作家、读者、出版业

1. 作家

作家的地位

在东方，古时候文化人曾经很受尊重。李白就不说了，民间也不乏一些文化人犯了罪却因写得一首好诗得到释放的故事。1945年以前，文化人还能感受到人们的情感和当局的敬重。在保大时期，保大曾认为他正在开启一个重要的时期，寻找有经邦济世才能的人的帮助，第一次他选的是范琼，后来选的是陈重金，两个人都是文化界著名学者。胡志明周围也不乏文化人：辉瑾、素友、邓台梅等。诗人伞沱是个很特别的人。有一次客居别人家久了，心一烦就把人家客厅的花砖撬开来，要松土种地。西山王是阮朝的敌人，伞沱经过平定时到供奉西山王的祠堂上香；乡官把他押到省里，总督听说后把他放了：别人这样就是犯罪，诗人这样则可以请他们喝酒聊天。大名鼎鼎的学者如此，不怎么出名的文化人也受到尊重。

越南社会先后受中国文化和法国文化的影响，因此尊重文化人是很自然的事情。

这个一个兵荒马乱的时代，生活艰苦，战争肆虐，到处都是杀戮，争夺，根本不适合文化人。而且，政府的优待远不如民众的爱慕和社会的尊重来得珍贵。

民众和社会对名作家的态度也就这样了，如南圻名士山南像一个寄宿的中学生一样在一间靠近很吵闹的电影院的小房子里寄宿了五年，还经常夸“房主很仁慈，待我像自己家的小孩一样”。

为什么作家的地位降得那么低？罪魁祸首是战争。或者说得更准确一些是第二次世界大战以来的越南国内形势，政治、军事活动压倒了文学艺术。

和平时期人们喜欢诗歌，对它们很感兴趣，百读不厌。战争时期，人们关注的是国家和民族的存亡，这时将军和政治家们是重要的。国家越是危难，他们越是吸引人们的注意力。至于作家虽然没有人讨厌，但已经被人们遗忘了。

1954年后作家们被人们遗忘，南方在这20年中没有诗歌或小说歌颂领导、称颂有权有势人物的。相反，抨击政府当局的诗文一时还盛行开来。的确，1963年后，朱子、氏梅、乔峰、陶歌等人在各家日报，周报上连续撰文抨击当局，反对副总统、国会主席、将军、省长等。他们的话语铿锵有力，掷地有声。

作家的成分

上面我们谈到了作家的社会地位。与北方作家不同的是，南方作家很少依靠政府生活。在一本记有南方读者们最熟知的33名作家的名册上有19位是自由职业者，9位是教员，4位是军人，只有1位是公职人员。

自由职业者占58%，其中多数是办报纸的，如朱子、梅草、袁玲、莫杜、阮氏荣等人是报刊的主编，平原禄、山南、阮孟昆、雅歌、阮氏瑞舞、黎川、重阳等人是报刊的撰稿人或编辑；教员占27%。

自由职业者和教员占南方作家总数的85%。在文艺界，教员占了大多数。在一本14人的名册里，有7位是大学教员（50%），5位是自由职业者（36%）。诗人自由职业者和军人的数量差不多，主要有阮北山、何束生、何尚仁、苏垂安、素娇、陈宴词、范天舒、阮德山等。

与1945年前的作家相比，1954—1975年间军人和教员的比例要大些。1945年前没有像文光、青南等军人，这很容易理解。但是为什么1954年后的教员中突然涌现出这么多的作家呢？这是因为在战争年代教师确实得到了一些优待，因此吸引了一批人才。在南方1954年后每个阶层的作家都在迅速增加。国家不能及时地培养出老师来，因此在从事其他行业的青年到了服役年龄被征入部队时，老师则很容易申请到延缓服役。

另一方面教员在战争年代创作比其他行业的人更方便些。教师随时可到图书馆查阅图书，写作环境要好得多。

很多具有文艺潜质的人一旦被卷入战争就很难有机会再发展起来。如维蓝在其处女作中就表现出了写作方面过人的才能，曾得到一零的好评。他后来入伍了，他哪还有那么多时间和精力来思考、创作呢。又如雷三自还是一个学生的时候就在《创造》杂志上发表过作品。这些有文艺潜质的人很快在文坛消失了。

有好的环境，未必能出好作品、好作家；但没有好的环境，则很难出好作品，出好作家。

总的来说，在整个1954—1975年间的文艺界，女性作家要比男性作家多。1954—1975年间南方女性写的小说越来越多。但在研究领域缺少女性身影。1954—1975年间南方有女律师，女医生，女教授，女主任，女主编，但没有女学者，女研究员。

在1965—1966年之前，文坛占据主导地位的全是男性。1966年后，女性出现得越来越多：阮氏黄、雅歌、粹红、重阳、阮氏瑞舞等名字经常出现在报刊上。在这一时期的最后几年，她们的队伍越来越发展壮大，除了阮氏黄、雅歌、粹红、重阳、阮氏瑞舞等人外，还有陈氏娥、丽恒、阮氏玉明、游离、无忧等。1954—1975年间时期的南方文学越来越倾向于女性作家。

作家的生活

关于作家的物质生活。首先作家和社会其他成分一样也互相有区别。有的比较富有，有的则相对贫穷。有钱的也不是因为稿费，而是由律师事务所、卫生所、私塾或妻子管理的买卖获得的收入。严春红、元沙、陈玉宁等生活比较富裕；阮德山、裴降、兼明、黄玉俊、尹民则比较穷困。

大部分作家除了创作外还有其他谋生的办法。从杂志社得到的稿费少得可怜，出书得的钱也不能指望能养家糊口。1965年以前，一本几百页的书卖50元。除了被人们喜欢的作家，一般作家的书第一次印2000多本；就算印这么多，利润率为10%那么利润也才10000元。那时政府官员的工资也就每月3000多元。但是政府官员的工资是年年有、月月领，工资是稳定的收入，而出书所得是不稳定的。

但是不能说只搞创作就不能生活。也有相反的例子。一个成功的作家，拥有广泛读者的作家，懂得把自己的创作观念和观众的需求结合起来，他是可以靠创作而生活的。阮宪黎就是一个很好的例子。在大约几十年的时间里，他只是写书没有干其他的，而生活得还很不错。到后来，他住在一幢别墅；在通胀时期也没见他为生活发愁。

还有许多以创作为生的作家，如平原禄、梅草、山南、玉玲、黎川、缘英、雅歌等人生活得也还舒适。但是这里指的收入意义要广泛些，除了稿费，还有每个月的或是编辑费、主编费、主任工资，或者日报付的儿童版面、妇女版面、运动版面负责费或周报、杂志总编的工资。

1954—1975年间一般的作家生活还可以。因为除了日常的生活需求以外，很大部分的南方作家那时候还有能力办出版社。这并不是任何时候都能做到的。1954年以后南方的作家们如果愿意的话会卖草稿；如果不愿意则可能决定马上办一个出版社。很多的人选择后者。

关于作家的生活方式问题。生活方式也和生活质量一样：没有统一的模式。世界怎么复杂，那他们的生活也会多么的复杂。有的过得很舒适，如东湖；有的过得较富有，如一零；有的过得很严谨，如阮宪黎、平原禄、黎玉柱；有的过得很简朴，像山南；还有人则很狂妄自大，像阮德山；有的很豪放，像黄玉俊、梅草、缘英等，千奇百怪。总的来说，1954—1975年间南方大部分作家的生活是简单、健康和积极的。

文艺团体

1954—1975年间南方文学有很多文艺团体，如“今日文化组”（后来叫“新风组”）：成员有一零、维蓝、日进、世缘、阮氏荣、灵宝等；文坛短讯组：其成员有武幸、吕芳、阮原等；说明组：其成员有世原、阮玉兰、阮文忠等；观点组：成员有严春红、吴克宽、莫杜、谢文儒等；百科组：成员有武扇、阮宪黎、武幸、阮愚意等；创造组：成员有清心泉、梅草、尹国士、维青等；文组：成员有陈峰教、梅草、阮春黄等；有以名人为中心的团体，如以阮德琼为中心的阮德琼小组，其成员有世峰、湖南、渊洮等；以朱子为中心的朱子小组，其成员有淑媛、陈峰武、秀阁等；以一定的研究领域组合的团体，如史地研究组，其成员有阮克语、林青莲等。其中，最活跃的是阮德琼小组，他们组织了“远见谈场”，每周都有演讲、讨论，到1963年因为政治原因被政府解散。

1954—1975年间的南方文学有过不少的作品，如阮文忠、阮宪黎、金定、雅歌、平原禄、草场、缘英等人在20年里每人都出版了三四十部作品，有的甚至有上百部作品。他们生活在战争年代，青南等许多人一手拿枪一手握笔。另外像神邓、何尚任、秀阁等人每天都至少有一篇文章见诸报刊。秀阁的讽刺艺术出神入化，很容易地让你笑，而且一点不牵强附会。

2. 读者

1954年以后南方作者的数量比1945年前全国的都还多，因此平均每部作品的读者并没有增加。1954—1975年间，每部作品每次印刷大概两三千册。1945年前全越南和1954年后南方的人数差不多都是几千万。1945年前失学率很高，有中学学历的都很少见，整个中部只有荣市、顺化和归仁有四所中学，没有大学。1954年后南方学校大量兴起，从顺化到安江人文学科学生就达几十万。确实是后来的人们比1945年前买书的少了。其中一个原因是战争时期的不安定。以前一旦一个知名的作家出了本书，读者们都立刻竞相购买，有没有时间读他们都买；买来放到书柜里慢慢读。南圻六省在1945年后，尤其是1968年后，几乎没有人家里还保留书柜。书也就是想读的时候才买；也就是说买得少了。

1954年后书籍经常成为危险品，不便于收藏。1960年后南方的情形越来越紧张，青年想缓服役便只有不停地上学，需要把考试考好。因此大家都埋头苦读教科书，没人把时间浪费在文艺书籍上。

也就在这个时期，北方的书籍比南方的印行量大很多，通常每本印到上万册。南北差距不是因为群众的读书爱好，而是因为书籍的普及程度。在南方，读书是公民的自由。书报往往给政府带来很多负面影响，因此政府没有任其自由发展。在北方，书报宣传主义，歌颂政府，民众读的越多越有国家意识，越听话，因此政府大力普及书籍。哪些书印得多、哪些书印得少，哪些书普及得少、哪些书普及的多，这不以读者的需求来而是根据国家的利益来决定的。胡伯伯、素友的书籍，印行量大于春妙、阮丙、黄琴、何英的书籍是很自然的。

在北方，政府尽力把书籍普及到乡村：公文到哪里书报也要到那里。相反，在南方书报最多到省里。偶尔能看见郡里有书店卖三五本武侠小说。省往下的需求几乎没有，且社会治安也不好。政府不屑，私人不愿，把书籍送到村民的渠道被堵塞。

南方读者少，除了愚民政策和战争，还有一些更深层的原因。事实上在很长的一段历史时期，越南人是不读什么的，他们所知道的都是听来的，这样成了习惯。到有了文字以后，仍然没来得及培养读书的习惯。因此口头文学在越南文学史上占有很重要的地位。它相当丰富，有很强的生命力。一般来说，当书面文学出现，那么口头文学就会逐渐衰落，但在越南则不然，口头文学一直存在。

《金云翘传》在1820年的印行量很小，怎么可能流传到民间呢？一直到1875年才有了张永纪的国语版《金云翘传》，当时国语字还年轻，文盲比例还相当高，书能有几个能看得懂呢？阮攸去世一个多世纪以后，《金云翘传》普及的方式仍然是口授耳受。在乡村家庭、在渡口，在车站，在饭店，人们讲《金云翘传》、吟唱《金云翘传》。这样一直到近代，当一些旅欧学者回来，国内的小说界已经开始谈论浪漫派、写实派，倾向于心理、社会等一些西方很现代的东西，这时候在民众中仍然还保留着像中古时候一样说诗的传统。说和听仍然比写和读更适合越南国民。

吟唱久了，自然有了诗歌的天赋。诵读唐诗三百首，不会作诗也会吟。诗歌伴随着人们的生活。烦恼时作诗，高兴时也作诗，婴儿出生作诗庆祝，老人去世作诗悼念，享受美景时作诗，遇到困境时也作诗，所有人都会作诗。真所谓是一个“诗的王国”。

越南人虽然喜欢文学，爱好诗歌，但是很少读书，战争又给书籍普及和收藏造成严重影响，因此1954年后南方读者的数量没有怎么增加。这也许对文学的发展带来了一定的影响。

3. 出版业

在文艺生活中，除了作家和读者，出版活动很多时候也有很大的影响力。如果没有出版商，可能很多有价值的作品没有机会问世，南方文学的成就就会因此而贫瘠。

人口增加，作家数量迅速增长，大学越来越多。因此，出版业发展迅速，仅西贡就有上千家印刷厂，150家出版社。新生活、开智、长诗、阮庭旺、智登等出版商和统一、南强、同奈、亚洲等发行商的活动是1945年前的同行们肯定不能比的。出版社数量猛增，印行量也随之增加。1945年前每部作品每次印刷平均大约2000册，1954年后大概印行量平均每次是3000册。出版业的规模在增大，技术也在提高。

出版业壮大了，但是作家队伍规模没有多少壮大：专业的出版社慢慢把活动转向教科书，他们抛弃了作家。这是这一时期出版情形的一大特点。1954年前作家数量不多，越文教科书由国家编撰发行，法文书在法国印了运来卖，因此出版界只有印文艺书籍。那时候作家和出版社联系相当密切。

1954年以后这一联系慢慢淡下来。文艺读者没有增加多少而需要教科书的则急剧增加。印刷每期的文艺书籍两三千册，销售慢；而印刷一本中学的教科书每期开学时可能达到15000—20000册，卖得很快。这样慢慢地人们看到了教科书的前景。有的出版社甚至不再出文艺书，有的也只在淡季印些文艺书，有的不直接拒绝而是委托一些小的出版社来印刷文艺书。

由于作家不便在出版商面前和教师争抢，1954—1975年间作家开始自己出版自己的书。这样，他们还可以选择自己喜欢的作品。最早自己出版的是阮宪黎、世锋、平原禄等。以后又相继出现了武扇的新时代出版社、尹国士的创造出版社、一幸的拉贝出版社、从拉贝分离出来的安殲出版社、世锋的大南文献出版社、胡友祥的惠明出版社、山南和玉玲的符沙出版社、陈峰交的交点出版社、阮愚意的叶青出版社、雅歌的爱出版社、缘英的玉龄出版社、世原的说明出版社、世渊的态度出版社、怀卿的歌谣出版社、日进的黄珍出版社等等。

每个阶段都有一些团体和一些作家出现，然后又在另一个阶段消失。有的从哲学转向政治；有的这个时期是在政治领域，后一个时期则转向了哲学领域；有的从宗教领域转向政治领域；有的社会心理作家转向政治题材创作；也有一些小说家从开始的政治题材转向心理、哲学问题研究。

1954—1975年间的南方文学比1945年前文学充满了政治气息。以前，在外属时期，政治活动主要是争取民族独立。没有什么好思考、犹豫的，只有敢与不敢之分。敢就站出来做，像一零、阮辉想、概兴、元鸿、黄道、南高；不敢则安稳地写爱情、风花雪夜、世间冷暖、神灵鬼怪的小说和诗歌。爱国志士则用诗文来号召爱国之心，而不需要为哪个立场而争论。

后来，在北方，文学是跟着政治走的。战后时期政治则影响了整个越南。在北方不论按照哪个主张，那个时期文学都完全服从政治。在南方，双方一致时文艺促进政治，相反则文艺反对甚至反抗政治。

三、文学创作

1954—1963年间的南方文学

南方初期的文学形势反映了那个时候形势的振奋和积极。刚开始政府得到民众和各党派的支持。吴庭艳政府实际上没有一个像样的文化政策，但是鼓励并帮助文艺。文艺方面，活动越来越踊跃。许多作家在销声匿迹很长时间后重新出现。同时，一些新的面孔也争相亮相。《创作》、《百科》、《现代》、《二十世纪》、《文艺》、《人类》等许多文艺杂志应运而生，严春红、武克宽、谢文儒、莫杜等一批新的作家登上了南方文坛。《自由》等一些时报成了作家汇聚的地方。1954—1963年涌现出来的作家占整个时期的百分之七八十。一些在群众中、在舆论中有影响的作家，大多是属于这个阶段的。

事实上，杨俨茂、日进、阮庭全等许多人在1954年以前就开始创作了。雅歌1965年出版了第一部诗集，1968年出版第一部小说。黎必条1961年出版《启程》，阮庭全1961年出版《阿海姐妹》，维蓝1960年出版《我的丈夫孩子》，日进1959年出版《白衣人》。另外在南方还有武平、一零、东湖、郭晋等许多1945年前一代作家；青南、千江、沈逝河、苏侨银等战争中的一代作家。1954年后的这两代有的写得少了，如东湖、三郎、韦玄得、兼明等人；有的仍然积极写作，如武黄璋、一零、武平、丁雄等。但是1954年后的文坛已经不属于他们了，在这阶段他们已经不是具有代表性的作家了。

1955年杜晋、武扇在顺化创办了《新稻季》，秋心即武秋静任主任，杜晋任主编。虽然是一份地方杂志，但《新稻季》的影响很广，对青年一代的影响力非常大。

1956年10月《创造》杂志问世，受到普遍的欢迎。《创造》虽然只存在31个月，但它推出了许多作家，如清心泉、尹国士、潘日南、阮沙、苏垂安、阮德山、杨俨茂等。

1958年创办的《今日文化》主要聚集了一零、阮氏荣、张宝山、灵宝、日进、维蓝、雪香等。《今日文化》和《当代文化》水火不容。它们在一开始都很受读者们欢迎。但后来读者慢慢少起来。《今日文化》停办后，阮氏荣、日进等作家仍然坚持创作。阮氏荣还主办了《新风》、《东方》等杂志。

《创造》和《今日文化》，在刚开始的一段时间都很辉煌，都证明了自己的实力。这一代的大多数作家可能被认为是怪异的，很难理解。在旧文艺和新文艺之间，1945年前和战后没有笔战。对与错也从来没有辩论过。舆论中老一代通常受到尊敬，但是，在文艺界，老一代常常被遗忘。日内瓦协议后的20年，南方文学界都很尊敬一零。一零对新人也总是很热情，1954年后，有很多次他表示想激励，帮助年轻作家。但1954年后的年轻一代和他还是渐渐疏远了。1945年前的作家一零、杜德秋、韦玄得、东湖、陈俊凯、武平、黎文张、武黄璋、丁雄、郭晋、三郎、阮德琼、黎文超、庞伯麟等都受到年轻一代的敬重，但是他们的作品却很少受到关注。

1945年前的老一代作家的情况是这样，就连抗法战争中出现的作家境遇也是如此。抗法战争中出现的作家在年龄上跟1954年后的一代并不大多少，甚至有的比1954后的一代还小，如青南就比阮孟昆、梅草等人还小。1955年梅草发表了自己的处女作《告别河内之夜》，1958年阮孟昆发表了处女作《以心写史》。梅草的《告别河内之夜》、阮孟昆的《以心写史》这两部都受到舆论的关注，很快就名声大振；而1957年青南出版的两部著作《红玉》、《女民歌手》，却都没有受到关注。苏侨银、山卿、千江、陈世河、兼明等人的境遇也是一样。时代变了，读者们等待着新的声音。

黄文郎和黄明宣主办《百科》1957年1月发行创刊号。《百科》后来由黎悟州主办。虽然黄文郎、黄明宣、黎悟州都不是作家，但《百科》算是1954—1975年间南方比较成功的刊物之一。这是这个时期越南南方文学界的一件趣事。许多由作家创办的报刊都失败了，像《文艺》、《二十世纪》、《现代》、《创造》、《问题》、《艺术》、《启程》、《今日文化》、《新风》、《东方》等。坚持办下来的很少。有些刊物即使坚持不下来了也没有多大影响。反而是那些由文艺界以外的人创办的如《百科》、《文》等刊物坚持下来了，且有一定的影响。

《百科》的成功是因为它坚持的时间长，是因为它有许多长处。它吸引着一代又一代的作家，它反映了各个阶段文学的转变；它不仅刊登小说和诗作等文学作品，也刊登政治、经济、哲学、宗教、绘画、音乐等其他方面的文章，是一份研究越南南方政治、经济、社会、文学、哲学、宗教、艺术等各方面的宝贵资料。

1956年《人类》创刊，它聚集了平原禄、庄世熙、玉玲、黎永和、山南等作家。山南在1954年前就有作品问世，他的《往事》和《金瓯林香》等关于后江生活的短篇小说受到广泛关注，使其名声大振。

1958年《大学》在顺化创刊。这是顺化大学的报纸，但它的影响力大大超出了顺化大学的范围。与《亚洲文化》、《文化月刊》、《家乡》等杂志不同，《大学》经常发表从欧洲回来的年轻教授阮文中的一些评论文章，深受青年的喜爱。青年一代渴望哲学，渴望一个新的时代。阮文中在这些方面满足了他们的需求。阮文中不仅发表哲学方面的文章，也发表文学作品。

除了阮文中，还有《文艺使命》、《新文化家》的作者阮南州也非常受读者的欢迎。他们的作品，他们的语言广为流传。

《观点》聚集了严春红、武克宽、杜莫等作家。《观点》的作家们描写小资产阶级的生活，尤其是小资产阶级知识分子的生活。他们主张由小资产阶级领导政府，相信这一主张最终将在越南取得胜利。他们的作品语言华丽、考究，人物的生活极富小资情调。另外，《观点》外观讲究，雅致。这些自然有它的吸引力。

1960年后，阮孟昆的《人类》、一零的《今日文化》等杂志停办，阮活、丁雄、何尚仁等也不再创作了。当然文艺生活并没有因此而停止。黎必条、日进、杨俨茂、阮庭全等新一代出现了。黎必条1961年出版了《启程》，后来又出了许多书。阮庭全1961年出版了《阿海姐妹》，1962年出版了诗集《苦胆》。杨俨茂1963年出版了《只好》和《母亲的家产》，并在报纸上发表了许多评论文章。日进出版了《荒芜的台阶》、《公园的阳光》、《小凤的故事》等作品。

这一时期南方的女作家，除了阮氏荣、灵宝、雅歌等人们熟悉的作家外，又出现了一批新的作家：如粹红、阮氏瑞舞、重阳、阮氏黄等。那个时候，女作家队伍日益壮大。

严春红、阮孟昆、尹国士、武扇等老一代作家们用富有政治色彩的、反共的作品开创了日内瓦协议后的南方文学时期。阮庭全、日进、黎必条、阮氏黄、杨俨茂、袁玲、世渊等新人的诗文则不同，他们回到一些永恒的主题：爱情、贫苦人民的生活、人的命运等。日内瓦协议6年后，人们开始了正常的生活。新一代作家主要写一些关于他们那个时代的东西，一些触动他们的东西。

1954—1963年间，经历过抗战阶段的中年一代有政治抱负；年轻的一代则一心扑在文艺上。

1964—1975年间的南方文学

1963年11月1日政变后，越南南方局势继续恶化：经济衰退、物价上涨、战争激烈、破坏加剧，美国军队的到来打乱了人们的正常生活、伤害了民族自尊心。在吴庭艳政权垮台之前，佛教形成了一股强大的势力。1963年后，佛教一跃发展成为一种群众力量，一种政治力量，一种强烈的文化势力。1963年11月1日后，佛教运动越来越大，成了政权的一大压力。基督教也不甘寂寞，蠢蠢欲动。南方局势越来越混乱。城市居民们非常不安。

1964年8月，美国轰炸越南北方。1965年2月，越南南方成立了国家领导委员会。1965年3月，美国海军陆战队开始登陆岘港。北方命令325师挥师南下，战争进一步升级。在南方农民不务农，城市货币严重贬值，经济革命也事与愿违。1965年4月颁布新的宪法，情势才稍有缓和，但学生罢课、烧车，妇女要求权利等活动仍在继续。

1963年后人们在精神上感到失望。城市的陷落，农村的不安宁，使年轻一代作家担心南方的命运，而像潘日南、武克宽、严春红、武黄璋等老一代作家则表现为对生活的厌倦。所以在当时的南方佛教便盛行起来。后来局势发生了变化，阮文中、陈泰顶等仍然写作，仍然在西贡大学教书，学生比在顺化还多；但是读者的热情转向了一幸、范公善、慧士、范天舒、宙宇等作家。以前不研究佛学的武黄璋、尹国士、黎文超等作家这时也在作品中常常提及佛。一幸是一个很有才华的作家，他1964年出版的《今日佛教》一问世就受到读者的广泛欢迎。阮德山后来也在他诗中融入了佛和禅。怀卿在1963年后也翻译了一些关于佛教思想的作品。作家们从积极投身政治到消极脱俗。这是1963年后南方局势的转变给人们在精神上带来的影响。

反战成了年轻一代参与社会生活的一种方式。因此反战的声音慢慢高涨起来。他们热爱和平，相信建立在民族精神上的和解，他们首先想到的是一个国家的人民要互相爱戴。这时武克宽、严春红、武黄璋、武扇等人脱离政治题材；阮文中则投身政治，潘日南、雅歌、杨俨茂控告共产主义；世原、阮玉兰、一幸、阮重文、吕方等人则控告南方独裁、贪婪政府的不公和衰败。真所谓“百花齐放”。

1964年10月阮文中主办的《行程》杂志发行创刊号。1967年11月他又出版发行《祖国》杂志，向政治大踏步靠近。在阮文俸的领导下，吕方和武幸主办的《文坛讯息》于1966年6月问世。1968年3月，世原出版发行《说明》杂志。

那个时候《文坛短讯》在共产党的领导下，走的是一条斗争的道路；《说明》和《祖国》则偏向理论研究。但任何一份杂志都不如阮玉兰1969年7月创刊的《面对》那么激烈。它直接抨击政府，一直到南方政权垮台《面对》才改版为《起来》。

这一阶段，黄玉晋、阮氏黄等作家继续以爱情为题材；黎姮、陈氏娥、黎川以写地方风俗为主；梅草、袁玲等1963年后也转向爱情题材作品创作。除了创作，这时还翻译了许多爱情小说。翻译最多的是琼瑶的爱情题材作品。

1963年11月1日后，自由扩大了。这使平民化小说、新闻小说和幽默诗文迅速发展起来。

吴庭艳政权倒台后人们竞相出报纸，西贡出现了40多份日报。报纸多就需要很多人来写作。1963年以后，最受欢迎的是小说。这个时期小说家数量剧增。另一方面，写新闻小说不仅影响到作家的收入，还影响到创作方法和文风，甚至影响到作家的创作观念。

日报刊登的是广大群众所关心的时事，是鲜活的存在。它主张最新的艺术，日报的时代就是投身到时局的时代。像朱子、阮孟昆、孝真、黎必条等作家都随时跟踪时事。慢慢地，他们找到了最接近群众的创作方法，语言接近口语。文学朝着平民化方向发展。

1963年后文学作品平民化，这是好的方面。粹红、阮氏瑞舞、山南等都先后表示过对报纸文章过于平民化的否定态度。但是在报纸上发表文章过于平民化的人仍然很多，因为在报上发表文章稿费酬金高。因此虽然否定它，但仍然大有人写。这是那个文艺大众流行的时代和文章作为一种商品的时代独特的文学现象。

越南南方1960年代金庸小说非常流行，许多越南的作家、记者都用金庸作品中的人物作为自己的笔名。金庸和琼瑶对越南南方消遣文学的影响是不能抹去的。消遣娱乐书籍曾经在西贡到处都是。在《百科》、《祖国》、《说明》等杂志上都刊登这类型的作品。

1954—1963阶段具有代表性的读者是老人，到了1963后的阶段则变成了妇女、小孩。莫杜在答《文学》杂志问的时候说：“在战争中，妇女比男人更有时间。”雅歌在答《文学》杂志问的时候说：“可能是发现自己已经老了，所以决定给姐妹们写一些爱情或者年轻的书籍来回报她们。”

1964—1975年阶段的战争、混乱和社会环境给人们带来了与以前截然不同的生活方式。这个阶段也是爱情小说盛行的阶段，广泛运用口语体创作。这些明显地反映了当时的享乐主义。

混乱使人变得卑贱。这一代人没有信仰，他们认为是父兄无能才使他们这么受苦。人们谁也不信，什么也不信，藐视一切。1954年、1973年各有一次停战协定，但是情况不一样了。1954年后文艺工作者带来了新的东西，使人振奋，开创了新的文艺。从1968年到1973年也出现了今日、范成才、春雨等新人，但是没有人注意他们。舆论好像已经不关心谁对谁错了，正义和理想也已经不重要了。剩下的就只有对和平的渴望。

四、南方文学的特点

1954—1975年间，宗教比任何时候都兴盛，人们比任何时候都缺乏信心，人们的精神出现了危机。但南方文学的特性是不可否认的，它非常具有吸引力。南部特色的发扬是对越南文学的重大贡献。

关于特色，首先是那些地方词语和那些地方特有的说话风格。南部的特殊词汇非常多。1954年以前，尽管它们也很丰富，但在书刊报纸上却很少出现，甚至在词典里也没有多少南部方言。

在越南中部或北部，经过一代代文学家的润饰雕凿，语句变得更加美丽。如概兴、一零的简洁明了，如阮遵的用词讲究，如黄海水、武平等的豪放。读南部作家像黎川、山南、平原禄等的作品，感觉是自然、亲切、轻快，流畅。仿佛并不是有意要讲述什么，只是简单的流露，作品就像那样涌出来，毫无阻碍，极富才情。

南部人不仅在写作说话的时候亲切、自然，而且在讲故事，分析问题的时候也一样。读平原禄的《民族的起源》，山南的《南部个性》，王洪山的《娱乐》，胡友祥的《非乐的故事》等研究文章，能感知到作者是性格开朗、乐观之人。他们平易近人，乐观向上，讨论自由开放，既不拘泥，也不矫揉造作。

1954—1975年这20年时间里越南南方都被战争所笼罩着。但在这个时期的文学仍然在数量上和质量上都有很大的发展。1954—1975年间南方共有作家约200人。作家、诗人数量增加，文学活动范围扩大。南方有150个出版社；许多作家都有自己的出版社，像阮献黎的出版社创作出版了上百部作品。

附录二
20世纪的越南戏剧文学

一、引言

在越南，一直到20世纪初，尤其是1905年以后，当法国殖民军队镇压了爱国志士的“勤王运动”，当殖民政权在越南全境建立起行政统治机器，有效地实施了各项殖民地经济政策时，越南社会才真正有了深刻的转变，由一个传统的封建国家变成了一个半封建殖民地国家。

法国殖民者从1900年以来执行的各项经济政策，一方面使传统的自给自足农业经济被分解并渐渐转为殖民地经济；另一方面在技术、商贸和交通的作用下促进了各都市、各工业区的形成。同时，资本主义关系也在殖民地经济中得以确立其地位。尽管在农村法国殖民者仍然维持着封建剥削形式但实际上农村的物质生活已经处于法国资本主义的影响范围。农民离开农村涌入城市，下到矿井，进入农庄或企业谋生计。交通和桥梁的发展使整个国家变成了一个统一的市场。越南的经济生活与1900年以前相比有了明显的不同。

正是都市的形成，阶级的分化带来了社会结构的分崩离析。古老的封建体制摇摇欲坠，进入了半封建殖民地社会。

在文化方面，从1906年开始，法国殖民者在教育系统中进行了一系列的改革。虽然汉字仍在使用，但拉丁化国语字已经普及。开办法越学校，使用国语字和法语创办报纸和出版社，建立戏剧院，传播西方文化艺术和生活方式，自愿与否，都为越南精神文化生活带来了一个新的面貌。

当然，西方文明只是在城市和小资知识分子阶层中产生了强烈的影响。对于农民和农村，尤其是对于儒学知识分子们，西方文化尽管新颖，但也不容易在村亭中取得它所希冀的位置，也没能破坏农村中的农民家长秩序。

从整个越南看，文化图景是混杂的。汉字、拉丁字、法文并存，西式剧院与乡村舞台同在。西方文化还没有强大到将影响压制住越南全部的传统文化。而越南传统文化则刚好相反，尽管有着上千年的积淀，根深蒂固，但并不完全封闭，反而吸收了现代物质文明带来的新要素。

在半封建殖民地的条件下，资产阶级意识极其复杂。一方面，它有许多进步的东西，如民主思想、民族独立思想、个人自由精神、科学唯理精神、平等博爱精神、财产所有权和法治等；但另一方面，由于资产阶级本身的缺陷致使其对帝国主义和封建主义的妥协。因此在这一时期的资产阶级意识具有其落后和颓废的一面。

在文学艺术方面，进入20世纪后，越南文学实际上已经走上了近现代轨道。小说家、诗人和剧作家已经渐渐职业化，出现了小说、报告文学、话剧、文学批评等新的文学体裁。这一时期的读者主要是具有西方审美倾向的西学知识分子和市民、学生、职员等。

社会、政治、文化的变化带来了一个文学的新阶段。正是在这一文学阶段中，出现了一些新的文学体裁，改变了文学的内容、性质和观念。话剧是这一改变的一个重要组成部分。

张酒在《越南文学史的几个问题》①中认为，到1905年，越南社会历史和文学才真正进入近代阶段，“谈到近代性就要谈到资本主义经济的发展和资产阶级的壮大。谈到近代性就要谈到唯理、唯物思想，民主思想，个人主义，科学试验。谈到近代性就要谈到具有丰富而复杂的‘人’的文艺的多样化发展，它允许高度发挥每一个天才的个性、每一种创造才能来探索宇宙，探索人类，探索社会。”②

二、话剧的产生及其根源问题

在小说、新诗产生的同时，话剧的产生被视为历史的新产品，它是西方文明进入越南后的产物。关于这一问题，在研究越南话剧根源时，有些研究者重新回到传统艺术和文学的宝库中，从中寻找可能引起话剧形成的一些要素，如嘥剧和嘲剧中的“话”、“叙述”要素；民间故事（如《六畜争功》，《僧尼》）中的“对话状态下的冲突”要素。特别是将其中的“话”要素视为是越南话剧的最早的萌芽。

这样做略显牵强。事实上越南的嘥剧、嘲剧和民间故事具有“说”和“话”的要素，但仅仅是根据这点便认为这是引起越南话剧产生的要素则没有说服力。其实，在嘥剧、嘲剧中这些要素从古至今都存在着，并且没有任何时候压制歌、唱、舞等其他要素进而破坏体裁结构，发展成一种独立的体裁即话剧。在历史的长河中，越南戏剧中说的要素不曾被埋没也不曾膨胀。它通常是戏剧中一个固有要素。而话剧尽管发展成了一种具有独特审美结构和特点的体

① [越]张酒：《越南文学史的几个问题》，河内：建设出版社，1957年。

② [越]张酒：《越南文学史的几个问题》，河内：建设出版社，，1957年，第214页。

裁，尽管已经发展成一个很强势的剧种，但它仍然不曾消除戏剧中的“说”和“话”的要素。如从剧、嘲剧和改良剧等越南戏剧艺术中，“说”和“话”的要素仍然存在着。因此，话剧不是戏剧中“说”的要素的走向完善或是迈向更高的发展。

1. 东西方文化对比中的话剧

20世纪20年代初话剧的诞生是越南戏剧和舞台艺术发展史上的一件大事。它的诞生是东西文化交流的结果，具体地说是法越文化交流的结果，满足了新时代观众的需求。

19世纪末、20世纪初，东西方被视为在文化历史上没有任何联系的两个独立的区域，其中，欧洲表现为世界的中心。另一方面，这一思想又带来了科学的怀疑，激发西方寻找、探索东方的神秘。在这一探索和发现的过程中，西方各国不仅发现了殖民地、市场以及巨大的物质利益，也发现了属于东方的一个特殊的社会组织形态，一种思想体系，一种特殊的文化价值体系。而东方各国通过与西方的接触后猛然觉醒。

在认识到西方的强权政治和军事力量的强大以及科技和物质文明的优越后，东方各国冷静地认识到自身的缺陷和落后，悄然进行选择并接受了西方的一些合理的东西，以便进行自我变革。

如果说在这一过程中，西方对东方国家的探索更多地体现在物质财富，那么在唯理精神、科学文化方面，东方国家似乎要比西方吸纳得更多。正是意识到对于西方的艺术、科学和文化的无法拒绝才给东方国家造成了一种从未见过的紧张而有效的，加入世界的现代化进程的节奏。

到19世纪末、20世纪初，同东方其他国家一样，越南仍然处于落后的封建社会，深受东方文化和儒教意识体系的影响。当法国人巩固了他们在殖民地的地位后，那么不管愿意与否，西方物质文明的产物，西方的交际方式、西方科学文化的规范已经随着他们的脚步对越南的政治、社会、文化和审美的各个方面带来了重大的影响。越南的知识分子队伍中有些人毕业于西方学校，有些出身孔门。但由于西方文明的侵入，儒家的圣贤文字已渐渐失去在生活和科举中的位置。儒学知识分子不再得到重用，也不再有能力担负起国家行政机器中的社会事务的责任。一批受西方教育的新人群体已经形成。无论愿意与否，新的物质生活条件产生了新的社会心理和交际习惯。

戏剧、小说等新的文学体裁在这一时期产生，开始只是翻译、模仿西方的作品，主要刊登在《印度支那杂志》和《南风杂志》上，提出他们所关心的社会和道德的问题。戏剧、小说等文学体裁已经形成并在近现代文学进程中占据了相当重要的地位。

在越南，20世纪初话剧的产生是文化交流的结果，是西方文化影响的结果，是法国文化对越南文化直接影响的结果。

2. 乡村文明和城市文明对比中的话剧

如上所述，在新的历史条件下，越南在20世纪初已经形成了城市与农村的差别。与这两个区域相对应的是两种有着完全不同精神需求的人。话剧产生于城市，由西学知识分子和城市小资产阶级为了满足市民和小资产阶层的精神、心理和嗜好的需求而出现的。而在农村，人们只知道𠰉剧和嘲剧。话剧对于他们而言仍然是遥远而陌生的。

对于越南农村而言，竹丛不只是行政单位的地界也是一面文化城墙，其中保留着世代相传的民间生活、风俗和习惯。离开竹丛、离开自己熟悉的村社，农民也少有机会进行各种交流。他们不知道话剧，不接受话剧也没有条件接受话剧。反过来，话剧也不能满足农民的情感需求，不能体现农民的心理、道德问题以及农民的喜好。话剧是都市人特有的需求，特别的精神食粮，满足都市人特有的欣赏“口味”。与此同时，在农村，在农闲的日子，在庙会，人们欣赏的仍然是𠰉剧和嘲剧，忠实的观众仍然是那些染着黑牙、穿棕色布衣的男女老少。

3. 传统艺术与现代艺术交汇中的话剧

在20世纪以前，王宫贵族主要看𠰉剧，下层民众则主要看嘲剧。进入20世纪后，社会结构发生了变化。都市生活和商品经济的发展促进了现代社会消费心理的形成。新的价值体系和审美道德标准得以确立。宣扬封建道德，树立儒家忠孝节义形象已经无法满足新公众，尤其是都市公众的精神生活需求。

另一方面，𠰉剧、嘲剧的规矩、典范、章法在人们多样化的精神需求和灵活、快节奏的生活中显得古板。面对新的挑战，嘲剧、𠰉剧无法再维持旧貌而不做改变。

为了自身的生存，适应日益西化的社会，𠰉剧这样庄重、讲究章法，带有浓厚宫廷色彩的剧种必须改变。20世纪初期，在西贡、河内等城市已经出现了“新式𠰉剧”、“春女𠰉剧”等现代题材的𠰉剧，开创性地以现代生活为主题，满足都市人们的精神需求。剧作者们将爱情、武侠小说搬上了舞台。

1907年以后，“文明嘲剧”兴起，对剧情结构、场景和服装进行了一定改革。1914年，嘲剧第一次从村亭走上了正式舞台。但并没有赢得市民的喜爱，尤其是20世纪20年代当改良剧从南部传入北部之后，“文明嘲剧”更少人问津了。

面对这样的危机，艺术家阮庭议（1883—1954）改良了嘲剧，称为“改良嘲剧”。他与同事们主张只保留古典嘲剧的最基本特征，吸收北部平原的民歌调子及演唱形式，大力发扬古典嘲剧中的诙谐，将传统嘲剧中虚拟的唱念做打动作改成真实动作，服装、道具等也做了更新。“改良嘲剧”加入了很多新式乐器。每一幕开始有幕布，有布景，内容反映当时现实生活。相对“文明嘲剧”和“古典嘲剧”，“改良嘲剧”让这一传统戏剧面貌一新。

但是，阮庭议的“改良嘲剧”既没有充分发挥古典嘲剧的优点，也没能完全满足现实社会和城市人们的新需求，因此不可避免地会被西化风潮湮灭。

当两种传统戏剧为了适应新观众的需求而艰难改革之时，在南部的六省地区出现了改良剧。可以说这是在新旧交替时代产生出的一种综合性的艺术类型，是东南部民间说唱艺术、传统呶剧表演艺术、西方戏剧和中国戏曲的结合。改良剧逐渐进入大小城市，在全国范围内传开，尤其为小商人所喜爱。在北部，话剧诞生了。这样，戏剧与小说、新诗共同构成了越南现代文学艺术的新面貌。与其他传统艺术体裁完全不一样，戏剧既可以满足西学知识分子阶层的审美要求，也符合城市各阶层民众，尤其是大、中学生的审美要求。这些优势使戏剧可以反映出那些棘手的、热门的问题，以及家庭和社会中戏剧性的道德、心理冲突。

在解决社会生活心理冲突的同时，戏剧既可以表现出资产阶级生活方式和“西化”过程中的负面影响，又能反映出现代化进程中旧式伦理道德思想的羁绊，在语言上，话剧使用国语字，行文简洁明了，接近日常生活语言。因此，话剧作为时尚艺术的标志为新的公众所接受。

话剧的出现，除了上述客观要求之外，还受到了西学知识分子翻译活动和报刊的影响。范琼和阮文永翻译并在《印度支那杂志》、《南风杂志》等报刊上发表了莫里哀、高乃依等人的喜剧和悲剧作品等，法国人在各大城市建了西式剧院用于话剧表演。可以说，报刊和剧院是话剧的催生婆，是其形成发展的物质前提。

翻译的剧本在《印度支那杂志》上出现之后，1920年4月25日，在河内大剧院舞台上，进德开智会第一次为河内观众演出了一幕话剧——莫里哀的喜剧《没病找病》。虽然是一部翻译剧，观众也大部分都是法国人，但是这件事还是刺激了热心话剧事业的段恩、陈俊凯、阮有金、武廷龙、胡重孝、阮玉山等人，模仿西方戏剧创作出“新剧以满足本国人民的风俗心理”。武廷龙先生叹道：“为什么我们国家的人要穿法国17世纪的衣服、演法国戏剧给我们的人民看？”于是他们组建了蕴花会（1921），由阮有金先生担任会长。陈俊凯的《人间的一面镜子》和《平地波涛》、阮玉山的《阿凤老师》、段恩的《冤孽》（以上作品均创作于1920年）等剧目是话剧发展历程中的开山之作，是艰难的第一步。尽管这些剧目主要还是模仿西方戏剧，但是内容已经开始贴近新旧交替时期的都市现实生活。

经历了模仿、表演西方剧目的阶段，1921年，武廷龙——越南话剧的开山鼻祖在伞沱主编的《友声杂志》1921年9月第四、五期上发表了《一杯毒药》。

1921年10月22日晚在河内大剧院上演之后，《实业民报》、《友声杂志》、《南风杂志》等杂志连续刊登评论文章，舆论哗然。在介绍《一杯毒药》时，阮孟鹏视“1921年10月22日为我国文学史上的一个大纪念日……我国文学史上的戏剧可以视为从武廷龙的《一杯毒药》开始”①。

关于这件事，在《友声杂志》1921年第三期上，阮克孝写到：“武廷龙的这个剧本在当今世界文学上的影响还不知道有多大，对以后我国文学的影响也还不知道有多大。但是，就当今我国文坛来说，可以肯定武廷龙的这个剧本有很大的价值。”②

三、20世纪越南戏剧的改革

20世纪，在越南戏剧发展历史的100多年中，是一个带有时代印记的改革世纪。

到现在，越南的学者们对越南民族戏剧舞台艺术——具体而言是㖫剧和嘲剧的形成，还没有达成高度一致。据何文求的研究，嘲剧形成于10世纪丁朝时期。据黄珠记的研究，㖫剧艺术形成于16世纪的黎莫时期。

进入20世纪，越南戏剧以一种很特别的方式得到了改革和发展。首先体现在体裁上，除了嘲剧和㖫剧这两种延续了几个世纪的剧种体裁，进入20世纪以后，在越南突然出现了一系列新型的剧种：改良剧，话剧，诗剧，顺化调子等。

首先是改良剧的诞生。改良剧始于20世纪初南部平原，很快在全国范围内普及。最早将改良剧带进河内的人是阮文松。他以马戏团夹带改良剧的方式将改良剧带入河内。此后，1922年，福会改良戏班第一次在河内上演《斩郑恩》。1923年，南部人阮氏钟来到河内建立新立戏班表演了如《蓼云仙》、《萍水姻缘》，《陈世美不仁贤妻（陈香莲）》、《脱胎换骨》等很多剧目。北部改良剧形成的标志是法律学校学生创作的《最毒妇人心》，由刘光湖组织于1923年3月31日和4月1日演出。该剧讲述的是一个薄情女子为了钱财背叛自己丈夫与别的男人私奔，最后又反被那个男人弃于荒野中……此后，1924—1925年高等学校的学生们又为河内观众演出了《周陈节义》和《庄子古盘》……1930年代河内出现了许多改良剧戏班，如汕然台少年班，然后有炉铸、煤街、斗笠街等戏班。煤街改良剧戏班在河内大剧院组织演出了杜春应的《两个青年》。这是北部改良剧历史上的一件大事。这部改良剧讲的是泰荣、泰杰两兄弟，父母早逝，家境贫寒，但是仍然坚持勤奋学习，由于家里没有钱，快到考试的时候，泰荣就去投奔未来岳父安老。但是安老已经改变主意将女儿明珠嫁给了一个太守。安老派两个仆人将他们两兄弟暴打一顿然后赶了出去，兄弟俩

① [越]潘巨棣：《二十世纪越南文学》，河内：教育出版社，2004年，第549页。

② [越]潘巨棣：《二十世纪越南文学》，河内：教育出版社，2004年，第549页。

在一位酒店老板的照顾下痊愈了。他们又遇到一位仁慈的老人送给他们两块金子作为赴京赶考的路费，还赠给他们一枚玉戒作为纪念。泰荣将与安老家的订婚书作为信物留给了老人。后来太守犯下罪状，全家被押往京城。明珠带着若干金银逃走，但是因为丈夫沾上毒瘾财产都耗尽了，还把明珠卖给了妓院，他自己则住进深山老林。而抓捕太守的人正是泰杰……安老遭遇水灾只好搬到官府安排的济贫社中。泰荣视察济贫社时见到了安老。正在那时明珠走出来拿着带有“福”字的婚书给泰荣，原来，当年那个老人正是化装过的明珠。泰荣欲与明珠重叙旧情，但是明珠拒绝了，她已经皈依佛门……故事曲折离奇，感情波澜起伏，与舞台改良剧的要求恰好相符。尽管此前已经有了许多部改良剧，但是最终这部剧被公认为北部改良剧诞生的标志。

在话剧和改良剧诞生的同时，还有另一个剧种，那就是在1930—1945年间非常有名而且很普及的诗剧。这种诗剧完全不同于西方古典时期到18世纪用诗写成的话剧。根据学者们的研究，燕兰和阮丙1941年创作的《佳人靓影》是越南诗剧诞生的标志性作品。这部诗剧具有传说色彩，讲述的是一位铸剑师用自己两个孩子的血铸成了一把神剑，然后神灵赐梦让他务必将剑赠给一位壮士，并叮嘱要使神剑拥有仙术，壮士必须杀掉拿到剑后见到的头三个人。第一个人必然就是这位铸剑师，第二个人是一位道士，第三个则是一位佳人。最终这部话剧以壮士望着佳人走进山林的背影结束。

众所周知，诗剧在1940年代，尤其是“八月革命”刚结束的那几年得到了很大的发展……但是到1950年，在北越舞台艺术界一次汇演中，曾经写过很多部诗剧的黄琴宣布废除诗剧。1960—1970年间又有几部诗剧上演，尤其值得注意的是刘重卢创作的《20岁》、《黎氏红娥》等。但最终诗剧没有再兴起。

嘫剧在20世纪步入了历史题材时期。描述留名青史的英雄烈女们如征侧，征贰，赵贞娘，李常杰，李昭皇，陈守度，陈国俊，黎利，阮廌，阮惠，裴氏春……的嘫剧称为历史嘫剧。通过历史题材，许多具体的历史事件、历史人物已经在嘫剧中出现，留下了时代的印记。潘佩珠的历史剧《征女王》（1911）可以视为20世纪初历史嘫剧诞生的标志。黄增秘的《夫仇国债》（1927）则是历史嘫剧嘫剧成熟的标志。此外还有潘周桢、黄叔抗、潘叔缘创作的《征王平五岭》（1910），黄高凯的《西南得平》（1916）等作品。通过历史题材，嘫剧得到了改革和发展。

20世纪见证了至少三种类型嘲剧的诞生：改良嘲剧、历史嘲剧和现代嘲剧。

阮庭议出生于儒学家庭。这位改良嘲剧的剧作家自小熟习汉语，熟读古典文学以及无名氏喃字小说，一生写了50多部嘲剧，如《刘平阳礼》、《金岩》、《观音氏镜》、《赵妪》、《征侧征贰》、《扶董天王》等，尤其是还创作了很多现代题材的嘲剧，描绘当时的现实生活，如婆媳关系，妻妾关系，主仆关系，交织着金钱、情义、婚姻纠葛，以及一些社会黑暗面如赌博、酗酒、吸毒，甚至一些社会弊端如贪官污吏、强豪恶霸、压迫剥削等。在艺术上，阮庭议吸收了古典嘲剧叙事幽默的特点，并进行了改进。阮庭议嘲剧将大量古典呶剧中没有过的新型人物搬上舞台，如阿记老师、阿通老师、判婆、商人、鸨母、妓女、庸医、律师、丫鬟、小厮、隶兵、青衣兵等。他们是当时社会中现实的人，将当时的现实生活搬上了舞台。阮庭议对嘲剧人物角色的发展是他对嘲剧做出的突出贡献。

对于小说、戏剧这种塑造人物形象的文学体裁，改革、发展主要是人物形象塑造上的创新、发展。20世纪越南戏剧的发展和创新正是在塑造20世纪人物形象的过程中实现的。

爱国、反抗外敌侵略的人物形象是20世纪越南戏剧中的中心形象。爱国人物、抵抗外侵的人物形象在20世纪越南戏剧的两大题材——历史题材和现代题材中得到充分的演绎。

在历史题材中，爱国人物形象一般都来自真实人物，取自越南民族抵抗外来侵略历史上的英雄烈女。这些人物形象的塑造有个共同的特点就是都是以歌颂为主。20世纪90年代，在舞台艺术的改革趋势下，戏剧塑造的历史英雄人物带上了悲剧色彩。比如黎维幸的《裴氏春》中最后一幕裴氏春与丈夫陈忠耀的结局，必达《天大的冤屈》中阮廌在壬子年果园案件中的死亡，陈庭言《丁皇的眼泪》中丁先皇看见自己几个儿子为争权而互相残杀时所落下的眼泪等。重新评判历史人物、创造出一些在他们的生活中可能发生的情节，这也是形象塑造的一个创新点。另外，陶末《卫国赞歌》中的倚兰、竹堂《太后杨云娥》中的杨云娥、黎维幸《黑夜独白》中的李昭皇等女性人物为广大观众所理解。

20世纪越南戏剧人物的塑造，首先是抗法抗美战争中的爱国人物形象的塑造。人物形象具有爱国、仇敌、英勇抗敌的传统品质，且出身贫苦。以往历史题材所塑造的爱国人物很少有出身下层贫苦阶层的。穷人，尤其是妇女，多数是痛苦、冤屈的代表。20世纪的戏剧不同，穷苦人从不幸、痛苦到觉悟、斗争，如《阿榴的一生》中的阿榴，《阿遇》中的阿遇、《土坷拉》中的阿使，《嘲剧女孩》中的阿桃等。他们有了理想，为自由而斗争，为独立而牺牲。

20世纪后半叶，呶剧、嘲剧、改良剧面临着严峻的生死存亡问题。1950年在越北召开了戏剧讨论会，就话剧、呶剧、嘲剧、改良剧如何符合新时代要求进行了激烈的争论。焦点是嘲剧、呶剧、改良剧在新社会中有没有存在的必要。会议最后对呶剧作出了如下决议：含封建落后思想，不能反映人民英勇不屈抗击外侵的古典剧目不能演出；对今天的人们有启发作用的，一定程度上有益于抗战事业的古典剧目可以演出；对有进步思想的古典剧目必须根据现实需要进行改编；绝对不用呶剧形式表现抗战故事，宣传抗战典型；对有艺术价值的古典剧目进行收集，作为以后艺术研究的资料。会议对嘲剧也作出了相应的决议：含封建落后思想的剧目不得演出；有教育意义的古典剧目可以演出；对部分古典剧目按现代意识进行改编后演出；古典嘲剧要宣传人们在抗战中新的生活；对有艺术价值的古典嘲剧，可以作为艺术史的研究资料收集起来，将演员改造、培养成新人。会上关于改良剧的讨论大多数持批评态度，会议决议主要精神是“禁”演改良剧。

这次会议使越南戏剧界认识到，如果不自觉地尽快对呶剧、嘲剧和改良剧进行改革，那么这些剧种将会消亡。会议召开两年后，现代呶剧《阿遇》在南方上演，并取得成功；1953年，现代嘲剧《阿沉》在北方上演，受到人们的热烈欢迎。在20世纪五六十年代，嘲剧、呶剧和改良剧经历了脱胎换骨的彻底改革。为了符合新时代、新生活的要求，呶剧、嘲剧和改良剧从表到里都改变了。如古典呶剧人物通常被分为两类——忠和佞，性格从头到尾都不变。但是在现代呶剧中人物性格有转变的过程，如《弃暗投明》中伪兵的觉悟，《老僧与小孩》中老僧的转变。可变性成为现代呶剧区别古典呶剧人物形象塑造的主要特征。

嘲剧从教育女子“三从四德”的模式，到塑造真实、典型的妇女人物形象，这是一个摸索、改革过程。如刘光顺的《奠边情》，通过描写阿泰与一位解放军的真实、浪漫爱情，塑造了一个现代妇女的形象；范庭兴的《战争后的凝固》，通过描写与祖国息息相关的妇女们一生经历，反映妇女们在战争中以及战争后的命运，塑造了一批真实的青年妇女的形象。

总而言之，改良剧和话剧的出现，呶剧和嘲剧的改革，就是20世纪越南戏剧现代化的过程。进入21世纪，越南戏剧在其发展的道路上必然会有新的变化。新的世纪、新的时代必然要求包括戏剧在内的文学进行改革以适应时代的新要求。

四、20世纪下半叶的越南戏剧文学

越南话剧诞生于20世纪20年代初，是越南文学三大体裁之一，为越南文学现代化进程做出了积极贡献，对公众的精神文化生活产生了重大的影响。如武廷龙的剧本《一杯毒药》、《良心法庭》，阮友金的《被淹的一家》、《朋友和妻子》，韦玄得的《鸳鸯》、《黄梦蝶》、《新婚的我俩》，陈岱树的《冤孽线》，中信的《有人吃鱼露有人口渴》及阮玉山、阮慈山等人的话剧创作已经反映出了社会心理和道德的问题，反映了封建道德面对进攻时家庭的变故。从1930开始，南昌的《西安南人》，韦玄得的《金钱》，武重奉的《中特等奖者之死》，段富思的《季末》、《没有丈夫的女孩》，阮辉想的《武如苏》等作品到今天仍然是典范。

1945年“八月革命”胜利。“八月革命”使越南获得了独立。它的革命意义覆盖到了政治、社会、经济、文化的方方面面。作家、诗人很快找到了新的灵感。阮辉想、陈玄珍、深心、学飞等人创作了许多新的剧本，展现新时代人们的精神和生活态度。

1946年，法国殖民者卷土重来，全国抗战爆发。文艺工作者与全国人民一道积极抗战。作为文学艺术活动理论基础的《文化提纲》中提出的 “民族化、科学化、大众化”的方针得到进一步发展。第二次全国文化会议（1948）上长征的《马克思主义与越南文化》讲话进一步明确了文艺工作者的任务，“抗战文化化，文化抗战化”。越南文坛上掀起了创作高潮，带来了一股清新的空气。在1940年代末1950年代初进行了一场文艺大争论，使文艺工作者在思想、行动上日趋一致。“民族化、科学化、大众化”方针成为文艺活动的最基本原则。

在“民族化、科学化、大众化”方针的指引下，文艺工作者回到了群众中，为人民创作。在各地兴起了一场蓬勃的人民文艺运动。诗歌、号子、篝火剧、情景剧为部队、农村所熟知。民众的文学，群众的文学已经形成。深入群众，向群众学习，倾听群众的声音，满足他们的需求成了文艺工作者的创作目标。这是戏剧乃至抗战文学重要的审美特征。

越北舞台会议（1950）是对抗法战争时期的戏剧有着重要影响和重大意义的会议。会上，㗰剧、嘲剧、改良剧、诗剧都遭到了批判，因为历史上它们都或多或少地与封建意识有联系，或是离开了群众。从此戏剧迎来了一场革命，戏剧走向农村，走向工农兵，反映他们的思想、情感、愿望和生活。戏剧带着新的内容、新的形式、新的观众开始了一段新的旅程。

与小说、诗歌和音乐相比，抗战剧虽没有留下很多的巅峰作品，但它培养了众多的创作队伍。1953年土地革命时期，文艺工作者“思想革命化，生活群众化”，积极投身于蓬勃开展的群众革命运动中，创作了许多的情景剧、短剧和群众的自编自演剧，满足了群众的精神文化需求。这一时期是戏剧作品内容和艺术标准体现在它对群众的思想认识和情感活动有着怎样的影响，而创作水平和表演艺术退到了次要地位。

奠边府大捷结束了抗法战争，越南恢复了和平。日内瓦会议后，由于美国的干涉，越南南北分割。在新的形势下，前苏联、中国、德国、匈牙利等社会主义国家的文艺理论对越南的创作活动有着重大影响。许多剧作家、导演、演员被送到国外进修。在越南国内，成立了电影大学。在更广阔的平面上，马克思主义文学和美学理论系统，社会主义现实主义和理论系统得到广泛的传播。除了学飞、宝进、阮辉想，阮文粘、弄璋等老一辈戏剧家外，出现了以阮庭诗、陶红锦、周仪、陶末、春程、阮武、怀交、陈旺、必达、清香等为代表的一支新的创作队伍。

这一阶段比较特别的一点是各种形式的戏剧的复兴。在抗战时期曾被批判的嘲剧、呶剧、改良剧在这一阶段得到了复兴，与话剧一起丰富了1954—1975年间舞台。

抗美救国战争是文学艺术创作的重大题材。战争中，每一个公民，或拿枪，或拿锄头，或拿笔，为独立自由而共同战斗。一切个人的东西被搁置一旁。作家们也一样，既是艺术工作者，又是生产战斗的宣传鼓动者。战争实践表明，精神因素最受重视。意志是决定胜利的先决条件。

剧作家深入挖掘每一类人，每一个人的内心世界。在歌颂集体英雄主义的基础上，创作了许多鲜明的个体艺术形象。这些人物形象丰满，他们有着民族意识前提下的个人意识，集体意识前提下的个体意识，在他人面前的自我意识。作家根据进步与落后、英雄与懦弱、特别与普通、好与坏、积极与消极、进与退、正面与反面等展开戏剧冲突。其中，进步的、英雄的、普通的、好的、积极的、进步的和正面的常常赢得胜利。这一时期的戏剧主要歌颂革命乐观主义，没有悲剧。这是因为这一阶段的社会生活不允许作家创作悲剧。

1975年的春季大捷，胡志明战役胜利结束，南方解放，国家统一。经过了30年的战争，江山归于一统，揭开了越南民族历史的新纪元。

但是，当凯旋曲结束之后，当胜利的欢呼声沉寂之时，人们面对的是一个千疮百孔、百废待兴的国家。整整三十年的战争，似乎让作家们没有条件也没有时间静下心来从多个角度对社会现实进行观察、梳理和思考。当战争的硝烟逐渐散去，他们才有机会从适当的距离、从宏观的角度、从多个层面上对现实生活进行观察、认识和思考。那些在战争中尚未暴露、尚未认识、尚不便于讨论的问题这时完全摆在了人们面前。“在这个如此硝烟的战场上仍然在暗中进行着一场静悄悄的，但激烈程度一点也不逊色的战斗。”①在庆祝南北统一的喜悦中，在家庭、宗族和乡亲故旧的团聚中，依然有人在为牺牲和损失而难过；在祖国山河重整的胜利中，依然有每个人和每个家庭的失落；在每场战争胜利的背后，存在着不为人知的残酷和血腥的一面……人们开始从另外一个角度来看待战争。“关心个人是作家的本分。”②尽管作家们的慎重态度使这一时期的文学缺少以往的气势，但这是战争结束后必要的沉静和过渡时期，是新的观点和新的作品问世前的必要准备。“从1975年以来……我们的国家从根本上转向了和平生活。人们开始从不正常的战争环境回到了正常的生活环境。历史的新要求，人们及个人全面、丰富的精神需求迫使文学要转型。”③“在革命的交替

①[越]孙草棉：《1975—1985年间戏剧文学回顾》，何明德主编：《文学理论与历史问题》，河内：越南文学院，1999年，第695页。

②[越]黎玉茶：《作家的理论思想与文学创作》，越南《文艺报》，1987年8月22日第6版。

③[越]阮登孟：《新形势下的文学批评》，越南《文艺报》，1987年8月29日第7版。

时期，在从一种精神状态转向另一种精神状态的时期，尽管戏剧是一种灵活、敏感且具有及时满足现实新要求的体裁，但在1975年后的社会形势面前，戏剧避免不了初期的不知所措和迷茫，"[①]1979年至1982年间，越南经济持续滑坡，戏剧活动几乎处于停止状态。"解放后头几年，不只是戏剧有所停滞，文学创作也处于停滞状态。"[②]

其实从1973年开始，随着武勇明的《一双眼睛》、陶红锦的《我的连长》等戏剧作品的问世，已经出现了有关战争现实的新认识。战争结束了，但它留下来的后果是不能用数字来统计的。物质和精神的损失在越南整个民族的心中永远也无法弥补。所以抗美救国战争仍然是作家们取之不尽的创作素材。挖掘战争的残酷性和描写精神道德问题的不同层面是战后剧作家们创作的两个不可或缺的内容。新的现实不仅要求要有新的创作来提高艺术水准，而且正是新的现实为艺术家们表现自己对在战争环境下往往被回避或者说掩盖的棘手问题认识和感觉创造了条件。"描写昨天的现实仍然是对今天作家们的要求。"[③]有许多描写抗美救国战争题材的剧本，因为是在战后创作的，所以所提出的问题就比较开放和丰富多样。如对于指战员的心理变化及其复杂的品质的描写使被描写的对象逐渐地向现实生活靠拢。通过这些作品，人们发现原来英雄除了光辉的一面，他们身上也有普通人的一面，甚至和我们平常人一样普通。当代剧作家们在反映残酷战争的同时，描写了情感，描写了约会，描写了出征和归来，描写了损失和牺牲，描写了在生死关头对人的考验时刻。朋友情、爱情、同乡情、战友情、过去和现在、前线与后方紧密联系在一起。大部分作品都遵循古典传统的结构模式，与作者在作品中所寄予的思想和内容相吻合。战争的残酷现实不再回避，也不再被刻意渲染，一切从客观实际生活出发，具有浓郁的生活气息。人物性格具有了真实性和多样性，如陶红锦的《祖国》里的区江，必达的《我的爱情》里的妈妈、玉山、乡队长、女交通员等，鸿非的《河流纠缠》里的云、功、勇等。"政治社会生活的变化是造成文学艺术变化的直接原因。"[④]《我的连长》中的连长雄的犹豫、《一双眼睛》中的医生海的迟疑是真实而普遍的心理变化。剧作家们似乎具有了客观的历史条件对英雄人物进行全面的分析，在歌颂的同时，坦然地指出他们身上存在的缺点和问题。因为在犹豫和迟疑的背后，是战士们正确、高尚的决定，是纯洁的品质和良心。从低贱

①[越]孙草棉：《1975—1985年间戏剧文学回顾》，何明德主编：《文学理论与历史问题》，河内：越南文学院，1999年，第696页。

②[越]孙草棉：《1975—1985年间戏剧文学回顾》，何明德主编：《文学理论与历史问题》，河内：越南文学院，1999年，第697~698页。

③[越]孙草棉：《1975—1985年间戏剧文学回顾》，何明德主编：《文学理论与历史问题》，河内：越南文学院，1999年，第697页。

④ [越]孙草棉：《1975—1985年间戏剧文学回顾》，何明德主编：《文学理论与历史问题》，河内：越南文学院，1999年，第701页。

到高尚、从普通到杰出的心理历程将战争中人们的形象提升到了一个新的现实高度。相对于1975年以前的戏剧作品中常见的人物形象，这是一个质的转变，而这一切都是由于剧作家们努力探索，全面而深刻地解读战争所取得的成果。

“社会政治的变动深刻地影响着文艺工作者的认识。”[①]世界文学史特别是俄国的文学史表明，战争结束后才真正是作家们最全面、最深刻地描写战争的时期。面对战后出生的一代，作家们感到有责任通过具有感染力的人物形象、通过现实的最本质的冲突来解释生活的可贵与价值。战争题材之所以具有吸引力，就在于战争时期的历史经验和道德社会问题可以为和平时期精神生活中出现的许多问题提供比较适当的答案。特别是战后有关人道主义的问题迫切而尖锐地摆在了人们面前，导致了社会思想以及有关幸福、个人、品质等观念的重要而巨大的变化。战后社会生活中出现的一系列问题使作家们对过去发生的一些重大变故有了新的思考，对过去有了新的认识，对其本民族的生活和战斗有了新的视角。正是和平时期的新的社会条件使作家们对战争，对事件，对个人和民族的精神面貌有了新的认识和反映；特别是对一些有关战争真理有了新的发现和新的见解。基于人道主义，战争被视为一种非正常的变故，由于战争过程中的悲惨和死亡，从某种角度看，战争是一种不人道的变故。但在另一方面，战争又被解释为一种历史的必然，必须从战争的目的来看它的人道或不人道。在越南民族的思想和意志中，战争不完全是毁灭和杀戮，它还是价值检验，是保卫和发展全社会的精神基础，是对于公民意志在国家的命运面临考验时的挑战。

回顾战后初期的一些戏剧作品，如武勇明的《一双眼睛》、《母亲的日记》，陶红锦的《我的连长》、《绝妙的歌声》，必达的《我的爱情》等，我们发现它们在认识问题的方法上、在挖掘对象的方式上、在描写战争心理瞬间和普遍心理的方法上都带有明显的转变痕迹。以艺术家的敏感和丰富的生活阅历，剧作家们撷取了那些宝贵而典型的情况来展示作品主人公的行为和品质。在《我的连长》、《祖国》和《绝妙的歌声》等作品中，剧作家陶红锦开始思考着人们用生命换取胜利的价值。在《绝妙的歌声》中，阿山牺牲之后，他的恋人阿青不仅要继续生活，还要承受失去亲人的痛苦，并且在面对社会的偏见保持极大的克制与忍耐。在这里，剧作家完全站在这位女主人公的一边，为她申辩。读者们也掩卷深思：一名未婚而孕的女人能不能当英雄？每个人都有自己的不同答案。通过《绝妙的歌声》，我们了解到，战争不仅有残酷无情的一面，同时也有不同一般的浪漫的一面。陶红锦认为，在描写战争时，如果只写英雄的不同一般的一面，而忘记或故意忽略普通平常的一面，就意味着忘记或

①[越]孙草棉：《1975—1985年间戏剧文学回顾》，何明德主编：《文学理论与历史问题》，河内：越南文学院，1999年，第713页。

者故意忘记战争中的许多经验教训和非同寻常的道德价值。正是因为有这样的思想，陶红锦的《我的连长》和《绝妙的歌声》等剧本比以往的作品多了一些视角，将战争变成了一个可以从多个角度、多个方向进行观察的多维对象。这样，在描写战争题材的越南戏剧文学中，首次出现了一种新的观察视角。在这样的视角下，战争中的人们不但具有勇敢的战斗精神和为民族的共同理想献身的勇气，而且还有其他的各种情感，有生存的欲望，有对爱情的渴望，有为人妻、为人母的愿望。这是自有人类就有的一种欲望，也是战争年代许多悲剧发生的根源。

尽管重新审视整个战争，特别是重新认识战争中的人的问题仅仅在上述作品中得到初步体现，但是，这表明剧作家们已经开始有了探索现实生活、关注普通人群的意识。俄罗斯作家邦达列夫（I.Ubondarev）曾经说过，在描写战争的作品中，吸引我的是观察在前线的军人们每天、每刻如何克服本身的需要。我认为，这是战争中的英雄品质。如果体现不出英雄们在面对危险甚至是死亡的威胁时的自然感情是不正常的。这不是现实主义的文学。可以说陶红锦、武勇明等剧作家在战后初期所取得的成就标志着越南戏剧文学的一个新的高度。“陶红锦的剧本《祖国》为确定戏剧的成就做出了贡献。”[①]陶红锦以他的剧本《祖国》“成为首先预示戏剧在思想内容和艺术构筑这两个方面新的转变的剧作家之一”[②]。

在着力描写战争中人的情感的同时，这一时期的戏剧作品还集中描写了高大和英雄的一面。事实上，人道主义和英雄主义是人类不可分割的两种品质。人道主义是产生高尚动机的基础和前提，而英雄行为是人道主义的发扬。武勇明的《一双眼睛》是一个有力的说明。在这部作品中，舍己为他的感情、猜疑妒嫉、个人动机、高尚的举动、良心和责任等各种各样的情感在一种充满喜剧性的环境下出现在一个狭小的空间内。最后高尚占了上风，一名普通的医生变成了一名英雄。而陶红锦的《绝妙的歌声》中的阿青则是另外一种英雄。她在生与死的瞬间越过重重世俗的道德阻碍把纯洁的爱情献给了自己的爱人。她的献身不仅仅是一位姑娘对一位小伙子的献身，而且是后方人民对前方战士的献身，是同志和同志之间、人与人之间关爱和信任的献身。她在发生的事情面前毫不犹豫，从不悔恨。相反，她相信自己，相信爱情，相信爱人。正是这种信念使她有了特别的毅力，使她跨越了舆论的重重包围，克服了对她品质的极度偏见，她耐心地等待着。当然，如果仅仅是这样，她也和其他的许多妇女一样，并无独特之处。在残酷的战争前线，她是一位放着光芒的孤胆英雄。她不

①[越]孙草棉：《1975—1985年间戏剧文学回顾》，何明德主编：《文学理论与历史问题》，河内：越南文学院，1999年，第698页。

②[越]孙草棉：《1975—1985年间戏剧文学回顾》，何明德主编：《文学理论与历史问题》，河内：越南文学院，1999年，第699页。

顾敌人的炮火，冒着生命危险运送部队和伤兵过河，全心全意地完成任务。于是，她受到领导的重视：上级建议把她培养成一名英雄。于是，矛盾出现了，一边是个人的感情生活得不到世俗道德的接受，一边是她身上具有的英雄品质。假如采纳她叔叔的意见，找到一个适当的保全名誉的方法，那她完全可以成为英雄，但是她却没有这么做。她拒绝了别人的建议，决心保护自己肚子里渐渐长大的爱人的骨肉，实现自己对爱情的忠贞。这样，她配得上英雄这一称号吗？或者她是英雄中的英雄？这个问题引起了读者的认真思考，也许在现实生活中，像阿青这样的故事还有千千万，很多很多。正是以这样的英雄行为，战争的悲剧性被披上了浪漫的红色风衣。

在描写战争和重新认识战争现实的趋势下，除了上述戏剧作品外，我们还可以举出很多作家和作品，比如必达的《我的爱情》、鸿非的《河流纠缠》以及其他艺术团体中非专业的创作人员创作的作品。相对于战争的规模和规格来说，仅仅有这些作品是远远不够的。也许今后许多年内，战争仍将是吸引作家和剧作家们进行创作的一个重要题材。

1985年全国舞台艺术汇演是一场汇集了全国各地的艺术精华的大型会演。这是舞台艺术的黄金时代。尹黄江、武克严的《以公理的名义》，春程的《海之夏》，刘光武的《我和咱们》，必达的《憧憬的顶点》，怀交的《历史与人证》等5部话剧在胡志明市和南方各地巡回演出，被誉为是驶入西贡市的5辆坦克。南方人民第一次感觉到了话剧艺术的强大魅力。话剧团纷纷成立，陆续出现了许多话剧作家，以往欣赏改良剧的观众也开始慢慢地接受话剧。

越南国家统一后的头十年是话剧发展的黄金时期，这不仅仅是因为它对战争现实进行了回顾和补充，为统一后的戏剧揭开了新的一页，而且还因为这一时期的话剧与越南社会政治生活中的大事件紧密地联系在一起。当庆贺胜利的大典结束之后，人们的自豪感逐渐淡去，统一的国家又不得不面对一系列新的挑战。越南民族的意志和精神再次面临严峻的考验。可以说，战争年代虽然很残酷，但战线分明：正义与非正义、敌与我、善与恶、美与丑、高尚与卑劣等等一清二楚。整个民族按照一种统一的意志统一行动。战后的越南伤痕累累、满目疮痍，人民生活极度贫困。越南社会在新的形势下出现了许许多多的新情况、新问题。人们的价值观念、道德观念发生了很大的变化，甚至黑白颠倒、是非混淆。作家们用自己的笔表现和平时期各种心态世相，揭示革新与保守、现代与传统、文明与愚昧、理智与情感之间的种种冲突。

这一时期出现了许多描写生产建设中涌现的新生活和新人的剧本和描写战后人们的命运的剧本。陶红锦、尹黄江、必达、春程、青香、刘光武等一支有声望的剧作家队伍已经在这个时候形成。他们以其作品在越南当代戏剧历史上留下了他们的足迹。人们一提起尹黄江就会想起《花和野草》、《我的霞嵋》、《以公理的名义》；说起春程，人们不会忘记《海之夏》；讲到必达，人们就会联想起《那个黎明，我的心》和《憧憬的顶点》。回顾这一时期的戏剧创作，我们还会想起女剧作家青香的《爱情盆地》和《金子》，军队剧作家陶红锦的《美妙的歌声》，刘光武的《戴灰色呢便帽的姑娘》、《我和咱们》、《人生的光源》和《片刻与无尽》等。新的生活现实要求戏剧要从现实的创作素材到艺术形式进行改革。具有宣传鼓动党的政策路线和在出征前对战士进行精神动员性质的短剧不再像在抗法和抗美救国战争时期那样是主流了。“我们不否认抗法抗美救国时期戏剧的成就，因为它有一定的价值。但是不能以此作为以后戏剧创作的模式。”①反映对象的不同带来了作品构筑和表现形式的不同。抗法抗美救国战争时期的戏剧往往深入战争题材，集中反映敌我矛盾，因此戏剧冲突往往是对立的、紧张的、激烈的、你死我活的。战后的戏剧创作倾向有所不同。除了反映战争题材的作品外，人们创作的更多的是社会主义建设题材。在这里描写人与人之间的关系，人与社会的关系，人与生活中其他相关联的问题是当代戏剧创作的主流。戏剧直接参与了生活，以不同的乐律和色彩反映了生活的声音。

另一方面，在社会的精神道德领域，一些由于战争的严重后果引发的问题不但得不到解决，而且许多新的问题不断地暴露出来。20世纪60年代的合作社制度已经出现了不符合生产力发展的要求，一些过时的政策难以满足社会运行和发展规律的需要。

“从未有哪个时期的戏剧能像这一时期这样引起全社会的关心。许多隐藏在生活和生产过程中的矛盾已经到了无法掩盖的时候，需要暴露出来并着手进行解决。”②如农民与土地的问题，也就是劳动者的个人权利问题是其中的一个例子。农民与土地的问题是关系到社会管理机制以及党和国家政策的大问题。许多人认为，这一时期是戏剧的时期，因为在戏剧中人们可以看到各种各样的矛盾和冲突，这些矛盾和冲突不仅反映了社会生活现象，还在一定程度上挖掘了问题的实质，“戏剧已经逐渐摒弃旧的思想和陈词滥调……戏剧就生活中出现的问题参与了与公众之间的直接对话。建设社会主义的问题与肯定社会主义新人密切联系。”③作者们突出了一个对生产中的新的管理机制具有直接影响和作用的重要问题，这就是发展中的科技干部和青年知识分子的水平和品质问题。这种肯定新的、进步的和完善的事物的趋势既是生活的要求，也是艺术发展的规律。一种崭新的内容需要一种崭新的艺术形式来表现。人是社会的产

①[越]孙草棉：《1975—1985年间戏剧文学回顾》，何明德主编：《文学理论与历史问题》，河内：越南文学院，1999年，第703页。

②[越]潘仲赏：《1975—1985年间的戏剧文学和战后社会问题》，越南《文学杂志》，2003年第10期，第9页。

③[越]孙草棉：《1975—1985年间戏剧文学回顾》，何明德主编：《文学理论与历史问题》，河内：越南文学院，1999年，第704~705页。

物。因此，在越南战争结束后，人们不应该只关心英雄，而是应该更多地关心普通的人，关心普通人的生活。像武廷防的《神农星》里的奎，尹黄江的《花和野草》里的黄，刘光武的《我和我们》里的黄越，青香的《金子》里的战和北等人物形象是青年一代知识分子的代表。他们希望把自己掌握的新知识运用到生产管理的实践中去。如果说战士在战场上的美德是随时准备为祖国而牺牲，那么今天的社会主义新人的美德是懂得超越自己，集体利益和民族利益高于个人利益，他们对家庭、对朋友、对同事忠诚、厚道。

从人文的视角出发，戏剧始终在塑造既具有社会性又有个性的典型。这样的典型在思想、灵魂里都具有光明和黑暗两面，且所有的都是服务于一定的审美理想，就是完善今天人们的人格。在自我完善的斗争过程中，面对新的现实环境，除了提高社会认识水平外，就是良心和责任，就是对民族的情感，就是体现在各种不同环境里的人情。很明显的是，越南当代戏剧不回避社会生活中发生的问题，也不放弃传统道德问题。戏剧创作的丰富既是艺术规律的必然表现，同时也是剧作家们敏感主动性的证明。当代戏剧中所提出的问题是一些与生活紧密相联的切身的问题。可以说戏剧正在渐渐进入生活的轨道。

在艺术上，通过戏剧创作队伍和他们的作品，我们发现越南当代戏剧文学有着许多巨大的变革。新的剧作家不断涌现，新的作品层出不穷。除了一些在战争年代就已经很有成绩的如陶红锦、阮庭诗、青香、必达、怀交、春程、学非等，1975年后又出现了刘光武、尹黄江、鸿非、士亨等剧作家。特别是刘光武一出现就“迅速占领了80年代舞台上第一的位置”[①]。当代戏剧文学的作者有一部分是作家和诗人。如刘光武开始的时候写诗，后来才以写剧本为主。春程也是这样。春程开始是写小说的，但很快就以戏剧创作为主。戏剧和诗都是写生活的，其内容都是为了反映生活中出现的人和事。戏剧的构思及遣词造句类似诗歌，语句必须精心斟酌锤炼。写剧本和作诗写小说一样，需要真挚的感情。如果缺乏感情，缺乏对生活的细心观察和筛选，很难创作出一首好诗或一部好的小说，同样很难写出一部成功的剧本。春程创作的《白檀柳》、《明天的天气》、《空村子》、《海之夏》、《等到春天》、《后晌》等作品之所以成功，是因为他不仅有过农村生活的亲身经历，而且对农村，对农民有着无比深厚的感情。

从未从事过诗歌和小说创作的专业剧作家必达也和诗人、作家出身的刘光武、春程一样有类似的感受，在他的作品中从情节构思、思想内容、矛盾冲突形式到戏剧的每一个细节都弥漫着浓浓的诗情画意。就连他的剧本的名字都透着诗意，如《我的爱情》、《那个黎明，我的心》、《憧憬的顶点》、《奠边

①[越]孙草棉：《1975—1985年间戏剧文学回顾》，何明德主编：《文学理论与历史问题》，河内：越南文学院，1999年，第715页。

之歌》、《十朵凤兰花》、《你在我眼中越来越美》等。

越南当代戏剧的创作队伍，除了上述提到的，还有杨玉德、阮庭宜、庭光、范氏成、武明、谢川、黎雄、明玉、春潭、段柏、黄娥等实力派导演，冯辉秉、唐才、梁栋、尹州、裴辉孝等画家，庭光、胡玉、必胜、辉连、阮德禄等批评家和一大批荣获“人民演员”或“优秀演员”的实力派演员。

越南当代戏剧的又一个特征是创作主体的深刻而饱满的感情。他们的作品中透露出来的诗歌意蕴并非因为他们是作家和诗人，而主要是因为他们来源和折射于生活的心灵和感情状态，这种状态既现实又浪漫、既纯洁又朴素。巧妙、灵活地再现生活中最激烈最本质的冲突是这一时期戏剧创作者的共同特征。在他们的作品中，我们常常看到巧妙的选择、精心的加工，创造出了具有诗文意蕴的对话，值得沉思的人物形象，为各种思想插上了智慧的翅膀。

“一个有文化的国家无论如何不能少了戏剧。”[①]剧作家们的艺术劳动努力朝着提出问题、理解生活、批判发展过程中出现的阻碍社会进步的不合理现象和问题的方向奋斗，并努力探寻发现新事物。越南当代戏剧的思想性和艺术性是空前的。我们相信，在越南国家继续革新、工业化现代化进程中的越南文学、越南戏剧文学和舞台艺术将进一步满足广大人民群众的精神文化需求。

---

①[越]阮庭宜：《越南话剧从传统到现代》，越南《文学杂志》，2000年第6期，第25页。

附录三
20世纪越南文学批评

I 前 言

一、关于文学理论与文学批评的概念

文学批评、文学理论和文学研究是文学发展中的组成部分。有文学就必定有文学批评。要使文学批评有坚实的基础则必须研究文学理论；要使批评能够更加深入则必须拓展研究领域，编著各种专论和文学史专著。各国文学的发展程度决定了其文学批评的相应形态。作为一种认知形态，文学批评不仅是读者与作者、读者与读者之间的桥梁，同时它还具有反作用力，能够推进和指引作者的创作。

批评是一种认知形态，它是文学作品的存在形式。文学不仅存在于文本中，它还存在于认知与批评中，并且批评活动影响着文学作品在历史上的沉浮。文学不仅仅由作者一人创作。作者的创作只是一个起源和开端。文学也由读者创作。由于文学批评的出现，文学作品得以更加深入的挖掘，其内容也愈加丰富。

文学批评离不开文学理论。缺少了文学理论的批评只是直接、简单的感受。文学艺术是一种独特而复杂的创作形式，与作家的创作才能，国家的文化、社会、历史有着密切联系，并且受到传统因素和外国文学的影响。缺少了文学理论，则对文学的感知就会局限于喜欢或不喜欢，赞扬或贬斥，而无法达到深刻的剖析。缺少这方面研究的读者对作家、文本、时代背景、环境因素缺乏清楚的认识，由此也缺少了了解和感知作品的依据。正是由于这些原因使文学批评、文学理论和文学研究三者密不可分。

文学批评的范围很广。总体来看，文学批评包括三个部分：读者批评、专业批评和文艺工作者批评。读者批评是任何文学读者的批评，只要读过作品就可以有自己的判断和评价。最为常见的读者批评形式是口头批评。报刊业的

发展为各类批评提供了广阔的舞台，但最早的还是读者批评：短讯、书评、采访、圆桌论坛等。这是一种迅速、敏锐、鲜活、生动的批评形式。但这种形式往往是只提问题而缺少具体分析和解答。即便有些分析也不够全面。借助于报刊杂志，读者批评具有了一定的影响力，并成为一种评论和制造舆论的有力工具。报刊杂志也会引导这些交流评论朝着笔战方向发展。笔战的方式往往能够引起人们的关注。

读者批评包括记者、电视工作者的批评是当代文学作品批评的重头戏。记者们知道有很多作品将会像烟雾一样渐渐消散，因此他们必须抓紧写作。报纸的作用很大，它连接起了读者和作品，使读者不断追踪并最终成就了一个时代的文学生活。要了解一个社会的文学生活我们应该阅读记者的文学批评。这其中有的作品下了很大功夫并自己整理成册出版，但大部分批评随每日出版的报纸而渐渐为人们遗忘。

第二类批评是专业批评，或者称为科学批评。这类批评也往往得不到人们的喜爱。记者们讽刺其带有太多难懂的术语，一般读者认为这类批评枯燥无味，文学家则认为其缺乏文学美感。但无论如何，这类批评仍占有不可取代的地位。第一，它使过去的文学具有当代性；第二，由于对作者、作品、时代的深入了解并能深刻分析作品，因而这类批评往往能提供一种准确、科学和全面的的评价方法；第三，由于有了理论，并且由于各种科学方面的相互影响，因而这类批评推翻了批评不需要理论方法或只有一种方法的观点；第四，它促进了今天与昨天、与其他文明的对话。专业批评以文学作品作为研究对象，因此不会把该对象的美完全展现出来。正如研究蝴蝶的昆虫学家所说的，他不会因为喜爱蝴蝶的美而把那美丽的颜色画在自己的衣服上。

第三类批评是文艺工作者批评。他们往往谈论心仪的作品和作家以及喜欢的艺术手法，并以凝练的语言传达着智慧。读者喜爱这些批评家，因为他们的文学批评为人类积累着艺术经验。只有真正的大师级批评家的作品才在文坛上占有一席之地。一个批评家可以参与创作各类型的文学批评，如制兰园、春妙等诗人，他们既是报刊批评家、专业批评家，又是艺术批评家。

随着文学批评的发展，这三类批评都具有了不可取代的地位。要想进行全面研究就必须搜集每一年和每一个时期的文学批评作品。对大作家的批评研究同样如此。此前曾经有人竭尽全力搜集大量报刊上的批评。然而在搜集总结工作的初期，由于还缺乏全面的研究经验，因而人们把注意力更多地放在专业批评领域——一种最能够集中体现学识、艺术自觉意识、理论基础和批评方法的批评类型。大部分批评史研究项目都属于这种类型。

很长一段时期内在有的文学理论教科书中往往把文学批评和文学史区别开来：文学批评讨论的是当代文学，而文学史讨论的是过去的作品。事实上确定文学批评特点的方法不仅仅是对象，还包括它的性质。文学批评的对象是具体的文学现象，文学理论的对象是总体的文学现象，文学史的对象是历史上的作家和作品。文学批评是一种研究活动，判断某一具体文学现象价值的标准包括作品、作家以及由某一理论观点带来的认知、理论和批评。文学批评的目标是评判某一文学现象的价值，厘清作品的优缺点，对比其与过去和同时代作品的异同；确定作品或作家在整个文学史或某一时期内所处的地位；发现和确认某种正在形成、发展或衰退的文学思潮，并对其性质作出判断；对该思潮的积极和消极方面进行分析。因此，我们认为对《金云翘传》、阮公著、韩墨子、从善王、高伯括等的研究都属于文学批评。文学批评在任何时候都是把所处时代的文学创作放在首位，并对当时的文学发展进程带来直接影响。批评首先必须有实证，即必须有一定的现实依据。那些以不确定的依据作出的判断都是没有价值的。文学批评要求具有一定的逻辑思维，包括形式的和辩证的，由此克服直观感性的缺陷而达到对事物的正确认识。这就要求具备一定的理论观点和知识储备，能够对问题进行分析和解释。

文学批评要求具有审美思维。批评家要把作品看成一个由想象力创作的有着特殊规律、独特生活的艺术世界，以此为基础来对作品做出评判，不可对原文做出有任何增减或对某一部分进行孤立评价。批评家必须把文学作品看作审美对象才能够完成批评活动。

由于有了上述这些属性，文学批评可以看作是一项科学活动，其目的在于对研究对象进行概括、界定并发现其价值、性质和规律。但另一方面，文学批评又是一种艺术性的活动，进行文学批评的人必须去感受、和体会。文学批评的语言不仅具有逻辑性和科学性，并且还具有审美判断的特性。批评家可以有自己的直观感受，但文学中的直观感受仍具有一定的印象范畴。印象范畴内直观感受也是文学的一种认知方式。

文学批评是一种科学活动，因此必须有一定的方法。除“直观感受”外，解释的方法也已存在很久。到19、20世纪，由于受到哲学、自然科学、人文科学、社会学、马克思主义、语言学、系统论、构建主义、符号理论、信息理论、哲学现象论、相对论等理论的影响，使文学批评方法更加复杂化多样化。然而无论如何，科学方法在该领域的运用也是有一定限度的，无论怎样也绝不可能达到自然科学那样的程度，况且自然科学本身也还存在很多未知的领域。例如，光即具有波的性质，有具有粒子性，因研究者观察角度的不同而不同。文学也是如此。无论使用何种方法，人们的研究主要有以下四个方面：（1）研究作品本身（文本、体类、语言）；（2）研究作品与作者的关系；（3）研究作品与世界的关系（现实、历史、文化、思想）；（4）研究作品与读者的关系（认知、接受程度、文化对话）。上述四个方面任何时候都不会出现完全交叉和重合，因此在文学批评研究中不可能出现完全雷同的结论，即便是同一个研究对象。这就使文学批评有了一个广阔的空间，一个文学现象的发展也会永无止境。文学批评中的任何判断无论何时都只是相对真理。

最后，文学理论和文学批评的产生和发展无论何时都是与一个国家某个特定时期的政治、经济、文化发展程度密切相关的。社会的变革，社会意识形态的发展趋势总是深刻地影响着文学理论和文学批评的发展。越南文化传统尤其是思想、心理、宗教、文学的影响，外国文化、文学的影响以及文学创作实践——批评的对象，这些都是不可忽略的重要因素。一种完全脱离了环境、社会背景和政治因素的理论活动和纯学术批评是不存在的。因此，我们必须在上述的各种关系中来讨论有关文学理论和文学批评的问题。

二、20世纪越南文学理论和文学批评的社会背景和历史因素

20世纪越南文学理论和文学批评是20世纪越南文学中不可或缺的一部分。

文学理论、文学批评和文学研究是一个特殊的领域，因此我们关注其所处的社会和历史背景是非常必要的。尽管越南古典文学理论和文学批评与文学一同产生于11世纪，但从未形成一个能够独立存在且有专门研究人员的领域。直到20世纪初期文学批评才正式出现。这是因为：

1. 现代意义上的民族的形成以及强烈的民族传统、民族文学意识

“勤王运动”的枪声平息后，法国殖民者的枷锁开始禁锢着越南人民，这时光复会、东游运动、维新会、东京义塾在20世纪初期的十几年中相继出现。这标志着越南人民民族思想意识的根本变化。就在这个殖民地半封建社会时期，人们的思想意识开始产生了变化。从臣民转变为国民，从国家是王土的观念转变为国家属于人民的思想。人民开始意识到必须自强，以维新的方式来拯救国家。尽管越南的君主制度自1945年“八月革命”后才真正结束，但民族的觉醒意识在此之前早已产生。“勤王运动”时期的民族意识是为国家维护君主主权，但到了20世纪初期，救国的主张虽然没有改变，但在一部分市民中已经产生了把重心放在建立越南新文化方面的思想，以资本主义为发展方向，反对过时、落后的传统思想，以追赶其他发达国家。根据进化论的观点，落后和退化意味着灭亡。因此维新成了一项紧迫而必须的任务。此外，还有一个原因是在废除科举制度之前，越南的大部分知识分子依旧以旧学和中国的圣人为信仰。现在科举制度已经被废除，国语字得到了广泛普及，那么越南自己的传统文学在哪里呢？这正是促使当代学者努力搜集各种民间文学作品，不断把各种喃字和汉字作品翻译成国语字的原因。要确立民族文学的成就必须对作品进行考订，并根据相关的理论进行批评和讲解。民族意识的觉醒催生了研究古典文

学、确立越南文学史的运动，并由此激励国语字、新诗和新小说的产生。

当民族解放的大旗交到无产阶级和共产党的手中时，一种新的民族意识和意识形态产生了。建立新文学的任务符合时代和民族对文学和批评理论的需求。爱国的热情是促使越南文学理论和文学批评创作力的强大动力。

2. 长期的救国战争中形成的战时心理的影响

20世纪是一个为争取民族独立而不断斗争的世纪。在整个20世纪里，越南只有最后的25年的和平生活。越南在战争中取得了巨大的胜利，越南民族也在战争中逐渐成长强大起来，同时战争文学也随之出现并取得了骄人的成就，但战争对文学、文学理论、文学批评的影响或许至今也无法完全估量，且这种影响将会长期存在。

从积极的方面来说，抵御外国侵略的战争从心理上对越南的知识分子能够更好地接受共产党的领导和党的文化文艺路线提供了有利条件。1943年的《文化提纲》和长征的《当前越南新文化运动的几个重要原则》几乎全部否定了1945年“八月革命”前所有合法文艺的价值：“合法文艺几乎违背了民族独立的精神。因为文艺遵循古板的宋儒思想，形式非常落后过时，由此它否定了新诗，否定了小说，包括了现实小说、历史小说，也否定了各种文学史的研究。”[①]这里需要说明的是，由于各项活动的隐蔽性和条件所限，这里的某些说法与现实并不相符。到了1948年，《马克思主义与越南文化》的报告中，尽管对各种文学现象中的爱国和进步因素进行了重新评价，但批判的态度依然很强硬。然而这些批判并没有引起很大反响，因为越南的每一个文艺工作者和爱国知识分子所做的都是为了民族解放事业。在战争时期，肯定人民群众，尤其是工、农、兵所发挥的巨大作用才是实际问题，而不是一些抽象的理论问题。接受党的统一和绝对领导是必然的，不应该有不同的观点。在战争条件下，反对法国殖民者的统治是促使广大具有创造力的知识分子自愿牺牲一切跟随党的文化和文艺领导路线的最大原因。

战时心理另一种表现是二者对立的思想：敌我对立；旧社会与新社会对立；反革命与革命对立；进步与保守对立；科学与反科学对立。在战时，不允许出现立场不坚定的情况，不允许中立。正是这种心理促使人们接受阶级矛盾对抗理论：资产阶级与无产阶级的对抗；剥削与被剥削的对抗；资本主义与社会主义的对抗。

战争条件下的第三种心理是批评理论和文艺创作非常注重宣传，凸显军民的英雄形象，痛斥敌人和走狗的罪恶，鼓励各种形式的群众文艺，很少提到人民内部矛盾和消极现象。

上述关于战时心理和文化条件的特点对于越南文学理论和文学批评带来了

---

① [越]潘巨棣：《二十世纪越南文学》，河内：教育出版社，2004年，第670页。

不小的影响。

3. 20世纪是一个充满意识形态斗争的世纪

随着俄国十月革命的伟大胜利，世界分成了两大阵营，一边是马列主义、无产阶级世界观和科学社会主义的社会主义阵营，另一边是资本主义阵营。在信奉马克思主义的人中又分化为正统马克思主义和机会主义。正统马克思主义推崇阶级斗争和两派斗争，机会主义宣扬个性和抽象的人道主义。正统马克思主义以文学反映现实为原则推崇社会主义现实主义，机会主义强调自我表现，肯定西方主义的各种现代艺术流派。正统马克思主义强调世界观对文学创作的决定作用，机会主义强调客观方法的作用。意识形态领域的激烈斗争使文学和政治的关系成为焦点问题，支配着其他问题的解决。

战争环境更增添了意识形态的矛盾，使有关文学批评的讨论很容易陷入思想领域的敌我斗争。当前，随着改革不断深入，越南积极与世界各国建立友好关系，世界的局势与以前相比发生了较大变化，意识形态领域的斗争依旧存在，帝国主义的和平演变阴谋仍未改变，但人们对某些理论问题的认识随着时间的推移变得更加明晰、开放，更加实事求是。

4. 对20世纪越南文学理论和文学批评产生重大影响的另一个因素是与世界各国的接触与交流

尽管接触的对象和条件有所差别，总的来看这种交流已经日益扩大并不断丰富和多样化。主要和长期的接触和交流是与中国文化和中国文学、法国文化和法国文学的交流，同时也与前苏联、东欧国家及拉丁美洲、北欧国家之间的广泛交流。越南南部在美伪政权的统治下，读者更多的是接触到美国、法国和德国以及其他一些西方国家的文学作品。统一后，交流的范围更加广泛。自革新开放以来，许多世界名著被译介到越南。以往的翻译作品重印再版，新的译作不断出现。在革新开放的背景下，形式主义、精神分析批评、构建主义、比较文学、诗学、认知理论、西方文学理论、现代和后现代主义等开始引起关注。由于有了这些接触和交流，越南的文学理论和文学批评已经取得了较大进步并取得了一定的成绩。

在交流的同时，东西方之间的冲突仍然不可避免。这就对构建一个新的民族文学理论与文学批评提出了要求。

5. 文学理论与文学批评发展的另一个重要因素是报刊和出版业的发展

进入20世纪，报刊业的迅猛发展为文学理论和文学批评的发展提供了一个便利的舞台。报刊上的文学批评只是文学批评中的一部分，此外还需要进行大量的概括、总结，出版文学理论和文学批评专著，这样文学批评才会有所起色。

三、20世纪越南文学理论和文学批评的发展分期

20世纪越南文学理论和文学批评是20世纪越南文学进程中不可或缺的组成部分，其分期也与越南文学的分期大体相同。根据越南文学界的观点，20世纪越南文学理论和文学批评可分为四个阶段：

（1）1900—1931年：转型准备阶段，为下一阶段文学理论和文学批评的快速成长做准备。

（2）1932—1945年：文学理论和文学批评的快速成长期，几次涉及文学核心问题的深刻讨论，寻求多样化、多方向文学理论的发展趋势。

（3）1945—1975年：逐渐形成越南文学理论和文学批评，成为肯定革命文学的有力战斗武器，使革命文学走进了广大人民群众的生活。文学批评和文学理论的主要任务是进行思想斗争并在斗争中不断成熟。

（4）1975—2000年：这是越南文学理论和文学批评革新发展最快的阶段。文学特征、人的问题、文学与政治的关系、文学的反映与创作等问题得到了广泛的讨论并产生了积极的影响。新诗运动和自立文团得到了重新评价。古典文学研究也取得了较大进展。当代文学批评发展迅速并出现了很多新作品。但自1995年后，文学理论和文学批评的发展曾一度停滞。文学理论和文学批评正等待着新的契机，以寻求当代越南文学发展的道路。

四、关于文学理论和文学批评史的研究方法

文学理论和文学批评的研究离不开一定的研究方法。在某一时期曾经有人把文学理论和文学批评史以及文学研究看作革命与反革命、马克思主义和非马克思主义之间的政治思想斗争史，旨在寻求革命思想的胜利。尽管在某一特定时期内，文学理论和文学批评与政治有着密切的联系，但将其同一化的思想是狭隘的，不仅把问题简单化，还给理论和学术研究带来一定负面影响，并在一定程度上抑制了文学的发展。

马列主义、共产党的文艺路线是文学发展的哲学和政治方向。这就要求研究者既立足现在又能够预测文学发展的远景，由此重新审视过去一个世纪中的文学理论和文学批评，而不是以静止和片面的眼光看待问题。

无论何时文学理论和文学批评都是历史的产物，都要受到各种主、客观因素的影响。在革新开放的今天，随着时间的推移我们已经能够破除成规和阻碍，看到事物的本来面目。时间改变了我们的视野，让我们看清了曾经看不到的一切。

文学创作也是历史的产物，但与文学理论和文学批评相比具有相对独立

性。对于文学创作的规律和价值，文学理论和文学批评有时能对其作出正确判断，而有时也会出现判断错误。因此，我们在研究文学理论和文学批评时，必须将其与文学创作分离开来，然后根据理论和批评的科学标准对其进行审视和评判。

评价文学理论和文学批评成就的标准主要是看其之于民族文学的发展与进步所具有的价值，此外还包括对文学价值判定，文学理论、文学批评本身的促进作用以及提高读者的文化和文学水平等方面。

II 1932—1945年间的越南文学理论与文学批评

一个文学理论和文学批评的新阶段总是伴随着新的事件和新思想的形成。1932—1945年越南文学理论与文学批评的主要特点是新思想的形成。否定旧思想，产生多次重要的思想交锋，并且其中产生的很多理论问题，直到20世纪末、21世纪初仍有很大争议。在这个过程中出现了一批文学理论家和文学批评家。

这个阶段还可以分成两个小阶段：1932年至1939年和1939年至1945年。前一阶段主要是在报刊上出现了大量激烈的争论，提出了很多与文学密切相关的问题，如关于国学的争论、旧体诗和新诗问题、唯心和唯物、艺术为艺术和艺术为人生等。后一阶段是对整个阶段的重要文学理论的创作和总结阶段。

一、否定腐朽的封建文学观与新文学观念的形成

20世纪初至1932年的文学虽然出现了很多新的文学现象和不同的政治观点，但在文学观念上，范琼、阮伯学、潘继秉、吴德继、黄叔抗、潘佩珠等人及“东京义塾”中的成员都受到传统文学“文以载道”观念的影响，旧的文学观念地位并未动摇。他们都推崇文学道德，轻视文学艺术。

该阶段的新文学思想首先形成于诗歌、小说、纪实文学和文学批评领域。与此同时产生了对诗歌、小说和文学批评的新观念。

1. 关于文学特征

首先提出新文学观念的是少山。少山最先提出了“用艺术拯救艺术”，“任何国家的文学都是以艺术作为根基”，“艺术是一项创作性的工程”的思想，他反对“文学教化”倾向，认为教化应重学而非重文。海潮则对少山“艺术为艺术”的命题进行批判，进而提出了“艺术为人生”的学说。

少山、怀青、刘重庐、黎长乔提出的“艺术为艺术”观点的实质是要求艺术维持其特有的审美本质，要求文学关注人的精神需求（人学），为文学营造一个自由的创作空间，反对一切束缚、一成不变的形式和没有本我的文学。怀青、刘重庐、黎长乔认为，“一个轻视个人、不了解个人的民族，是不可能创造出丰富的文学的”。他们强调“自由与诚实是写出丰富文学的最重要条件”。这种具有时代性的思想标志着某种文学特征意识的形成。在越南，这种思想的提出是与新诗运动和自力文团的浪漫小说密切联系的。

“艺术为艺术”的文学观念在越南出现较晚，因而错过了与以范琼、阮伯学为代表的落后封建文学思想的交锋，而只与海潮为代表的无产阶级新文学思想发生了冲突。少山和怀青的艺术思想受到了强烈的指责。

少山和刘重庐，尤其是怀青，都没有明确认识到文学对于社会生活的责任。他们认为那是记者的职责，没有认识到作家对社会应该承担的责任，因而对文学特征的认识也只能停留在粗浅的层面。他们曾一度强调纯粹的美感享受，强调文学所带来的纯粹的快乐，它能帮人们忘却痛苦，并认为文学只关注人的内心，一种永世不变的心理感受。他们把文学与现实割裂开来。与范琼和阮伯学的实用主义和教化思想相比，“艺术为艺术”的观点具有一定的进步性。但从无产阶级革命所要求的作家的使命来看，他们的思想又是不合时宜的。这是因为尽管重视艺术形式的美感是正确的，但他们所陈述的理论思想忽视了文学中社会内容的审美价值，他们的观点否定了文学的认识职能，有着历史局限性。

2. 关于文学的社会本质和文学史的观点

越南20世纪初的文学现代化进程中除了由少山和怀青提出的文学特征的新观点外，还有以海潮为代表的关于文学社会本质和文学史的新观念。1933年海潮开始对潘巢南（潘佩珠）的封建文学观点进行批判，提出了新的文学观点，认为文学是“思想的表现”。1935年少山提出了文学以艺术为根基的观点后，海潮又进一步表明了自己的观点，认为文学应该是社会生活的产物和反映，文学随着社会的运动发展而发展。这种新的观点既区别于古代的“文以载道”观念，也不同于以艺术为目的的观点。“为艺术”和“为人生”尽管是两种对立的观点，但也有互补之处。因为绝对的“为人生”将有可能导致实用主义而抹杀了艺术；绝对的“为艺术”也有可能导致与现实生活相脱离，从而使艺术日益枯萎；只有将两者相结合，艺术才能够发展。然而由于现实生活中意识形态的斗争，使上述两种观点逐渐对立并相互排斥，最终导致对文学的片面认识。

毋庸置疑，少山和怀青的文学观点是片面的，而海潮的观点虽然有了一定的科学性，但仍显得粗浅和片面。海潮将文学作品看作是阶级的代言人，认为社会经济能够直接支配文学。他没有注意到诸如才能、个人经历、文化、社会心理等因素对文学所起的作用。

尽管如此，海潮的唯物主义文学思想从客观上确立了越南文学中的批判现实主义文学倾向，并间接肯定了武重奉、吴必素、元鸿、南高的现实主义文学创作倾向。同时，他还译介了高尔基、罗曼·罗兰等作家的革命和进步创作倾向。

1932—1945年间两种文学新观念与该时期的两种文学潮流密切联系：新诗运动、自力文团和现实主义文学、革命文学。

从1943年开始，越南国内外局势发生了重大变化，印度支那共产党发表《文化提纲》，制定了相关的文化原则，其实质是要加强文化和政治的关系。1944年，邓台梅出版《文化概论》，继续对有关文学为艺术和为人生、文学与政治等问题的讨论，推崇现实主义文学创作。

《文化提纲》的问世，具有重要的历史里程碑意义：从此越南的学术和文艺思想在印度支那共产党领导下，遵循民族化、群众化、科学化原则，为维护唯物主义、社会主义的胜利而斗争，使文化在形式上具有民族性，在内容上体现民主思想。

《文化提纲》及长征的《关于当前新文化运动的几个大的原则》为越南文化提出了正确、进步的方向，得到了爱国进步知识分子的认可，为下一阶段的文化和文学建设创造了有利条件。

二、1932—1945年间的文学争论回顾

1. 关于文学的概念和文学争论

关于文学观念争论，涉及的内容包括汉字、国学、唯心主义、唯物主义、史学作品等，几乎包括所有的思想和文化领域。

在这里只集中讨论有关文学本身的争论及与其密切相关的问题，即有关新诗、旧诗的争论；“艺术为艺术”和“艺术为人生”的争论；描写社会阴暗面的文学等。

1）关于新诗的争论

关于新诗的争论，一般情况下，旧诗的维护者总是会攻击新诗作品中的某些弱点。而新诗作家也总是对“旧诗”进行全力攻击、讽刺和贬低。潘魁希望“把内心的想法用带有韵律的句子表达出来，但却不局限于某种韵律的限制”。刘重庐提出“自由发展诗歌，把诗歌放到应有的高度”。他们希望告别“喧闹的政治”，“虚无的梦想”。到1936年新诗取得了这场争论的胜利。

2）关于“艺术为艺术”与“艺术为人生”的争论

这是最为重要也是最为复杂的一次争论。尽管这次争论到1939年就结束了，但它的影响至今仍然存在。这次争论标志着关于文学新观念的形成，标志

着意识形态斗争的思想交锋。

“艺术为艺术”的观点反对把艺术当作实现其他目的的工具。少山在反对范琼和阮伯学的观点时提出了文学的教化作用。怀青提出的观点也是旨在反对海潮在对阮公欢《男角四下》的文学批评文集中的片面观点。反对实用主义的观念对于提高艺术认识来说是必不可少的。但从当时来看，要求文学与现实密切联系对于社会和革命来说也是非常迫切的。因此少山和怀青的观点也有一定片面性。实际上怀青和刘重庐也曾经把“美”和对社会的有益性相对立，导致了艺术与政治的对立。同样“艺术为人生”的观念也由于革命实际的需要使其片面性在一定时期内被掩盖起来。

这些争论表达了“海潮派”对文学与生活关系的思考（社会、历史、进化、阶级立场、内容、题材）。另一方面，表明了“怀青派”对有关艺术特性的观点（审美职能、才能、自由创作、艺术形式）。两派都反对文艺是消遣的观念，主张文学必须有益于心灵，应注重文学的人性化职能。然而他们都没有看到文学与社会、政治之间更广泛的关系。怀青、刘重庐和少山都想把艺术与创作者的政治活动完全脱离开来。这是极端片面的，说明他们对社会缺乏应有的敏感。而海潮只看到文学是“社会的产物”，没有认识到艺术的审美特性。少山攻击浪漫主义文学是虚幻飘渺的，同时他也讽刺写实主义文学的枯燥无味，缺乏情感。怀青则主张平民化的文学，贴近人们的心灵。

这场争论的实质是资产阶级、小资产阶级文学观点和无产阶级文学观点的交锋。在这场争论中，马克思主义思想得到普遍运用。裴公澄、林梦光、胡清、石东、海潮都先后用马克思主义理论、经济基础与上层建筑的关系、文学与阶级、文学与社会、文学与进化的关系陈述了各自的文学观点。这些观点虽然新颖，有说服力但是很粗浅。艺术为人生的观点的胜利是时代的选择，历史的必然。

三、关于文学批评方法

越南现代文学的各个阶段有着不同的批评方法。有人认为1932—1945年阶段文学批评的方法主要是“印象主义”或“感性主义”，即不运用其他客观依据对文学进行解释。此外还有“教化主义文学批评”和“社会学批评”、马克思主义批评。

印象主义批评在中国的诗评传统中早已存在。20世纪初的头几年欧美印象主义批评也开始兴盛并对越南产生影响。怀青在《越南诗人》中说，以自己的心灵去了解他人的心灵是诗歌审美的主要特征。但他并不只简单地跟随自己的心灵感受去欣赏诗歌，而是注意到了诗人的创作灵感、诗韵和创作方法，通过对比寻找异同，寻找诗人内心的本我。社会学方法、历史学方法使批评家看到了从社会物质生活的变化到情感和诗歌的变化。寻找本我是少山、怀青、张酒、武玉潘等人所共同遵循的原则。

以发现本我为目标，除了感性认知和印象主义方法外，还有实证主义方法。实证主义方法是在1932年以前介绍到越南的，到1932—1945年被普遍运用。

武玉潘的文学批评是实证主义的方法。他对文学作品进行分析时具有全局的眼光，但他的批评也还是具有一定局限性。

在1932—1945年间的文学评论中，主观随意性较为普遍。但张酒能有意识地运用科学方法来审视文学现象。海潮、邓台梅等运用马克思主义社会学方法进行文学批评给文学界带来了一个全新的认识，一股新鲜的空气。可以说在这个阶段，西方的许多文学批评方法被越南文学界吸收和运用。

四、文学理论家和文学批评家

1932—1945年间越南从事文学理论和文学批评的人数众多，如海潮、少山、怀青、武玉潘、邓台梅、陶维英、杨广函、阮董之、吴必素、陈青迈、范琼、阮文永、潘魁、裴纪、黄叔抗、东湖、阮克孝、黎余、陈重金、一零、概兴、世旅、黄道、石蓝、秀肥、阮公欢、刘重庐、兰开、张酒、黎清、武重奉、黎长乔、陶维英等。

少山（1908—1978），原名黎士贵，籍贯海阳省，生活在南方。他是越南第一个出版文学批评著作的批评家。少山不从文学本身，而是从政治、学术倾向来分析和评论。少山的创新之处是评论同时代正在创作的作家，这是具有开创性的。

怀青（1909—1982），原名阮德原。如果说少山对文学批评的理解是“读者的助手”，那么怀青则是“用自己的心灵去理解别人的心灵”的批评家。他是第一个意识到批评家独立地位的人：“我从未妄自菲薄，也从没想过做攀生植物”。他认为自己是独立于被研究的作家和作品之外的。他认为批评必须实事求是的。在《越南诗人》这部著作中，怀青的评论是只说出自己的感觉、印象与读者一起分享。有时他描写诗人，诗的来源，诗的感情而不是诗本身，例如他对春妙、辉谨、世旅等作家的评论。他所关心的是“诗感”，“韵律”，或者更准确的说是诗人的“诗魂”。因此他的批评可以说是关于诗的随笔，而不是我们所说的批评，他更像是一位散文作家。就像杜来翠所说，怀青是这个时代的一位浪漫主义诗歌批评家。怀青的自我是时代的自我，民族的自我。

武玉潘（1902—1987），他的《现代作家》是越南文学批评界的一部巨著。他批评的都是正在发生的文学现象。武玉潘认为文学是一个民族的灵魂。

他对现代作家在越南文学界的地位作出评价。他的批评见证了越南文学的发展，为现代越南文学描绘了一幅最概况、最宏大的画卷。武玉潘的批评只是指出作家的优缺点，注重字、句和创作方法。这部著作提供了最早的评价，留下了许多丰富的资料。

海潮（1908—1954），原名阮科文，他在“艺术为艺术”和“艺术为人生”论战中闻名越南文学批评界。他在论战中宣传马克思主义和无产阶级文学的观点。他是最早把马克思主义社会学概念引入越南并运用到文学批评和创作的人之一，是最早在文学中倡导社会写实主义的人。海潮是文化战线上的一位先锋战士。他的作品都具有开创性，具有历史意义。

邓台梅（1902—1984）从1936年开始在报纸上发表文章鼓舞爱国精神。他最重要的文学理论著作是1944年韩诠出版社出版的《文学概论》。这是越南第一部系统地按照马克思主义观点来阐述文学原理的文学理论著作。邓台梅认为文学是社会意识形态，“艺术为艺术”是脱离现实的，强调文学只是各种社会意识形态的一种表现形式，是阶级的表现，作家要有理想，有人格，文艺工作者任何时候都不用艺术来为非正义势力服务，作家要既会观察现实，又要有正确的思想。邓台梅的《文学概论》在宣传马克思主义文艺观点的同时，也存在着其历史局限性，如他以阶级的观点来评价文学，特别是对封建时代的文学和1932—1945年间公开文学的评价很低。后来他才逐渐改变了这一偏颇的认识。

陈青迈（1911—1965）是越南第一个以研究作家生平进行文学批评的人。主要著作有《望渭江》、《韩墨子生平与诗文》、《文学生涯》等。在《韩墨子生平与诗文》一书中，他认为“以越南古今文学史上从未有过的新方法，我分析了诗人的行动和性情，人生的各个阶段……没有理解透彻一位诗人在人生中经历的艰难险阻就难以充分理解他的诗歌”。陈青迈分析、考察诗人的生平来理解他们的诗歌。他通过了解诗人的生活，从而理解其诗作并对其历史地位作出正确评价。他认为韩墨子“是第一位懂得聆听大自然语言的越南诗人”，“是最有音乐艺术才华的越南诗人”，“是20世纪首位为越南文学开启改革大门并取得辉煌成功的作家”。陈青迈的以研究作家生平进行文学批评的方法给20世纪越南文坛留下了宝贵的财富。

陶维英（1904—1988）有许多关于文化的著述。关于这一时期的文学他有《“金云翘”考论》（1943）。这本著作最值得关注的是考证了作者的身世、籍贯、家族。其次是把青心才人的《断肠新声》和阮攸的《金云翘传》作比较，认为阮攸保留了《断肠新声》的所有情节。陶维英是一位严肃的实证学者，在文学研究中重视资料的价值。

阮百科（1913—1999），原名张酒。在1932—1945年间，阮百科是主张以西方的科学方法来解释文学现象的文学批评家。他从1935年开始从事文学批评，1940年对《越南诗经》进行了研究。阮百科以歌谣、民歌反映作者心理的观点，探询了越南平民的心理在诗歌中的反映，发现歌谣反映了农业生活，父系家族思想，妇女地位的低下，平民的情感生活和本能需求等，并认为社会状况决定人们的意识。这可以看作越南文学批评史上用社会内容解释文学的第一部严肃的文学社会学著作。

1942年阮百科发表了著作《阮攸和〈金云翘传〉》认为《金云翘传》是阮攸内心的寄托，由于受到翠翘身世的感触而创作了这部作品，因此他要从现实中，从作者所处阶层，作者的个性来探寻原因，故事的哲理反映了作者的人生观，每一个人物反映作者的一个心理角度。因此，作者开始从血统、生理、心理的遗传来研究。研究时代来指出悲观厌世的思想，慈悲思想和宿命论。他认为阮攸过于多愁善感，并指出这是一个病态的社会，病态的阶级，病态的个性，《金云翘传》忠实地反映了“他那个时代的社会生活”。

杨广函（1898—1946）是最早研究越南文学史的批评家之一。他的《越南文学史要》是当时最进步的一部文学史著作。杨广函的《越南文学史要》注意到了中国文化和法国文化对越南文化的影响，介绍了儒、释、道的思想，介绍了中国有影响的作家。《越南文学史要》编纂严密、简练而内容丰富，直到今天仍然是一部优秀是文学史著作。

阮董之（1915—1984）在1932—1945年阶段创作的《越南古代文学史》记述了从上古时期到胡朝的越南文学。陈文甲、黄叔抗在序言和后记中都指出这部著作具有史料价值。

另外还有乔青桂、张政、华平、丁加贞、阮文素、潘陈祝等文学批评家，都为越南文学的发展做出了积极的贡献。

1932—1945年间的文学批评主要按照考证、科学、唯美、印象、辩证的方法多样化发展，文学批评家们的共同努力是如何发掘文学的价值，肯定民族精神和语言的优美，肯定文化交流的意义。

III 1945—1975年间的越南文学理论与文学批评

1945—1975年是越南民族在越南共产党的领导下为争取民族独立自由而斗争的30年。1954年的奠边府战役和日内瓦会议给越南北方带来了和平。但南方仍在美伪统治下，全国人民为解放南方，统一国土而不懈努力，终于迎来了1975年胡志明战役的胜利，国土得到了统一。

这一时期的文学发展分为三个阶段：1945—1954年；1954—1964年；

1964—1975年。

一、越南共产党对文化全面领导权的确立和这一阶段党的文艺理论观点

越南共产党是领导两次抗战胜利和建设国家的决定因素。因此，党对文化文艺的领导是要求文化文艺为抗战建国事业服务。

虽然马克思主义文艺思想在这之前就已传入越南。1936—1939年“艺术为艺术”和“艺术为人生”的论战中，马克思主义文艺思想已经被许多文艺工作者所接受。但到了1943年印支共产党《文化提纲》的发表，人们才清楚地认识到党对文化文艺的领导。《提纲》明确指出了知识分子的任务是参加民族民主革命，特别是参加文化革命；文化革命同民族解放运动是不可分离的，这就是民族化、大众化、科学化三大原则下的新民主主义文化。《提纲》对1943年前的公开文坛评价很低，提出了新的任务：（1）反对孔孟封建学说，提倡辩证唯物主义和历史唯物主义；（2）反对古典主义、浪漫主义、自然主义、象征主义，提倡社会写实主义。这是马克思主义文化思想在越南的宣言书。因此，《提纲》虽然有一些欠缺和简单，但有着极其重大的意义，它开启了一个新的文学时代。

《提纲》发表后，1943年4月成立了文化救国小组。“八月革命”胜利后，文化救国小组在1945年9月召开了第一届全国代表大会。第二届代表大会于1946年10月召开。1946年11月24日召开二届一次会议，1948年7月召开二届二次会议。在第二届第二次会议上，长征作了《马克思主义与越南文化》的报告，第一次系统地阐述了马克思主义思想和共产党的文化道路。报告分七个部分：（1）文化和社会；（2）马克思主义文化立场；（3）过去和现在的越南文化；（4）越南新民主主义文化的性质和任务；（5）在统一民族阵线中的统一文化阵线；（6）世界民主文化阵线中的越南文化；（7）当前越南文化和艺术中的几个具体问题。报告中对文艺工作者指出两条道路：或参加民族的抗战，或拥护殖民侵略；两条道路必选其一，并且必须选择进步的道路。因为反对民主和进步就一定会被历史的车轮辗得粉碎。

在报告中，长征对文艺工作者明确提出了阶级立场、民族立场和马克思主义立场：“社会上，以工人阶级为基础。政治上，以民族、民主、人民民主和社会主义为基础。思想上，以辨证唯物主义和历史唯物主义为基础。在文艺创作上，以社会主义现实主义为基础。”并重申文艺工作的三大原则：大众化、科学化、民族化。

民族化、科学化、大众化原则是在东西方的文明碰撞汇中产生的，具有科

学性和历史意义。虽然越南的文化学家或多或少都有民族精神，但在西方文化被视为文明的表现、时代的进步时，不少人都无法摆脱民族自卑心理。民族化原则在今日全球化的背景下更有现实意义；科学化原则的提出是因为越南是个落后的农业国家，充斥着先验论、异端邪说，重视经验，轻视科学；大众化原则符合八月革命胜利后越南人民的需求。大众化原则的提出是因为当时的许多文艺工作者还脱离群众。

在全国文化会议召开后，1948年7月成立了越南文艺协会。1949年4月召开了部队文艺会议；1949年9月召开越北文艺讨论会，素友作了题为《新民主主义文艺：思想革命化，生活群众化》的报告，阮庭诗作了题为《社会主义现实主义方法》的报告。会议对文艺和宣传、阮庭诗的自由诗、改良剧等问题进行了讨论，在文化界掀起了批评和自我批评运动。《先锋》、《文艺》、《真理》、《卫国军》等报刊杂志在抗法中发挥了重要作用。

1951年，素友作了题为《建设越南人民文艺》的报告。在肯定传统文学的同时，他高度评价了抗战文学和革命文学，首先是胡志明、长征的政治文学。尽管如此，他认为文学创作还很贫乏。他批评文艺理论还很欠缺，没有体现三大原则、人民文艺理论和创作方法。他第一次正式提出了党对文艺的领导，指出许多文艺工作者没有进行思想改造。他提出了文艺工作者的任务：一是要走进生活，因为作品的主要人物是人民，主要是日常生活、战斗和生产；二是需要改造思想，学习马克思列宁主义。在艺术上要努力发扬平民文艺，学习世界进步文艺。他鼓励集体创作，培养、引导群众文艺运动。

1943年《文化提纲》问世以后，大多数爱国文艺工作者都积极响应。也有概兴、胡友长、张酒等部分作家持反对态度。文化救国小组成立后，大多数文艺工作者遵循为革命服务的方针积极从事文学创作，部分作家还在我行我素。直到1949年越北文艺讨论会议后，文艺工作者才真正开始调整自己的文学意识，从1951年的文艺整顿后才摆脱了旧的创作方式，有意识的追随新的方式。

1956年初到1958年，越南北方的“人文—佳品”运动，进一步推动了党对文艺的领导。由于国际社会的影响，如苏联共产党内发现并批判个人崇拜，波兰事件、匈牙利事件的发生，部分文艺工作者对文艺服务于工农兵，服务于政策的口号作出反应，要求把文艺归还给文艺，要求文艺要有独立性，并攻击新生的社会制度。针对这种情况，在1957年第二届全国文艺大会上，长征作了题为《为创建在爱国主义和社会主义旗帜下丰富的民族文艺而奋斗》的报告。报告分析了形势并提出了任务，强调文艺的思想教育职能，要歌颂新人新事物，强调要以马克思列宁主义和党的路线为指导，要深入生活，提高民族性，要求文艺工作者站在党、工人阶级和劳动人民的思想立场上去认识问题。

1958年初越南劳动党中央政治局作出决议，决定为文艺工作者开办学习班，成功处理了“人文—佳品”运动。素友在总结报告中指出“人文—佳品”运动是反党的政治事件，认为“人文—佳品”运动反对文艺为政治服务，反对文艺为工农兵服务，要求回到抽象的人，颓废的个人主义，就是反对党的革命路线，反对党的领导。素友认为文艺工作者具有小资产阶级的不稳定性，提出思想斗争要坚决和彻底，要求文艺工作者坚决改造自己，长期、彻底地保持工人阶级立场和社会主义思想。

学习班结束后，文艺工作者到全国各地的实际生活中生活、学习并进行创作，开始了一个新的文学时期，文艺创作出现了一片新的景象。

1962年12月，在第三届全国文艺大会上，长征作了题为《增强党性，深入新生活，更好地为人民服务，为革命服务》的报告。从创作实际出发，从文艺的思想教育任务出发，报告强调了社会主义现实主义的创作方法、文艺的教育职能，强调文学创作的主题要鲜明，表现方式要明确。1964年，在越南文学艺术联合会常务委员会会议上，素友又作了题为《坚定地站在无产阶级立场上，提高文艺中的革命热情和战斗性》的报告，再一次提到了文学反映现实的任务，呼吁作家们到进步的地方去，与进步的人们一起生活，改造世界观；强调文学的阶级斗争作用，防止修正主义对文艺中影响；反对空泛的人道主义和超阶级的人性观，提出了共产主义人道主义的要求，批判了一些在他看来是缺乏党性和具有修正主义倾向的作品。

在1968年第四届全国文艺大会上，长征作了题为《文艺要为解放南方，保卫北方社会主义，建设社会主义，进而统一全国作贡献》的报告。报告强调运用社会主义现实主义创作方法，文化文艺要服从党的政治方针，为革命服务，为完成各阶段的革命任务做贡献。长征强调：文艺工作者要承认艺术服从政治，服从党的路线方针政策；文艺工作者用自己的文艺活动来巩固群众对党的信念，捍卫马克思列宁主义，反对修正主义、教条主义、宗派主义、资产阶级民族主义；文艺工作者任何时候都要保持对帝国主义和封建主义腐朽思想的进攻，反对资产阶级和小资产阶级思想；文艺工作者要服从于党，要完全对党和人民及自己的全部工作负责。

经过20世纪50年代的数次思想斗争后，到60年代初，越南共产党已经确立了对文艺的绝对领导权并明显形成了全面、稳固的文艺观点。越南共产党的文艺理论观点是基于马克思主义上层建筑和经济基础理论、反映论、列宁关于党性和无产阶级专政理论、毛泽东的新民主主义理论和在延安文艺座谈会上的讲话精神，但主要是在越南革命实践的基础上形成的。那是强调文艺要服从并服务于无产阶级和劳动人民政治的观点。在为了国家存亡和祖国统一而艰苦斗争的条件下，这种理论观点统一了越南革命进步的文艺力量，为民族解放事业和建立新社会提供了有力的支持。在这个阶段几乎所有文艺工作者都相信并忠诚党的路线，深入生活，时刻准备去最艰苦最危险的地方，做革命需要的任何事情。何春长说，“很少有哪个国家像越南一样，在战争的硝烟中创造了一个辉煌的文学时期，高度发扬了一致爱国的精神。”①

但是，今天越南已经统一，战时的紧迫性已经不复存在，越南接触到了世界上的许多进步的文学理论，回顾1945—1975年这30年的文艺观点，我们认为虽然在当时的环境下它们是正确的，但确实存在着局限性和片面性，文艺为政治服务难免会出现文艺成为政治的传声筒，而不能清楚地看到文学的艺术审美特征，不能尊重文艺工作者的创作个性。

二、文学理论、文学批评的成就

1945—1975年间的文学理论和文学批评主要包括以下三个方面：（1）建立革命文艺理论；（2）发展革命文学成就；（3）建立文学研究体系。

1. 建立革命文艺理论体系，研究党的文艺路线

继海潮和邓台梅在1945年前的文艺理论著作之后，1945—1975年间主要是建立新的文艺理论体系。在越北的文艺争论以后，特别是通过1957年后文艺界爆发的思想斗争后，越南党中央宣教委员会文艺司组织讨论了基本的理论问题，如在新革命阶段文艺的地位和职能；体现新生活新人新事物，不断提高文艺工作者的党性、社会主义内容和新文艺的民族性等问题。这一时期出版的理论著作主要有洪章的《革命文艺与不断革命》和《永远跟随胡志明主席的文艺路线》，何春长的《几个文艺问题》、《为了越南的文艺》和《党的文艺路线——武器、智慧与光芒》，南木的《追随党的马克思列宁主义文艺路线》和《进一步锤炼文艺工作者的坚强性》，武德福的《论现代越南文学史上的思想斗争（1930—1954）》和《在文学战线上》等。

2. 文学批评肯定革命文学的成就

这一阶段党领导下的文学批评的首要任务之一就是扶持、维护、肯定革命文学、无产阶级文学成就。从春妙的评论作品《诗声》到怀青的《讲述抗战诗歌的故事》，部队、战士的诗歌得到表扬，同时批判小资产阶级的诗歌“消沉”。到了20世纪60年代，文学批评充分肯定胡志明和素友的诗作和以农业合作化为题材的相关作品，如陶武的作品《砖场地》、《早稻》，阮庭诗的小说《决堤》，阮凯的《冲突》，朱文的《风暴》，阮明洲的《士兵的足迹》，友梅的《天空》等和在南方创作的文学作品，如阮诗的《像他那样生活》、《不屈》，黎英春的诗，英德和阮光创的小说。对一系列缺乏党性的作品，如元玉的《暗流》、阮庭诗的《黑麋鹿》、武辉心的《矿工》、阮酉的《挖洞》、符

① Hà Xuân trường. Vài ý kiến nhân “nhìn lại một thế kỷ văn học Việt Nam” . Tạp chí văn học， số9 -2001 tr. 6.

升的《突围》、阮成龙的《根》、黄进的《雾散》、何明遵的《入世》、杜富的《夜晚候船》等进行了批判。在文学批评中体现了党性、创作方法、典型化原则、革命英雄主义、文学的真实性、世界观、生活源泉、文学职能等各种理论问题的讨论。

这一时期的文学批评著作主要有邓台梅的《在学习和研究的道路上》，怀青的《批评和小品文》，如风的《文学评论》，制兰园的《文学批评《思考与评论》，阮庭诗的《几个文学问题》、《小说家的工作》，黎庭忌的《通向诗歌的道路》，春妙的《我的思想道路》、《刀需磨才利》、《信息量与灵魂工程师》，何明德的《作家与作品》、《革命实践与诗歌创作》，郑春安的《新时代》、《新文学》，潘巨棣的《生活与艺术语言》、《作品与风格》，贰歌的《从生活到作品》，风黎的《文与人》等。

这一时期的文学批评理论已经完成了其政治、历史使命，即努力肯定新文学的历史价值与全新艺术价值。当然也避免不了文学批评方式的简单化、片面化。文学批评的语言受到战时语言的直接影响，被高度军事化和政治化：阵线、战士、队伍、参军、武器、战线、站岗、立场、观点、无产阶级、资产接机、审查等词语界定并且提供了一个正确的视角，但不足的是视野狭隘。这种情况一直到革新后才得到改善。

3. 建立新的学术研究体系

不论是哪一种文学理论、文学批评都有其学术层面，以解决各种基本的理论问题，总结历史上的文学现象。这是越南各大专院校及研究院所的主要活动领域。文学理论及文学史研究在这一阶段取得了突出的成就。

文学理论方面，有阮良玉、何明德、黎庭忌、阮文幸、黎伯汉、芳榴等编写的大学教材。这些作品主要按照马克思主义理论，特别是前苏联和中国的学术观点来阐述文学理论。文学院的研究则结合了党对文艺理论的阐述。这一时期出版了一些颇具规模的文学史著作，如黎贵惇小组的《越南文学史略稿》，文史地小组的《越南文学史初稿》，河内师范大学和河内综合大学编写的《越南文学史教程》。研究民间文学的有阮董之、丁家庆、周春延、武玉潘、高辉鼎等。文学院出版由阮惠之主编的《李—陈诗文》以及各种关于作家、文学流派、文学题材、创作方法的专著。各种文学理论问题得到认真的研究。如邓台梅的《世纪初的革命文学》，何明德的《出色的现实主义作家南高》、《越南诗歌》、《越南现代诗及诗中的几个问题》，潘巨棣的《新诗运动》、《越南现代小说》，黎庭忌的《〈金云翘传〉与现实主义》、《素友诗歌》，武德福的《关于文学研究方法》，阮文幸的《关于文学的思考》，杜德育的《西方文学中的批判现实主义》，芳榴的《探索列宁的文艺思想》，阮德檀的《越南现实主义文学的几个问题》等。

这一时期文学批评的基本方法是马克思主义社会学的方法。这一时期文学理论家是在一种新方法论的基础上开展文学研究。他们注重运用社会分析法，挖掘、筛选、整理资料，形成了越南文学理论体系，为现代文学研究奠定了基础。然而，这一方法的独尊性质使这一阶段文学的认知角度单一，题材和主题居于中心位置。价值标准简单化，把正确的政治思想以及文学的教育作用作为主要标准。

1945—1975年间越南文学批评的发展历程是一个确立共产党的领导地位，广大热爱国家、热爱独立自由和民主的文艺工作者接受共产党领导的过程的阶段。

这一阶段文学批评理论的内容是认识理论与情感，文学与政治的关系，文学与民族，文学与现实，文学与人民群众，以及革命、进步文艺中重大而根本的问题。在这些关系中，文学与政治的关系是最根本、最具有决定性的关系。在整整30年的战争中，以上各种革命和进步的主张使文学取得了很大的成就。然而，由于战争因素的制约，这些关系在许多时候走向片面，导致文学批评的简单、教条化。

这一阶段文学理论的特点是重在规劝、教导，其缺点是尚未充分地认识到文学的特殊性。由于没有充分区别政治与艺术，从而使文学容易受到干涉，作品公式化、模板化、呆板单调。战争硝烟散去之后，国家恢复和平时，人们才能清楚地看到这些问题。

回顾这个阶段的文学理论，我们可以清楚地看到，越南传统的文学理念，即“文以载道”、文学为政治服务、文学为革命服务的理念仍然是社会主义现实主义理论扎根成长的一片沃土。作家的爱国意识转化为现代公民意识，自觉与党的文艺路线相呼应。对前苏联和中国文艺理论的接受为文艺工作者接受党的文艺路线营造了有利的环境。这就造就了文学理论批评倾向于政治化的特点。文学政治化的性质凝聚了强大力量，同时也造成30年文学及文学理论的缺陷。

三、文学理论家与文学批评家

1945—1975阶段的理论家、文学批评家人数众多，在创作目的和手法上相对一致，但是由于工作在不同领域，而具有不同的贡献：

1. 党和国家领导人

在确立马克思列宁主义文艺理论观念的阶段，党和国家的领导人、文艺工作管理者扮演着极其重要的角色。胡志明、黎笋、长征、范文同、武元甲、素友等党和国家的领导人均十分关心文艺战线，经常发表指导性意见。胡志明主席把文化艺术看作是革命阵线，文艺是斗争的武器，文艺工作者是战士，在

“扶正除邪事业”中担负重要任务。胡志明要求文艺工作者要表现新人新事，树立榜样。在党和国家领导人中，长征、素友作出的贡献最大。

长征（1907—1988），原名邓春区，是一位老革命家，曾担任党的总书记、政治局委员、国会主席等党和国家重要领导人职务。长征是越南20世纪中近半个世纪党和国家文化文艺思想的创立者之一。他代表党中央起草了《越南文化提纲》，发表了《马克思主义与越南文化》、《在爱国主义与社会主义旗帜下，为建设丰富的民族文化而奋斗》、《增强党性、深入新生活，更好地为人民服务、为革命服务》等文章。长征把越南文化与马克思列宁主义、胡志明思想联系起来，把这种爱国、团结的精神和思想变成越南唯一的占据统治地位的思想体系，而文艺思想只是一个具体的表现方面。

贯穿长征文艺思想的一根红线就是文艺服务政治、民族革命和无产阶级革命。从一定程度上说，文学的一切都首先要经过政治审查。因此，文学本身的一些问题没有得到充分的重视。然而，长征文艺思想中最具特色的就是强调文艺的民族性。这是具有时代意义的。

素友（1920—2002），原名阮金成，曾担任政治局委员、政府副总理，主管党的思想与文化领域。他曾发表《建设人民文艺》等文章，主持越北文艺辩论会，是新文艺运动的缔造者之一。素友努力在越南实现党的马克思主义文艺纲领，其著名的口号是“思想革命化、生活群众化”、“到先进的地方去，表现先进人物”。作为一个大诗豪，素友深谙文学创作的本质，但作为一个文艺界的领导人，素友坚决与危害革命文学的思想作斗争。他组织了对“人文—佳品”的批判，批判越南文艺中的资产阶级、小资产阶级思想。素友、长征均把文学视为革命的武器与工具，肯定文学“解决各种教育、思想问题”的职能以及“发起新运动”的作用，落实革命政策和践行革命口号。素友的现实主义理论就是反映政治现实、民族解放斗争现实、两条路线之间阶级斗争现实的理论。这种理论坚定了近30年抗战革命文学的思想，避免了思想上的摇摆。

2. 作家、诗人文学批评家

除了长征、素友等党和国家领导人外，作家协会的理论批评家在文学批评中发挥着重要作用。如阮庭诗、春妙、怀青、制兰园、阮遵、裴显、黄中通、如风、武挑、何春长、刘贵奇、武黄璋、南木、黎春武、阮凯、元玉、黄慨荣、贰歌、玉斋、少梅、武群芳、吴草、徐山、黎成毅、丁春勇等。其中，有代表性的是阮庭诗、何春长、春妙、制兰园和阮遵。

阮庭诗（1924—2003），是参加文化救国小组的最早成员之一（1943.3）。之后，他在近30年的时间里担任越南作家协会主席一职。他多才多艺，在音乐、诗歌、小说方面均有很深造诣。在文学理论、文学批评方面，阮庭诗在新时期革命文学的形成中做出了重要贡献。他的《认路》（1947）成为越南文艺界转型的一个重要标志。阮庭诗坚持党的文艺观点，十分关心文艺建设，发表了《文艺语言》、《关于诗歌的几点思考》、《新现实主义探究》等文章和《小说家的工作》等著作，把理论和自己的创作经历结合起来。

何春长（1924— ），原名何艺，长期与长征、素友共同领导越南的文化工作，曾担任文化部副部长，《共产杂志》主编。何春长著述颇丰，主要有《党的文艺路线——武器、智慧与光芒》、《“五大”精神指导下文化文艺事业》、《在一段路程上》、《文学、生活、时代》等。他研究宣传工作，总结党的文艺思想，是一名捍卫共产党理论、批判敌人思想战线上的坚定战士。何春长的作品主要是理论著述，引用大量经典，很少深入具体的文学作品。

春妙（1916—1985），原名吴春妙，是文化救国小组的早期成员之一。有强烈的民族文化意识。除了诗歌创造，春妙在文学理论、文学批评、诗歌研究上有突出贡献。他一生共出版了18部文学评论集。主要有《诗声》、《我的思想道路》、《刀需磨才利》、《走在大路上》、《人间常青树》、《磨铁成针》、《信息量与灵魂工程师》、《越南古典诗人》等。春妙知识渊博，对诗歌有独树一帜的见解。他热情地讴歌革命诗作，但也直率地批评它们存在的不足，坚持诗歌的审美标准。他那些介绍国外现代诗歌，尤其是对研究民族古典诗歌的文学具有启迪意义。

制兰园（1920—1989），原名潘玉欢，诗人、作家、文学批评家。文学批评作品主要有《文学批评》、《思考与评论》、《对诗的思考》、《从奎文阁到中新馆》、《诗的外围》等。制兰园与怀青和春妙平分千秋，在诗歌方面有独到见解，批评方式精巧、富有智慧和想象力。

阮遵（1910—1987），作家、文学批评家。主要文学评论作品有《关于文学艺术》、《阮遵全集》等。

贰歌（1926—1984），原名褚德京，是1954年之后成长起来的军旅文学批评家。除了译著，贰歌在以越南人民军武装力量为创作题材的文学作品的评论上作出很大贡献。作品有《写回忆录》、《从生活到作品》、《沿着文学的道路》、《尚存的面孔——阮诗》等。贰歌对军事题材文学作品中投入了全部情感，肯定了它们的创新，突出了其思想和艺术价值。贰歌对那些有思想偏差的作品的批评毫不留情。贰歌的评论语言既豪放又平易，具有浓郁的抒情性。

3. 大专院校及研究院的理论家、批评家

这是文学批评、文学理论与文学研究力量最为集中的领域。大专院校的文学批评家主要有黎智远、黄李，张政，丁家庆，杜德晓，黄春贰，东怀，黄如梅，黎庭忌、潘巨棣、何明德、朱春延、阮金酊、阮登孟、冯文酒、阮春南、阮德南、黄玉献、阮文幸、芳榴、梁维次、邓英涛、陈廷史、阮文龙、陈友佐、马江麟等。

研究院的评论家有邓台梅、文新、陈青迈、怀青、武玉潘、黄桢、武德福、阮文桓、刘文俸、南木、风黎、阮惠之、长留、胡士荣，阮明进、阮德檀、高辉鼎、阮晋得、潘登日、阮廷光、必胜、成惟、阮业、朝阳、黎山、黎氏德幸、陈氏冰青、范秀珠、云青等。

邓台梅（1902—1984），曾担任越南国家文学院院长等领导职务，为越南文学理论、文学研究领域的建立做出了重大贡献。主要作品有《文艺复兴时期的人文主义》、《征妇吟曲赏析》、《在学习和研究的过程中》、《邓台梅全集》等作品。他学识渊博，是一个文学批评战士，为捍卫越南文化提纲而斗争。他的文学研究范围宽泛，从欧洲复兴文艺到中国现代文学。他早期对越南古代文学评价很低，通过学习党的文艺思想，逐渐认识到了其民族文学的价值。他对越南文学批评最大的贡献是《20世纪初越南革命诗歌研究》。

怀青（1909—1982），原名阮德原，在越南革命新的历史时期，他为新文学批评的形成做出了积极的贡献。他的《谈抗战诗歌》第一次提出并运用了革命文学的批评标准，积极和那些在文学创作中有思想偏差的现象作斗争，具有深刻的影响。怀青对素友、胡志明诗歌和关于青海、黎英春、江南、阮惟、刘光武等年轻诗人的诗歌，以及对《金云翘传》的评论得到广大读者的共鸣。

武德福（1921— ）早期从事政治工作，在反“人文—佳品”运动中，开始文学批评，是著名的文学批评家。他对思想运动特别敏感。专著《越南现代文学史中的思想运动研究》资料丰富，分析具体，说服有力，很有科学价值。

黄桢（1920— ），原名胡尊桢，他的研究领域很宽泛，以文学研究为主。和这一时期的其他文学批评家一样，黄桢具有牢固的马克思主义哲学观点，积极贯彻党的文艺路线。他的特点是对建构主义、自然主义等西方文学与哲学的介绍和批评，著有《西方：文学与人》。他把西方的符号学引入越南，以科学精神，用西方的符号学解读越南诗歌，著有《符号、意义与文学批评》、《文学批评中的科学与艺术》、《从符号学到诗法学》等。他有把文学研究与语言学研究相结合。虽然在诗歌、俗语、歌谣等的研究中运用了新理念、新方法，但是并没有取得相应的成效。

黎庭忌（1923— ）的文学批评主要著作有《通向诗歌的道路》、《〈金云翘传〉与现实主义》、《素友诗》、《新诗浮沉录》等作品。运用现实主义理论研究《金云翘传》艺术为他带来巨大成功。但是他所接受的现实主义理论有很大的局限性。

潘巨棣（1933— ）是一位多产作家，主要作品有《1932—1945年间的新诗运动》、《生活与文艺语言》、《越南现代小说》、《越南作家》等。潘巨棣积极捍卫党的文艺路线，与非无产阶级思想倾向作斗争，肯定革命文学成就。他运用马克思主义方法论以新的立场对新诗运动及越南现代小说等典型的文学现象进行分析、评价，总结了30年散文学体裁以及文学批评理论的发展进程。潘巨棣提倡社会主义现实文学批评方法论。他巧妙的运用阶级性、世界观、审美理想、创作方法、典型、环境、性格这些概念，以凸现各种文学现象中的社会本质与艺术特色。他十分重视资料收集，分析缜密而犀利。直到今天，潘巨棣仍然是越南现代小说理论的首席作家。

何明德（1935— ），他是越南文学理论与文学批评领域的多产作家。自《出色的现实主义作家南高》开始，何明德对现代时期几乎所有的文学现象进行了研究。他在这一时期的主要作品有《作家与作品》、《越南现代诗及诗中的几个问题》、《革命现实与诗歌创作》、《革命战争与社会主义建设纪实》、《胡志明主席的文学作品》等。革新以来，其创作更加活跃。

1945—1975年间越南南方的文学批评家主要有阮宪黎、青朗、范世伍、邓进、黄潘英、阮文中、阮邓蜀、吕方、武幸、李正中、阮仕济等。南方的学者一方面介绍吸收西方的理论学说，促进了文学理论与文学批评的现代化；另一方面，注重文学的民族特点。

1945—1975年是革命文学理论的形成阶段，极富战斗性，为新文学及基本观念的形成做出很大的贡献。这是马克思主义文学理论占主导地位的阶段，文学审美特征没有得到应有的重视，很多时候落入了教条化和庸俗社会学的窠臼。

IV　1975—2000年间的越南文学理论与文学批评

一、1975—2000年间文学理论与文学批评概说

1. 越南共产党文艺观念的革新

南方解放、国家统一后的头10年，由于战争及战时计划经济及世界形势转变的影响，越南社会困难重重，千疮百孔，百废待兴。另一方面，战后审视周围的世界，看到的是一幅思想丰富、艺术新鲜多样、文学理论富有探索性的画卷。这使越南文学界对其文学成就进行重新审视。虽然越南的革新是从1986年越南党的“六大”后开始的，但文学的革新其实从20世纪70年代末、80年代初就开始了。全国统一后，战时的计划经济体制许多方面都暴露出了问题，它限制着人们的创造性和国家的发展，尤其是限制了经济、社会、文学艺术事业的发展。新环境下随着文化交流的日益频繁，作家们有了新的视野，从而对新时期的文学有了新的认知。1975—2000年总体上可以称为越南文学的革新阶段。这一阶段又可分为1975—1985年、1986—1991年和 1992—2000年这样三个阶

段。1975—1985年阶段的头5年基本上是1945—1975年间文学的延续，但已经有所变化。从20世纪70年代末、80年代初开始，随着阮平的长篇小说《过去的日子》（1978）和阮孟俊的长篇小说《余下的距离》（1980）这两部作品的问世，越南文坛掀起了反映现实、揭露社会阴暗面的创作浪潮，出现了一系列批判社会消极现象的文学作品，如麻文抗的《夏季雨》（1982）、《园中落叶》（1985），阮孟俊的《面对大海》（1982）、《湛岛》（1985），阮氏玉秀的《下季的种子》（1984），黎榴的《遥远的时代》（1986），朱文的《星星移位》（1984）等长篇小说和阮明洲的《疾行船上的女人》（1983）和《乡村渡口》（1985）等短篇小说集，尹黄江和武克严的《以公理的名义》（1985）、春程的《海之夏》（1985）、刘光武的《我和咱们》（1985）、必达的《憧憬的顶点》（1985）、怀交的《历史与人证》（1985）等话剧。其特点是紧跟时代步伐，贴近生活，更深入、更真实、更努力地体现人本精神，给越南当代文坛带来了一股清新的空气。

革新是历史发展的必然潮流。越南共产党第六次全国代表大会后，越南全面推行革新开放政策。1987年10月初，阮文灵总书记与近百文艺工作者代表座谈，以坦诚、实事求是的精神为他们“松绑”，积极推动了文艺事业的革新。1987年11月28日，越共中央政治局发表关于“革新提高文学、艺术及文化的领导和管理力度，发挥创造性，把文学、艺术和文化事业推向新的发展阶段”的第05号决议。决议认为1975年之后文化文艺活动的质量与效果总体说来水平很低，有价值的文学艺术作品总体说来还不多，形式主义、公式化的弊端还很严重；文艺的领导与管理工作存在着简单、粗暴、缺乏民主的现象。决议要求文学进行革新；认为文化是社会精神生活的必然需求，体现一个国家、一个时代的整体发展水平，是创造文化价值及经典文艺作品的精神生产领域，文化使人们的生活更加丰富美好。当然文艺任何时候都与政治有密切的关系，但决议不像1945—1975阶段那样强调文艺为政治服务、为政策服务、为运动服务，而是提出文艺“为人民服务”，要“注重发挥民族文化的特色……”，不再局限于立场、观点、世界观等概念。显然，越南共产党对文艺的指导思想已经有了转变，符合时代、文艺本质特征的新要求。

正如原越共中央总书记阮文灵1987年10月初在和越南文艺工作者座谈时所指出的，每一个人都要摆脱束缚、自我解放。1978年以来，有不少人提出重新审视文艺与政治关系以及反映论中的一些问题。要求文学革新的首先是军人作家。他们经历了两次战争，从胜利者的角度，从30年战争的经历出发，对自己在1975年以前创作的作品感到不满意。他们想要超越那些公式化的观念，从而满足读者在新形势下的要求。阮明洲发表在1978年《军队文艺》第一期上的《描写战争》中，提出了记叙战争事实的问题。他认为前一阶段的文学创作犹如狭窄而低矮的走廊，作家想要追求自己的个性，会受到压制。作家的怯懦和恐惧使他们没有创作出相应的作品！越南文学的革新经历了许多风雨。总体看来革新为文学创作争取了比以往更多的自由，因此取得了值得称道的成就。

越共以后的几次大会继承和发扬了第05号决议中提出的文艺路线，提出了建设先进文化、富有浓郁民族特色文化的目标，为社会发展创造一个良好的文化环境。继承和发扬民族精神遗产、文化遗产、民族艺术，吸收世界各国文化的精华来丰富越南文化。这是全球化背景下文化事业的大方向，对文学创作、文学理论与文学批评具有深远的意义。

2. 1975—2000年间文学理论与文学批评的特点

越南文学的革新是一个由旧及新的循序渐进的过程。文学的革新并不风平浪静，而是充斥着斗争。许多曾被视为神圣的作品现在被批评。有一些作品刚刚夺得了文学大奖，就成为报纸的激烈批判对象。有些作品虽然被报纸批评，但是人们却争相拜读。有些作品获得大奖，但读者并不在意。有些作品没有得过任何奖，但读者却很关心。有些作品一时声名鹊起，但很短的一段时间之后，再没有几个人提及……

文学理论方面，总的倾向是克服生硬、狭隘、教条化等束缚创作的观念，拓展视野，吸收20世纪世界文艺理论精华。

文学批评方面，人们开始重新评价历史上的文学现象，以求更加公正、更加透明。比如20世纪头几十年的文学，新诗运动、自力文团、武重奉、阮遵等等。1945—1975年阶段的革命文学也需要更妥当、更公正地重新审视。以往被批判的文学作品也逐渐得到解禁，重新评价。革新阶段的创作往往被人们按照旧标准进行评判，争论往往没有定论。20世纪后几十年越南文学的革新深受西方文学理论的影响。

1975—2000年间越南文学扩大交流的一个重要方面就是译著大量涌入越南。不仅仅是西方的报纸、电影和音乐等，中国作品涌入越南以及被接受的速度也加快了。一部刚刚获得诺贝尔奖的作品，不久在越南就会用越语出版。理论著作的翻译、介绍虽然还很薄弱，但是较以前已经有了很大的转变。《国外文学》杂志，《文化艺术》杂志及一些出版社、研究院在这项工作中扮演了重要角色。

越南文学史上从未像1975—2000年间这样出现过如此多的文学总集、全集、选集，如阮攸、阮廌、伞沱、邓台梅、怀青、黄玉珀、春妙、阮遵、阮公欢、阮明洲、武重奉、吴必素等作家的全集系列和自力文团文学选、报告文学选集、20世纪文学理论与文学批评选集等等。

二、文学理论与文学批评的主要内容

1975—2000年间的文学理论与文学批评的主要围绕文学与政治、文学反映现实等内容展开。

1. 文学与政治问题

文学与政治关系的理论问题受到特别的关注。1945—1975年间的特征是文学批评的政治化。文学与政治的关系在战争时期有其特殊意义。和平时期，这种关系需要调整。虽然文学理论没有及时做出调整，但作家们已经开始调整，创作了如上文所述的阮平的《过去的日子》，阮孟俊的《余下的距离》、《面对大海》、《湛岛》，麻文抗的《夏季雨》、《园中落叶》，阮氏玉秀的《下季的种子》，黎榴的《遥远的时代》等长篇小说和阮明洲的《疾行船上的女人》、《乡村渡口》等短篇小说集及尹黄江武克严的《以公理的名义》、春程的《海之夏》、刘光武的《我和咱们》、必达的《憧憬的顶点》、怀交的《历史与人证》等话剧作品，给人以耳目一新的感觉。

1987年阮文灵总书记与文艺工作者座谈会后，许多人才敢于坦率地指出文学与政治这个敏感问题。胡玉和阮明洲是最先提出这个问题的人，接着是黎玉茶，然后是在《文艺周报》、《共产杂志》、《香江杂志》等中央和地方报刊杂志上的大讨论。

参加讨论的每个人都承认文艺和政治之间的必然联系，没有任何一个人说革命阶段的政治与文艺之间的密切关系是错误和不必要的，文艺工作者自愿把文艺服务于祖国和人民。问题是这种关系在理论上被人们以一种绝对化的方式理解，没有看到应该尊重文艺的特殊性，没有看到对文艺的不利影响。创作方式上，文艺服务政治的口号变成了这样的观念：把文艺看作是政治的宣传工具。这样，由于政治标准被视为首要标准，因此一些人把批评归到政治的范畴，给作家戴上了紧箍咒。管理上，由于文艺服务政治观念的影响，一些搞政治的人往往自认为有资格指导作家应该写作什么，达到什么目的，怎样写作以及按照怎样的方式写作，结果使作家的创作才能受到极大的限制。甚至有些政治干部自视有资格教导文艺工作者，他们的意见成为批评的尺度，催生了一种庸俗的按政治思想对作品进行评价的方式。

革新时期人们对文艺与政治的关系提出了新的理解。首先，文艺与政治都是属于上层建筑的意识形态，二者相联系，但不能合而为一。其次，由于都是社会意识形态，因此说文艺服务政治是不正确的。第三，承认政治对文艺的作用，文艺受政治的影响，为共产党的政治组织服务，但是应该在更宽泛的意义上来理解政治。比如理解为人类的解放、精神、道德世界的形成等等。而不只是具体的政策和运动。这种理解方式在根本上符合越共政治局第05号决议提出的革新思想。

也有人把文艺看作是政治的一个“对等力量”，政治是“官方”，文艺是“非官方”等，这是极端的、非常片面的。

通过这次大讨论，越南作协认为不再提文艺为政治服务，应该明确地说文艺为人民服务，文艺为革命服务。

文艺与政治关系的观点在认识方面已经有了改变。但是克服一个已经根深蒂固的观念需要很长的一个过程。

2. 文学反映现实的理论问题

文学反映现实的理论问题在很长的一段时间内成为亟待解决的问题。这是把文学与现实关系庸俗化，把现实绝对化，降低主题的能动性，逐渐导致抄录、公式化、粗略的反映现实生活的问题。革新之前，就有一些人提出这个问题，但是没有受到人们的注意。一直到思想革新、正视事实的政策出现时，才受到普遍关注。文学与现实的关系问题包括很多方面。文学是现实的反映这一观念，是过去几十年来的普遍现象。很长的一段时期内，理论界或多或少地没有看到文艺理论的特征和内容，特别是文学的创作本质。

20世纪50年代到80年代，人们把文学当作反映社会现实的镜子，当作是以一种纯粹客观的方式对事物进行照相，没有作家的感受和再创作等等。他们把意识的反映活动当作只是外表事物的反映。

庸俗反映论导致在过去的文学创作中出现了革命浪漫主义和革命英雄主义作品。这种创作方法现在看来显得过于简单、粗略。在创作中，作家们也会将自己所经历和发现的现实结合到自己的作品中来，但因为这些现实的普遍性胜过个别性，因而作家个人的影响就减弱了许多。

3. 关于社会主义现实主义问题

由于反映论的简单运用，导致了越南文学创作中现实主义的蔓延。哪部作品若被封为“现实主义”，则自然是艺术的高峰，要想肯定谁就去挖掘他们的现实主义因素。反之，则指出它们缺乏现实主义。这种观点导致了一种简单的理解，认为文学史就是一部向现实主义发展的历史。其他一切文学潮流都是暂时性的、过渡性的！

关于社会主义现实主义理论的问题与苏联的文艺路线、反映论和关于文学与政治的关系的理论相关联。前苏联解体后，人们开始讨论社会主义现实主义问题。越南关于社会主义现实主义理论的争论很明显受到了前苏联的影响。越南的阮明洲、阮凯、阮庭诗等作家们随着革新的潮流，开始从越南的实际出发重新认识社会主义、现实主义问题。也有不少人认为社会主义现实主义虽不是唯一但却是最好的一种创作方法，认为生活在社会主义制度下，社会主义现实主义文学就仍然具有意义。

4. 关于1945—1975年间文学成就的评价问题

在越南，关于革命文学的评价问题早在1978—1979年就已经提出，但直到1987年10月初阮文灵与文艺工作者座谈会后，才开始了一场新的讨论。

关于1945—1975阶段文学成就的评价问题，存在着否定和肯定这样两种相反的意见。这种简单地分为肯定派和否定派并不完全准确。因为如阮明洲、阮凯、胡玉等持否定态度的作家和阮登孟、黄玉献、黎玉茶等批评家都是一些优秀的革命文学作品的作家和文学批评家。之所以对1945—1975年阶段文学进行批评是因为他们迫切希望越南文学能超越过去，创作出更多具有真正文学价值的作品。胡方、裴显、潘巨棣、阮明晋、远方、阮氏如妆等持肯定态度的作家和批评家不接受对革命文学的批评。他们的不同之处就在于，一方强调的是须克服的主观上的薄弱与不足，将越南文学不断推向前进；一方则充分肯定文学成就，强调客观历史条件的局限性，且这种局限是当时的政治家、文学家所不能逾越的。

此外还有第三种倾向，它深入研究总结，肯定1945—1975年阶段文学所取得的成就，也指出了其不足之处。持这种态度的是赖元恩、王智闲、陈廷史、吴草等批评家。

革命文学所塑造的人民、战士、领袖、英雄艺术形象得到了肯定，但这些作品的缺陷也受到关注。总的来说，这些形象具有普遍性，个性则并不凸显。生活中的事件比人物更加受到关注是这一时期文学的一种特征。作家的个性并没有完全发挥出来，但我们不能说素友、制兰园、辉瑾、济亨、苏怀、范进聿、春琼、刘光武、阮庭诗、阮明洲、麻文抗、阮光创、阮诗、元玉、英德、友梅等的创作个性不凸显。随着研究的不断深入，这一时期文学的特点将得到更多更深入地挖掘。

“胡志明文学艺术奖”的设立也正说明了文学艺术的成就和文学理论、文学批评得到了足够的重视。自1996年举行首届“胡志明文学艺术奖”以来，共有37位作家、诗人、剧作家和批评家先后获得了“胡志明文学奖”，这是一个不小的数目。

5. 关于当代文学的评价问题

对当代文学的评价向来是最易引起争议的问题，因为这是各种批评标准、新旧文学观点交汇、碰撞的领域。同其他的文学阶段一样，这一阶段的文学关于作品批评展开了许多的讨论。而与以往的争论不同的是，以往的争论通常只有批评方和被批评方，而这一阶段则表现为更加开放，批评家和作家均可发表自己的意见。

1）阮明洲的短篇小说

阮明洲的系列短篇小说《一幅画》、《疾行船上的女人》、《乡村渡口》超越了社会主义现实主义创作方法的框架，使持有前一阶段思维的批评家们难于理解。在针对阮明洲新短篇小说（见《文艺》1985第27、28期）的讨论中，许多经验丰富的作家和批评家都感觉十分不安，因为作者所创作的人物“奇异”、“难理解”、“不知道他要表达什么”。《一幅画》中那位战士不同于以往小说中所描述的战士形象。《疾行船上的女人》中的妫也不同于其他小说中女战士的形象。阮明洲小说中的每一个人物都体现实际生活中这一人物形象所属人群的性格、品质。作者注意挖掘日常生活中的非常规现象。不久后，阮明洲短篇小说受到了很高的评价，接下来是中篇小说《架特会》十分受欢迎，标志着文学批评标准开始发生转变，标志着文学批评开始了真正的革新。

2）阮辉涉的短篇小说

与进行自我革新转变的阮明洲不同，阮辉涉是新时期出现的新一代作家。他的处女作短篇小说《退休将军》（1987）在社会上的反响很大，使当时的不少作家感觉自己像是被抛弃在了旧的文学时代。接着，他的《品节》、《金火》、《没有皇帝》、《农村的教训》、《过河》等作品又引起了激烈的争论，因为一些“自然主义”的情节，因为“歪曲历史”，因为“打破了神像”、“缺乏心意”、“奇异”，小说写得“很悬乎，让读者感到很震惊”。关于阮辉涉创作的争论持续了很长时间。

阮辉涉体现了一个新的艺术世界，在这个艺术世界里，权力、实用主义、等级观念占了上风，而道德、情感价值、艺术价值则处于下风。与实用主义、极端个人主义相对立的是愚笨、呆傻、幼稚的追求美好但又总是被欺骗的一类人。阮辉涉的短篇小说打破了旧的创作模式，抛弃了原有的一味歌颂的语调，采用奇妙的手法、开放的结构。他从客观事实出发，反映的是新的人群、新的生活内容，超越了历史事件固有的界限。

阮辉涉的创作体现作者对生活的思考、感受，并没有专门阐述某一现有的思想。因此，常常引起争论。阮辉涉的短篇小说没有被禁，反而多次再版，这正表明作者的创作得到了认可。这一点也使我们可以肯定地认为，读者和批评家们可以接受的范围已经变化，社会开始有了民主、包容的气氛。

3）现代主义潮流中的诗歌创作

现代主义诗歌到1988—1989年出现了黄兴的诗集《海马》、黎达与杨祥的36首情诗。90年代是黄兴的《寻找面孔的人》、邓庭兴的《乌梅》、阮光韶的《火的失眠》、阮眷的《晨雨》、黎达的《字影》等，之后是韦垂玲、潘玄书等新一代诗人的诗歌。至此，越南的诗歌开始出现一丝现代主义甚至后现代主义的色彩。这些诗歌被批评家认为令人“目瞪口呆”，“诡秘奥妙”，“粗野俚俗”，“自然主义”，“半洋半土”，“西方诗歌的翻版”等，不一而足。

许多意见是合理的，因为诗歌的很多“革新”还没有足够的说服力。当然持支持态度的言论也不少。正如诗人青草所评价的：“今天的诗歌正在悄悄地发生变化，然而这些变化一边是缓和的升起，一边则是激烈的沉落，很多时候并不宽让。”①现代诗歌体现了一种新的探索、新的美学观念和新的体验。各种新的理论、标准开始出现但还没占据主导地位。传统的诗歌观念在老一辈诗人和读者的心中仍然有其合理的地方。新的诗歌观念在面向未来的新一代中间悄悄地燃起。

以上这三种文学现象可以从1975—2000年阶段的革新文学看出，理论界、文学批评界进行了深刻的分化。虽然正统与非正统思想的对立仍然存在，这是不可逆转的。1975—2000年阶段标志着文学理论和文学批评进入了一个新的时期，越南文学呈现出多元并举的态势。

三、文学理论与文学批评成就

1. 越南当代文学理论与文学批评概述

人们普遍认为1975—2000年阶段文学理论与文学批评还十分薄弱。有人认为这种薄弱是由于理论与批评的力度不足。有人则认为这种薄弱体现在文学批评仍带有强制、笼统性，只是对原有思想、立场的一种演绎，或者是一种吹捧，缺乏忠实性。我们认为，之所以说批评理论还很薄弱是因为理论的革新还不成熟。

1）以往人们经常运用的马克思主义文艺理论，现在很少有人去关注，所以在新的时期文学批评存在着许多模糊观念。例如，关于社会主义现实主义的理论体系现在还剩下什么，到底什么该改变，什么该摒弃，都还没有进行认真地讨论。

2）西方的许多文艺理论和方法论开始进入越南，如何去接受、运用也还没有明确的定论。

3）与以上问题相关联的是文艺理论的民族性、民族化、民族特色问题。虽然针对这一问题展开了多次的讨论，但并没有明确。

4）历史上的一些文学现象，如“自力文团”、“人文—佳品”等需要用怎样的态度去重新审视也还没有明确的意见。

5）文学理论与文学批评仍然缺乏相对的民主。

尽管当代文学理论与文学批评还不能与文学创作那样繁荣多样，但总体来说还是取得了令人鼓舞的成绩，较之以往出现了一种进步、多样化、民主的景象。出现了一批文学理论和文学批评家，如阮登孟、陈廷史、赖元恩、王智闲、吴草等。

2. 对1945—1975年阶段革命文学的再次评价

尽管在1988—1989年间越南文学界出现了激烈的争论，但评价1945—1975

① [越]青草：《诗歌曲折发展的10年》，《香江》，2001年第7期。

阶段的革命文学是一个严肃的任务。首先我们要提到的是文学出版社1985年出版的《文学四十年》，之后是由阮登孟、陈廷史、赖元恩、王智闲、吴草共同编写的的《一个新的文学时代》（1987），该书1995年再版并更名为《文学中的新时代》。1995年，河内第一师范大学、综合大学、阮攸创作学校及《军队文艺》杂志联合组织了一次以"'八月革命'后越南文学50年"为主题的大型研讨会，收集了50多篇论文，由国家大学出版社出版了论文集《'八月革命'后越南文学50年》（1997），1999年再版。也是在1995年，越南作家协会组织了以"半个世纪来的越南文学"为主题的研讨会，共有150多人参加，收集论文55篇，由作家协会出版社出版了《半个世纪来的越南文学》（1997）。再后来，越南文学院又组织了以"回顾20世纪越南文学"为主题的研讨会，对文学成就进行了较为全面、中肯的评价。

此外，还有关于南高、怀青、阮辉想、制兰园、阮凯、春妙、素友、元鸿、辉瑾、陈登科等作家的专项研究。

3. 关于1945年前文学现象的评价

越南的革命文学由于阶级观念的简单运用，所以对1945年以前许多文学现象的评价都显得苛刻，缺乏公正。这种现象在1943年的《文化提纲》中就已经体现出来，在1945—1975年间，这一认识更加尖锐和缺乏公正性。当代文学理论与文学批评的要求之一就是对八月革命前的文学成就进行重新审视。

1）关于新诗运动。以往认为那只是"艺术为艺术"的创作，脱离了社会生活实际，带有资产阶级、小资产阶级思想情调，没有认识到民族精神、个性解放和诗歌创作的革新。从20世纪80年代开始，人们开始从文化价值、文学革命、个性解放和浪漫主义来看30年代新诗运动。辉瑾、何明德为纪念新诗运动60周年主编的《回顾诗歌中的一场革命》和其他作者关于春妙、阮秉、碧溪、韩墨子等诗人的专项研究成果，以及由赖元恩搜集的再版的新诗作品集，由文学院和越南作家协会举办的为纪念怀青诞辰90周年的关于《越南诗人》的研讨会等都为新诗及其批评家们的再评价做出了贡献。随着杜来翠的《诗的眼睛》，阮国粹的《新诗，越南现代诗歌的黎明》，黎伯汉、黎光兴、朱文山的《新诗的精华、评审及思考》等作品的问世，我们可以看到新诗现在被看做是现代化文学发展道路上的一大成就。

2）自力文团文学，主要是指一零、概兴的创作，曾在相当长的一个时期被禁，现在由阮衡穹选编整理成一部包括8册的文学选集。1989年5月，综合大学组织了关于自力文团文学的研讨会。潘巨棣出版了《自力文团——人物与作品》，何明德创作了多篇关于概兴、一零小说的评论，黎裕秀写了《自力文团小说的人物观念》，武嘉秀在1993到2003年间写了很多对概兴、石蓝、一零、黄道、潘魁等文学作品的评论。

回顾越南1975—2000年间的文学理论与文学批评，这是与文学革新同步的。革新时期的文学理论与文学批评取得了值得我们重视的成就。

四、文学理论家与文学批评家

越南这一阶段文学理论与文学批评的特点就是党和国家的领导人不再像以前那样直接参加指导对文艺作品的批评工作，因此，文学理论与文学批评家们主要是作家和大学文学教师、文学研究院的研究人员。此外，还有海外文学批评家们。

这一时期的文学理论与文学批评家主要有：风黎、阮惠之、裴工雄、丁家庆、潘巨棣、何明德、马江麟、邓英涛、陈廷史、赖元恩、王智闲、黎玉茶、黎廷忌、杜德晓、黎氏德幸、范秀珠、范春元、潘仲赏、黎育秀、碧秋、孙方兰、阮登蝶、阮登孟、方榴、阮伯成、黄玉献、武群芳、范进聿、裴越胜、杜文康、何春长、黄征、武德福、刘文俸、陈氏冰青、阮友山、阮德茂、阮玉善、潘衍方、刘庆诗、梅香、郑伯鋌、陶俊英、阮中德、陶泰尊、武俊英、杜来翠、阮文民、潘玉、阮春敬、黎智远、阮禄、冯文酒、阮衡穹、黄概荣、阮德南、阮海河、阮春南、阮庭注、邓清黎、邓氏幸、梁维次、陈庭筱、陈青淡、陈友佐、黄如芳、阮文龙、陈玉王、陈如辰、范永居、阮青雄、周文山、文价、范光龙、梅国莲、陶维协、保南、潘辉勇、吕元、冯玉剑、黎流莺、陈登川、阮维北、陈庆成、范光中、阮明洲、元玉、阮凯、阮文行、陈白藤、少梅、慈山、阮重造、青草、阮辉涉、黎光妆、丁春勇、黎城毅、洪妙、陈登科、陈孟好、友挺、文新、吴永平、阮文留、范庭恩、吴草、杜明俊、东罗、郑庭魁、怀英、阮黄山、朱来、盅中鼎、阮光韶等。最有成就的要数风黎、阮登孟、芳榴、陈廷史、潘玉、杜来翠、黎智远、杜德晓、阮明洲、阮凯、文新等。潘巨棣、何明德在前文已经介绍，不再赘叙。

风黎（1938— ），原名黎风储。在革新时期前，风黎是一位文学思想阵线上的马克思主义战士，主要按照社会主义现实主义的标准进行文学批评。革新时期，风黎有了很大的变化。他创作了许多充满了精神对话的作品。他十分关心1945年以前的文学，为重新认识和评价一些文学现象作出了很大的贡献。他的作品包括《现代越南文学——代表性的作家》、《现代越南文学——历史与理论》。这两部作品集中了他在20世纪80、90年代的论文。风黎主要是就题材、人物形象、创造个性进行文学研究。

阮登孟（1930— ），河内师范大学教授，文学家，主要作品有《研究分析胡志明诗歌的几个方法问题》、《作家、思想与风格》、《作家走向艺术世界的道路》、《形象与风格》等。阮登孟是一位善于选取细节以突出作者精神面貌和性格特点的文学评论家。

芳榴（1936—　），原名裴文波，主要作品有《学习列宁的文艺思想》、《文学原理研究》、《中国古代文学理论精华》、《确立越南中代文学观念体系》。在革新时期，芳榴为介绍20世纪西方的文学批评理论做出了贡献。

陈廷史（1940—　），主要作品有《素友诗歌的诗法研究》、《越南中代文学诗法研究》、《〈金云翘传〉诗法研究》等。他的研究方向对于20世纪90年代文学研究产生了广泛的影响。

潘玉（1925—　），主要作品有《阮攸〈金云翘传〉风格特点研究》、《用语言学解释文学的方法》、《杜甫——平民诗人》、《越南文化，新的研究方式》、《越南文化本色》等。

杜来翠（1948—），主要作品有《诗的眼睛》、《胡春香，怀念繁殖》等。杜来翠从诗法学角度来评述新诗运动中的主要诗人，他关注更多的是新诗诗人的语言与象征、超现实倾向。他是一位有思想、讲方法的批评家，其研究方法巧妙而风格独特。

黎智远（1919—　），他早在1950、1960年代就开始了文学批评，但到了革新阶段才真正达到高峰。主要作品有《走进好诗》、《阮庭炤——越来越明亮的一颗星》、《1858—1885抗法爱国诗歌》、《越南文学总观》、《越南中代文学特点》、《越南文学史发展规律》、《胡志明作品寻香》等。

杜德晓（1924—2002），主要作品有《现生主义批判》、《文学批评革新》、《阅读与评论革新》、《现代诗法》等。从革新阶段开始，他从艺术语言、意识深度深入分析文学价值，为文学批评革新做出了贡献。

王智闲（1942—　），是一位多产的批评家，他从文化、道德视角来看文学作品。主要作品有《野花劫》、《蝴蝶与向日葵》、《人生与创作》等。

文新（1933—2004），原名阮文新，创作了许多文学批评文章。他早期的评论《现代作家武重奉》、《伞沱——一个大矛盾体》为当时舆论所关注。到革新阶段，他创作了《浪漫主义文学评析》、《段富思及其作品》、《独自一人在深夜庭院》。文新知识渊博，具有严谨的治学态度，潜心搜集资料，他的评论具有独到、新颖的见解。

阮明洲（1930—1989）不仅是作家，也是第一个提出要提高战争作品质量的人，他勇敢地提出须重新评价旧的创作方向，并提出了对于整个革命文学的革新与探索。他不仅自己积极探索，而且还在自己的文章中强烈呼吁。作家们批评的价值就在于它明确的思想。他经常讨论创作经验的问题。他最突出的是点燃了新阶段文学革新的火焰。他的文学批判理论由孙方兰搜集整理成《灯下创作》。

除了上述的作者及其作品外，1975—2000年间还有武挑的《越南新人与文艺的光荣使命》，黄春贰的《革命和艺术》、《党的文艺路线研究》和《一些国家文学艺术中的现代修正主义》等。另外还有越南国家文学院组织的一些科研项目，如黄桢主持的《文学理论的几个问题》、《文学、生活、作家》和《文学、源头、创作》等作品。

另外还有许多生活在海外的越南文学批评家，如旅居法国的瑞奎、邓进；旅居澳大利亚的黄玉俊、阮兴国；旅居美国的武扇等。这都是一些具有真才实学的文学批评家。由于缺乏相关的资料，我们暂不能对他们作出详尽介绍。

参考文献

1. Bích Thu. Giọng điệu trần thuật trong truyện ngắn Nguyễn Khải những năm tám mươi đến nay[J], Tạp chí văn học, số 10-1997
2. Bích Thu. Những dấu hiệu đổi mới của văn xuôi từ sau 1975 qua hệ thống môtíp chủ đề[J], Tạp chí văn học, số 4-1995
3. Bích Thu. Những thành tựu của truyện ngắn sau 1975[J]. Tạp chí văn học, số 9-1996
4. Bích Thu. Sáng tác của Lê Lựu[J]. Tạp chí văn học, số 2-1980
5. Bích Thu. Thanh Thảo - một gương mặt tiêu biểu trong thơ sau 1975[J]. Tạp chí văn học, số 5,6-1985
6. Bích Thu. Thơ và một số vấn đề[J]. Tạp chí văn học, số 3-1983
7. Bích Thu. Tiểu thuyết Việt Nam trong quá trình hiện đại hóa văn học nửa đầu thế kỷ[J]. Tạp chí văn học, số 4-2001
8. Bùi Công Hồng. Vài nét về thơ trong thời gian gần đây[J]. Tạp chí văn học, số 4-1984
9. Bùi Công Hồng. Văn học tham gia chống tiêu cực[J]. Tạp chí văn học, số 5,6-1988
10. Bùi Công Hùng. Đất nước của Nguyễn Đình Thi[J]. Tạp chí văn học, số 3. 1990
11. Bùi Công Hùng. Nguyễn Tuân[J]. Tạp chí văn học, số 3-1990
12. Bùi Viết Thắng. Trong tấm gương của thể loại nhỏ[J]. Tạp chí văn học, số 3-1987
13. Bùi Viết Thắng. Văn xuôi gần đây và quan niệm con người[J]. Tạp chí văn học, số 6-1991
14. Cao Thị Hảo. Vấn đề "tả thực" trong lý luận và sáng tác văn xuôi quốc ngữ miền Bắc giai đoạn
15. 1917-1932 [J]. Tạp chí Nghiên cứu văn học, số 3.2008
16. Cao Việt Linh. Ngày tết của Tản Đà[J]. Văn nghệ, số 1, 2-2003
17. Chu Giang, Nguyễn Văn Lưu. Luận chiến văn chương[M]. Nhà xuất bản Văn học, Hà Nội: 1995
18. Chu Nga. Đặc điểm hiện thực của ngòi bút Nguyễn Khải[J]. Tạp chí văn học, số 2-1974
19. Đại học Quốc gia Hà Nội, Trường viết văn Nguyễn Du, Tạp chí Văn nghệ Quân đội. 50 năm văn
20. học Việt Nam sau Cách mạng tháng Tám[M]. Nhà xuất bản Đại học Quốc gia Hà Nôi, 1996
21. Đào Thủy Nguyên. Thế giới nhân vật Nguyễn Khải trong cảm hứng nghiên cứu phân tích[J]. Tạp chí văn học, số 11-2001
22. Đặng Anh Đào. Một hiện tượng mới trong hình thức kể truyện hiện nay[J]. Tạp chí văn học, số 6-1991
23. Đặng Quốc Nhật. Huy Phương và hai tập tiểu thuyết về đề tài công nghiệp[J]. Tạp chí văn học, số 6-1984
24. Đặng Quốc Nhật. Qua một số tiểu thuyết về công nghiệp mấy năm gần đây[J]. Tạp chí văn học, số 6-1981
25. Đặng Thai Mai. Các bạn đang học tập, đang nghiên cứu, đang viết cho thế kỷ 21[J]. Tạp chí văn học, số 5-1982

26. Đặng Thanh Lê. Bài thơ không nói của Nguyễn Đình Thi và một thời để nhớ [J]. Tạp chí văn học, số 5- 2003.
27. Đặng Thị Hạnh. Đứa trẻ và thành phố (trong Thiên sứ của Phạm Thị Hoài) [J]. Tạp chí văn học, số 4-1990
28. Đặng Thị Hạnh. Trăm năm nhìn lại[J]. Tạp chí văn học, số 1-2002
29. Đặng Thị Hạnh, Viết về một cuộc đời và những cuộc đời[J]. Tạp chí văn học, số 12-1998
30. Đình Quang. Kịch nói giai đoạn từ sau Cách mạng tháng Tám đến nay[J]. Tạp chí văn học, số 7-2001
31. Đình Quang. Kịch nói qua 50 năm phát triển của văn học cách mạng[J]. Tạp chí văn học, số11-1995
32. Đỗ Đức Hiểu. Vở kịch Vũ Như Tô [J]. Tạp chí văn học, số 10-1997
33. Đỗ Kim Hồi. Tiểu thuyết Tắt đèn của Ngô Tất Tố [J]. Tạp chí văn học, số 3-1990
34. Đỗ Lai Thúy. Hoàng Cầm, Nguyễn Bính và …[J]. Tạp chí văn học, số 6-1998
35. Đoàn Trọng Huy. Khuynh hướng sáng tác thi ca của Chế Lan Viên sau 1975 [J]. Tạp chí văn học, số 9-1993
36. Đoàn Trọng Huy. Nghệ thuật thời gian trong thơ Chế Lan Viên [J]. Tạp chí văn học, số 11-1995
37. GS Lê Đình Kỵ. Thơ mới, những bước thăng trầm[M]. Nhà xuất bản TP Hồ Chí Minh, TP Hồ Chí Minh: 1993.
38. GS Phan Cự Đệ. Tác phẩm văn học 1930-1975,Tập (I,II) [M]. Nhà xuất bản Khoa học Xã hội, Hà Nội: 1991
39. Hà Bình Trị. Tiểu thuyết Số Đỏ của Vũ Trọng Phụng [J]. Tạp chí văn học, số 3-1990
40. Hà Minh Đức chủ biên. Nhìn lại văn học Việt Nam thế kỷ XX[M], Nhà xuất bản Chính trị Quốc gia, Hà Nội: 2002
41. Hà Minh Đức chủ biên. Những vấn đề lý luận và lịch sử văn học[M]. Viện Văn học. Hà Nội: 1999
42. Hà Minh Đức. Đường lối văn nghệ của Đảng và những thành tựu của nền văn học cách mạng, Tạp chí văn học, số 4-2001
43. Hà Minh Đức. Nguyên Hồng – Nhà văn của những khát vọng sống [J]. Tạp chí văn học, số 9-2001
44. Hà Minh Đức. Tác phẩm văn học (1930-1975) (tập I, II)[M]. Nhà xuất bản Khoa học Xã hội. Hà Nội: 1991
45. Hà Minh Đức. Thơ Tố Hữu[J]. Tạp chí văn học, số 4-2002
46. Hà Minh Đức. Thơ Xuân Diệu và tình yêu cuộc Sống, yêu nhân dân [J]. Tạp chí nghiên cứu văn học, số 1- 2008
47. Hà Minh Đức. Tiểu phẩm và phóng sự của Ngô Tất Tố [J]. Tạp chí văn học, số 11-1998
48. Hà Minh Đức. Vũ Trọng Phụng và xã hội hiện đại [J]. Tạp chí văn học, số 11-2002
49. Hà Xuân Trường. 40 năm văn học[M]. Nhà xuất bản Tác phẩm mới. Hà Nội: 1986
50. Hồ Hoàng Thanh. Một cây bút trước thử thách: Thái Bá Lợi[J]. Tạp chí văn học, số 2-1985
51. Hoài Thanh, Hoài Chân. Thi nhân Việt Nam[M]. Nhà xuất bản Văn học. Hà Nội: 1999
52. Hoàng Ngọc Hiến. Nghệ thuật châm biếm trong tiểu thuyết Số đỏ của Vũ Trọng Phụng [J]. Tạp

chí văn học, số 2-1990

53. Hoàng Ngọc Hiến. Những điểm sáng, những vùng tranh cãi[J]. Tạp chí văn học, số 4-1995

54. Hoàng Trinh. Một nền văn học của dân tộc, của nhân dân, của thời đại[J]. Tạp chí văn học, số 7-1996

55. Hoàng Trong Thông. Một vài suy nghĩ về sáng tác văn học cho thiếu nhi[J]. Tạp chí văn học, số 3-1981

56. Hoàng Trung Thông. Nhớ mãi Ngô Tất Tố [J]. Tạp chí văn học, số 11985

57. Hoàng Văn An. Thơ xứ Lạng những năm 90[J]. Tạp chí văn học, số 11-1996

58. Hội Nhà văn Việt Nam. Nhà văn Việt Nam Hiện đại[M]. Nhà xuất bản Hội Nhà văn, Hà Nội: 1997

59. Hữu Thỉnh chủ biên. Việt Nam nửa thế kỷ văn học(1945-1995) [M]. Nhà xuất bản Hội Nhà văn, Hà Nội: 1997

60. Huy Cận. Sự phát triển của văn học mới Việt Nam nửa thế kỷ qua[J]. Tạp chí văn học, số 7-1996

61. Huy Phương. Nguyễn Mạnh Tuấn với tiểu thuyết Những khoảng cách còn lại[J]. Tạp chí văn học, số 1-1982

62. Huỳnh Như Phương. Văn học đang nhìn lại chính mình[J]. Tạp chí văn học, số 1-1993

63. Huỳnh Như Phương. Văn xuôi những năm 80 và vấn đề dân chủ hóa nền văn học[J]. Tạp chí văn học, số 4-1991

64. Lã Nguyên. Nguyễn Minh Châu và những trăn trở trong đổi mới tư duy nghệ thuật[J]. Tạp chí văn học, số 2-1989

65. Lại Nguyên Ân biên soạn. 150 thuật ngữ văn học[Z]. Nhà xuất bản Đại học Quốc gia, Hà Nội: 2003

66. Lại Nguyên Ân. Những tác phẩm mới tìm thấy của nhà Văn Vũ Trọng Phụng [J]. Tạp chí Văn học. Số 4. 2000

67. Lại Nguyên Ân. Sáng tác truyện ngắn gần đây[J]. Tạp chí văn học, số 3-1987

68. Lại Nguyên Ân. Sống với văn học cùng thời[M]. Nhà xuất bản Thanh niên, Hà Nội: 2003

69. Lâm Tiến. Vấn đề truyền thống và hiện đại trong văn học các dân tộc thiểu số Việt Nam[J]. Tạp chí văn học, số 4-1991

70. Lê Dục Tú. Hành trình của nghiên cứu - phê bình văn học Việt Nam thế kỷ XX[J]. Tạp chí văn học, số 7-2001

71. Lê Dục Tú. Một vài nét về thơ miền Nam từ sau năm 1975[J]. Tạp chí văn học, số 5-1986

72. Lê Dục Tú. Tìm hiểu truyện ngắn Khái Hưng[J]. Nghiên cứu văn học, số 3 - 2005

73. Lê Dục Tú. Về một số đặc điểm của thơ hôm nay[J]. Tạp chí văn học, số 3-1992

74. Lê Kim Vinh. Góp vào việc nhìn nhận tình thình văn xuôi từ sau 1975[J]. Tạp chí văn học, số 2-1981

75. Lê Lưu Oanh, Đinh Thị Nguyệt, Thơ tứ tuyệt của Chế Kan Viên [J]. Tạp chí Văn học. Số 8. 1998

76. Lê Minh Khuê, Nguyễn Thị Anh Thư. Nhưng gương mặt văn xuôi trẻ cuối thế kỷ 20[M]. Nhà xuất bản Hội Nhà văn. Hà Nội: 2000

77. Lê Quang Trang. Thơ 1985, nhìn lại[J]. Tạp chí văn học, số 1-1986
78. Lê Thành Nghị. Xuân Thiều và những trang viết về chiến tranh[J]. Tạp chí văn học, số 1-1988
79. Lê Thị Đức Hạnh. Buổi sáng với vấn đề cơ giới hóa nông nghiệp[J]. Tạp chí văn học, số 5-1978
80. Lê Thị Đức Hạnh. Nguyễn Kiên với đề tài nông nghiệp[J]. Tạp chí văn học, số 5-1980
81. Lê Thị Đức Hạnh. Những nét đặc sắc trong truyện ngắn của Thanh Hương[J]. Tạp chí văn học, số 2-1987
82. Lê Thị Đức Hạnh. Suy nghĩ về tiểu thuyết của Hoàng Ngọc Hà[J]. Tạp chí văn học, số 4-2001
83. Lê Thị Đức Hạnh. Tiểu thuyết Đất Làng trong quá trình sáng tác của Nguyễn Thị Ngọc Tú[J]. Tạp chí văn học, số 1-1977
84. Lê Thị Đức Hạnh. Tự lực văn đoàn và phong trào Thơ mới [J]. Tạp chí Văn học. Số 5. 1995
85. Lê Thị Hường. Các kiểu kết thúc của truyện ngắn hôm nay[J]. Tạp chí văn học, số 4-1995
86. Lê Thị Hường. Quan niệm con gnười cô đơn trong truyện ngắn hôm nay[J]. Tạp chí văn học, số 2-1994
87. Lê Tiến Dũng. Giáo trình lý luận canư học (Phần Tác phẩm văn học) [M]. Nhà xuất bản Đại học
88. Quốc gia thành phố Hồ Chí Minh, TP Hồ Chí Minh: 2003
89. Lê Văn Sơn. Đặc điểm tư tưởng thẩm mỹ của thơ ca yêu nước và cách mạng từ 1858 -1945[J]. Tạp chí Văn học, số 9-1999
90. Lê Xuân Giang. Nhà văn đối thoại- phong cách phúng dụ[J]. Tạp chí văn học, số 2-1989
91. Lê Đình Kỵ. Thơ mới, những bước thăng trầm[M], Nhà xuất bản TP Hồ Chí Minh, TP Hồ Chí Minh: 1993
92. Lê Đình Kỵ. Đối thoại với văn học dân gian và bản lĩnh của người viết[J]. Tạp chí văn học, số 5-1991
93. Lộc Phương Thủy. Vũ Trọng Phụng với việc tiếp nhận văn học Pháp [J]. Tạp chí Văn học. Số 11. 2002
94. Lữ Huy Nguyên. Tú Xương thơ và người[M]. Nhà xuất bản Văn học, Hà Nội: 1996
95. Lưu Khánh Thơ. Cảm nhận về thơ Xuân Quỳnh[J]. Tạp chí văn học, số 5-1989
96. Lưu Khánh Thơ. Hữu Thỉnh - một phong cách thơ sáng tạo[J]. Tạp chí văn học, số 2-1988
97. Lưu Khánh Thơ. Nhà thơ Xuân Quỳnh[J]. Tạp chí văn học, số 3-1990
98. Lưu Khánh Thơ. Nhận diện Xuân Diệu qua truyện ngắn và bút ký [J]. Tạp chí Nghiên cứu văn học, số 1-2008
99. Lưu Khánh Thơ. Thơ năm 1992[J]. Tạp chí văn học, số 2-1993
100. Lưu Khánh Thơ.Thơ những năm chống Pháp qua phê bình văn học[J]. Tạp chí văn học, số 2-2003
101. Mã Giang Lân chủ biên. Tiến trình hiện đại hóa văn học Việt Nam 1900 – 1945 [M]. Nhà xuất bản Văn hóa Thông tin. Hà Nội: 2000
102. Mã Giang Lân. Văn học Việt Nam 1945-1954[M]. Nhà xuất bản Giáo dục, Hà Nội: 2003.
103. Mã Giang Lân. Thơ hôm nay[J]. Tạp chí văn học, số 1-1989
104. Mai Hương. Nhìn lại văn xuối 1992[J]. Tạp chí văn học, số 3-1993
105. Mai Hương. Thơ trong bước chuyển của nông thôn Việt Nam tiến lên sản xuất lớn xã hội chủ

nghĩa[J]. Tạp chí văn học, số 4-1978
106. Ngô Thảo. Bốn thế hệ nhà văn[J]. Tạp chí văn học, số 4-1995
107. Ngô Thảo. Nguyễn Thi, người và văn [J]. Tạp chí Văn học, số 12-1994
108. Ngô Văn Phú, Phong Vũ, Nhuyễn Phan Hách biên soạn. Nhà văn Việt Nam thế kỷ XX[M] (tập I, II, III, IV). Nhà xuất bản Hội Nhà văn, Hà Nội: 1999
109. Ngô Văn Thư. Quan niệm văn chương của Khái Hưng[J]. Nghiên cứu văn học, số 3-2005.
110. Ngô Vĩnh Bình. Nam Hà - con người và những trang viết[J]. Tạp chí văn học, số 1-1988
111. Nguyên Ngọc. Mấy suy nghĩ về tình thình văn học các dân tộc thiểu số hiện nay[J]. Tạp chí văn học, số 9-1994
112. Nguyên Ngọc. Văn xuôi sau 1975 - thử tham dò đôi nét về quy luật phát triển[J]. Tạp chí văn học, số 4-1991
113. Nguyễn An. Nhà văn của các em[M]. Nhà xuất bản Văn học, Hà Nội: 1999
114. Nguyễn Anh Thư biên tập. Truyện ngắn trẻ tuyển chọn[M]. Nhà xuất bản Hội Nhà văn, Hà Nội : 1997
115. Nguyễn Cừ. Mấy nhận xét xung quanh một phong trào thơ địa phương. Tạp chí văn học, số 2-1983
116. Nguyễn Đăng Mạnh, Nguyễn Trác, Nguyễn Hữu Tá. Văn học Việt Nam (1955 - 1975) [M]. Trường Đại học Tổng hợp thành phố Hồ Chí Minh, TP Hồ Chí Minh: 1993
117. Nguyễn Đăng Mạnh, Nguyễn Trác, Nguyễn Hữu Tá. Văn học Việt Nam (1945 - 1975) [M]. Nhà xuất bản Giáo dục. Hà Nội: 1990
118. Nguyễn Đăng Mạnh. Chế Lan Viên và cái "ách nặng văn chương" [J]. Tạp chí văn học, số 4-2000
119. Nguyễn Đăng Mạnh. Một cuộc "nhận đường" mới[J]. Tạp chí văn học, số 4-1995
120. Nguyễn Đăng Mạnh. Thời gian của người - triết lý và ánh sáng[J]. Tạp chí văn học, số 2-1988
121. Nguyễn Đức Đàn, Phan Cự Đệ. Con đường phát triển của tư tưởng và nghệ thuật Ngô Tất Tố [M]. Nhà xuất bản Hội Nhà văn. Hà Nội: 1999
122. Nguyễn Đức Hạnh. Thử tìm hiểu tiêu chí cơ bản để xác định ảnh hưởng của thơ ca dân gian đến thơ ca thành văn hiện đại[J]. Tạp chí văn học, sô 8-2002
123. Nguyễn Duy Bắc. Văn xuôi xứ Lạng[J]. Tạp chí văn học, số 11-1996
124. Nguyễn Duy Bắc. Về bản sắc dân tộc trong sáng tác các nhà thơ dân tộc thiểu số[J]. Tạp chí văn học, số 9-1994
125. Nguyễn Hoài Thanh. Thế giới nhân vật trong phóng sự của Vũ Trọng Phụng [J]. Tạp chí văn học, số 8-1998
126. Nguyễn Hữu Sơn. Những nhà phê bình văn học áo lính[J]. Tạp chí văn học, số 12-1994
127. Nguyễn Khải. Tôi tin là còn viết được, nếu trái tim tôi chưa nguội lạnh[J]. Tạp chí văn học, số 11-2002
128. Nguyễn Nghiệp. Vấn đề con người mới trong lý tưởng của chúng ta[J]. Tạp chí văn học, số 2-1979
129. Nguyễn Ngọc Thiện. Nghiên cứu sáng tác của Vũ Trọng Phụng trong tiến trình văn học dân tộc-

hiện đại thế kỷ XX[J]. Tạp chí Văn học, số 4-2000.

130. Nguyễn Ngọc Thiện. Những cuộc đời bị dồn đẩy trong tiểu thuyết tả chân của Nguyễn Đình Lạp[J]. Tạp chí văn học, số 12-1995

131. Nguyễn Ngọc Thiện. Tiểu thuyết "hướng nội" trong văn xuôi Việt Nam hiện đại[J]. Tạp chí văn học, số 6-1990

132. Nguyễn Ngọc Thiện. Vũ Trọng Phụng bàn về phóng sự và tiểu thuyết tả chân [J]. Tạp chí văn học, số 11-2002

133. Nguyễn Phạm Hùng. Văn Học Việt Nam[M]. Nhà xuất bản Đại học Quốc gia Hà Nội. Hà Nội: 1999

134. Nguyễn Phan Ngọc. Vỡ bờ của Nguyễn Đình Thi [J]. Tạp chí văn học, số 10-1962

135. Nguyễn Phượng. Một khía cạnh trong cảm quan hiện thực của Vũ Trọng Phụng[J]. Tạp chí văn học, số 4-2002

136. Nguyễn Thành. Truyện ngắn Vũ Trọng Phụng [J]. Tạp chí văn học, số 6-1995

137. Nguyễn Thị Bình. Nguyễn Khải và duy tiểu thuyết[J]. Tạp chí văn học, số 7-1998

138. Nguyễn Thị Huế. Ban văn học dân gian - 50 năm sưu tầm, nghiên cứu[J]. Tạp chí văn học, số 11-2003

139. Nguyễn Thị Huệ. Tiểu thuyết của Nguyễn Mạnh Tuấn trong bước chuyển của văn học những năm 80. Tạp chí văn học[J], số 12-1997

140. Nguyễn Thị Huệ. Tư duy mới về nghệ thuật trong sáng tác của Ma Văn Kháng những năm 80[J]. Tạp chí văn học, số 2-1998

141. Nguyễn Thị Ngọc Tú. Đi và viết về đề tài nông nghiệp[J]. Tạp chí văn học, số 5-1980

142. Nguyễn Văn Hạnh, Thơ Tố Hữu - tiếng nói đồng ý đồng tình đồng chí[M], Nhà xuất bản Huế, Huế: 1985.

143. Nguyễn Văn Hạnh. Nguyễn Minh Châu những năm 80 và sự đổi mới cách nhìn về con người[J]. Tạp chí văn học, số 3-1993

144. Nguyễn Văn Hạnh. Suy nghĩ về thơ Việt Nam từ sau năm 1975[J]. Tạp chí văn học, số 9-1998

145. Nguyễn Văn Hạnh. Vài nhận xét về sáng tác cua Nguyễn Khải [J]. Tạp chí văn học, số 8-1964

146. Nguyễn Văn Long, Văn học Việt Nam sau cách mạng tháng tám, Nhà xuất bản Giáo dục, 2003

147. Nguyễn Văn Long. Tiếp cận và đánh giá văn học Việt Nam sau Cách mạng tháng Tám[M]. Nhà xuất bản Giáo dục, Hà Nội: 2003

148. Nguyễn Văn Lưu. Nhu cầu nhận thức lại thực tại qua một Thời xa vắng[J]. Tạp chí văn học, số 5-1987

149. Nguyễn Văn Nam. Trần Bạch Đằng, một cây bút đa dạng[J]. Tạp chí văn học, số 3-1987

150. Nguyễn Văn Thành. Qua liên hoan kịch nói 1990[J]. Tạp chí văn học, số 2-1991

151. Nguyễn Văn Toại. Đọc các sáng tác miền núi của Ma Văn Kháng nghĩ về trách nhiệm của nhà văn trước một đề tài lớn[J]. Tạp chí văn học, số 5-1983

152. Nguyễn Xuân Kinh. Hình thức lục bát biến thể từ ca dao qua thơ Tản Đà đến sáng tác của Hồ Chí Minh và Tố Hữu[J]. Tạp chí Văn học, số 9-1999.

153. Nguyễn Xuân Nam. Sự ảnh hưởng của thơ nước ngoài trong thơ Chế Lan Viên [J]. Tạp chí

Văn học, số 11-1997

154. Nguyễn Xuân Nam. Thơ của Chế Lan Viên [J]. Tạp chí Văn học, số 6-1980

155. Nguyễn Xuân Nam. Thơ của Nguyễn Đình Thi [J]. Tạp chí Văn học, số 12-1969

156. Nhật Tuấn. Tính cách đặc thù của con người mới trong văn xuôi ciết về đề tài công nhận[J]. Tạp chí văn học, số 5-1980

157. Nhiều tác giả. Về văn học thời kỳ kháng chiến chống Pháp[J]. Tạp chí văn học, số 1-2002

158. Phạm Đình Ân. Thế Lữ trong Tự lực văn đoàn[J]. Tạp chí văn học, số 5-2003

159. Phạm Đình Ân. Bài thơ Sóng của Xuân Quỳnh[J]. Tạp chí văn học, số 3-1990

160. Phạm Khánh Cao. Nguyễn Khải - Từ kịch Cách mạng đến tiểu thuyết Gặp gỡ cuối năm[J]. Tạp chí văn học, số 2-1985

161. Phạm Mạnh Hùng. Về quan niệm và cấu trúc nghệ thuật của hoàn cảnh trong văn học[J]. Tạp chí văn học, số 11-2001

162. Phạm Phú Phong. Đóng góp của văn xuôi Tô Nhuận Vỹ. Tạp chí văn học, số 2-1988

163. Phạm Quang Long. Thái độ của Nguyễn Minh Châu đối với con người: niềm tin pha lẫn lo âu[J]. Tạp chí văn học, số 9-1996

164. Phạm Xuân Nguyên. Lưu Quang Vũ tâm hồn trở gió[J]. Tạp chí văn học, số 8-1998

165. Phạm Xuân Nguyên. Nguyễn Minh Châu - trên sự yên tĩnh đời đời[J].Tạp chí văn học, số 12-1994

166. Phạm Xuân Nguyên. Truyện ngắn và cuộc sống hôm nay[J]. Tạp chí văn học, số 12-1994

167. Phạm Xuân Nguyên. Văn học hôm nay có gì mới? [J]. Tạp chí văn học, số 6-1992

168. Phan Cự Đệ chủ biên. Tác phẩm văn học 1930-1975(I, II,). Nhà xuất bản Khoa học Xã hội, Hà Nội: 1991

169. Phan Cự Đệ, Hà Minh Đức. Nhà Văn Việt Nam (1945-1975)(tập I, II). Nhà xuất bản Đại học và Trung học chuyên nghiệp, Hà Nội: 1983

170. Phan Cự Đệ, Trần Đình Hượu, Nguyễn Trác, Nguyễn Hoành Khung, Lê Chí Dũng, Hà Văn Đức. Văn học Việt Nam (1900 - 1945) [M]. Nhà xuất bản Giáo dục. Hà Nội: 1999

171. Phan Cự Đệ. Cần định hướng cho công cuộc đổi mới tư duy trong văn học[J]. Tạp chí văn học, số 2-1989

172. Phan Cự Đệ. Kịch Nguyễn Huy Tưởng [J]. Tạp chí văn học, số 3-1964

173. Phan Cự Đệ. Tác phẩm văn học 1930-1975(tập I, II) [M]. Nhà xuất bản Khoa học Xã hội, Hà Nội: 1991

174. Phan Cự Đệ. Văn học Việt Nam thế kỷ XX[M]. Nhà xuất bản Giáo dục, Hà Nội: 2004.

175, Phan Thị Diễn Phương. Cảm nghĩ về truyện ngắn của Nguyễn Quang Lập[J]. Tạp chí văn học, số 4-1990

176. Phan Trọng Thưởng. Kịch Lưu Quang Vũ - những trăn trở về lẽ sống, lẽ làm người[J]. Tạp chí văn học, số 5-1986

177. Phan Trọng Thưởng. Những dấu hiệu mới và thành tựu của kịch giai đoạn 1945-1954[J]. Tạp chí văn học, số 4-2002

178. Phan Trọng Thưởng. Phần đời không muốn nhớ - một thái độ li khai hoàn toàn với cái ác[J].

Tạp chí văn học, số 5-1990

179. Phan Trọng Thưởng. Xuân Trình - Từ số phận "long đong" của những vở kịch đến những thành công gần đây[J]. Tạp chí văn học, số 5-1987

180. Phong Lan. Đôi nét về văn xuôi viết về miền Nam từ sau ngày giải phóng[J]. Tạp chí văn học, số 2-1980

181. Phong Lê chủ biên. Văn học về đề tài công nhân. Nhà xuất bản Lao Động, Hà Nội: 1983

182. Phong Lê, Vũ Tuấn Anh, Vũ Đức Phúc. Văn Học Việt Nam trong thời kỳ chống Pháp[M]. Nhà xuất bản Khoc học Xã hội. Hà Nội: 1986

183. Phong Lê. Bàn lại Nguyễn Huy Tưởng[J]. Tạp chí Văn học. số 7-1967

184. Phong Lê. Đề tài công nghiệp trong văn học hiện nay[J]. Tạp chí văn học, số 5-1982

185. Phong Lê. Nguyễn Bình và tiểu thuyết Những ngày đã qua giải chính thức của một cuộc tặng thưởng[J]. Tạp chí văn học, số 1-1982

186. Phong Lê. Phương pháp luận nghiên cứu và phê bình văn học trước yêu cầu và trong quy định của lịch sử sau 1945[J]. Tạp chí văn học, số 5-2003

187. Phong Lê. Tầm vóc Phan Bội Châu trong lịch sử và lịch sử văn chương Việt Nam [J].Tạp chí Nghiên cứu văn học, số 4-2008

188. Phong Lê. Thời kỳ 1900-1932 và cuộc chuyển giao từ văn học trung đại sang văn học hiện đại[J]. Tạp chí văn học, số 8-2002

189. Phong Lê. Tiểu thuyết hom nay[J]. Tạp chí văn học, số 2-1984

190. Phong Lê. Vấn đề hiện thực xã hội chủ nghĩa trong văn học Việt Nam - Nhìn từ lịch sử [J]. Tạp chí Nghiên cứu văn học, số 1-2008

191. Phong Lê. Văn học những năm 80[J]. Tạp chí văn học, số 3-1983

192. Phong1 Lê. Văn học Việt Nam hiện đại: những chân dung tiêu biểu[M]. Nhà xuất bản Đại học

193. Quốc gia Hà Nội, Hà Nội: 2001

194. Phong Lê. Văn học Việt Nam sau 1945 và hướng phân kỳ[J]. Tạp chí văn học, số 2 -2003

195. Phong Lê. Văn xuôi Lưu Quang Vũ - cầu nối giữa thơ và kịch[J]. Tạp chí văn học, số 2 -1989

196. Phong Lê. Văn xuôi và con người mới nông thôn trong cách mạng xã hội chủ nghĩa[J]. Tạp chí văn học, số 3-1978

197. Phong Lê. Xuân Quỳnh - Lưu Quang Vũ - Tình yêu và số phận[J]. Tạp chí văn học, số 8-1998

198. Quách Liêu. Hai cách viết trong sáng tác văn học các dân tộc thiểu số[J]. Tạp chí văn học, số 9-1994

199. Tất Thắng. Sự đổi mới của kịch Việt Nam thế kỷ XX, từ góc độ thể loại[J]. Tạp chí văn học, số 4-2001

200. Tất Thắng. Tính hiện đại của kịch hát dân tộc[J]. Tạp chí văn học, số 2-1984

201. Thanh Vân. Sách văn học năm 1985 qua một số nhà xuất bản[J]. Tạp chí văn học, số 1-1986

202. Thiếu Mai. Thơ Xuân Quỳnh[J]. Tạp chí văn học, số 1-1983

203. Tô Hoài. Một vài nhận xét qua tặng thưởng văn học nghệ thuật Thủ đô[J]. Tạp chí văn học, số 2-1983

204. Tô Hoài. Nguyễn Huy Tưởng nhà văn Hà nội [J]. Tạp chí Văn học. Số 1. 1985

205. Tô Hoài. Văn học các văn học thiểu số - thực trạng, vấn đề[J]. Tạp chí văn học, số 9-1994
206. Tố Hữu. Đối với tôi, làm thơ là làm cách mạng bằng thơ[J]. Tạp chí văn học, số 2-2003
207. Tố Hữu. Mấy suy nghĩ về văn học Việt Nam thế kỷ XX[J]. Tạp chí văn học, số 11-2001
208. Tôn Phương Lan. Chiến tranh qua những tác phẩm được giải[J]. Tạp chí văn học, số 12-1994
209. Tôn Phương Lan. Hội thảo khao học Nhìn lại một thế kỷ văn học Việt Nam[J]. Tạp chí văn học, số 7-2001
210. Tôn Phương Lan. Một vài loại hình nhân vật trong sáng tác của Nguyễn Minh Châu. Tạp chí văn học, số 6-1997
211. Tôn Phương Lan. Nguyễn Minh Châu qua phê bình tiểu luận[J]. Tạp chí văn học, số 6-1993
212. Tôn Phương Lan. Thơ của Nguyễn Đình Thi [J]. Tạp chí Văn học, số 5-1984
213. Tôn Phương Lan. Tiểu thuyết về chiến tranh viết sau 1975[J]. Tạp chí văn học, số 5-1980
214. Tôn Phương Lan. Tìm hiểu tư tưởng nghệ thuật của Nguyễn Minh Châu qua quan niệm nghệ thuật về con người[J]. Tạp chí văn học, số 4-1996
215. Trần Cư. Đọc Nguyễn Thi [J]. Tạp chí văn học, số 4-1970
216. Trần Cương. Nguyễn Trọng Oánh, thơ và văn xuôi[J]. Tạp chí văn học, số 1-1988
217. Trần Cương. Nhìn về văn xuôi viết về nông thôn trước thời kỳ đổi mới[J]. Tạp chí văn học, số 12-1995
218. Trần Cương. Văn xuôi viết về nông thôn từ nửa sau những năm 80[J]. Tạp chí văn học, số 4-1995
219. Trần Đình Sử chủ biên, Phê bình tác phẩm văn học[M], Nhà xuất bản Giáo dục, Hà Nội: 1995.
220. Trần Đình Sử. Lý luận và phê bình văn học[M], Nhà xuất bản Giáo dục, Hà Nội: 2003
221. Trần Đình Sự. Truyện ký về các sự kiện sắp xảy ra[J]. Tạp chí văn học, số 2-1987
222. Trần Độ. Cảm nhận về một nền văn học đang ra đời[J]. Tạp chí văn học, số 2-1993
223. Trần Quốc Huấn. Đề tài khoa học trong một số tác phẩm xuôi[J]. Tạp chí văn học, số 4-1982
224. Trần Quốc Huấn. Người chiến sĩ viết văn hôm nay - đội ngũ kế tục những nhà văn chiến sĩ[J]. Tạp chí văn học, số 4-1980
225. Trần Việt Ngữ. Xây dựng hình tượng con người mới trên sân khấu chèo hiện đại[J]. Tạp chí văn học, số 4-1979
226. Triều Dương. Một chặng đường của Nguyễn Khải [J]. Tạp chí Văn học, số 6-1965
227. Trịnh Bá Đĩnh. Các lý thuyết thi pháp học cấu trúc[J]. Tạp chí văn học, số 8-2002
228. Trịnh Đình Khôi. Mấy suy nghĩ về văn học Việt Nam thế kỷ 20 [J]. Tạp chí văn học, số 10-2001
229. Trung tâm Khoa học Xã hội và Nhân văn Quốc gia Viện Khoa học Xã hội tại thành phố Hồ Chí Minh, Trung tâm nghiên cứu văn hóa và văn học. Văn hóa văn học từ một góc nhìn[M]. Nhà xuất bản Khoa học Xã hội, Hà Nội: 2002
230. Trương Chính. Vấn đề giải phóng phụ nữ trong tiểu thuyết "Tự lực Văn đoàn" [J]. Tạp chí Văn học. Số 5. 1995
231. Trương Đăng Dung. Những đặc điểm của lý luận văn học Mác xít thế kỷ XX[J]. Tạp chí văn học, số 7-2001
232. Trương Đăng Dung. Phương thức tồn tại của tác phẩm văn học[J]. Tạp chí văn học, số 8-2002

233. Trương Hồng Quang, Nguyễn Mai Xuân. Vàng lửa của Nguyễn Huy Thiệp: "Triết học lịch sử" hay "văn học nghệ thuật"[J]. Tạp chí văn học, số 2-1989
234. Văn Hồng. Nhà xuất bản Kim Đồng và nền văn học viết cho thiếu nhi của Việt Nam[J]. Tạp chí văn học, số 3-1981
235. Vân Long. Sau 10 năm: Đọc lại Mây đầu ô[J]. Tạp chí văn học, số 1-1997
236. Vân Long. Thơ chọn lọc Quảng Ninh - Hải Phòng - Hải Hưng[J]. Tạp chí văn học, số 2-1991
237. Vân Thanh. Nguyễn Huy Tưởng và thiếu nhi [J]. Tạp chí văn học, số 8-1969
238. Vân Thanh. Văn học thiếu nhi hôm nay và những nỗi niềm trăn trở[J]. Tạp chí văn học, số 6-1990
239. Vân Trang, Ngô Hoàng, Bảo Hưng. Văn học Việt Nam 1975-1985: Tác phẩm và dư luận[M]. Nhà xuất bản Hội Nhà văn, HN: 1997
240. Vi Hông. Bước phát triển mới của văn các dân tộc ít người Việt Nam: con đường từ thơ đến văn xuôi, kịch bản[J]. Tạp chí văn học, số 5-1980
241. Võ Văn Trực. Dòng sông thơ trong trẻo[J]. Tạp chí văn học, số 3,4-1988
242. Võ Văn Trực. Lực lượng trẻ trong đội ngũ thơ hiện nay[J]. Tạp chí văn học, số 1-1986
243. Vũ Đức Phúc, Vũ Trọng Phụng và những sự kiện lịch sử có thật[J], Tạp chí Văn học, số 4-2000.
244. Vũ Đức Phúc. Tính cách hoàn chỉnh của nhân vật anh hùng trong tác phẩm Nguyễn Thi [J].
245. Tạp chí văn học, số 7-1966
246. Vũ Duy Thông. Cảm hứng lãng mạn qua hình tượng Tổ quốc trong thơ hiện đại[J]. Tạp chí văn học, số 5-1996
247. Vũ Quần Phương. Đọc thơ Lưu Quang Vũ[J]. Tạp chí văn học, số 4-1989
248. Vũ Tuấn Anh. Đổi mới văn học vì sự phát triển[J]. Tạp chí văn học, số 4-1995
249. Vũ Tuấn Anh. Nghiên cứu văn học hiện đại trọng tiến trình văn học nửa thế kỷ qua[J]. Tạp chí văn học, số 11-2003
250. Vũ Tuấn Anh. Những vấn đề của văn học hiện đại qua ba cuộc thảo luận[J]. Tạp chí văn học, số 1-1994
251. Vũ Tuấn Anh. Quá trình văn học đương đại - nhìn từ phương diện thể loại[J]. Tạp chí văn học, số 9-1996
252. Vũ Tuấn Anh. Thơ chống Mỹ của Chế Lan Viên [J]. Tạp chí văn học, số 5-1974
253. Vũ Tuấn Anh. Tư tưởng về văn chương và Quốc văn của Xuân Diệu thời trẻ [J]. Tạp chí Nghiên cứu văn học, số 1-2008
254. Vũ Tuấn Anh. Về tính hiện đại trong văn chương Vũ Trọng Phụng [J]. Tạp chí Văn học, số 11-2002
255. Vũ Văn Sỹ. Cái hôm qua và đời sống thơ hôm nay[J]. Tạp chí văn học, số 2-1981
256. Vũ Văn Sỹ. Nhân đọc thơ 1983[J]. Tạp chí văn học, số 4-1984
258. Vũ Văn Sỹ. Thơ 1975-1995 - biến đổi của thể loại[J]. Tạp chí văn học, số 4-1995
259. Vũ Văn Sỹ. Thơ Nguyễn Khoa Điềm - Một giọng trữ tình giàu chất sử thi[J]. Tạp chí văn học, số 11-2002
260. Vũ Văn Sỹ. Vấn đề cảm xúc của Thơ mới[J]. Tạp chí Văn học, số 5-2003.

261. Vương Anh Tuấn. Lịch sử trong quan niệm của Nguyễn Huy Thiệp[J]. Tạp chí văn học, số 3-1989
262. Vương Chí Nhàn. Buồn vui đời viết[M]. Nhà xuất bản Hội Nhà văn, HN: 2000
263. Vương Chí Nhàn. Cánh Bướu và đóa hướng dương[M]. Nhà xuất bản Hải Phòng, Hải Phòng: 1999
264. Vương Chí Nhàn. Vài nét về sáng tác của Nguyễn Khải những năm gần đây[J]. Tạp chí văn học, số 2-1996
265. Vương Trí Nhàn. Sáng tác của Nguyễn Khải trong mấy năm nay [J]. Tạp chí văn học, số 2-1996
267. [法]马・法・基亚著，颜保译.《比较・文学》[M]. 北京大学出版社. 北京：1983
268. [法]莫里斯・布朗肖著，顾嘉琛译.《文学空间》[M].商务印书馆. 北京：2003
269. [英]弗吉尼亚・伍尔夫论文集，瞿世镜译.《论小说与小说家》[M]. 上海译文出版社. 上海：2000
270. [英]拉曼・塞尔登编，刘象愚、陈永国等译.《文学批评理论——从柏拉图到现在》[M]. 北京大学出版社. 北京：2000
271. [英]罗素.《西方哲学史》（上、下）[M]. 商务印书馆. 北京：1988
272. 蔡仪主编.《文学概论》[M]. 人民文学出版社. 北京：1982
273. 曹文轩.《中国八十年代文学现象研究》[M]. 作家出版社. 北京：2003
274. 曹文渊.《小说风云》[M]. 漓江出版社. 桂林：1988
275. 陈继章主编.《越南研究》[M]. 军事译文出版社. 北京：2003
276. 陈平原.《中国小说叙事模式的转变》[M]. 北京大学出版社. 北京：2003
277. 陈思和.《新时期文学概说》[M]. 广西师范大学出版社. 桂林：2001
278. 程光超主编.《东方语言文化论丛》（第19卷）[C]. 军事谊文出版社. 北京：2000
279. 戴可来，于向东主编.《越南》[M]. 广西人民出版社. 南宁：1998
280. 戴可来主编.《21世纪中越关系展望——中越两国学者学术研讨会论文集》. 香港社会科学出版社有限公司. 香港：2003
281. 杜敦信，赵和曼主编.《越南老挝柬埔寨手册》[M]. 时事出版社. 北京：1988
282. 范宏贵.《华南与东南亚相关民族》[M]. 民族出版社. 北京：2004
283. 范家进著.《中国现当代小说点击》[M]. 文学艺术出版社. 北京：2005
284. 方维保.《当代文学思潮史论》[M]. 长江文艺出版社. 武汉：2004
285. 傅成劼，赵玉兰，祝仰修，余富兆编注.《越南现代小说选读》（第一、二、三册）[M]. 北京大学出版社. 北京：2004
286. 高等学校文科教材.《中国当代文学史初稿》（上、下册）[M]. 人民文学出版社. 北京：1985
287. 高等院校《艺术概论》编写组.《艺术概论》[M]. 文化艺术出版社. 北京：1988
288. 古小松.《越南的经济改革》[M]. 广西人民出版社. 南宁：1992
289. 古小松.《越南的社会主义》[M]. 人民出版社. 北京：1995
290. 古小松主编.《2002年越南国情报告》[M]. 广西人民出版社. 南宁：2003
291. 古小松主编.《2003-2004年东南亚发展报告》[M]. 广西人民出版社. 南宁：2004
292. 古小松主编.《2005年越南国情报告》[M]. 社会科学文献出版社. 北京：2005

293．古小松主编.《2006年越南国情报告》[M]. 社会科学文献出版社. 北京：2006
294．韩进廉.《中国小说美学史》[M]. 河北大学出版社. 保定：2004
295．贺国梅.《转折的时代——40-50年代作家研究》[M]. 山东教育出版社. 济南：2003
296．贺圣达，马勇，王士录.《走向21世纪的东南亚与中国》[M]. 云南大学出版社. 昆明：1996
297．贺圣达.《东南亚文化发展史》[M]. 云南人民出版社. 昆明：1996
298．黑格尔著，朱光潜译.《美学》[M]. 商务印书馆. 北京：1979
299．胡经之主编.《西方文艺理论名著教程》（下卷）第二版[M]. 北京大学出版社. 北京：2003
300．黄修已主编.《20世纪中国文学史》（上、下册）[M]. 中山大学出版社. 广州：2004
301．金汉，冯云青，李心宇主编.《新编中国当代文学发展史》[M]. 浙江大学出版社. 杭州：2001
302．李谷.《从恩恩怨怨到平等互利——世纪之交的中越关系研究》[M]. 红蓝（香港）出版公司. 香港：2001
303．梁志明.《东南亚历史文化与现代化》[M]. 香港社会科学出版社有限公司. 香港：2003
304．梁志明主编.《当代越南经济革新与发展》[M]. 鹭江出版社. 厦门：1996
305．梁志明主编.《面向新世纪的中国东南亚研究回顾与展望——中国东南亚研究会第六届年会暨学术研讨会论文集》[C]. 香港社会科学出版社有限公司. 香港：2002
306．林明华.《越南语言文化散步》[M]. 开益出版社. 香港：2002
307．刘绶松.《中国新文学史初稿》（上、下卷）[M]. 人民文学出版社. 北京：1985
308．刘咸岳，黄铮主编.《2000年越南国情报告》[M].广西人民出版社. 南宁：2001
309．刘咸岳，黄铮主编.《2001年越南国情报告》[M].广西人民出版社. 南宁：2002
310．刘稚、沈静芳.《当代越南经济》[M]. 云南大学出版社. 昆明：2000
311．卢蔚秋、赵玉兰：越南文学介绍 [J]. 国外文学，1980，（1）
312．罗长山.《越南传统文化与民间文学》[M]. 云南大学出版社. 昆明：2004
313．骆玉明.《简明中国文学史》[M]. 复旦大学出版社. 上海：2004
314．庞守英主编.《新时期文学的精神走向》[M]. 山东大学出版社. 济南：2006
315．《普通逻辑》编写组.《普通逻辑》[M]. 上海人民出版社. 上海：1986
316．孙福生.《东南亚地区史和国际关系论集》[M]. 香港人民出版社. 香港：2005
317．孙家富，张广明主编.《文学词典》[Z]. 湖北人民出版社. 武汉：1983
318．田锐生.《台港文学主流》[M]. 河南大学出版社. 开封：2005
319．童庆炳，程正明.《文艺心理学教程》[M]. 高等教育出版社. 北京：2001
320．王介南主编.《东亚东南亚语言文化研究》（第2卷）. 军事谊文出版社. 北京：2002
321．王介南主编.《东亚东南亚语言文化研究》（第3卷）. 军事谊文出版社. 北京：2 003
322．王诺.《外国文学——人学蕴涵的发掘与寻思》[M]. 科学出版社. 北京：1999
323．王士录主编.《当代越南》[M]. 四川人民出版社. 成都：1992
324王昕.《话本小说的历史与叙事》[M].中华书局.北京：2002
325．王瑶.《中国新文学史稿》（上、下卷）[M]. 上海文艺出版社. 上海：1982
326．王又平.《新时期文学转型中的小说创作潮流》[M]. 华中师范大学出版社. 武汉：2001

327. 吴士余.《中国文化与小说思维》[M].上 海三联书店. 上海：2000
328. 吴中杰.《文艺学导论》[M]. 复旦大学出版社. 上海：1998
329. 夏松基.《现代西方哲学教程》[M]. 上海人民出版社. 上海：1985
330. 邢建昌.《世纪之交中国美学的转型》[M]. 河北教育出版社. 石家庄：2001
331. 许家康，古小松主编.《中国——东盟年鉴・2004》[M]. 线装书局. 北京：2004
332. 杨保筠，巫宁耕，韦民.《北大亚太研究》（7）[C].香港社会科学出版社.香港：2006
333. 杨保筠、于向东主编.《变动世界中的奠边府战役与日内瓦会议——“奠边府战役暨日
334. 内瓦会议50周年国际学术研讨会”论文集》[C]. 香港社会科学出版社有限公司. 香港：2005
335. 杨春时.《文学理论新编》[M]. 北京大学出版社. 北京：2007
336. 杨公骥.《中国文学》（第一分册）[M]. 吉林人民出版社. 吉林：1985
337. 杨辛，甘霖.《美学原理》[M]. 北京大学出版社. 北京：1983
338. 以群主编.《文学的基本原理》[M]. 上海文学出版社. 上海：1980
339. 尹昌龙，《重返自身的文学》. 广东人民出版社，广州：1999。
340. 游国恩，王起，季镇维，费振刚.《中国文学史》（一、二、三、四）[M]. 人民文学出版社. 北京：1984
341. 游明谦.《越南当代经济社会研究》[M]. 香港社会科学出版社有限公司. 香港：2004
342. 于在照.《越南文学史》[M]. 军事谊文出版社. 北京：2001
343. 余富兆.《20世纪越南作家》[M]. 军事谊文出版社. 北京：2003。
344. 袁行霈.《中国文学概论》[M]. 高等教育出版社. 北京：1990
345. 张岱年.《中国哲学史大纲》[M]. 中国社会科学出版社. 北京：1982
346. 张光军主编.《东方语言文化论丛》[C]（第20卷）. 军事谊文出版社. 北京：2001
347. 张光军主编.《东方语言文化论丛》[C]（第21卷）. 军事谊文出版社. 北京：2002
348. 张光军主编.《东方语言文化论丛》[C]（第22卷）. 军事谊文出版社. 北京：2003
348. 张光军主编.《东方语言文化论丛》[C]（第23卷）. 军事谊文出版社. 北京：2004
350. 张光军主编.《东方语言文化论丛》[C]（第24卷）. 军事谊文出版社. 北京：2005
351. 张和龙.《战后英国小说》[M]. 上海外语教育出版社. 上海：2004
352. 张同吾.《小说艺术鉴赏》[M]. 中国文联出版公司. 北京：1987
353. 张学军.《中国当代小说流派史》[M]. 山东教育出版社. 济南：2000
354. 张永刚，董文学：《文学原理》[M]. 北京大学出版社. 北京：2001
355. 张志忠.《九十年代的文学地图》[M]. 山西教育出版社. 大同：1999
356. 张志忠.《中国当代文学艺术主潮》[M]. 中国社会科学出版社. 北京：1994
357. 章安祺.《西方文艺理论史精读文献》[M]. 中国人民大学出版社. 北京：2003
358. 赵和曼.《越南经济的发展》[M]. 中国华侨出版社. 北京：1995
358. 赵和曼主编.《东南亚手册》[M]. 广西人民出版社. 南宁：2000
360. 郑泊农.《艺海听潮》[M]. 漓江出版社. 桂林：1987
361. 中国大百科全书总编辑委员会《外国文学》编辑委员会.《中国大百科全书・外国文学卷》（I、II）. 中国大百科全书出版社. 北京：1985
362. 仲呈祥.《当代文学散论》[M]. 重庆出版社. 重庆：1985